D1728574

Peter Schimitzek
Das effektive Unternehmen

Peter Schimitzek

Das effektive Unternehmen

Mit neuem Wissen, konsequenter Spezialisierung
zu mehr Rationalisierung und Erfolg

5. erweiterte und überarbeitete Auflage

Luchterhand

Bibliografische Information der Deutschen Bibliothek:
Die Deutsche Bibliothek verzeichnet diese Publikation in der Deutschen Nationalbibliografie; detaillierte bibliografische Daten sind im Internet über http://dnb.ddb.de abrufbar.

ISBN 3-472-06738-1
ISBN 978-3-472-06738-2 (ab 1.1.2007)

Druck: betz-druck, Darmstadt

Printed in Germany
Gedruckt auf säurefreiem, alterungsbeständigem und chlorfreiem Papier

Sie finden uns im Internet unter: www.wolterskluwer.de

Schnell–Überblick

Inhaltsverzeichnis

Abbildungsverzeichnis

Abkürzungsverzeichnis

API	Application-Programming-Interface
B2B	Business to Business
BAB	Betriebsabrechnungsbogen
BDE	Betriebsdatenerfassung
BI	Business Intelligence
BIS	Bereichs-Informations-System
BWA	Betriebswirtschaftliche Auswertung
CAS	Computer Aided Selling
CCG	Centrale für Coorganisation GmbH
CCM	Control and Configuration Manager
CCP	Critical Control Point
CIM	Computer-Integrated-Manufacturing
CMM	Control Message Management
CRM	Customer Relationship Management
CSB-ULT	CSB-Universal Language Technology
CSTA	Computer Supported Telecommunications Applications
CSTS	Computer Supported Telecommunication Standard
CTI	Computer Telephony Integration
C2B	Consumer to Business
Dat	Datenbankschicht
DB	Deckungsbeiträge
DTM	Data Trade Manager
EANCOM	Internationaler Verband der Artikelnummerierung
ECC	Electronic Customer Care
EDI	Electronic Data Interchange
EDIFACT	Electronic Data Interchange for Administration Commerce and Transport
ERP	Enterprise Resource Planning
GPM	Grafisches Print Management

HACCP	Hazard Analysis Critical Control Point
HLAPI	High-Level-Application-Interface
HR	Human Resources
ISDN	Integrated Services Digital Network
ISO	International Office of Standardisation
KDD	Knowledge Discovery Database
KMS	Kommunikations-Management-System
LAN	Local Area Network
MDE	Mobile Datenerfassung
MES	Manufacturing Execution System
MF-Rack	Multifunktionsrack
MIS	Management-Informations-System
MTV	Mehrwegtransportverpackung
NLM	Netware Loadable Modules
ODBC	Open Data Base Connectivity (Offene Datenbank-Schnittstelle)
OP	Offene Posten
PAZ	Preisauszeichnung
PBX	Private-Branch-Exchange
PPS	Produktionsplanung und -steuerung
QMS	Qualitäts-Management-System
RFZ	Regal-Förderzeug
RMS	Record Management System
ROI	Return-on-Investment
SCM	Supply Chain Management
SEDAS	Standardregelungen einheitlicher Datenaustauschsysteme
SFA	Sales Force Automation
SMI	Screen Management Interface
SPM	Security Preprocessing Manager
SPS	Speicherprogrammierbare Steuerung
SQL	System-Query Language
SSM	Selektions- & Sortier-Management

Ein Unternehmer

„Die Kombination der elementaren Faktoren schlechthin ist die betriebswirtschaftliche und volkswirtschaftliche Aufgabe der Unternehmer ..."

Erich Gutenberg

Seit Beginn der arbeitsteiligen Tauschwirtschaft sind alle wirtschaftlichen
Aktivitäten der Menschen, Unternehmen und Konzerne auf ertragreiches
Wirken durch permanentes Fortschrittsstreben ausgerichtet. Im Laufe der
Jahrhunderte wirtschaftlicher Entwicklung in unseren Volkswirtschaften
veränderten sich das öffentliche Bild und die Möglichkeiten der Unternehmer, auf die gesellschaftlichen und staatlichen Institutionen Einfluss zu nehmen. Über den geschichtlichen Betrachtungszeitraum gesehen, divergierten
die Beurteilung und die notwendige positive Einschätzung der Funktionen
des unternehmerischen Handelns.

Die organisierten Interessenvertretungen innerhalb unserer Gesellschafts-
strukturen verstellen zusätzlich die klare Sicht auf die unabdingbaren Erfordernisse unternehmerischen Denkens und Wirkens im Wirtschaftsalltag.
In Bezug auf die Weiterentwicklung unserer arbeitsteiligen Gesellschaft muss
die Mehrung der verfügbaren Güter - und somit des Wohlstandes für alle -
im Vordergrund der gemeinsamen Aktivitäten stehen.

Aus gesamtwirtschaftlicher Sicht ist es unabdingbar, als Unternehmer zum
Unternehmertum Stellung zu beziehen und die wesentlichen Anforderungen
zur Förderung des unternehmerischen Wirkens an die Öffentlichkeit heran-
zutragen.

Freies Unternehmertum muss im Interesse aller Gesellschaftsgruppen gefördert werden. Die Risikobereitschaft der Existenzgründer und „Jungunter-
nehmer" sollte eine breite Unterstützung durch die maßgeblichen und Einfluss
nehmenden Institutionen finden. Die gezielte Förderung des Innovations-
potenzials entscheidet zukünftig über die Wettbewerbsfähigkeit unserer
Volkswirtschaften. Nur durch das Zusammenwirken der verantwortlichen
politischen und aller gesellschaftlichen Gruppierungen wird eine Umkehr
von den passiven Versorgungsansprüchen hin zur aktiven Selbstverantwor-
tung bewirkt. Die Schaffung der politischen und wirtschaftlichen Rahmenbedingungen zur Förderung des Unternehmertums muss durch adäquate
Instrumente zur effektiven Unternehmensführung ergänzt werden.

Die Unternehmer sind selbst verantwortlich für die Qualität und Effektivität ihrer Instrumente zur Unternehmensführung. Eine positiv wirkende Unternehmensführung ist in unserer Informationsgesellschaft nur dann gewährleistet, wenn die zur Verfügung stehenden Kommunikations- und Informationstechniken zum Nutzen des gesamten Unternehmens eingesetzt werden.

Die Bedingungen und Voraussetzungen unternehmerischen Handelns verändern sich in unserer Informationsgesellschaft permanent, was sich nicht unerheblich auf die Chance und das Risiko auswirkt, Erfolg zu haben. Aus diesem Grunde müssen vor allem die Faktoren mit positiven Effekten das Denken und Handeln der Unternehmer leiten. Im Einzelnen zählen dazu: die Umsetzung des technischen Fortschritts, die permanente Erhöhung der Unternehmenseffizienz, die leistungsorientierte Bewertung der Zeit sowie die klare Definition der unternehmerischen Ziele.

Nur aus sicherem Unternehmenswachstum können nutzbringende Innovationen und permanent verbesserte Dienstleistungen entstehen. Aus der Internationalisierung der Märkte resultieren zwangsläufig neue Wirtschaftsstrukturen, auf die kurzfristig reagiert werden muss. Das Verharren und Subventionieren in „überholte" Strukturen und Unternehmen löst nicht die Probleme, sondern verschärft die wirtschaftliche Situation der betroffenen Unternehmen in kurzer Folgefrist. Somit wirken sie wohlstandsvernichtend für die betroffene Volkswirtschaft.

Nur die ökonomischen Entscheidungen, die auf der Basis sicherer Informationen getroffen werden, bewirken positive Effekte. Damit erhält die Informationstechnik eine strategische Bedeutung für die Unternehmensführung. Hierbei ist die „Integration" der herausragende Leistungsfaktor der Informationssysteme. Sie als weiteren Produktionsfaktor wirken zu lassen, setzt eine auf dieses Ziel ausgerichtete, branchenorientierte Standard-Software zur Unternehmensführung voraus. Die Integration bewirkt die Steigerung der Bedeutung des Elementarfaktors „Wissen" zum wichtigsten Elementarfaktor in unserer Informationsgesellschaft.

Aus den vier Elementen der Integration (Adressen, Artikel, Konditionen und Verfahren) lassen sich alle Fakten und Tatbestände als kleinste Bausteine über „atomare Datenelemente" darstellen. Um diesen „Integrationskern" entwickeln sich die Regelkreise wirtschaftlicher Abstimmungsprozesse konzentrisch. Diese Abläufe gelten für alle Einzelwirtschaften (Unternehmen und Staat) und erfordern eine auf die jeweilige Größe ausgelegte, instrumentale und integrierte Unternehmensführung. Für wirtschaftliche Prozesse und alle Innovationen gilt: Es gibt keine „optimale Betriebsgröße", sondern ausschließlich die für die jeweilige Betriebsgröße „passende" informationstechnische Infrastruktur, welche zur „optimalen Bewältigung" der integrierten

Abstimmungsvorgänge im immer komplexer werdenden Gütererstellungsprozess dient. Die Nutzung des gesamten Leistungspotenzials jedes einzelnen Unternehmens und schließlich der gesamten Volkswirtschaften, steht
hier im Mittelpunkt der integrierten Informationstechnik als „Regelkreis
des Wirtschaftens". Neben den daraus folgenden positiven Effekten für die
Unternehmen selbst, ist damit auch eine gesamtwirtschaftliche Wohlstandsmehrung in den innovativen und fortschrittlichen Volkswirtschaften verbunden.

Aus den Erkenntnissen praktischer Unternehmensführung sind die notwendigen Voraussetzungen zu formulieren, die zur Abbildung der „realen Wirtschaft" durch ein „Abbildungssystem", d. h. über die Informationstechnologie,
gefordert werden müssen.

In drei Teilen erfolgt nachstehend die umfassende Darlegung der Voraussetzungen für eine effektive Unternehmensführung aus der Sicht eines aktiv
tätigen Unternehmers:

Teil 1   **Systematische Abbildung der Wirtschaft**
Als Modell und Grundlage zum Aufbau eines
umfassenden Abbildungssystems der realen Wirtschaft

Teil 2   **Informationstechnisches Abbildungs- & Steuerungssystem**
Als Erklärung und Beschreibung effektiver
informationstechnologischer Werkzeuge zum Aufbau
einer spezialisierten Branchen-Software zur allumfassenden
Unternehmensführung

Teil 3   **Integrierte branchenspezifische Informationstechnik
zur Unternehmensführung**
Als praktische Umsetzung der theoretischen und
informationstechnologischen Erkenntnisse aus Teil 1 und 2
am Beispiel der chargenorientierten Produktion
(Nahrung & Genuss, Pharma & Kosmetik, Farben & Chemie)
sowie der angeschlossenen Distributionsunternehmen
über Handel & Logistik sowie der damit verbundenen
Dienstleistungen

Die Darlegung möglicher und praktisch nachweisbarer sowie quantifizierter
Verbesserungspotenziale über die Branchen-Software zur Unternehmensführung zeigt uns den Weg zum effektiven Unternehmen.

Teil 1
Systematische Abbildung der Wirtschaft

1

1 Systematische Abbildung der Wirtschaft

In der Informationsgesellschaft bestimmt die Qualität der Informationstechnologie die Effektivität der Unternehmensführung. Die Abbildung des
gesamten Unternehmens über „Standard-Software-Systeme" ist eine notwendige Voraussetzung zur datentechnisch begründeten Formulierung strategi-
scher Unternehmensziele sowie zur effizienten Umsetzung aller informationstechnisch abgesicherten Entscheidungen.

Eine branchenspezifische und unternehmensspezielle Standard-Software muss
die Unternehmensprozesse in den Einzelwirtschaften hoch integriert abbilden. Die Branchen-Software-Systeme sind als spezialisierte Werkzeuge der
Informationsverarbeitung mitverantwortlich für die Wettbewerbsfähigkeit
der marktaktiven Unternehmen.

> *Die Erstellung der Werkzeuge zur Programmierung von „Branchen-Software-
> Systemen" unterliegt einer außergewöhnlich hohen Innovationsrate. Hier gilt
> im Besonderen die Aussage Heraklits: „Alles fließt, nichts bleibt wie es ist".*

Im Kapitel 2 steht die Technologie zur Herstellung der Branchen-Software
(am Beispiel des CSB-Systems) im Vordergrund der Betrachtung. Eine effiziente Software-Erstellung sichert direkt die Wettbewerbsfähigkeit und Unabhängigkeit der Branchen-Software-Häuser. Ein erfolgreicher Einsatz der
Branchen-Software (siehe hierzu Kapitel 3) erfordert ein hohes Maß an
Abbildungsgenauigkeit der Unternehmensprozesse. Die Systematik eines
„Software-Systems" gibt somit indirekt Auskunft über das zugrunde liegende theoretische Abbildungssystem.

> *Hier gilt die wissenschaftstheoretische Aussage: „Bildet ein spezialisiertes
> Modell die realen Abläufe eines Unternehmens spiegelbildlich ab, so muss
> dieses Modell auch Rückschlüsse auf ein gesamtheitliches Wirtschafts-
> modell zulassen."*

Aus einem wissenschaftstheoretisch abgesicherten und gesamtheitlichen Modell zur Erklärung der Wirtschaftsentwicklung muss die zurückliegende
Wirtschaftsgeschichte sowie unsere Informations- und Wissensgesellschaft
erklärbar sein.

Mit einem theoretischen Abbildungssystem müssen demnach die Erklärungsansätze für unsere Weltwirtschaft als „Realsystem" herleitbar sein. Dieses
Modell sollte keine ideologisch begründeten Ausgangspunkte und Randbedingungen beinhalten. Die Wirtschaftswissenschaften müssen sich hierbei

zwingend am Vorbild der Naturwissenschaften und im Speziellen an den Bestrebungen der Physiker ausrichten, die die Suche nach einem „Modell zur Weltformel" als „ganzheitlichen Erklärungsansatz" für unsere physische Existenz verfolgen.

Die Wirtschaftswissenschaften bleiben aufgefordert, über ihre heutige Funktion „der Reparaturwissenschaft" als politisch motivierte Aufgabenstellung hinauszugehen und nach einem Wirtschaftsentwicklungsmodell zu suchen, das auch die Informations- und Wissensgesellschaft in die Theorie der Faktor- und Gütermarktentwicklung einbezieht. Aus der Theorie zur Wirtschaftsentwicklung als Erklärungsansatz unseres „Realsystems" lassen sich die Ansätze zur Entwicklung einer informationstechnischen Theorie herleiten, die in die Modellformulierung eines „Abbildungssystems" (als integriertes unternehmensspezifisches Informationssystem) münden können. Die Aufgabe zur Modellbildung besteht hierbei zunächst in der Suche nach den kleinsten Abbildungseinheiten eines Informationssystems, die als „Abbildungselemente" definiert werden. Um anschließend aus den kleinsten Elementen des Abbildungssystems ein informationstechnisches Integrationssystem zu bilden, bedarf es der Formulierung der „Integrationselemente" sowie der atomaren Datenelemente und ihrer mulidimensionalen Verknüpfungswirkung über die Informationstechnologie.

1.1 Unternehmen im Informationszeitalter

Ausgehend vom Zweck und Ziel wirtschaftlichen Handelns ist festzuhalten, dass Unternehmer, die am Markt erfolgreich tätig sind, positiv für die Volkswirtschaft wirken. Die durch diese Unternehmen in den Wirtschaftsprozess eingebrachten Güter (Produkte und Leistungen) erfahren im Regelfall eine höhere Wertschätzung als die am Markt angebotenen Substitutionsgüter bzw. sind kurzfristig ohne entsprechende Konkurrenzprodukte. Damit sind sie maßgeblich für den Erfolg des Unternehmens wirksam. Der für die Volkswirtschaft positiv wirkende Unternehmer zeichnet sich dadurch aus, dass er, neben der als traditionell zu bezeichnenden Faktorkombination, zusätzlich innovatives Potenzial in seinem Unternehmen aufbaut und daraus marktgängige (präferierte) Güter schafft. Der betrieblichen Zielsetzung des Unternehmens entsprechend, werden die intern und extern wirkende Organisation sowie die Marktposition auf- bzw. ausgebaut.

Zielgerichtetes Handeln zu organisieren und mit den geringsten Reibungsverlusten zwischen den Organisationseinheiten (Betriebswirtschaften und Marktteilnehmern) umzusetzen, ist die Aufgabe der „integrierten Informationstechnologie" zur Unternehmensführung.

Die Informationstechnik ist zu einer „strategischen Waffe" der Unternehmensführung geworden. Aus dieser Situation ist abzuleiten, dass die moderne und neueste Technologie in der Software-Entwicklung auch die traditionelle Betriebswirtschaftslehre beeinflussen wird.

1.2 Informationstechnologie und Wirtschaftswissenschaft

Die moderne und neueste Informationstechnologie hat erheblichen Einfluss auf die Wirtschaftswissenschaft. Die traditionelle Betriebswirtschaftslehre wurde im Zeitalter der Industriegesellschaft entwickelt. Die Produktion und die Abstimmung der Produktionsabläufe im Prozess der Gütererstellung standen im Mittelpunkt der wissenschaftlichen Forschung.
Mit dem Übergang des Industriezeitalters zur Informationsgesellschaft rückten die Kommunikations- und die Informationstechnik in den Mittelpunkt gesellschaftlicher Veränderung.

Das praktische Umsetzen wirtschaftlichen Handelns vollzieht sich im Rahmen der durch die Informationstechnologie gegebenen Möglichkeiten. Aus dieser Situation ergibt sich die Notwendigkeit, eine flexible und parametrisierbare Software zur integrierten Unternehmensführung zu entwickeln. Auf welcher wissenschaftlichen Basis und nach welchen praktischen Erkenntnissen bzw. theoretischen Kriterien muss eine integrierte, parametrisierbare und betriebsspezifisch konfigurierbare Software zur Unternehmensführung aufgebaut werden?

1.3 Theoretische Basis des Wirtschaftens

Es kann allgemein bezweifelt werden, dass die traditionelle Betriebswirtschaftslehre eine einheitliche Grundlage für allgemein gültige und strukturierte Aussagen über alle Betriebswirtschaften (Einzelwirtschaften und Unternehmensbranchen) ermöglicht. Die schon sehr früh in der Betriebswirtschaftslehre wirksam gewordene Spezialisierung (in den als spezielle Betriebswirtschaften gekennzeichneten Lehrgebieten) lässt erkennen, dass auch hier keine Ansätze für eine branchenübergreifende Gliederung einer standardisierten Software zur Unternehmensführung ableitbar sind.

Eine für die Informatik zugängliche, allgemein gültige und wissenschaftlich begründbare strukturierte Gliederung des Unternehmens (über die standardisierte Branchen-Software zur Unternehmensführung) kann daher nur auf den „ursächlichen Faktoren" des Wirtschaftens aufbauen.

1.3.1 Faktoren des Leistungspotenzials

Güter werden aus der zielgerichteten Kombination der Produktionsfaktoren für einen bestehenden Bedarf auf dem Güter- und Faktormarkt geschaffen. Das im Unternehmen wirksame Leistungspotenzial wird in die nachstehenden Elementarfaktoren des Wirtschaftens gegliedert (nach Erich Gutenberg):

- **Arbeit**
  wird von den privaten Haushalten angeboten

- **Betriebsmittel**
  werden von den Einzelwirtschaften angeboten

- **Werkstoffe**
  werden von den Einzelwirtschaften angeboten

- **dispositiver Faktor**
  wird in jeweiliger Einzelwirtschaft organisiert und erzeugt

Das Leistungspotenzial der Einzelwirtschaften wird durch die Kombinationsfähigkeit der Elementarfaktoren über den dispositiven Faktor wirksam.

Die Informatik ermöglicht es, die dispositiven Fähigkeiten bei der Kombination der Elementarfaktoren wesentlich zu verbessern. Dieser aus dem technischen Fortschritt wirkende Faktor wirtschaftlichen Handelns wird bei Gutenberg nicht als eigenständiger Faktor ausgewiesen, sondern dem dispositiven Faktor zugerechnet. Die im Informationszeitalter möglich gewordene Verbesserung des Informationsflusses und der Informationsstrukturen beeinflusst nachhaltig die betrieblichen Leistungsfaktoren; dieser Einfluss wird hier als „Integrationsfaktor" bezeichnet oder definiert. Die daraus resultierende positive Wirkung auf die Gesamtheit des Unternehmens muss der integrierten Informationstechnologie zugerechnet werden.

Die Faktorkombination als Leistungspotenzial des Unternehmens vollzieht sich in den als „Funktionsbereiche" bezeichneten Unternehmensteilen. Die Einteilung der Funktionen, die diesen Funktionsbereichen zuzuordnen sind, orientiert sich hierbei an dem vorgegebenen Prozess der Faktorkombinationen in den unterschiedlichen Unternehmensbranchen.

1.3.2 „Integration" als Faktorleistung

Es ist zunächst darauf hinzuweisen, dass die „Integration" der Funktionsbereiche und Funktionen im Unternehmen eine unverzichtbare Voraussetzung für die erfolgreiche Organisation der internen und externen wirtschaftlichen Abläufe im zielgerichteten Handeln ist.

> *Der Integrationsgedanke lässt sich zurückführen auf das Streben nach „Einheit". Bereits in der antiken fernöstlichen Philosophie (Buddhismus, Konfuzianismus) finden wir das Streben nach Übereinstimmung und Harmonie, verankert im Postulat „der Einheit von Mensch und Natur sowie der Einheit von Geist und Körper". Aus einem Unternehmen eine effektive Einheit aus Verwaltung und Produktion zu schaffen, wird nur über das technische Mittel der Systemintegration, aus der Zusammenführung von Informations-, Produktions- und Kommunikationstechnologie, realisierbar.*

Erst mit der Integration werden die Abläufe im Prozess der Faktorkombination (als wiederholbare Arbeitsgänge) über die „Transmissionswirkung" der Anwendungssoftware standardisiert und somit „sicher" wiederholbar. Über den multiplikativen Effekt der Standard-Software wirkt die Integration als „eigenständige Dimension" der Ablaufgestaltung in allen Funktions- und Arbeitsbereichen der Einzelwirtschaften. Daraus folgt, dass die Integration ein eigenständiger Faktor ist. Die notwendige Hardware, die zum Einsatz der Software erforderlich ist, wird dem Faktor „Betriebsmittel" zugerechnet.

Die Integrationswirkung in der Informationstechnologie über alle Funktionsbereiche sowie Funktionen setzt voraus, dass die Einteilung in Funktionsbereiche der Forderung nach Allgemeingültigkeit entsprechen muss. Hierbei ist zu beachten, dass die einzelnen Unternehmensbranchen sich durch ihre Gewichtung in den Faktorkombinationen unterscheiden und dennoch im gleichen Funktionsbereichsschema abgebildet werden sollen.

Diese Anforderung zu formulieren ist möglich und notwendig, um eine branchenunabhängige und gleichzeitig branchenspezifische Gliederung der Standard-Software zur Unternehmensführung zu erstellen. Daraus folgt für die Abbildung des betrieblichen Leistungsprozesses, dass zu den Elementarfaktoren und dem dispositiven Faktor ein weiterer Faktor hinzukommt: die „Integration".

1.3.3 Gliederung der Funktionsbereiche

Weder aus der allgemeinen noch aus der speziellen Betriebswirtschaftslehre lässt sich eine schlüssige Einteilung der Funktionsbereiche und Funktionen ableiten, um die vorstehenden Anforderungen nach einer branchenübergreifenden Standard-Software zur Unternehmensführung zu strukturieren.

Hieraus ergibt sich die Notwendigkeit, die Funktionsbereiche im CSB-System neu zu gliedern in:

1. Management & Controlling
2. Leistungs- & Zeitwirtschaft
3. Güter- & Warenwirtschaft
4. Rechnungswesen & Finanzen

zu 1: Management & Controlling

Die Wirkung des „dispositiven Faktors" auf die Kombination der Elementarfaktoren in den Funktionsbereichen und Funktionen ist sinnvollerweise dem Bereich des Unternehmensmanagements zuzuordnen. Unter dem Begriff „Management & Controlling" wird im branchenspezifischen Standard-Software-Paket des CSB-Systems die nachstehende Einteilung in folgende Funktionen vorgenommen:

- Personal- & Wissensmanagement (PWM)
- Management-Informations-System (MIS)
- Bereichs-Informations-System (BIS)
- Qualitäts-Kontroll-System (QKS)
- Kosten- & Leistungsrechnung (KLR)
- Archiv- & Dokumenten-Management (ADM)

Diese Funktionen des Managements zeichnen sich dadurch aus, dass sie funktions- und funktionsbereichsübergreifend, also im gesamten „System" der Unternehmung, „dispositiv" zur Unternehmensführung eingesetzt werden.

zu 2: Leistungs- & Zeitwirtschaft

Der Funktionsbereich Zeitwirtschaft stellt das zu bewirtschaftende Element „Zeit" in den Mittelpunkt wirtschaftlichen Handelns. Über die Anforderungen aus der Standardisierung der Software ergibt sich die Gliederung über folgende Funktionen:

- Personal (menschliche Arbeitsleistung) und
- Betriebsmittel (Anlagen bzw. Aggregate)
- Ressourcenmanagement (Kombination und Disposition der Faktoren Arbeit und Betriebsmittel)

zu 3: Güter- & Warenwirtschaft

Im Mittelpunkt der Faktorkombination steht hier der zu bewirtschaftende Faktor „Werkstoffe". Die Bewirtschaftung dieses materiellen Leistungsfaktors erfolgt im Unternehmensführungssystem über die Funktionen:

- Beschaffung
- Lager
- Produktion & PPS
- Absatz & Logistik

Der Begriff Warenwirtschaft steht synonym für Güterwirtschaft, d. h. die Bewirtschaftung von Produkten und Leistungen.

zu 4: Rechnungswesen & Finanzen

Der Unternehmenserfolg wird über das Leistungspotenzial der innovativen Faktorkombination sichtbar und somit auf dem Faktor- und Gütermarkt wirksam. Die Auswirkungen im Einzelunternehmen werden im Finanz- und Rechnungswesen abgebildet.
Die mit der Faktorkombination verbundenen Finanz- und Rechnungswesen-Transaktionen werden über Standardprogramme eingeteilt in:
- Lohn- und Gehaltsabrechnung
- Anlagenbuchhaltung
- Finanzbuchhaltung
- Kostenstellen- und Kostenträgerrechnung
- Reporting

Über diese Programme werden die Transaktionen erfasst, die durch Kombination der Elementarfaktoren in den finanztechnischen und buchhalterischen Auswirkungen rechenbar sind. Somit wird die Effektivität unternehmerischen bzw. wirtschaftlichen Handelns sichtbar gemacht.

1.3.4 Einteilung des Leistungspotenzials

Aus den Elementarfaktoren: Arbeit, Betriebsmittel und Werkstoffe resultiert in einer dynamischen Wirtschaft nur dann Fortschritt, wenn mit neuem Wissen neue Güter und/oder mehr Produktivität geschaffen werden.

Im impliziten Wissen jedes Einzelnen spiegelt sich die jeweils subjektive „Wirklichkeitsauffassung", womit auch die vorstellbaren Zukunftsvisionen der dynamischen Forscher und Unternehmer am Markt deutlich werden. Das in der Gesamtwirtschaft vorhandene komplexe „implizite Wissen" wird nur dann zum echten Fortschrittsmotor der Gesamtwirtschaft, wenn daraus allgemein gültiges und für alle zugängliches „explizites Wissen" generiert wird. Hierzu ist es unerlässlich, über eine hoch integrierte Informationstechnologie zu verfügen. Die „Integration" als Bezeichnung für den direkten Zugang zu allen externen wie auch internen Informationen wird dadurch zu einer notwendigen Vorbedingung für die Verfügbarkeit des Elementarfaktors „Wissen".

> *Wissen ist nicht mehr als „Anhängsel" des Faktors Arbeit und des Faktors Betriebsmittel zu sehen. Die moderne Informationstechnologie und die weltweiten Kommunikationsmöglichkeiten (Internet, Intranet, EDI, CTI etc.) ermöglichen es, aus den verfügbaren Kenntnissen, dem gesicherten impliziten Wissen, explizites Wissen zu generieren. Aus explizitem Wissen wird durch gezieltes Wissensmanagement der dynamische Faktor „Wissen", der die Unternehmensentwicklung maßgeblich gestaltet.*

Unter der Voraussetzung, dass der „sechste" Faktor des Leistungspotenzials eines Unternehmens, die „Integration", über alle Funktionsbereiche wirkt, kann die Gliederung der Faktoren des Leistungspotenzials in den Einzelwirtschaften wie folgt vorgenommen werden:

Faktoren des Leistungspotenzials

Existenzielle Betrachtung

■ Physische Faktoren
- Arbeit (Mensch)
- Betriebsmittel
- Boden
- Werkstoffe

■ Virtuelle Faktoren
- Dispositive Tätigkeit
- Integration
- Bildung
- Wissen
- Kapital

Wirtschaftliche Betrachtung

■ Elementarfaktoren
1. Arbeit
2. Betriebsmittel (Kapital)
3. Werkstoffe (Boden)
4. Wissen

■ Managementfaktoren
5. Dispositive Tätigkeit
6. Integration

Der Zugang zum erworbenen und neuen Wissen bestimmt maßgeblich die Innovationsfähigkeit eines jeden Unternehmens. Aus verfügbarem Wissen resultiert die Leistungsfähigkeit der Arbeitskräfte in Forschung, Dienstleistung und Produktion. Die Integration der Informationssysteme und der jederzeit mögliche Zugriff auf archiviertes (gesammeltes und katalogisiertes) Wissen ist die Basis für die zunehmende Spezialisierung der wettbewerbsaktiven Unternehmen. Aus verfügbarem Wissen in den effektiven dynamischen Unternehmen wird somit „expansives Wissen". In den fortschrittlichen Volkswirtschaften wird „Wissen" zum vierten elementaren Produktionsfaktor aufgewertet. Auch ist die fortschrittliche Informationstechnologie in der Lage, die Bedeutung des Faktors Wissen zu steigern. (weitere Ausführungen unter Gliederungspunkt 3.6.2 Wissen als Elementarfaktor)

Die Effektivität der Faktorkombination im einzelnen Unternehmen hängt weiterhin vom dispositiven Faktor sowie vom erreichten Integrationsgrad der Funktionsbereiche und Funktionen ab. Der erzielte Integrationsgrad im Unternehmen beeinflusst nachhaltig die Informationstransparenz und Informationssicherheit sowie die Geschwindigkeit der Informationsweitergabe. Durch die dispositiv bewirkte Umformung des expliziten Wissens (als Wissensbeschaffung) wird aus jedem „informationsverarbeitenden Unternehmen" ein zukunftsorientierter, überlebenswilliger Unternehmensorganismus. Mit dem gezielten Aufbau von lernenden Organisationseinheiten in den fortschrittlichen Einzelwirtschaften vollzieht sich damit der Übergang von der Informations- zur Wissensgesellschaft.

1.3.5   Basiselemente der Integration

Der in den Funktionsbereichen wirkende Faktor der Integration wird über die Basiselemente wirksam. Unter den Basiselementen oder Kräften der Integration sind die kleinsten und gemeinsamen Daten, Fakten und Abläufe subsumiert, aus denen wiederum ein beliebiges „Ganzes" entsteht. Die Gliederung der Basiselemente ist orientiert an der Forderung, alle Tatbestände bzw. Abläufe wirtschaftlichen Handelns auf die „kleinsten Bausteine" zurückzuführen, die gleichzeitig auch Subsumierungselemente (in einer Gesamtmenge) sind.

> *Eine systematische Analyse der kleinsten Elemente des Wirtschaftsprozesses steht hinter der Idee der Integrationselemente und der gleichzeitigen Suche nach der ordnenden Hand zur Abbildung des wirtschaftlichen Handelns.*

Hat man die Struktur der Wirtschaft auf die nicht weiter differenzierbaren Daten und Fakten zurückgeführt, so lässt sich jede denkbare Kombination im Ablauf aller wirtschaftlichen Vorgänge abbilden sowie wieder zusammenführen zu beliebig gestaltbaren Einheiten wirtschaftlicher Tatbestände, Abläufe und Organisationsstrukturen. Somit ist sichergestellt, dass diese kleinsten Elemente (atomare Datenelemente) als wirtschaftliche Daten (Fakten, Tatbestände etc.) gleichzeitig die Elemente des Faktors Integration sind:

Basiselemente der Integration:
- Adressen
- Artikel
- Konditionen
- Verfahren

Die vier Elemente bzw. „Kräfte" der Integration sind in Analogie zu den vier „Elementarkräften" der Physik zu sehen[1]. Die „moderne Physik" sucht nach der „Weltformel", in der alle Kräfte miteinander verknüpft sind und sich aus einer übergreifenden Theorie (einer allumfassenden Beschreibung des Universums) herleiten lassen.

Auf die Wirtschaftswissenschaften übertragen, wäre hiernach zu prüfen, inwieweit sich die Kräfte (bzw. Elemente der Integration und somit alle Tatbestände „wirtschaftlichen Wirkens") in einer allgemein gültigen Beschreibung der Wirtschaft abbilden lassen. Diese über definierte „Ordnungskriterien" abgebildeten Fakten wirtschaftlichen Handelns sind dementsprechend (in Anlehnung an die moderne Physik) als „Inseln der Ordnung" im Wirtschaftsleben anzusehen.

> *Die mathematisch und ökonometrisch ausgerichteten Schulen der Wirtschaftswissenschaften betätigen sich mit ihren partiellen Theorien und Betrachtungsschwerpunkten mehr als wirtschaftspolitisch ausgerichtete „Reparaturwissenschaften", statt der Notwendigkeit nachzugehen, einen gesamtheitlichen Ansatz zur Abbildung unseres komplexen Wirtschaftens aus einem „übergeordneten Realsystem" herzuleiten.*

Der wirtschaftlich handelnde Mensch ist die alleinige, rational oder irrational zu beurteilende Entscheidungsinstanz im „Regelkreis der integrierten Wirtschaft".

Die im menschlichen Gehirn ablaufenden Prozesse (Gedanken, Überlegungen, Entscheidungen etc.) werden einerseits durch das Erbgut und andererseits durch Außenwirkungen (lt. Gehirnforschung als elektrische Stromimpulse wirksam) determiniert.

> *Inwieweit der wirtschaftende Mensch in seinem Handeln einem übergeordneten „Systemmuster" unterworfen ist, bleibt für die Analyse der systemimmanenten Abhängigkeiten und Wirkungen im realen „Gesamtsystem" von entscheidender Bedeutung.*

Neben den durch Regeln geschaffenen „Inseln der Ordnung" wirkt das „deterministische Chaos" im Menschen als treibende und verändernde Kraft in der dynamischen Wirtschaftsentwicklung; im Besonderen in der Forschung und Entwicklung, womit die Grundlagen zur weiteren Spezialisierung gegeben sind.

> *Über die Integrationselemente wird die wissenschaftliche Forderung realisierbar, alle wirtschaftlich bestehenden Beziehungen umfassend zu definieren bzw. informationstechnisch abzubilden.*

Die zur Steuerung der wirtschaftlichen Abläufe einzusetzenden Informations- und Kommunikationstechniken müssen in der Lage sein, diese vorstehenden komplexen Zusammenhänge abzubilden und zu bearbeiten. Die effektive Informationstechnologie muss nachhaltig eine schnellere Schrittfolge in der Unternehmensentwicklung bewirken.

1.3.5.1 Integrationselement: Adressen

Die eindeutige Kennzeichnung aller Marktteilnehmer erfolgt über die Adresse. Die zu jeder Adresse gehörenden Datenfelder führen zur eindeutigen Identifikation und werden hier als „atomare Datenelemente" bezeichnet. Unter diesem Begriff der „Identifizierung" aller Personen und juristischer Körperschaften wird in der Informatik die Zuordnung aller Wirtschaftsvorgänge ermöglicht. Die spezifischen Tatbestände, die zu einer speziellen Adresse gehören, werden über Gruppierungsschlüssel und frei definierbare Felder als Adresseninformationen gekennzeichnet.

Der Faktor „Arbeit" wird ebenfalls über die Adresse direkt erfasst.

Das Integrationselement „Adresse" kennzeichnet alle Marktteilnehmer (Lieferant, Kunde etc.), Unternehmensteile, Abteilungen bis hin zum Mitarbeiter. Somit sind alle orts- und namensbezogenen Informationen zentral und redundanzfrei an einer einzigen Stelle für die Informations- und Kommunikationstechnik als Daten, Sprache und Bilder zu bearbeiten, zu speichern und abzurufen.

1.3.5.2 Integrationselement: Artikel

Die Objekte allen wirtschaftlichen Wirkens sind Güter (Produkte und Leistungen). Güter (auch öffentliche Güter) müssen in der Informatik eindeutig gekennzeichnet werden; dieser Vorgang wird als Artikelidentifikation bezeichnet. Der Begriff „Artikel" wird zur Kennzeichnung aller:
- Betriebsmittel (einschl. Boden und Kapital) sowie
- Werkstoffe (einschl. Spalt- u. Kuppelprodukte) verwendet.

Die zur Kennzeichnung der Artikel dienenden Datenfelder sind die „atomaren Datenelemente", die dem Integrationselement Artikel zur eineindeutigen Identifikation verhelfen. Selbst die als Faktoreinsatz und Dienstleistung erbrachte „Arbeit" wird über die Artikelidentifikation erfasst und bearbeitet. Artikel sind alle im Produktionsprozess oder im Absatz als Güter zu erfassenden Produkte (auch Halbfabrikate und Hilfsstoffe) und ebenfalls Leistungen, die Objekte des wirtschaftlichen Handelns und der Kosten- und Leistungsrechnung sind.

Die zu verrechnende Zeit oder die über „Verteilungsschlüssel" zu verteilenden Gemeinkosten, sind nach dieser Definition ebenfalls unter der Identifikation der „Artikel-Logik" zu bearbeiten.

Bis auf den dispositiven Faktor werden alle Leistungsfaktoren über die Artikelidentifikation registriert und somit für die Informatik kenntlich bzw. erfassbar gemacht.

1.3.5.3 Integrationselement: Konditionen

Die Einflüsse auf die Artikel werden hier als Konditionen bezeichnet. Jede Kondition wird über die „atomaren Datenelemente" beschrieben. Unter der Definition „Kondition" werden die physischen Mengen in verschiedensten Einheiten und die wertmäßigen Einflüsse auf die „Artikel" erfasst. Diese Einflüsse werden über parametrisierbare „Formeln" (als rechnerisch nachvollziehbare Tatbestände) den Artikeln bei Bedarf als Einflussfaktoren zugeordnet.

Als Ergebnis werden die physischen und wertmäßigen Auswirkungen auf die Artikel rechenbar und somit für die Informatik zugänglich. Die durch die Kombination von Artikeln und Adressen besonderen „Adressenkonditionen" werden ebenfalls über das Element „Konditionen" erfasst und bei allen Vorgängen, die diese Kombinationen betreffen, berücksichtigt.

Gleiches gilt für Konditionen, die für bestimmte Verfahren Gültigkeit besitzen, bzw. für Verknüpfungen (von Adresse → Artikel → Verfahren) und die hierbei besonders zu beachtenden „Sonderkonditionen".

Aus den Elementen der Integration lassen sich beliebige Tatbestände darstellen, die aus einer Vielzahl von theoretisch denkbaren Verknüpfungen (in Bezug auf „besondere Konditionen") Gültigkeit besitzen und somit eindeutig in den Standardprogrammen festgelegt werden können.

1.3.5.4 Integrationselement: Verfahren

Die Beschreibung der Faktorkombinationen wird über das Integrationselement „Verfahren" realisiert. Jedes wirtschaftliche Handeln erfolgt unter fest definierten oder frei gestaltbaren (innovativen) Verfahrensweisen.

Jedes Verfahren wird gekennzeichnet durch seine spezifischen „atomaren Datenelemente". Die hoheitlich (staatlich bzw. von öffentlichen Körperschaften) festgelegten Regeln des Warenverkehrs bzw. die allgemein gültigen Handlungsanweisungen (wie Gesetze und Verordnungen) für das aktive oder passive Verhalten im Unternehmen (intern) und am Markt (extern) werden über das Integrationselement „Verfahren" abgebildet.

Unter der Begriffsdefinition „Externe Verfahren" werden alle Regeln (Gesetze, Vorschriften) und Regelungen (frei gestaltbare Vereinbarungen) mit dem Wirtschaftsraum und Marktteilnehmer außerhalb des Unternehmens subsumiert.

Die externen Verfahren gelten auch für die freiwillig von den Marktteilnehmern definierten, vertraglich gebundenen oder in allgemein gültigen

Standards (z. B. EDIFACT, SEDAS, CCG-Normen) festgelegten Abläufe des Informations- und Warenaustausches.

Das intern erarbeitete Know-how (Patente, Warenzeichen und C.-R.-Rechte) sowie die von externen Marktteilnehmern genutzten Rechte und Patente werden ebenfalls über das Element Verfahren in den Leistungsprozess des Unternehmens integriert und stellen das verfügbare Wissen dar.

Die im Unternehmen ablaufenden Faktorkombinationen sowie die vom Management und den Führungsebenen durchzuführenden dispositiven Aufgaben werden unter dem Begriff „Interne Verfahren" zusammengefasst. Zur Steuerung der Faktorkombination im Unternehmen werden Systeme zur Betriebsdatenerfassung (BDE), zum Computer-Integrated-Manufacturing (CIM) sowie zur Produktionsplanung und -steuerung (PPS) eingesetzt. Die dazu notwendigen organisatorischen Beschreibungen sowie die technische Einbindung sämtlicher Produktionsaggregate in die Informationstechnik (über Schnittstellen) werden ebenfalls über das Integrationselement „Interne Verfahren" definiert und physisch realisiert.

Alle Abläufe und Regeln zwischen den Marktteilnehmern und zwischen den Funktionsbereichen bzw. Funktionen im Unternehmen werden über das Integrationselement „Verfahren" situationsgerecht, d. h. real erfasst. Je höher der erreichte Abbildungsgrad, desto geringer sind die durch die Informatik bedingten Reibungsverluste zwischen den Marktteilnehmern und Unternehmensbereichen.

1.3.6 Integrationselemente und Elementarfaktoren

Welche Bedeutung haben die Basiselemente der Integration für die Elementarfaktoren[2] in unserer Wirtschaft, die durch die Informationstechnik geprägt wird?

Die Kombination der Leistungsfaktoren erfolgt in den Einzelwirtschaften über die Funktionsbereiche – in einzelnen Funktionen organisiert – als Prozess der Gütererstellung.

Betriebswirtschaftlich gilt für die Beziehung der Integrationselemente (Adresse, Artikel, Konditionen und Verfahren) zu den Elementarfaktoren (Arbeit, Betriebsmittel, Werkstoffe und Wissen), dass diese im Produktionsprozess über die „Integration" mit der Standard-Software zur Unternehmensführung erfassbar werden. D. h., im Einzelnen können die Beziehungen der Elementarfaktoren im Leistungspotenzial des Unternehmens informationstechnisch über die Elemente der Integration sachgerecht abgebildet werden.

1.3.6.1 Arbeit

Als wichtigster Produktionsfaktor wird die Arbeit von den privaten Haushalten auf dem Faktormarkt angeboten. In den Einzelwirtschaften wird diese Arbeitsleistung als Faktoreinsatz zur Gütererstellung (Produkte und Leistungen) verwendet. Die menschliche Arbeitskraft wird in den Einzelwirtschaften in allen Funktionsbereichen und Funktionen in den verschiedenen Formen (für unterschiedliche Aufgaben) produktiv und dispositiv eingesetzt.

Damit die zielgerichtete Lenkung der Aufgaben im Unternehmen über die Software zur Unternehmensführung spiegelbildlich abgebildet werden kann, müssen die von den jeweiligen Personen durchzuführenden Aufgaben definiert und quantifiziert werden:

■ *Adresse:*
 Die Identifikation der produktiven und dispositiven Arbeitskräfte erfolgt über das Integrationselement „Adresse".
■ *Artikel:*
 Die Arbeitsleistungen werden als Faktoreinsatz im Produktionsprozess wie auch in der dispositiven Tätigkeit über die „Artikel-Definition" für die Informatik differenzierbar.
■ *Konditionen:*
 Der bewertete Leistungsverzehr (als Arbeitsgänge, Aufgaben und dispositive Anweisungen) wird über das Integrationselement „Konditionen" in der Kosten- und Leistungsrechnung rechenbar.
■ *Verfahren:*
 Die im Unternehmen zu erbringenden Leistungen werden in den Stellenbeschreibungen, den Qualitätssicherungsaufgaben, den Produktionsablaufbeschreibungen etc. über das Integrationselement „Verfahren" transparent und für die Informationsverarbeitung erfassbar.

1.3.6.2 Betriebsmittel

Der Produktionsfaktor Betriebsmittel unterstützt und ermöglicht erst im Regelfalle den produktiven Einsatz der menschlichen Arbeitskraft zur Gütererstellung. Unter Betriebsmittel werden (nach Gutenberg) alle zur Produktion gehörenden technischen, logistischen und operativen Investitionsmittel (einschließlich Grund und Boden) zusammengefasst. Die jeweilige Zusammensetzung und Ausgestaltung der zur Güterproduktion gehörenden Betriebsmittel sind abhängig vom technischen Wissensstand und der internen oder externen Innovationsfähigkeit der Einzelwirtschaften.

Die Arbeitsproduktivität wird maßgeblich durch den in der Betriebsmittelkombination wiedergegebenen „Grad des technischen Fortschritts" beeinflusst. Daraus folgt, dass die in den Einzelwirtschaften eingesetzte Informationstechnik ebenfalls zu den Betriebsmitteln zählt und die Produktivität des Unternehmens durch die Informationstechnik wiederum in hohem Maße bestimmt werden kann.

Eine optimale Betriebsmittelkombination zur Gütererstellung zu erreichen, ist Aufgabe des Managements in den Einzelwirtschaften. Diese Aufgabe wird in den Funktionsbereichen und Funktionen über die operativen Aufgabengebiete des Unternehmens durchgeführt. Soll dieser Prozess durch die standardisierte Software zur Unternehmensführung unterstützt werden, so dienen auch hierbei die Elemente des Faktors „Integration" zur Erfassung, Identifikation und Ermittlung des Wertverzehrs sowie zur Definition des Einsatzes der Betriebsmittel in der Produktion:

- *Adresse:*
  Über die Adresse werden die Lieferanten, Betriebsteile, Abteilungen etc. gekennzeichnet.
- *Artikel:*
  Die Betriebsmittel werden als Leistungskomponenten über die Artikelnummer identifiziert und kombiniert.
- *Konditionen:*
  Die Bewertung der eingesetzten Betriebsmittel über das Element „Konditionen" erfolgt in der internen Kostenrechnung und in der Definition der physischen und wertmäßigen Einflüsse der Produktionsabläufe auf die eingesetzten Betriebsmittel zur Gütererstellung.
- *Verfahren:*
  Die Verwendung und der Einsatz von Betriebsmitteln in der jeweils speziellen Kombination (entsprechend des technischen Fortschritts und der vorhandenen Infrastruktur) in den Einzelwirtschaften zur jeweiligen Gütererstellung werden über das Integrationselement „Verfahren" beschrieben bzw. festgelegt.

1.3.6.3 Werkstoffe

Die zur Herstellung von Gütern benötigten Werkstoffe sind im Regelfalle knappe Güter. Die Bewirtschaftung dieser Werkstoffe erfolgt in einer freien und geregelten Wirtschaft unter dem Gesetz des Wettbewerbs. Aus den auf unserer Erde in endlicher Menge vorhandenen und zu bewirtschaftenden Gütern wirkt die Knappheit der Werkstoffe (als Roh-, Hilfs- und Betriebsstoffe) direkt auf die Preisbildung ein. Die Preisbildung vollzieht sich dabei unter der Gesetzmäßigkeit der „Knappheit". Die Voraussetzungen dafür bilden der freie Markt und die gesetzlichen Bedingungen des Wettbewerbs. Als Werkstoffe werden alle Güter zusammengefasst, die als variable Einsatzmittel in die Gütererstellung einfließen. Die Erfassung des Werkstoffverzehrs in der Gütererstellung über die standardisierte Software erfolgt wie bei den beiden vorstehenden Elementarfaktoren (menschliche Arbeit und Betriebsmittel) über die Integrationselemente Adresse, Artikel, Konditionen und Verfahren:

■ *Adresse:*
Das Integrationselement Adresse erfasst die möglichen Adressaten, die als Bezugsquelle für die Beschaffung der Werkstoffe in Frage kommen.
■ *Artikel:*
Die Werkstoffe werden als Artikel identifiziert und über eine eindeutige Artikelnummer für die Informatik zugänglich.
■ *Konditionen:*
Mit dem Begriff Konditionen werden alle möglichen (bzw. denkbaren) Bedingungen erfasst, die auf den Beschaffungspreis der Werkstoffe direkt oder indirekt einwirken. In der Software werden diese Konditionen über mathematische Formeln (z. B. als frei definierbare Rechenregeln) den einzelnen Werkstoffen zugeordnet.
■ *Verfahren:*
Die Beschreibung der Anforderungen, die an den Beschaffungsprozess gestellt werden, erfolgt über das Integrationselement Verfahren. Hierbei können die Transportbedingungen wie auch die Qualitätsprüfungsverfahren (z. B. am Wareneingang) als vordefinierte „Vorschriften" informationstechnisch abrufbar sein. Über alle Produktionsstufen hinweg können jedem Werkstoff beliebig viele Verfahren zugeordnet werden, vom Spaltprozess über die Zwischenprodukte bis zum verkaufsfähigen Endprodukt.

1.3.6.4 Wissen

In unserer Informationsgesellschaft wird Wissen über integrative Informations- und Lernprozesse erfasst. Die Gesamtwirtschaft ist direkt abhängig vom vorhandenen Wissen. Gleiches gilt auch für jede Einzelwirtschaft (wie Unternehmen, Hochschulen, Verwaltungen etc.). Die nationalen Volkswirtschaften werden zunehmend nach den vorhandenen „Wissensvermittlungskapazitäten" bewertet. Vorhandenes und gezielt vermitteltes Wissen auf die arbeitende Bevölkerung erfolgreich zu transferieren, beeinflusst unmittelbar die Standortqualität einer Volkswirtschaft.

Daraus folgt, dass tätiges und verwendbares Wissen als knapper Elementarfaktor bewirtschaftet werden muss.

Wissen an dieser Stelle explizit als Produktionsfaktor zu definieren, folgt der logischen Konsequenz, die mit der Wandlung unserer Gesellschaft von der Produktions- zur Dienstleistungsgesellschaft eng verbunden ist.

Der Zugang zum vorhandenen internen und externen Wissen hat sich durch die Informationstechnik wesentlich verbessert.

Damit Wissen transparent und somit für die Wirtschaft nutzbar wird, müssen wir es für die Informationsverarbeitung erschließbar machen:

- *Adresse:*
  Wo ist Wissen vorhanden?
  Sichere Informationen erhalten wir über die eindeutige Definition der Adressdaten (als eindeutige Adressen) einer Wissensdatenbank, die „Wissen" bereitstellen.
- *Artikel:*
  Welches Wissen ist für die gestellte Aufgabe von Bedeutung?
  Für eine definierte Aufgabe mit eindeutigem Produktbezug wird das spezifizierte Wissen in der „Wissensdatenbank" unter einer selektierbaren Schlüsselbezeichnung bzw. eindeutigen Artikelidentifikation abrufbar.
- *Konditionen:*
  Zu welchen Konditionen ist das benötigte Wissen erhältlich?
  Bei frei zugänglichem Wissen (z. B. als Bildungsgut) sind Zugang und Kosten zu anderen Konditionen verfügbar, als beispielsweise bei „Wissensprodukten", die patentrechtlich geschützt sind. Über das Element Konditionen werden somit die Zugriffe auf Wissen bewertbar und für die Informatik rechenbar.
- *Verfahren:*
  In welcher Form wird Wissen von den Nutzern abrufbar?
  Bei der Erschließung des nutzbaren Wissens müssen die Verfahren des Zugangs zum vorhandenen Wissen verbindlich geregelt sein.
  Wissen tritt hierbei auf als:
  - strukturiertes Wissen
  - klassifiziertes Wissen
  - assoziiertes Wissen und
  - visualisiertes Wissen.

Durch Unterstützung der Informationstechnik werden die Verfahren des Wissenszugriffs für die Nutzer standardisiert und somit zum volkswirtschaftlich bedeutendsten Faktor aufgewertet.

Wissen erschöpft sich für die Gesamtwirtschaft jedoch nicht nur in der Verwendung für eine zielgerichtete Güterproduktion. Aus dem Ansatz des Pragmatismus (bezeichnet als Kartesianischer Rationalismus) folgt der Anspruch, „dass jede Idee wahr ist, die nachweislich funktioniert und die Ideen wertlos sind, die sich nicht in Handlungen umsetzen lassen, welche für die Lebenswelt von Bedeutung sind."

Das Wissen um das Funktionieren unserer Wirtschaft muss aus der Gesamtheit des existierenden „Realsystems" gewonnen bzw. hergeleitet werden. Nur unter dieser Prämisse ist eine vollständige Analyse der Zusammenhänge und Gesetzmäßigkeiten in der Gesamtwirtschaft mit Aussicht auf Erklärung möglich.

1.3.7 Integrierter Regelkreis des Wirtschaftens

Ausgangspunkt der hier nachstehenden theoretischen Analyse ist die traditionelle Einteilung und wirtschaftswissenschaftliche Betrachtung einer Volkswirtschaft in den Produktions- und Konsumbereich.

Die Wirtschaftsbereiche Produktion und Konsum werden über die geregelte und funktionsfähige Geldwirtschaft organisiert.

Die Produktion (Erstellung von Produkten und Leistungen) wird von den Einzelwirtschaften (Unternehmen, öffentliche Körperschaften etc.) geleistet. Der Konsum (Verbrauch von Produkten und Leistungen) wird den privaten Haushalten zugeordnet. Der Produkt- und Leistungsaustausch zwischen den privaten Haushalten und den übrigen Einzelwirtschaften vollzieht sich über den Faktor- und Gütermarkt.

Die Bewertung der Güter erfolgt auf Grund von Angebot und Nachfrage auf den Faktor- und Gütermärkten, wobei spezielle Marktformen zu berücksichtigen sind, auf die hier nicht näher eingegangen wird. Die privaten Haushalte bieten auf dem Faktormarkt den wesentlichsten Elementarfaktor an - die „menschliche Arbeitsleistung" - und fragen auf dem Gütermarkt Produkte und Leistungen nach. Die übrigen Einzelwirtschaften fragen auf den Faktormärkten die Produktionsfaktoren zur Güterproduktion nach und bieten auf dem Gütermarkt Produkte und Leistungen an.

Der Mittelpunkt bzw. Ausgangspunkt des „Wirtschaftens im integrierten Regelkreis" ist die zielgerichtete Faktorkombination. Siehe hierzu Abb. 1: „Wirtschaften im integrierten Regelkreis".

Die Informationstechnik wirkt als „Transmissionsmechanismus" auf den Abstimmungsprozess zwischen Produktions- und Konsumbereich. Die Elemente der Integration wirken in diesem Abstimmungsprozess als Identifikations- und Abbildungskriterien über alle wirtschaftlichen Prozesse zwischen Produktion und Konsum.

Im Informationssystem wird die Güterproduktion des Unternehmens über die Branchen-Software abgebildet. Der dabei erzielte Abbildungsgrad des

egelkreis

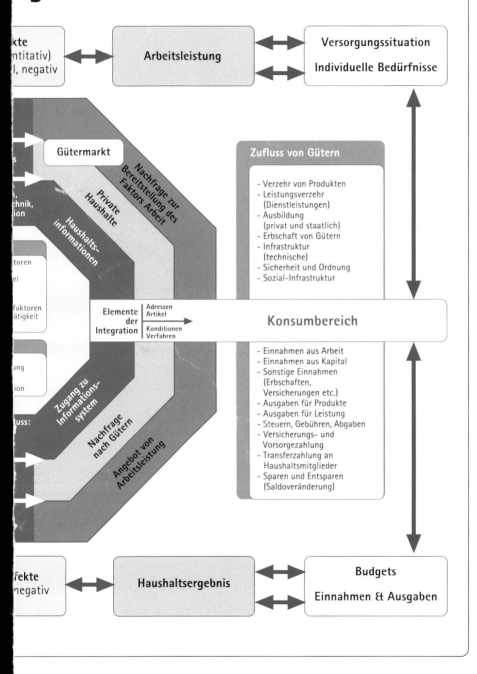

kte
ntitativ)
l, negativ

Arbeitsleistung

Versorgungssituation

Individuelle Bedürfnisse

Gütermarkt

Nachfrage zur
Bereitstellung des
Faktors Arbeit

Private
Haushalte

Haushalts-
informationen

Zufluss von Gütern

- Verzehr von Produkten
- Leistungsverzehr
  (Dienstleistungen)
- Ausbildung
  (privat und staatlich)
- Erbschaft von Gütern
- Infrastruktur
  (technische)
- Sicherheit und Ordnung
- Sozial-Infrastruktur

Elemente
der
Integration

Adressen
Artikel

Konditionen
Verfahren

Konsumbereich

- Einnahmen aus Arbeit
- Einnahmen aus Kapital
- Sonstige Einnahmen
  (Erbschaften,
  Versicherungen etc.)
- Ausgaben für Produkte
- Ausgaben für Leistung
- Steuern, Gebühren, Abgaben
- Versicherungs- und
  Vorsorgezahlung
- Transferzahlung an
  Haushaltsmitglieder
- Sparen und Entsparen
  (Saldoveränderung)

Zugang zu
Informations-
system

Nachfrage
nach Gütern

Angebot von
Arbeitsleistung

fekte
negativ

Haushaltsergebnis

Budgets

Einnahmen & Ausgaben

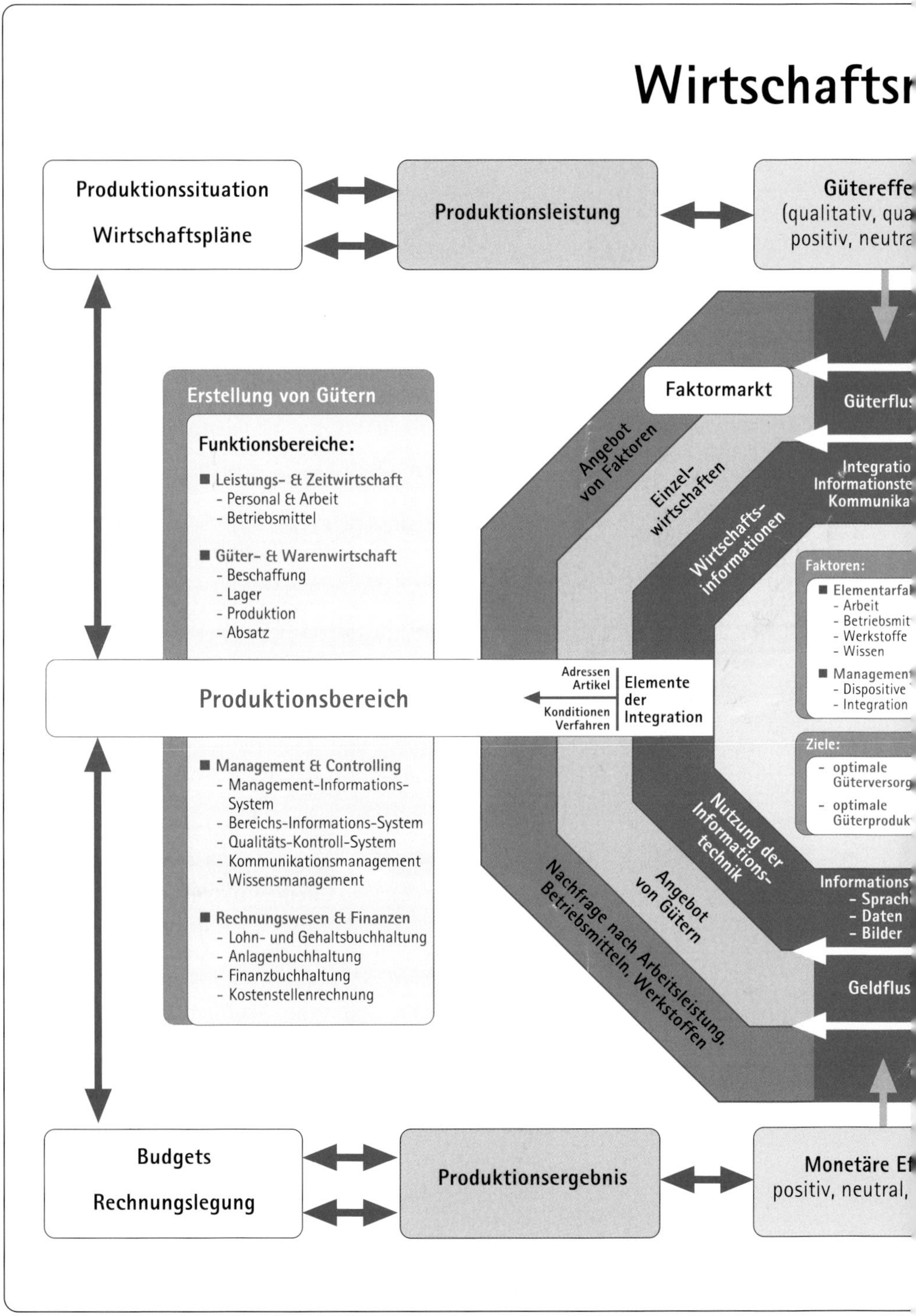

Wirtschaftsr

Produktionssituation
Wirtschaftspläne

⬌ **Produktionsleistung** ⬌

Gütereffe
(qualitativ, qua
positiv, neutra

Faktormarkt

Güterflus

Integratio
Informationste
Kommunika

Erstellung von Gütern

Funktionsbereiche:

- Leistungs- & Zeitwirtschaft
  - Personal & Arbeit
  - Betriebsmittel

- Güter- & Warenwirtschaft
  - Beschaffung
  - Lager
  - Produktion
  - Absatz

Angebot
von Faktoren

Einzel-
wirtschaften

Wirtschafts-
informationen

Faktoren:
- Elementarfa
  - Arbeit
  - Betriebsmit
  - Werkstoffe
  - Wissen
- Managemen
  - Dispositive
  - Integration

Adressen Artikel	**Elemente**
Konditionen Verfahren	**der Integration**

Produktionsbereich ⬅

Ziele:
- optimale
  Güterversorg
- optimale
  Güterproduk

- Management & Controlling
  - Management-Informations-
    System
  - Bereichs-Informations-System
  - Qualitäts-Kontroll-System
  - Kommunikationsmanagement
  - Wissensmanagement

- Rechnungswesen & Finanzen
  - Lohn- und Gehaltsbuchhaltung
  - Anlagenbuchhaltung
  - Finanzbuchhaltung
  - Kostenstellenrechnung

Nutzung der
Informations-
technik

Angebot
von Gütern

Nachfrage nach Arbeitsleistung,
Betriebsmitteln, Werkstoffen

Informations
- Sprach
- Daten
- Bilder

Geldflus

Budgets
Rechnungslegung

⬌ **Produktionsergebnis** ⬌

Monetäre Ef
positiv, neutral,

Abb. 1: Wirtschaften im integrierten Regelkreis

Produktions- bzw. des Kombinationsprozesses der Leistungsfaktoren in der Anwendersoftware entscheidet wesentlich über die Effektivität des Informationssystems. Der erreichte Integrationsgrad über die Funktionsbereiche, Funktionen und Arbeitsgänge in der Anwendersoftware bestimmt die Produktivität des Unternehmens durch Minimierung von Abstimmungsaktionen, Reibungsverlusten und Ausschaltung von „Doppelarbeiten".

Diese positiven Effekte im Unternehmen zu sichern, ist Aufgabe des Managements und setzt die „Unverzüglichkeit" der Informationsverarbeitung voraus. Informationen sind im Abstimmungsprozess des Unternehmens „kurzlebig"; daraus ist die Forderung nach „Real-Time- und Online-Datenverarbeitung und -Datenbereitstellung" abzuleiten[3].

Die Nutzung aktueller Informationen als Entscheidungsgrundlage setzt jedoch voraus, dass die zur Verfügung stehenden Daten zuverlässig sind. Unternehmensentscheidungen auf der Basis sicherer Informationen führen mit hoher Wahrscheinlichkeit zu positiveren Effekten im Unternehmen als Entscheidungen, die auf der Basis unzureichender Faktenkenntnis getroffen werden.

Nur der „positiv wirkende" Unternehmer ist in der Lage, für die Volkswirtschaft merkliche Fortschritte zu erzielen. Dies erfolgt auf der Basis des zugänglichen Wissens. Aus neuem Wissen resultieren neue Güter und neue Produktionsverfahren. Hierzu bedarf es einer ständigen Verbesserung im Prozess der Abstimmungsvorgänge zwischen den Marktteilnehmern und den Unternehmenseinheiten, bis hin zur Ausführungsebene im Prozess der Gütererstellung.

Die von den privaten Haushalten angebotene menschliche Arbeitskraft unterliegt in ihren Anforderungsprofilen den „Bedürfnissen" des technischen Fortschritts bzw. bewirkt erst diesen möglichen Leistungsstand im Wirtschaftsleben über die gezielte Wissensvermittlung. Aus neuem Wissen resultiert der Zwang zur Spezialisierung in einer dynamischen Wirtschaft. Die globale und einzelwirtschaftliche Steuerung der Abstimmungsprozesse zwischen Angebot und Nachfrage von einzelnen Arbeitsleistungen wird zunehmend schwieriger mit fortschreitender Spezialisierung im Produktionsprozess hochwertiger bzw. fortschrittlicher oder neuartiger Güter. Um diesen Abstimmungsprozess zu optimieren, ist der Einsatz effizienter Informations- und Kommunikationstechniken unumgänglich. Gerade in diesem Punkt stehen wir trotz der bereits heute erreichten technischen Lösungen erst am Anfang unserer Möglichkeiten.

Stellt man die in den Unternehmen erreichten Produktionssituationen den von ihnen selbst gesetzten Plänen periodisch gegenüber, so sind die Ergebnisse der erreichten Produktionsleistungen positiv, neutral oder negativ. Hierbei ist zu beachten, dass die dabei ermittelten „Gütereffekte" sowohl qualitative als auch quantitative Ausprägungen besitzen.

Die Bewertung bzw. die monetäre Betrachtung allen wirtschaftlichen Handelns spiegelt sich im Unternehmen in den Haupt- und Nebenbuchhaltungen sowie bei den privaten Haushalten in den „Einnahmen/Ausgaben-Rechnungen" wider.

Die festgestellte „reale Versorgungssituation" der Haushalte wie auch die Veränderung des Geldvermögens sind als gesamtwirtschaftliches „Haushalts-Ergebnis" definiert.

Die im Regelkreis des Wirtschaftens ermittelten Produktions- und Haushalts-Ergebnisse bewirken für die Wirtschaft „monetäre Effekte", die aus der jeweiligen Sicht von Haushalt oder Unternehmen positiv, neutral oder negativ bewertet werden und im Rechnungswesen „belegbar" sind.

> *Aus dieser Betrachtung ist ableitbar, dass nur die „dynamisch positiv wirkenden" Unternehmer und Haushalte für sich selbst und die Wirtschaft positive Effekte schaffen können.*

Die durch die Einzelwirtschaften und Haushalte bewirkten Güter- und monetären Effekte nehmen unmittelbar Einfluss auf die Faktoren des Leistungspotenzials der Wirtschaft.

Positive Kräfte verstärken sich im Regelkreis des Wirtschaftens, insoweit sie nicht durch negative (entgegenlaufende) Effekte anderer Marktteilnehmer im Regelkreis absorbiert werden.

Alles Wirtschaften, welches außerhalb des integrierten Regelkreises abläuft, sich also nicht in den „Inseln der Ordnung" vollziehen kann, ist vom Chaos determiniert, und somit keinen festen Regeln zu unterziehen.

Für die Forschung und Entwicklung jedoch ist dieser Zustand die notwendige Basis und eine wesentliche Voraussetzung für positiv wirkende Innovationsfähigkeit der „F+E-Mitarbeiter" in den Unternehmen und Einzelwirtschaften.

1.3.8 Chaos und Wahrscheinlichkeit

Was für die Welt der Physik gilt, ist auch in Analogie für die Wirtschaft gültig: „Neben der geregelten Ordnung besteht das deterministische Chaos."

Alles, was außerhalb des integrierten Regelkreises des Wirtschaftens liegt, ist auch im Wirtschaftsleben vom Chaos determiniert. Somit ist für die Unternehmer und Manager die langfristige Zukunft nicht vorhersagbar, da die Zukunft vom deterministischen Chaos bestimmt wird.

> *Die Unvorhersagbarkeit der lang- und mittelfristigen Zukunft steht einem planbaren Unternehmenserfolg auf der Basis gesicherter Entscheidungs-findungsprozesse entgegen.*

Der erfolgreiche, positiv wirkende Unternehmer findet aus diesem Dilemma heraus, indem er die „Wahrscheinlichkeit" in seine Entscheidungsfindung einbezieht. Entscheidungen unter Risikobedingungen sind Standardsituationen für jeden Manager in allen Unternehmen, die im Wettbewerb stehen.

> *Erfolgreiche Manager bzw. Unternehmer unterscheiden sich von den er-folglosen dadurch, dass sie es verstehen, die Faktoren zu stärken, auf die sie Einfluss haben, und diejenigen Faktoren bzw. Bereiche zu reduzieren, auf die sie keinen Einfluss nehmen können.*

Nur risikoscheue Manager weichen Entscheidungssituationen aus und igno-rieren selbst sich „ankündigende Ereignisse" mit hoher Wahrscheinlichkeit. Der feststellbare Wahrscheinlichkeitsgrad eines zu erwartenden Ereignisses geht immer in den strategischen Entscheidungsprozess erfolgreicher Unter-nehmen ein. Die Wahrscheinlichkeit steigt, wenn für die zu beurteilende Si-tuation Ursache und Wirkung bekannt sind. Somit sinkt die Fähigkeit zur Beurteilung der Wahrscheinlichkeit eines Ereigniseintritts, wenn Ursache und Wirkung sich dem Entscheider nicht erschließen oder im Verborgenen liegen.

In einer Welt mit Ursache und Wirkung können wir dagegen die Wirkungen vorhersehen, wenn wir die Ursache kennen.

> *„Das, was für den Unwissenden Zufall ist, ist für den Wissenschaftler keineswegs Zufall. Der Zufall ist nur das Maß unserer Unwissenheit."*
> *(Poincaré, Henri, Chances, in: Newmann, 1988 a, S, 1359).*

Es wäre nun die falsche Schlussfolgerung, wenn wir den Chaostheoretikern zugestehen würden, „die verborgene Quelle des Ungenauen" entdeckt zu haben, nur weil sie „die Symmetrie der Glockenkurve" als bestimmbare Realität ablehnen.

> *Erfolgreiche Unternehmer sind befähigt, ihren vorhandenen Realitätssinn mit der notwendigen Innovationskraft zu verbinden, um daraus zukunfts-fähige und wettbewerbsstärkende Produkte bzw. Leistungen zu schaffen.*

Die komplexen Zusammenhänge im Wirtschaftsleben zu erkennen, ist Voraussetzung für eine verlässliche Prognose über zukünftige Entwicklungen. Betrachten wir die Signale von heute und versuchen diese als Ergebnisse von morgen zu diagnostizieren, so müssen wir konstatieren, dass es sich hierbei lediglich um Auszüge von Fakten und Daten handelt.

Nur durch die heute verfügbaren Kapazitäten der EDV-Systeme ist es möglich geworden, prognostische Instrumente und nicht lineare Modelle zu erstellen, die vordergründig Lösungsansätze suggerieren, die Zukunft rechenbar zu machen. Jedoch bleibt das Problem bestehen, welches auch für die Wahrscheinlichkeitstheorie relevant ist, dass als Ausgangsmaterial für beide Modelle nur Daten aus der Vergangenheit zur Verfügung stehen.

Es hat nichts Zukunftserklärendes an sich, wenn wir die Normalverteilungskurve verstehen bzw. voraussagen können.

> *Die Zukunftsentwicklung unserer Wirtschaft über rechenbare Modelle abzubilden, ist nicht möglich, da die bestimmenden Größen der Wirtschaftsentwicklung im Menschen als „positiv wirkende Kraft" auftreten und nicht rechenbar sind. Im Verstand des Menschen liegen die „dynamischen Elemente" (Denkfähigkeit, Innovation, Fortschrittserwartung und Pioniergeist), die unsere Wirtschaft bestimmen.*

Nur aus der Analyse des gesamten Wirtschaftssystems sind Schlussfolgerungen möglich, die es uns erlauben, die Regeln und systemimmanenten Abhängigkeiten zu extrahieren.

> *Nur wer die Ursache kennt, kann die Wirkung voraussagen!*

Über die Formulierung eines umfassenden Wirtschaftsentwicklungsmodells lassen sich theoretisch verifizierbare Aussagen gewinnen, die die ursächlichen Beziehungen aufzeigen können, welche für den Fortschritt im Wirtschaftsleben verantwortlich sind.

1.4 Zur Theorie der Wirtschaftsentwicklung

Der Aufbau eines informationstechnischen Abbildungssystems setzt voraus, dass die Gesamtzusammenhänge in der realen Wirtschaftswelt über ein theoretisches Modell nachvollziehbar formuliert sind.

Das erste umfassende volkswirtschaftliche Entwicklungsmodell wurde von Karl Marx (1818-1883) aufgestellt. In der Folge (ab 1859 „Zur Kritik der politischen Ökonomie" und 1867 „Das Kapital" Bd. 1 und Bd. 2) entstand eine ideologisch begründete sozialistische Wirtschaftstheorie über die Zwangsläufigkeit der Fortentwicklung der menschlichen Gesellschaft im Zeitverlauf: Feudalismus → Kapitalismus → Sozialismus → Kommunismus.

Eine Theorie zur Wirtschaftsentwicklung muss die grundlegenden Gesetze des Wirtschaftslebens (Knappheitsgesetz und Wettbewerbsgesetz) in ihren Wirkungen auf den Güter- und Faktormarkt erklären. Aus der Entwicklung der Elementarfaktoren sind die gesetzmäßigen Wirkungen zu extrahieren und in ein werteneutrales Wirtschaftsentwicklungsmodell zu überführen.

1.4.1 Spezialisierung im Wirtschaftsleben

1.4.1.1 Entwicklungssystematische Zwangsläufigkeit

Die innovativen und fortschrittlichen Volkswirtschaften leben von der Dynamik der neu entstehenden und sich weiter spezialisierenden Unternehmen. Die multiplikativen Wirkungen, die dabei von diesen dynamischen Unternehmern ausgehen, sind um so wirkungsvoller für die gesamte Volkswirtschaft, je größer die Anzahl und somit die positiven Effekte dieser auf den Markt strömenden Neuunternehmer (auch Existenzgründer) sind.

Erforschen wir diese „Neuunternehmer" schon vor Firmengründung im Zeitverlauf, so stellen wir fest, dass diese arbeitswilligen Menschen einerseits ihre Arbeitskraft am Faktormarkt angeboten bzw. eingesetzt haben. Andererseits bieten sich ihnen aus ihrer spezialisierten bzw. universellen Arbeitsleistung (bedingt durch gezielte Ausbildung) verbesserte Aussichten oder Möglichkeiten zur Existenzsicherung in einer neuen Unternehmensgründung.

Wodurch wird nun der Antrieb zur Selbstständigkeit bei diesen Menschen bewirkt bzw. welches übergeordnete Verhaltensmuster steht hinter diesen Handlungen? Dass der wirtschaftende Mensch ein verschwindend kleiner Mikroteil des gesamten Universums ist und gleichzeitig selbst als eine autarke und spezialisierte „Mikroeinheit" mit wirtschaftlich selbstständiger Funktionalität auf unserer Erde wirkt, ist empirisch und biotechnisch belegt.

Unser Sein leiten wir aus der physischen Existenz eines „realen Systems" ab. Die unserem Wirken zugrunde liegenden „Systemmuster" und Verhaltensweisen unterliegen dabei übergeordneten Gesetzmäßigkeiten und gleichzeitig biologischen Unwägbarkeiten, begründet in der Freiheit der menschlichen Natur (als deterministisches Chaos beschreibbar). Dennoch sind daraus Regeln und systemimmanente Abhängigkeiten ableitbar.

> *In der Wirtschaftstheorie fehlt die Herleitung der spürbaren „Fortschrittskräfte" für die ökonomischen Wirkungen, die aus einem allumfassenden System kommen müssen. Der Mensch muss dabei zunächst sich selbst einordnen, um zu erkennen, was er in einem multikausalen Wirtschaftssystem bewirken kann.*

Zur Positionierung unserer physischen und wirtschaftlichen Existenz ist es daher erforderlich, das **Realsystem** zu gliedern bzw. einzuteilen. Nur unter dieser Voraussetzung können wir ein theoretisches **Abbildungssystem** zum existenziellen **Realsystem** schaffen. Das Ziel dieses Vorgehens besteht darin, die entwicklungssystematische Zwangsläufigkeit aufzuzeigen, die uns, die wirtschaftenden Menschen, zur fortwährenden Spezialisierung zwingt. Ebenso ist dieses Entwicklungsmuster bereits im Menschen selbst (von der ersten Zellteilung einer „universellen Zelle" zu den spezialisierten Zellen im „entwickelten" menschlichen Körper) vorgegeben.

> *Die traditionelle Sicht der Wirtschaftswissenschaften, wonach „neue Bedürfnisse" der Menschen (bzw. der Gesellschaft) als Initiatoren „neuer Güter" gelten, bedeutet, die vordergründigen optischen Eindrücke des Betrachters mit den tiefer liegenden Ursachen und gesetzmäßigen Wirkungen für „expansives Wirtschaften" zu verwechseln! Über die Analyse des „Realsystems" sind die wesentlichen Fortschrittskräfte für die Gesamtwirtschaft zu entdecken.*

Die Gliederung des **Realsystems** orientiert sich daran, eine klare Abgrenzung zwischen den „realen Teilsystemen" zu bewirken und gleichzeitig die geforderte logische Beziehung „vom Generellen zum Speziellen" und auch in der Umkehrung zu begründen.

Von den Beziehungsstrukturen zwischen den „realen Teilsystemen" und den entsprechenden „Abbildungs-Teilsystemen" müssen die entwicklungssystematischen Gesetzmäßigkeiten allgemein verständlich ableitbar sein. Im **Abbildungssystem** sind daher die zum **Realsystem** korrespondierenden Beziehungen (der Teilsysteme untereinander) als „gesetzmäßige Wirkungen" definierbar. Gleichzeitig müssen jedoch diese im **Abbildungssystem** dargelegten Gesetzmäßigkeiten in einer wechselseitigen Beziehung zueinander stehen.

Nur unter dieser wissenschaftstheoretischen Anforderung ist sichergestellt, dass das aufzustellende Beziehungssystem (über die Teilsysteme des Ab-

bildungssystems) der realen Welt (und den in ihr wirkenden Gesetzmäßigkeiten) entsprechen kann.

In Abbildung 2 werden die Regelkreise der systemimmanenten Abhängigkeiten dargestellt, die zwischen den Teilsystemen des **Realsystems** und **Abbildungssystems** wirken. Das **Realsystem** ist unter der Betrachtungsmaxime „vom Generellen zum Speziellen" eingeteilt in: Universum ↔ Erde ↔ Gesamtwirtschaft ↔ Einzelwirtschaft.

Das **Abbildungssystem** ist entsprechend den Beziehungen zum **Realsystem** im Spannungsfeld entwicklungssystematischer Abhängigkeiten eingeteilt in „Universalgesetz" ↔ Naturgesetz ↔ Knappheitsgesetz ↔ Wettbewerbsgesetz. Auch für die wirtschaftswissenschaftliche Forschung muss gelten, dass sie werteneutral sein muss![4]

> *Die Existenz des wirtschaftenden Menschen stellt die klassische National-ökonomie (Begründer Adam Smith, 1723-1790) unter die Beziehungsrangfolge: Gott → Mensch → Erde. Dieses Beziehungsverhalten leitet sich aus dem christlichen Weltbild ab und gibt gleichzeitig ein moralphilosophisches Beziehungsverhalten zwischen den Menschen vor.*
>
> *Dieser Ansatz ist jedoch keine „Erklärung", sondern eine auf dem alttestamentarischen Glauben basierende Handlungsanweisung: „Machet euch die Erde untertan."*

Die moderne Physik ist bemüht, eine allumfassende Beschreibung des Universums in einer „Weltformel" (hier bezeichnet als „Universalgesetz") zu definieren. Die Erde über die Naturgesetze abzubilden (von der Gravitation bis zur Quantenmechanik) ist nahe liegend, vor allem unter den Gesichtspunkten der neuesten Erkenntnisse aus der Chaosforschung und der Quantentheorie.

Die Gesamtwirtschaft wird ursächlich geprägt durch das „Knappheitsgesetz". Alle Güter in der wirtschaftenden Welt sind knapp. Aus dieser Naturgegebenheit resultiert der Verteilungskampf (und alle verteilungstheoretischen Ansätze) um die Güter dieser Welt.

> *Hieraus resultiert die Notwendigkeit einer für alle Menschen gültigen Freiheitsordnung, der Durchsetzung einer weltweiten Rechtssicherheit, der Sicherung des Bildungswesens, des gesicherten Zugangs zum Wissen sowie aller notwendigen Infrastruktursysteme (Währung, Verkehr, Soziales, Verwaltung etc.), um die freie Weltwirtschaft und somit eine internationale Arbeitsteilung unter Wettbewerb zu ermöglichen.*

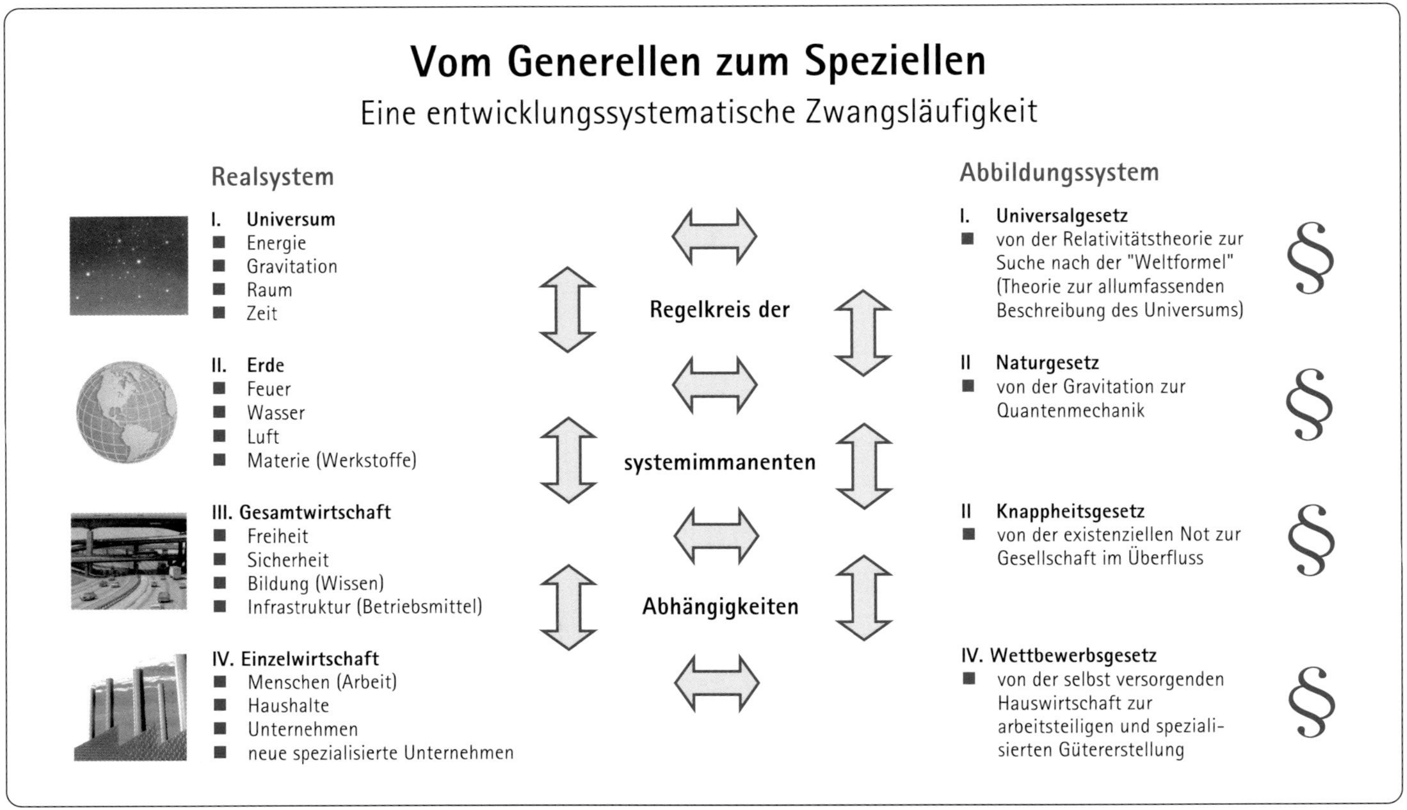

Vom Generellen zum Speziellen

Eine entwicklungssystematische Zwangsläufigkeit

Realsystem

I. Universum
- Energie
- Gravitation
- Raum
- Zeit

II. Erde
- Feuer
- Wasser
- Luft
- Materie (Werkstoffe)

III. Gesamtwirtschaft
- Freiheit
- Sicherheit
- Bildung (Wissen)
- Infrastruktur (Betriebsmittel)

IV. Einzelwirtschaft
- Menschen (Arbeit)
- Haushalte
- Unternehmen
- neue spezialisierte Unternehmen

Regelkreis der systemimmanenten Abhängigkeiten

Abbildungssystem

I. Universalgesetz
- von der Relativitätstheorie zur Suche nach der "Weltformel" (Theorie zur allumfassenden Beschreibung des Universums)

II. Naturgesetz
- von der Gravitation zur Quantenmechanik

III. Knappheitsgesetz
- von der existenziellen Not zur Gesellschaft im Überfluss

IV. Wettbewerbsgesetz
- von der selbst versorgenden Hauswirtschaft zur arbeitsteiligen und spezialisierten Gütererstellung

Abb. 2: Das Realsystem und das spiegelbildliche Abbildungssystem im Regelkreis der systemimmanenten Abhängigkeiten

Die Einzelwirtschaften und Konsumenten unterliegen im Betreiben um ihre Existenzsicherung dem Gesetz des Wettbewerbs. Wirtschaftsgeschichtlich betrachtet, bewirkte im Wesentlichen der Wettbewerb den Fortschritt über alle Entwicklungsstufen (vom selbst versorgenden Haushalt bis zur hoch spezialisierten industriellen Güterproduktion) hin zur heutigen Informationsgesellschaft.

1.4.1.2 Knappheitsgesetz

Das Knappheitsgesetz beschreibt die universelle Naturkonstante, dass alle Güter dieser Erde endlich sind. Die Existenzsicherung ist das dominierende Bedürfnis und die Urkraft, aus der sich die menschliche Gesellschaft entwickelt hat. Aus der Erkenntnis, dass alle Güter dieser Erde begrenzt verfügbar sind, begründen wir den Verteilungskampf im Existenzsicherungsverhalten. Im Zeitverlauf haben sich jedoch die Methoden der Güterverteilung über alle gesellschaftlichen Gruppierungen (Einzelpersonen, Haushalte, Lebensgemeinschaften, Unternehmen und Organisationen etc.) sehr stark gewandelt. Historisch betrachtet, entwickelte sich der Existenzkampf der Menschen vom ungeregelten zum geregelten Verteilungsprozess über alle knappen Güter. Eine geordnete Weltwirtschaft kann jedoch nur auf gesicherten Regeln aufbauen. Die globalisierte Gesamtwirtschaft wird nur dann realisiert werden bzw. effektiv funktionieren können, wenn die nachstehenden vier wesentlichen Voraussetzungen gegeben sind:

1. Schaffung umfassender persönlicher und wirtschaftlicher Freiheitsrechte. Freie Entscheidungen im Rahmen des gesetzeskonformen Handelns müssen in der staatlich organisierten Gesellschaft weltweit garantiert sein.

2. Staatliche und weltweite Sicherung über die wirtschaftlichen Transaktionen der Einzelwirtschaften und öffentlichen Körperschaften. Hierzu zählen auch die gesetzlich verankerten Sicherheitssysteme, die alle Aktivitäten verlässlich machen.

3. Zukunftsfähige Bildungs- und Ausbildungssysteme schaffen die Voraussetzung für eine ökonomische Überlebensfähigkeit der Volkswirtschaften in der globalen Wirtschaft.

4. Die notwendigen Infrastruktursysteme (Währung, Sozialordnung, Informationstechnologie, technische und gesetzliche Infrastruktur etc.) müssen für alle volkswirtschaftlich Beteiligten wettbewerbsfähig verfügbar sein.

Das Knappheitsgesetz zwingt die Menschen in den organisierten Gesellschaftsgruppen unserer Volkswirtschaften zur Regelung der gesamten Güterverteilungsprozesse. Hieraus legitimiert sich die Wirtschaftspolitik, nach den bestmöglichen und effektivsten Wirtschaftssystemen zu suchen. Vor dem Streben nach dem vermeintlich besten Wirtschaftssystem steht jedoch die Notwendigkeit der Definition der wirtschafts- und verteilungspolitisch zu verfolgenden Ziele. In „Welfare Economics" wird unterstellt, dass die Politik mit allen ihren macht- und wirtschaftspolitisch verfügbaren Mitteln versuchen sollte, den Gesamtnutzen aller Gesellschaftsmitglieder zu maximieren.

Die Verteilungsregeln auf eine gesamtwirtschaftliche Nutzenmaximierung auszurichten, ist zwar wohlfahrtsökonomisch von hehrer sozialer Gesinnung (Pareto-Optimum), jedoch wissenschaftlich (da nicht objektivierbar) ohne theoretische Relevanz.

Eine Nutzenmaximierung setzt die Ermittlungsfähigkeit des Grenznutzens voraus. Der Grenznutzen ist die letzte Teilmenge, die ein Gut zur Bedürfnisbefriedigung stiftet. Dieser Grenznutzen entspricht jedoch der subjektiven und somit der individuellen Nutzenschätzung des jeweiligen Verbrauchers. Aus der Grenznutzenlehre wurde entwicklungshistorisch die Marktformenlehre abgeleitet. Aus der theoretischen Marktformenlehre resultiert für die Politik die Möglichkeit, die verschiedensten ideologisch und parteipolitisch motivierten Wirtschaftssysteme zu propagieren. Modelle, die das Verteilungsproblem der knappen Güter augenscheinlich „so gerecht" wie nur möglich bzw. „so ideologisch wie nötig" lösen, sind jedoch dem opportunistischen Handlungsspielraum der Politiker ausgesetzt und werden daher wissenschaftlicher Objektivität entzogen.

1.4.1.3 Wettbewerbsgesetz

Die Verteilungsprozesse über die knappen Güter und Leistungsfaktoren auf den Güter- und Faktormärkten werden über die jeweils real vorhandene Angebots- und Nachfragemacht wirksam. Auf den freien Märkten begegnen sich die Anbieter und Nachfrager aus den unterschiedlichsten „Machtpositionen", um ihre individuellen Interessen und Bedürfnisse zu befriedigen. Sie stehen im direkten Wettbewerb, um die Verteilung der knappen Güter zu ihrem jeweiligen Vorteil zu beeinflussen. Es ist nahe liegend, dass eine gegebene Machtposition, die zu individuellen Vorteilen verhelfen kann, auch genutzt wird und somit zur Bildung von Monopolen führen kann.

Die Monopoltheorie beschreibt in ihrer Wirkung die Folgen der Ausschaltung des Wettbewerbs im Wirtschaftsleben. Eine daraus abgeleitete Preisstrategie, bezeichnet als Monopolpreistheorie, ist die logische Konsequenz einer uneingeschränkten unternehmerischen Angebots- bzw. Handlungsmacht auf dem Gütermarkt und somit ohne weiteren theoretischen Erkenntniswert.

Die Aufrechterhaltung des Wettbewerbs auf den Faktor- und Gütermärkten ist daher die wichtigste ordnungspolitische Aufgabe der legitimierten „Staatsmacht". Über welche staatlichen, weltweit wirkenden Institutionen die Wettbewerbsspielregeln überwacht und hergestellt werden, bleibt hierbei von nachrangiger Bedeutung.

Es ist hervorzuheben, dass die freie Entfaltung der „absoluten Konkurrenz" nicht gleichzustellen ist mit den Wirkungen des Wettbewerbsgesetzes. Der Wettbewerb ist die positive Kraft zur Steigerung der gesamtwirtschaftlichen Effizienz. Er wirkt über die geregelte und überwachte Konkurrenz durch „Kartell- bzw. Monopolgesetzgebung" in den demokratisch organisierten Volkswirtschaften mit marktwirtschaftlicher Wirtschaftsordnung.

Im geregelten Wettbewerb (als Wettbewerbsgesetz definiert) enthalten die Funktionen des Preises für die am Markt agierenden Unternehmen zwei Verhaltensregeln in Bezug auf das Güterangebot:

(1) Marktöffnungsfunktionen und (2) Ertragssicherungsfunktionen

Gleichzeitig zeigen die Marktpreise der einzelnen Güter den Anbietern dieser Güter bzw. neuen Anbietern (neuen Produzenten) den Knappheitsgrad und somit die Nachfrageerweiterungsfunktionen für knappe Güter auf. Die Unternehmen, die langfristig (über die Marktöffnungsfrist hinaus) Güter unter dem Kostenpreis am Markt anbieten, verlieren auch für ihre ertragssicheren Güter ihre Wettbewerbsfähigkeit. Diese Unternehmen subventionieren ihre Güter zum Schaden des Unternehmens und der gesamten Volkswirtschaft. Der Wettbewerb steuert im positiven Sinne die Umschichtung der Leistungsfaktoren, weg von den nicht wettbewerbsfähigen Unternehmen und hin zu den wettbewerbsfähigen Unternehmen am Markt.

Das Gesetz des Wettbewerbs regelt somit die Verteilungsveränderung zwischen den Marktteilnehmern in einer globalen Wirtschaft
- Unternehmen   ↔   Unternehmen
- Unternehmen   ↔   Haushalte
- Existenzgründer   ↔   etablierte Unternehmen
- Staat   ↔   Unternehmen
- Staat   ↔   Privatsektor
- Nationale Wirtschaft ↔ Weltwirtschaft

mit der effizientesten Methode wirtschaftspolitischer Instrumente in Form von freiem „Leistungswettbewerb".

Eine Mehrung des gesamtwirtschaftlichen Wohlstandes ist nur dann effizient zu gestalten, wenn die Eingriffe der staatlichen Institutionen auf die nötigsten sozialpolitischen Maßnahmen beschränkt bleiben, also darauf ausgerichtet sind, die Leistungsfähigkeit des einzelnen Bürgers und somit indirekt des Faktors Arbeit abzusichern. Gleiches gilt für die öffentlichen Betriebsmittel in Form einer wettbewerbsfähigen Infrastruktur, einer staatlich garantierten Freiheit und Rechtssicherheit, die für alle Beteiligten organisiert und gesamtwirtschaftlich effizient bereitgestellt werden muss.

Damit sich die Unternehmen im Wettbewerb behaupten können, müssen sie die vorhandenen Infrastrukturbedingungen effizient nutzen und dabei ihre eigenen Stärken fördern sowie die Schwächen gezielt abstellen. Das dazu im Unternehmen zu realisierende informationstechnische Integrationsmodell muss sich an den wettbewerbswirksamen Gegebenheiten orientieren.

Von wesentlicher Bedeutung sind dabei:
- unternehmensspezifische Marktpositionierung
- produktionstechnische Bedingungen
- Kommunikationsfähigkeit zu den Marktpartnern
- Innovationspotenzial für neue Güter
- Zugang zum vorhandenen Wissen

Inwieweit ein Unternehmen aus seiner unternehmensspezifischen Marktposition strategische Unternehmensentwicklungskonzepte ableiten kann, bleibt der Aussagekraft aller zugänglichen Marktdaten vorbehalten.

1.4.1.4 Gesamtwirtschaftliches Regelkreismodell

Die Dynamik des Fortschritts im Wirtschaftsleben resultiert aus dem Wettbewerb effektiver Unternehmen um Marktanteile bei etablierten Gütern und um Marktchancen für neue innovative Güter (Produkte und Dienstleistungen). Dieses idealtypische Wettbewerbsmodell setzt voraus, dass alle Marktteilnehmer Zugriff auf vollständige Informationen in einem vollkommenen Markt haben und alle sich ausschließlich ökonomisch verhalten.

> *Es ist somit von untergeordneter Bedeutung, das Verhalten der Unternehmer am Markt auf mathematisch nachvollziehbare bzw. darstellbare Theorien (wie die Preis-, Zins- und Grenznutzentheorie sowie die Wachstums- und Konjunkturtheorie) zu stützen. Auch die Marktformenlehre bringt keine andere Erkenntnis, als dass der Wettbewerb ordnungspolitisch geschützt sein muss, um die Funktionsfähigkeit des Marktes und somit die permanent wirkende Kraft des Fortschritts zu erhalten. Der Verbleib der Unternehmen am Markt kann nur ökonomisch vertretbar über den uneingeschränkten Wettbewerb geregelt sein. Der Wettbewerb ist somit die übergeordnete und lenkende Gesetzmäßigkeit im Wirtschaftsleben.*

Im gesamtwirtschaftlichen Regelkreis wirken neben den Unternehmen zusätzlich die Haushalte und der Staat (alle staatlichen Institutionen und öffentlichen Körperschaften) auf die Faktor- und Gütermärkte ein. Mit zunehmender Internationalisierung der Güter- und Faktormärkte sowie dem wachsenden Einfluss der Kapitalmärkte auf die nationalen Geldwirtschaftssysteme verstärken sich die gegenseitigen Abhängigkeiten im gesamtwirtschaftlichen Regelkreis einer Volkswirtschaft.

Die Faktormarkt-Betrachtung wird nachstehend auf den Faktor „Arbeit" beschränkt (siehe Abb. 3, Seite 73).

Das Beziehungsgeflecht aus Wirkung, Wirkungsverstärkung, Gegenwirkung und Gegenwirkungsverstärkung innerhalb des gesamtwirtschaftlichen Regelkreises wird in Abbildung 3 grafisch dargestellt. Es bliebe ohne zusätzliche Erkenntnisse, diesen Funktionalzusammenhang in ein mathematisches Modell zu überführen. Vielmehr steht hinter jeder Güter- und Geldbewegung die Realisierung individueller Bedürfnisse und Wirtschaftspläne der einzelnen Marktteilnehmer (siehe Abb. 1, Seite 59).

Die Verhaltenstheorie versucht, die hinter allen ökonomischen Handlungen stehenden Antriebskräfte zu erkennen, um daraus wohlfundierte Prognosen zur Unterstützung einer aktiven Wirtschaftspolitik herzuleiten.

> *Die wirtschaftspolitischen Instrumente, die auf postkeynsianischen Verhaltenshypothesen basieren, haben sich vor allem in hoch entwickelten Volkswirtschaften mittel- und langfristig als kontraproduktive Werkzeuge zur Überwindung von Wachstumsschwächen und Unterbeschäftigung erwiesen. Sie sind somit für die Wirtschaftspolitik als untaugliche Reparaturwerkzeuge anzusehen.*

Inwieweit die Wirtschaftspolitik des Staates einer hoch entwickelten Volkswirtschaft überhaupt in der Lage ist, nachhaltig und beständig Wachstumsimpulse politisch zu bewirken, bleibt einer tiefer greifenden Analyse der gesamtwirtschaftlichen Regelkreisbeziehungen vorbehalten. Festzustellen ist jedoch, dass der Staat als Garant zur Sicherung einer reibungslosen, gesamtwirtschaftlichen Ordnung und Infrastruktur aufgefordert bleibt, diese Aufgaben effektiv zu erfüllen. Nur unter dieser Bedingung sind Fortschritt und Wettbewerb für alle Marktteilnehmer wirksam und erreichbar.

Der Ausgangspunkt allen ökonomischen Handelns ist die Abdeckung sowie „das Wecken neuer Bedürfnisse" und die Entwicklung von Wirtschaftsplänen, die diese Bedürfnisse einbeziehen. Positive Erwartungen aktivieren die Wirtschaftsentwicklung; negative Erwartungen hemmen die gesamtwirtschaftlichen Entwicklungsmöglichkeiten.

ts-Regelkreis

effekte:
tral

Gütermarkt:
erwartete
Bedürfnisse

stung
lisierung

en

rgebnis

Angebot
von Gütern

nis

interne monetäre
Effekte:
positiv, neutral
negativ

Geld-
wirtschaft

externe
Gütermarkteffekte:
positiv, neutral
negativ

sgaben
al, negativ

ebnis

te

ung
alisierung

Nachfrage
nach Gütern

effekte:
tral

Faktormarkt:
erwartete
Arbeitsnachfrage

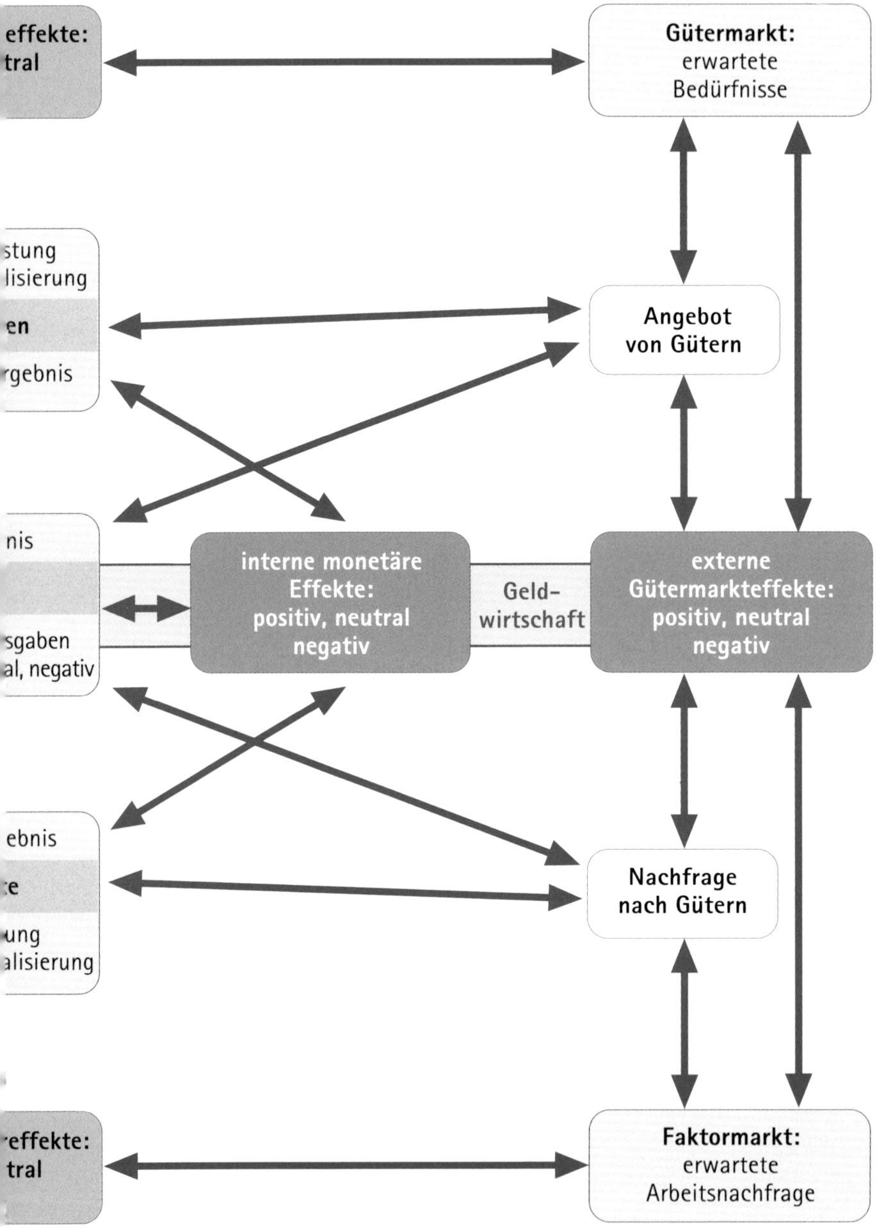

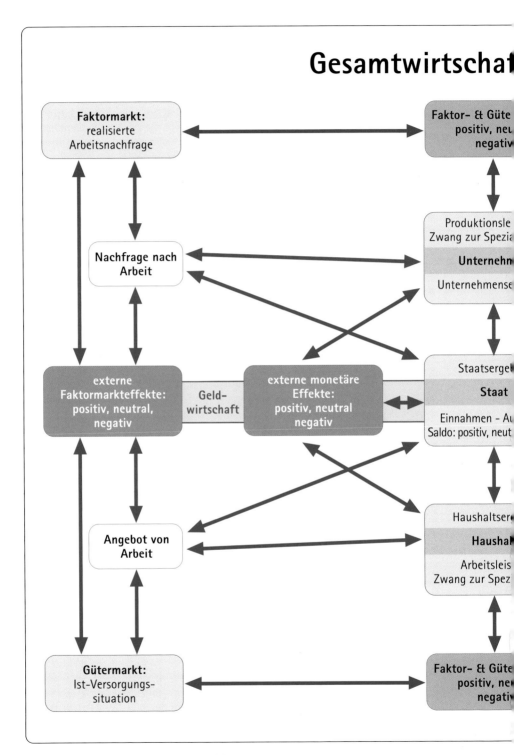

Abb. 3: Gesamtwirtschaftliches Regelkreismodell

Sind die Einschätzungen in Bezug auf die zu erwartende Wirtschaftsentwicklung bei den „Regelkreis-Akteuren" positiv, so werden die Wirtschaftspläne auf Wachstum und Expansion ausgerichtet. Werden diese Erwartungen
nun in der Folge nicht erfüllt, so kommt es notwendigerweise zur Korrektur
der expansiven Wirtschaftspläne und somit zu Wachstums- und Beschäfti-
gungseinbrüchen (Stagnation oder Rezession).

> *Daraus folgt die Forderung an den Staat nach wirtschaftspolitischer
> Zurückhaltung und der nachhaltigen Förderung und Sicherung der system-
> stabilisierenden Infrastrukturen. Nur zur Stabilisierung und zum Schutz
> einer freien Wirtschaftsordnung sind die staatlichen Institutionen in der
> Welt aufgerufen, rechtzeitig und Vertrauen erweckend tätig zu werden.*

Die im gesamtwirtschaftlichen Regelkreismodell (Abb. 3) aufgezeigten Wechselwirkungen gliedern sich in „monetäre Beziehungen" sowie in „Faktor-
und Gütermarktbeziehungen". Aus dem Verhalten des Staates, der Haushalte
und der Unternehmen werden im Regelkreismodell „monetäre Effekte" sowie „Faktor- und Gütereffekte" wirksam. Aus der Internationalisierung der
Volkswirtschaften ergeben sich externe Gütermarkt-Effekte. Die globalisierten Kapitalmärkte führen zu externen, monetären Effekten in jeder liberali-
sierten und freiheitlich organisierten Volkswirtschaft.

Unter der Voraussetzung einer geregelten Geldwirtschaft bewirken die Staats-,
Unternehmens- und Haushaltsergebnisse „monetäre Effekte". Diese sind in
ihren Auswirkungen in Abhängigkeit von den monetären Salden (Zuflüsse
minus Abflüsse) positiv, neutral oder negativ. Die in monetären Beziehungen
stehenden Marktteilnehmer (Staat, Unternehmer und Haushalte) bewirken mit
ihren jeweiligen (einzelnen) monetären Ergebnissen „monetäre Effekte". Die
gesamtwirtschaftliche Nettowirkung bleibt jedoch auf den Saldo aller positiven Effekte begrenzt (d. h. abzüglich der gesamten negativen Effekte).

> *Subventionen in tote Industriezweige (ohne Überlebensfähigkeit) bleiben
> unumstößlich in ihren monetären Netto-Effekten negativ. Durch diese Sub-
> ventionen wird Kapital in Industriebereiche gelenkt, aus denen dieses
> eingesetzte Kapital nicht zurückfließt (also verschenkt wird) und nicht
> verzinst wird. Alle Subventionen verhindern somit eine wirtschaftliche
> und bessere alternative Verwendung des vergebenen Kapitals. Mögliche
> positive Effekte werden zum Schaden der Gesamtwirtschaft verhindert.*

Die wichtigste Voraussetzung für eine anpassungs- und überlebensfähige
Volkswirtschaft besteht in der Sicherung des Wettbewerbs. Sie ist somit die
bedeutendste hoheitliche Aufgabe des Staates. In der Wettbewerbsförderung
liegen die Wurzeln zur nachhaltigen Sicherung von Wirtschaftswachstum
und Beschäftigungszuwachs.

Zur Existenzsicherung streben Unternehmen auf den umkämpften Märkten der Massenproduktion einerseits nach Produktivitätsverbesserung über Rationalisierungsinvestitionen. Andererseits werden durch Spezialisierungs-investitionen immer wieder neue Güterbedürfnisse geweckt. Durch die zu-nehmenden Rationalisierungsinvestitionen im Verdrängungswettbewerb kommen die Massenprodukte auf dem Gütermarkt unter Preisdruck (Angebots-überhang). Gleichzeitig steigt die Neigung zur Erweiterung der Nachfrage mit den fallenden Preisen bei den Haushalten auf den Gütermärkten.

Wer als Unternehmer mit einem Produkt am Markt bleibt, obwohl dieses den innerbetrieblichen Kostenpreis nicht mit dem realisierten Marktpreis abdeckt, der subventioniert dieses Produkt aus den übrigen Gütererträgen bzw. aus dem ihm zur Verfügung stehenden Kapital. In diesem Falle gilt die gleiche Bewertung wie bei staatlich initiierten Subventionen, jedoch mit der Einschränkung, dass hier die Kapitalvernichtung ein zeitlich begrenz-tes privates „Vergnügen" des jeweiligen Unternehmers bleibt.

Um dem Verdrängungswettbewerb auszuweichen, spezialisieren sich die fortschrittlich innovativen Unternehmen auf neue Güter mit höherem Ertragspotenzial. Diese Investitionen bilden die expansiven Kräfte in einer fortschrittlichen Wirtschaftsentwicklung einer jeden Volkswirtschaft.

Der Zwang zur Rationalisierung und Spezialisierung resultiert direkt aus der Sicherung der jeweiligen Wettbewerbsposition der Unternehmen. Dies gilt nicht nur für die Güterproduktion, sondern auch für die Bereitstel-lung aller Faktoren, im Besonderen für den Faktor Arbeit.

Unternehmen produzieren unter gesicherten Wettbewerbsbedingungen in ei-ner liberalen Weltwirtschaft ihre Güter effektiv für einen internationalen Gütermarkt und zur Wohlstandsmehrung aller Marktteilnehmer. Importe und Exporte bestimmen somit unmittelbar die zu erbringenden Produktions-leistungen der Unternehmen in einer nationalen Volkswirtschaft. Das Güter-angebot richtet sich nach der gesamtwirtschaftlich zu erwartenden Nach-frage (entsprechend den erwarteten Bedürfnissen aus den Haushalten). Über die realisierte Nachfrage der Haushalte auf die angebotenen Güter des Güter-marktes bewirken diese Faktor- und Gütereffekte (quantitative und qualita-tive), die in ihren Ausprägungen positiv, neutral oder negativ wirken. Die nationale Faktornachfrage (z. B. nach Arbeit) ist direkt abhängig von den national nachgefragten Gütermengen (einschließlich des Saldos aus Export- und Import-Leistungen für diese entsprechenden Güter).

Die erwartete Arbeitsnachfrage auf dem Faktormarkt nach spezialisierter Arbeitsleistung führt zur spezialisierten Ausbildung. Gleichzeitig ist sie die Voraussetzung zur spezialisierten Güterproduktion. Auch die Arbeitskraft unterliegt dem internationalen Wettbewerb auf dem Faktormarkt und führt zur Beeinflussung der faktisch realisierten Faktornachfrage (Arbeit) im Inland. Der monetäre Zufluss zur Entlohnung der Arbeitsleistung, im Besonderen über den Zuwachs für spezialisierte Arbeitsleistung, wirkt somit unmittelbar auf die Güternachfrage und realisiert damit indirekt positive Gütereffekte.

Wenn wir die zur Verfügung stehende Arbeitsleistung unserer Lebensgemeinschaft nicht zum produktiven Einsatz (in der Güterproduktion) bringen, dann lassen wir die wertvollste Ressource unserer Volkswirtschaft ohne Nutzen und somit ohne Ertrag. Daraus resultiert auch die Forderung, dass aus einem Überangebot an spezialisierter Arbeit die Impulse zur Existenzgründung neuer spezialisierter Unternehmen erfolgen müssen.

Die gesamtwirtschaftlichen Wechselwirkungen, die sich aus gezielten Spezialisierungsentwicklungen (neue Technologien) durch die Unternehmen selbst (bzw. auch staatlich gefördert, durch die Schaffung von positiven Infrastrukturbedingungen) zu positiven Effekten auf dem Güter- und Faktormarkt führen lassen, müssen im Rahmen und als Voraussetzung einer erfolgreichen Wirtschaftspolitik analysiert und umgesetzt werden.

Es wäre allerdings vermessen und weltfremd, zu unterstellen, dass bessere Erkenntnisse in der lenkenden Politik unmittelbar zu einer effektiveren Wirtschaftspolitik mit Wohlstandsmehrung für alle Bürger führen würden. Existenzsicherungsmaßnahmen in allen ihren individuellen Ausprägungen stehen beim einzelnen Politiker (solange Wiederwahl möglich ist) ebenfalls vor den gesamtwirtschaftlichen Wohlstandsbestrebungen, die jedoch parteipolitisch ständig propagiert werden.

Aus dem gesamtwirtschaftlichen Regelkreis in Abbildung 3 lassen sich die einzelnen wirtschaftspolitischen Maßnahmen aus ihren zu erwartenden Wirkungen und Wirkungsverstärkungen ableiten. Es ist jeweils feststellbar, ob die einzelne Maßnahme zu positiven, neutralen oder negativen Effekten auf den Güter- und Faktormärkten führt und welche Auswirkungen durch die monetären Wechselbeziehungen zwischen Staat, Haushalt und Unternehmen entstehen.

Als Schlussfolgerung bleibt: positive Effekte sind zu fördern (von allen Marktteilnehmern) und verstärken sich zu selbst wirkenden Wachstumsimpulsen im Regelkreis einer effektiven Volkswirtschaft.

1.4.2 Faktor- und Gütermarktentwicklung

Die Anforderungen an ein werteneutrales Wirtschaftsentwicklungsmodell schließen eine ideologische oder kulturhistorische Herleitung der Erklärungsansätze aus. Eine gesetzmäßige Entwicklung der Weltwirtschaft zu erklären, muss auch beinhalten, das vorhandene Gefälle zwischen den Entwicklungsländern und den hoch technisierten Industriestaaten aufzuhellen.

> *Die dabei zu wählenden Betrachtungsperspektiven, ob makro- oder mikrotheoretische Analysen, dürfen keinen Einfluss auf das Ergebnis der Modellerklärung haben. Ergeben sich aus der Makro- und Mikrobetrachtung unterschiedliche theoretische Folgerungen oder abgeleitete Entwicklungsgesetze, so sind diese Aussagen wissenschaftstheoretisch nicht haltbar.*

Das nachstehend beschriebene Modell zur Erklärung der Faktor- und Gütermarktentwicklung ist ein Wirtschaftsentwicklungsmodell zur Darlegung der maßgeblichen Gesetzmäßigkeiten in der Wirtschaftsentwicklung. Mit diesem Modell sollten die situativen wirtschaftspolitischen Maßnahmen über ihre jeweilig zu erwartende Ergebniswirkung beurteilungsfähig werden. Das Wirtschaftsentwicklungsmodell setzt voraus, dass das Knappheitsgesetz auf dem Faktormarkt und auf dem Gütermarkt mit gleicher Zwangsläufigkeit in der Bestimmung der Tauschraten zwischen den Faktorleistungen und dem Gütertausch wirkt.

> *Volkswirtschaftlich steht hier jedoch nicht die Bewertung der Elementarfaktoren in der Faktorkombination:*
> *Arbeit ↔ Lohn, Kapital ↔ Zins, Boden (Werkstoffe) ↔ Preise und Wissen ↔ Fortschritt bzw. „Informationswert" im Mittelpunkt der Modellanalyse.*

Die relative Knappheit der Faktoren und Güter bestimmt indirekt die Tauschraten zwischen Arbeit und Gütern. Die Preisbildungsmechanismen auf den Faktor- und Gütermärkten unterliegen der Wirkung der Knappheit über die gegebene Relationswirkung von Angebot und Nachfrage und finden ihre Veränderungen über die dynamische Marktreaktion des Wettbewerbs.

> *Inwieweit die Preis- und Markttheorien zusätzliche Erkenntnisse über die ableitbaren gesetzmäßigen Wirkungen der Knappheit und die über den Wettbewerb zu steuernden Verteilungsprozesse gewähren, wird an dieser Stelle nicht weiter ausgeführt. In erster Linie verändern nicht die Preise die Faktorkombinationen, da sie das Ergebnis von faktischen Veränderungen über Angebot und Nachfrage in der freien Wettbewerbswirtschaft sind.*

Im nachstehenden Wirtschaftsentwicklungsmodell, Abb. 4 „Modell zur Theorie der Faktor- und Gütermarktentwicklung", vollzieht sich der Wandel der Wirtschaft in vier Stufen über die Faktorenentwicklung sowie den dazu korrespondierenden vier Stufen über die Gütermarktentwicklung. Dabei sind die einzelnen Faktoren- und Gütermarkt-Entwicklungsstufen unter die gesetzmäßige Wirkung der Knappheit und des Wettbewerbs gestellt. Die Elementarfaktoren der Wirtschaft entwickeln sich nach diesem Modell über die „Stufenwirkungen" der Knappheit und des Wettbewerbs. Es entsteht somit ein Entwicklungsmodell der Wirtschaft über die Bildung des ersten Faktors „Arbeit" bis hin zur vierten Stufe mit den Faktoren: „Arbeit – Boden – Kapital – Wissen" als Ergebnis eines Prozesses, der durch die „dynamischen Elemente" und „expansiven Kräfte" gesetzmäßig darlegbar wird. Auf der Gütermarktseite wird die Entwicklung vom Naturaltausch bis zur heutigen Informationswirtschaft abgebildet.

Die Definitionen des Arbeitswertes, der Güterwerte, des Geldwertes sowie des Informationswertes sind eng verbunden mit der Entwicklung der Faktoren im „Vier-Stufen-Schema" des Wirtschaftsentwicklungsmodells.

Stufe 1: Naturwirtschaft ↔ Naturaltausch

> Der Elementarfaktor „Arbeit" bedingt über seine wirksamen physischen Kräfte im Ausgangspunkt eine Naturwirtschaft. Die Naturprodukte und die verfügbaren Arbeitsleistungen finden im Naturaltausch ihre jeweils gültigen Bewertungs- bzw. Tauschrelationen. Unter dem Knappheitsgesetz erfolgt die Festlegung der individuellen Wertschätzungen zwischen den Naturprodukten und den Arbeitsleistungen. Dieser „urwirtschaftliche" Prozess des Güteraustausches wird vorrangig aus dem Bedürfnis nach Sicherheit (als Existenzsicherungsbedürfnis) vollzogen. Die Bewertung des Faktors Arbeit ergibt sich dabei aus der jeweiligen Versorgungssituation mit lebenswichtigen Gütern im regionalen Lebensraum.

Auf den Faktor Arbeit lassen sich alle Elementarfaktoren zurückführen. Der Mensch mit seiner „Denkfähigkeit" ist somit die Urkraft der Wirtschaftsentwicklung. Hierbei ist der Übergang von Stufe zu Stufe in der Wirtschaftsentwicklung nicht „sprungfix" zu definieren, sondern vollzieht sich gleitend über die stetig wirkenden Veränderungsmechanismen, die aus den „dynamischen Elementen" und „expansiven Kräften" der wirtschaftenden Gesellschaft resultieren.

Stufe 2: Kulturwirtschaft ↔ Gütertausch

Die Absicherung der Eigentums- und Besitzrechte in Bezug auf den Faktor „Boden" ist eine notwendige Voraussetzung für diese Faktorleistung im Wirtschaftsleben. Hierbei wird die „hoheitliche Macht" als Ordnungsinstanz vorausgesetzt. Der Güteraustausch aus den mit den Faktoren Arbeit und Boden geschaffenen Produkten und Werkstoffen vollzieht sich hierbei unter den regional gegebenen Bedingungen. Dabei ist die gegebene Versorgungssituation mit existenzsichernden Gütern (als Maß der Knappheit) vorrangig für das Auffinden und die Realisierung der Güterwerte verantwortlich.

Die Wettbewerbs- und Knappheitsgesetze steuern den Faktoreinsatz der Elementarfaktoren „mit unsichtbarer Hand" über alle Entwicklungsstufen hinweg mit dem Ergebnis effizientester Güterproduktion und Güterversorgung.

Stufe 3: Mechanisierte Wirtschaft ↔ Geldwirtschaft

In einer arbeitsteiligen Wirtschaft sind die Entwicklung und der Aufbau mechanisierter Produktionsverfahren im Wesentlichen vom verfügbaren Kapital abhängig. Der Faktor „Kapital" setzt eine funktionsfähige Geldwirtschaft voraus. Die dazu notwendige externe und interne Infrastruktur ist als eine wesentliche Vorgabe für die Faktorfunktion des Kapitals anzusehen. Daraus folgt, dass die Güter (Produkte, Arbeitsleistungen, Werkstoffe und Betriebsmittel) über eine funktionierende Geldwirtschaft auf einem freien Markt effektiver handelbar werden. Der dispositive Faktor, der über das Management repräsentiert wird, ist für eine effiziente Bewirtschaftung des Kapitals einzelwirtschaftlich direkt verantwortlich. Die Verantwortung zur gesamtwirtschaftlichen Bereitstellung des notwendigen Kapitals bleibt jedoch den dafür eingesetzten Institutionen über die lenkende Politik und somit den wirtschaftspolitisch formulierten Zielen vorbehalten.

Der Übergang von der Industriegesellschaft zur Informations- und Kommunikationsgesellschaft hat die Wirtschaftswissenschaften vor grundsätzlich neue Aufgaben in der wissenschaftlichen Erforschung der gesamt- und einzelwirtschaftlichen Wirkungen in einer globalisierenden Weltwirtschaft gestellt. Die Antworten auf die heute brennenden wirtschaftspolitischen Fragen können nicht mehr mit den herkömmlichen wirtschaftswissenschaftlichen Methoden, Theorien und Erklärungen gegeben werden.

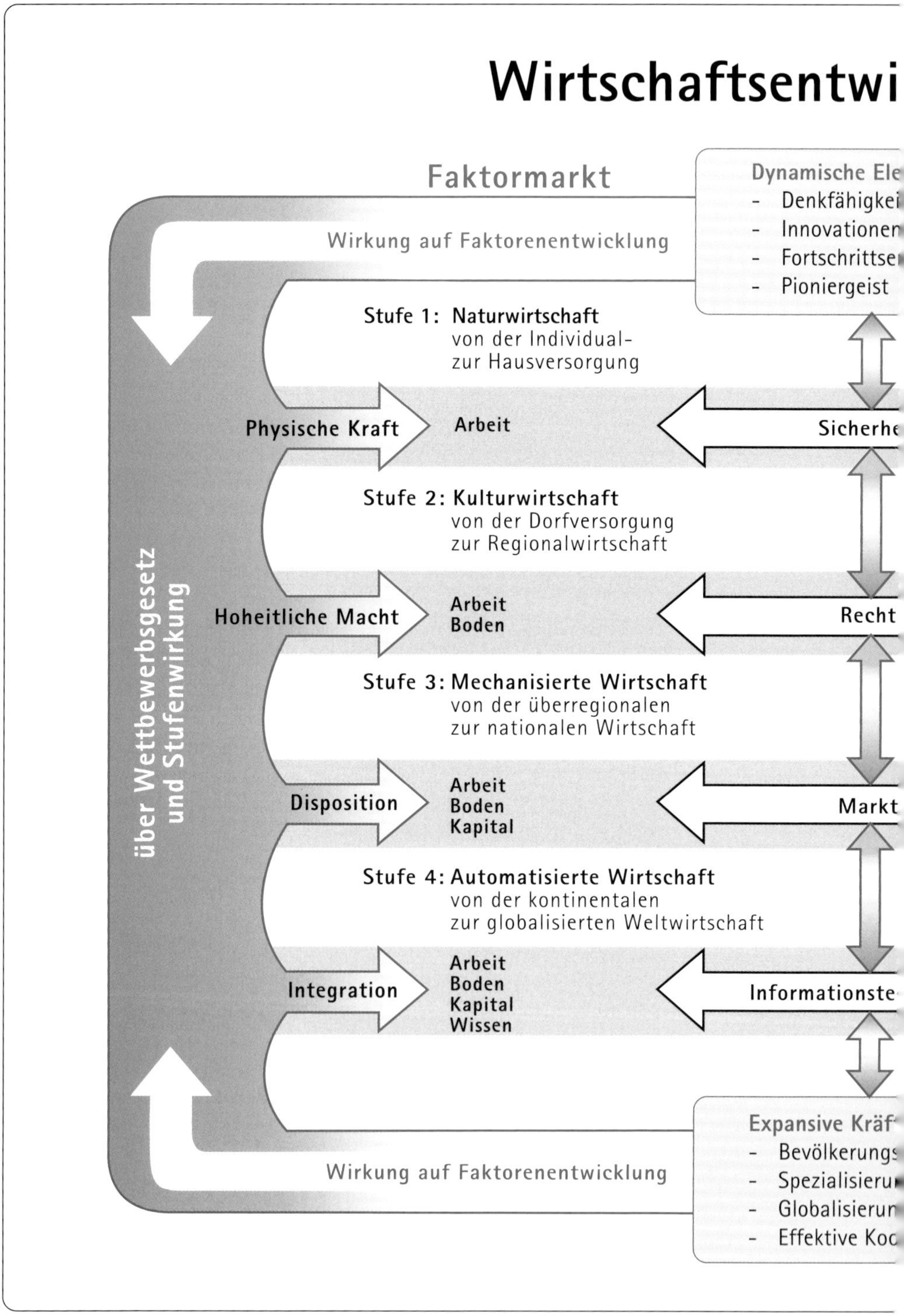

Wirtschaftsentwi

Faktormarkt

Wirkung auf Faktorenentwicklung

Dynamische Ele
- Denkfähigkei
- Innovationen
- Fortschrittse
- Pioniergeist

Stufe 1: Naturwirtschaft
von der Individual-
zur Hausversorgung

Physische Kraft — Arbeit — Sicherhe

Stufe 2: Kulturwirtschaft
von der Dorfversorgung
zur Regionalwirtschaft

Hoheitliche Macht — Arbeit
Boden — Recht

Stufe 3: Mechanisierte Wirtschaft
von der überregionalen
zur nationalen Wirtschaft

Disposition — Arbeit
Boden
Kapital — Markt

Stufe 4: Automatisierte Wirtschaft
von der kontinentalen
zur globalisierten Weltwirtschaft

Integration — Arbeit
Boden
Kapital
Wissen — Informationste

über Wettbewerbsgesetz und Stufenwirkung

Expansive Kräf
- Bevölkerungs
- Spezialisieru
- Globalisierun
- Effektive Koo

Wirkung auf Faktorenentwicklung

Abb. 4: Modell zur Theorie der Faktor- und Gütermarktentwicklung

cklungsmodell

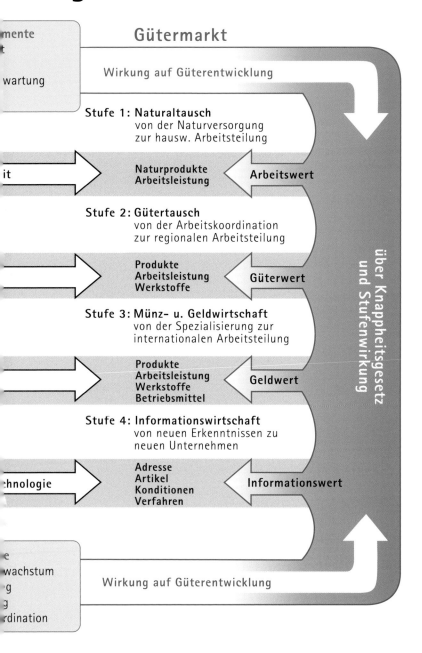

mente
t

wartung

Gütermarkt

Wirkung auf Güterentwicklung

Stufe 1: Naturaltausch
von der Naturversorgung
zur hausw. Arbeitsteilung

it → **Naturprodukte Arbeitsleistung** ◁ **Arbeitswert**

Stufe 2: Gütertausch
von der Arbeitskoordination
zur regionalen Arbeitsteilung

→ **Produkte Arbeitsleistung Werkstoffe** ◁ **Güterwert**

Stufe 3: Münz- u. Geldwirtschaft
von der Spezialisierung zur
internationalen Arbeitsteilung

→ **Produkte Arbeitsleistung Werkstoffe Betriebsmittel** ◁ **Geldwert**

Stufe 4: Informationswirtschaft
von neuen Erkenntnissen zu
neuen Unternehmen

:hnologie → **Adresse Artikel Konditionen Verfahren** ◁ **Informationswert**

über Knappheitsgesetz
und Stufenwirkung

e
wachstum
g
g
rdination

Wirkung auf Güterentwicklung

Stufe 4: Automatisierte Wirtschaft ↔ Informationswirtschaft

Über den Faktor „Wissen" vollzieht sich der Wandel vom Industrie- zum Informationszeitalter. Die eigenständige Positionierung von „Wissen" als Elementarfaktor zeigt die damit möglich gewordenen neuen Dimensionen in der Gestaltung der Faktorkombinationsprozesse auf. Die Informations- und Kommunikationstechnologien sind Ergebnis der Wissensverwendung. Gleichzeitig schaffen diese Technologien die Voraussetzung zur Bewirtschaftung des „Wissens" als Faktorleistung.

Durch die mit der Informationstechnologie möglich gewordene und aufgebaute Integration zwischen den automatisierten und technischen Systemen unseres Wirtschaftslebens werden die Voraussetzungen zur Entstehung und Wirkung des Faktors „Wissen" als eigenständige Dimension geschaffen. Die Abbildung aller wirtschaftlichen Prozesse und Tatbestände kann somit „virtuell" in einem Abbildungssystem (Informationstechnologie) über die Integrationselemente (Adressen, Artikel, Konditionen und Verfahren) erfolgen (siehe hierzu weitere Ausführungen unter Punkt 1.3.5 und Punkt 1.3.6). Die Informationen bzw. das vorhandene Wissen erhalten über die Informationstechnologie die Möglichkeit, in „explizites Wissen" transformiert zu werden. Der erreichte Integrationsgrad zwischen den informations-, kommunikations- und produktionstechnischen Systemen wird den Grad und das Wachstum der positiven Effekte im Regelkreis der Wirtschaft nachhaltig bestimmen und somit dem Faktor „Wissen" zu weiter steigender Bedeutung verhelfen.

Aus dem vorstehenden Wirtschaftsentwicklungsmodell ist vermittelbar, dass die Stufe 4 einer weitergehenden und umfassenderen Analyse der gesamt- und einzelwirtschaftlichen Zusammenhänge bedarf. Die wirtschaftstheoretischen Ansätze der Postkeynsianer, Fiskalisten oder Neoklassiker werden hierbei keinen klärenden Beitrag zur Gestaltung unserer „Zukunftswirtschaft" in einer individualisierenden Wissensgesellschaft leisten können.

1.4.3 Dynamische Elemente und expansive Kräfte

Im Wirtschaftsentwicklungsmodell sind die dynamischen Elemente und expansiven Kräfte als „Initiatoren" der Stufenentwicklung wirksam. Flankiert wird dieser Prozess der Entwicklungsfortschritte durch die Stufeneinflüsse des Knappheits- und des Wettbewerbsgesetzes.

Die „dynamischen Elemente" können als „endogene Initiatoren" charakterisiert werden. Sie sind über den wirtschaftenden Menschen in das Entwicklungsmodell integriert. Als „dynamische Elemente" werden die vier wesentlichen Initiatoren definiert über:

- Denkfähigkeit des Menschen
- Innovationen im Wirtschaftsleben
- Fortschrittserwartung der Wirtschaftsakteure
- Pioniergeist bei neuen und etablierten Unternehmern

und in das Wirtschaftsentwicklungsmodell eingeführt.

> *Aus der seltenen Begabung des menschlichen Geistes, Fantasie mit Logik hochgradig zu verknüpfen, resultieren fortschrittswirksame Innovationen.*

Mit dem Faktor „Arbeit" gehen diese „dynamischen Elemente" als endogene Initiatoren in die einzelnen Entwicklungsstufen des Wirtschaftsentwicklungsmodells fortschrittswirksam ein.

Als „exogene Initiatoren" werden die „expansiven Kräfte" im Entwicklungsmodell bezeichnet. Sie verstärken und bewegen aus den gegebenen „Stufensituationen" heraus die Faktorkombinationsprozesse dynamisch über alle Entwicklungsabläufe hinweg. Die „expansiven Kräfte" werden im Entwicklungsmodell definiert als:

- Bevölkerungswachstum im jeweiligen Wirtschaftsraum
- Spezialisierung im Wirtschaftsleben
- Globalisierung der Weltwirtschaft
- Effektive Koordination des wirtschaftlichen Ablaufes bzw. Verhaltens

Diese „expansiven Kräfte" wirken als exogene Initiatoren auf die Faktor- und Gütermarktentwicklung fortschrittslenkend ein. Sie sind somit über alle Stufen des Wirtschaftsentwicklungsmodells feststellbar und erklären die darin wirkenden Kräfte.

Die „dynamischen Elemente" und „expansiven Kräfte" verhalten sich zueinander ergänzend mit wechselseitiger Beeinflussung über additive und multiplikative verstärkende Wirkungen. Aus diesen ableitbaren und festzustellenden „positiven Effekten" der Initiatoren wird das Maß der möglichen Fortschrittsbewegung im Wirtschaftsentwicklungsmodell theoretisch steuerbar.

> *Um für die Wirtschaftspolitik greifbare Erkenntnisse zu formulieren, bedarf es der Auseinandersetzung mit dem vorstehenden Modell der Wirtschaftsentwicklung in Bezug auf die zu fördernden „positiven Effekte" und die zu vermeidenden „negativen Effekte" im gesamtwirtschaftlichen Regelkreis des Wirtschaftens (siehe hierzu Abb. 3: Gesamtwirtschaftliches Regelkreismodell).*

In Stufe 4 des Modells zur Wirtschaftsentwicklung wirken die dynamischen Elemente und expansiven Kräfte unter den technologischen Bedingungen der Wissensgesellschaft. Die daraus resultierenden möglichen Wirkungen auf erzielbare Fortschritte im Wirtschaftsleben hängen hierbei im Wesentlichen von der Intensität und Effektivität der Nutzung von vorhandenen Informationen ab.

> *Mit dem steigenden Grad der Integration aller Marktteilnehmer in einem weltweiten Kommunikations- und Informationsnetz nimmt auch die Tendenz zur Individualisierung der Geschäftsbeziehungen zwischen Anbietern und Nachfragern zu. Hierbei bilden die Integrationselemente (Adressen, Artikel, Konditionen, Verfahren) den Integrationskern für eine umfassender zu formulierende „Individualisierungstheorie" einer globalisierten Zukunftswirtschaft.*

Die permanente Optimierung der Informationstechnologien wird somit maßgeblich für die erreichbaren Fortschritte verantwortlich sein. Die dazu notwendigen Integrationsbestrebungen zwischen Informations-, Kommunikations- und Produktionstechnologien werden sich als technische Basis für eine „neu erreichbare Dimension" des Informationszeitalters erweisen.

1.4.4 Koordination positiver Effekte

In der „Zukunftswirtschaft" einer Wissensgesellschaft bestimmen die Fähigkeiten zur effektiven Koordination aller Wirtschaftsprozesse die erreichbaren „positiven Effekte" im Wirtschaftsleben. Damit wird die Wettbewerbsfähigkeit der Unternehmen und der „nationalen Volkswirtschaften" in einer globalen Weltwirtschaft von der effizienten Koordination „positiver Effekte" bestimmt. Die einzelnen Staaten werden in einer hoch organisierten Weltwirtschaft miteinander in den Standortwettbewerb um neue Unternehmen als Forschungs- und Produktionsstätten treten. Aus den staatlich geschaffenen Infrastruktursystemen (Bildung, technische wie soziale Sicherheit, Steuersätze etc.) werden für die weltwirtschaftlich operierenden Unternehmen regionale Vorteile bzw. Nachteile ableitbar und somit messbar sein. Hieraus resultiert der Wettbewerb der Staaten um Zukunftstechnologien und bewirkt eine Verschärfung der Auseinandersetzung im Anwerben neuer Unternehmer mit Pioniergeist und Innovationskraft. Die Länder, Regionen oder Staaten werden als volkswirtschaftlich organisierte Nationalstaaten oder Staatenzusammenschlüsse wie im Einzelwirtschaftsbereich miteinander über alle Leistungen und geschaffenen Steuersysteme in Wettbewerb treten müssen. Wird dieser „Wettbewerb der Regionen" politisch gefördert und nach den Regeln einer „leistungsgerechten Wohlstandsmehrung" rechtlich abgesichert, so wird die für eine positive Wirtschaftsentwicklung notwendige Infrastruktur mit der im Wirtschaftsentwicklungsmodell aufgezeigten Eigendynamik entstehen.

> *Die Verteilung des weltwirtschaftlichen Wohlstandes wird sich über den Wettbewerb der um neue Unternehmensgründungen und neue Technologien bemühten Staatsgebilde regeln. Hierbei werden die Knappheits- und Wettbewerbsgesetze die gleichen Wirkungen entfalten, wie sie bei den Einzelwirtschaften bereits nachweislich gelten und gewünscht sind, insoweit sie nicht durch staatliche Hoheitsmacht weltweit und in gemeinsamer Abstimmung außer Kraft gesetzt werden.*

Aus Abb. 3: „Gesamtwirtschaftliches Regelkreismodell" ist die Wirkung der positiven Effekte auf den Faktor- und Gütermarkt ablesbar. Werden die jeweils für die Wirtschaftspläne zugrunde gelegten Erwartungen erfüllt bzw. übererfüllt, so entsteht eine zusätzliche Wachstumsdynamik. Es sind somit alle diejenigen gesamtwirtschaftlich wirkenden Maßnahmen politisch zu fördern, die zu mehr positiven Effekten auf den Faktor- und Gütermärkten führen. Die möglichen externen Effekte (resultierend aus der globalisierten Wirtschaft) auf die jeweilige nationale Geldwirtschaft sowie auf die Faktor- und Gütermärkte müssen wirtschaftspolitisch für jede geplante „Staatsaktivität" auf ihre zu erwartenden Wirkungen (positiv, neutral oder negativ) überprüft werden.

Wirken sich Staatsaktivitäten nachweislich negativ auf die Effektivität der Wirtschaft aus, so müssen die verantwortlichen Institutionen umgehend für eine Korrektur sorgen, da ein weiteres Verharren unweigerlich die aktuelle Wettbewerbsfähigkeit des agierenden Staatsgebildes gefährden würde.

In unserer Informationsgesellschaft reagieren die global operierenden Unternehmen (bzw. Weltkonzerne) auf alle Veränderungen in den regionalen Infrastrukturbedingungen (Sicherheit, Rechtssysteme, Steuern, Bildung, technische und soziale Ordnung etc.) unverzüglich mit ihren Expansions- und Investitionsplänen. Hieraus resultieren multiplikative Effekte über ganze Wirtschaftsbereiche in wachsenden und neuen Gütermärkten, sowohl zum Vorteil wie auch zum Nachteil der im Wettbewerb stehenden Volkswirtschaften.

Die Informationstechnologie verschafft allen Einzelwirtschaften die Möglichkeiten einer breiten Individualisierung ihrer Geschäfte und Aktivitäten. Es werden somit neue Wege und neue Initiativen in der Marktbearbeitung erschlossen. Die „virtuelle Abbildung" weltweiter Rechtsgeschäfte wird in den nächsten Jahren neue Sicherheiten schaffen und somit Möglichkeiten bieten, weniger Vernichtung von privatem und staatlichem Volksvermögen zuzulassen.

Es ist hinlänglich bekannt, dass durch Konkurse und Insolvenzen den Volkswirtschaften Schäden in beträchtlicher Höhe zugefügt werden. Aus der Zahlungsunfähigkeit der am Markt ausscheidenden Einzelwirtschaften resultieren als Folgewirkung des Debitorenausfalls „negative Effekte". Auf indirektem Wege (über die Lieferantenbeziehungen und die aus den Konkursen resultierenden Zahlungsausfälle) entsteht eine Kette von Folgeschäden bei unbeteiligten Unternehmen, die bis zum Ereigniseintritt wettbewerbsfähig am Markt operieren konnten.

Durch die Informationstechnologie und die damit ermöglichte weltweite Integration der Beziehungen zwischen Lieferanten und Kunden sowie die damit geschaffenen Möglichkeiten, diese Beziehungen über automatisierte Zahlungsausgleichsfunktionen gesichert abzuwickeln, werden sich neue, bisher nicht gekannte Vorteile für die gesamten Volkswirtschaften ergeben. Diese für die Lieferanten abgesicherten Zahlungsausgleichsfunktionen wird ein neues Feld von Dienstleistern (z. B. Zahlungsausgleichsbanken) übernehmen.

Die hierzu notwendigen neuesten Entwicklungen des weltweiten Internets im „E-Business" und „E-Banking" werden mit den Funktionen der „notariellen Zahlungsabsicherung" verknüpft werden. Mit diesem Dienstleistungsangebot wird sich die bisher gekannte „Bankenwelt" tief greifend verändern und wesentliche bzw. spürbare „positive Effekte" für alle beteiligten Einzelwirtschaften, öffentlichen Körperschaften und somit für die sie unterstützenden Volkswirtschaften erzeugen.

Teil 2
Informationstechnisches Abbildungs- & Steuerungssystem

2 Informationstechnisches Abbildungs- & Steuerungssystem

Das Werkzeug zur informationstechnischen Unternehmensabbildung ist die „Unternehmensführungssoftware". In seiner Spezialisierung ist dieses Abbildungssystem die „Branchen-Software zur Unternehmensführung". Die Notwendigkeit, alle unternehmensspezifischen Abläufe in der Zeit- und Warenwirtschaft abzubilden, erfordert eine Branchenspezialisierung, Unternehmensorientierung und Anwenderunterstützung über eine hoch integrierte Branchen-Software. Diese Software zu erstellen, setzt eine „theoretische Basis des Wirtschaftens" voraus, die im ersten Kapitel als „Systematische Abbildung der Wirtschaft" grundlegend erarbeitet wurde. In der Kommunikations- und Informationsgesellschaft ist es notwendig, die erfolgten Veränderungen im Realsystem auf das Abbildungssystem zeitnah zu übertragen.

2.1 Softwaretechnologie

2.1.1 Zielsetzung

Die Erstellung einer Standard-Software zur Unternehmensführung erfolgt unter den zu jedem Zeitpunkt gegebenen informationstechnischen Möglichkeiten. Aus der Erkenntnis der fortwährenden Weiterentwicklung aller Basissysteme in der Informationstechnologie, sind für die Software-Unternehmen zukunftsfähige Entwicklungsstrategien zu definieren.

Die Entwicklung einer Branchen-Software als spezialisiertes Unternehmensführungssystem erfordert neben den entwicklungstechnischen Kenntnissen ein umfassendes Wissen über die Spezialanforderungen der jeweiligen Branche. Eine Branchen-Software kann daher niemals mehr leisten, als der gesamte versammelte Sachverstand aller beteiligten Entwickler es ermöglicht.

2.1.2 Unabhängigkeit

2.1.2.1 Entscheidungsfreiheit

Im Wirtschaftsleben ist das Streben nach größtmöglicher Unabhängigkeit alltäglich zu beobachten, jedoch nur partiell erreichbar. Die Beziehungen zwischen den Marktteilnehmern sind geprägt von persönlicher Interessen-vertretung, dem Streben nach Interessenausgleich, und schließlich mündet jedes erfolgreiche wirtschaftliche Handeln in einer Übereinkunft, die von den Handelspartnern „freiwillig" erfüllt wird.

Unabhängigkeit bedeutet nicht gleichzeitig Entscheidungsfreiheit, und Ent-scheidungsfreiheit setzt nicht unbedingt Unabhängigkeit voraus. Es gibt durchaus Entscheidungssituationen, die trotz der erreichten oder bewahrten Unabhängigkeit durch Sachzwänge vorentschieden sind. Die Kräfte bzw. die Mächte des „Faktischen" bestimmen häufig die Entwicklungsrichtung und das Handeln im Wirtschaftsleben.

Kreativität und Innovation hingegen sind für die fortschreitende Entwick-lung der Einzelwirtschaften nur dann realisierbar, wenn in Forschung und Entwicklung weitgehende Entscheidungsfreiheit herrscht. Der Unternehmer trägt in der Regel für innovative Produktentwicklungen das Kostenrisiko.

Ausnahmen finden wir in der durch öffentliche Institutionen subven-tionierten Entwicklung vermeintlicher Zukunftsprojekte. Subventionen ohne merkliche Selbstbeteiligung des Unternehmers an den Erstellungs-kosten für die zukunftsorientierten Güter sind „Blankoschecks" für mögliche Fehlinvestitionen und gehen somit zu Lasten der gesamten Volkswirtschaft.

Ohne begründete Aussichten des Unternehmers auf den entsprechenden Er-folg „neuer Güter" im Markt kommt es nicht zum Einsatz der Entwicklungs-ressourcen im Unternehmen.

Für Software-Entwicklungsunternehmen ist die Unabhängigkeit von Hard-ware, Betriebssystem oder Datenbanken entscheidend für die marktnahe In-novation. Nur die standardisierte Anwendersoftware mit größter Breiten-wirkung (d. h. Anwenderakzeptanz) ist am Markt erfolgreich. Gleichzeitig wird durch die Entscheidungsfähigkeit der Software-Unternehmen den „Spezialinteressen" entgegengewirkt, die von Hardwareherstellern oder sonstigen Interessengruppen initiiert werden.

Monopolistische Bestrebungen, wie sie von einzelnen Unternehmen in fast allen Branchen der Wirtschaft zu finden sind, haben im Wirkungskreis der politisch abgesicherten Marktwirtschaft nur geringe Erfolgsaussichten bzw. sind nur von kurzer Dauer. Diese Feststellung wird durch eine Vielzahl von Beispielen belegt wie auch durch die Tatsache, dass gerade in der Software-Industrie der Verdrängungswettbewerb von besonderer „Qualität" ist. Bedingt ist dies durch die spezifische Stückkosten-Situation in der Erstel-lung und im Vertrieb von Standard-Software.

2.1.2.2 Systemunabhängigkeit

In der Informatik wird der Begriff „System" für verschiedene technische und softwaretechnologische Lösungen verwendet. Hierbei wird der Grad der erreichten Integration nicht berücksichtigt. Unter den Systembegriff fällt somit das Textverarbeitungssystem ebenso wie auch das komplexe Warenwirtschaftssystem mit Online-Anbindungen von peripheren Aggregaten.

Die Forderung nach weitgehender „Systemunabhängigkeit" bezieht sich in dieser Betrachtungsweise auf die grundlegenden Einheiten oder Systeme, die für die Erstellung von Standard-Software als „Basis-Systeme" eine notwendige Voraussetzung darstellen.

Die „Basis-Systeme" zur Software-Entwicklung sind:
- Hardware
- Betriebssysteme
- Datenbanken

Diese „Basis-Systeme" unterliegen einer permanenten technologischen Innovation. Die Leistungssteigerungen in der Hardware sowie die wesentlich verbesserten Fähigkeiten der Betriebssysteme und Datenbanken unterstreichen diese auch für die Zukunft geltende Aussage.

Solange sich die Weiterentwicklungen der „Basis-Systeme" unter der Vorgabe der Aufwärtskompatibilität vollziehen, bestehen für die Nutzung der darauf abgestimmten Anwender-Software keine Einschränkungen. Stellt sich jedoch heraus, dass die Innovation über nicht kompatible Entwicklungsschritte für einzelne Basis-Systeme abläuft, so steht die systemabhängige Software-Entwicklung am Ende ihres Entwicklungszyklus.

Daraus folgt für die Software-Häuser die Notwendigkeit einer „systemunabhängigen" Erstellung der Standard-Anwendungsprogramme.

Die vom jeweiligen Software-Produzenten verwendete Programmiersprache muss somit auf die leichte Portierbarkeit (von Basis-System zu Basis-System) überprüft werden.

Die Verwendung einer systemabhängigen Programmiersprache zur Erstellung von Anwendungsprogrammen führt bei fortschreitender technischer Entwicklung zwangsläufig zur „Neuprogrammierung" der Anwendungsprogramme. Nur die Software-Häuser, die ihr über Jahre entwickeltes Wissen addieren und multiplizieren, in branchenspezifischen Anwendungslösungen manifestieren und diese Produkte (als Standard-Software-Pakete) von Hardware- zu Hardware-System portieren können, sind auf Dauer konkurrenzfähig.

Daraus sollten die Software-Entwickler folgende Entwicklungsgrundsätze ableiten:

- Betriebssystemunabhängigkeit
- Datenbankunabhängigkeit und
- Hardwareneutralität

Das jeweilige Anwendungssystem ist somit unabhängig von jeder Betriebssystemplattform. Alle betriebssystemabhängigen Programmteile werden in eigene (spezielle) Module gekapselt und bei Bedarf auf andere Betriebssysteme portiert (bzw. nur diese einzelnen Module neu entwickelt).

Zur Betriebssystemunabhängigkeit zählt auch die freie Betriebssystemwahl in einem logischen und physischen Netzwerk pro Arbeitsplatz. Es werden demnach alle gängigen Front-End-Betriebssysteme unter grafischer Oberfläche

- Windows 2000
- Windows XP/Vista
- Unix
- Linux

gleichzeitig in einem Netzwerk unterstützt.

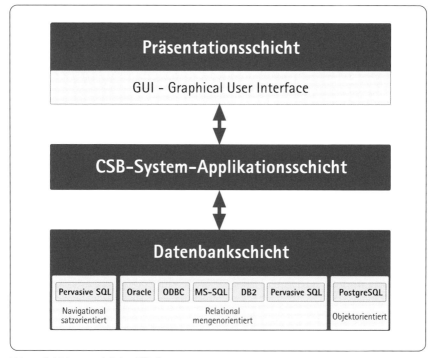

Abb. 5: Schichtenmodell im CSB-System

Die Datenbankunabhängigkeit erfordert, dass die Datenhaltung von der Anwendungsebene getrennt ist. Durch diese Trennung wird es möglich, beliebige Datenbanken zu unterstützen, ohne die Anwendungen ändern zu müssen. Aus Abb. 5 wird ersichtlich, wie die Strukturen in der Software-Anwendungsentwicklung gelegt sind.

Somit ist es möglich, die Applikationen für verschiedene Betriebssysteme und Datenbanken aus einem „einzigen Quellcode" zu generieren. Die Vorteile des Single Sourcing liegen auf der Hand:
- keine Aufspaltung der Entwicklungskapazitäten
  (Multiplikation statt Division)
- Verfügbarkeit aller Erweiterungen
  in der Software-Entwicklung für alle Betriebssysteme und Datenbanken
  (Addition statt Subtraktion)

Über das Schichtenmodell wird sichergestellt, dass die Ablauflogik der einzelnen Programme von den betriebssystemspezifischen Teilen und den technischen Details der Datenspeicherung getrennt wird.

Die Aufteilung im Schichtenmodell erfolgt über drei Ebenen:

Die Präsentationsschicht

ist zuständig für die Interaktion des Benutzers mit der Applikation und für alle betriebsspezifischen Aufrufe. Alle Anwendungsprogramme führen diese Aufgaben nicht mehr eigenständig aus, sondern übergeben einen Aufruf an die Module in der Präsentationsschicht.

Die Datenbankschicht

steuert den Zugriff auf alle externen Daten innerhalb des CSB-Systems. Der Zugriff auf Daten (Lesen, Speichern und Löschen) erfolgt nicht über die Applikationen, sondern aus der Datenbankschicht. Die Applikationen senden lediglich eine Nachricht an die Datenbankschicht, um die benötigten Daten anzufordern. Die Datenbank ermittelt die angeforderten Daten und übergibt sie an die Applikationsschicht. Der Zugriff auf die Daten über die jeweils im Einsatz befindliche Datenbank (Oracle, DB2, PostgreSQL oder Pervasive SQL) ist für die Anwendungsprogramme transparent, sodass diese Zugriffe unabhängig von einer bestimmten Form der Datenspeicherung sind.

Die Applikationsschicht

beinhaltet die gesamten Anwendungsprogramme des CSB-Systems, über die alle betriebswirtschaftlichen Funktionen und Abläufe gesteuert werden. Mit der Trennung der betriebswirtschaftlichen Teile und der Datenzugriffe von den Anwendungsprogrammen können ohne Rücksicht auf die aktuellen (marktgängigen) Betriebssysteme und/oder Datenbanken neue Applikationen zukunftssicher entwickelt werden. Der Aufwand für ein Applikationsmodul am gesamten Programmieraufwand beträgt ca. 99 Prozent. Durch den einfach gestalteten Austausch der Präsentationsschicht und der Datenbankschicht (die jeweils nur aus wenigen Modulen besteht, ca. 1 Prozent) wird eine schnelle und kostengünstige Umstellung der Anwendungssoftware auf neue Betriebssysteme und Datenbanken in kürzester Frist möglich.

Diese vorstehenden drei Punkte sichern umfassend die Wettbewerbsfähigkeit des Software-Unternehmens.

In der PC-Technologie finden wir die zur Zeit innovativste Entwicklungsrichtung. Die in den Netzwerken (LAN, WAN) und über das Internet wirksam werdenden Leistungen werden in den nächsten Jahren die dominierende Hardware-Plattform sein. Betriebssysteme, die für diese Plattform nicht das optimale Werkzeug bieten, werden daher keine Marktbedeutung erlangen.

Systemunabhängigkeit bedeutet jedoch nicht, dass die vom jeweiligen Endanwender geforderte Kombination der Basis-Systeme (Hardware, Betriebssysteme und Datenbanken) frei wählbar (wie im Selbstbedienungsladen) sein darf. Die Ansichten, welche Hardware-Plattform, welches Betriebssystem und welche Datenbank die „richtige" ist, gleichen in der Entscheidungsfindung eher einer Diskussion über „Glaubensfragen", als dass diese rationalen Überlegungen entspringen.

2.1.3   Investitionsschutz

2.1.3.1 Hardwaregegebenheit

Jede Investitionsentscheidung resultiert aus wirtschaftlichen Überlegungen. Die fortschreitende Wirtschaft wird geprägt durch die Dynamik der Rationalisierungsinvestitionen. Investitionen mit Rationalisierungspotenzial wirken positiv auf die Wirtschaft und auf das Unternehmen selbst.

Ersatzinvestitionen ohne Rationalisierungseffekte sind zwar zur Sicherung der Produktion erforderlich, zusätzliche positive Effekte sind jedoch für die Produktivität des Unternehmens nicht erreichbar. Notwendige Ersatzinvestitionen ohne Produktionssicherungscharakter (z. B. bedingt durch Seiteneffekte aus anderen Investitionen) sind unter dem Aspekt des „Investitionsschutzes" zu vermeiden.

Die Installation eines Systems zur Unternehmensführung erfolgt in der Regel in einem bestehenden und arbeitenden Unternehmen. Es ist daher erforderlich, die gesamte Hardware-Gegebenheit (von der Wareneingangs-, über Lager-, Produktions- bis zur Warenausgangs-Logistik) in das Informationssystem zu integrieren. Investitionsschutz auf die Hardware-Gegebenheit eines Unternehmens zu gewähren, ist daher für eine leistungsfähige Standard-Software eine wesentliche Voraussetzung für den Markterfolg.

Eine für das bestehende EDV-System geforderte Hardwareneutralität ergibt sich aus der Datenbankunabhängigkeit. Datenbanken wie Oracle, DB2, PostgreSQL, Pervasive SQL, MS-SQL sind einsetzbar auf den verschiedensten Hardwareplattformen.

Die Server sind unter den alternativen Netzwerkbetriebssystemen als:
- Unix-/Linux-Server
- Novell Netware-Server
- Windows-Server
- SUN-Server (Solaris)
- IBM/I-Series
der marktbedeutenden EDV-Hersteller für das CSB-System einsetzbar.

2.1.3.2 Softwareperspektive

Jede Software, die am Markt angeboten wird, muss erst für die folgenden Jahre der Nutzungsdauer beweisen, dass sie auf dem neuesten Stand der Technik bleibt. Aus der zurückliegenden „Versionspolitik" des Herstellers lassen sich jedoch deutliche Rückschlüsse auf die zukünftig zu erwartende Weiterentwicklung gewinnen. Inkompatibilität von Version a zu Version b ohne vollautomatische Konvertierung aller Daten zeigt deutlich, dass es an der Vorsorge, d. h. am notwendigen Investitionsschutz für die Anwendungssoftware fehlt.

Kein Unternehmen kann die zusätzlichen Zeit- und Kostenaufwendungen bestreiten, die mit einer nicht aufwärts kompatiblen Programmerneuerung bzw. -ergänzung verbunden sind.

Die Software-Unternehmen sind daher aufgerufen, das Wissen, die Ausbildung und die auf die Standard-Programme ausgerichteten Organisations- und Arbeitsabläufe zu schützen.

Unter dem Blickwinkel des Investitionsschutzes sind die Perspektiven für die ausgewählte Software in die Entscheidungsfindung des Anwenders aufzunehmen.

2.1.4 Ressourcen-Optimierung

Wer erfolgreich sein will, setzt die im Unternehmen vorhandenen Ressourcen bei der Gütererstellung zielgerichtet zum Nutzen der eigenen Ertragskraft und somit der Wirtschaft ein. Entscheidungsprozesse, die den Optimierungsverfahren zugänglich sind, führen zu rechenbaren Handlungsanweisungen, die die Gesamtsituation des Unternehmens verbessern können.

Die nicht rechenbaren Ressourcen-Optimierungen stehen gleichrangig in der strategischen Unternehmensplanung und beeinflussen wesentlich die Leistungsqualität des Unternehmens selbst. Die Optimierung des Ressourcen-Einsatzes im Unternehmen muss mit der Qualitätssicherung der Arbeitsgänge im Produktionsprozess einhergehen. Ein umfassendes Qualitätsmanagement in der Software-Entwicklung ist die notwendige Voraussetzung, um dauerhaft zufriedene Anwender zu gewinnen. Die Produkthaftungsbestimmungen zwingen uneinsichtige Entwickler zu den notwendigen Qualitätsprüfungen.

> *Ein motiviertes Entwicklungsteam ist die beste Voraussetzung zur Einhaltung und Umsetzung des intern gesetzten Qualitätsstandards. Als Ziel für die Entwickler steht das „Null-Fehler-Prinzip" in der Erstellung der Quellprogramme. Die Arbeitsanleitungen, internen Standards, Tools und nicht zuletzt die kreativen Elemente in der Software-Erstellung müssen insgesamt auf einem umfassenden Qualitätsmanagement basieren. Das gesamte Software-Unternehmen zu zertifizieren, ist die daraus resultierende notwendige und wirtschaftliche Konsequenz. Kein Organisations- bzw. EDV-Leiter wird zukünftig Software von Anbietern erwerben, die nicht nach DIN-ISO 9001 zertifiziert sind.*

Die Vorschriften zur Qualitätssicherung und der vom Markt erzeugte Druck auf die Software-Entwickler werden den bereits heute wirksamen Verdrängungswettbewerb wesentlich verstärken.

Mit Qualität und marktgängigen, spezialisierten Branchen-Software-Produkten wachsen oder sterben, ist die aufgezeigte Alternative für die Software-Unternehmen. Die Überlebensstrategie ist vielfältig: Massenprodukte, Nischenlösungen wie auch spezifische Branchenprogramme sind hierbei im möglichen Handlungsrahmen der Software-Unternehmer zu finden. Eine Kombination aus verschiedenen Produktschwerpunkten mit größeren Synergieeffekten wird die Überlebensfähigkeit der mittelständischen Softwarebetriebe maßgeblich positiv beeinflussen. Die Internationalisierung der Software-Produkte ist zur Wettbewerbssicherung eine zusätzlich notwendige Voraussetzung. Nur derjenige Software-Hersteller, der seine Kunden in landesübergreifenden Einzelwirtschaften mit einheitlicher (mehrsprachiger) Standard-Software begleiten kann, wird zukünftig Zugang zum Software-Auswahlverfahren finden. Der Weltmarkt mit seinen zunehmenden Verflechtungen der Produktions-, Dienstleistungs- und Handelsbetriebe und der weiter steigenden internationalen Arbeitsteilung führt zu diesem einschränkenden Auswahlverfahren beim Erwerb von branchenspezifischer Standard-Software.

2.1.4.1 Software-Entwicklungswerkzeuge

Die Erstellung von Software erfolgt in der Regel für eine vorgegebene Systemumgebung. Hierbei sind die verwendbaren Programmiersprachen auf die zu lösenden Anforderungen abzustimmen.

> *Die Auswahl einer Programmiersprache sollte die bestmögliche Produktivität, die gegebene Verbreitung (d. h. in öffentlicher Ausbildung erlernte Programmiersprachen), die Dokumentationsfähigkeit sowie die Portierbarkeit auf andere Systemumgebungen berücksichtigen. Die sich daraus ergebende problemlösungsorientierte „Sprachenvielfalt" ist wirtschaftlich sinnvoll.*

Produktivität und Effizienz eines Softwarehauses sind unabhängig von den strategischen Entwicklungsvorgaben und ihrer konsequenten Umsetzung. Die entwicklungstechnischen Vorgaben müssen in erster Linie nach den Kundenwünschen ausgerichtet werden. Nicht minder wichtig ist die Beobachtung der Entwicklungsstrategien und -werkzeuge des weltweiten IT-Marktes. Letztlich wird mit der jeweiligen Programmiersprache ein für den Rechner „verständlicher" Sourcecode, bestehend aus einer strukturierten Anordnung von „1" und „0" in unendlich möglichen Kombinationen, erzeugt. Die „binären Strukturen" des Sourcecodes bilden über die virtuellen und mathematischen Systeme der Informationstechnik die Grundlage zur Abbildung unseres physischen Wirtschaftens in einer sich ständig weiterentwickelnden Welt.

> *Vor mehr als 5000 Jahren war die „binäre Rechenmethodik" bereits in China bekannt. Die chinesischen Philosophen betrachteten die „Ur-Setzung" als Eins (1) und die „Ur-Kraft" als Null (0).*

Die „binäre Rechentechnik" ist in der Informatik nachweislich die effektivste Methode zur rechnerischen Abbildung komplexer Strukturen im Wirtschaftsleben. Mit den am Markt angebotenen programmiertechnischen Systemumgebungen werden vom jeweiligen Hersteller die dazu passenden Software-Entwicklungswerkzeuge offeriert. Jedem Software-Entwickler bieten sich demnach zwei generelle Vorgehensweisen in der Softwareherstellung an:
1. Einsatz der am Markt angebotenen Entwicklungswerkzeuge
2. Erstellung der Software mit selbst erzeugten Software-Werkzeugen

zu 1: Fremde Entwicklungswerkzeuge

Greift ein Software-Unternehmen auf die vom Systemlieferanten bereitgestellten Entwicklungswerkzeuge zurück, so ist seine Entwicklung mit der Systemumgebung eng verbunden. Der Systemlieferant (für Betriebssysteme, Datenbanken etc.) stellt im Regelfalle für die angebotenen Systemkomponenten optimierte Entwicklungswerkzeuge bereit. Hierdurch wird eine enge Bindung des Nutzers der Systemumgebung über die darauf angepassten Werkzeuge erreicht. Eine Portierung der mit diesen fremden Werkzeugen erzeugten Softwareprodukte auf alternative Plattformen ist nur mit erheblichem Anpassungsaufwand der Softwareprodukte möglich. Die dadurch taktisch erzielte Bindung an die genutzte Systemumgebung ist vom Hersteller gewünscht und somit Bestandteil seiner Kundenbindungsstrategie.

zu 2: Eigene Entwicklungswerkzeuge

Das Ziel einer systemneutralen Software-Entwicklung ist nur durch die Nutzung von selbst erstellten Software-Werkzeugen gesichert realisierbar. Der Einsatz von eigenen Software-Entwicklungswerkzeugen ist notwendig, um eine optimale Ausrichtung der benötigten Werkzeuge auf die Produkterstellung zu gewährleisten. Es ist somit verständlich, dass die Werkzeuge für technisch wissenschaftliche Problemlösungen sich von Werkzeugen zur kaufmännischen Software-Entwicklung unterscheiden. Eine optimale Ausrichtung der Software-Werkzeuge erfolgt immer in Richtung einer optimierten Produkterstellung. Diese Anforderungen an die Software-Entwicklungswerkzeuge unterscheiden sich nicht von den Notwendigkeiten, die an die Werkzeuge in einem beliebigen Produktionsprozess gestellt werden. Die für die Entwicklung des CSB-Systems verwendeten Software-Werkzeuge sind im Wesentlichen:

- SMI — Screen Management Interface
- GPM — Grafisches Print Management
- CCM — Control and Configuration Manager
- IO-SYS — WIN 32 IO-SYS (IO-Server)
- StM — State Machine
- Dat — Datenbankschicht (ODBC, OCI etc.)
- DTM — Data Trade Manager
- SPM — Security Preprocessing Manager
- SCG — Source Code Generator
- RMS — Record Management System
- CSB-ULT — CSB-Universal Language Technology

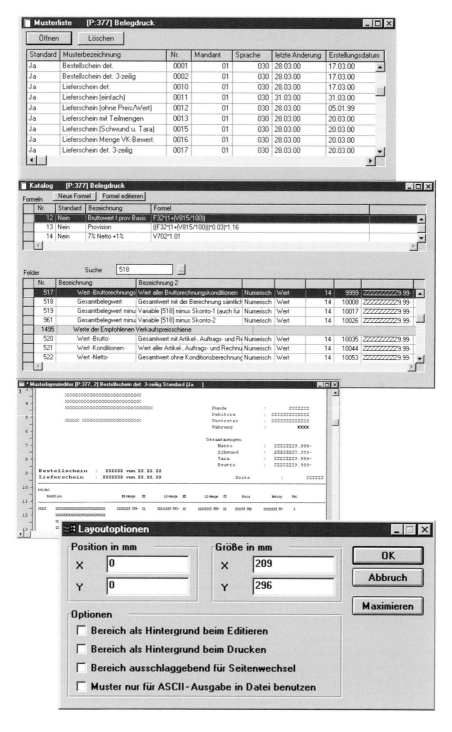

Nachstehend werden lediglich die wichtigsten Merkmale dieser Software-Entwicklungswerkzeuge kurz erläutert.

SMI - Screen Management Interface

Die Entwicklung einer Dialog-Anwendung bedingt eine permanent wachsende Anforderung an die benutzerfreundliche Anwenderführung über den Bildschirm. Daraus folgt, dass die Anwendungsprogramme (Funktionalitäten) von der Benutzeroberfläche getrennt sein müssen. Die Anwenderprogramme sind somit vom Betriebssystem und der verwendeten Programmiersprache unabhängig.

Das Screen Management Interface besteht aus drei Hauptbestandteilen:
1. Maskeneditor
2. Laufzeitsystem
3. Utilities

Auf diese Werkzeugebenen wird an dieser Stelle nicht weiter eingegangen. Es sei noch erwähnt, dass SMI die freie Gestaltung der Bildschirmdarstellung unterstützt, und über XML- und HTML-Format die Internetkommunikation über alle Programme der Warenwirtschaft im „Online-Dialog" abwickelt.

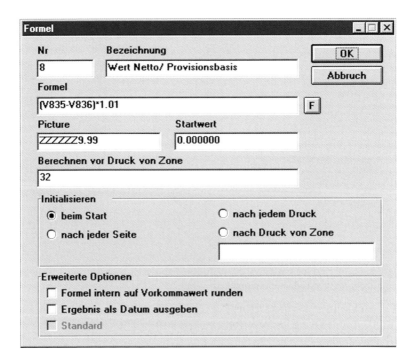

GPM – Grafisches Print Management für Windows & Linux

GPM ist ein Werkzeug, um alle Ausdrucke und Bildschirmlisten im CSB-System darzustellen. Aus dem verfügbaren Katalog von Informationen wählt der Anwender die im Ausdruck benötigten Variablen und setzt diese frei wählbar in das zu erstellende Muster ab. Für alle Standard-Druckausgaben werden vordefinierte (jedoch auch abänderbare) Muster in einem „Druckmusterkatalog" bereitgestellt. Der Leistungsumfang des GPM umfasst die nachstehenden wichtigsten Funktionen:

1. Aufruf des GPM-Editors aus jeder Menü- oder Programmposition
2. Einlesen vordefinierter GPM-Muster aus Musterarchiv (nach Branchen gegliedert)
3. Übernahme der Muster (User-spezifisch) in den Anwendungsbereich der geschützten Mandantenversion (Überschreibungsschutz)
4. Aufruf eines Felderkatalogs mit Formelsammlung aus Variablen-Tabellen
5. „Drag & Drop"- und „Copy & Paste"-Funktionalität auf der grafischen Benutzeroberfläche
6. Der implementierte Formelinterpreter schafft beliebige Auswertungsmodelle (Absatzanalyse, Controllingfunktionen etc.)
7. anzeigbare Musterlayouts und Layoutoptionen bildschirmgesteuert und Ausgaben über Druck, Spool, E-Mail sowie Fax, darüber hinaus Ausgabe in die Dateiformate TIFF, XML, PDF, CSV oder Fortschreibung der Ergebnisse über ODBC-Schnittstelle in beliebige Datenbanken
8. umfassende Darstellung in Tabellendruckformaten mit mehreren Druckzonen in einer Tabelle
9. variable Seiten-, Zeilen-, Feld-, Gitter- und Zonen-Optionen sind für alle GPM-Muster frei definierbar
10. grafische Darstellung aller Auswertungsergebnisse und Berücksichtigung der editierten Formeln
11. Erweiterung durch Python

Über eine „Barcode-Dialogbox" sind verschiedenste Barcode-Arten (EAN 13, EAN 128, EAN 8, Code 25 IL, PDF 417 etc.) im GPM-Muster darstellbar.

Die Update- und Upgrade-Fähigkeit des GPM und aller verfügbaren Druckmuster sowie Formelkataloge ist über automatisierte Konvertierungsprogramme einfach und anwenderfreundlich gestaltet.

CCM – Control and Configuration Manager

Die Entwicklung eines grafischen Programmiersystems hat zum Ziel, einfache und komplexe Abläufe durch grafische Symbole auf der Bildschirmoberfläche zu konfigurieren. CCM besteht aus einer Toolbox, in der alle benötigten Werkzeuge für die Lösung der gestellten Aufgabe bereitgehalten werden. Diese einzelnen „Objekte" sind in C++ entwickelt. Das gesamte CCM-System ist objektorientiert.

Daraus ergeben sich weitere Vorteile:

- schnelle Implementierung
- Erstellen neuer Funktionen in kurzer Zeit
- fehlerfreie Konfiguration neuer Abläufe bei vorgegebenen Objekten
- erheblich reduzierter Programmieraufwand
- Remote Control über Modem oder Internet

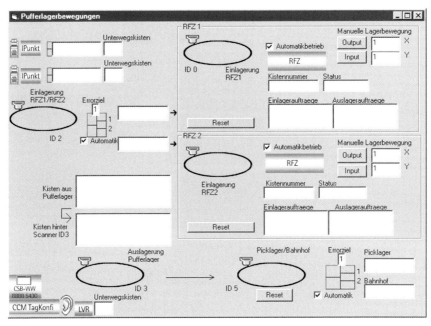

Abb. 6: Grafische Programmierung der CIM-Projekte mit CCM

Bei der Integration komplexer Produktions-, Steuerungs- und Transportanlagen in die Warenwirtschaft eines Unternehmens ist CCM für die einzelnen Schritte der Vorbereitung und Abwicklung der jeweiligen Projekte ein unentbehrliches Werkzeug. Ein typischer Ablauf zur Realisierung eines CIM-Projektes über das Werkzeug CCM besteht aus:

- Aufnahme des Soll-Konzeptes „vor Ort"
- Analyse der einzelnen Funktionspunkte (Objekte des CCM)
- Erstellung des neuen Ablaufplanes nach Soll-Konzept
- Übernahme der Funktionspunkte in das Ablaufsystem
- Einstellen der ablaufspezifischen Parameter pro Funktionspunkt
- Umfassende Tests der erstellten Ablaufsteuerung und Echtlaufüberführung

Mit CCM wird eine ganzheitliche Betrachtungsweise von Hardware (EDV, Förderanlagen, Waagen, Scanner, Dosiersysteme etc.) und Software (Steuerungssoftware und Branchen-Software) aus Sicht der komplexen Warenwirtschaft erreicht.

Durch die objektorientierte Modularisierung und visuelle Programmierung der Abläufe in den CIM-Projekten lassen sich erhebliche Rationalisierungspotenziale in der Software-Entwicklung erreichen.

Die Software-Architektur des CCM ist über drei Schichten gegliedert:
1. **Visualisierungsschicht**
   - als Benutzerschnittstelle, mit der die Komponenten auf dem Bildschirm konfiguriert werden
2. **Control-Interface**
   - als Schnittstelle zwischen dem IO-SYS-Server und der Visualisierungsschicht
3. **IO-SYS-Server**
   - extrahiert aus der Kommunikation mit den angeschlossenen peripheren Geräten die relevanten Nutzdaten und wandelt diese in eine abstrakte von der Hardware unabhängige Sprache um

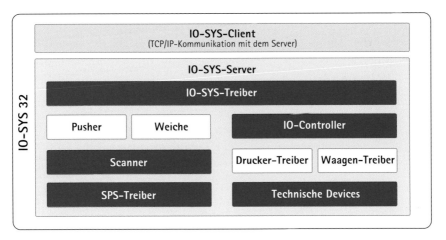

Abb. 7: Schnittstellenprogrammierung über IO-SYS in CIM-Projekten

IO-SYS WIN 32

Die Integration von Hardware-Komponenten wie Scanner, Waagen, Dosiereinheiten, Förder- und Mischanlagen etc. im CIM-Konzept erfordert die standardisierte Einbindung in eine ganzheitliche Warenwirtschaftslösung.

Der Anschlussaufwand vor Ort wird über „IO-SYS" so gering wie möglich gehalten.

Mit IO-SYS wird für jede Hardware-Peripherie eine standardisierte „Treiber-software" bereitgestellt. Die betriebswirtschaftlichen Funktionen in der Warenwirtschaftssoftware nehmen über CCM und IO-SYS die Online-Kommunikation mit den Hardwarekomponenten auf. Durch die standardisierten Hardware-spezifischen Treiber über „IO-SYS WIN 32" werden die Implementierung und die Inbetriebnahme erheblich zeitlich verkürzt. Über den in IO-SYS integrierten „Tracemanager" wird bei möglichen Störungen die Problemanalyse online durchgeführt. Der Tracemanager ist das optimierte Werkzeug zur Ferndiagnose und dient gleichzeitig als Fernwartungssystem „im laufenden Betrieb".

Die Sicherheit der ausfallfreien Systemsteuerung steht im Vordergrund aller Bemühungen um eine größere Kundenzufriedenheit.

StM – State Machine

Eine spezielle Problemstellung der Hardware-Integration ist die Computer-Telephony-Integration (CTI-Server-Technologie) in die Unternehmens-führungssoftware. Die Integration aller auf dem Markt angebotenen Telefonanlagen in die Warenwirtschaftskommunikation EDV-technisch sicherzustellen, ist die Aufgabe, die sich aus dem Postulat des Investitions-schutzes (für getätigte PBX-Investitionen) ergibt.

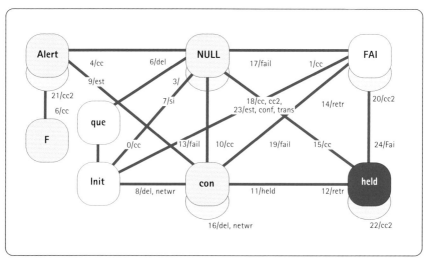

Abb. 8: Schnittstellen zur Telefonie über State Machine

Damit der Programmieraufwand für die Realisierung der verschiedensten Telefonanlagen (PBX-Systeme) auf ein Minimum reduziert werden kann, wurde das Werkzeug State Machine entwickelt.

Eine State Machine ist gekennzeichnet durch eine bestimmte Menge von Zuständen und eine vorgegebene Menge von Transitionen. Die Transitionen stellen dabei den Übergang zwischen zwei Zuständen dar. Grafisch wird ein „Zustand" als Kreis und eine „Transition" als Linie zwischen den Kreisen dargestellt. Die State Machine hat die Aufgabe, eine Standardisierung des Eventflows (als Reihenfolge, in denen die jeweiligen Events eintreffen) durch eine Kombination von zwei oder mehreren State Machines herbeizuführen. Mit der State Machine wird ein erhebliches Rationalisierungspotenzial bewirkt, da der Codieraufwand für das komplexe Design der State Machines entfällt. Der dynamische Teil eines Telefonates (Zustandswechsel) wird hierbei über den „Phonemaster" visualisiert. Weitere Ausführungen zu CTI-Lösungen erfolgen unter Gliederungspunkt 2.2.2 Informations- und Kommunikationstechnik sowie unter 2.2.3 Communication Ware.

Dat – Datenbankschicht (ODBC, OCI etc.)

Den Zugriff auf verschiedenste Datenhaltungssysteme „neutral" zu realisieren, ist die Aufgabe der „Datenbankschicht". Der Wechsel eines Datenhaltungssystems berührt somit das branchenspezialisierte Softwarepaket CSB-System nicht.

Das bestehende Problem, dass jeder Datenbankhersteller zur mengenorientierten Abfragesprache (SQL-Structured Query Language) eigene Erweiterungen und Optionen nutzt, ist damit ausgeschaltet bzw. neutralisiert. Somit ist sichergestellt, dass über die Datenbankschicht ein schneller Austausch einer Datenbank gegen eine andere Datenbank ermöglicht wird.

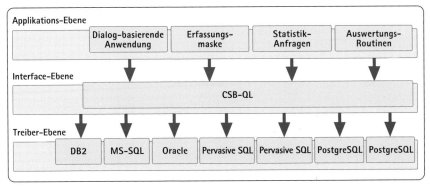

Abb. 9: Datenbankunabhängigkeit über Dat

Die der Datenbankschicht zugrunde liegende Strategie ist effizient. Sowohl die satz- als auch mengenorientierte Arbeitsweise muss aus Performancegründen sichergestellt sein. Für die satz- und mengenorientierte Arbeitsweise stellt die Datenbankschicht ein Zugriffsmodul (Treiber) bereit. Der Anschluss einer neuen Datenbank erfordert demzufolge lediglich die Entwicklung eines neuen Treibers.

Das hierzu benötigte Werkzeug ist die Abfragesprache „CSB-QL" (CSB-Query-Language). Die Sprachsyntax von CSB-QL basiert auf der SQL-Sprache, erlaubt jedoch zusätzlich satzorientierte Zugriffe auf das Datenhaltungssystem (Datenbanken der verschiedensten Hersteller).

Die Vorteile dieser Datenbankschicht liegen auf der Hand:
- umfassende Datenbankneutralität
- hohe Performance bei satzorientierten Anwendungen
- hohe Performance bei mengenorientierten Anwendungen

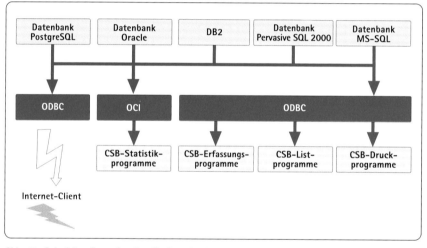

Abb. 10: Beispielkonfiguration für die Datenbanken PostgreSQL, Oracle, DB2, Pervasive SQL 2000 und MS-SQL

Über die Datenbankschicht wird die Einheitlichkeit der lokalen Anwendung (Client-Server-Lösung) sowie die Internetfähigkeit aller Anwendungs- bzw. Clientabfragen und Clienteingaben sichergestellt. Siehe hierzu weitere Ausführungen unter Punkt 2.3.2 Internetfähige Branchen-Software.

Die Client-Server-Fähigkeit wird durch den Einsatz eines *Kommunikationsbusses* gewährleistet. Der Kommunikationsbus basiert auf dem Corba-Standard und versetzt das CSB-System in die Lage, die einzelnen Softwaremodule im Computernetz beliebig zu verteilen. Dadurch ist eine sprachenunabhängige Software-Entwicklung des CSB-Systems als branchenspezifische ERP-Lösung mit umfassender Internetfähigkeit sichergestellt.

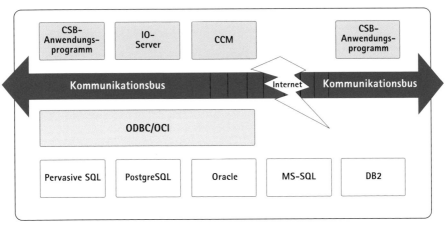

Abb. 11: Internetkommunikation im CSB-System

DTM – Data Trade Manager

Der Data Trade Manager (DTM) beschleunigt die Prozesse innerhalb des EDI-Managements. Als standardisiertes Schnittstellen-Management wird der DTM zur schnellen Kommunikation zwischen den verschiedenen Programmbereichen innerhalb des CSB-Systems und als formatunabhängige Verbindung (TCP/IP) zu externen Anwendungen (M-ERP) eingesetzt.

SPM – Security Preprocessing Manager

Der Security Preprocessing Manager (SPM) ist ein Werkzeug zur Erweiterung der Leistungsfähigkeit verschiedener Programmiersprachen. Die Sprache wird dabei um viele Leistungsmerkmale erweitert, so z. B. um Funktionsaufrufe und Typsicherheit. Darüber hinaus werden die strengen Programmierstandards auf korrekte Einhaltung überprüft. Der SPM ist somit ein wesentliches Werkzeug zur Realisierung des „Null-Fehler-Prinzips" in der Erstellung von Software.

SCG – Source Code Generator

Mit dem Source Code Generator (SCG) können Teilprogramme und komplette Standardprogramme sowohl für C++, C als auch für Java über eine grafische Oberfläche erstellt werden. Die Programmerstellung wird somit nach klaren Standards definiert und ermöglicht auf einfachste Weise die Realisierung einer strukturierten und standardisierten Softwareentwicklung.

RMS – Record Management System

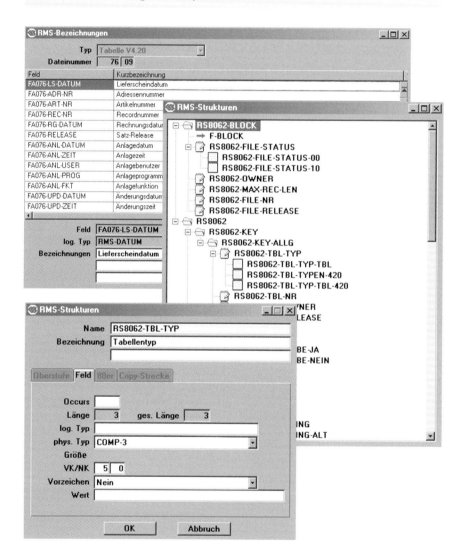

Über das RMS wird das komplette Daten-Dictionary des CSB-Systems abgebildet. Das Record Management System (RMS) enthält alle Tabellen- und Felddefinitionen der Datenbankstruktur im CSB-System und das Entity-Relationship-Modell. Jede Tabelle und jedes Feld sind optimal dokumentiert. Der Datenbankadministrator kann somit auf genaue Informationen zu den Datenfeldern zurückgreifen und das Verhältnis der Tabellen untereinander genau analysieren.

Aufgrund der durchgängigen Integration von leistungsfähigen Übersetzungstools, können alle beschreibenden Kommentare in jede beliebige Zielsprache übersetzt werden. Alle im RMS gespeicherten Informationen sind völlig unabhängig von der eingesetzten Datenbanktechnologie.

Das Record Management System besteht aus mehreren Komponenten:
- **RMS-Tabellenbibliotheken**
  - enthalten die Beschreibung des Tabellenaufbaus
  - Die Tabellenbibliotheken werden z. B. von der neuen Bustechnologie L21, von der universellen Datenbankschnittstelle und DTM genutzt.
- **RMS-Editor**
  - ermöglicht das Editieren von Tabellenbeschreibungen mit entsprechenden Gültigkeitsprüfungen
- **RMS-Export**
  - realisiert den Export der Tabellenbeschreibungen in verschiedene Formate (z. B. SQL-Skripte für die Anlage von Tabellen unter Oracle)

CSB-ULT - CSB-Universal Language Technology

Eine branchenspezifische Unternehmenssoftware ist nur dann effizient zu erstellen, wenn die Entwicklung des Source Codes mit modernster Technologie wettbewerbsfähig gestaltet wird.

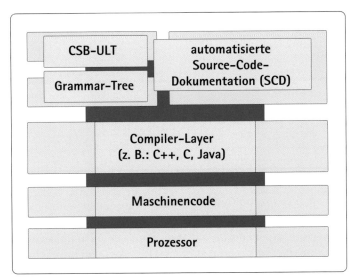

Abb. 12: Mehrschichtenmodell der CSB-ULT

Der Unternehmenserfolg von CSB-System ist unter anderem in der Strategie begründet, zur Umsetzung der branchenspezifischen Softwareanforderungen eigene Programmierwerkzeuge einzusetzen. Durch diese Vorgehensweise können selbst die Anforderungen schnell realisiert werden, die eine Anpassung der Werkzeuge erfordern. Trotz zunehmender Größe des Softwarepakets und der wachsenden Anzahl der implementierten Systeme soll die vorhandene Flexibilität des CSB-Systems gesichert und weiter ausgebaut werden. Dies wird durch die Entwicklung einer eigenen Sprachtechnologie gewährleistet.

Die CSB-Universal Language Technology zeichnet sich durch folgende Merkmale aus:

- Die CSB-ULT vereint die Syntax verschiedenster Programmiersprachen z. B. Java, C und C++ (beliebig viele Programmiersprachen).
- Es handelt sich um ein einheitliches Sprachsystem, das alle technischen und betriebswirtschaftlichen Anforderungen programmtechnisch in einem Softwarecode umsetzt.
- Das Ergebnis ist die CSB-Sprachsyntax, deren Semantik die Realisierung der sowohl technischen als auch betriebswirtschaftlichen Anforderungen sicherstellt.
- Die CSB-ULT basiert auf einem modernen Mehrschichtenmodell. Diese Architektur ermöglicht in mehreren Schritten die Umsetzung der CSB-Syntax in Maschinencode. Hierdurch wird die Unabhängigkeit der Sprache vom Betriebssystem und somit von der Hardware sichergestellt. Ebenso können auf unterster Ebene am Markt befindliche Compiler-Standardprodukte zur Generierung des Maschinencodes eingesetzt werden.
- Die CSB-ULT gewährleistet die komplette Plattformunabhängigkeit in der CSB-Softwareentwicklung.
- Jeder Plattformwechsel ist mit dem CSB-System realisierbar, auch im Falle einer umfassenden Änderung der Basistechnologie.

Die Vorteile für CSB-Kunden liegen darin, dass für jede zu lösende Aufgabe der am besten geeignete Compiler verwendet wird. Häufiges Umschulen der Softwareentwickler in neue Programmiersprachen entfällt. Ein Compiler kann automatisch ohne Source-Code-Änderung durch einen anderen ersetzt werden. Sogar bei einem kompletten Plattformwechsel von A zu B entfällt die Neuprogrammierung von Funktionalitäten in der Unternehmenssoftware. Die Programmiersprachen werden auf die Syntax zur Formulierung der Semantik reduziert. Die übrigen Funktionen in der Programmerstellung sind durch CSB-eigene Programmierwerkzeuge in Verbindung mit CSB-ULT zukunftssicher umgesetzt und geben CSB-System eine systemtechnische Sicherheit, wie sie zur Zeit in diesem Umfang auf dem ERP-Markt nicht vergleichbar ist. Das Mehrschichtenmodell ermöglicht es den Entwicklern, mit Hilfe des Programms SCG (Source Code Generator) im CSB-ULT eine automatisch generierte Dokumentation des Source-Codes zu erstellen. Das Ergebnis zeigt einen grafisch aufbereiteten, umfassend dokumentierten ULT-Quellcode.

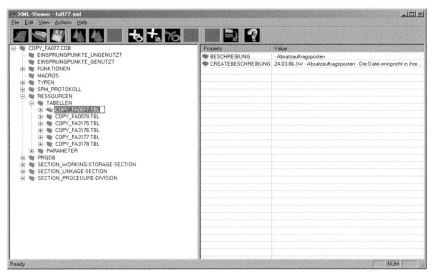

Abb. 13: Darstellungsbeispiel einer automatisiert erstellten Dokumentation

2.1.4.2 Offene Systemarchitektur

Die standardisierte Software-Entwicklung von Branchenlösungen erfordert eine vom Anwender gewünschte offene Systemarchitektur. Hierzu ist es notwendig, dass die Grundsätze der Systemunabhängigkeit (aus Sicht des Investitionsschutzes) beachtet werden. Des Weiteren muss die Möglichkeit gegeben sein, über alle Daten die gewünschten Auswertungen erstellen zu können. Der Anwender erhält einen umfassenden Zugang zu den nachstehend aufgeführten Technologien:

- GPM – Grafisches Print Management
- SMI – Screen Management Interface
- Dat – Datenbankschicht (ODBC, OCI etc.)
- SSM – Sortier- & Selektionsmanager
- SQL – Listgenerator
- Python – Pythonskripte auf Basis von GPM und SMI
- CCM – Control and Configuration Manager

Diese Technologien und Werkzeuge sind im vorstehenden Kapitel sowie unter den Auswertungswerkzeugen des „Management & Controlling" (Punkt 3.4) in ihrem Leistungsumfang dargestellt. Aus der Abb. 14 „CSB-System-Architektur" ist der Aufbau der Branchen-Software „CSB-System" ersichtlich.

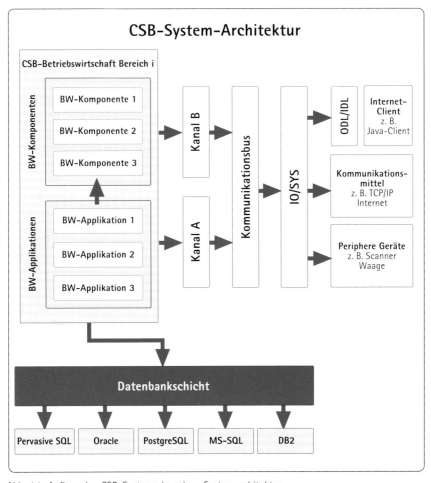

Abb. 14: Aufbau des CSB-Systems in seiner Systemarchitektur

Zum Leistungsumfang einer „offenen Systemarchitektur" gehört auch die standardisierte Übernahme von:

- Stammdaten (z. B. aus Altsystemen)
- Bewegungsdaten aus Statistikdateien
- EDI-Kommunikation sowie
- Schnittstellenprogrammen in der Branchen-Software für marktgängige Standardprogramme

Beispielsweise können (im Altsystem) vorhandene Artikeldaten über WUWA (Windows Utility Write All) automatisiert in das CSB-System übernommen werden. Diese automatische Übernahme erfolgt über vier Schritte:

Schritt 1:   Die vorhandenen Artikeldaten werden in eine Textdatei gedruckt. (z. B. mit dem Druckertreiber „Universal/Nur Text" von
Windows)

Schritt 2:   Die Textdatei wird mit dem Textkonverter im CSB-System
aufgearbeitet und in eine Datenbank konvertiert, die dann alle
relevanten Artikeldaten enthält.

Schritt 3:   Optional können die Daten mit dem Datenbanktool an weitergehende Bedingungen angepasst werden (z. B. Auswahl einer
Teilmenge oder Anpassung des Datums).

Schritt 4:   Mit dem Makrogenerator wird ein definierter Ablauf für die
Artikeldateneingabe aufgezeichnet. Dabei können alle Anforderungen der Eingabemasken des neuen Controlling-Pro-
gramms berücksichtigt werden. Im nächsten Schritt werden
mit diesem Makro für jeden Datensatz automatisch die vorhandenen Daten in die jeweiligen Eingabefelder eingetragen.

Weitere offene Programmierwerkzeuge

Eine offene Systemarchitektur zeichnet sich dadurch aus, dass Programmierschnittstellen (APIs) zur Verfügung gestellt werden:

Python
Python ist eine interpreterbasierte, interaktive und objektorientierte Programmiersprache. Sie wird häufig als Erweiterungssprache genutzt, um
Anwendungen von außen programmierbar zu machen. Python ist plattform-
unabhängig und wird auf vielen Unix-Systemen als auch Linux- und Windows-
32-Systemen eingesetzt. Python ist an verschiedenen Stellen im CSB-System
vollständig integriert:
- Mit Hilfe von PlayIt können Touchscreen-Applikationen erstellt werden,
  die direkt im CSB-System ablaufen.
- Durch die Integration in das SMI (Screen Management Interface) kann
  Einfluss auf die Gestaltung und den Ablauf von Masken genommen
  werden.
- Durch die Integration in das GPM (Grafisches Print Management)
  können Daten aus anderen Datenquellen, z. B. ODBC, direkt in interne
  CSB-Auswertungen und Formulare integriert werden.
- Im Workflow Management kann Python genutzt werden, um betriebswirtschaftliche Standardprozesse zu definieren, automatisieren und zu
  überwachen.

Python-Skripte werden direkt im CSB-System in Programmlibraries abgespeichert. Bei Releasewechseln ist es deshalb einfach möglich, einen großen Teil des Codes zu konvertieren und den Programmierverantwortlichen zu informieren, an welcher Stelle manuelle Änderungen notwendig sind. Releasewechsel bleiben daher eine Frage von Stunden und nicht von Monaten.

Datenbankschicht

Alle Datenzugriffe im CSB-System werden über die neutrale Datenbankschicht abgewickelt, sodass eine vollständige Plattformunabhängigkeit der CSB-Applikation von den Datenbanken gewährleistet ist. (siehe auch „Datenbankunabhängigkeit"). Die Datenbankschicht bietet direkte Schnittstellen, die es ermöglichen, direkt auf die Daten des CSB-Systems zuzugreifen.

Für den Zugriff auf die Datenbanken gewährleistet das CSB-System die folgenden Programmierschnittstellen und Datenzugriffsmöglichkeiten:
- Delphi
- Python (auch in Kombination mit SMI- und GPM-Skripten)
- L21
- C++
- ODBC
- OCI (Oracle)

Verfügbare Datenbanken

Grundsätzlich ist über die Dat (Datenbankschicht) jede beliebige Datenhaltung verwendbar. Nachstehend werden die beiden von CSB-optimierten Datenbanken (Pervasive SQL und PostgreSQL) kurz in ihren Leistungen beschrieben.

Pervasive SQL
Pervasive SQL 2000 ist bei der überwiegenden Mehrzahl der mittelständischen Kunden im praktischen Einsatz. Die Gründe hierfür sind:

- *Einfache Administration*
  Die Mehrzahl der Unternehmen im Mittelstand verfügt über keinen eigenen Datenbankadministrator, wie dies für den Betrieb eines großen RDBM-Systems notwendig wäre. Die Administration von Pervasive SQL kann aufgrund des einfachen Handlings durch Key User oder speziell geschultes Personal vorgenommen werden. Dadurch können die Personalkosten für hoch qualifizierte Datenbankspezialisten eingespart werden.

- *Schnelle Datenverarbeitung*
  Die meisten Anwender des CSB-Systems setzen das gleiche Datenbank-system sowohl für die Datenerfassung im Betrieb als auch in der Administration ein. Gerade im Bereich der Datenerfassung haben interne Benchmarks im CSB-System bewiesen, dass Pervasive SQL 2000 (Insert-, Delete- und Update-Transaktionen) ca. 5- bis 10-mal schneller ist als RDBM-Systeme (MS-SQL-Server, Oracle).
- *Wirtschaftlichkeit*
  Eine Datenbank wie Pervasive SQL 2000 ist relativ kostengünstig. Die Anschaffungskosten von RDBM-Systemen liegen bei dem 3-10fachen, je nach Anbieter. Die vielen zusätzlichen Leistungsmerkmale der RDBM-Systeme werden bei den meisten Installationen gar nicht genutzt und führen darüber hinaus zu zusätzlichem Administrationsaufwand und erheblichen Mehrkosten.
- *Robustheit*
  Pervasive SQL 2000 hat Transaktionssicherheit integriert und gewährleistet ein robustes, fehlerfreies Speichern und Lesen von Daten.
- *Flexibilität*
  Pervasive SQL 2000 läuft auf verschiedenen Plattformen wie Linux-Netware- und Windows-Servern. Dies macht die Datenbank sehr skalierbar und erlaubt den Unternehmen nahezu grenzenloses Wachstum.
- *Offene Standards*
  Pervasive SQL unterstützt verschiedenste Methoden des Datenzugriffes. Dazu zählen u. a. ANSI SQL, OLE DB, JDBC, ODBC, JC-JDBC und ADO. In Verbindung mit Internet-Applikationen werden Java, Perl, PHP und andere Programmiersprachen zur Internet-Integration unterstützt.

PostgreSQL

Mit der Einbindung von PostgreSQL hat CSB-System einen weiteren wichtigen Schritt zu erhöhter Flexibilität durch realisierte Datenbankunabhängigkeit getätigt. PostgreSQL ist nicht nur optimiert für das CSB-System, sondern bietet z. B. über eine ODBC-Schnittstelle die Offenheit, die modernsten Anforderungen gerecht wird. PostgreSQL ist für große Datenbankanwender hervorragend geeignet, denn die zu verwaltende Datenmenge ist praktisch nur durch die vorhandene Hardware limitiert. Außerdem bietet PostgreSQL eine hohe Performance, die aus einem optimierten Softwaredesign resultiert. So ist z. B. die zeitgleiche und parallele Unterstützung von mehreren Prozessen möglich. Die konsistente Datensicherheit wird durch den Einsatz folgender Technologien garantiert:

- *Write-Ahead-Logging*
  Vor dem physikalischen Schreiben wird eine Transaktion protokolliert. Dieser Vorgang kann fakultativ auf einer separaten Platte erfolgen.

- *Recovery*
  Bei einem Neustart des Datenbankservers ist die Konsistenz aufgrund eines automatischen Recoverys sichergestellt.
- *Transaktion nach dem ACID-Modell*
  Das ACID-Modell ist der modernste Stand der Technik bei der Implementierung von Transaktionen in großen Datenbanksystemen.
- *Hot-Backup*
  PostgreSQL bietet die Möglichkeit, während des laufenden Betriebs sämtliche Daten zu sichern. Dies gewährleistet, dass das CSB-System durchgehend (24h/Tag und 7 Tage/Woche) verfügbar ist.

Eigenschaften von PostgreSQL

- *Plattformunabhängigkeit:*
  - MS-Windows
  - Linux
- *Transaktionssicherheit (ACID):*
  - Atomarität (Atomicity, Alles oder Nichts)
  - Konsistenz (Consistency)
  - Isolation
  - Dauerhaftigkeit (Durability)
- *Hochverfügbarkeit (24x7):*
  - Logging (write ahead)
  - Locking
  - Recovery
  - Rollback
  - Hot-Backup
- *Limits:*
  - Feldgröße 4 GB
  - Datenbank
  - 256 Terrabyte = 262144 GB

Weitere Datenbanken

Über die Datenbankschicht (Dat) können alle marktgängigen Datenbanken im CSB-System zur Datenhaltung eingesetzt werden.

Weitere unterstützte Datenbanken, die mit dem CSB-System einsetzbar sind und deren Leistungsumfang im Einzelnen bekannt ist:
- Oracle
- DB2
- MS SQL-Server

Auf eine detaillierte Darstellung der Eigenschaften dieser weltbekannten vorstehenden Datenbanken wird an dieser Stelle verzichtet.

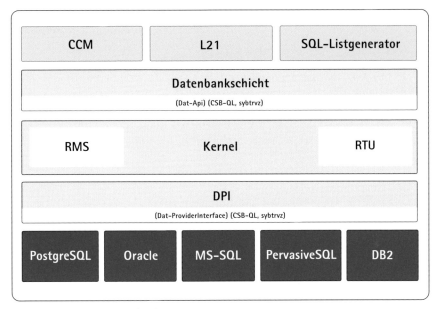

Abb. 15: Datenbankschicht (Dat)

Die Anforderungen der Anwender entwickeln sich mit den systemtechnischen Möglichkeiten im Zeitverlauf weiter. Wie diese zukünftig zu erwartenden Wünsche umgesetzt werden können, ist aus der vorstehenden Abbildung „CSB-System Architektur" ableitbar. Eine erfolgreiche Software-Entwicklung muss die Tendenzen in den Anforderungserwartungen rechtzeitig erkennen und die verfügbaren systemtechnischen internen und externen Infrastrukturfaktoren nutzbringend einsetzen.

2.1.4.3 Infrastrukturfaktoren

Dynamik und Entfaltung jeder fortschrittlichen Wirtschaftsentwicklung sind abhängig von der Qualität der für die einzelnen Wirtschaftsbereiche benötigten speziellen Infrastruktur. Die öffentlichen Leistungen des Staates sind z. B. in Form von Infrastruktur-Investitionen für wirtschaftliches Handeln und zur Produktion aller Wirtschaftsgüter unverzichtbar. Die Einzelwirtschaften sind nur in begrenztem Umfang in der Lage, fehlende öffentliche Infrastruktur-Leistungen selbstständig aufzubauen und dauerhaft zu finanzieren.

Für die Software-Unternehmen sind als Infrastruktur-Leistungen des Staates die speziellen Berufs- und Universitätsausbildungen besonders hervorzuheben. Ein ausreichend qualifiziertes Arbeitskräfteangebot ist notwendig, um wirtschaftliches Wachstum in der Software-Industrie herbeizuführen und das dazu benötigte Forschungs- und Entwicklungspotenzial aufzubauen.

> *Der Strukturwandel in den Volkswirtschaften kann nur dann „zeitgerecht",*
> *d. h. wettbewerbsfähig vollzogen werden, wenn die für die „neuen Indus-*
> *trien" benötigten Arbeitskräfte verfügbar sind. Das setzt voraus, dass*
> *nicht überlebensfähige Industriebereiche - und die dort beschäftigten, für*
> *neue Bereiche qualifizierten oder qualifizierbaren Arbeitskräfte - an den*
> *Arbeitsmarkt abgegeben werden. Durch strukturerhaltende Subventionen*
> *(in „tote Industriebereiche") wird mittel- bis langfristig die gesamte*
> *Wettbewerbsfähigkeit einer Volkswirtschaft durch fehlgeleitete Wirtschafts-*
> *politik aufs Spiel gesetzt.*

Im Speziellen ist beispielsweise die an Hochschulen unterrichtete Programmiersprache als Werkzeug für die Entwicklung von Software, als öffentliche Investition in Ausbildung anzusehen. Die Ausbildungskosten für Programmiersprachen sind in ihrem „Pflege- und Weiterentwicklungsaufwand"
mit den Kosten vergleichbar, die für die Ausbildung in einer nationalen
Landessprache mit entsprechender Breitenwirkung anzusetzen sind.

Für die Software-Unternehmen ist daher die Wahl der Programmiersprache,
in der die zu programmierenden Standardprogramme erstellt werden, von
existenzieller Bedeutung.[5] Nur die Programmiersprachen, die zukünftig als
öffentliche Leistung an Hochschulen und Ausbildungsinstitutionen weiter-
entwickelt werden, sichern den Software-Häusern auch ihre eigenen, in Entwicklungswerkzeuge getätigten Investitionen. Daraus leitet sich das zu beobachtende Phänomen ab, dass es nur sehr wenige Software-Unternehmen
gibt, die eine eigene Programmiersprache zur Erstellung von Standard-Software entwickelt haben.

Die Einführung erprobter und fortschrittlicher Programmierwerkzeuge und
die Anwendung „objektorientierter Methoden", unter Verwendung der „4 GL"
in der Erstellung moderner Anwendungsprogramme, ist für alle zukunftsorientierten Software-Häuser unumgänglich. Die Entwicklungsstrategie erfordert eine umfassende Planung des Übergangs von den traditionellen
Methoden zu den produktiveren, modernen Verfahren zur Software-Erstellung
durch das F+E-Management.

Wie nun der überlebenswichtige Sprung in die „neue Zeit" durch die Software-Unternehmen vollzogen werden kann, ist abhängig vom jeweiligen
Stand der vorher geschaffenen Abhängigkeiten (Betriebssystem, Datenbanken und Hardware-Systeme). Der Wert der bewahrten Unabhängigkeit wird
jetzt ersichtlich. Diese Unabhängigkeit gewährleistet somit den Handlungsrahmen für einen risikofreien, schrittweisen Übergang in die „neue Welt"
der zukunftsorientierten Software-Entwicklung für die weitsichtigen Unternehmen, zum Nutzen aller Hersteller und Anwender.

Den vorstehenden Überlegungen zur Zukunftssicherung der Standard-Software-Produkte liegt die Zielsetzung zugrunde, die zu leistenden Arbeiten (in Weiterentwicklung und Pflege) so kostengünstig wie möglich für das Unternehmen zu realisieren, um als wettbewerbsfähiger Anbieter von Standard-Software am Markt erfolgreich zu bleiben.

2.1.4.4 Wissen addieren und multiplizieren

Wissen zu addieren und die gesammelten bzw. gewonnenen Erkenntnisse zu multiplizieren, ist bis heute ein Merkmal des ökonomisch handelnden Menschen. In früheren Zeiten geschah dies einfach mündlich mit praktischer Einweisung und in fortgeschrittenen Kulturen schriftlich, durch die Weitergabe des aktuellen Wissens in genormten Schriften. Nur unter diesen Bedingungen wurde eine fortschreitende kulturelle und wirtschaftliche Entwicklung der menschlichen Gesellschaft möglich.

> *Das erste uns bekannte „Gedankengebäude" über „Wissen" errichtete Platon. Nach seiner Auffassung ist apriorisches Wissen (aus reinem logischen Denken) die Voraussetzung zur Feststellung der „absoluten Wahrheit" und damit die Voraussetzung zur Gewinnung von neuem, gesichertem Wissen (expansivem Wissen!).*

Die Geschichte zeigt uns, dass wir Menschen unser Wissen nicht nur aus logischem Denken, sondern auch aus „materiellen Objekten" über die uns zur Verfügung stehenden Sinneswahrnehmungen im Zeitverlauf gewonnen haben. Diese zu beobachtende Tatsache wurde bereits von Aristoteles (Schüler Platons) postuliert, indem er die Existenz einer Idee als untrennbar vom materiellen Objekt und somit von der damit verbundenen Sinneswahrnehmung begründet. Aus der Erfahrung und den ständig neuen Anforderungen in einer wirtschaftenden Gesellschaft erhalten wir Anstöße zu neuen Ideen, zu neuem und nutzbringendem Wissen.

> *Daraus folgt die Notwendigkeit, Logik mit Erfahrungen (aus materiellen Objekten) zu verknüpfen, um daraus zukunftsweisende Innovationen zu gewinnen.*

Diese Voraussetzungen sind notwendig, um die geforderte Ressourcenoptimierung in der Produktion von Standard-Software sicherzustellen. Erst das ständige Addieren aller Kundenanforderungen im branchenspezialisierten „Standard-Software-Paket" und das anschließende Multiplizieren der verbesserten Standard-Anwendungen über die fortgeschriebenen und aufwärts kompatiblen Folgeversionen ermöglichen es, optimale „Branchen-Anwendungslösungen" am Markt anzubieten.

Nicht aufwärts kompatible Folgeversionen sind daher wirtschaftlich für das Software-Unternehmen selbst wie auch für den Endanwender nicht vertretbar und nur bei fehlender Konkurrenz von monopolistischen Anbietern am Markt durchsetzbar.

Standard-Software-Produkte zur Unternehmensführung mit breiter Einsatzfähigkeit (über die verschiedensten Unternehmensbranchen) besitzen mit diesen Möglichkeiten eine höhere Multiplikationsfähigkeit. Aus dieser Situation können erhebliche Wettbewerbsvorteile für den Software-Hersteller gewonnen werden, wenn die damit notwendigerweise verbundenen Nachteile ausgeschaltet sind.

Branchenübergreifende Standard-Software-Produkte sind sehr komplex und erfordern erhebliche betriebsspezifische Anpassungsaufwendungen. Bei der Implementierung solcher umfassenden Standard-Programme sind die Kosten für betriebsspezifische Anpassungen sowie Ausbildung, Umstellung der Organisation und der damit verbundenen parallelen Unterhaltung von zwei Systemen (alte Lösung noch im Echtbetrieb, neue Lösung noch nicht einsatzfähig) im Regelfall nicht kalkulierbar. Es ist keine Seltenheit, dass die Kosten für die Lizenz des Standard-Software-Pakets nur einen Bruchteil (ca. 10 % bis 15 %) der Gesamtkosten betragen.

> *Die Gesamtkosten eines EDV-Projektes zur Implementierung eines Systems zur Unternehmensführung bestehen neben der Standard-Software aus: Hardware, Organisationsberatung, betriebsspezifischer Anpassungsprogrammierung, Einweisung, Parallelbetrieb und den damit verbundenen negativen Einflüssen auf das laufende Tagesgeschäft.*

Die positiven (wettbewerbsstärkenden) Effekte, die durch die größere multiplikative Wirkung des branchenübergreifenden Standard-Software-Pakets erreicht werden, gehen im erheblich aufwändigeren Implementierungsprozess komplett verloren.

Wird der Zeitfaktor für die Realisierung der EDV-Lösung als wesentlicher Wettbewerbsfaktor in die Projektbetrachtung mit einbezogen, so bleiben nur noch Vorteile für eine „branchenspezifische" Standard-Software-Lösung. Die gewöhnlich höheren Lizenzgebühren eines Branchen-Software-Pakets werden durch die wesentlich niedrigeren Realisierungskosten (in Anpassungsprogrammierung, Beratung, Schulung und im Zeitaufwand der Inbetriebnahme) aufgefangen und somit wird der Return on Investment für das jeweilige Projekt in erheblich kürzerer Zeit erreicht.

Die Multiplikationsfähigkeit eines Produktes ist immer unter Beachtung aller Faktoren (besonders auch der mit negativem Vorzeichen) zu bewerten. Sich verstärkende, positive Wirkungen sind mit gegenläufigen Wirkungen abzugleichen und die Bewertung der verschiedenen Lösungsmöglichkeiten ist nur aus der Gesamtbetrachtung der kompletten Projektkosten abzuleiten.

2.2 Systemintegration

Die Integration aller im Unternehmen zur Gütererstellung eingesetzten Produktionsmittel ist die Aufgabe der Informationstechnik. Aus der Sicht der modernen Informationsverarbeitung ergeben sich hieraus drei Aufgabenschwerpunkte: Erstens die Integration des Produktionsablaufs in die gesamte Unternehmensführung, zweitens die Integration der Kommunikations- in die Informationstechnik und drittens die Integration der Anwendersoftware selbst sowie des damit verbundenen Elektronischen Datenaustausches (EDI) zwischen den Einzelwirtschaften in das System zur Unternehmensführung.

Die aus diesen Anforderungen resultierenden Aufgaben sind von Branche zu Branche in ihrem Lösungsansatz und -umfang sehr unterschiedlich strukturiert. Je weiter der Durchdringungsgrad einer allumfassenden Systemintegration angestrebt wird, desto spezieller (d. h. branchenspezifischer) muss das Standard-Software-Paket ausgerichtet sein.

2.2.1 Computer-Integrated-Manufacturing & Manufacturing Execution System

Ersatz- bzw. Erweiterungsinvestitionen im Unternehmen allein reichen in der Regel nicht mehr aus, um im Wettbewerb zu bestehen. Die komplexer und innovativer gewordenen Produktionsverfahren müssen einerseits beherrschbar sein und andererseits die Produktivität des Unternehmens nachhaltig stärken. Nur unter diesen Prämissen sind die permanent vorzunehmenden Rationalisierungsinvestitionen wirtschaftlich zu vertreten.

Mit dem Einzug der Informationstechnik in die Produktion wurde ein Instrument aktiviert, mit dem die Abstimmungsprozesse im Unternehmen wesentlich verbessert werden können. Die Reibungsverluste zwischen den Unternehmenseinheiten und -bereichen zu minimieren, ist die Aufgabe des Managements. Diese Forderung ist effektiv nur über die komplette Integration von „Verwaltung" und „Produktion" zu erreichen.

Computer-Integrated-Manufacturing (CIM) ist der etablierte Fachbegriff für die durch die Informationstechnik dominierte Unternehmenssteuerung.

> *In der Literatur werden die Begriffe CIM (Computer-Integrated-Manu-facturing), PPS (Produktionsplanung und -steuerung) und BDE (Betriebsdatenerfassung) sehr vieldeutig verwendet, und jeder Autor interpretiert diese „Spezialbegriffe" (die beliebig erweiterbar sind) in sehr unterschiedlichem Umfang und mit den verschiedensten Inhalten. Daher ist es erforderlich, nachstehend eine klare Begriffsdefinition vorzunehmen.*

Der Einsatz der Informationstechnik im ganzen Unternehmen ist nur dann sinnvoll, wenn gleichzeitig der gesamte Produktionsplanungs- und Produktionssteuerungsprozess (PPS) transparenter und damit die auftretenden Restriktionen und Kapazitätsengpässe „rechtzeitig" (bzw. früher als bisher) erkennbar werden. Nur unter dieser Voraussetzung ist „rechtzeitiges" Handeln bzw. Gegensteuern möglich und von wirtschaftlichem Interesse für jedes Unternehmen.

Die dazu notwendigen Voraussetzungen sind zunächst in der Datenerfassungsarbeit zu leisten. Erst wenn die Daten am Ort der Entstehung real time und online erfasst werden, stehen sie den Mitarbeitern und dem Management zur weiteren Nutzung zur Verfügung. Die Betriebsdatenerfassung (BDE) ist immer betriebsindividuell zu organisieren, jedoch sind auch hier standardisierte Bearbeitungsprozesse über Standard-Software-Module einsetzbar.

> *Ein Handelsunternehmen hat andere Bedürfnisse in der Steuerung der Logistik als beispielsweise ein Nahrungsmittel-Industriebetrieb oder gar ein Dienstleistungsunternehmen. Diesen unterschiedlichen Bedürfnissen müssen die Standard-Software-Hersteller nachkommen, indem sie branchenorientierte Lösungen im CIM-Konzept programmieren.*

Von Branche zu Branche bestehen produktionsbedingt die unterschiedlichsten Datenerfassungsprozesse. Es ist daher für den Software-Hersteller unbedingt notwendig, spezielle, auf die jeweilige Branche ausgerichtete Spezialprogramme als „Branchen-Standard-Programme" anzubieten.

Wie in Abb. 16 dargestellt, erleichtert das „High-Level-Application-Interface" (HLAPI) die Einbindung sämtlicher Produktionsaggregate über den Logistik-Server für alle Steuerungsaufgaben im CIM-Konzept.

Zur umfassenden technischen Integration aller Produktionsaggregate dient das HLAPI als Schnittstelle zwischen Applikation und den Betriebsmitteln. Über diese betriebsmittelspezifischen Schnittstellen werden die im Produktionsprozess eingesetzten Aggregate wie z. B. Transportsysteme, Hochregalebeschicker, Waagen, Scanner, Produktionsmaschinen etc. gesteuert.

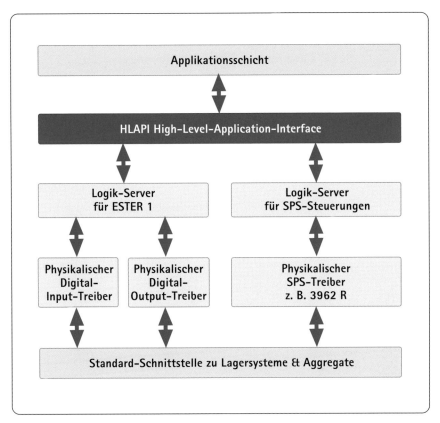

Abb. 16: Softwarelayer im CSB-System

In Abb. 18 auf S. 128 wird die im CSB-System geschaffene Wechselwirkung und Integration der Leistungsfaktoren Mensch, EDV und Produktionstechnik über die Software zur komplexen Unternehmensführung dargestellt.

Das CIM-Konzept umfasst:
- *Automatisches Transport-Management*
  - darin enthalten sind Konzepte für die Zielortkontrolle und automatische Rohmaterialauffüllung in den Produktionsabteilungen
- *Real-Time-Produktionsüberwachung*
  - mit Online-Integration von Messgeräten wie Waagen oder Zählern und Barcode-Lesegeräten
- *Plattformunabhängigkeit*
  - alle Funktionen sind unabhängig vom Betriebssystem des Kunden und ermöglichen darüber hinaus eine Überwachung über das Internet (z. B. die Waagenintegration in einen Internet Browser)

■ *Rationalisierungspotenzial*
- ist gesichert aufgrund der lückenlosen Integration in optimale kunden-spezifische Geschäftsprozesse wie beispielsweise die Preis-Gewichts-Auszeichnung, automatisierte Kommissionierung und Versand

■ *Drahtlose Datentechnik*
- ermöglicht den Unternehmen den Einsatz von Funk-MDE-Geräten oder anderen drahtlosen Geräten für die Datenerfassung und -gewinnung, unabhängig vom Lieferanten für mobile Anwendungen (CSB-System unterstützt z. B. Symbol, Telxon, Intermec und andere)

Mit dem Control and Configuration Manager (CCM) erfolgt die komponenten-basierende Geräteintegration von komplexen Funktionen. Über frei konfigurierbare Controls werden die betriebsspezifischen Anforderungen des Produktions- und Logistikprozesses 1:1 umgesetzt. Siehe hierzu nach-stehende beispielhafte Abbildungen.

Der CCM besteht aus einer Folge von abgestuften Softwarekomponenten. All diese Komponenten haben ihre Zuverlässigkeit bereits in vielen verschiedenen Anwendungen in der täglichen Betriebspraxis unter Beweis gestellt. Neue komplexe Kontrollsysteme wie z. B. leistungsfähige Lager- und Logistikkonzepte erfordern die Kombination dieser Komponenten in einem optimalen, kundenspezifischen CIM-Konzept. Die Flexibilität der Komponenten des CCM sichert eine zuverlässige Funktionsintegration und -kontrolle, die eine schnelle Implementierung zulässt.

Der CCM bietet eine integrierte Prozess-Visualisierung mit Real-Time-Produktionsüberwachung aller angeschlossenen SPS-Systeme (z. B. Alan Bradley, GE Fanuc, Siemens Sx) und erlaubt somit die grafische und visuelle Kontrolle und Konfiguration von CIM-Steuerungsaufgaben. Einfache und komplexe Steuerungsaufgaben werden nur durch eine grafische Oberfläche konfiguriert. Alle zur Inbetriebnahme notwendigen Konfigurationsaufgaben erfolgen selbstständig und ohne zusätzlichen Aufwand.

Diese grafische Oberfläche visualisiert zur Laufzeit die Hard- und Softwaretätigkeiten. Über eine Toolbox können CIM-Komponenten (z. B. Scanner, Waagen und Förderanlagen) am PC per Mausklick angeschlossen und auf Funktionstüchtigkeit kontrolliert werden. Darüber hinaus ist auch ein Anschluss von Software-Komponenten (I-Punkte) möglich. Durch den CCM werden Programmier- und Anschlussaufwand vor Ort beim Anwender auf ein Minimum reduziert. Somit wird eine rationelle Vorgehensweise realisiert, die zu erheblicher Ersparnis von Zeit und Kosten beiträgt.

Gerätetreiber-Struktur

Unabhängig vom Betriebssystem
Gerätekontrolle ist ein wichtiger Bestandteil des CIM-Konzeptes im CSB-System. Das Konzept ermöglicht die Integration eines beliebigen Gerätes unabhängig vom Betriebssystem. So kann z. B. ein Personal Digital Assistant (PDA) für die mobile Datentechnik im Produktionsbereich eingesetzt werden, der direkt mit Waagen oder drahtlosen Barcode-Lesegeräten verbunden ist. Mit diesem Konzept kann zwischen vorhandenen Systemkomponenten und Software-Releases wechselseitig, ohne Änderung der Lösungen zur Betriebsdatenerfassung gearbeitet werden.

Die neuesten Technologien in der Datenerfassung können flexibel mit der praxisbewährten ERP-Lösung im CSB-System kombiniert werden. Da plattformunabhängige Softwareteile so entwickelt sind, dass sie leicht auf andere Betriebssysteme portiert werden können, ist die getätigte Investition auch für den Fall des Wechsels der Plattform gesichert.

CIM-Hardware

Robuste Hardware-Lösungen für Real-Time-Kontrolle
Die Plattformunabhängigkeit bei der Geräteintegration verlangt innovative Hardware-Produkte. Diese Produkte sind speziell auf die Bedürfnisse der einzelnen Branchen zugeschnitten:
- Nasse und feuchte Umgebungen (IP65/Nema 4x)
- Temperaturbeständigkeit (Kälte und Hitze)
- Offene Anschlussfähigkeit (USB, ISA-Schlitze)

MES - Manufacturing Execution System

Zielgenaue und freie Definition
Zur Steuerung von Produktionsanlagen und Prozessen steht im CSB-System ein releaseunabhängiges MES zur Verfügung. Das MES verfügt über eine eigene Stamm- und Bewegungsdatenbasis. Der Datenabgleich mit dem CSB-System wird über ein Online-Bussystem (L21-Bus, Corba-basierend) realisiert. Hauptbestandteil ist der MES-Kernel, der folgende Funktionen beinhaltet:
- Freie Konfiguration von Produktionsanlagen und Ressourcen
- Freie Definition von Produktionsprozessen über Programmierschnittstelle
- Visualisierung und Steuerung der Prozesse auf einem dialogorientierten Leitstand

Durch die hohe Flexibilität des MES können Änderungen und Erweiterungen an den Produktionsanlagen oder Produktionsprozessen von jedem Kunden selbst vorgenommen werden. Der Einsatz eines MES, z. B. zur Steuerung von Abfüllanlagen, bietet die Möglichkeit festzulegen, welche Rohstoffe bzw. Mischtanks und welche Rohrleitungen für den Misch- und Abfüllprozess verwendet werden.

Nach jedem Prozessschritt können die Eigenschaften des Halbfertigproduktes Einfluss auf die weitere Prozessfolge haben (z. B. Fettgehalt einstellen). Erst nach Erreichen der festgelegten Eigenschaft wird der Standardprozess weitergeführt. Prozessschritte, Eigenschaften und Reaktionen können zielgenau und frei definiert werden.

CSB-IO-Controller

Gerätekontrolle in einer Box
Der Anschluss von allen gängigen Waagen und Scannern an Computer neuerer Generation muss möglich sein, ohne in neue kostenintensive Prüfgeräte wie beispielsweise Displaywaagen investieren zu müssen. Nach dieser stra-

tegischen Vorgabe wurde für die Anwender des CSB-Systems ein spezieller IO-Controller entwickelt.

Über serielle, Ethernet- oder USB-Anschlüsse stellt der IO-Controller Verbindungen zu einem Netzwerk oder einem beliebigen Client-PC her. Der IO-Controller verfügt über bis zu 8 serielle Anschlüsse (RS-232). Diese Anschlüsse können rekonfiguriert werden, sodass auch RS-485- und RS-422-Verbindungen zu Geräten im Produktionsbereich betrieben werden können. Der IO-Controller enthält alle Gerätetreiber und die erforderliche Anschluss-Software für spezielle Geräte. Diese Flexibilität ermöglicht ein Upgrade der Standard-Computerausstattung, unabhängig von der Datenerfassungslösung, sodass eine Hardware-Strategie verfolgt werden kann, die das IT-Budget nicht überfordert.

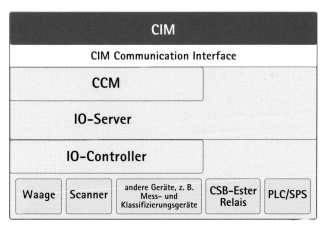

Abb. 17: IO-Schicht im CSB-System

CSB-Ester

SPS-Standard-Lösung als Teil des CSB-CIM-Konzeptes
Ein häufiger Kundenwunsch ist der Anschluss des CSB-Systems an relativ einfache Geräte wie Schalter, Etikettierer, Fotozellen-Systeme oder Relais. Derart kleine Komponenten rechtfertigen in der Regel keine großen Investitionen in SPS (speicherprogrammierbare Steuerung). Aufgrund der begrenzten Kontrollanforderungen ist eine solche Investition unnötig. CSB-Ester ist eine Hardware-Erweiterung mit bis zu 64 digitalen Ein- und Ausgangskanälen, die direkt mit diesen Geräten kommunizieren. Da CSB-Ester ausschließlich eigene Technologie verwendet, kann es nahtlos in das CIM-Gesamtkonzept integriert werden. Implementierungen von CSB-Ester können besonders

schnell und standardisiert vorgenommen werden und verkürzen die gesamte Implementierungszeit.

Über die Präsentations- und Integrationsschicht steuert der Mensch (als ausführende Arbeitskraft) über Eingaben die Abläufe im Produktionsprozess bzw. überwacht alle Maschinenfunktionen. Bei nicht tolerierten Abweichungen werden automatisiert, über das Control-Message-Management (CMM), alle notwendigen Informationen real time und online an den berechtigten Empfänger abgesendet.

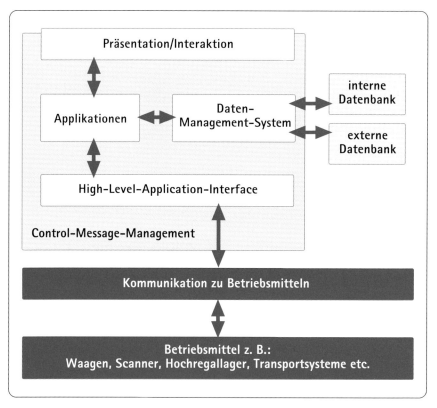

Abb. 18: Mensch-Maschine-Kommunikation im CIM-Konzept

Ein über Standard-Programme realisiertes CIM-Konzept ist nur mit spezifischer Branchen-Software möglich. Ein Nahrungsmittel produzierendes Unternehmen hat in der Produktionsplanung und Produktionssteuerung (PPS) andere Aufgaben zu erfüllen, als beispielsweise ein Maschinenbau-Unternehmen. Die Betriebsdatenerfassung (BDE) ist abhängig vom Produktionsprozess des Unternehmens. Die Integration der Produktionseinheiten (z. B. Transport-, Dosierungs-, Überwachungs- bis hin zu den Auszeichnungs-Aggregaten) ist realisierbar über entsprechende EDV-Schnittstellen. Alle Prozessdaten in das unternehmensweite Informationssystem einzubinden, ist die Aufgabe der branchenorientierten Standard-Software-Hersteller. Diese speziellen Schnittstellen[6] können nicht jeweils zu jeder Maschine oder jedem Aggregat vom Software-Hersteller neu programmiert werden, da diese Kosten von kleinen und mittleren Produktionsunternehmen nicht aufgewendet werden können.

Der Einsatz der Informationstechnik im CIM-Konzept darf nicht aus Kostengründen den kleineren und mittleren Produktionsunternehmen verschlossen bleiben. Die durch den Einsatz einer allumfassenden Informationstechnik realisierbare Steigerung der Arbeitsproduktivität muss für Unternehmen jeder Größenordnung erreichbar sein. Dafür Sorge zu tragen, ist die Aufgabe der branchenorientierten Software-Entwicklung. Durch dieses Postulat wird sichergestellt, dass die innovative, wettbewerbsfördernde Konkurrenz auf den Gütermärkten (zwischen Groß- und Kleinbetrieben) erhalten bleibt bzw. nicht durch die Informationstechnik selektiv beeinflusst wird.

2.2.2 Informations- und Kommunikationstechnik

Die Zielsetzung der EDV-gestützten Kommunikation besteht in der Realisierung aller Telefonfunktionen auf der Basis einer bildschirmgeführten Benutzersteuerung im LAN. Die unternehmensweite und unternehmensübergreifende Kommunikation zu kanalisieren und effektiv zu bearbeiten, ist ohne Integration in die DV-Welt nicht mehr vorstellbar. Der Anwendungsverbund zwischen Telefonanlagen und EDV ist ein komplexer technischer Vorgang, geprägt durch betriebsspezifische Gegebenheiten und bestehend aus organisatorischen Abläufen in komplexen Unternehmensstrukturen.

Aus dieser Erkenntnis resultiert die Forderung, nach einer Lösung zu suchen, die diese beiden Welten „verbindet". Auf der Suche nach einer geeigneten Realisierung wurde von den EDV-Unternehmen eine Vielzahl von verschiedenen Richtungen eingeschlagen. Doch nur ein Weg mündete in einer integrativen Lösung, die sowohl einen umfassenden Investitionsschutz der Hardware (DV-Systeme und Telefonanlagen) als auch der Software (alle Betriebssysteme werden unterstützt) bot und darüber hinaus jedem Anwender ermöglichte, die volle Leistung seiner DV- und Telefonanlage ohne Performance- und Anwendungseinschränkungen zu nutzen. (Siehe hierzu Abb. 19.) Diese Integrationslösung gewährleistet der CSB-Phonemaster. Nur durch seine Fähigkeit des uneingeschränkten Addierens der Leistungen aus der DV- und der Telefon-Welt wird das bisher aufgebaute Entwicklungspotenzial erhalten und als Wettbewerbsfaktor (zwischen den PBX-Herstellern) auch in Zukunft wirksam bleiben.

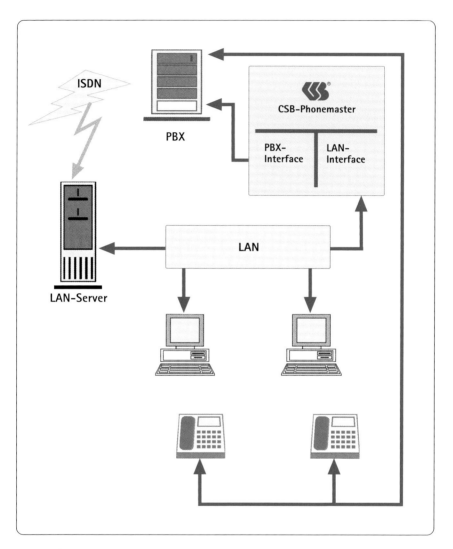

Abb. 19: Anwendungsverbund zwischen Telefonie und EDV im LAN mit CSB-Phonemaster

Die Entwicklung des CSB-Phonemasters war beeinflusst von den verschiedensten informationstechnischen Gegebenheiten. Wir bewegen uns zur Zeit in einer äußerst heterogenen Datenwelt mit den unterschiedlichsten Betriebssystemen, Win 2000, Win XP, Win NT, UNIX, Linux und OS/400. Die hier laufenden Applikationen kommunizieren über die verschiedenen Netzwerkprotokolle wie TCP/IP, IPX/SPX und NetBios. Wenn wir dazu die TK-Anlagen der verschiedenen Hersteller in Betracht ziehen, die alle ihre eigenen mehr oder weniger proprietären Protokolle auf verschiedenen physikalischen Schnittstellen (So, V. 24, LAN etc.) steuern, wird schnell klar, dass sich hier ein Gordischer Knoten gebildet hat, der nur durch neue hocheffiziente Programmierwerkzeuge zu „lösen" ist. Es entstand die „State Machine", welche mit ihrer grafischen Oberfläche ein visuelles Programmierwerkzeug im CSB-Phonemaster darstellt. Hiermit wird der Entwicklungsaufwand für den Anschluss neuer TK-Anlagen an den CSB-Phonemaster auf wenige Handgriffe reduziert.

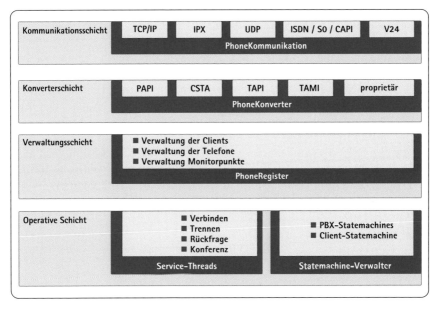

Abb. 20: Schichtenmodell des CSB-Phonemaster

CSTA bietet eine flexible Schnittstelle zu vielen TK-Anlagen, doch ist deren Aufbau durch die einzugehenden Kompromisse unter den TK-Anlagen-Herstellern so polymorph geworden, dass ein sehr komplexes Regelwerk (ECMA-179, ECMA-218 etc.) zu seiner Beschreibung nötig wurde. Ferner stellt CSTA keine API im eigentlichen Sinne dar, denn sie beschreibt nur die Protokolle, die über eine physikalische Verbindung (LAN, V24 etc.) ausgetauscht werden.

Letztendlich sei hier auch das auf CSTA basierende Konzept von CT-Connect erwähnt, welches sich bemüht, die CSTA-Schnittstelle applikationsfreundlicher zu gestalten. Es versagt jedoch bei der zwingend erforderlichen Neutralität der Programmierschnittstelle der TK-Anlage, da hier verschiedene Variationen und Parameter für bestimmte TK-Anlagen zu berücksichtigen sind.

> *Einige Betriebssystem-Hersteller versuchen, mit ihren APIs für die Telefonanlagen am expandierenden Telekommunikationsmarkt wirtschaftlich (ohne effiziente Gegenleistungen) zu partizipieren. Des Weiteren ist darauf zu verweisen, dass zu den Telefonie-APIs Verbindungen geschaffen werden müssen, damit die jeweilige Anwendungssoftware mit den Telefonanlagen kommunizieren kann. Durch diese vorstehende Lösung erhält der Anwender keinen Investitionsschutz auf seine bereits genutzten Software-Komponenten (Lizenzen sowie Betriebssystem-Software und Anwendungssoftware). Diese müssen bei der Nutzung der DV-gestützten Telefonanlage erneuert bzw. in erheblichem Umfang ergänzt werden.*

Im Gegensatz dazu wird der Investitionsschutz für alle Anwendungsprogramme unter Windows XP und Windows 2000 durch den CSB-Phonemaster umfassend gewährleistet. Die Kommunikationssteuerung im CSB-Phonemaster ist die Software-Schnittstelle für alle bestehenden Anwendungsprogramme auf der Basis aller bekannten Betriebssysteme.

Der Umfang der telefontechnischen Funktionen im EDV-System wird ausschließlich durch die Leistungsfähigkeit der Telefonanlage selbst bestimmt:
- DV-gestützter Verbindungsaufbau mit Makeln und Dreierkonferenz
- Überwachungsfunktionen, Steuerfunktionen mit Anrufumleitung, Anrufschutz, automatisches Melden
- Telefondatendienste
  (z. B. Weitergabe von Meldungen auf Telefondisplay)
- Gebührenübertragung

Die Telefonhersteller sind daher in der Lage, mit dem in ihrem Hause entwickelten technischen Standard zu werben, und die besseren Leistungen in ihren Telefonanlagen erfolgreicher zu vermarkten. Daher erscheint es nur logisch und konsequent, wenn die Telefonhersteller eine „Telefon-Schnittstelle" nutzen, die diese Fähigkeiten widerspiegelt, um damit den Kunden erheblichen Zusatznutzen zu bieten. Hierzu bedarf es kompetenter Partner auf der Seite der Anwendungsprogrammierung, jedoch nicht der Mitwirkung der Betriebssystem- und der EDV-Hersteller, da gerade diese Welten unter dem Aspekt des Investitionsschutzes durch den Einsatz des „CSB-Phonemasters" unberührt bleiben können. Mehr Leistung im Unternehmen erzielt man, indem der Benutzer am EDV-Arbeitsplatz mehr Möglichkeiten durch die Anwendung der Funktionen der Telefonanlage am Bildschirm (und somit in der Bearbeitung seiner Aufgaben) konsequent im täglichen Wettbewerb ausschöpft. Nur so erhält der Zusammenschluss von Telefon- und EDV-Welt einen wirtschaftlichen Sinn.

2.2.3 Communication Ware – iCRM & iSCM

Die Bewertung der integrierten Kommunikation wird durch die berechtigte Forderung des Managements nach direkt verfügbaren „Online-Informationen" in eine neue Dimension geführt. Informationen, die sich als Ergebnis der modernen Datenverarbeitung „flutartig" über das Unternehmen ergießen, müssen kanalisiert und benutzerspezifisch aufbereitet werden. Diese Aufgaben übernehmen die betriebswirtschaftliche Standard-Software, die Branchen-Software sowie die Data-Warehouse-Funktionalitäten in der Unternehmensinformatik.

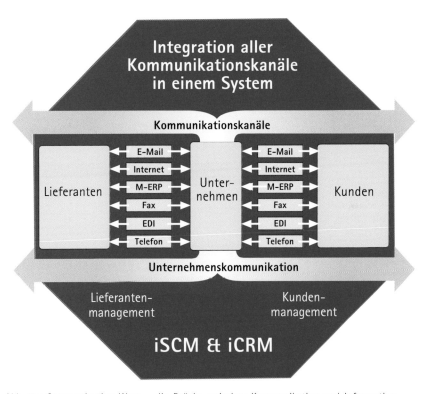

Abb. 21: Communication Ware – die Brücke zwischen Kommunikation und Information

Die Communication Ware gewährleistet die multidimensionale Integration von Standard-Software, Branchen-Software und Data Warehouse mit den Anforderungen an die interne und externe Unternehmenskommunikation.

Die gesicherte Unternehmenskommunikation ist fester Bestandteil des operativen Geschäftes in jedem wettbewerbsaktiven Unternehmen. Hierbei müssen alle verfügbaren Kommunikationskanäle in ihrer Gesamtheit optimal für die gesamte Geschäftsabwicklung genutzt werden. Die sichere und dokumentierte Kommunikation führt nur durch die umfassende Integration der Kommunikationstechnik mit der Informationstechnologie zu Wettbewerbsvorteilen bei konkurrierenden Unternehmen auf dem Markt vergleichbarer Güter.

Communication Ware realisiert eine standardisierte Kommunikation zwischen dem Unternehmen und den Marktpartnern nach außen (externe Kommunikation) und innerhalb des Unternehmens zwischen den Abteilungen und Mitarbeitern (interne Kommunikation) über alle Funktionen und Funktionsbereiche. Jeder Unternehmensprozess wird gleichzeitig mit jedem zugehörigen Kommunikationsprozess verknüpft.

Über das iCRM- & iSCM-Cockpit werden die Warenwirtschaftsaktivitäten zu Kunden und Lieferanten mit den dazugehörigen Kommunikationsvorgängen zusammengeführt, automatisch registriert und archiviert. Über alle Aktivitäten (z. B. Angebote, Aufträge, Besuchsberichte, Retouren etc.) ist es mit iCRM (integriertes Customer Relationship Management) & iSCM (integriertes Supply Chain Management) möglich, direkt auf alle verknüpften Vorgänge und Aktivitäten zuzugreifen. Werden diese Informationen bzw. Belege oder Vorgänge am Bildschirm für ein Telefongespräch (als zusätzliche Informationen) benötigt, so werden sie über den Schlüssel der Telefonnummer direkt aus der unternehmensweiten Datenbank bereitgestellt. Auf alle Daten kann der „Navigator" direkt und benutzergestützt zugreifen. Das iCRM- & iSCM-Cockpit ist ein Programm-Modul des Kommunikationsmanagements (siehe hierzu Punkt 3.4.3.3).

Über Communication Ware werden die marktorientierten Funktionen im Unternehmen als
- iCRM- & iSCM-Daten
- Database Management
- Call Center Management
- Marketing Management mit den Warenwirtschaftsfunktionen
- Beschaffung
- Lager & Logistik
- Produktion
- Absatz

sowie allen Zeitwirtschaftsfunktionen (Personal, Maschinen) über den CSB-Phonemaster logisch und physikalisch zu einer Einheit verbunden.

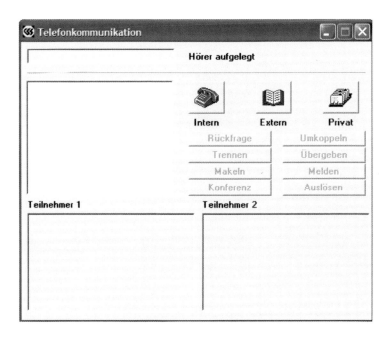

Alle Kommunikationskanäle im iCRM & iSCM wie:

- CTI-Telefon
- Internet
- Intranet
- Video
- Fax
- EDI etc.

werden als verfügbare Informationswege in die gesamte Unternehmensinformatik integriert und somit als technische Infrastruktur in der marktaktiven Kommunikation zur Wettbewerbsstärkung nutzbar gemacht.

EDI-Management

Massenarbeit zu rationalisieren, ist die vordringlichste Aufgabe in jedem Unternehmen. Die täglich anfallenden und zu bearbeitenden „Massendaten" in allen Funktionsbereichen des Unternehmens sind daher einer kritischen Prüfung auf Rationalisierungsmöglichkeiten zu unterziehen. Die zwischen Lieferanten und Kunden auszutauschenden Daten gehören zu diesem „Massendaten-Komplex", den es zu rationalisieren gilt.

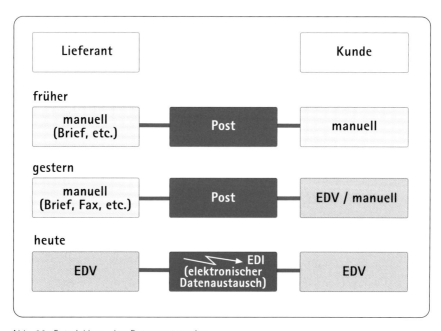

Abb. 22: Entwicklung des Datenaustausches

Wie aus Abb. 22 zu entnehmen ist, stellt sich die Entwicklung der Datenbearbeitung bis zur heutigen Zeit regelrecht revolutionär dar. Den Ablauf einer typischen Anwendung im Datenaustausch zwischen Lieferanten und Kunden zeigt die Abb. 23. Von der Auftragsannahme beim Lieferanten bis zur Auslieferung an den Kunden wird dargelegt, wie der datentechnische Ablauf durch „EDI" gestaltet wird. Die hierbei erzielten Rationalisierungseffekte sind erheblich, jedoch ist die Verkürzung der Durchlaufzeit vom Auftragseingang bis zur Auslieferung noch wichtiger.

Eine „Just-in-time-Organisation", wie sie für komplexe Abstimmungsprozesse in der Fertigungsindustrie (aus der Forderung der Lageroptimierung) oder in der Frischwarenindustrie (aus der Notwendigkeit der Verkürzung der Verbrauchszyklen) gefordert wird, ist ohne den Einsatz von „EDI" nicht mehr vorstellbar.

Die wirtschaftlichen Vorteile liegen auf der Hand:
- sicherer und schneller Datenaustausch
- automatisierte Lieferabstimmung und Kontrolle
- reduzierte Lagerhaltung durch „just in time"
- kompletter Verzicht auf mündliche und papiertechnische Kommunikation
- automatisierte Abrechnungsverfahren zwischen Lieferanten und Kunden
- umfassender „Statistik-Daten-Austausch" zur Optimierung der Planungsverfahren

Im Gegensatz zu sonstigen Rationalisierungsverfahren ist EDI nicht aus einseitiger Initiative zu realisieren. Um EDI einzuführen, bedarf es erheblicher Abstimmungsprozesse in der „freien" Wirtschaft „selbst bestimmender" Partner. Jedoch ist darauf zu verweisen, dass sich beispielsweise die Mitbewerbersituation in der Belieferung des Handels durch das Instrument EDI verändern wird.

Die Zulieferer des Handels werden in Zukunft von diesem Handel „veranlasst", EDI zu realisieren, da sie ansonsten Gefahr laufen, aus den „Lieferlistungen" des Handels ausgeschlossen zu werden. Unter dem Begriff „EDI" wird eine Vielzahl von Standard-Schnittstellen, wie z. B. SEDAS, EDIFACT, EANCOM, zusammengefasst.

Neben diesen standardisierten Schnittstellen besteht noch eine Vielzahl von individuellen Sonderlösungen des Datenaustausches. Ebenfalls wurden Modifizierungen an den Standard-Schnittstellen vorgenommen. Dieser Zustand ist für eine rationelle Abwicklung des EDI nicht zufriedenstellend, zumal diese Zustände für die Wirtschaft insgesamt mit erheblichen unnötigen Infrastrukturkosten verbunden sind. Die Einigung aller Wirtschaftspartner auf eine bzw. „wenige" Standard-Schnittstellen zum Datenaustausch wird aus wirtschaftlicher Sicht nicht mehr lange auf sich warten lassen.

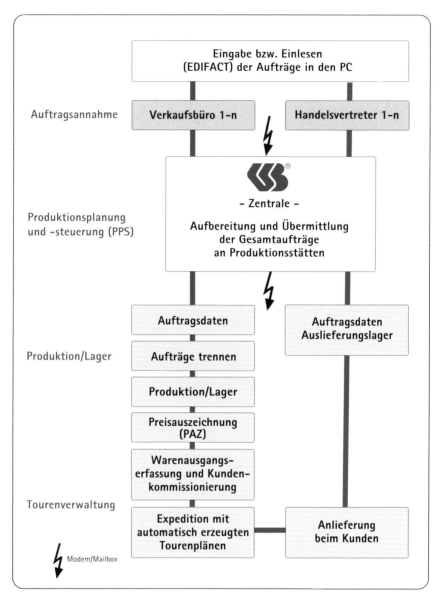

Abb. 23: Datenaustausch zwischen Lieferanten und Kunden

Bis zu diesem Zeitpunkt sind die Software-Hersteller aufgerufen, für die Vielzahl der bereits im Einsatz befindlichen EDI-Verfahren standardisierte Schnittstellenprogramme anzubieten. Auch in diesem Falle ist festzustellen, dass die Anforderungen an die Standard-Schnittstellen branchenorientiert sind. D. h., die Software-Hersteller, die sich auf die Lösung von Branchenanforderungen spezialisiert haben, sind aufgrund der vorherrschenden Datenstruktur und der damit verbundenen speziellen Kenntnisse schneller in der Lage, die Anforderungen ihrer Kunden zu erfüllen.

2.2.4 Software-Integration

Das Erstellen von integrierten Branchen-Software-Lösungen stellt auch heute noch die Ausnahme in der Software-Industrie dar. Die dazu erforderlichen Kenntnisse sind im Regelfalle (in der dazu notwendigen Breite und Spezialität) in „einem" Software-Unternehmen allein nur selten zu finden. Auf dem Markt dominieren daher die Produkte für Speziallösungen, wie beispielsweise: Textverarbeitung, Tabellenkalkulation, Finanzbuchhaltung, Anlagenbuchhaltung, Lohn- und Gehaltsabrechnung. Viele Aufgaben lassen sich auch mit diesen „Insellösungen" erledigen, jedoch fehlen dann häufig die branchenspezifischen Anwendungsprogramme für Beschaffung, Produktion, Lager und Absatz. Aus dieser Situation entstand eine Vielzahl von Software-Unternehmen, die diesen Angebotslücken entsprechende, spezialisierte Programmierleistungen offerierten.

Im Zeitverlauf entwickelten jedoch die investitionsfreudigen Software-Unternehmen „Integrierte Standard-Software-Produkte" zur allumfassenden Unternehmensführung.

> *Im Besonderen in der Software-Entwicklung gilt die Feststellung, dass das Software-Produkt selbst niemals besser sein kann als der zur Entwicklung eingesetzte Sachverstand aller beteiligten Entwickler. Addition von Erfahrung, Wissen und Leistungswillen bestimmen die Qualität und die Multiplikationsfähigkeit der hergestellten Anwendungssoftware. Daraus resultiert die Ertragskraft der Standard-Software für den Hersteller.*

Von den Software-Unternehmen werden zwei unterschiedliche Entwicklungsrichtungen verfolgt. Während eine Gruppe auf „branchenübergreifende Standard-Software" setzt, favorisiert die andere Gruppe „branchenspezialisierte Standard-Software-Lösungen". Beiden Gruppen gemeinsam ist jedoch die umfassende Integration aller vom Anwender benötigten Standard-Software-Module.

Die Vorteile liegen auf der Hand:
- Alle Stammdaten sind nur einmal (redundanzfrei und für alle zugänglich) im System vorhanden.
- Doppelte und dreifache Datenerfassungen mit den damit verbundenen Fehlerquellen werden ausgeschlossen.
- Die aufgebauten (nicht kontrollierbaren) Insellösungen werden abgeschafft.

- Eine Real-Time- und Online-Datenverarbeitung über die im Betrieb anfallenden Daten des CIM-Konzeptes wird erst durch umfassende Integration sinnvoll.
- Die Abstimmungsprozesse im Unternehmen über alle Funktionsbereiche und Abteilungen erfolgen wesentlich zeitnaher und reibungsloser.
- Die „Basis-Elemente der Integration" ermöglichen es, einen „Integrationsgrad" über alle Funktionsbereiche und Funktionen (von der Warenwirtschaft über die Zeitwirtschaft und das Rechnungswesen bis zum Management) zu erreichen, der bisher in der Standard-Software-Entwicklung nicht möglich war.
- Managementaufgaben und dispositive Tätigkeiten werden effektiver. Die notwendigen kurzfristigen Entscheidungen werden auf der Basis „sicherster" Informationen getroffen.

Der Markt für die integrierten Standard-Software-Produkte wird sich zu Lasten der „Insel-Software-Module" weiterentwickeln und kräftig wachsen.

Hierbei ist festzustellen, dass die branchenübergreifenden Konzernunternehmen den Einsatz von „Standard-Software" bevorzugen, die mittelständischen Groß- und Kleinunternehmen jedoch den Einsatz von „Branchen-Software" präferieren. Die kürzere Implementierungszeit, der geringere Anpassungsaufwand sowie die leichtere Erlernbarkeit der „Branchen-Software" sind für diese Entscheidungsfindung von ausschlaggebender Bedeutung. In der Entwicklung der „Standard-Software" ist eine Spezialisierung der Software-Hersteller zu branchenorientierten Lösungsansätzen zu erwarten. Für die immer komplexer werdende Welt der Spezialisierung und Arbeitsteilung wird dringender denn je die spezialisierte Unterstützung durch fundierte Branchen-Software gefordert.

2.2.4.1 Integrationsmodell und Integrationskern

Die Wirkung des Wettbewerbs im täglichen Wirtschaftsleben ist empirisch belegt und führt zwingend zu fortschreitender Spezialisierung und steigender Rationalisierung mit dem Ergebnis einer permanent wachsenden Produktivität in den effektiven Unternehmen.

In unserer Informationsgesellschaft sind die Spezialisierungsverfahren in den Unternehmen und die zeitnahe Umsetzung neuer Produktionstechniken und -verfahren eng mit den Möglichkeiten der Informationstechnologien verbunden. Die Fähigkeit eines fortschrittlichen und innovativen Unternehmens, neue nachfragewirksame Güter mit kurzen Entwicklungszyklen anzubieten, muss von der eingesetzten Informationstechnik ebenfalls „spezialisiert" unterstützt werden.

Die Informationstechnologie unterliegt als Abbildungssystem der Einzelwirtschaften (Unternehmen und öffentliche Körperschaften) den Wettbewerbsbedingungen, die ebenfalls für alle anderen Bereiche des Wirtschaftslebens gelten. Obwohl die Software-Industrie noch ein junger Bereich der arbeitsteiligen Wirtschaft ist, so ist dennoch zu erwarten, dass sie sich in ihren Spezialisierungsschritten schneller entwickeln wird, als uns aus der Wirtschaftsgeschichte über die traditionellen Industriebereiche bisher bekannt ist.

Aus dem **Abbildungssystem** (siehe hierzu Abbildung 24) sind die theoretischen Ansätze zur Steuerung der Einzelwirtschaften zu gewinnen. Durch das „Wettbewerbsgesetz" schreitet die Spezialisierung kontinuierlich fort.

Mit diesem Fortschritt steigen auch die Anforderungen an das Management. Die Informationstechnologie ist somit ein entwicklungssystematisches Ergebnis des wirtschaftlichen und technischen Fortschritts und versetzt das Management in die Lage, die dispositiven Fähigkeiten bei der Kombination der Elementarfaktoren (Arbeit, Betriebsmittel, Werkstoffe und Wissen) über die hard- und softwaretechnischen Integrationssysteme durch verfügbare Informationen wesentlich zu verbessern.

Die Integration wiederum wird über die „Elemente der Integration" in der Informationsverarbeitung wirksam. Wie wirken diese „Elemente der Integration" (Adressen, Artikel, Konditionen, Verfahren) im Informationssystem und welche Beziehungen bestehen zwischen den Integrationselementen selbst?
Die „integrierte" Faktorkombination stellt das Leistungspotenzial der Einzelwirtschaften dar. Die Integrationselemente des Faktors „Integration" ermöglichen die informationstechnische Unterstützung der Faktorkombinationen und der Abbildung aller wirtschaftlichen Prozesse über die Standard- und Branchen-Software zur Unternehmensführung.

Die wirtschaftlichen Fakten, Tatbestände und Abläufe in den Einzelwirtschaften redundanzfrei über die Software abzubilden, ist die Aufgabe des CSB-Systems. Von dieser Aufgabenstellung ausgehend, wurde der „Regelkreis wirtschaftlicher Verknüpfungselemente" erarbeitet. Die Basiselemente der Integration bilden über den Regelkreis wirtschaftlicher Verknüpfung den „Integrationskern" des CSB-Systems (siehe Abbildung 25).

Der „Integrationskern" wird über die Basisprogramme mit den Elementen
- Adressen
- Artikel
- Konditionen und
- Verfahren
redundanzfrei über alle Anwendungsprogramme wirksam.

Vom Generellen zum Speziellen

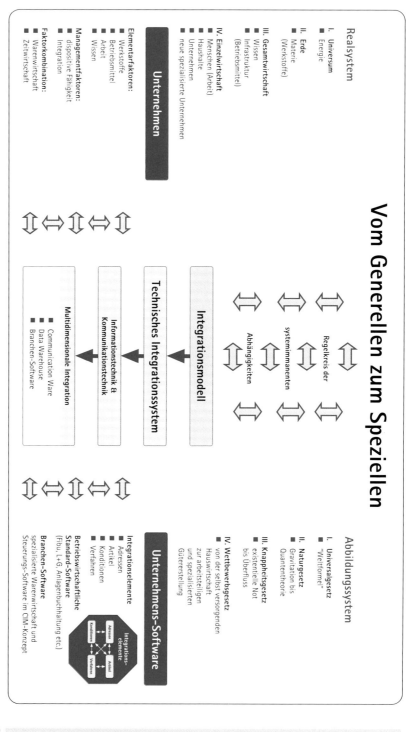

Realsystem

I. Universum
- Energie

II. Erde
- Materie (Werkstoffe)

III. Gesamtwirtschaft
- Wissen
- Infrastruktur (Betriebsmittel)
- Unternehmen
- neue spezialisierte Unternehmen

IV. Einzelwirtschaft
- Menschen (Arbeit)
- Haushalte
- Unternehmen

Elementarfaktoren:
- Werkstoffe
- Betriebsmittel
- Arbeit
- Wissen

Managementfaktoren:
- dispositive Fähigkeit
- Integration

Faktorkombination:
- Warenwirtschaft
- Zeitwirtschaft

Unternehmen

Integrationsmodell

Technisches Integrationssystem

Informationstechnik & Kommunikationstechnik

Multidimensionale Integration
- Communication Ware
- Data Warehouse
- Branchen-Software

Regelkreis der systemimmanenten Abhängigkeiten

Abbildungssystem

I. Universalgesetz
- "Weltformel"

II. Naturgesetz
- Gravitation bis Quantentheorie

III. Knappheitsgesetz
- existentielle Not bis Überfluss

IV. Wettbewerbsgesetz
- von der selbst versorgenden Hauswirtschaft zur arbeitsteiligen und spezialisierten Gütererstellung

Unternehmens-Software

Integrationselemente
- Adressen
- Artikel
- Konditionen
- Verfahren

Betriebswirtschaftliche Standard-Software
(Fibu, L+G, Anlagenbuchhaltung etc.)

Branchen-Software
spezialisierte Warenwirtschaft und Steuerungs-Software im CIM-Konzept

Abb. 24: Integrationsmodell zur informationstechnischen Abbildung der Unternehmensprozesse über Standard- und Branchen-Software

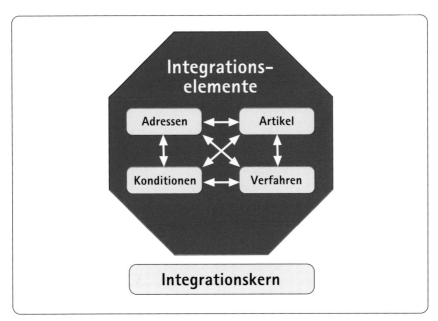

Abb. 25: Der Integrationskern als Verknüpfung der Integrationselemente

Die multifunktionale Verknüpfung der Integrationselemente wird in der Darstellung des „Integrationskerns" (siehe Abb. 25) grafisch visualisiert. Aus diesem Beziehungssystem lassen sich alle denkbaren Verknüpfungen zu eindeutigen Geschäftsprozessen formulieren und somit in der Branchen-Software spiegelbildlich zum realen Unternehmen abbilden.

In Abbildung 26 wird der informationstechnische Systemaufbau zur Unternehmensführung grafisch dargestellt. Ausgehend von dieser Abbildung wird der Integrationskern als umfassender Integrationsbaustein des technischen Integrationssystems folgerichtig um die Unternehmensführungssysteme ergänzt. Über alle Funktionsbereiche wirken die „redundanzfreien" Integrationselemente im Zusammenspiel (Integrationskern) mit den realen Geschäftsprozessen des Unternehmens als multidimensionales Abbildungssystem. Diese Aussage gilt für die Abbildung der Elementarfaktoren und der Managementfaktoren wie auch für die spiegelbildliche Darstellung der spezialisierten Faktorkombination eines jeden Unternehmens.

Die Management-Module „**Management & Controlling**" umfassen hierbei das:
- Management-Informations-System
- Bereichs-Informations-System
- Qualitäts-Kontroll-System

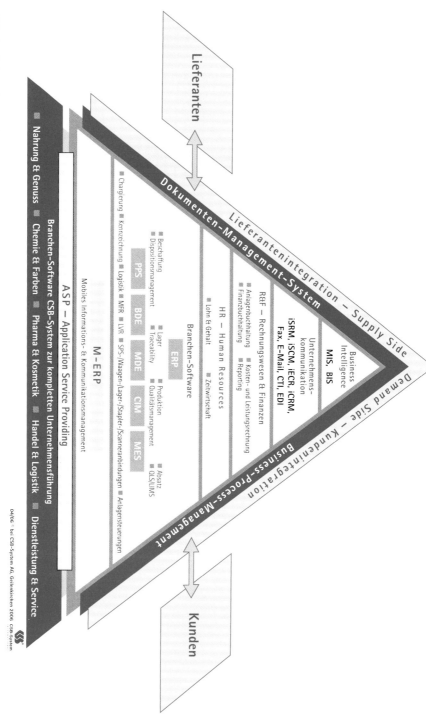

Abb. 26: Informationsstruktur im CSB-System zur umfassenden Unternehmensführung

- Kommunikationsmanagement (iCRM & iSCM)
- Archiv-Management
- Ressourcenmanagement

Die Funktionsbereiche der Branchen-Software zur Unternehmensführung werden eingeteilt in:
- Unternehmensabbildung
- Integrationselemente
- Zeitwirtschaft
- Warenwirtschaft
- Rechnungswesen & Finanzen
- HR - Human Resources

Die Real-Time-Erfassung und -Verarbeitung sämtlicher Betriebsdaten wird im CIM-Konzept realisiert. Daraus folgt, dass sämtliche Daten über Betriebsdatenerfassungsarbeitsplätze (BDE-Systeme) direkt online und real time be- und verarbeitet werden.

Die EDV-technische Anbindung aller zur Produktion von Gütern eingesetzten Aggregate wird über spezielle Schnittstellen-Programme in das alles umfassende Unternehmens-Informationssystem integriert.

Die Kommunikation (intern sowie extern) erfolgt EDV-gestützt durch den Zusammenschluss von EDV-System und Telefonanlage über die Phonemaster-API. Die Struktur der „Integration" wird darüber hinaus in der Einbindung der Produktions- und Kommunikationstechnik als „Postulat" einer umfassenden „Integration" formuliert und in der Branchen-Software CSB-System umgesetzt.

2.2.4.2 Multidimensionale Integration

Die Informationstechnologie hat die fortschrittlichen Unternehmen in die Lage versetzt, die dispositiven Prozesse und die Faktorkombinationsprozesse wesentlich schneller und sicherer zu gestalten. Die einzelnen Spezialisierungsschritte in den innovativen Unternehmen sind ohne den umfassenden Einsatz der Informationstechnologie nicht mehr vorstellbar.

> *Die Umkehrung ist ebenfalls gültig. Durch Software zur Unternehmensführung, die nicht spezialisiert ist, wird die Produktivität und die Entwicklungsfähigkeit eines fortschrittlichen Unternehmens negativ beeinflusst, womit dieses Unternehmen in der Wettbewerbsfähigkeit nachhaltig behindert wird.*

Dass die produktionstechnischen Bedingungen durch notwendige Rationalisierungsinvestitionen permanent zur Förderung der Wettbewerbsfähigkeit genutzt werden müssen, ist unstreitig und frühzeitig planbar. Es bedarf daher hier keiner weiteren Erläuterung.

Aus dem zur Verfügung stehenden, intern und extern zugänglichen Innovationspotenzial können rechtzeitig neue präferierte Güter entstehen, die das Unternehmen in eine verbesserte Wettbewerbsposition bringen können. Heute entscheidet zunehmend die reibungslose und schnelle Kommunikation mit den Marktpartnern (Kunden, Lieferanten etc.) über die Leistungsfähigkeit eines jeden Unternehmens am Markt.

> *Die informationstechnische Infrastruktur regelt noch nicht die zielsicheren Informationsströme in einem Unternehmen. Gezielter Informationsnutzen wird nur dann möglich, wenn dem Management ein allumfassendes, mehrdimensionales Integrationssystem über alle relevanten Informationen und Unternehmensprozesse zur Verfügung steht.*

In Abbildung 27, „Multidimensionale Integration", ist dargestellt, aus welchen informationstechnischen Komponenten ein unternehmensweites Integrationssystem besteht. Die aus der optimalen Nutzung der Informations- und Kommunikationstechnologie resultierenden Vorteile für marktaktive Unternehmen, können nicht hoch genug eingestuft werden.

Das Zusammenführen von quantitativen externen und internen Daten sowie den qualitativen „weichen", aus Einschätzungen resultierenden Informationen, verbessert die Möglichkeiten, zusätzliches und neu gewonnenes „Wissen" zu verwenden.

> *Aus der Datenflut und den nicht mehr zu durchschauenden Abläufen in den Unternehmensprozessen resultiert die Forderung nach mehr „Überblick" und verbesserter Transparenz über alle Prozesse und Arbeitsgänge im Unternehmen. Bestehende bzw. veraltete Strukturen über hoch integrierte Informationssysteme bedrohen die aktiven dispositiven Funktionen des Managements.*

Es droht der Abbau kognitiver Autonomie durch die wachsenden Wissens- und Informationssysteme, die vom Menschen nicht mehr kontrollierbar sind. An dieser Stelle setzt die Forderung nach Methoden und Instrumenten zur begrifflichen Wissensverarbeitung ein.

Die Zielsetzung der begrifflichen Wissensverarbeitung besteht darin, dem Management im rationalen Denken, Urteilen und Handeln Unterstützung zu geben.

Die Gewinnung neuer, zusätzlicher Erkenntnisse aus vorhandenem bzw. zugänglichem Wissen wird mit dem Werkzeug der „Begriffsanalyse" realisiert. Aus Daten und Fakten entscheidungsrelevantes Wissen für das Management zu extrahieren, gehört zum Funktionsbereich des „Management & Controllings" (weitergehende Ausführungen unter Punkt 3.4.1.4 Ergebnispräsentation).

Die multidimensionale Integration eröffnet der Unternehmensinformatik neue, bisher nur unzureichend erkannte Möglichkeiten in der „ganzheitlichen" und branchenspezialisierten Unternehmensführung.

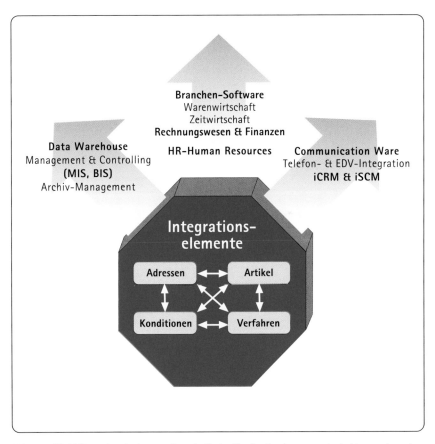

Abb. 27: Multidimensionale Integration als Basis für die Gewinnung entscheidungsrelevanten Wissens

2.3   Branchen-Software

2.3.1   Spezialisierung der Software

In vielen Unternehmen führen die EDV-Abteilungen ein über lange Jahre
entwickeltes „Eigenleben". Von Hardware-Generation zu Hardware-Generation wurden die in „Eigenregie" erstellten Individual-Programme portiert,
und somit weitestgehend ohne externe Einflüsse weitergeführt.

Es ist jedoch hinreichend bekannt, dass wettbewerbsfähige Unternehmen sich
den Veränderungen des Marktes stellen müssen und die daraus resultierenden Herausforderungen zu bewältigen haben. Dieser Prozess findet notwendigerweise auch seinen Niederschlag in den veränderten Anforderungen an
die Software-Entwicklung im Unternehmen selbst. Die zur Erweiterung und
notwendigen Umstrukturierung benötigten Arbeitskräfte sind jedoch im
Regelfalle nicht in ausreichender Anzahl vorhanden, da auch die EDV-Abteilungen in fast allen Unternehmen Maßnahmen zur Kostenreduktion getroffen haben.

Die dringend für die Unternehmen benötigten Software-Änderungen bzw.
Software-Ergänzungen können (bei gegebenen knappen Entwicklungskapazitäten) nur über den dafür benötigten längeren Zeitverlauf realisiert
werden. Diese Zeitverzögerungen in dringend benötigten Rationalisierungs-
projekten führen zu erheblichen Wettbewerbsnachteilen. Selbst mit der
Aufstockung des Entwicklungspotenzials können Zeitverzögerungen, die für
die notwendige Software-Erstellung erforderlich sind, nicht umgangen werden.
Die Kosten und die Verfügbarkeit der selbst erstellten Software gegenüber
einer branchenspezifischen Standard-Software führen zu so starken wirtschaftlichen Nachteilen, dass aus dieser Situation immer mehr Unternehmen
ihre „Software-Eigenentwicklung" komplett einstellen, sobald sie ein geeignetes branchenspezifisches oder sonstiges Standard-Software-Produkt
gefunden haben. Damit erklären sich auch die enormen Zuwachsraten bei
den branchenspezialisierten Software-Unternehmen. Dieses Wachstum der
spezialisierten Software-Häuser wird sich in den kommenden Jahren noch
verstärken.

> *Jeder Unternehmer erwartet durch die Implementierung einer branchen-
> spezifischen Standard-Software erhebliche Rationalisierungseffekte für
> sein Unternehmen.*

Herkömmliche Standard-Software-Pakete sind branchenunabhängig und
decken demnach den Finanzsteuerungs- und Warenwirtschaftsorganisations-
bedarf vom Kraftwerk bis zum Brotbäcker sowie vom KFZ-Zulieferer bis

zum Pharmahersteller oder vom Finanzdienstleister bis zum Luftfahrtunternehmen mit einer einzigen komplexen Standard-Softwarelösung ab. Es ist somit zwingend notwendig, dass für jedes einzelne Unternehmen (mit dem jeweiligen spezialisierten Branchenbedürfnis) die benötigten Funktionalitäten aus der unüberschaubaren Vielzahl der Funktionen über Tausende von standardisierten Tabellen (50.000 und mehr) extrahiert werden müssen. Den spezialisierten betriebsspezifischen Workflow in einem Unternehmen über eine einzige, für alle ausgelegte Standard-Software abzubilden, wird mit zunehmender Funktionalität (von Version zur Folgeversion) immer undurchdringlicher. Aus dieser Not heraus wird der Ausweg über „Modellierungstools" gesucht (z. B. ARIS-Toolset oder Meta-Software). Zur Zeit werden von mehreren hundert Anbietern diese Werkzeuge zur Navigation über die undurchschaubaren Standard-Funktionalitäten im „Tabellendschungel" angepriesen.

Die Hauptaufgabe der Workflow-Systeme darf dabei nicht in den Hintergrund geraten. Mit diesen Systemen sollen Vorgangsaufrufe, Statuskontrollen und Vorgangssynchronisationen „systemübergreifend" unterstützt werden. Die Leistung liegt im erfolgreichen „Orchestrieren" unterschiedlicher Anwendungen (der spezialisierten Software-Anbieter) in einem logischen, ablauftechnischen Zusammenhang zur erfolgreichen Abbildung unternehmensspezifischer Abläufe über alle unternehmensweiten Prozesse.

Ein Unternehmensmanagement, das den Wechsel von der selbst erstellten betriebsspezifischen Software zur betriebswirtschaftlichen Standard-Software veranlasst, erwartet zu Recht eine Verbesserung der Arbeitsabläufe im gesamten Unternehmen (von Verwaltung bis Produktion), um daraus Wettbewerbsvorteile zu gewinnen. Welche Voraussetzungen müssen vom Softwareanbieter geschaffen werden, damit die berechtigten Erwartungen der Nachfrager von branchenspezialisierter Standard-Software erfüllt werden?

Die zu erbringenden Leistungen des Software-Anbieters zur erfolgreichen und rationalisierenden Einführung einer Software zur Unternehmensführung beschränken sich auf zwei wesentliche Leistungsmerkmale:
1. spezialisiertes Branchenwissen der Organisations- und Anwendungsberater
2. Branchen-Software mit umfassender Flexibilität, um betriebsspezifische Besonderheiten kurzfristig umzusetzen.

Daraus ergibt sich im Wesentlichen der Nutzen aus einem erfolgreich umgesetzten EDV-Projekt. Diese Unterstützung ist umso spezifischer und detaillierter, je mehr Wissen und Erfahrung der Software-Hersteller in vergleichbaren Unternehmen gesammelt hat. Aus dieser Erkenntnis folgt logischerweise, dass die „Branchen-Software" dem jeweiligen Unternehmen den größten „Erfahrungsschatz" bringen kann.

Die organisatorische Unterstützung, die aus der Branchen-Software im Unternehmen wirkt, ist abhängig von der Struktur der Branchen-Software selbst und von den bereits in ihr gesammelten Erfahrungen. Nur unter diesen Bedingungen wird erworbenes Wissen mit der Branchen-Software addiert und über die Gesamtzahl der Nutzer multipliziert.

> *Der vom Betrachter gewählte Abstraktionsgrad bestimmt in der Regel die Einteilung von Aussagen über ein Erkenntnisobjekt zwischen „allgemein gültig" bis „speziell". Die in den Einzelwirtschaften eingesetzten Informations- und Kommunikationssysteme müssen in der Lage sein, für allgemein gültige Prozesse wie auch für spezielle Abläufe branchenspezifische bzw. unternehmensspezielle „softwaretechnische Lösungen" zu bieten.*

In den Abbildungen 28 und 29 sind die Beziehungen zwischen den Informations- und Kommunikationsabläufen dargestellt, wie sie zwischen den realen Unternehmensprozessen und den spiegelbildlichen Abbildungsverfahren (in Informations- und Kommunikationssystemen) wirken und definierbar sind. Feststellbar ist, dass es in jedem Unternehmen allgemein gültige Faktoren und Abläufe gibt, die mit betriebswirtschaftlicher Standard-Software abgedeckt werden können (siehe Abb. 28).

Es bleibt jedoch unumstritten, dass spezialisierte Unternehmensprozesse nicht mit allgemein gültigen „Standard-Software-Systemen" abbildbar sind. Branchenspezifische und unternehmensspezielle Prozesse in der Warenwirtschaft, der Qualitätssicherung und den Produktionsabläufen (im Konzept des Computer Integrated Manufacturing) sind nur mit einer spezialisierten Branchen-Software (siehe Abb. 29) abbildbar.

> *Die betriebswirtschaftliche Standard-Software hat ihren Ursprung im Rechnungswesen, d. h. in der Buchhaltung und somit dem Hauptbuch (das Hauptbuch ist das zentrale Integrationselement[7]).*
>
> *Die Branchen-Software hat die Aufgabe, die Elementarfaktoren und die unternehmensspezifische Faktorkombination spiegelbildlich zum realen Unternehmensprozess abzubilden. Der Ausgangspunkt hierfür ist die Abbildung der optimalen Gütererstellung über die Informationstechnik.*

Fortschrittliche Unternehmen werden bereits durch die Wirkung des Wettbewerbs dazu veranlasst, optimierte Werkzeuge zur Unternehmenssteuerung einzusetzen. Nur unter den Bedingungen wirtschaftlicher Zwangsläufigkeit kommt es zum Streben nach Spezialisierung und in der Folge zu steigender Rationalisierung, mit dem Ergebnis wachsender Produktivität in den wettbewerbsaktiven Unternehmen.

Vom Generellen zum Speziellen

Eine entwicklungssystematische Zwangsläufigkeit

Reales Wirtschaftssystem

Einzelwirtschaften stehen im Wettbewerb

■ Vom alles produzierenden Haushalt zur spezialisierten Güterproduktion

Welche Faktoren sind allgemein gültig?

■ **Elementarfaktoren:**
Werkstoffe, Betriebsmittel, Arbeit, Wissen
Managementfaktoren:
Dispositive Fähigkeit, Integration

■ **Dokumentation der Betriebsabrechnung**

■ **Kommunikations- und Informationstechnik**
- EDV, Telefonanlage, Verbindungselemente
Kommunikationswege
- Internet, E-Mail, Fax, Telefon etc.
■ **Informationsflut**
- interne und externe Informationen und Daten
- quantitative und qualitative Informationen und Daten
- Zugang zum gesamten Wissen

Abbildung im Informationssystem

Das Wettbewerbsgesetz führt:

■ Von der betriebswirtschaftlichen Standard-Software zur Branchen-Software

Welche standardisierten Abbildungsverfahren sind einsetzbar?

■ **Integrationselemente:**   – Adressen
(Die kleinsten Bausteine   – Artikel
in der informations-   – Konditionen
technischen Ausbildung)   – Verfahren

■ **Rechnungswesen & Finanzen**
(Fibu, L + G, Anlagenbuchhaltung, Kostenrechnung etc.)

■ **Communication Ware**
(CSB-Phonemaster, Phonemaster-API)
Kommunikationsmanagement
(Kommunikation, Kontaktsteuerung, Kontakt-Manager, iCRM & iSCM)
■ **Data Warehouse**
(Management & Controlling)
■ **Wissensmanagement & Archiv-Management**

Abb. 28: Von der betriebswirtschaftlichen Standard-Software zur Branchen-Software

Die organisatorische Umsetzung der Branchen-Software in branchenklassifizierten Unternehmen setzt voraus, dass diese Anwendungssoftware die kompletten Anforderungen der jeweiligen Branche abdeckt und über entsprechende Werkzeuge verfügt, um die jeweiligen betriebsspezifischen Anforderungen integriert im Gesamtsystem abzubilden.

Bei der Einführung und organisatorischen Umsetzung der Branchen-Software im jeweiligen spezialisierten Unternehmen werden umfassende Branchenkenntnisse von den Beratern erwartet. Das Ziel besteht in der Realisierung der betriebsspezifischen Unterstützung durch das Führungswerkzeug Branchen-Software, wobei dies in kürzester Zeit mit dem maximal möglichen Rationalisierungserfolg umzusetzen ist.

Die Ausbildung der Mitarbeiter in einem branchenspezialisierten Software-Unternehmen ist notwendigerweise branchenorientiert. Hieraus folgt, dass Fachleute mit Fachleuten reden und keine „Dolmetscher" die Verständigung zur Lösungsfindung nachhaltig erschweren und damit die Kosten erhöhen. Die Zeit, die für eine erfolgreiche Implementierung einer integrierten Branchen-Software vergeht, bestimmt hauptsächlich die entstehenden Kosten der Systemumstellung. Diese Implementierungszeit ist auf ein Minimum zu reduzieren und kann nur über eine umfassende Organisationsunterstützung erreicht werden. Die dabei einzusetzenden „softwaretechnologischen Möglichkeiten", über Werkzeuge wie „Generatoren", „Parameter" und „Prozessnavigatoren", sind noch lange nicht voll ausgeschöpft. Die Software-Entwickler werden auch in den nächsten Jahren ein breites Betätigungsfeld vorfinden (siehe hierzu weiterführende Informationen unter Gliederungspunkt 3.1 Unternehmensprofil).

Die Leistungsfähigkeit der Informationstechnik eines jeden Unternehmens wird zukünftig die jeweils wirksame Wirtschaftskraft maßgeblich bestimmen. Die immer schneller wachsenden Anpassungszwänge an veränderte Wirtschaftsabläufe (gerade durch die Informatik selbst) werden von den Unternehmen eine immer stärkere Flexibilität und von den Branchen-Software-Herstellern schnellere Reaktionen verlangen.

Die Branchen-Software ist somit die logische Fortführung und Weiterentwicklung der Anwendersoftware (im Spezialisierungsprozess der Software-Industrie). Dieser Prozess (von der Standard-Software zur Branchen-Software) ist zwingend aus den gesamtwirtschaftlichen Systemmustern und der darin wirkenden Dynamik begründet. Nur die dynamisch fortschrittlichen Software-Unternehmen, die den Anwendungsunternehmen (also ihren Kunden) spezialisierte, d. h. auf branchenspezifischer Software aufbauende Informationssysteme bieten können, werden im Wettlauf um „mehr Produktivität" der effektiven Unternehmen beteiligt bleiben.

Vom Generellen zum Speziellen

Eine entwicklungssystematische Zwangsläufigkeit

Reales Unternehmen
Welche Funktionen sind speziell?

Warenwirtschaft
- Beschaffung
- Lager & Logistik
- Produktion & Planung
- Absatz

Qualitätssicherungs-System
- Qualitätsmanagement
- HACCP-Konzept
- Labor
- Spezielle QS-Abläufe

Betriebsspezielle CIM-Konzepte
- Produktionssteuerung
- Lager- und Logistiksteuerung
- Preisauszeichnungssteuerung
- Automatisierte Kommissionierung
  - Scannerkommissionierung
  - Expresskommissionierung
  - PAZ-Kommissionierung

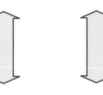

Abbildung im Informationssystem
Welche spezielle Software ist erforderlich?

Branchen-Software
- Spezielle Beschaffungssoftware
- Betriebsspezifische Lager- & Logistik-Software
- Branchenspezifische Produktions-Software
- Branchen- & betriebsspezifische Absatz-Steuerungs-Software

Qualitäts-Kontroll-System
- Branchenspezifische QS-Software
- Branchenspezifische HACCP-Software
- LIMS-Software (Labor-Informations-System)
- Betriebsspezifische QS-Software

Computer Integrated Manufacturing
- Produktionsanlagensteuerungs-Software
- Transportsteuerungs-Software
- Betriebsspezifische PAZ-Software
- Betriebsspezifische Kommissionier-Software
  - Scanner-Software
  - Expressmaster-Software
  - Betriebsspezifische PAZ-Software

Abb. 29: Abbildung spezifischer Unternehmensprozesse über Branchen-Software

2.3.2 Internetfähige Branchen-Software

Die weltweiten Kommunikationsmöglichkeiten des Internets im Unternehmen effizient zu nutzen, ist eine strategische Herausforderung. Dieser Aufgabe haben sich alle Softwarehersteller zu stellen. Auf die Anbieter von Branchen-Software kommen betriebsspezifische Anforderungen der Anwender zu, die kurzfristig zu lösen sind. Eine umfassende und integrierte Internetfähigkeit aller branchenspezifischen Anwendungsprogramme ist die logische Konsequenz dieser Anwenderforderungen.

Zur Umsetzung dieser Aufgaben ist es erforderlich, eine internetfähige Branchen-Software zu erstellen. Hierbei sind zwei Schwerpunkte zu berücksichtigen:
1. Softwaretechnische Internetanforderungen
2. Anwenderspezifische Internetbedürfnisse

Zu 1: Softwaretechnische Internetanforderungen

Was ist softwaretechnisch zu berücksichtigen, um verteilte Systeme mit Internet-Integration und Skalierbarkeit zu realisieren?

a) Programmiersprachen
Die für den Internet-Client genutzten Programmiersprachen sind C, C++, Visual Basic, Smalltalk und Java.

Nach Ansicht der „Experten" werden Java und C++ in den nächsten Jahren die dominierenden Programmiersprachen für Anwendungen auf den Internet-Clients sein.

b) Datenaustauschformate
Die Basistechnologie in der Internetkommunikation erfordert eine verallgemeinerte Markierungssprache (Extensible Markup Language-XML). Sie dient der Speicherung der Struktur und der Bedeutung von Daten. Hierbei ist die Verwendung der Daten nicht definiert. Eine besondere Markierungssprache stellt hingegen HTML (Hyper Text Markup Language) dar. Hinter dieser Basistechnologie steht die Grundidee, alle Daten „einmal" in XML-Format zu überführen und diese dann in jeder XML-fähigen Anwendung, Datenbank oder im Web-Browser ohne weitere Konvertierung zu nutzen.

XML wird auch bei der Gestaltung von Web-Seiten und bei der Integration von ERP-Anwendungen in neue E-Business-Lösungen verwendet.

Nicht empfehlenswert ist der Austausch von Massendaten über XML, hier empfiehlt es sich, weiterhin die bekannten EDI-Standards zu verwenden.

Im CSB-System werden alle GPM-Daten im XML-Format fortgeschrieben und stehen somit jedem Internet-Client über ■CSB-online.ERP auf Abruf zur Verfügung. Hierzu werden spezielle „XML-Druckmuster" über das GPM erzeugt. Aus diesen Datenausgaben bzw. Druckausgaben werden die benötigten Feldinformationen in einer speziellen XML-Datei (ohne Konvertierung) bereitgestellt. Daraus folgt die uneingeschränkte Nutzung der vom CSB-System exportierten und im XML-Format aufbereiteten Daten auf den Internet-Clients. Hierbei werden die generierten XML-Objekte in eine HTML-Seite eingebettet und mittels XSL (Extensible Stylesheet Language) aufbereitet.

Die dem CSB-System von den Internet-Clients übermittelten Daten werden über integrierte XML-Importe kontrolliert übernommen. Hierbei erfolgt der Austausch zwischen dezentralem und zentralem EDV-System mittels E-Mail oder FTP (File Transfer Protocol).

c) Anforderungen an den Internet-Client
Auf dem Internet-Client erfolgt die Maskendarstellung und die Kommunikation mit dem zentralen Server, Anfragen an die Datenhaltung sowie die Kommunikation mit externer Hardware.

Somit werden auf dem zentralen Server alle Aufgaben erledigt, wie z. B. die Bereitstellung der betriebswirtschaftlichen Funktionalitäten oder die Beantwortung von Datenbankabfragen etc.

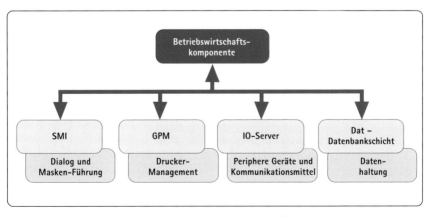

Abb. 30: Software-Komponenten zur Steuerung des Internet-Clients

Es gilt somit für alle Systeme, die an das Internet angebunden sind, dass sie folgende Anforderungen in Bezug auf die Trennung der betriebswirtschaftlichen Anwendungen berücksichtigen müssen:
- Trennung von Dialog und Maskenführung
- Trennung von der Datenhaltung
- Getrenntes Druckmanagement
- Getrennte periphere Geräte
  (Scanner, Waagen, CTI-Lösungen, IO-Server)

d) Verbindung des Internet-Clients zum zentralen ERP-System
Für die Umsetzung dieser Anforderung wurde im CSB-System eine klare Trennung der betriebswirtschaftlichen Funktionen von den Tools (Werkzeugen zur Programmierung) vorgenommen.

Die Programmierung betriebswirtschaftlicher Anwendungen (als Branchen-Software bezeichnet) orientiert sich in erster Linie an den geforderten Funktionen. Diese Funktionshüllen werden in einer objektbeschreibenden Sprache (ODL/IDL) festgehalten und sind somit für jeden Internet-Client flexibel nutzbar.

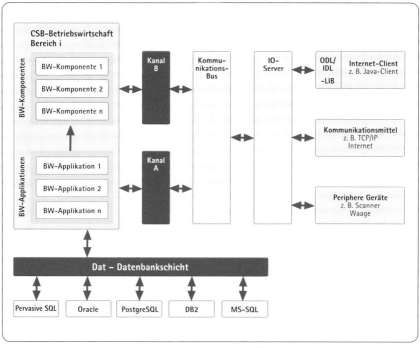

Abb. 31: Ausschnitt aus der CSB-System-Architektur für ▪CSB-online.ERP

Die Reihenfolge der Felder, die auf einer Maske visualisiert werden, oder die Form der Ablage von Daten in einer Datenbank ist eher von nachrangiger Bedeutung. Von Bedeutung ist hingegen die Anfrage an die Datenhaltung auf abstrakter Ebene, wie sie mit „CSB-QL" gelöst ist.

Das ■CSB-online.ERP zugrunde liegende Internet-Konzept ist in der Abb. 31 „Ausschnitt aus der CSB-System-Architektur" dargestellt.

Zu 2: Anwenderspezifische Internetbedürfnisse

Das Internet schafft für weltweit agierende Unternehmen ein enormes Nutzenpotenzial.

Der Weg ins Internet kann über mehrere Schritte erfolgen. Von der einfachen Internetpräsentation über die vollständige Integration sämtlicher externen Betriebsstätten und Vertriebsmitarbeiter bis hin zu Kunden und Lieferanten via Internet.

Schritt 1: Internetpräsentation
Die einfachste Variante der Internet-Nutzung besteht darin, das Unternehmen mit einer eigenen Web-Seite zu präsentieren. Hierbei können eigens für das Internet geschaffene Lösungen implementiert werden. Mit Hilfe von Tools können farbige marketingtechnische Masken erstellt werden. Per Browser können diese Masken aufgerufen werden. Der dabei notwendige Datenaustausch mit betriebswirtschaftlichen Programmen erfolgt hierbei beispielsweise mittels Import- und Export-Mechanismen, die im Hintergrund in periodischen Zeitabständen oder online über Web-Services gestartet werden.

Schritt 2: Unternehmensintegration via Internet
Die Anbindung aller Zweigbetriebe, Niederlassungen, Filialen und Außendienstmitarbeiter verschafft den Konzern- oder Unternehmensleitungen den Zugriff auf alle relevanten Daten. Mit dieser zentralen und einheitlichen Datenhaltung wird eine effiziente Informationsnutzung herbeigeführt.

> *Bei weltweit agierenden Unternehmen ist darauf zu achten, dass das eingesetzte ERP-System nicht nur in „mehreren Sprachen", sondern multilingual verfügbar sein muss. Jeder Benutzer arbeitet in seiner Landessprache, wobei gleichzeitig alle Daten im zentralen EDV-System in der Sprache des zentralen Mandanten (Konzerns) sichtbar sind.*

Die weltweite Nutzung von Daten wird durch die Verwendung benutzergruppen- und benutzerspezifischer Workflows konzernweit abgesichert. Damit ist sichergestellt, dass eine permanente Verfügbarkeit der benutzerspezifischen Internet-Anwendungen gewährleistet wird. Es entfallen somit verteilte Updates, Upgrades sowie die mehrfache Datensicherung.

Von den über Internet angebundenen dezentralen Standorten wird somit auf eine einheitliche Datenstruktur zugegriffen.

Doppelerfassungen sowie die nachträgliche Bearbeitung von Vorgängen werden verhindert. Somit stehen alle relevanten Daten und Informationen weltweit, unabhängig vom Standort auf Knopfdruck zur Verfügung. Die weltweite Abwicklung aller Geschäfts- und Kommunikationsprozesse wird erheblich beschleunigt, optimal kanalisiert und für jeden Benutzer entsprechend seiner Benutzerrechte sicher zugänglich gemacht.

Schritt 3: E-Business
Die Kommunikationswege zwischen Lieferanten und Kunden sind sehr vielfältig. Aus dem Bedürfnis, die Lieferanten-Kundenbeziehungen als wesentliche ökonomische Grundlagen nachhaltig zu verbessern, wurden die verschiedensten CRM-Systeme geschaffen.

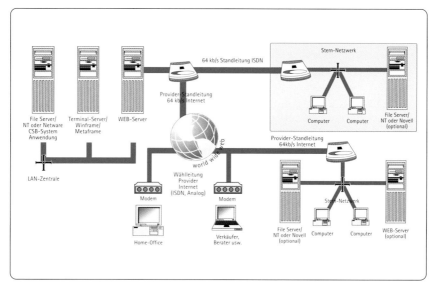

Abb. 32: Anbindung dezentraler Standorte über das Internet

Im CSB-System wurde als Bestandteil von ■CSB-online.ERP das Modul „Communication Ware" geschaffen, mit dem alle Kommunikationswege zwischen den Lieferanten und Kunden sowie zwischen allen Standorten und Mitarbeitern eines Unternehmens organisiert, kanalisiert und transparent verfügbar gemacht werden (siehe weitere Ausführungen unter Gliederungspunkt 2.2.3).

Es ist natürlich vermessen, wenn unterstellt wird, dass alle bisher etablierten Kommunikationswege durch E-Commerce abgelöst werden.
Die Massendaten-Übertragung von Bestelldaten im Handel (vom Kunden an den Lieferanten) kann heute und wohl auch in der nächsten absehbaren Zeit nur über die bekannten EDI-Verfahren (SEDAS, EDIFACT etc.) wirtschaftlich vertretbar abgewickelt werden.

Es ist daher notwendig, alle wirtschaftlich sinnvollen Kommunikationswege über Communication Ware zusammenzufassen und mit den entsprechenden Warenwirtschaftsinformationen zu verknüpfen.

Die betriebliche Ausbildung ist heute zu einem wichtigen Erfolgsfaktor geworden. Die Aus- und Weiterbildung von Kunden und Mitarbeitern steht im Rahmen des Qualitätsmanagements im Vordergrund aller Bemühungen des „Null-Fehler-Konzepts". Qualität und somit Qualifikation der Mitarbeiter gehören zu den wichtigsten Kriterien der Wirtschaft. Umso wichtiger ist die Effizienz der eingesetzten Mittel und die Qualität von Weiterbildungsangeboten.

Die Ausbildungsqualität wird als eine ständige Aufgabe und zentrale Voraussetzung für den Geschäftserfolg der Kunden angesehen. Diese profitieren von den Schulungsmaßnahmen zur kontinuierlichen Verbesserung des Wissensstandes ihrer Mitarbeiter. Trotz Einsicht in die Notwendigkeit systematischer Aus- und Weiterbildung sind jedoch Zeit und finanzielle Mittel knapp. Neue innovative, multimediale Lernkonzepte werden zukünftig Mitarbeiter und Kunden bei der Durchführung von Lernprozessen unterstützen.

Mit einer jeweils spezialisierten multimedialen Lerneinheit über eine CBT-/WBT-Lösung (Computer-Based-Training/Web-Based-Training) sind die Bediener schnell und umfassend zu informieren. Dabei werden die Vorteile der interaktiven Lösung klar ersichtlich. (Siehe Abb. 33)

Die Verfügbarkeit der Branchen-Software ■CSB-online.ERP im Internet folgt der wirtschaftlichen Konsequenz nach effizienter Benutzersteuerung in der standortübergreifenden Unternehmensführung. Hieraus folgt die Forderung nach immer mehr anwenderspezifischen Workflows, die jedoch nur durch immer weiter spezialisierte Branchen-Software-Lösungen abdeckbar sein werden. Die zu erwartende Spezialisierung in der branchenspezifischen Software-Entwicklung wird voraussichtlich wesentlich schneller fortschreiten als weltweit erwartet wird.

Multimediales Lernen	Interaktion von und mit Ton, Bild, Text, Video und Grafik
Kostenreduzierung	Keine Ausfallzeiten, Hotel-, Reise- und Spesenkosten
Zeitgewinn	Flexiblere und effektive Ausbildung
Höherer Lerntransfer	Bedarfsorientiertes, dauerhaftes Rekapitulieren der Inhalte
Praxisorientiertes Lernen	Sicherung der Lernerfolge durch individuelle Tests

Abb. 33: Vorteile des multimedialen Lernens

Mit dem Internet wird die Kommunikation zwischen Lieferanten und Kunden effizienter gestaltbar. Aus dieser Situation heraus bietet sich für die Software-Lieferanten eine neue Dimension in der Kundenausbildung und Kundenbetreuung an. Mit den multimedialen Lerneinheiten via Internet werden schnelle Umsetzungserfolge in der branchenspezifischen Ausbildung der Anwender erreichbar.

Neue innovative, multimediale Lernkonzepte werden zukünftig immer wichtiger. Zwischen Softwarehersteller und Kunden werden diese Medien wesentlich effektivere und kürzere Einführungen branchenspezifischer Software-Lösungen ermöglichen und somit zu einer erheblichen Produktivitätssteigerung führen. Am Beispiel des GPM (Grafisches Print Management) sind die nachstehenden Maskenabbildungen exemplarisch für eine standardisierte Wissensvermittlung abgebildet.

Das multimediale Lernsystem bietet sich für alle fortschrittlichen Softwarehersteller als wettbewerbsförderndes CRM-System an.

2.4 Workflow-Management

Mit dem Grad der Spezialisierung steigen auch notwendigerweise die ins Detail gehenden Anforderungen des Anwenders. Die branchenorientierte Standard-Software erfüllt in der Regel diese Bedürfnisse und kann somit erheblich komplexer in ihrem Bedienungsumfang werden. Damit unter dieser Entwicklung nicht die Benutzerfreundlichkeit leidet, wurde über die navigationale Prozessunterstützung ein adäquates Unterstützungswerkzeug geschaffen, so dass die Nutzung der Branchen-Software weiterhin leicht und rationell vollzogen werden kann.

2.4.1 Prozessgestaltung über Workflow-Manager

Durch die Gestaltung einer optimalen „Benutzersteuerung" sind die vom Anwender bereits erlernten Kenntnisse in vollem Umfang nutzbar. Es ist aber möglich, kreative, neue Wege in der Software-Entwicklung zu gehen. Das Ziel besteht darin, die Erlernbarkeit, Einsatzfähigkeit und somit die Produktivität der branchenspezialisierten Standard-Software im Unternehmen zu erhöhen.

Der Workflow-Manager bewirkt im CSB-System die Verwirklichung folgender Ziele:

- prozessorientierte Führung des Benutzers durch sämtliche betriebswirtschaftlichen Abläufe im Unternehmen
- intuitive sowie homogene Bedienung der branchen- und unternehmensspezifischen Anwendungen über alle berechtigten User (auch durch unerfahrene bzw. in Stellvertretung tätige Anwender)
- umfassende organisatorische Unterstützung in der ablauftechnischen Infrastruktur über alle Softwarefunktionen
- Speicherung und Protokollierung der durch die Branchenberater übermittelten Musterabläufe für die betriebsspezifischen Workflows
- Addieren der Kenntnisse über die gesamten ablauftechnischen Strukturen und gesichertes Abbildungsverfahren in der Branchen-Software
- Multiplizieren des gesammelten Wissens über alle Anwender im Unternehmen
- grafische Visualisierung ermöglicht umfassende Übersichtlichkeit über alle Prozessstrukturen
- Monitoring mit Ampelanzeige über alle zeitkritischen Prozesse

Mit dem Workflow-Manager wird sichergestellt, dass der vorgegebene betriebswirtschaftliche Musterprozess in einen betriebsspezifisch optimierten Prozess überführt werden kann. Der Aufbau des branchen- und betriebsspezifischen Prozesses erfolgt über die Definition von Prozessbausteinen.

Als Prozessbausteine gelten:
1. Aktionen
2. Verzweigungen
3. Ausprägungen
4. Prozesse
5. Verknüpfungen
6. Kontexte

zu 1: Aktionen

Eine Aktion wird definiert als ein nicht weiter zerlegbarer Arbeits-schritt. Jede Aktion wird durch eine Kurzbezeichnung und eine genaue Aktionsbeschreibung charakterisiert.

Über einen Identifizierungsschlüssel wird auf den folgenden Schritt verwiesen.

zu 2: Verzweigungen

Alle Verzweigungen verlangen Entscheidungen des Benutzers. Sie resultieren somit aus Fragestellungen, die nicht nur mit „Ja" oder „Nein" beantwortet werden können.

zu 3: Ausprägungen

Alle zulässigen Antworten aus den Fragestellungen der Verzweigungen sind als „Ausprägung" tabellarisch definiert.

zu 4: Prozesse

Jeder Prozess ist eindeutig identifiziert. Er verweist auf das jeweilige Ankerelement, welches wiederum eine Aktion, eine Verzweigung oder auch ein weiterer Prozess sein kann.

zu 5: Verknüpfungen

Alle Aktions-, Verzweigungs- und Prozesstabellen können in der Ta-belle der Verknüpfungselemente zusammengefasst werden.

Aus den Tabellen „Verknüpfungselemente" und „Ausprägungen" lassen sich mit den Tabellenbausteinen Netze von Prozessbäumen entwickeln, welche als branchen- und unternehmensspezifische „Wissensbasis" bezeichnet werden können.

zu 6: Kontexte

Um dem Anwender eine kontextbezogene Einstiegsmöglichkeit in die „Wissensbasis" zu ermöglichen, sind die notwendigen Kombinationen aus Programmen und Prozessen über eine gesonderte Kontext-Tabelle zu schaffen.

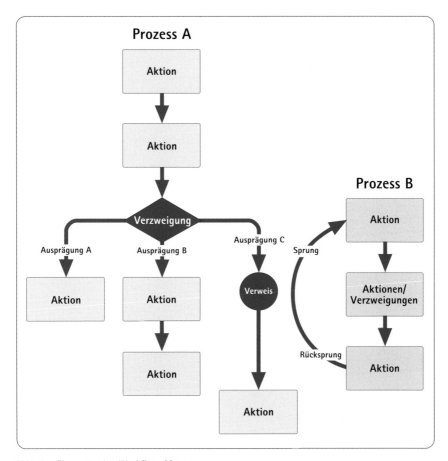

Abb. 34: Elemente des Workflow-Managers

Die Eigenschaften der Prozessbausteine, die zur Abbildung der betriebswirtschaftlichen Prozesse im Workflow benötigt werden, umfassen:

- ▪ vorgegebene (zum jeweiligen Prozess gehörende) Fragestellungen sowie die zum Verständnis benötigten Beschreibungstexte
- ▪ Referenzen zu den jeweiligen Verzweigungen (entsprechend den definierten Verzweigungen)

■ Verknüpfung der Prozessbausteine (Vorgänger und Nachfolger) mit der CSB-Applikation

Die Einbindung der Wissensbasis in das CSB-System erfolgt kontextbezogen auf Feldebene. Die für den Anwender aufbereiteten Prozesse (unternehmensspezifisch oder branchenspeziell vorgegeben) erscheinen auf Tastendruck.

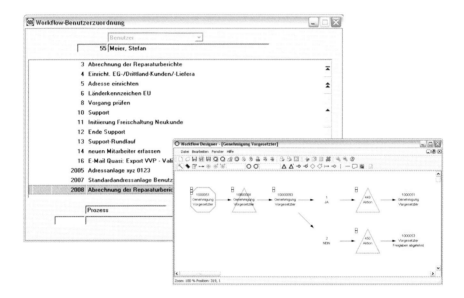

Hiernach startet das „Navigationsprogramm", so dass der selektierte Prozess schrittweise abgearbeitet wird. Eine Aktion wird dabei im Sinne einer Arbeitsanweisung angezeigt und ruft bei Bedarf im Hintergrund die entsprechende Anwendung des CSB-Systems auf. Nach jeweils beendeter Aktion wird automatisch die nächste Aktion vorgeblendet. Im Falle einer Verzweigung wird die entsprechende Fragestellung mit den möglichen Ausprägungen im Navigationsfenster dargestellt.

Ein praktisches Beispiel wird unter Gliederungspunkt 3.1.5 „Anwendersteuerungen" aufgeführt. Zur optimalen Benutzerunterstützung gehört auch die Möglichkeit zum beliebigen Eintritt in das „Prozessnetz". Diese Möglichkeit besteht über feld- bzw. kontextsensitive Links. Damit wird sichergestellt, dass der Benutzer über die kompletten betriebswirtschaftlichen Prozesse navigieren kann.

Über eine definierte „Zwangsführung" (nach den betriebsspezifisch festgelegten Prozessabläufen) werden die notwendigen Eingaben des Benutzers zum jeweiligen Prozess überwacht; der Benutzer wird sicher durch diesen Prozess geführt. Die Abbildung des Standortes im Prozessablauf wird durch die Visualisierung der Prozessbäume benutzerfreundlich gestaltet.

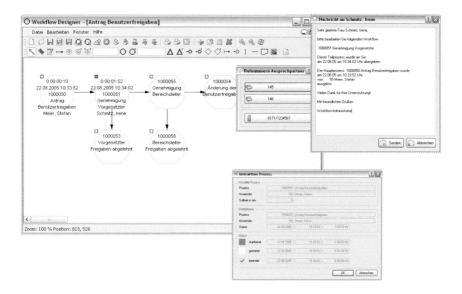

Durch den Prozessnavigator wird erreicht, dass die Einführung und die anschließende optimale Nutzung des branchen- und betriebsspezifisch konfigurierten CSB-Systems umfassend gewährleistet sind.

2.4.2 Integration des Workflow-Managements

Die Abbildung eines Rechtsgeschäftes (z. B. eines Kaufvertrages) zwischen Lieferanten und Kunden erfolgt über vier integrierte Systeme (Abb. 35).

System 1 - Integrationselemente

Die Verknüpfung der Integrationselemente (Adressen, Artikel, Konditionen und Verfahren) erfolgt im Integrationskern zur Abbildung der Geschäftsvereinbarungen zwischen Lieferanten und Kunden.

System 2 - Atomare Datenelemente

Zur Identifikation und Beschreibung der Integrationselemente dienen die „atomaren Datenelemente" als kleinste Bausteine des informationstechnischen Abbildungssystems.

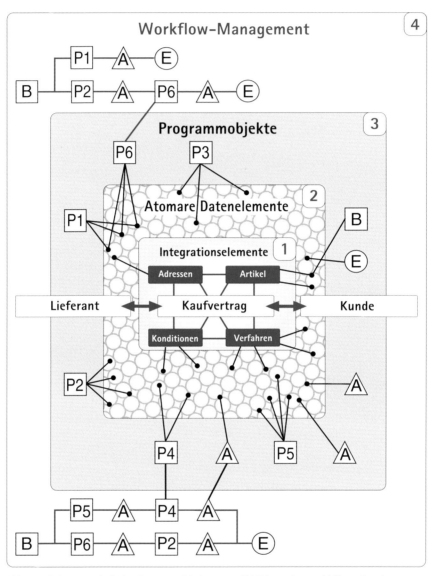

Abb. 35: Softwaretechnische Systemarchitektur zur Abbildung der multidimensionalen Integrationsstruktur im CSB-System

System 3 - Programmobjekte

Alle betriebswirtschaftlichen Funktionen sind durch die Verknüpfung der atomaren Datenelemente zu einem eineindeutigen Objekt im informations-technischen Abbildungssystem softwaretechnisch verfügbar.

System 4 - Workflow-Management

Die Abbildung aller branchen- und betriebsspezifischen Prozesse wird durch die Verknüpfung der Programmobjekte über das Workflow-Management benutzerspezifisch konfiguriert und damit validierungsfähig organisiert. Über das Workflow-Management wird die „multidimensionale Integration" aller Wirtschaftsprozesse transparent gestaltet und damit für die Benutzer zu einem effektiven branchenspezifischen Werkzeug wirtschaftlichen Handelns auf allen Ebenen des Unternehmens.

2.4.3 Ergänzende Werkzeuge zum Workflow-Management

Das Workflow-Management wird ergänzt um benutzerfreundliche Werkzeuge, die standardisierbare Abläufe automatisieren:

- PlayIt
- TouchIt
- TimeIt

Diese drei „Benutzerwerkzeuge" führen zu erheblicher Effizienzsteigerung der branchenspezifischen Abläufe und Funktionen an allen Punkten der Datenbearbeitung in der Branchen-Software.

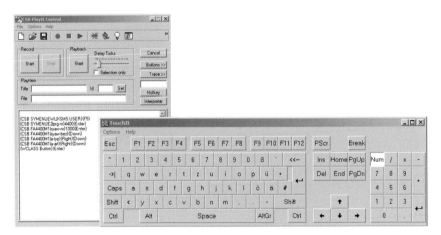

PlayIt

PlayIt im CSB-System ermöglicht das Aufnehmen, Bearbeiten und Wiedergeben von Tastatureingaben. Dadurch wird eine erhebliche Einsparung von Arbeitszeit erreicht und die Arbeitsabläufe werden klar strukturiert und wesentlich vereinfacht. Um oft wiederkehrende Abläufe rationell und einfach zu bewältigen, kann die gewünschte Abfolge von Tastatureingaben in

Textbausteinen zusammengefasst werden. Darüber hinaus besteht die Möglichkeit, durch „Aufnahmen" der Tastatureingaben die Textbausteine automatisch zu erstellen. Beim anschließenden Editieren können zusätzlich Macros in die Textbausteine integriert werden. Solche Macro-Befehle gewährleisten beispielsweise das Starten eines Programms, das Aktivieren bestimmter Fenster, die Ausgabe des Datums oder auch das Aktivieren einer Maske aus dem CSB-System mit einem bestimmten Feld.

TouchIt

Diese Funktion im CSB-System schafft optimalen Bedienkomfort in Bereichen, in denen Touchscreens zum Einsatz kommen und weder Tastatur noch Maus zur Verfügung stehen. TouchIt ist eine vorgeblendete Bildschirmtastatur für Touchscreens, mit der sämtliche Tastatureingaben visuell darstellbar sind. Größe und Bereiche sind individuell einstellbar.

TimeIt

CSB-TimeIt gewährleistet das zeitlich gesteuerte Abspielen von Textbausteinen. Hierbei können beliebige Tastaturmakros in individueller zeitlicher Abfolge gesteuert werden. Somit können Auswertungen personen- und zeitunabhängig, z. B. nachts oder an Wochenenden, erstellt werden. Durch die Zeitsteuerung von CSB-TimeIt wird automatisiert vorgegeben, wann der jeweilige Textbaustein gestartet werden soll.

Darüber hinaus ist sichergestellt, dass Gruppen von Textbausteinen zu festgelegten Zeitpunkten automatisch gestartet werden können. Als Startzeitpunkt kann ein Wochentag und eine Uhrzeit festgelegt werden. Eine weitere Funktionalität gewährleistet die Einstellung, ob die Liste mit den Textbausteinen einmalig oder wiederholt abgearbeitet werden soll. Dazu dient der Schalter „Repetition", der auf „On" oder „Off" gestellt werden kann.

Teil 3
Integrierte branchenspezifische Informationstechnik zur Unternehmensführung

3 Integrierte branchenspezifische Informationstechnik zur Unternehmensführung

Eine Standard-Software zur Unternehmensführung ist nur dann beurteilungsfähig, wenn die theoretische und wirtschaftswissenschaftliche Basis hinreichend erklärt und diese Erkenntnisse über die Software-Strukturen logisch ableitbar sind.

Aus einem eindeutig funktionierenden Abbildungssystem - als „Branchen-Software zur Unternehmensführung" definiert - und somit aus einer „tatsächlichen Gegebenheit" entnommen, lassen sich gesetzmäßige Wirkungen herleiten, die zur „Theorienbildung" herangezogen werden können. Das nachfolgende Kapitel 3 „Integrierte branchenspezifische Informationstechnik zur Unternehmensführung" belegt somit die Richtigkeit der vorstehend in den Kapiteln 1 und 2 aufgestellten Theorien und Aussagen als verifizierte gesetzmäßige Beziehungen im Wirtschaftsleben.

Die aus der theoretischen Analyse allen wirtschaftlichen Handelns gewonnenen Erkenntnisse finden ihren Niederschlag im Aufbau und in der Struktur des CSB-Systems. Die hier beschriebene standardisierte, branchenspezifische Software zur Unternehmensführung orientiert sich an den Zielen fortschrittlicher Informationstechnologie.

Mit der Ablösung der Industriegesellschaft durch die Informationsgesellschaft geht auch ein Wandel in der Wertschätzung gesicherter Informationen und Daten einher. Auf die Bedürfnisse des Managements nach kurzfristiger Reaktionsfähigkeit im Unternehmen kann nur mit einer umfassenden, integrierten und real time erfolgenden Datenverarbeitung eine Lösung geboten werden.

Wie nun die Aufgabe der Unternehmensführung im Informationszeitalter mit einer praxisrelevanten Branchen-Software zum Ziele zu führen ist, soll nachstehend detailliert beschrieben werden. Hierbei wird zunächst dargelegt, wie die Abbildung der Unternehmensstrukturen in der Standard-Software branchengerecht und unternehmensspezifisch durchgeführt wird.

Zur Beschreibung und Vorstellung einer Branchen-Software bedarf es in jedem Falle eines in der Praxis bewährten Software-Produktes. Das hier vorgestellte Produkt „CSB-System" wurde vom Autor maßgeblich gestaltet und die dazu notwendige theoretische Basis erarbeitet.

Die Grundlagen der zu schaffenden bzw. zu verbessernden Organisation sind über die Basiselemente der Integration zu errichten. Über Management und Controlling wird eine bereichsübergreifende Führung und Kontrolle aller Betriebsabläufe organisiert. In den Schwerpunkten Leistungs- und Zeitwirtschaft, Güter- und Warenwirtschaft sowie Rechnungswesen und Finanzen wird eine integrierte und branchenspezifische Unternehmensführung zukunftsweisend aufgebaut.

3.1 Unternehmensprofil

Mit der Abbildung des Unternehmens über ein Unternehmensführungssystem müssen die damit verbundenen Restrukturierungsmaßnahmen so gering und gleichzeitig so effektiv wie möglich gestaltet werden. Aus dem Neuaufbau der branchenspezifischen Organisation sind notwendige Reorganisationsmaßnahmen sowie umfassende Rationalisierungseffekte zu erwarten. Die daraus resultierenden Wettbewerbsvorteile sollten in kürzester Frist erreicht werden. Voraussetzung für eine effektive Projektabwicklung ist die umfassende Überzeugung der Mitarbeiter im Projektteam von den Notwendigkeiten der zu treffenden Maßnahmen. Nur mit einem überzeugten und motivierten Projektteam sind die gesetzten Projektziele fristgerecht zu erreichen. Überzeugungsarbeit bedeutet in diesem Sinne, die Vorteile der Reorganisation (durch die mit der Branchen-Software zu erreichende, verbesserte Abbildung der Arbeitsabläufe) im Unternehmen darzulegen.

Das setzt voraus, dass die Ist-Situation umfassend analysiert wird und die Schwachstellen offengelegt werden. Die daraus resultierenden Verbesserungsvorschläge für Funktionsbereiche und einzelne Funktionen sind dem Projektteam detailliert vorzustellen. Zu den Lösungsvorschlägen der Mitarbeiter sind ebenfalls konstruktive Stellungnahmen zu verlangen. Nur unter der Abfolge dieser Arbeitsschritte wird gewährleistet, dass das Projektteam für die zu leistende Arbeit die Verantwortung übernimmt und somit das erforderliche Durchsetzungsvermögen bei der Überwindung aller innerbetrieblichen Hürden behält. Die Qualität der Projektarbeit ist direkt abhängig von der Motivation und dem Selbstbewusstsein der Projektleitung. Diese wiederum stützt sich auf die umfassenden Kenntnisse der Branche und auf das Wissen des Potenzials von Verbesserungsmöglichkeiten, welche im Projekt erreichbar sind.

> *Abbildung des Unternehmens bedeutet in diesem Zusammenhang, das maximal Mögliche an Rationalisierungseffekten und die dazu erforderlichen Reorganisationsmaßnahmen über die branchenspezifische Software zur Unternehmensführung zu realisieren.*

Die Strukturen eines Unternehmens in der branchenspezifischen Standard-Software abzubilden, erfolgt im CSB-System über 4 Parametrisierungsebenen:

- Landesebene
- Branchenebene
- Unternehmensebene und
- Anwenderebene

Über diese „Abbildungsebenen" lassen sich alle Besonderheiten der verschiedenen Unternehmen strukturiert darstellen. Somit wird sichergestellt, dass sich Standardisierung und gleichzeitig Spezialisierung (in der Branchen-Software) nicht gegenseitig ausschließen, sondern, im Gegenteil, sich zum Ziel der detaillierten Unternehmensabbildung integrierend ergänzen.

3.1.1 Landes- & Sprachgeneratoren

Jedes erfolgreiche Standard-Software-Produkt muss auf die Bedürfnisse des internationalen Marktes ausgerichtet sein. Damit der Aufwand der Anpassung an die Landesspezifikationen und an die in den jeweiligen Ländern gesprochene Sprache so gering wie möglich gehalten wird, sind entsprechende Generatoren im CSB-System entwickelt worden. Die Landesspezifikationen betreffen die Währung, die Vor- und Nachkommastellen, die Steuersätze, die Zollvorschriften mit Warenbegleitpapieren und vieles mehr.

Diese Anforderungen werden über Parameter in den Basiselementen festgelegt und somit landesspezifisch gepflegt. Die im grenzüberschreitenden Wirtschaften zu berücksichtigenden Vorschriften und Regelungen müssen hierbei adressenbezogen gesteuert werden.

Die monetären Auswirkungen werden ebenfalls adressenbezogen bzw. artikel- und adressenbezogen berechnet; die hierbei zugrunde zu legenden „Formeln" sind in den Konditionen (Adressen- und Artikel-Konditionen) festgelegt, und sind somit direkt berechenbar für die Kostenrechnung und Preisbildung über alle Funktionsbereiche und Funktionen.

> *Die geforderte Mehrsprachigkeit einer Anwendungssoftware erschöpft sich nicht durch die Vielzahl der unterstützten Sprachen. Vielmehr wird die Gleichzeitigkeit und somit "Vielsprachigkeit" gefordert. Jeder Benutzer arbeitet in seiner gewünschten Sprache auf gleicher (redundanzfreier) Daten- und Programmbasis. Programme und Daten werden sprachunabhängig geführt, und der jeweilige Anwender im System wählt die für ihn gültige Sprache. Hierbei wird sichergestellt, dass alle „Hilfe-" und „Unterstützungsfunktionen" ebenfalls in der gewählten Sprache abrufbar sind.*

Damit nicht jede Programmversion neu übersetzt werden muss, wurden entsprechende Übersetzungstools geschaffen, bestehend aus:
- Wörterbuch
- Screen Management Interface (SMI)
- Grafisches Print Management (GPM)

Um die Mehrsprachigkeit mit dem geringsten Aufwand zu realisieren, hat CSB-System den Übersetzungsgenerator „Sytrans" geschaffen.

Dieses Werkzeug dient zum Extrahieren, Übersetzen und Importieren aller sprachrelevanten Daten in:
- Druckmusterlibraries
- Maskenlibraries und
- Parameterfiles (Systemdictionary)

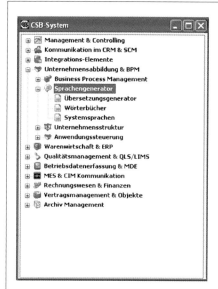

Alle Bildschirmmasken, Bildschirmlisten und Druckmuster enthalten keine Textfelder, sondern eindeutige Checksummen (MD5). Diese Checksummen sind verknüpft mit den Wörterbüchern (aktuell mit 32 Sprachen).

Die jeweilige einzelne Checksumme ist verknüpft mit den dazugehörigen alphanumerischen Feldern in Bildschirmmasken, -listen und Druckmustern. Das aktuelle Wörterbuch umfasst ca. 300.000 Wörter, Begriffe und Satzgruppen, die in den einzelnen Sprachen automatisiert (über Sytrans) übersetzt werden.

In „Sytrans" erfolgen Pflege und Verwaltung der landesspezifischen Wörterbücher; ebenfalls werden hier die Systemdaten (wie Masken, Muster und Parameter) in allen Sprachen gepflegt.

Die Übersetzung in Sytrans wird über ein vorweg angelegtes Wörterbuch oder im Kontext vorgenommen. In der Software-Entwicklung kann auf die Basis der zu verwendenden Fachbegriffe und Wörter zurückgegriffen werden. Somit erfordern die jeweiligen „Neuübersetzungsaufgaben" im Laufe und mit dem Fortschritt der Entwicklung einen immer geringer werdenden Aufwand.

Die Mehrsprachigkeit und damit die Internationalisierung führt durch den Einsatz dieser vorstehenden Werkzeuge zu einem minimalen Mehraufwand. Die Kosten für den Anwender werden durch die höhere Multiplikationsfähigkeit der branchenspezifischen Standard-Software über alle Landesgrenzen hinweg niedrig gehalten.

3.1.2 Branchenzuordnungen

Die Einteilung der Unternehmen bzw. der Einzelwirtschaften in Branchen kann über verschiedene Differenzierungsgrade erfolgen. Das zu verfolgende Ziel ist die Abbildung des Unternehmens im Branchen-Software-Paket. Je differenzierter die Einteilungskriterien gestaltet werden, desto größer ist die Zahl der eingeteilten, branchenspezifischen Unternehmen, und damit ebenfalls die Zahl der Branchen-Software-Lösungen. Die aus der Standard-Software abzuleitenden Branchenlösungen zur Unternehmensführung gestalten sich mit zunehmendem Differenzierungsgrad für die Software-Entwickler überproportional schwieriger. Dieser Erkenntnis folgt die im CSB-System aufgebaute Baumstruktur in der Brancheneinteilung der Einzelwirtschaften, wie in Abb. 36 dargestellt.

Der Spezialisierungsgrad bzw. die Gruppierung der Branchen-Software erfolgt über vier Spezifikationsebenen:
- Branchengruppen
- Branchentypen
- Branchenbetriebe
- Unternehmen

Die Einzelwirtschaften werden in Branchengruppen, in Branchentypen und schließlich nach Branchenbetrieben gegliedert. Diese branchenspezifische Einteilung der Unternehmen ermöglicht es, eine betriebsspezifische Konfiguration der Branchen-Software vorzunehmen.

Entsprechend den Software-Werkzeugen für den Sprachgenerator werden im CSB-System die Branchenparameter gesteuert. Die Unternehmensführungssoftware wird über Parameter branchenspezifisch umgesetzt. Die Übersetzung des Systems in branchenspezifische Terminologie erfolgt hierbei über Bereichs- und Programmparameter. Der dabei durchzuführende Parametrisierungsaufwand ist für jeden neuen Branchenbetrieb einmalig.

Diese Lösung lässt sich nachfolgend über jede parametrisierte Branche multiplizieren. Die so erzielten Vorteile liegen auf der Hand:
- Aus dem allgemein gültigen Standard wird ein branchenspezifischer Standard der Anwendungssoftware.

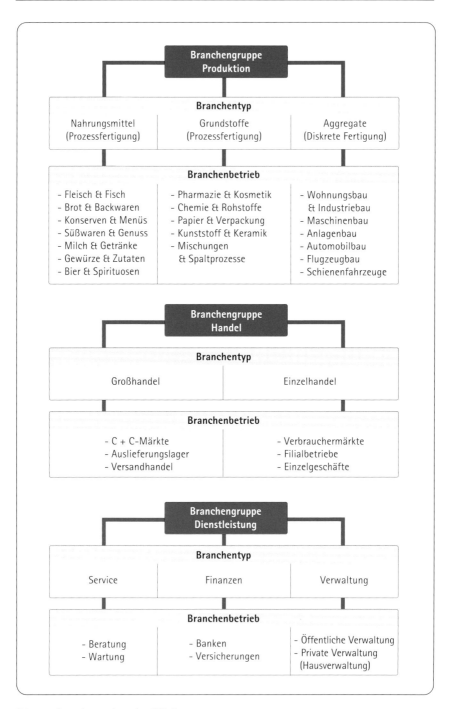

Abb. 36: Branchenstruktur im CSB-System

- Der einmalige Aufwand wird über alle Folgeanwendungen verteilt, wodurch eine Reduktion der Kosten für den einzelnen Anwenderbetrieb erreicht wird.
- Die Erfahrungen werden branchenspezifisch multipliziert, ohne die positiven Wirkungen aus den branchenübergreifenden Lösungen auszuschließen.
- Der Implementierungsaufwand dieser Branchenlösungen wird auf ein Minimum reduziert und die Rentabilität der Lösungen wesentlich erhöht.
- Die mit der Systemumstellung verbundenen Risiken werden reduziert und somit in einer Kosten-Nutzen-Analyse bewertbar.

Diese vorstehende Aufzählung von Vorteilen ist nicht abschließend und soll lediglich aufzeigen, dass nur branchenspezifische Lösungen dem Anwender einen abschätzbaren Vorteil verschaffen können.

3.1.3 Unternehmensstruktur

Entwicklung und Innovation führen in der Wirtschaft zu kontinuierlicher Verbesserung der gesamtwirtschaftlichen Güterversorgung. Dieses Ergebnis wird erreicht, indem die einzelnen Unternehmen die gewonnenen Erkenntnisse „positiv wirkend" in den Produktions- bzw. Unternehmenssteuerungsprozess übernehmen.

Aus dieser Feststellung ist abzuleiten, dass die im Wettbewerb stehenden Unternehmen unterschiedliche Produktions- und Organisationsbedingungen aufweisen. Unterschiede bestehen nicht nur von Unternehmen zu Unternehmen, sondern zeigen sich im Zeitverlauf in jedem Unternehmen selbst.

Dieser dynamischen Entwicklung hat sich die betriebsspezifische Branchen-Software zur Unternehmensführung anzupassen. Dabei können nicht alle Anforderungen aus der betriebsspezifischen Produktions- und Organisationsstruktur über Parametrisierungsprozesse der Standard-Software abgebildet werden. Für bestimmte Abläufe (speziell im Produktionsbereich) sind mit dem technologischen Fortschritt entsprechende Programmergänzungen vorzunehmen.

Damit dieser Prozess der betriebsspezifischen Software-Erweiterung für den Anwender in kürzester Frist und mit geringstem Kostenaufwand erfolgen kann, müssen rationelle Software-Entwicklungswerkzeuge eingesetzt werden. Gerade für die Software-Entwicklung gilt: „Wissen addieren und diese Erkenntnisse über alle Entwickler multiplizieren". Aus dieser Anforderung folgt, dass Werkzeuge, fertige Prozeduren und komplette Ablaufsteuerungen allen Programmierern in einem „Baukasten" zur Verfügung gestellt werden.

Somit muss sich der jeweilige Software-Entwickler nicht mehr um die Ablaufsteuerung der einzelnen Programme bemühen, sondern kann sich nach dem Baukastenprinzip die benötigten Module zusammenstellen. Lediglich die „Programm-Stellen" werden ergänzend programmiert, welche speziell für die neu zu schaffenden Programmmodule (oder neue Standard-Softwareprodukte) notwendig sind.

Aus dieser Organisation der Entwicklungsabläufe im CSB-System ergeben sich folgende Vorteile:

- Eine erhebliche Zeit- und somit Kostenersparnis wird in der Software-Entwicklung erreicht.
- Alle Programme haben die gleiche Struktur und sind somit nach gleichem Schema aufgebaut. Daraus folgen die leichtere Pflege und einfachere Einarbeitung der Programmierer in „fremde" (nicht selbst erstellte) Programme.
- Die einheitlichen Strukturen erleichtern die Realisierung einer umfassenden „Cross-Plattform-Entwicklung".
- Dieser vorstehende Vereinheitlichungsprozess (z. B. gleiche Strukturen der Programme) ist die notwendige Voraussetzung für eine einheitliche, ereignisgesteuerte Benutzeroberfläche.
- Über das „Screen Management Interface" (SMI) wird die betriebssystemunabhängige, ereignisgesteuerte Dialogschnittstelle realisiert.
- Durch das SMI wird der Maskenstand (nur ein einziger Maskenstand) über das Laufzeitsystem, entsprechend dem jeweiligen Betriebssystem, umgesetzt in:
  - Java und Linux
  - WIN, GUI, Windows'95/'98/2000
  - Windows NT, GUI
  - UNIX/Linux als Server-Betriebssystem
  Für die Applikation ist das SMI transparent (d. h. nicht sichtbar), und somit ist es nicht relevant, unter welcher Benutzeroberfläche gearbeitet wird.
- Über das Programm „Individuelle Zusatzdaten" werden die für den Betrieb charakteristischen Feldspezifikationen erfassbar, die nicht mit der Branchen-Software im Standard abgedeckt sind.
- Mit dem SSM (Sortier- und Selektionsmanager) werden die anwenderspezifischen Auswertungen erstellt. Über dieses Werkzeug werden auch die „Individuellen Zusatzdaten" ausgewertet.
- Das Bereichs-Informations-System (BIS) gewährleistet Auswertungen/ Analysen über alle Bereiche des Unternehmens
- Weitere Werkzeuge sind:
  - diverse Export-/Importprogramme
  - SQL-Listgenerator

Diese vorstehende Aufzählung von Werkzeugen und „Baukasten-Modulen" ist nicht erschöpfend und soll lediglich der Erläuterung dienen, dass rationelle Software-Entwicklung die Voraussetzung bildet, um unternehmensspezifische Anforderungen an die Branchen-Software wirtschaftlich zu realisieren.

Der im Unternehmen erreichte Abbildungsgrad aller Abläufe optimalen wirtschaftlichen Wirkens in der Branchen-Software bestimmt die tatsächlich erreichbare Produktivität und somit die Wettbewerbsfähigkeit des jeweiligen Unternehmens am Markt.

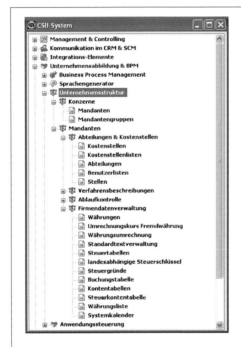

Jede Unternehmensstruktur ist spiegelbildlich zur realen Situation im ERP-System abzubilden. Hierbei unterscheidet man die hierarchische von der organisatorischen Organisationsstruktur.

Hierarchische Strukturen sind unterteilbar in:
→ Konzern, → Mandanten oder Betrieb, → Abteilungen, → Kostenstellen & Unterkostenstellen, → Stellen, → Anwender

Die organisatorischen Strukturen werden über die Firmendaten- und Anwendersteuerungs-Verwaltung abgebildet. Siehe hierzu weitere Ausführungen unter Gliederungspunkt 3.2.

3.1.4 Wissens- und Personalmanagement

3.1.4.1 Verfügbares Wissen

Das Wissensmanagement hat die Zielsetzung, allen autorisierten Mitarbeitern im gesamten Unternehmen das verfügbare Wissen nutzbar zu machen und auf Abruf zur Verfügung zu stellen. Wissen ist in jedem Unternehmen in den Köpfen der Mitarbeiter vorhanden. Das im Unternehmen verteilte, heterogene, unstrukturierte Wissen ist über das Wissensmanagement zu dokumentieren, kanalisieren und zu strukturieren.

Von entscheidender Bedeutung für ein erfolgreiches Wissensmanagement ist es, Methoden zu finden, um das in den Köpfen der Mitarbeiter und im „Organismus" des Unternehmens vorhandene Wissen zu addieren und zielgenau zu multiplizieren.

Im Informationszeitalter wächst die Menge an vorhandenem Wissen exponentiell mit dem technischen Fortschritt. Gleichzeitig ist die technische Revolution direkt abhängig vom weltweit verfügbaren Wissen, das zu jeder Zeit und an jedem Ort ohne wesentliche Qualitäts- und Zeitverluste bereitgestellt sein muss. Dies setzt jedoch voraus, dass die Transformation von implizitem in explizites Wissen weltweit und exakt organisierbar ist.

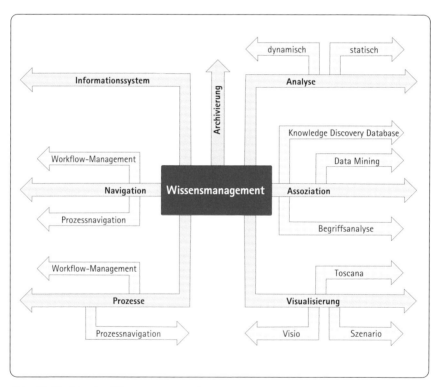

Abb. 37: Struktur des Wissensmanagements

Die heute verfügbaren Infrastrukturen in der Wissensvermittlung unterliegen einem permanenten Wandel. Die Entwicklung der Kommunikationstechnologien ist hierbei der maßgebliche Einflussfaktor auf das verfügbare Wissen in jeder Volkswirtschaft. Es ist daher von ausschlaggebender Bedeutung für die Wettbewerbsfähigkeit aller Unternehmen am Markt, wie sie den Zugang zum weltweit verfügbaren Wissen organisieren.

> *Nur die „lernenden Unternehmen" werden sich in der globalisierenden Weltwirtschaft behaupten können, wenn dieses Wissen zu verbessertem Handeln führen wird.*

3.1.4.2 Personalausbildung & -auswahl

Dass unsere Gesellschaft durch das Postulat des „lebenslangen Lernens" geprägt ist, können wir in allen Medien verfolgen. Es bleibt jedoch eine Unternehmensaufgabe, eine zielgerichtete, aufgabenspezifisch abgestimmte Wissensvermittlung für alle Mitarbeiter zu organisieren. Eine unternehmensspezifische Aus- und Weiterbildung ist die Grundlage für erfolgreiches Handeln am wettbewerbsdominierten Markt. Gut ausgebildete und lernwillige Mitarbeiter sind eine notwendige Voraussetzung für fortschrittswirksame Innovationen in jedem Unternehmen. Es ist somit eine herausragende Managementaufgabe, den Wissensstand aller Mitarbeiter zielgerichtet nach den Bedürfnissen des Unternehmens zu entwickeln.

Neben den bekannten theoretischen und praktischen Ausbildungsgängen in „Lehre und Studium" bilden sich zunehmend neue, zukunftszugewandte Lehr- und Lernmethoden über die Kommunikationstechnologien heraus.

Internetbasierend werden „Online-Studien" und gezieltes neues Spezialwissen vermittelt. Multimedial aufbereitete „Lerneinheiten" zu speziellen Themen werden weltweit über das Internet angeboten und ohne Zeitverzug nutzbar. Neues Wissen ist nur so lange wertvoll, wie es dem „Wissenden" ein kurzfristiges „Alleinstellungsmerkmal" verschafft.

Neues Wissen hat somit ein „Verfallsdatum" in der Vorteilsnahme und ist daher so schnell wie möglich ökonomisch in neue Güter umzusetzen. Diese Aufgabe lösen die erfolgreichen Unternehmen mit dem Ergebnis der Alleinstellung neuer Güter am Markt und eines daraus resultierenden maßgeblichen Wettbewerbsvorsprungs gegenüber ihren weltweiten Mitbewerbern.

Informationstechnisch sind die Methoden zur Wissensvermittlung unternehmensspezifisch zu organisieren. Die zu verwendenden Hilfsmittel in der Aus- und Weiterbildung sollten sich jedoch an den neuesten verfügbaren Werkzeugen in der professionellen Wissensvermittlung ausrichten. Inhalt und Methoden (Technologie, Didaktik etc.) sind optimal aufeinander abzustimmen, um eine effiziente Wissensvermittlung im Unternehmen sicherzustellen.

3.1.4.3 Führungsverhalten & Leitungsteams

Mitarbeiterspezifische Aus- und Weiterbildungsmaßnahmen sind im Regelfall in eine konkrete Karriereplanung eingebettet. Das Personalmanagement ist dafür verantwortlich, im Unternehmen für die rechtzeitige Bereitstellung der „besten" Mitarbeiter am „richtigen" Ort zu sorgen. Der Besetzung der maßgeblichen Stellen bzw. Positionen im Unternehmen kommt eine herausragende Bedeutung zu.

Die fähigsten und „am besten" ausgebildeten Mitarbeiter müssen bedarfsgerecht zum Nutzen des gesamten Unternehmens die entsprechenden Verantwortungsbereiche und Aufgaben zugewiesen bekommen. Der Erfolg jedes Unternehmens am Markt hängt von der richtigen und rechtzeitigen Kombination der Leistungsträger ab. Daraus folgt, dass die zukunftsfähigen und effektiven Unternehmen nicht statisch, sondern dynamisch organisiert sind. Für jede neue Aufgabe im Unternehmen muss jeweils die beste und geeignetste Person ausgewählt werden.

> *Die Frage nach dem „Wer" steht immer vor dem „Was" und „Wann".*

Zur Umsetzung komplexer Anforderungen sind Arbeitsgruppen und Teams mit den leistungsfähigsten Mitarbeitern zu besetzen. Diese Auswahl herausragend zu erfüllen, ist die wichtigste Managementaufgabe in der Personalführung.

> *Nur die besten Teams finden zum formulierten Ziel den effektivsten und kürzesten Weg, solange die Umsetzung planbar bleibt.*

Die zu erfüllenden Aufgaben bedingen eine dynamische Besetzung der Führungs- und Teamleiterpositionen im Unternehmen. Eine dynamische Aufgaben- und Karriereplanung ist daher unmittelbar mit den einzelnen Mitarbeitern abzustimmen.

Erfolgreiche Mitarbeiter sind zufriedene und ausgefüllte „Mitunternehmer". Sie sind unverzichtbar in einer sich permanent ändernden Wirtschaftswelt. Die Innovationskraft eines jeden Unternehmens ist von der Kombination des erforderlichen Wissens für die gestellten Aufgaben abhängig, und dieses Wissen wird unmittelbar durch die dafür eingesetzten Mitarbeiter erzeugt bzw. verfügbar gemacht.

3.1.4.4 Leistungspotenzial des Personals

Das im Unternehmen verfügbare Leistungspotenzial des Personals bestimmt die aktuelle Ertragskraft und die zu erwartende Zukunftsfähigkeit der hergestellten Güter. Das Leistungspotenzial aller Mitarbeiter auf einem wettbewerbsfähigen Stand zu halten, ist eine vordringliche Aufgabe des gesamten Managements.

Der zielgerichtete Aufbau des erforderlichen Wissens zur Bewältigung neuer Aufgaben ist über zwei Wege zu erreichen:
1. Fremdleistung
2. Eigenleistung

Zu 1: Fremdleistung

In einer arbeitsteiligen Wirtschaft ist die Bereitstellung spezialisierter Güter (Produkte und Dienstleistungen) zur Lösung neuer Aufgaben oder zur Produktivitätsverbesserung bestehender Unternehmensprozesse jederzeit für alle Wirtschaftsakteure abrufbar.

Eine Verbesserung der jeweiligen Wettbewerbsposition ist nur über die schnelle Umsetzung neuer Erkenntnisse im Unternehmensprozess der Gütererstellung erreichbar. Wettbewerbsstärkende Alleinstellungsmerkmale sind somit nur über den Zukauf von Fremdleistung, unter der Voraussetzung schneller Reaktion und effizienter Umsetzung der produktivitätssteigernden Maßnahmen zu erzielen.

Zu 2: Eigenleistung

Neue Güter mit neuen Technologien zu erzeugen, setzt voraus, dass die entsprechenden „Werkzeuge" verfügbar sind. Diese Anforderungen führen zum Aufbau der entsprechenden Forschungs- und Entwicklungsabteilungen in fortschrittlichen und wettbewerbsaktiven Unternehmen.

Die in diesen Forschungseinrichtungen gewonnenen neuen Erkenntnisse werden im Regelfalle patentrechtlich abgesichert und geben dem jeweiligen Unternehmen einen entwicklungstechnisch geschützten Vorsprung vor ihren Wettbewerbern.

Der Aufbau eigener „F+E-Abteilungen" ist natürlich abhängig vom zu bearbeitenden Zielmarkt und der auf diesem Markt anzubietenden Güter. Die hierbei erreichte Unabhängigkeit von Fremdleistungen muss auf die wettbewerbssichernde Kernkompetenz begrenzt bleiben. Das vorhandene Wissen am Markt muss dabei im Unternehmen verfügbar und mit den neu gewonnenen spezifischen Leistungen aus der „F+E-Arbeit" kombiniert werden, um neue Güter zu entwickeln, die am Markt bestehen können.

Wie aus den vorstehenden Ausführungen zu den verfügbaren Fremd- und Eigenleistungen ableitbar ist, können neue Güter nur unter den Bedingungen fortschrittlicher Innovationen entstehen. Wettbewerbsvorsprung können sich nur die Unternehmen verschaffen, die das originäre Leistungspotenzial für neue Güter aufbauen und zielgerichtet im Unternehmen einsetzen.

Der Pflege und dem Aus- und Aufbau des unternehmensspezifischen Leistungspotenzials kommt im Besonderen in den neuen Unternehmen eine herausragende Bedeutung zu. Eine notwendige Voraussetzung zur Nutzung des gesamten Leistungspotenzials der Mitarbeiter besteht in einer umfassenden Forderung nach maximaler „Arbeitsdisziplin".

> *Die „preußischen Tugenden" sind notwendig, um zu den besten Leistungsträgern in den erfolgreichsten Unternehmen zu gehören und dort zu bleiben. Erfolgreich sind dabei nur diejenigen, die zielgerichtet, hartnäckig mit Disziplin und Methodik konzentriert die gestellten Aufgaben in kürzester Frist bestmöglich erledigen!*

Spitzenleistungen sind nur dann erreichbar, wenn der tägliche Kampf um die kleinsten Details von allen erfolgreich geführt wird.

Das Leistungspotenzial in etablierten Unternehmen zu erhalten und bedarfsgerecht auf- und auszubauen, ist eine permanente Aufgabe des Managements. Über die Managementfaktoren „Disposition und Integration" werden die notwendigen organisatorischen Vorgaben definiert, um ein effektives personaltechnisches Leistungspotenzial im Unternehmen zu gewährleisten.

Letztlich ist das reibungslose Zusammenwirken der Mitarbeiter über alle Abteilungen und Bereiche des Unternehmens dafür verantwortlich, dass die Wettbewerbsfähigkeit der hergestellten Güter am Markt erhalten bleibt.

Dies bedingt, dass allen Mitarbeitern des Unternehmens sämtliche notwendigen Informationen zur Verfügung stehen. Die dazu benötigten Technologien muss das Management bereitstellen. Eine effektive Branchen-Software integriert daher die Werkzeuge zur unternehmensspezifischen Anwendersteuerung im Workflow-Management-System.

3.1.5 Anwendungssteuerungen

3.1.5.1 Benutzerbedürfnisse

Rationalisierungsmaßnahmen sind letztlich nur dann erfolgreich, wenn sie beim Anwender ohne Reibungsverluste und in möglichst kurzer Frist umgesetzt werden. Auf der Grundlage der Anforderungen aus Land, Branche und Unternehmen muss der Anwender seine in der Organisation festgelegten Aufgaben zielgerichtet durchführen.

Die durch das Branchen-Software-Paket wirksam werdende Integration wird beim Anwender als Rationalisierungspotenzial nutzbar. Das optimale Ausschöpfen aller Reorganisationsmöglichkeiten wird im CSB-System durch anwenderspezifische Parameter und Auswertungswerkzeuge unterstützt. Die Akzeptanz der Branchen-Software durch den Anwender ist maßgeblich von der Flexibilität der Bedienung und der Umsetzung aller branchen- und betriebsspezifischen Anforderungen auf Benutzerebene abhängig.

Die Benutzerbedürfnisse unterscheiden sich von der Position des jeweiligen Mitarbeiters in der Organisation sowie durch die vorgegebene Stellenaufgabe im Unternehmen. Diese durch die Organisation vorgegebenen dispositiven und operativen Aufgaben werden einerseits durch Benutzergruppen (mit gleichen inhaltlichen Aufgaben) definiert und andererseits mitarbeiterspezifisch differenziert festgelegt.

Die Konzentration auf das jeweils Wesentliche ist für den einzelnen Benutzer nur möglich, wenn die vorhandene komplexe Funktionalität der Branchen-Software immer weiter (von der aktuellen Version zur Folgeversion) entsprechend der fortschreitenden Branchenspezialisierung entwickelt wird.

Der Anwender darf nicht gezwungen sein, sich um die erneute Einarbeitung in die Branchen-Software zu bemühen, wenn eine Folgeversion zum Einsatz kommt. Nur unter diesen Bedingungen werden die Investitionen in die Ausbildung der Mitarbeiter geschützt. Die Aufbereitung benutzerspezifischer Informationen (Listen, Auswertungen, Statistiken und Analysen) muss versionsunabhängig gesichert sein und auf die jeweils spezifischen Bedürfnisse eines jeden Mitarbeiters eingerichtet werden können.

> *Das umfassende Wissen, das in den organisierten Workflows im Unternehmen vorhanden ist, muss transparent für das Management abrufbar sein. Diese Forderung garantiert eine unkomplizierte Stellvertreterregelung und verhindert die Entstehung von „Wissensmonopolen".*

3.1.5.2 Benutzerworkflow

Das benutzerspezifische Wissen in den Unternehmensprozessen transparent zu dokumentieren, ist die Aufgabe der Benutzerworkflows im CSB-System. Unternehmensspezifische Abläufe zu organisieren und personalunabhängig verständlich zu gestalten, sind notwendige Aufgaben des Wissensmanagements. „Kopfmonopole" müssen verhindert und multiplizierbares Wissen muss zusammengetragen werden. Eine effektive Stellvertreterregelung ist nur dann organisierbar, wenn alle wesentlichen Abläufe im Unternehmen prozesstechnisch eindeutig dokumentiert und nachvollziehbar sind.

> *Über die Benutzerworkflows wird ein Qualifizierungsmanagement organisierbar. In den Workflows wird das komplette „Prozesswissen" des Unternehmens dargelegt. Hier fließen alle Kenntnisse des Benutzers mit den in den Stellenbeschreibungen geforderten Leistungsanforderungen zusammen.*

Die Benutzerworkflows sind Bestandteil des Workflow-Managements (siehe hierzu Punkt 2.4) und somit eingebettet in eine umfassende „Wissensdokumentation". Alle neu zu gestaltenden Abläufe durch Veränderung der Prozesse im Unternehmen sind unmittelbar mit einer Änderung der softwaretechnischen Abbildung verbunden. Es gilt nun, diese Änderungen effektiver und produktiver zu dokumentieren (Validierung). In der Pharma- und Lebensmittelproduktion sind diese Qualitätssicherungsmaßnahmen bei Prozessänderungen vorgeschrieben. Nur über eindeutig beschriebene Benutzerworkflows wird der jeweilige Anwender in die Lage versetzt, seinen Aufgaben korrekt und zeitgerecht nachzukommen.

3.1.5.3 Workflow-Navigator

Jeder einzelne Anwender beschäftigt sich im Unternehmen mit der Bearbeitung von Geschäftsprozessen. Die Gesamtheit der Geschäftsprozesse ist informationstechnischer Bestandteil eines integrierten gesamtheitlichen Systems zur Unternehmensführung mit der Ausrichtung auf eine optimale Ablaufgestaltung über Finanzverwaltung, Beschaffung, Produktion und Absatz. Die wertschöpfende Aktivität eines Beraters bei der Einführung einer Branchen-Software erschöpft sich nicht in der Vermittlung von „Anwendungswissen", sondern muss um Rationalisierungseffekte ergänzt werden. Hierzu gehört auch das Dokumentieren der optimalen Benutzerführung. Die Minimierung der Einführungszeiten für die Branchen-Software sowie die sichere Wiederholbarkeit der branchen- und betriebsspezifischen Workflows (in jedem Unternehmens- bzw. Programmbereich) sind hierbei die Aufgaben des Workflow-Navigators.

Die Geschäftsprozesse in den einzelnen Unternehmen einer Branche weisen isomorphe Strukturen auf. Über die Branchen-Software wird sichergestellt, dass eine Konformität zwischen den Unternehmensgeschäftsprozessen und Branchen-Geschäftsprozessen besteht bzw. diese Übereinstimmung erzielt werden soll. Die Abbildung der Geschäftsprozesse innerhalb einer klar definierten Branche ist somit wiederkehrend ähnlich. Werden die wiederkehrenden Prozesse über ein Werkzeug wie den „Workflow-Navigator" beschrieben, so wird der Implementierungsprozess einer Branchen-Software optimiert.

Über den Workflow-Navigator werden die Funktionalitäten (in der Waren- und Zeitwirtschaft) über Prozessketten und die einzelnen Programme als Prozessglieder definiert und archiviert. Bei Bedarf kann danach der Anwender menügesteuert durch die gesamte Funktionalität der Branchen-Software navigieren. Mit der Software-Implementierung werden gleichzeitig die kundenspezifischen Arbeitsabläufe gespeichert. Jeder zugriffsberechtigte Benutzer kann nach dem Start der jeweiligen Prozesskette die einzelnen Prozessglieder sequenziell abarbeiten. Hierbei werden die automatisch aufgerufenen Programme nicht verlassen, sondern die gespeicherten Folgeprozesse der Kette zusätzlich am Bildschirm vorgeblendet.

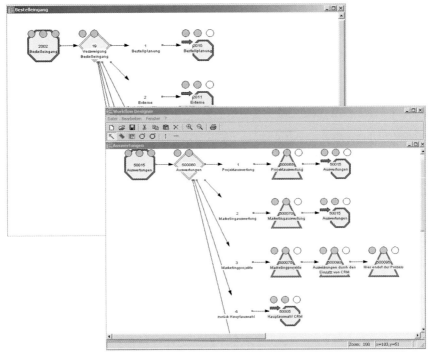

Abb. 38: Prozessvisualisierung mit dem Workflow-Navigator

Die Arbeitsschritte bzw. der Leistungsumfang des Workflow-Navigators umfassen:

- Definition der Prozessketten (Bezeichnungen festlegen)
- Speichern der Einzelprozesse zu einer Prozesskette (nach betriebsspezifischen Anforderungen)

- erforderliche Einzelprozesse können bei Bedarf (bzw. Änderung des Workflows) den Prozessketten hinzugefügt werden
- Aufruf der Prozessketten durch berechtigte Anwender im definierten Funktionsumfang
- automatische Bearbeitung der Einzelprozesse in der Art, wie diese in der Prozesskette vorgegeben sind
- Navigieren durch die Prozessketten über eine menügesteuerte Ablaufhilfe (Workflow-Navigator)
- visualisierter Überblick zur jeweils angewählten Prozesskette über alle zugehörigen Einzelprozesse
- Eintritt in die Prozesskette, ausgehend von jeder Position des Einzelprozesses innerhalb der vorgeblendeten Prozesskette
- Dokumentation der Prozessketten als Nachweis für die festgelegten Arbeitsabläufe (Qualitätssicherung ISO 9000 und Validierung)
- Archivierung der kundenspezifischen Workflows zur Prüfung der Kompatibilität von Version zu Version als Updates bzw. Upgrades.

Über das Werkzeug des Workflow-Navigators werden komplexe Workflows im Unternehmen leicht handhabbar und für die Mitarbeiter sicher in der Bearbeitung. Sie sind somit ein notwendiges Instrument zur transparenten Gestaltung der branchen- und unternehmensspezifischen Arbeitsprozesse. Auf der Basis dieses Werkzeuges (Workflow-Navigator) wird es möglich, die branchenspezifischen Funktionalitäten von Version zur Folgeversion komplexer zu gestalten, ohne dass die Anwendung unübersichtlich wird.

3.1.5.4 Anwenderinformationen

Den unterschiedlichen spezialisierten Aufgaben in einem wettbewerbsaktiven Unternehmen muss in der Branchen-Software umfassend Rechnung getragen werden. Die sich ändernden Bedürfnisse des Anwenders müssen eigenständig ohne „Spezialwissen" organisiert und umgesetzt werden können. Dazu ist es erforderlich, dem Anwender ein einfaches Auswertungswerkzeug zur Verfügung zu stellen. Ein solch anwenderfreundliches Auswertungswerkzeug ist das einfach handhabbare Grafische Print Management (GPM)[8] im CSB-System.

Hierbei sind die wesentlichsten Leistungsmerkmale des GPM hervorzuheben:
- Das Grafische Print Management ist eine betriebssystemunabhängige Dialogschnittstelle.
- In den Applikationen ist das GPM transparent, d. h. es ist nicht sichtbar, unter welcher Benutzeroberfläche gearbeitet wird.
- Das GPM besitzt die Fähigkeit, variable Dezimalstellen bei numerischen Feldern zur Laufzeit auszugeben.
- Das Wirkungsprinzip des GPM ist wie folgt zu beschreiben:

- In allen Programmen werden ein maximaler Variablenkatalog und eine bestimmte Anzahl von Druckzonen (nach Bedarf) bereitgestellt, die in einer festgelegten Reihenfolge gedruckt bzw. angezeigt werden.
- Im GPM-Mustereditor können Fließtexte eingegeben, Variablen aus dem „Katalog" abgesetzt und Abschnitte eines Musters den einzelnen Druckzonen zugeordnet werden.
- Sodann werden zur Laufzeit die im Muster abgesetzten Variablen durch den jeweils aktuellen Inhalt ersetzt und in den einzelnen vordefinierten Zonen ausgegeben.
■ Das Grafische Print Management wird genutzt für:
  - alle Druck- und Auswertungsausgaben
  - variable Bildschirmlisten und
  - Rollbereiche, die als Anzeige aufgerufen werden
■ Die Steuerung der Sortierung und Selektion erfolgt über den SSM (Selektions- und Sortiermanager).
■ Im GPM können auch die anwenderspezifischen Datenfelder über das Programm „Individuelle Zusatzdaten" drucktechnisch bearbeitet werden.

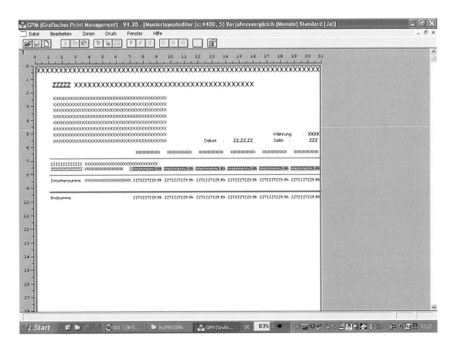

Jeder Anwender hat somit die Möglichkeit, über den GPM-Editor alle beliebigen Muster für Druckausgaben, Bildschirmlisten und Rollbereiche zu gestalten und die Variablen zusammenzustellen. Dabei ist besonders hervorzuheben, dass die vom Anwender erstellten „Muster" Priorität besitzen,

d. h., diese „Anwender-Muster" werden bei Updates bzw. Upgrades nicht überschrieben.

Die optimale Unterstützung des mit Ausführungsaufgaben betrauten Anwenders ist der Beweggrund für die Schaffung des Selektions- & Sortiermanagers (SSM). Ohne spezielle EDV-Kenntnisse als Voraussetzung ist dieses Werkzeug für alle benötigten arbeitsplatzspezifischen Auswertungen einsetzbar.

Der Katalog für alle SSM-Kriterien ist bereits im branchenspezifisch parametrisierten Anwendungssystem vorgegeben. Die Auswahl und Zusammenstellung aller gewünschten Selektions- und Sortierkriterien erfolgt somit im Bildschirmdialog auf Anforderungsbestätigung. Die Bildschirm- oder Druckausgabe wird gleichzeitig über das GPM definiert.

Darüber hinaus werden mit dem Selektions- & Sortiermanager für alle Auswertungen die Spalten-, Zeilen- und Formelinterpreter definiert. Mit diesem Werkzeug werden die programmübergreifenden Definitionen aller Sortier- und Selektionskriterien festgelegt und für die Auswertungen bereitgestellt. Über den Formelinterpreter werden alle Spalten- und Zeilenwerte berechnet und über die Auswertung (GPM) ausgegeben. Über den Reportmanager werden alle Auswertungen online verfügbar gemacht.

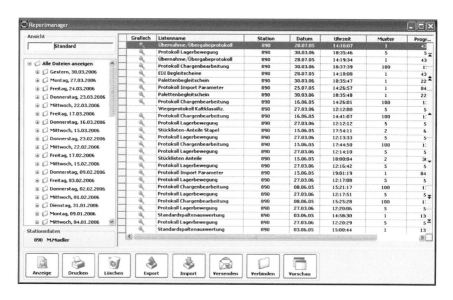

Damit der Anwender das branchenspezifische Software-Paket in kürzester Zeit nutzen kann, werden vom CSB-System „Branchen-Standard-Muster"

für alle Funktionsbereiche und Funktionen zur Verfügung gestellt. Diese „Branchen-Standard-Muster" für Druckausgaben, Bildschirmlisten und Rollbereiche können vom Anwender in den „privaten Anwendungsbereich" übernommen oder auch abgeändert zur optimalen Anwenderunterstützung eingesetzt werden.

Die Anwender-Akzeptanz steht im Mittelpunkt sämtlicher Bemühungen während und nach der Einführung eines branchenspezifischen Unternehmensführungssystems. Daraus folgt, dass Anforderungen des Anwenders, die über die Möglichkeiten des Reportmanagers hinausgehen, ebenfalls abgedeckt werden müssen.

Hierbei bestehen folgende Möglichkeiten:
- Einsatz von SQL-Werkzeugen (Power-Transformer)
- Vornehmen von Erweiterungsprogrammierungen

Auf die jeweils zugrunde gelegte Datenbank soll hier nicht das Hauptaugenmerk gerichtet werden. Es ist lediglich anzumerken, dass es mit ODBC[9] für die Applikationen unerheblich ist, mit welcher Datenbank gearbeitet wird. Mit der Einbindung von SQL-Datenbankabfragen in die Anwendung besteht die Möglichkeit, frei definierbare Abfragen mit den Datenbeständen der jeweiligen Datenbank vorzunehmen.

Eine Branchen-Software deckt im Regelfalle alle wesentlichen Geschäftsprozesse im Standard-Paket ab. Für unternehmensspezifische (über den Standard hinausgehende) Anforderungen können im CSB-System individuelle Zusatzdaten erfasst werden, die über die vorhandenen Datenfelder hinausgehen. Über diese individuellen Zusatzdaten (IZD) werden die über den Standard hinaus gewünschten Stamm- und/oder Bewegungsdaten individuell angelegt und gepflegt. Somit werden über 90 % der bisher notwendigen Ergänzungsprogrammierungen über „IZD" abgearbeitet. Betriebsspezifische Erweiterungen können direkt vom Berater „vor Ort" ohne Zeitverzug realisiert werden.

Die von Branchen-Software-Lösungen geforderte systemweite Flexibilisierung wird mit dem Werkzeug „IZD" in Verbindung mit dem Werkzeug „SSM" realisiert.

Zusätzlich dienen folgende Möglichkeiten der Flexibilisierung des CSB-Systems:
- Variablenmanager
- Relatives Datum
- Analyseeinstellungen
- Grenzwertdefinitionen

Sie gewährleisten eine wesentlich schnellere Umsetzung der kundenspezifischen Anforderungen und sind somit die Voraussetzung für eine wesentliche Verkürzung der Projekteinführungszeiten (Reduzierungen von 50 bis 80 Prozent der bisherigen Einführungszeiten sind erreichbar).

Für die darüber hinausgehenden Erweiterungsprogrammierungen gilt die Feststellung, dass diese Erweiterungen Bestandteile des Branchen-Software-Paketes werden und somit in späteren Updates und Upgrades automatisch mitgepflegt werden. Durch diese Maßnahmen wird sichergestellt, dass das betriebsspezifische Wissen zum Nutzen der Anwender festgehalten und fortgeschrieben wird.

3.2 Unternehmensorganisation

Mit der Abbildung des Unternehmens über die branchenspezifische Standard-Software „CSB-System" wird gleichzeitig die bestehende Organisationsstruktur übernommen. Es wurde vorstehend auf die Notwendigkeit hingewiesen, mit der Einführung eines Unternehmensführungssystems die erforderlichen Restrukturierungs- und Reorganisationsmaßnahmen durchzuführen. Daraus folgt, dass im Informationszeitalter die Unternehmensorganisation durch die Informationstechnik beeinflusst wird.

Nach Gutenberg ist die Organisation Mittel zum Zweck und nicht Selbstzweck[10]. Das Wesen der Organisation besteht darin, aus verschiedenartigen Elementen eine produktive Einheit zu gestalten[11]. Aus dieser Aufgabenstellung folgt für die Organisation, dass die Standard-Software zur Unternehmensführung selbst das Organisationsinstrument ist.

3.2.1 Organisationsstruktur

Mit der Branchen-Software „CSB-System" werden die Organisationsstrukturen im Unternehmen definiert und gleichzeitig die Grundlagen übernommen, auf denen das Regelwerk der Wirtschaftsbeziehungen aufgebaut ist. Die in den „Inseln der Ordnung" im Unternehmen durchzuführenden wiederholbaren Vorgänge werden komplett mit der Informationstechnik erfasst und als Abläufe unter Sicherheit „standardisiert" bearbeitet. Die Struktur der durch die Organisation festgelegten Art und Weise der Leitung eines Unternehmens, ist im Regelfall aus dem Unternehmensorganigramm ablesbar. Hierbei unterscheiden sich die Leitungssysteme in:
- Einliniensysteme (Ein Vorgesetzter)
- Mehrliniensysteme (Mehrere Vorgesetzte)

- Stabliniensysteme (Spezialisten als Stabsstelle)
- Teamleitungssysteme (Teams führen Teams)

Die Unternehmensorganisation ist traditionell nach Leitungshierarchien aufgebaut. In Abbildung 39 wird eine klassische Pyramidenorganisation dargestellt, die als hierarchische Organisationsform vorzugsweise in der Industrieproduktion aufgebaut wurde.

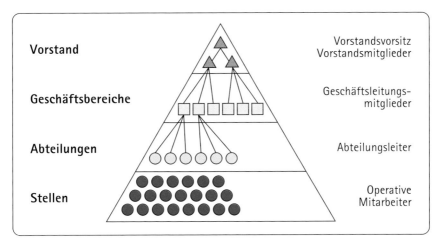

Abb. 39: Hierarchische Organisation in Pyramidenstruktur

Mit wachsender Bedeutung des Faktors „Wissen" muss sich auch die Organisationsstruktur einem Wandel unterziehen. Das im Unternehmen benötigte Wissen ist insgesamt in den Köpfen der Organisationsmitglieder vorhanden. Der Aufbau einer Unternehmensorganisation orientiert sich immer am jeweiligen Unternehmenszweck. Ein Unternehmen aus der Branche der Hochtechnologie bedarf anderer Organisationsstrukturen als ein Unternehmen der industriellen Massenproduktion.

Hoch innovative Unternehmen, die in ihrer Existenz von der schnellen Umsetzung „neuen Wissens" in der Gütererstellung (für Leistungen und Produkte) abhängig sind, müssen die dafür notwendigen Organisationsstrukturen aufweisen.

> *Schnelles Reagieren auf Marktveränderungen erfordert einen radikalen Abbau der „Starrheit" und eine Verringerung der Hierarchieebenen mit gleichzeitiger Verlagerung der Verantwortung auf die operativen Ebenen des Unternehmens.*

Wissen zu addieren und daraus die richtigen Entscheidungen herzuleiten, erfordert eine teambezogene Entscheidungsvorbereitung. Die dazu notwendigen Organisationsstrukturen müssen diesem Ziel verpflichtet werden. Nur die teamorientierte Organisation ermöglicht es, mehr Wissen und auch mehr Verantwortung in die Entscheidungsprozesse eines innovativen Unternehmens einzubringen. In Abb. 40 ist ein Beispiel für den Aufbau einer teamorientierten Organisation dargelegt.

Der Aufbau einer Teamorganisation bedeutet gleichzeitig, die Grundlagen dafür zu schaffen, dass für neue Spezialaufgaben auch unmittelbar ein Spezialteam berufen wird, um diese Aufgabe zu übernehmen und verantwortlich zum Ziel führen. Der jeweils zeitliche wie auch fachliche Aspekt für die Teambildung ist die Grundlage für die teamorientierte Organisation.

Dynamik und stetiger Wandel gehören nicht nur zur aufgabenbezogenen Teambildung, sondern werden integrale Bestandteile der Unternehmenskultur.

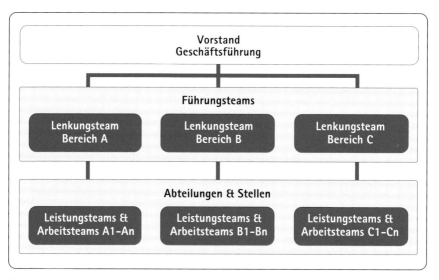

Abb. 40: Teamorientierte Organisation mit flacher Führungshierarchie

Es ist die weitaus schwierigere Aufgabe für die Unternehmensführung bzw. für die dispositiven Tätigkeiten, die unvorhersehbaren, innovativen Vorgänge im Unternehmen einer entsprechenden flexiblen, zielgerichteten Behandlung zu unterziehen. Eine softwaretechnologische Unterstützung in der Ablaufgestaltung der einzelnen Arbeitsgänge unter „chaotischen Rahmenbedingungen", wie sie z. B. in Forschung und Entwicklung zu finden sind, kann nur über entsprechende Entscheidungsfreiräume für die „F+E-Entschei-dungsträger" realisiert werden. Je straffer und enger die vorgeschriebenen Arbeitsabläufe sind, desto eingeschränkter wird sich die mögliche Kreativi-tät bzw. Innovation auf die Funktionsbereiche des Unternehmens auswirken.

Das im Unternehmen ablaufende Regelwerk der dispositiven Beziehungen kann über vier Organisationsgrundregeln gesteuert werden. Dies gilt für die hierarchische, teamorientierte wie auch für die funktionale Organisations-struktur. Die vier Organisationsgrundregeln sind miteinander verknüpft und unterliegen einer wechselseitigen Beeinflussung. In jeder Unternehmensorga-nisation sind diese vier Regelbereiche eindeutig festzulegen und in ihrem Beziehungsgeflecht zwischen den Funktionsbereichen und Funktionen de-tailliert zu bestimmen.

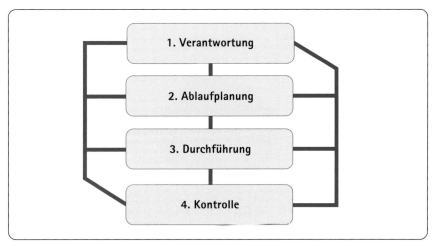

Abb. 41: Verknüpfung und Integration der Organisationsgrundregeln

Die dispositiven Beziehungen im Unternehmen werden über die vorstehen-den vier Organisationsgrundregeln realisiert[(12)]. Unter der Zielsetzung opti-maler Gütererstellung werden die Kombinationen der Leistungsfaktoren in den Einzelwirtschaften durchgeführt. Die hierbei eingesetzten dispositiven Tätigkeiten werden über ein Regelwerk von Beziehungen im Unternehmen wirksam. Hierbei ist jedoch die Verantwortung für wirtschaftliches Handeln nicht auf das Management beschränkt.

Im Regelbereich des Ablaufs, der Durchführung wie auch der Kontrolle aller wirtschaftlichen Tätigkeiten wird ökonomisches Handeln erwartet bzw. der „Eigenverantwortung" der Teams und Mitarbeiter auf den einzelnen Organisationsebenen überlassen. Dieses Vorgehen bei der Delegation der

Verantwortung ist besonders sinnvoll, wenn die eingesetzten Anwendungsprogramme eine integrierte, bildschirmgeführte Arbeitsweise über alle Funktionsbereiche und Funktionen sicherstellen.

3.2.2 Integration und Organisation

Das Organisationsinstrument im fortschrittlichen Unternehmen des Informationszeitalters ist die Branchen-Software zur Unternehmensführung. Die Effektivität der Unternehmenssteuerung ist somit eng mit der Leistungsfähigkeit der Branchen-Software verbunden.

> *Maßgeblich für die Beurteilung der branchenspezifischen Standard-Software ist neben der betriebsgerechten Abbildung des Unternehmens zusätzlich der realisierbare Integrationsgrad aller Arbeitsgänge in den Funktionen und über alle Funktionsbereiche.*

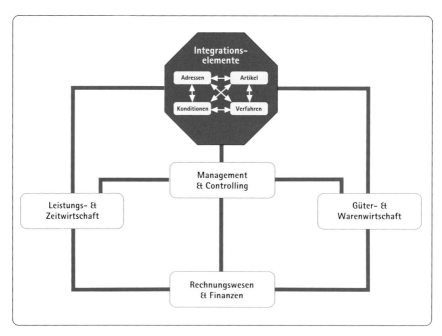

Abb. 42: Regelkreis der Verknüpfung zwischen Integrationselementen und Funktionsbereichen

Den betrieblichen Leistungsprozess durch den Einsatz der Elementarfaktoren (Arbeit, Betriebsmittel, Werkstoffe und Wissen) produktiv zu gestalten, wird durch die Managementfaktoren „dispositive Tätigkeit" und „Integration" realisiert. Die Integration, als eigenständiger Faktor, beeinflusst nachhaltig den Informationsfluss. Mit wachsendem Integrationsgrad der gesamten Informationstechnik im Unternehmen steigt somit die Informationssicherheit.

Die Integration der Datenverarbeitung in den Funktionsbereichen und Funktionen wird im Unternehmen über die Basiselemente der Integration wirksam. Die Integrationselemente im CSB-System sind die vier Kräfte der Integration. Diese Elemente

- Adressen
- Artikel
- Konditionen
- Verfahren

bilden den „Integrationskern" im Regelkreis der wirtschaftlichen Verknüpfungen im Unternehmen über alle Organisationsebenen.

Der Aufbau und die Strukturierung bzw. Parametrisierung dieser Integrationselemente sind von herausragender Bedeutung für die branchengerechte und betriebsspezifische Abbildung des Unternehmens in der Branchen-Software.

3.2.2.1 Integrationselement: Adressen

Entsprechend den speziellen Bedürfnissen aus der unternehmerischen Zielsetzung sind in jedem Unternehmen über das Ordnungskriterium „Adressen" die Kontakte für wirtschaftliches Handeln zu organisieren.

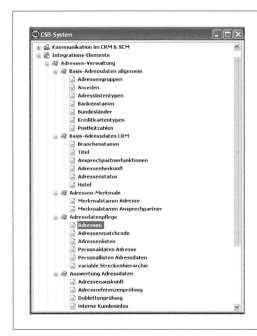

Die Adressen-Verwaltung im CSB-System umfasst alle Adressen, die im Unternehmen verwaltet werden, in einer einzigen redundanzfreien Datenbank.

Somit werden alle Bezugs-Adressen für CRM und SCM zur umfassenden Kommunikation bereitgestellt (mit CTI-Funktionalität).

Die Gliederungen und Sortierungen aller Adressen und Ansprechpartner sind beliebig gestaltbar sowie variabel erweiterungsfähig.

Für die Kommunikations- und Informationstechnik ist das Integrationselement „Adresse" die eindeutige Identifizierung im Wirtschaftsleben. Im CSB-System ist das Element „Adresse" zusätzlich das Integrationselement über alle Funktionsbereiche[13].

Die Einteilung und Ordnung der Adressen auf die betrieblichen Anforderungen auszurichten, ist die Aufgabe der begleitenden Implementierungsberatung im Prozess des Aufbaus eines Unternehmensführungssystems.

Die Basisdaten im Adressenaufbau sind unter Kommunikations- und Informationsgesichtspunkten zu organisieren[14]. Wie aus dem Aufbau der Adressdaten in der Programmdokumentation zu ersehen ist, gliedern sich die gesamten Adressinformationen in vier Integrationsbereiche:
- Kommunikationsbasis für die Zusammenführung von Telekommunikation und Informationstechnik[15]
- Zuordnung zur Waren- und Zeitwirtschaft
- Verbindung zum Finanz- und Rechnungswesen
- Verknüpfung zu den übrigen Basiselementen (Artikel, Konditionen und Verfahren)

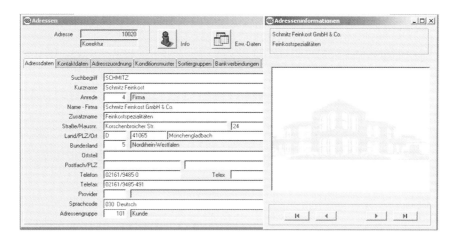

Die zu jeder Adresse gehörenden Zusatzinformationen werden über frei definierbare, individuelle Zusatzdaten, Gruppenschlüssel und variable Parameter zugänglich bzw. anwenderspezifisch verwaltet.

Adressenverknüpfungen, wie sie in Konzernen und speziell in „Streckenhierarchien" zu finden sind, werden ebenfalls im Basiselement „Adresse" für die Warenwirtschaft wie auch für das Finanz- und Rechnungswesen festgelegt. Der Regelkreis der Verknüpfung, wie er zwischen dem Basiselement „Adresse" und den übrigen Basiselementen der Integration (Artikel, Konditionen, Verfahren) besteht, wird in den nachstehenden Bereichen der Zeit- und Warenwirtschaft sowie im Finanz- und Rechnungswesen aufgezeigt.

3.2.2.2 Integrationselement: Artikel

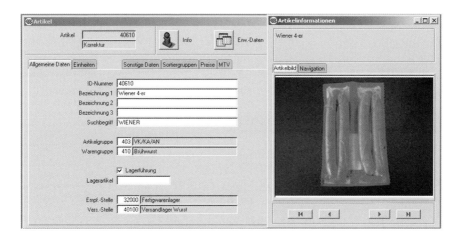

Im Wirtschaftsleben müssen alle Faktoren, Produkte und Leistungen eindeutig für die Informatik gekennzeichnet werden. Jedes wirtschaftliche Handeln ist darauf ausgerichtet, am Markt bestehende Bedürfnisse optimal abzudecken, um durch diese Tätigkeit als positiv wirkender Marktteilnehmer bzw. Unternehmer die eigene Position zu verbessern.

Aus dieser Marktbedingung resultiert der Wettbewerb am Faktor- und Gütermarkt. Voraussetzung für eine von Präferenzen „weitgehend" freie Güterbeurteilung ist die Vergleichbarkeit der Güter in der Warenwirtschaft.

Aus dieser Forderung resultiert die umfassende Identifikation und Definition aller Wirtschaftsgüter. Im CSB-System werden die notwendigen und grundlegenden Informationen festgelegt[16], die das Integrationselement „Artikel" beschreiben, einordnen, klassifizieren und bewerten.

Die Organisation der Artikeldaten erfolgt in jedem Unternehmen unter der Maßgabe der Integration über alle Funktionen. Sie wird in folgende Bereiche gegliedert:

- Basisdaten zur Erfassung der Leistungsfaktoren
- Zuordnung zur Zeit- und Warenwirtschaft
- Verbindung zum Finanz- und Rechnungswesen
- Verknüpfung zu den übrigen Basiselementen
  (Adresse, Konditionen und Verfahren)

Auf die Artikelstammdaten greifen alle Bereiche und Funktionen im CSB-System zu[17]. Die betriebsspezifische Organisation der Artikelverwaltung wird über frei definierbare Gruppenschlüssel sowie über variable Parameter gesteuert. Die Verknüpfung der Artikelverwaltung (als Integrationselement mit den Funktionsbereichen) gewährleistet mit jeder Warenbewegung eine „Real-Time-Preisbildung" im Unternehmen.

Im Regelkreis der Verknüpfung aller Basiselemente wird nicht nur die physische Erfassung und Bewertung aller Leistungsfaktoren sichergestellt, sondern auch die erzielte Wertschöpfung permanent ermittelt und dem Management anwenderspezifisch abrufbereit zur Verfügung gestellt.

3.2.2.3 Integrationselement: Konditionen

Der Austausch von Gütern erfolgt zwischen den Marktteilnehmern zu vereinbarten Konditionen[18]. Die Marktteilnehmer sind über ihre zugehörigen Adressen, die Güter des „Rechtsgeschäftes" über die Artikelidentifikation bestimmt. Die Konditionen des wirtschaftlichen Handelns sind zwischen den Marktteilnehmern zu vereinbaren und fließen als wesentlicher Bestandteil eines jeden Waren- bzw. Leistungsgeschäftes in die vertragliche Vereinbarung ein.

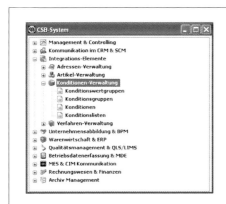

Die Konditionen-Verwaltung umfasst die gesamten Wert-Mengen-Konditionen, die über rechenbare Formeln denkbar sind.

Die Konditionen beziehen sich hierbei auf Adressen und Artikel, sowie auf die Kombinationen von Adressen mit Artikeln in beliebig gestaltbarer Form.

Das Basiselement „Konditionen" stellt im CSB-System sicher, dass alle nur denkbaren Einflüsse auf die Wirtschaftsgüter (Produkte und Leistungen) rechenbar sind und somit transparent in der Warenwirtschaft wirken[19]. Neben den wertmäßigen Konditionen wirken auch physische Bedingungen auf den „rechenbaren" Wert eines jeden Artikels. Alle möglichen Kombinationen aus der Verknüpfung von Adressen und Artikeln mit den jeweils gültigen Konditionen rechenbar und somit vergleichbar zu machen, ist die Aufgabe der Informatik im Warenwirtschaftssystem. Darüber hinaus bildet

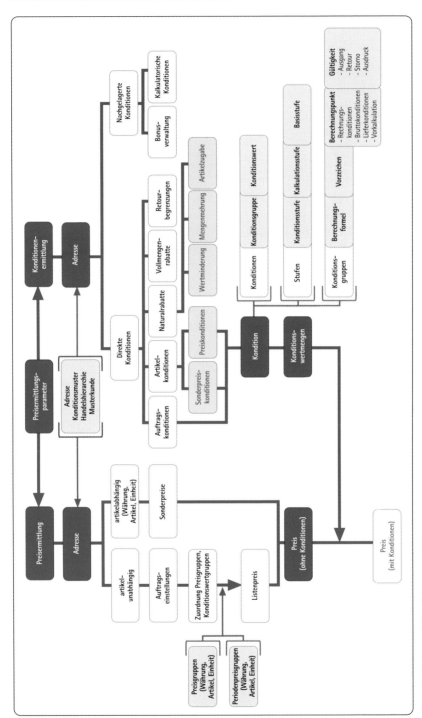

Abb. 43: Preis- und Konditionenermittlung

sie die Basis für die Unternehmensführung zur zielgerichteten Einflussnahme auf alle Funktionen des Unternehmens[20].

Die Organisation der Konditionen ist über die Anwendungsberatung branchengerecht aufzubereiten. Die hierbei zu beachtenden betriebsspezifischen Bedingungen in den jeweiligen Branchen sind in der Warenwirtschaft für die einzelnen Funktionen (Beschaffung, Lager, Produktion und Absatz) gesondert zu parametrisieren bzw. zu erfassen.

Der Aufbau der Konditionsdaten erfolgt unter der Maßgabe der Integration über alle Funktionen und wird hierbei in vier Bereiche eingeteilt:
- Basisdaten zur Erfassung der Konditionsdaten
- Zuordnung zu den einzelnen Funktionen der Zeit- und Warenwirtschaft
- Verbindung zum Finanz- und Rechnungswesen
- Verknüpfung zu den übrigen Basiselementen
  (Adressen, Artikel und Verfahren)

Als Integrationselement wirken die Konditionen in ihrer Verknüpfung zu den übrigen Basiselementen auf alle Funktionsbereiche und Funktionen des Unternehmens. Über beliebig parametrisierbare Kombinationen umfassender Rechenregeln werden die jeweils geltenden Konditionen im gesamten Unternehmensführungssystem wirksam sowie für alle Auswertungen sichtbar und nachvollziehbar.

In Abbildung 43 (Preis- und Konditionenermittlung) wird die komplexe Ermittlungsstruktur im CSB-System grafisch dargestellt.

Die vielfältigen Beziehungen auf Adressen, Artikel, Mengen und Werte sichern eine flexible Preisgestaltung sowohl im Beschaffungs- wie auch im Absatzbereich.

Die Abbildung einer dynamischen Preisstruktur sichert dem aktiven Unternehmen die Beschreitung neuer kreativer Wege im Preismarketing, um damit dem Verlauf einer optimierten Preisabsatzfunktion zu folgen.

3.2.2.4 Integrationselement: Verfahren

Die Beschreibung bzw. der festgelegte oder vordefinierte Ablauf aller wirtschaftlichen Prozesse wird im CSB-System als „Verfahren" erfasst.

Zu jedem Rechtsgeschäft oder jeder Übereinkunft im Wirtschaftsleben gilt es, ein vereinbartes Verfahren zum Produkt- und Leistungsaustausch einzuhalten. Die dabei zu beachtenden gesetzlichen Regeln werden hier als „externe" Verfahrensanweisungen bezeichnet. Die zwischen den handelnden

Vertragspartnern freien, d. h. über die gesetzlichen Regelungen hinausgehenden Vereinbarungen gehen ebenfalls als „Verfahren" in die Abwicklung des Rechtsgeschäftes ein.

Für interne Abläufe festzulegende Prozesse bei der Faktorkombination zur Gütererstellung werden nach gleichem Schema als „Verfahren" definiert. Diese „internen" Verfahren dienen zur Beschreibung und Steuerung aller Abläufe von der Betriebsdatenerfassung bis zum Computer-Integrated-Manufacturing im gesamten Unternehmen[21].

Die Organisation sowie die Definition aller Abläufe und Regeln werden im Integrationselement „Verfahren" situationsgenau abgebildet und bestimmen somit die „Qualität" der realen Prozesslenkung in jedem Unternehmen. Durch die begleitende Organisationsberatung muss sichergestellt werden, dass die festzulegenden Verfahren in allen Funktionen und zwischen den einzelnen Funktionsbereichen den tatsächlich vorliegenden Sachverhalt im Unternehmen widerspiegeln.

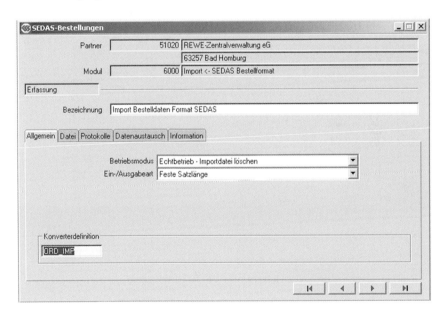

Die Programme zur Erfassung der Verfahrensdaten werden in vier Integrationsbereiche eingeteilt:
- Abbildung der Unternehmensstrukturdaten
- Erfassung der Abläufe in den Funktionsbereichen
  und Funktionen bis zur Durchführungsebene
- Verbindung und Ablaufsteuerung des Datenflusses
  zu externen Marktteilnehmern

■ Verknüpfung zu den übrigen Basiselementen
(Adressen, Artikel und Konditionen)

Das Basiselement „Verfahren" wirkt integrierend über das gesamte Unternehmen. Ausgehend von der Definition des Konzern-, Mandanten- und Unternehmensaufbaus wird über die Kostenstellen-, Abteilungs- und Ablauforganisation die gesamte Struktur der „zusammengefaßten" Wirtschaftseinheit[22] in der vorliegenden Standard-Software mit ihrem jeweils spezifischen Beziehungsgeflecht abgebildet. Die einzelnen Abläufe werden als verbindliche Verfahrensbeschreibungen für alle Funktionsbereiche und Funktionen definiert. Bis zur Beschreibung der Informationsausgaben (einschließlich aller Ablaufkontrollen) werden alle Verfahren eindeutig bestimmt. Dazu zählen auch die Steuerungs- und Datenaustausch-Verfahren, wie sie in jedem Unternehmen in den unterschiedlichsten Kombinationen anfallen.

Mit steigendem Detaillierungsgrad in der Festlegung aller für die Erstellung und den Handel mit Gütern (Produkte und Leistungen) gültigen Verfahren, werden die Grundlagen für „fehlerfreies" und „multiplizierbares" Handeln gelegt.

3.3 Qualitäts-Kontroll-System

3.3.1 Regelungsbedarf im Wirtschaftsleben

Normen für Objekte wirtschaftlichen Handelns zu schaffen, ist für das geregelte Wirtschaftsleben unverzichtbar. Mit zunehmender Komplexität der arbeitsteiligen Gesellschaft wurde es daher immer wichtiger, verlässliche, d. h. für alle geltende Maßeinheiten und Normen zu schaffen.

> *Aus dem Bedürfnis der Vergleichbarkeit und der rechtlichen Absicherung des Verbrauchers wurden im Laufe der Wirtschaftsentwicklung verschiedenste Normierungen gesetzlich verankert. So wurde beispielsweise im Herrschaftsbereich Napoleons aus den nicht genormten Längenmaßen „Fuß" und „Elle" das in Platin gegossene „Urmeter" als genormtes Metermaß festgelegt. Unter Reichskanzler Otto von Bismark wurde diese Maßeinheit für das Deutsche Reich mit der Meterkonvention von 1875 übernommen.*

Die Qualität für die zu tauschenden Güter wurde damit jedoch nicht erfasst. Die gesetzlich festgelegten und zu fordernden Eigenschaften eines Gutes verbindlich zu beschreiben, zielte erstmals auf die notwendige Absicherung von Qualitäts-Normen hin. Eine der ältesten „Qualitätsvorschriften" wurde mit dem Reinheitsgebot[23] für Bier verbindlich festgelegt und ist bis heute in Deutschland gültig.

Die Beachtung bzw. der Erfüllungsgrad von vorliegenden Qualitätsnormen für marktfähige Güter ist abhängig von der interpretationsfreien Beschreibung der Normen und der faktischen Sanktionsfähigkeit des Normengebers bei festgestellten Verstößen gegen diese Vorgaben. Nur unter diesen Bedingungen ist ein gesicherter Wettbewerb mit umfassendem Verbraucherschutz zwischen den Marktteilnehmern zu organisieren. Aus diesem Regelungsbedürfnis in der Wirtschaft entstanden entsprechende gesetzliche Vorgaben.

> *Im Laufe der Zeit entwickelten hoheitliche Regelungsbedürfnisse ein weitgehendes Eigenleben und arteten zu Selbsterhaltungsmechanismen aus. Die dabei entstandenen Vorschriften gehen weit über den notwendigen Bedarf an Gesetzen und Normen hinaus, die zur Sicherung einer geordneten Wirtschaft erforderlich sind[24].*

Die Effektivität der Wirtschaft wird nicht zuletzt durch sich selbst beschränkende Rahmenbedingungen gestützt, die auch nicht über den notwendigen Regelungsbedarf im Wirtschaftsleben hinausgehen. Aus dieser Erkenntnis folgt, dass alle hoheitlichen Aufgaben einer permanenten Prüfung auf Systemkonformität unterzogen werden müssen. In einer hoch integrierten

Wirtschaft wirkt die „Qualität" der Erfüllung notwendiger hoheitlicher Aufgaben auch indirekt auf die Qualität der Unternehmensführung.

Normen, Richtlinien und Gesetze sind jedoch im Laufe der Zeit nicht nur über hoheitliche Akte verbindlich festgelegt worden. In den Bereichen der Wirtschaft, in denen Regelungsbedarf vorlag, schufen sich die Unternehmen eigene Normen. Für die industriellen, arbeitsteiligen Produktionsprozesse wurden entsprechende Normen und Vereinbarungen für standardisierbare Produkte freiwillig definiert und eingehalten.

> *Die „DIN-Norm" ist eine dieser freiwillig festgelegten Empfehlungen, nach der sich jeder Hersteller mit seinen Produkten richten kann. Die bekanntesten DIN-Normen bestehen für Papierformate. „DIN" steht für Deutsche Industrie Norm und ist ein geschütztes Verbandszeichen.*

Aus diesem Umfeld heraus wurde das Qualitätssicherungssystem im Jahre 1987 vom International Office of Standardisation (ISO) als Richtlinie in der als ISO-9000-Normenreihe bezeichneten Druckschrift herausgegeben. Jedes Unternehmen kann sich nach DIN-ISO-9000 zertifizieren lassen, und somit gegenüber den Marktteilnehmern (Kunden und Lieferanten) dokumentieren, dass in diesem Unternehmen nach einem festgelegten Qualitäts-Kontroll-System gearbeitet wird.

3.3.2 Organisation und Qualitätskontrolle

Die Qualitätskontrolle ist ein unverrückbarer und wesentlicher Bestandteil der Unternehmensorganisation. Die Begründung für die besondere Herausstellung als „Qualitäts-Kontroll-System" ist auf das International Office of Standardisation (ISO) zurückzuführen. Es ist jedoch hervorzuheben, dass kein QK-System eine „eigene" Organisationsstruktur aufweisen darf. Das Management ist verantwortlich für den Aufbau und die „reibungsfreie" Umsetzung der Organisationsvorgaben im Unternehmen.

> *ISO 9000 ist aus der englischen Norm für QS-Systeme entstanden. Die Abkürzung QS steht für „Qualitätssicherung" und wird als Oberbegriff über alle qualitätsrelevanten Arbeitsgänge im Unternehmen verwendet. Durch die Beachtung der QS-Normen im Unternehmen (ISO-Zertifizierung) sollte die Qualitätsarbeit eine herausgehobene Stellung erhalten.*

Um die Einhaltung der vorgegebenen Organisationsrichtlinien (Stellenbeschreibungen, Verfahrens- und Arbeitsanweisungen) zu gewährleisten, sind entsprechende Controlling-Maßnahmen durchzuführen, die somit ebenfalls fester Organisationsbestandteil sind.

Es ist nun leicht erkennbar, dass mit einem umfassenden Qualitäts-Kontroll-System eine qualitätsorientierte Organisation aufgebaut werden kann und am Ende des Zertifizierungsprozesses das herkömmliche „Controlling" im QK-System aufgehen muss.

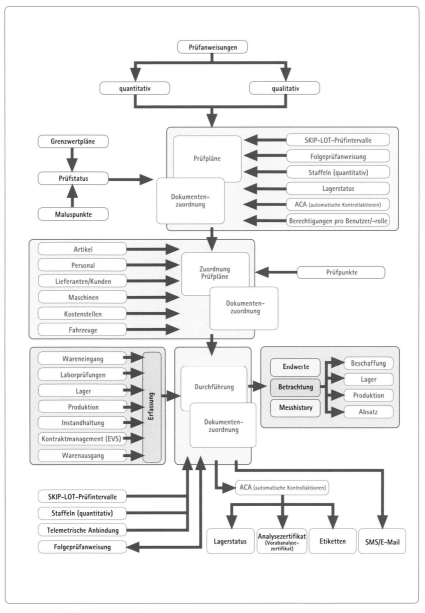

Abb. 44: Qualitätsmanagementprozess

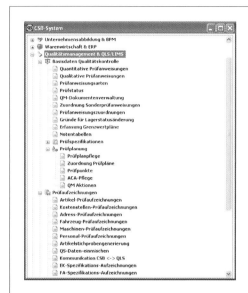

Das Qualitätsmanagement &
QLS/LIMS beinhaltet die gesamte Qualitätskontrolle mit
allen quantitativen und qualitativen Prüfanweisungen einschließlich aller QM-Doku-
mente.

Die Prüfplanung sowie die
durchgeführten Prüfungen
werden lückenlos aufgezeichnet. Sie umfassen die Artikel-,
Kostenstellen-, Maschinen-
und Personal-Prüfungen über
die gesamte Warenwirtschaft
bis zum Lieferanten.

Aus diesen Ausführungen geht hervor, dass die positive Wirkung einer unternehmensweiten Qualitätskontrolle jedem Unternehmen eine erhebliche Reduktion der Reibungsverluste an den Schnittstellen zwischen den Funktionsbereichen und Funktionen ermöglichen kann. Die in den ISO-Richtlinien
festgelegten und systematisierten Überprüfungen aller Arbeitsgänge (Audits)
gewährleisten eine permanente Reduktion der Fehler- und Abweichkosten.
Selbst die vorzunehmenden Ablaufänderungen zur Verbesserung der Qualität können über ein QK-System positiv wirkend in den einzelnen Abteilungen des Unternehmens umgesetzt werden. Dieses positive Ergebnis wird
erreicht, indem die auftretenden Fehler und Mängel nicht „personalisiert",
sondern „systematisiert" und nach festgelegten Regeln abgestellt werden.

Ein Qualitäts-Kontroll-System ist somit ein positiv wirkendes gesamtheitliches
Unternehmens-Controlling mit erheblichen Nutzeffekten im ökonomischen
Bereich wie auch in der direkten Personalführung. Es führt zur Stärkung der
Verantwortungsbereitschaft von Mitarbeitern in allen Arbeitsbereichen.

3.3.3 Zertifizierung nach DIN/ISO 9000

3.3.3.1 Grundsätze zur Qualitätskontrolle

Die Einführung eines Qualitäts-Kontroll-Systems im Unternehmen sollte vom
gesamten Management uneingeschränkt getragen werden. Die Notwendigkeit, eine umfassende Reorganisation unter dem Blickwinkel einer ver-

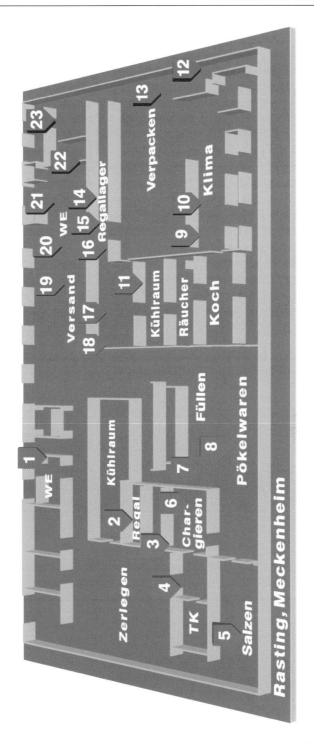

Abb. 45: HACCP-Konzept mit Fabrikdarstellung

besserten und qualitätsorientierten Unternehmensführung durchzuführen, ist dem Management im Regelfalle bekannt. Es ist sogar die Aussage berechtigt, dass die Unternehmensleitung die ISO-Zertifizierung als willkommene Veranlassung aufnimmt, um längst überfällige Reorganisationsmaßnahmen durchzuführen.

Bei der Einführung und Umsetzung eines QK-Systems mit dem Ziel der Zertifizierung nach DIN/ISO 9000 sollten einige wenige, aber dafür um so wichtigere Grundsätze beachtet werden:

■ Das Qualitäts-Kontroll-Handbuch sollte im Informationssystem vollständig integriert sein, damit den Abteilungen und schließlich den einzelnen Mitarbeitern alle qualitätsorientierten Informationen online und real time zugänglich sind.

■ Zur Durchführung der Qualitätskontrollfunktionen sollte kein zusätzliches Personal eingesetzt werden. Qualitätsorientiertes Arbeiten ist keine zusätzliche Tätigkeit, sondern eine als bessere Alternative zu verstehende Arbeitsweise jedes einzelnen Mitarbeiters im Unternehmen.

■ Aus den beiden vorstehenden Punkten folgt, dass das QK-System komplett in das gesamte Informationssystem integriert werden muss. Bei jedem Arbeitsgang auf der Anwenderebene sollten die dazugehörigen Daten und Arbeitsanweisungen am Bildschirm angezeigt bzw. in „Pflichteingabe-Feldern" erfasst werden.

■ Die lückenlose Dokumentation aller qualitätsrelevanten Arbeitsgänge (nach dem HACCP-Konzept[25] des Unternehmens) ist unbedingt papierlos durchzuführen, da jede „papiergestützte" Erfassung zu einer unüberwindbaren Datenflut (sprich: Papierflut) anwächst.

Sinnvolle, „qualitätsprüfende" Auswertungen sind im Informationszeitalter nur über die integrierte Datenverarbeitung wirtschaftlich durchzuführen. Aus der Umsetzung der vorstehenden vier wesentlichen Grundsätze zur Durchführung eines QK-Systems folgt notwendigerweise, dass aus dem herkömmlichen „Controlling" ein umfassendes, qualitätsorientiertes „Unternehmens-Controlling" erwächst.

3.3.3.2 Basisdaten im QK-System

Ausgehend von einem betriebsspezifisch erstellten QK-Handbuch, sind für jedes Unternehmen, das die Qualitätskontrolle mit dem Ziel der ISO-Zertifizierung nach ISO-9000 ff. anstrebt, die erforderlichen Basisdaten zu ermitteln[26]. Hiernach schließt sich die detaillierte und organisationskonforme Datenerfassung aller qualitätsrelevanten Fakten an.

Den Ausgangspunkt bildet hierbei die vorgegebene Ablauforganisation im CIM-Konzept vom Wareneingang über alle Stufen des Produktionsprozesses bis hin zum Warenausgang. In den Basisdaten zur Qualitätskontrolle werden alle grundlegenden Informationen für ein praxisorientiertes QK-System geführt und gepflegt. Durch die über alle Funktionsbereiche und Funktionen gegebene Integration im CSB-System wird gewährleistet, dass alle Basisdaten nur an einer Stelle zentral hinterlegt und gepflegt werden. Um die Qualitätskontrolle über die notwendigen Basisdaten durchzuführen, ist es erforderlich, folgende Stammdaten zu erfassen:

- Messverfahren
- Beurteilungen
- Maßnahmen
- Artikelspezifikationen

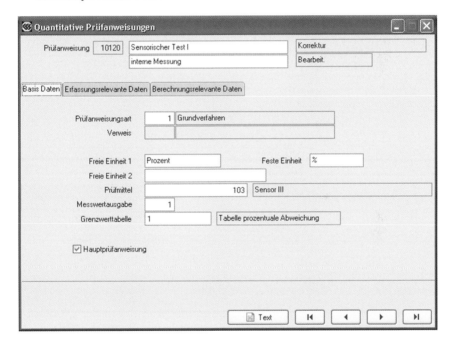

Neben diesen für den Produktionsprozess erforderlichen Stammdaten, die sich auf die zu be- und verarbeitenden Artikel beziehen, sind zusätzlich ortsbezogene Daten wie:

- Kostenstellenaudits und
- Externe Audits

hinzuzufügen.

Die Basisdaten des QK-Systems haben eine integrierte Verknüpfung zu folgenden Funktionsbereichen und Funktionen:

- Zu den Basiselementen (Adresse, Artikel, Konditionen und Verfahren) werden die notwendigen QK-Informationen erfasst und bereitgestellt.

- In der Warenwirtschaft sind alle erforderlichen Basisdaten des QK-Systems zugänglich und aktualisierbar.
- Für das Management sind alle qualitätsbezogenen Daten jederzeit abrufbar und nach beliebigen Kriterien auswertbar.
- Im Ablauf der Qualitätskontrolle selbst sind alle Basisdaten mit ihren betriebsspezifischen Qualitätsinformationen online und real time zugänglich.

Über die umfassende Integration der QK-Basisdaten im gesamten Unternehmensführungssystem wird gewährleistet, dass alle qualitätsbezogenen Daten arbeitsplatzspezifisch bereitgestellt und selektiv abrufbar sind.[27]

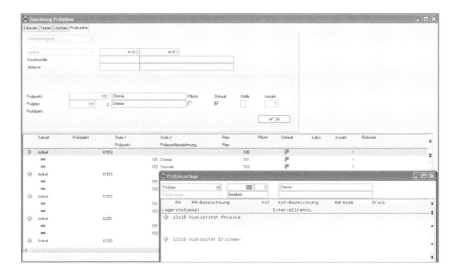

Für das branchengerechte und betriebsspezifische Anlegen der QK-Basisdaten bedeutet diese umfassende Parametrisierung und variable Erfassung der Basisdaten:
- Die Messverfahren sind variabel definierbar, und zu jedem Messverfahren kann ein beliebig festlegbarer Katalog von Verfahrensanweisungen hinterlegt werden.
- Im Beurteilungsstamm sind alle zustands-, prozess- und produktbezogenen Prüfungen hinterlegt und nach betriebsindividuellen Vorgaben zu bewerten.
- Der Maßnahmenstamm besteht aus einem Katalog von betriebsspezifischen, variablen Handlungsanweisungen, der permanent aktualisiert werden kann.
- In den Artikelspezifikationen sind alle Artikel (Produkte, Halbfabrikate etc.) mit jeweils spezifischen Verfahrensanweisungen sowie mit festge-

legten Qualitätskontrollen zu belegen, entsprechend dem vorgegebenen HACCP-Konzept.

- Die Kostenstellenaudits enthalten alle Messungen und Beurteilungen, um die notwendigen (im QK-Handbuch festgelegten) Qualitätsmerkmale planmäßig zu überprüfen.

- In den externen Audits werden alle qualitätsrelevanten Merkmale vorgegeben, um „vor Ort" beim Lieferanten und Kunden die notwendigen Kontrollen zu befolgen.

Die Basisdaten stellen den Rahmen der durchzuführenden QK-Arbeiten dar, sodass der Umfang aller qualitätsrelevanten Prüfungsvorgänge, d. h. Messungen und Beurteilungen, mit den vorstehenden QK-Stammdaten betriebsspezifisch definiert ist. Daraus folgt, dass ausschließlich die Basisdaten in das QK-System eingehen dürfen, die eine handbuchkonforme Bearbeitung gewährleisten und von den Mitarbeitern des Unternehmens unter dem Aspekt einer wirtschaftlichen Arbeitsweise befolgt werden können.

3.3.3.3 Integrierte Qualitätskontrolle

Die Durchführung eines integrierten QK-Systems erfordert eine lückenlose Online- und Real-Time-Datenerfassung im Unternehmen. Das nach dem HACCP-Konzept aufgebaute Qualitätssicherungsverfahren wird durch die Integration in das Unternehmens-Informations-System zu einem wesentlichen Bestandteil des Unternehmens-Controllings.

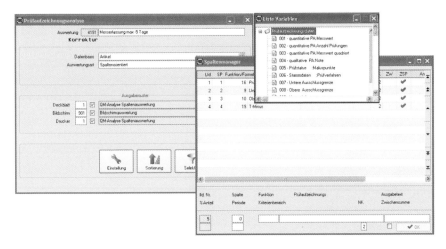

Aus dieser Situation folgt die Notwendigkeit einer Zusammenführung von QK-System, Management und Controlling zu einer umfassenden Unternehmenssteuerung. Die nach ISO 9000 erforderlichen Dokumentationen und Verfahrensanweisungen sind nach dem betriebsspezifischen HACCP-Konzept durchzuführen. Die an den CCPs vorzunehmenden qualitätssichernden Maßnahmen sollten in den gesamten Arbeitsfluss so integriert sein, dass sie ohne zusätzliche, d. h. ausschließlich QK-Aufgaben durchzuführende Tätigkeiten auskommen. Die wirtschaftliche Ausrichtung der Datenerfassung und Arbeitskontrollfunktionen steht unter der Maßgabe eines qualitätsorientierten Controllings.

Zur Umsetzung des QK-Handbuches sind die 20 Elemente nach ISO 9000 über folgende qualitätssichernde Aufgaben in das System zur Unternehmensführung zu integrieren:

- Aufbau einer „Stichprobenverwaltung" für die kompletten Warenwirtschafts-, Zeitwirtschafts- und Management-Prozesse
- Festlegung der Definitionen für den Aufbau der Bewertungskriterien und zur Durchführung der unternehmensweiten „Kostenstellenbewertung"
- Durchführung einer umfassenden „Lieferantenbewertung"
- Dokumentation und Auswertung aller qualitätsrelevanten Daten in einer unternehmensumfassenden „Labor- und Messdaten-Statistik"

Beispielsweise können die lt. HACCP-Konzept erforderlichen Messpunkte an folgenden Schnittstellen im Betriebsprozess angeordnet sein:

- Wareneingang
- Produktionsprozess
- Chargierung
- Produktionsausgang
- Versandausgang

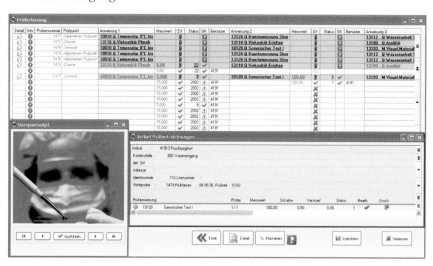

Entsprechend den betriebsspezifischen Bedürfnissen zur wirtschaftlichen Qualitätskontrolle sind diese Punkte beliebig zu erweitern bzw. zu reduzieren. Die prozessbegleitenden Qualitätskontrollmaßnahmen sind durch die komplette Integration des QK-Systems in die Unternehmensführung für alle Funktionen und über alle Funktionsbereiche nachvollziehbar. Alle wesentlichen Bestandteile eines nach ISO-9000 ausgerichteten QK-Systems sind im CSB-System online und real time integriert. Durch diese Lösung reduziert sich die Arbeit der QK-Handbuch-Erstellung auf das notwendige Minimum. Durch die umfassende Integration werden erhebliche QK-Organisationskosten konsequent eingespart, womit nachhaltig eine Senkung der Fehlerkosten im ganzen Unternehmen erreicht wird. Die wettbewerbsfähigen Unternehmen der Zukunft werden auf ein integriertes, d. h. ein in das System zur Unternehmensführung eingebundenes QK-Management nicht verzichten können.

3.3.3.4 Spezielle Qualitätssicherung

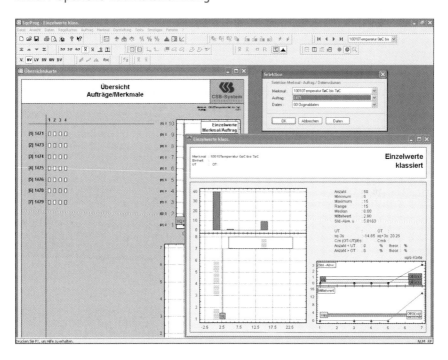

Aufbauend auf der integrierten Qualitätssicherung sind für die betriebliche Organisation spezifischer Qualitätsprüfungs- und Laboruntersuchungsabläufe spezialisierte Softwaremodule im Qualitätsmanagement erforderlich. Schwerpunkte aus den Einsatzgebieten der hier eingesetzten Qualitätssicherungs- und Labor-Informations-Systeme (QLS) mit den speziellen Elementen
- QLS/LIMS (Labor-Informations- und -Management-System)
- QLS/MED (Medizinisches Labordaten-System)

- QLS/CAQ (Computer Aided Qualitycontrol)
- QLS/HACCP (Hazard Analysis of Critical Control Points)

sind die Bereiche Pharma, Medizin, Chemie, Farben, Nahrung & Genuss und die diskrete Fertigung.

Die Organisationsstrukturen von Unternehmen in diesen Bereichen unterscheiden sich sogar innerhalb eines Bereiches erheblich. Über die umfassende Palette von QLS-Standardfunktionen hinaus können die betriebsspezifisch ausgerichteten Anforderungen präzise durch flexible QLS-Applikationswerkzeuge abgedeckt werden. Die grundlegenden Standardfunktionalitäten sind branchenspezifisch geprägt und erlauben es, betriebsspezifische und produktspezielle Qualitätssicherungsverfahren lückenlos zu organisieren.

Insbesondere für die Pharma-Unternehmen gelten unabdingbare Sicherheitsanforderungen wie:
- GLP (Good Laboratory Practice)
- GMP (Good Manufacturing Practice)
- GAP (Good Analytical Practice)
- DIN EN ISO 9000 ff.
- Regeln der FDA (Food and Drug Administration)

Für die Lebensmittelbranche gelten speziell:
- GHP (Good Health Practice)
- HACCP (Hazard Analysis of Critical Control Points) bzw.
- Betriebliche Eigenkontrolle

Alle Anforderungen, nicht nur aus der Pharma-Branche, können mit den speziellen Qualitätssicherungswerkzeugen (QLS/LIMS) abgedeckt werden. Im Einzelnen bedeutet dies exakte Lösungen für:
- Prüfplanung und Auditierungsplanung
- Prüfmittel-Management
- Forschung & Entwicklung
- Projekt- und Dokumentenmanagement
- Wareneingangsspezifische Prüfungen
- Prüfdynamisierung, Prüfschärfen und Stichproben
- Lieferantenbewertung
- Produktionskontrolle und automatische Probengenerierung
- Freigaben und Verwendungsentscheide
- End- und Warenausgangskontrolle
- Zertifikats- und Berichterstellung
- Stabilitäten
- Chargenrückverfolgung und Reklamationsmanagement
- Statistiken und Regelkarten
- Fehler-Feedback zur Optimierung von Produktion und Prüfwesen

- Probenbearbeitung im Labor, Messwertverarbeitung und Berechnungen
- Terminüberwachung und Wiedervorlage
- Barcode und andere Identifizierungssysteme
- Online-Anbindung von Messgeräten
- Schnittstellen zu externen Datensystemen
- Archivierung

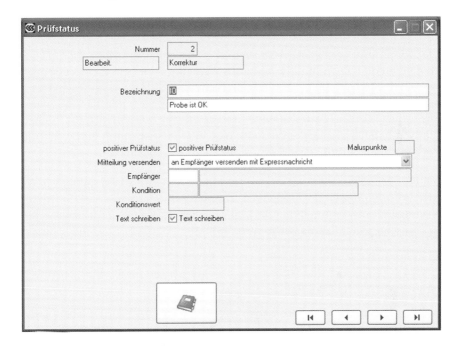

Neben der kompletten Realisierung der Anforderungen der chargenorientierten Industrie wurden über die Modularität und Flexibilität von CSB-QLS auch übergreifende Systeme realisiert, die vom LIMS bis hin zum CAQ alle Funktionen der speziellen Qualitätssicherung umfassend gewährleisten. Bei der Einführung von QLS-Systemen wird eine hohe Effizienz durch den Einsatz der vorkonfigurierten Standardmodule erreicht. Zudem ist die höchstmögliche Abdeckung der Anforderungen durch den zusätzlichen Einsatz der Applikationsgeneratoren gesichert, da diese Anpassungen bis auf das kleinste atomare Datenelement ermöglichen. Im Ergebnis hat sich damit die Software praxisnah der Organisation angepasst, wobei Wartbarkeit und Releasefähigkeit vollständig erhalten bleiben. Mittels der QLS-Applikationswerkzeuge und der permanenten Releasefähigkeit kann das System jederzeit um neue Funktionen erweitert werden. Somit ist ein umfassendes „lebendes System" gewährleistet, das stets den wachsenden Bedürfnissen und Anforderungen genügen kann.

3.4   Management & Controlling

Unternehmerischer Erfolg ist im Wesentlichen durch richtige Entscheidungen des Managements begründet. Folglich ist die Unternehmensführung bestrebt, jederzeit schnelle und fundierte Entscheidungen zu treffen. Diesem Anspruch stehen jedoch die Komplexität und Dynamik des Unternehmensumfeldes entgegen, die eine Diskrepanz zwischen verfügbarer und benötigter Entscheidungszeit bedingen.

Die Durchführung dispositiv wirkender Tätigkeiten erfordert daher vom Management eine optimale Nutzung aktueller bzw. zukunftsweisender Informationstechnologien. Routinetätigkeiten der Informationsbeschaffung und -verarbeitung können so weitgehend automatisiert und dem Management aller Ebenen leistungsfähige Werkzeuge zur betriebswirtschaftlichen Analyse geboten werden. Auf dem Weg zur Entscheidung kann sich die Unternehmensführung so auf das Wesentliche konzentrieren.

Die vom Management eingesetzten Informationssysteme sind an den speziellen Anforderungen der jeweiligen Hierarchiestufe ausgerichtet. So findet die organisatorische Einteilung des Managements Ausdruck in der integrierten Gesamtsystemarchitektur (siehe Abb. 46).

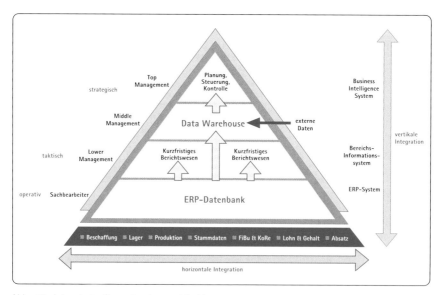

Abb. 46: Integrierte Gesamtsystemarchitektur

Eine Orientierung an den aus der hierarchischen Position des Entscheiders und seiner Nähe zum Leistungserstellungsprozess resultierenden Anforderungen stellt sicher, dass jedem Manager eine speziell auf seine Bedürfnisse zugeschnittene Lösung zur Verfügung steht.

Gemäß dieser Einordnung erfolgt im CSB-System eine Unterteilung der dispositiven Informationssysteme in strategische und taktisch-operative Auswertungssysteme.

Vor diesem Hintergrund spielen zugleich die horizontale und vertikale Integration eine entscheidende Rolle: Eine horizontale Integration der Informationssysteme wird über die Integration aller Unternehmensbereiche in einem (den Auswertungssystemen zugrundeliegenden) ERP-System erreicht, die vertikale Integration verlangt nach einer schnittstellenfreien Zusammenarbeit von Business Intelligence-, Bereichsinformations- und ERP-System in einer funktionsübergreifenden Gesamtsystemarchitektur. Auf diesem Weg werden Medienbrüche, Doppelerfassungen und inkonsistente Datenbestände vermieden und die dispositive Tätigkeit auf eine gesicherte Basis gestellt.

3.4.1   Business Intelligence System

Das vom Business Intelligence System adressierte Top- und Middle-Management stellt besondere Ansprüche an Darstellung und Ergonomie. Die Forderung nach einer Informationspräsentation „auf Knopfdruck" hat sich heute in der Geschäftsführung durchgesetzt. Manager verlangen Big-Button-Oberflächen (Cockpits/Dashboards), die in optisch ansprechender und wohlstrukturierter Weise hoch verdichtete Kennzahlen präsentieren.

Aufbauend auf den präsentierten Informationen bietet ein modernes BIS alle benötigten managementunterstützenden Funktionalitäten, die sich wiederum an den gängigen Managementfunktionen orientieren:

- *Strategie- und Zielbildung*
- *Langfristige Planung und Steuerung*
- *Ergebniskontrolle*
- *Optimierung der Prozesse und Entscheidungen*

Begleitet werden diese Managementfunktionen durch die Basistätigkeiten des Managements, die sich mit Information, Analyse, Entscheidung und Kommunikation beschreiben lassen.

Dem Business Intelligence System kommt dabei die Aufgabe zu, das Management sowohl bei den Basistätigkeiten als auch bei den oben genannten Managementfunktionen durchgängig zu unterstützen.

3.4.1.1 Strategie- und Zielbildung

Während der Strategiebildung im Unternehmen werden die wesentlichen Leitlinien auf dem Weg zum Erfolg aufgezeigt. Es gilt, eine Unternehmensstrategie zu formulieren, die einerseits die unternehmensspezifischen Stärken und Schwächen und andererseits die Unternehmensumwelt (Marktsituation) berücksichtigt. Die Darstellung erfolgt in Form einer Strategiematrix/-portfolio (vgl. SWOT-Analyse, BCG-Portfolio etc.), wobei die internen und externen Gefahren und Potenziale aufgezeigt und die Wahl einer erfolgsorientierten Positionierung und Strategie unterstützt werden.

Dem Business Intelligence System kommen während des Prozesses der Strategiebildung zwei Aufgaben zu:

> ■ *Die Versorgung mit strategiebeeinflussenden internen und externen Informationen und deren Präsentation in geeigneter Form.*
> ■ *Das Bieten von Instrumenten und Werkzeugen zur Strategiefindung, -dokumentation und -kommunikation.*

Ist eine Strategie formuliert, wird diese schriftlich fixiert und an die tieferen Managementebenen weitergegeben. Die stete Zugriffsmöglichkeit auf die „Strategiepapiere", integriert in die Oberflächen des Business Intelligence Systems, begünstigt deren Multiplikation über das gesamte Unternehmen.

Ausgehend von der gewählten Unternehmensstrategie werden langfristige Ziele für das Unternehmen definiert. Diese Fundamentalziele lassen sich schrittweise bis zu den kritischen Erfolgsfaktoren herunterbrechen und anschließend in einen Zielbaum einordnen. Das erzeugte Zielsystem ermöglicht die Analyse sachlogischer und mathematischer Abhängigkeiten zwischen den Zielelementen.

Es ist notwendig, Messgrößen zu formulieren, an denen der Zielerreichungsgrad gemessen werden kann. Der Zielbaum wird in das Business Intelligence System integriert (siehe Abb. 47) und ermöglicht so die ständige Überwachung der Zielerreichung. Ein derartiges strategisches Monitoring wird unterstützt durch Ampeldarstellungen, die jederzeit Auskunft über die aktuelle Unternehmenssituation geben. Mithilfe von Frühwarnindikatoren können mögliche Fehlentwicklungen rechtzeitig erkannt und mit einem zeitlichen Vorlauf Gegenmaßnahmen eingeleitet werden.

Eine priorisierte Gewichtung der einzelnen Elemente der Zielhierarchie sorgt dafür, die besonders erfolgskritischen Komponenten entsprechend stärker in die Betrachtung einfließen zu lassen.

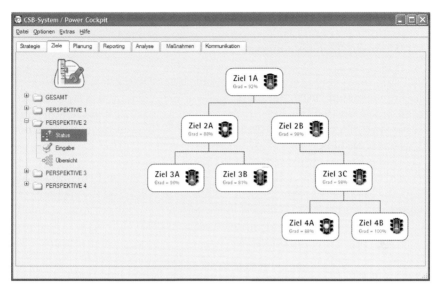

Abb. 47: Zielsystem im Power Cockpit

3.4.1.2 Langfristige Planung und Steuerung

Sind Strategie und Zielsystem durch das Top-Management verabschiedet, so obliegt dem Management die Aufgabe, ausgehend von den heruntergebrochenen Zielen die Langfristpläne zu entwerfen. Hierbei lässt sich der Planprozess in eine prognostische und eine normative Planung aufteilen:

- **Prognostische Planung (Forecasting):** Auf der Basis vorhandener Daten und Datenstrukturen findet die Fortschreibung der Istdaten für einen definierten Planzeitraum statt. Durch Integration des Urlaubs- und Feiertagskalenders und die Berücksichtigung saisonaler Verläufe wird die Planung zeitlich ausgerichtet. Trendanalysen helfen, Entwicklungstendenzen aufzudecken und in die Zukunft fortzuschreiben. Neue Strukturen, die sich etwa durch die Anpassung des Artikelsortimentes oder neue Geschäftspartner entlang der Wertschöpfungskette ergeben, werden auf den Planzeitraum übertragen. Eine „Vererbung" der Planwerte vergleichbarer Elemente vereinfacht das Forecasting.

- **Normative Planung:** Ausgehend von den prognostizierten Unternehmensentwicklungen (ohne Anpassung des bestehenden Maßnahmenkatalogs), ist es möglich, durch die Vergabe von Zielwerten für die zuvor identifizierten Messgrößen (Kennzahlen) angestrebte Zustände zu quantifizieren. In Form absoluter und relativer Zu- und Abschläge auf die Forecastzahlen und die manuelle Anpassung von Planwerten inklusive automatischem Splashing[28] und Aggregation wird die normative Planung umgesetzt.

Am Planprozess sind oftmals viele verschiedene Planungsträger beteiligt.[29] Das Ergebnis sind meist unterschiedliche Planszenarien, die sich vergleichend gegenüberstellen lassen. Dieser Vergleich einzelner Planszenarien bildet die Grundlage für die Auswahl eines Szenarios und die anschließende Planverabschiedung.

Der nächste Schritt auf dem Weg zur Umsetzung ist die Erstellung eines Maßnahmenkatalogs und die Zuordnung von Verantwortlichkeiten. So können delegierbare Maßnahmen direkt an die zuständigen Managementebenen übergeben werden, wo sie als Ausgangspunkt für eine detailliertere, bereichsbezogene Planung dienen.

Die im Zusammenhang mit der Planung angestrebte Steuerung der Unternehmensprozesse besteht in der abgeleiteten Detailplanung der untersten Managementebenen und die Veranlassung einer strategie-, ziel- und plankonformen Durchführung der notwendigen Arbeitsschritte. Zu diesem Zweck erfolgt das Herunterbrechen des Gesamtplans entlang der Organisationsstruktur und die sukzessive Verteilung von Aufgaben an tiefere, operativ agierende Managementebenen. Die Umsetzung als solche ist nicht mehr Aufgabe des Managements, sondern wird von den Sachbearbeitern und Ausführungskräften des Unternehmens wahrgenommen.

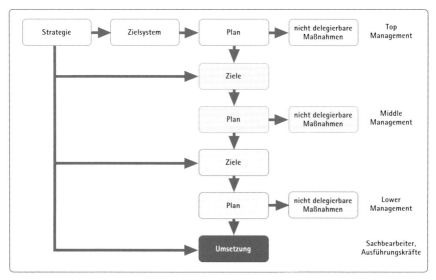

Abb. 48: Planung und Steuerung

Die zwischen den einzelnen Teilplänen bestehenden Abhängigkeiten sind Chance und Risiko zugleich: Nur bei durchgängiger Berücksichtigung aller Zusammenhänge kann eine integrierte Planung etabliert werden, die positiv auf den Unternehmenserfolg wirkt.

3.4.1.3 Finanzmanagement

Aus dem Bereich der Unternehmensplanung ist das Finanzmanagement besonders hervorzuheben. Neben der Planung der strategischen Ziele und der Umsetzung der operativen Pläne zur Wettbewerbsverbesserung (und somit zur Steigerung der Produktivität des Unternehmens) muss die Versorgung mit ausreichenden Finanzmitteln unbedingt geplant und abgesichert werden. Hierbei werden zwei Finanzierungsbereiche unterschieden:
- Finanzierung der Investitionen
- Finanzierung des Umlaufkapitals

Auf der Basis eines vorliegenden Investitionsplanes und vorausgegangener ROI-Beurteilung[30] der einzelnen Investitionsvorhaben wird die notwendige Finanzierung vom Management geplant und mit den in Frage kommenden Kapitalgebern abgestimmt.

> *Als Kapitalgeber kommen auf die Unternehmensformen ausgerichtete Zuflüsse aus „Eigenkapital" durch Eigenfinanzierung, durch Kapitalaufnahme als Fremdfinanzierung sowie die Selbstfinanzierung aus erwirtschafteten Finanzmitteln in Frage.*

Der Bedarf des Umlaufkapitals wird nach verschiedenen Formeln berechnet[31]. Die Kapitalbindung wird durch die Faktorkombination sowie die benötigten Finanzmittel aus den Zahlungszielen und der Lagerhaltung ermittelt.

Aus dem Finanzierungsbedarf des geplanten Investitionsvolumens und des Umlaufkapitals einer festgelegten Periode lässt sich der „Unternehmens-Finanzplan" erstellen. Die Finanzplanung sollte dabei in vier Periodenbereiche aufgeteilt werden:
- Permanenter Finanzplan-Status
- Kurzfristiger Finanzplan
- Mittelfristiger Finanzplan
- Langfristiger Finanzplan

Die kurzfristige Finanzplanung sollte dem Wirtschaftsjahr entsprechen (1 Jahr), der mittelfristige Plan 2 oder 3 kurzfristige Pläne enthalten und der langfristige Plan 2 oder 3 mittelfristige Pläne umfassen. Daraus folgt, dass alle Finanzpläne über die vorgegebenen Perioden miteinander verkettet sind, d. h. integrierte Planabläufe darstellen. Jeder Unternehmens-

Finanzplan ist so aufzubauen, dass das Management einen schnellen Überblick über die Finanzsituation erhalten kann.

> Der „permanente Finanzplan-Status" ist aus der periodischen Finanzplan-Übersicht jederzeit abrufbar[32]. Hierbei wird gleichzeitig ein Plan-Ist-Vergleich periodisiert angezeigt[33]. Durch die Integration aller Funktionsbereiche und die Abbildung der gesamten unternehmerischen Aktivitäten im Finanz- und Rechnungswesen wird sichergestellt, dass die in den einzelnen Funktionen der Warenwirtschaft geplanten und realisierten Aktivitäten jederzeit abrufbar sind und einer Plan-Ist-Analyse unterzogen werden können.

Hierbei werden für die Finanzplan-Übersicht die finanzwirtschaftlich relevanten Daten mit ihren Plan-Ist-Werten zusammengefasst.

Als Saldo aus a und b (in Abb. 49) und aus der Gegenüberstellung der Plan- und Ist-Werte ergibt sich ein Zuwachs bzw. eine Abnahme der verfügbaren Finanzmittel.

Finanzarten	Periode 1 von _____ bis _____				Periode n
	Ist Finanz-Bestand	Ist a. Zugang b. Abgang c. Saldo	Plan a. Zugang b. Abgang c. Saldo	Differenz Ist zu Plan	
Finanzmittel					
Kassen	1 000				
Banken	9 000				
Zwischensumme	10 000				
a) Einnahmen					
a1) operat. Einnahmen		8 000	9 000	- 1 000	
a2) a. o. Einnahmen		1 500	1 000	+ 500	
Zwischensumme		9 500	10 000	- 500	
b) Ausgaben					
b1) operat. Ausgaben		7 500	8 000	- 500	
b2) a. o. Ausgaben		1 500	1 000	+ 500	
Zwischensumme		9 000	9 000	+/- 0	
c) Saldo a ./. b					
c1) Ist	10 000	+ 500		10 500	
c2) Plan	10 000		+ 1 000	11 000	
Differenz Ist ./. Plan				- 500	

Abb. 49: Periodische Finanzplan-Übersicht mit Plan-Ist-Vergleich

Die vorstehende Unterscheidung zwischen operativen Ein- und Ausgaben sowie den außerordentlichen Ein- und Ausgaben erfolgt unter der Zielsetzung, die aus der Umsatzaktivität erwachsenden Ein- und Ausgaben von den „Finanz"-Ein- und -Ausgaben zu trennen.

> *Die Aufgabe der Finanzplanung im Unternehmen ist die Aufrechterhaltung der Liquidität. Dem Management müssen daher jederzeit aktuelle Informationen über die Liquiditätsentwicklung im Unternehmen zur Verfügung gestellt werden.*

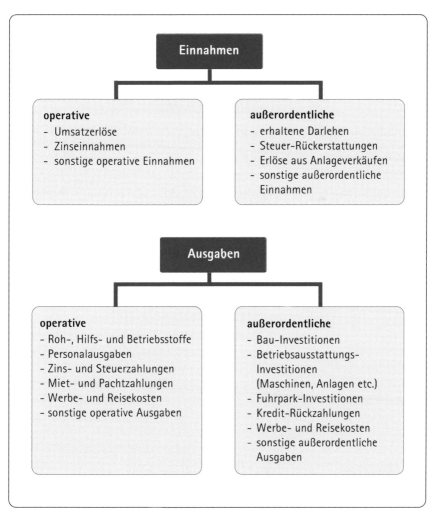

Abb. 50: Gliederungsvorgaben für den Unternehmens-Finanzplan

Als Liquidität wird die Differenz zwischen verfügbaren flüssigen Mitteln und fälligen Verbindlichkeiten bezeichnet. Der Liquiditätsstatus stellt eine zeitpunktbezogene Liquiditätsermittlung dar. Übersteigen die flüssigen Mittel die fälligen Verbindlichkeiten, so liegt eine Überdeckung und im entgegengesetzten Falle liegt eine Unterdeckung mit liquiden Mitteln vor. Die Liquiditätsgrad-Ermittlung wird mit der Division der Vermögenswerte durch die Verbindlichkeiten (L = VW/V) festgestellt. Setzt man die liquiden Mittel nach unterschiedlicher „Liquidierbarkeit" zu den Verbindlichkeiten ins Verhältnis, so erhält man den Liquiditätsgrad verschiedener Ordnung[34].

Eine vom Management zu gewährleistende Finanzkontrolle geht über die Finanzplanung und Liquiditätsprüfung hinaus. Die im Unternehmen ablaufenden Finanzbewegungen sind einer periodischen Kontrolle zu unterziehen.

Cash-flow-Rechnung	Periode 1 Datum	Periode 2 Datum	Periode 3 Datum	Periode 4 Datum	Periode n Datum
Brutto-Erlös					
Finanzmittel Kassen Banken					
Σ Anfangsbestand Finanzmittel + operat. Einnahmen + außerordentl. Einnahmen (ohne Kreditzufluss)					
Σ Verf. Finanzmittel					
./. operat. Ausgaben ./. außerordentl. Ausgaben (ohne Kreditrückzahlung)					
Σ Finanzmittel aus Geschäftstätigkeiten					
+ Kreditzufluss ./. Kredittilgung					
Flüssige Finanzmittel					
+ freie KK-Linien bei Banken Σ					
Dispositive Finanzmittel					

Abb. 51: Periodische Cash-flow-Rechnung

Hierzu wird auf die von Neubert entwickelte Finanzflussrechnung zurückgegriffen und zu einer „Cash-flow-Rechnung" im CSB-System erweitert[35]. Die in Abb. 51 dargestellte Cash-flow-Rechnung geht von der Erkenntnis aus, dass alle Aufwendungen und Erträge (sofern die Bestandsveränderungen jeweils erfasst werden) den Ausgaben und Einnahmen entsprechen müssen. Die Cash-flow-Rechnung liefert somit aussagekräftiges Zahlenmaterial zur Ertragskraft bzw. zum Selbstfinanzierungsgrad des Unternehmens. Zur Planung der kurzfristigen Liquiditätsvorschau kann die vorstehende Cash-flow-Rechnung (Abb. 51) angewendet werden.

In einer weiteren Darstellung[36] des Cash-flows auf der Basis periodischer Ist-Zahlen (z. B. jeweils zum Monatsende) kann die Entwicklung der flüssigen Mittel aussagekräftig für die Unternehmensleitung aufbereitet und somit der gestellten Aufgabe gerecht werden, die Liquiditätslage des Unternehmens situationsgerecht abzubilden.

3.4.1.4 Führungskennzahlen

Führungskennzahlen zu beurteilen und daraus die notwendigen Entscheidungen abzuleiten, gehört zu den vorrangigen Aufgaben des Managements.

Über vier verschiedene Kategorien von Kennzahlen wird die Darstellung des Erfolges eines Unternehmens ermöglicht:
- Globale Unternehmenswerte
- Branchenvergleichszahlen
- Marktkennzahlen
- Unternehmensergebnisse

Die globalen Kennzahlen im Wirtschaftsleben sind branchenübergreifend und dienen dem Zweck der Unternehmensbewertung und Unternehmensbeurteilung.

Aus den branchenspezifischen Kennzahlen lassen sich wettbewerbsbezogene Aussagen zur Unternehmenssteuerung ableiten und den Unternehmenserfolg zu den Mitbewerbern in ein vergleichendes Verhältnis setzen.

> *Durch die Marktkennzahlen lassen sich die jeweils aktuelle Wirtschaftssituation sowie die Plan-Ergebnisse für die budgetierten Plan-Perioden mit den Kennzahlen der Vergangenheit vergleichen. Aus diesem „internen Betriebsvergleich" lassen sich wichtige Rückschlüsse auf die vom Management zu ergreifenden Maßnahmen ziehen.*

In den Funktionskennzahlen spiegeln sich die getätigten wirtschaftlichen Handlungsweisen in Bezug auf die Faktorkombinationen eines jeden Unternehmens wider. Der Unternehmenserfolg selbst lässt sich auf die Einzelergebnisse und Werte in den Funktionen zurückführen. Nur durch die permanente Überprüfung aller Aktivitäten und die darauf folgende notwendige Verbesserung der einzelnen Abläufe sind die Funktionsergebnisse zu optimieren und die Reibungsverluste an den Schnittstellen zwischen den Funktionen und den Funktionsbereichen zu minimieren.

> *Der Unternehmenswert ist eine globale Kennzahl zur Beurteilung eines Unternehmens. In der Gesamtbewertungsrechnung werden der „Ertragswert" und der „Substanzwert" als Hilfswerte zur Unternehmensbewertung verwendet[37].*

Zur Ermittlung des Ertragswertes müssen der zu erwartende „Reinertrag" und der „Kapitalisierungszinsfuß" festgelegt werden[38]. Beide Werte können nur als Schätzgröße betrachtet werden; die immanenten Risiken solcher Schätzungen bedürfen keiner weiteren Erläuterung.

Aus der unsicheren Ertragswertbetrachtung folgt, dass der Substanzwert als zusätzlicher Beurteilungsfaktor zur Unternehmensbewertung herangezogen wird. Der Substanzwert wird ermittelt, indem die Anlagegüter mit ihrem Wiederbeschaffungswert (abzüglich Abschreibung nach effektiver Lebensdauer) betrachtet werden. Durch dieses Verfahren werden die stillen Reserven im Anlagevermögen aufgedeckt.

Aus der Differenz zwischen Ertragswert und Substanzwert lässt sich der immaterielle Firmenwert ermitteln[39]. In der Expost-Betrachtung ist der Ertragswert eine zulässige Größe, um die Leistungen des Managements zu beurteilen. Der Wert des Unternehmens für einen Käufer lässt sich jedoch nicht allein aus Vergangenheitswerten ableiten. Aus der Produktnachfrage am Markt und der zu erwartenden Innovationskraft des Unternehmens sowie den Fähigkeiten, auf aktuelle Produktanforderungen schnell zu reagieren, erwachsen die Chancen für das Management, die Wettbewerbsposition des Unternehmens nachhaltig zu verbessern. Nur das positiv wirkende Management ist in der Lage, eine zukunftsorientierte Strategie zu entwickeln und daraufhin eine gefestigte Marktposition für das Unternehmen zu erreichen.

Aus den Branchenvergleichszahlen lassen sich die Erfolge des Unternehmens in Relation zu den Wettbewerbern darstellen. Die allgemein zugänglichen und objektivierten Daten bestimmen hierbei die Möglichkeiten eines aussagekräftigen Branchenvergleiches. Branchenorganisierte Verbände bieten ihren Mitgliedern die Möglichkeit, an aussagekräftigen Betriebsvergleichsanalysen teilzunehmen[40]. Diese Daten und Kennzahlen im Branchenvergleich zu den eigenen Betriebsdaten zu erfassen und die Abweichungen zu ermitteln, erfordert, dass die verschiedensten Kennzahlen erfasst und ausgewertet werden können. Im CSB-System sind die in Abbildung 52 dargestellten Kennzahlentypen auswertbar und mit den Durchschnittsbranchenwerten vergleichbar.

1. Bestandszahlen im Vergleich	$\dfrac{\text{Bestandszahl}}{\text{Bestandszahl}}$ = Quotient als Kennzahl
2. Bewegungszahl im Verhältnis zur Bestandszahl	$\dfrac{\text{Bewegungsszahl}}{\text{Bestandszahl}}$ = Quotient als Kennzahl
3. Bestandszahl im Verhältnis zur Bewegungszahl	$\dfrac{\text{Bestandszahl}}{\text{Bewegungsszahl}}$ = Quotient als Kennzahl
4. Bewegungszahl im Vergleich	$\dfrac{\text{Bewegungszahl}}{\text{Bewegungszahl}}$ = Quotient als Kennzahl

Abb. 52: Branchenspezifische Unternehmenskennzahlen

Durch die Zerlegung der vorstehenden Kennzahlentypen ergibt sich eine differenziertere Betrachtungsmöglichkeit dieser Kennzahlen und eine verbesserte Aussagekraft im Periodenvergleich[41]. Aus den ebenfalls bereits beschriebenen Branchenvergleichszahlen lassen sich ein Finanzstruktur-, ein Kosten- und Ertragsvergleich sowie ein Produktivitätsvergleich herbeiführen.

Die als Markt-Kennzahlen zu ermittelnden Informationen sollten im Besonderen die zeitnahen Entwicklungstendenzen des Beschaffungsmarktes und die Situation der vom Unternehmen angebotenen Güter wiedergeben und somit diese Daten im Periodenvergleich bewertbar machen. Vorlaufende Marktinformationen über den Güter- und Faktormarkt sind für die zu planende Unternehmensentwicklung von größter Wichtigkeit und deshalb einer detaillierten Analyse zu unterziehen:

■ Die Beschaffungsmarktsituation ist für alle Elementarfaktoren (menschliche Arbeitskraft, Betriebsmittel, Werkstoffe und Wissen) einer permanenten Qualitäts- und Kostenanalyse zu unterziehen.
Im Einzelnen sind hierbei folgende Informationen aus dem Faktormarkt zu gewinnen:

- alternative Beschaffungsquellen für alle Elementarfaktoren
- permanente Kontrolle der Preisentwicklung über die wichtigsten Beschaffungsartikel
- abgestimmte Lagerkontrolle (unter Berücksichtigung der Preis- und Nachfrageentwicklung) am Beschaffungsmarkt
- periodischer Plan-Ist-Vergleich als Budgetkontrolle über alle Leistungsfaktoren mit „Top-to-down-Analyse"
■ Die Absatzmarktsituation der vom Unternehmen am Markt angebotenen Güter (Produkte und Leistungen), die als Umsatzträger von besonderer Bedeutung sind, muss ständig analysiert werden.
Die ableitbaren notwendigen Kennzahlen umfassen:
- Darstellung der Aktivitäten und Auswertung der Folgereaktionen bei den angesprochenen Zielgruppen für „ABC-Güter"
- Entwicklungstendenz der abgegebenen Angebote für „ABC-Güter"
- Erfolgsgradermittlung über die abgegebenen Angebote
- Periodenvergleich und Entwicklungstendenz der Auftragseingänge nach „ABC-Gütern" mit Plan-Ist-Vergleich

In den Unternehmensergebnissen lassen sich die Entwicklung des Faktor- und Gütermarktes sowie die Auswirkungen der im Unternehmen vollzogenen Faktorkombination zur Gütererstellung ablesen. Die periodische Analyse der Unternehmensleistungen gehört zu den Führungsaufgaben des Managements.

Im Einzelnen werden folgende Unternehmenskennzahlen im CSB-System ermittelt:
■ Ertragsstatus
■ Produktivität
■ Deckungsbeiträge und
■ Wachstumschancen,
um somit über beliebige Datenkombinationen zur Ermittlung detaillierter Aussagen von Unternehmensergebnissen zu verfügen.

3.4.1.5 Ergebniskontrolle & Führungsoptimierung mit Business Intelligence System

Nach Erbringung der Leistung erhält das Management in einem Bottom-up-Verfahren Auskunft über die Performance[42] des Unternehmens. In Form verdichteter (globaler) Kennzahlen, die jederzeit abrufbar sein müssen, können sich so die beteiligten Organisationseinheiten bereichsspezifisch und bereichsübergreifend über die Unternehmensleistung informieren.

Der Weg vom Geschäftsprozess bis zur aussagekräftigen Information gehört zur Paradedisziplin des Business Intelligence Systems: Es gilt, die Prozessergebnisse mittels einer durchgängigen Betriebsdatenerfassung elektronisch zu dokumentieren und anschließend durch Strukturierung und Bereinigung zur Information zu wandeln. Das bedeutet, die zuvor bei Zielfindung und Planung rechentechnisch und sachlogisch heruntergebrochenen Zusammenhänge im Gegenstromverfahren wieder aufzubauen.

Durch dieses Vorgehen wird eine direkte Gegenüberstellung der erreichten Kennziffern mit den eingangs formulierten Plänen ermöglicht. Solche Soll-Ist-Vergleiche (siehe Abb. 53), die zu den bedeutendsten Werkzeugen des Controllings gehören, nutzen die zuvor definierten Kennzahlensysteme und stellen diese innerhalb der zu untersuchenden Auswertungsstrukturen dar. Für moderne Business Intelligence Systeme haben sich in diesem Zusammenhang die sogenannten OLAP[43]-Funktionalitäten durchgesetzt. Hierzu gehören im Wesentlichen das Wechseln der betrachteten Verdichtungsstufe (Drill-down/Roll-up), der Auswertungsperspektive (Rotation, Pivot) und das Fokussieren auf eingegrenzte Sachverhalte (Slicing, Dicing).

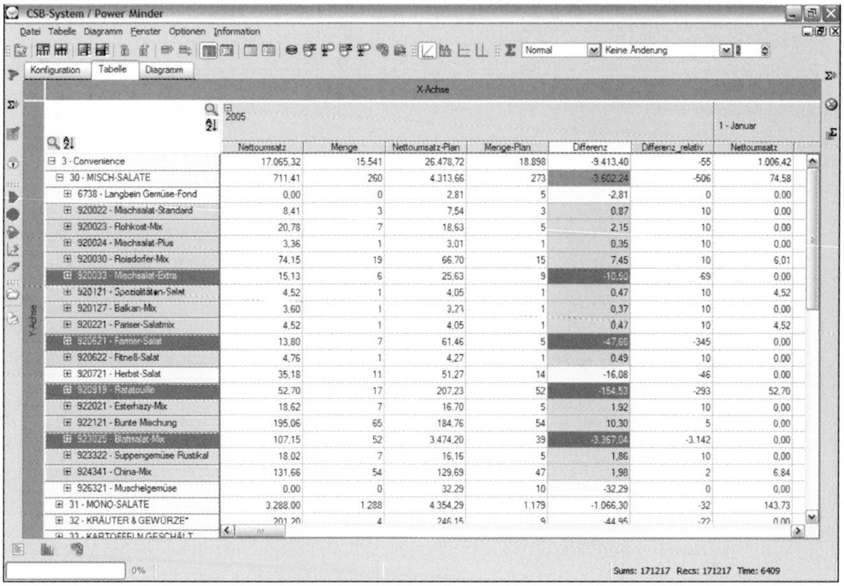

Abb. 53: Soll-Ist-Analyse im Power Minder

Im Rahmen der Führungsoptimierung werden die aus der Kontrolltätigkeit resultierenden Analyseergebnisse für eine Anpassung der Unternehmensstrategie genutzt. Zum einen ermöglicht die kritische Überprüfung der gesteckten Ziele bezüglich ihrer Realisierbarkeit die Anpassung von Zielsystem und verfolgter Strategie. Zum anderen verweisen abgeleitete Zusammenhänge innerhalb der unternehmerischen Strukturen auf mögliche Werttreiber. Ziel ist die Ableitung von Handlungsanweisungen, deren Beitrag zur Steigerung des Unternehmenserfolgs ersichtlich ist.

Neben den aufgeführten Management-Funktionen besteht eine wesentliche Aufgabe des Business Intelligence Systems in der Unterstützung der Basistätigkeiten des Managements. Dazu gehören die Gewinnung, Verarbeitung und Verteilung von Informationen, deren Analyse mit dem Ziel der Wissenserweiterung und Entscheidungsfindung verbunden sind.

Es hat sich herausgestellt, dass die besonderen Anforderungen des Managements bereits in der Systemarchitektur verankert sind. Im Wesentlichen bedeutet dies für moderne Business Intelligence Systeme, zwei grundlegende Konzepte zu berücksichtigen: das Data Warehouse als unternehmensweite Informationsbasis und die mehrdimensionale Betrachtung von Daten gemäß dem OLAP-Prinzip[44].

Unter Berücksichtigung der beiden genannten Konzepte gestaltet sich der Informationsfluss im Unternehmen wie folgt:

> 1. *Die während der Leistungserstellung erzeugten Prozessergebnisse werden durch eine Betriebsdatenerfassung (BDE) konsequent gesammelt und im operativen System als Daten gespeichert (Datenerfassung).*
>
> 2. *In regelmäßigen Abständen werden die entscheidungsrelevanten Daten automatisch aus den Quellsystemen extrahiert und in einen Arbeitsbereich (Staging Area) geladen (Extraktion).*
>
> 3. *Die vorliegenden Daten werden physisch und logisch zusammengeführt und harmonisiert. Durch automatische Prüfroutinen werden mögliche Datendefekte identifiziert und behoben (Transformation).*
>
> 4. *Nach der Aufbereitung der Daten erfolgt das Laden der Ergebnisse in das Data Warehouse. Je nach vorliegender Architektur werden darüber hinaus zusätzliche Verdichtungsstufen erzeugt und die Daten in Form mehrdimensionaler Informationsobjekte strukturiert.*

Neben der Steuerung der Informationsflüsse und der automatischen Durchführung der Informationsverarbeitung obliegt dem Business Intelligence System die Aufgabe, geeignete Werkzeuge für die Präsentation und Analyse von Informationen bereitzustellen. Zu den gängigen BI-Funktionalitäten gehören daher u. a. die arithmetische und grafische Darstellung von Kennzahlen, Abweichungsanalysen und Routinen zur Identifikation von Werttreibern.

Neben einem Standard- und Adhoc-Reporting sorgen Ausnahmeberichte[45], die bei Über- oder Unterschreiten vordefinierter Intervallgrenzen automatisch versendet werden, für eine vorausschauende, schlagkräftige Reaktionsfähigkeit der Unternehmensleitung.

> *Nur ein BI-Konzept, das alle Management-Funktionen und -Ebenen durchgehend unterstützt, wird auf Dauer im Unternehmen akzeptiert und zum Erfolg beitragen. Daher spielt die Integration aller Systembestandteile eine entscheidende Rolle. Es gilt, einen Kreislauf über Führungs- und Ausführungsebene zu schließen.*

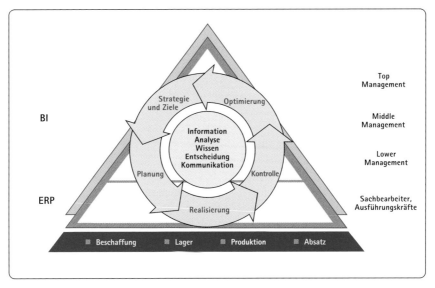

Abb. 54: Der Management-Regelkreis

Die technologische Basis bildet eine enge Zusammenarbeit der operativen und dispositiven Informationssysteme, sodass Insellösungen vollständig vermieden und vordefinierte Schnittstellen ohne Integrationsaufwand[46] eingesetzt werden können.

Die logischen Schnittstellen zwischen BIS und ERP werden durch die beiden Managementfunktionen Planung und Kontrolle widergespiegelt: Im Informationsfluss vom Management zu den Ausführungskräften (top-down) werden die Pläne übergeben und verfeinert, welche die Ziele quantifizieren. Die gegenläufige Aufbereitung von Prozessergebnissen zu Informationen (bottom-up) und deren Analyse mittels Soll-Ist-Vergleichen im Rahmen der Kontrolltätigkeit verbinden die operative und dispositive Welt.

3.4.2 Bereichs-Informations-System (BIS)

Für das (operative) Lower Management ist ein vom BIS abweichender Zugang zu Informationen und Funktionalitäten sinnvoll. Es gilt, das Unternehmensgeschehen in der kurzfristigen Perspektive zu betrachten, da die Bedeutung zeitnaher Informationen zunimmt. Aus diesem Grund wird der Ansatz eines ERP-basierten Reportings verfolgt, das einen direkten Online-Zugriff auf die Datenbanken des ERP-Systems gestattet.[47]

Anwender der Bereichs-Informations-Systeme sind vor allem Bereichsverantwortliche, die eine bereichsspezifische, eingeschränkte Sicht auf das Unternehmen verfolgen. Entsprechend den dispositiven Aufgaben des Lower Managements lassen sich die Funktionen der BIS anhand der folgenden Aspekte beschreiben:

- *Operative Feinplanung*
- *Kurzfristige Ergebniskontrolle*
- *Monitoring der Geschäftsprozesse*

3.4.2.1 Operative Feinplanung

Nach der Übernahme der Grobpläne aus den höheren Managementebenen (siehe 3.4.1.2) werden diese durch das Management tieferer Ebenen sukzessive aufgelöst. Dabei werden die zuvor verabschiedeten Grobpläne über funktionale Abhängigkeiten und entlang des Zeitstrahls heruntergebrochen. Die resultierenden Feinpläne, die jeweils für einen Bereich die kurz- bis mittelfristigen Zielwerte darstellen, stehen dabei in einem engen Zusammenhang. In Form einer integrierten Planung werden unter Berücksichtigung der bestehenden Abhängigkeiten Pläne immer weiter verfeinert und zwischen den Verantwortlichen abgestimmt. Automatische, im ERP-System hinterlegte Rechenvorschriften, unterstützen dieses Vorgehen.

3.4.2.2 Kurzfristige Ergebniskontrolle

Ähnlich zur Gegenüberstellung der Soll- und Ist-Zahlen im BIS[48] findet auch in den einzelnen Unternehmensbereichen eine regelmäßige Ergebniskontrolle statt. Hierfür werden die von den Bereichsleitern wiederholt angeforderten Berichte identifiziert und standardisiert hinterlegt. Somit erhält jeder Verantwortliche seine Kennzahlen in Sekundenschnelle.

Anders als in der langfristigen Perspektive des Top-Managements werden im BIS tagesaktuelle Informationen fokussiert. Typische Anwendungsbereiche sind etwa die Kontrolle von Lagerbeständen, von Tagesumsätzen der

Kassen, von produzierten Stückzahlen je Produktionslinie usw. Die gewonnenen Ergebnisse können wiederum durch Anwendung der Datenaufbereitungs- und Integrationsprozesse an höhere Managementebenen übergeben werden. Sie bilden die Schnittstelle zwischen operativer und dispositiver Ebene.

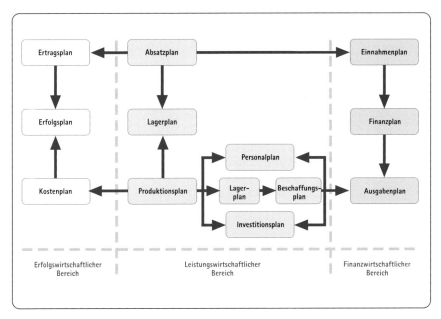

Abb. 55: Integrierte Planung & Planinterdependenzen

3.4.2.3 Monitoring der Geschäftsprozesse

Jederzeit aktuelle Informationen griffbereit zu haben, die eine unmittelbare Reaktion auf die operativen Prozesse erlauben, ist für das Lower Management erfolgsentscheidend. Im Vordergrund stehen dabei Online-Daten, die durch direkten Zugriff auf die ERP-Datenbank stets zur Verfügung stehen. Durch dieses Vorgehen kann ein Management-Leitstand etabliert werden, der die aktuelle Unternehmenssituation visualisiert und die Bewertung auf einen Blick erlaubt. Erst für den Fall, dass Sachverhalte detailliert untersucht werden müssen, bietet diese Form des Leitstandes prozessuale Daten auf Knopfdruck.

Die durchgängige Integration der Informationssysteme und Unternehmensbereiche[49] ermöglicht es nun, direkt aus dem Leitstand heraus Geschäftsprozesse anzustoßen oder die wichtigsten Kennziffern zu einer Fragestellung abzurufen.

Somit besitzen alle Managementebenen die auf ihre Aufgaben zugeschnittenen Werkzeuge, um positiv auf den Unternehmenserfolg einzuwirken. Denn eine unternehmensweite, integrierte Gesamtsystemarchitektur unterstützt Entscheider bei allen Phasen der Aufgabenerfüllung und begünstigt ein effektives Management.

3.4.2.4 Funktions-Controlling

Jede Organisationseinheit und alle lebenden Organismen sind nur mit funktionierenden Kontroll- und Selbsterhaltungsmechanismen überlebensfähig.

> *Diese Aussage gilt für den menschlichen Organismus genauso wie für den Staat als Organisationseinheit.*

Die Realisierung eines umfassenden Kontrollsystems im Unternehmen kann unter den verschiedensten Gesichtspunkten begründet und aufgebaut werden.

In der Praxis findet man zentral organisierte Controlling-Abteilungen (als Stabsstellen des Managements), wie auch bereichsverantwortliche Kontrollabläufe, die in den einzelnen Funktionen zur vorgegebenen Ablauforganisation gehören.

Alle Controlling-Verfahren haben jedoch die stichprobenbezogenen Prüfungsmaßnahmen als gemeinsames Ablaufkriterium. Hieraus ergibt sich die Gefahr, dass die schnell wachsenden Organisationseinheiten in der Regel einen Verlust an Effektivität der installierten Kontrollmechanismen hinnehmen müssen.

Diese vorstehend beschriebenen Probleme zu lösen, ist die Aufgabe des integrierten und lückenlosen Controllings. Die Voraussetzung zur Organisation einer integrierten und lückenlosen Ablaufkontrolle sämtlicher Dispositions- und Kombinationsprozesse (über alle Elementarfaktoren im Unternehmen) wird über das CIM-Konzept im CSB-System geschaffen. Hierbei werden die zu kontrollierenden Sachverhalte in ihre zu prüfenden bzw. gegenüberzustellenden Einzelwerte aufgeschlüsselt und in frei definierten Kontrolllisten zusammengefasst. Die ermittelten kritischen Abweichungen sind kenntlich gemacht und über „Top-to-down"-Datenzugriffe direkt am Bildschirm analysierbar.

> *Im Rahmen des CIM-Konzeptes werden die dispositiven und produktiven Kombinationsprozesse der Elementarfaktoren im Betrieb mit den im Büro (Verwaltung) anfallenden Informationen verbunden und real time allen Anwendern zur Verfügung gestellt.*

In den herkömmlichen Standard-Programmen werden nur Ergebnisse angezeigt. Über das Control-Message-Management (CMM) im CSB-System werden erstmals Rückwirkungen auf den Regelkreis des Wirtschaftens geschaffen. Damit werden geschlossene Steuerungs- und Regelwerke im Online- und Real-Time-Zugriff realisiert.

Über das CMM werden beim Abarbeiten der einzelnen Applikationen feststehende Werte auf Über- oder Unterschreitungen festgelegter bzw. vereinbarter Grenzen überprüft. Die aus der Verletzung der Grenzen erfolgenden Reaktionen sind im CMM definiert und erfolgen unmittelbar zum Ereignis als Message an den jeweils vorgegebenen Verantwortlichen.

Das Control-Message-Management setzt voraus, dass die automatisierten unternehmensweiten Controlling-Verfahren umfassend definiert sind.

Daraus folgt die Festlegung aller Funktionsblöcke für alle Einzelfälle über:
- Definition der möglichen Reaktionshandlungen zu allen denkbaren Situationen;
- Festlegung der Prüfbedingungen mit den einzelnen Werten und tolerierten Grenzbereichen;
- Zuweisung der Reaktionen zu den Situationen über alle Unternehmensprozesse;
- Permanente Kontrolle, Auslösung der Reaktion, Weiterleitung der Message und Protokollierung des gesamten Vorgangs im CMM.

Über die direkte Ansteuerung der Betriebsmittel im CIM-Konzept erfolgen automatisierte Real-Time-Befehle über das High-Level-Application-Interface (HLAI), sodass die Ansteuerung aller im Prozess integrierten Aggregate über Signalgeräte und/oder Stoppfunktionen überwacht werden kann. Das Fortwirken der Fehlerquellen wird somit prozessbegleitend im definierten „Eintrittsfalle" real time unterbunden.

Die Controlling-Verfahren sind beliebig zu definieren und als funktionsbereichs- oder funktionsübergreifende Auswertungen mit beliebiger Aufschlüsselung über GPM aussagekräftig zu gestalten. Diese Auswertungen umfassen auch die Ergebnisse der integrierten Qualitätskontrolle und führen somit das Funktions-Controlling mit der Qualitätsüberwachung zu einem Unternehmens-Kontroll-System zusammen.

3.4.2.5 Preis-Controlling

In jedem größeren Unternehmen beschäftigt sich eine Vielzahl von Mitarbeitern in den einzelnen Funktionen mit Preisermittlungsarbeiten. Hierbei ist festzustellen, dass (trotz gleichen Sachverhaltes in den unterschiedlichen

Funktionen) für identische Artikel verschiedene Preise ermittelt werden. Deshalb ist ein umfassendes Preis-Controlling unerlässlich. Selbst die konsequente Preis-Kontrolle kann aber eine korrekte Preisbildung nicht gewährleisten. Preissicherheit wird nur erreicht, indem über das gesamte Unternehmen eine integrierte Preisbildung durchgeführt wird.

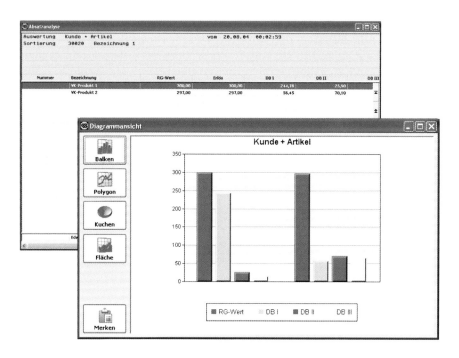

Unter integrierter und real time erfolgender Preisermittlung wird der bereichs- und funktionsübergreifende Preisbildungsprozess auf redundanzfreier Datenbasis verstanden. Somit ist im CSB-System sichergestellt, dass von der Beschaffung ausgehend, über die Lagerwirtschaft und den Produktionsprozess bis zum Absatz eine korrekte integrierte Preisbildung auf Plan- und Ist-Kostenbasis durchgeführt wird. Die eingangs erwähnte Mehrfacharbeit wird somit überflüssig, und gleichzeitig wird die bestehende Preisunsicherheit durch absolute Preissicherheit abgelöst[50]. Ein erfolgreiches Preis-Controlling dient dem Management, vor allem den Funktionsverantwortlichen, als vorlaufender Indikator zur aktuellen Marktentwicklung. Jede Änderung der Angebots- und Nachfragesituation bewirkt auf einem von Präferenzen weitgehend freien Markt eine Preisänderung der betroffenen Güter und deren Substitutionsgüter[51].

Rechtzeitiges Handeln kann nur sichergestellt werden, wenn eine umfassende Preiskontrolle im Unternehmen organisiert wird. Im Einzelnen sind

Preisprüfungen in den nachstehenden wesentlichen Anwendungsbereichen durchzuführen über:

- Beschaffungsquellen
- Lagerwirtschaft
- Produktionsprozesse und
- Absatzwege

Die im Absatz wirkenden Vertriebswegekosten sind detailliert zu ermitteln. Aus den periodischen Plan-Ist-Kostenanalysen lassen sich wichtige Erkenntnisse erschließen, die für Entscheidungen des Managements „unter weitgehender Sicherheit" unerlässlich sind.

3.4.2.6 Zeit-Controlling

Die zur Gütererstellung eingesetzte Zeit ist in jedem Unternehmen einer permanenten Kontrolle zu unterziehen. Die verfügbare gesamte Produktivzeit der Arbeitskräfte und Anlagen (bzw. Aggregate) des Unternehmens stellt die einsetzbare Leistungskapazität dar. Die Zeit ist somit im Produktionsprozess ein knappes und wirtschaftlich zu verwendendes Gut. Produktivitätssteigerungen sind nur dann zu erreichen, wenn in gleicher oder in kürzerer Zeit mehr Güter mit gleichem oder geringerem Kapital bzw. Kostenaufwand pro Einheit erzeugt werden. Nur wenn die Arbeits- und Kapitalproduktivität steigt, entstehen positive Effekte für das Unternehmen und somit auch für die gesamte Wirtschaft.

Das Zeit-Controlling erfordert die Prüfung und Überwachung des Zeitverbrauchs über alle Funktionsbereiche und Funktionen. Daraus folgt, dass für jedes Unternehmen Kontrollverfahren aufzubauen sind, die auf den speziellen Kombinationsprozess der Leistungsfaktoren abgestimmt werden müssen[52]. Alle Leistungs- und Produktivitätssteigerungen sind detailliert zu planen, und die Umsetzung der festgelegten Vorgaben ist mit den ermittelten Ist-Werten permanent abzustimmen. Nur durch einen lückenlosen Plan-Ist-Vergleich des Zeitverbrauchs über alle Leistungsprozesse bis zum Endprodukt werden geplante Produktivitätssteigerungen realisierbar.

3.4.3 Kommunikationsmanagement

Die Industrialisierung führte zur traditionellen Einteilung der Belegschaft in Angestellte und Arbeiter und bedingte gleichzeitig die heute noch bestehende Spaltung des Unternehmens in Büro und Betrieb bzw. in Verwaltung und Produktion. Unternehmen im Informationszeitalter sind jedoch nur dann in der Lage, flexibel und situationsgerecht auf Veränderungen des Marktes kurzfristig zu reagieren, wenn alle Prozesse der Faktorkombinationen hoch integriert organisiert sind. Aus dieser Erkenntnis resultieren die Bestrebungen des Computer-Integrated-Manufacturing, „CIM".

Die Kommunikationsfähigkeit im Unternehmen zu verbessern, ist eine permanente Aufgabe des Managements. Um die interne und externe Kommunikation in ihren Abläufen zu sichern und transparenter zu gestalten, ist es erforderlich, alle Aktionen, die durch Kommunikation berührt werden, für jeden Beteiligten verfügbar zu machen.

Kommunikation vollzieht sich immer zwischen Adressaten (Mitarbeitern, Kunden, Lieferanten etc.) und bezieht sich immer auf Aktionen bzw. löst Aktionen aus. In einem modernen Kommunikationsmanagement müssen daher alle Aktionen, die zu einem Vorgang gehören, verkettet werden. Nur unter dieser Anforderung wird sichergestellt, dass alles Wissenswerte jedem Mitarbeiter ohne Zeitverzug bei jedem Kontakt mit den Adressaten zur Verfügung steht. Es ist daher notwendig, alle zugehörigen Aktionen zu einer Adresse und deren Initiatoren über beliebige Kommunikationsstufen hinweg zu verketten (siehe hierzu Abb. 56 „Aktionsverkettung im Kommunikationsmanagement").

Die Analyse der Entwicklung von Verwaltungsarbeiten (in öffentlichen wie auch in privaten Unternehmen) zeigt deutlich, dass trotz umfassender technischer Hilfsmittel die Produktivität der Mitarbeiter in der „Welt des Büros" nicht im Entferntesten an die in den Produktionsbetrieben erzielten Produktivitätssteigerungen heranreicht. Aus dieser Erkenntnis lassen sich die Bestrebungen begründen, die auf eine umfassende „Neuorganisation" der gesamten dispositiven Tätigkeiten ausgerichtet sind. Vielfach steht der Arbeitsweise der Büromitarbeiter, begründet in der Erkenntnis: „Wissen ist Macht", die Anforderung des Unternehmens „Gemeinsames Wissen macht stark", konträr gegenüber. Das Arbeitsgebaren der Mitarbeiter in der Verwaltung in Bezug auf das beschränkende Informationsverhalten positiv zu beeinflussen, setzt voraus, dass die technische Infrastruktur im Unternehmen vorhanden ist.

Die Informationstechnik wurde in den 90er-Jahren durch die PC-Technologie geprägt. Der Einsatz der Personal Computer (als Einplatzsysteme) erfolgte ohne Zeitverzug in weiten Bereichen der Verwaltung. Als arbeitsplatzbezogenes Hilfsmittel wurden die bis dahin manuellen Tätigkeiten zunehmend EDV-technisch abgewickelt.

Die Mängel in der Informationsweitergabe, der doppelten und dreifachen Datenpflege und Datenerfassung wurden jedoch durch den Einsatz der Einplatz-PCs nicht behoben. Erst mit der Vernetzung der Personal Computer zu unternehmensweiten bzw. konzernweiten Netzwerken wurden die technischen Voraussetzungen zur umfassenden Integration aller dispositiven Tätigkeiten geschaffen. Mit dem Einsatz des Kommunikationsmanagements wird ein erhebliches Rationalisierungspotenzial in der gesamten Verwaltung und somit über alle dispositiven Tätigkeiten wirksam.

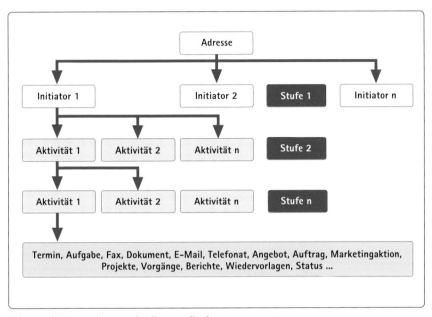

Abb. 56: Aktionsverkettung im Kommunikationsmanagement

Unter der Bezeichnung „Kommunikationsmanagement" werden alle den Führungskräften dienenden Funktionen der Kommunikationsprozesse zusammengefasst. Im Einzelnen sind das die übergreifenden dispositiven Tätigkeiten, die für alle Funktionsbereiche durchzuführen sind. Nachstehend werden die wesentlichen Leistungsmerkmale des Kommunikationsmanagements zusammengefasst[53].

3.4.3.1 Kommunikation

Das Kommunikationsverhalten in den Unternehmen und Einzelwirtschaften gliedert sich in zwei Bereiche:

- schriftliche Kommunikation
- mündliche Kommunikation

Hierbei ist die mündliche Kommunikation wiederum in den persönlichen und fernmündlichen Informationsaustausch aufzuteilen. Untersuchungen über das Kommunikationsverhalten in Konzernen und Einzelunternehmen kommen zu dem Ergebnis, dass über 40 Prozent des Informationsaustausches fernmündlich durchgeführt wird.

Zur effizienten Steuerung der telefonischen Kommunikation wurde mit dem Phonemaster eine umfassende und plattformunabhängige CTI-Lösung entwickelt. Der schnelle und gesicherte Zugriff auf die zur Telefonkommunikation benötigten Funktionen steht hier im Mittelpunkt der technischen Entwicklung.

Die Dokumentationsprobleme und somit die gesicherte Informationsweitergabe in der mündlichen Kommunikation sind hinlänglich bekannt. Die auf das Unternehmen einströmende Flut von Informationen muss permanent auf ihren „Wert" bezogen, auf wirtschaftliche Entscheidungsprozesse hin überprüft werden. Die Möglichkeit eines selektiven Zugreifens auf Informationen setzt jedoch voraus, dass neben den schriftlichen auch die wesentlichen mündlichen Informationen gespeichert und jederzeit (nach festgelegten Ordnungskriterien) aus der zentralen Datenbank abrufbar sind.

> *Die sichere und multiplizierbare Weitergabe von „Wissen" wurde erst mit der Erfindung der eindeutigen und speicherbaren Schriftsprache für die Menschen möglich. Die früheren und heutigen Hochkulturen waren und sind nicht ohne gesicherte Informationsweitergabe über viele Generationswechsel fortführbar.*

Im Kommunikationsmanagement werden die schriftlichen, die digitalisierten und die mündlichen Kommunikationen über die Medien: Brief, Computer und Telefon zu einem integrierten Informationssystem zusammengeführt. Durch die Einbindung des Telefons in die Welt der EDV wird die komplette mündliche interne wie auch externe Kommunikation für alle zugriffsberechtigten Personen transparent und somit für alle Entscheidungsprozesse verwendbar[54].

Das papierlose Büro in der umfassenden Kommunikationsbearbeitung entsteht über die zentrale Datenbank im CSB-System. Die verbalen Informationen aus persönlichen und telefonischen Gesprächen werden unter der jeweils am Bildschirm sichtbaren Adresse gespeichert, bearbeitet und weitergegeben an den festgelegten oder die zuständigen Empfänger. Keine Information geht verloren, wird vergessen oder bleibt unbearbeitet. Dafür sorgt das automatische „Wiedervorlageverfahren" im Kommunikationsmanagement.

Die mündliche Kommunikation in allen Einzelwirtschaften effizient zu organisieren, ist ein besonderes Anliegen des Managements. Persönliche Wertschätzungen, unterschiedliches Verantwortungsbewusstsein und sonstige nicht vorhersehbare Einflüsse führen zu qualitativ sehr verschiedenem Kommunikationsverhalten der Mitarbeiter auf allen Ebenen des Unternehmens. Eine einheitliche, strukturierte und disziplinierte sowie nicht zuletzt auch überprüfbare Kommunikation zu internen und im Besonderen zu externen Partnern zu gewährleisten, ist nur über ein EDV-gestütztes und integriertes Kommunikationsmanagement möglich.

Die interne und externe Unternehmenskommunikation ist ausgerichtet auf eine zielgenaue Marktansprache. Die Erweiterung und Sicherung der Marktanteile stehen hierbei im Vordergrund allen Handelns. Die übergeordnete Bedeutung einer hoch integrierten Unternehmenskommunikation wird über die Schaffung eines neuen Kommunikationswerkzeuges, der „Communication Ware" unterstrichen.

Wie aus der nachstehenden Abbildung 57 zu entnehmen ist, gehört Communication Ware als integraler Bestandteil zur multidimensionalen Integration und zielt auf eine wesentliche Verbesserung der marktorientierten Kommunikation:
■ Kommunikationsmanagement
■ Database-Management
■ Call-Center-Management
■ Marketing-Management
■ über alle Kommunikationskanäle

Die vorstehenden, auf eine optimale Kommunikation ausgerichteten Programme sind in die Branchen-Software integriert und verbinden somit die Warenwirtschaft mit der Unternehmenskommunikation. Alle Informationen und Daten aus Branchen-Software und Communication Ware sind über das Data Warehouse online auswertbar.

Weitere Ausführungen hierzu unter „Business Intelligence System" (siehe 3.4.1) sowie nachstehend unter „Kontaktsteuerung iCRM & iSCM" (siehe 3.4.3.2) und „Kontaktmanager im iCRM- & iSCM-Cockpit" (siehe 3.4.3.3), aus denen die Bedeutung einer hoch integrierten Unternehmenskommunikation für den Ausbau der Wettbewerbsfähigkeit bei marktaktiven Unternehmen hervorgeht.

Die schriftlich verfassten Informationen von externen Partnern (als Brief, E-Mail oder Fax) werden im CSB-System digitalisiert eingelesen[55]. Diese eingehenden Mitteilungen werden am Bildschirm angezeigt und an die zuständigen Mitarbeiter digitalisiert im EDV-System weitergeleitet. Das gleiche Verfahren wird für die ausgehende Post (Brief oder Fax) eingesetzt. Die „elektronische Post" wird in den nächsten Jahren das Standard-Medium und der per Postbote übermittelte Brief die Ausnahme sein.

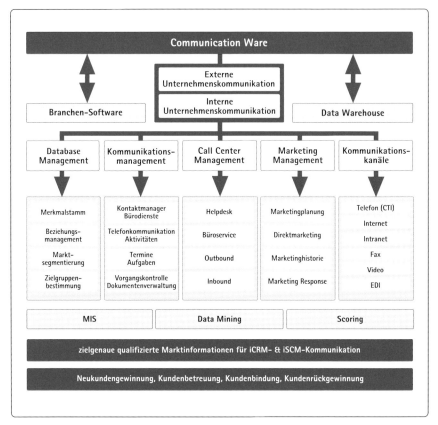

Abb. 57: Communication Ware als Werkzeug zur optimalen Unternehmenskommunikation

Über ein automatisches Wiedervorlagesystem und eine über das Kommunikationsmanagement organisierte Informationsverteilung wird sichergestellt, dass alle an einem Vorgang interessierten und damit notwendigerweise befassten Mitarbeiter jederzeit über den Stand bzw. Status der Bearbeitung eines jeden Kommunikationsvorgangs informiert sind. Nach Abschluss der einzelnen Vorgänge werden diese Informationen automatisch im elektronischen Archiv abgelegt.

Die Verwaltung der Dokumente im Unternehmen ist von besonderer Wichtigkeit. Die Grundlagen der Geschäftsbeziehungen werden über die verschiedensten Verträge, Vereinbarungen und über zustimmendes Handeln vollzogen. Schutzrechte, Patente und Warenzeichen müssen ebenfalls allen Funktionsbereichen und Funktionsträgern zugänglich sein. Gesichertes Handeln ist nur unter vollständiger Information (d. h. umfassendem Zugang zu allen relevanten Dokumenten im Management) möglich.

Der Schritt zur digitalisierten Dokumentenverwaltung mit umfassender elektronischer Archivierung ist in unserer Informationsgesellschaft dringend durchzuführen. Die Suche, der Zugriff sowie die Auswertung und Aufnahme in die Entscheidungsfindung sind als Handlungen mit Unterstützung der Dokumenten- und Archivverwaltung in kürzester Zeit rationell zu erledigen.

Das CSB-Archiv ermöglicht es, neben den im Unternehmensführungssystem (Management & Controlling, Warenwirtschaft, Zeitwirtschaft, Rechnungswesen & Finanzen) anfallenden, aufbewahrungspflichtigen Dokumenten, (Rechnungen, Bilanzen, Verträge) auch auf Papier dokumentierte Urbelege zu verarbeiten. Das Einlesen von eingehenden, „auf Papier" erstellten Dokumenten erfolgt über beliebige Belegscanner. Die Urbelege bzw. Dokumente werden „dokumentenecht" verarbeitet und auf beliebigen Medien (CD, CD-MD, Band etc.) gespeichert.

Die Belege aus dem CSB-System können ohne Umwege über Papier direkt bei ihrer Entstehung archiviert werden. Mit den „zutreffenden" Schlüsselwörtern versehen, werden sie automatisch im Archiv abgelegt und sind damit für jeden Zugriffsberechtigten „auffindbar".

Ein intelligentes Auslagerungsverfahren stellt einen schnellen Zugriff auf alle archivierten Dokumente sicher. Das Ergebnis eines Suchvorgangs wird in einer Trefferliste angezeigt.

An jedem Arbeitsplatz mit Zugriffsberechtigung des Anwenders ist der Export bzw. Druck der archivierten Dokumente möglich. Die gesetzlichen Normen zur manipulationsfreien Auslagerung werden umfassend eingehalten und gewährleisten die Verwirklichung des „papierlosen Büros".

3.4.3.2 Kontaktsteuerung iCRM & iSCM

Die Kommunikation schafft Informationen, die gesichert und auswertungsbereit gehalten werden müssen. Die EDV-technisch gesteuerte und dokumentierte Kommunikation ist somit die Voraussetzung zur gesicherten Informationsnutzung. Die gesamte Unternehmenskommunikation vollzieht sich über Kommunikationskanäle, welche die Verbindungswege (oder die kommunikationstechnische Infrastruktur) zwischen Unternehmen und Markt darstellen.

Nur mit einer schlagkräftigen Kommunikationsorganisation lassen sich die Kontakte zum Markt (Kunden, Interessenten, Lieferanten, Zielgruppen etc.) effizient schaffen und marktaktiv aufrechterhalten. Die dazu notwendigen kommunikations- und informationstechnischen Werkzeuge werden hier unter dem Begriff „Communication Ware" zusammengefasst. Darunter wird subsumiert:

- Computer Telephony Integration (CTI-Lösungen)
- integrierte Call Center (inbound, outbound etc.)
- Telefonmanagement (ETB, Helpdesk etc.)
- iCRM & iSCM (integriertes Customer Relationship Management, integriertes Supply Chain Management)
- Kontaktsteuerung (Aktivitäten, Navigation)

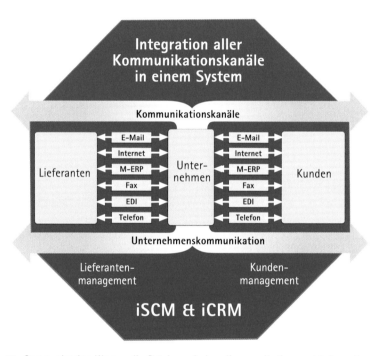

Abb. 58: Communication Ware - die Brücke zwischen Kommunikation und Information

Über „Communication Ware" werden alle Kommunikationskanäle (Internet, Intranet, EDI, E-Mail, Fax, Video, CTI etc.) dem Anwender permanent am Bildschirm (benutzerfreundlich, also einfach) zugänglich gemacht. Alle für die gezielte Kommunikation benötigten Unterlagen und Informationen sind der Adresse (als Integrationselement) direkt zugeordnet. Durch die Verknüpfung aller dokumentierten Aktivitäten werden die Kommunikationsprozesse effizient. Es ist daher zunächst erforderlich, alle zur „Navigation" benötigten Basisdaten betriebsspezifisch zu ordnen und zu erfassen. Über das dem jeweiligen Benutzer zugeordnete „Navigationsmenü" wird eine nach Berechtigungsstufen organisierte Zugriffsorganisation realisiert.

Die im Unternehmen für die einzelnen Funktionen und Tätigkeitsbereiche festzulegenden Aktivitäten sind zunächst in den „Aktivitäten-Basisdaten" zu definieren. Die Verkettung der einzelnen Aktivitäten erfolgt über den „Kontaktmanager". Die dem Integrationselement „Adresse" zugeordneten Aktivitäten werden bei jedem Kontakt (z. B. Telefonkontakt) bereitgehalten.

Die Zuordnung der Aktivitäten erfolgt aus einer betriebsspezifisch formulierten Aktivitätenliste, sodass eine adressengruppenbezogene Bearbeitung (z. B. von Kunden, Interessenten, Messekontakten) zielgenau erfolgen kann.

3.4.3.3 Kontaktmanager im iCRM- & iSCM-Cockpit

Bei jeder aktiven Kontaktaufnahme zur Zielgruppe wie auch in der passiven Position sind automatisierte Prozessunterstützungen in der Informationsbereitstellung von entscheidender wirtschaftlicher Bedeutung.

Das iCRM- & iSCM-Cockpit wird benutzerspezifisch konfiguriert.

Die Sichtweise wird als Benutzer-Sicht und auf Adress-Sicht beliebig geschaltet. Auf alle Nachrichten, Termine, Telefonate, Projekte, Aufgaben, Wiedervorlagen und auf das Archiv kann unmittelbar zugegriffen werden.

Die Arbeitsweise kann über Workflows gesteuert oder auch direkt auf Programmebene ausgeführt werden. Z. B. ist der Zugriff auf Angebots-, Auftrags- und Rückverfolgungs-Informationen etc. beliebig usergesteuert möglich.

Die Aufgabe des Kontaktmanagers besteht darin, gesicherte Informationen gleichzeitig zur Kontaktaufnahme bereitzustellen und über alle relevanten Aktivitäten zu navigieren. Der schnelle Zugriff auf alle mit der Kontaktadresse vollzogenen und geplanten Aktivitäten ermöglicht eine kompetente Gesprächsführung und gewährleistet eine gesicherte Stellvertreterkompetenz an jedem Arbeitsplatz. Die Servicequalität bei der Betreuung der Zielgruppen in der aktiven Marktbearbeitung wird in Zukunft die Ertragskraft des Unternehmens entscheidend beeinflussen. Der Verdrängungswettbewerb bei etablierten Gütern führt zwingend zu einer höheren Kontaktrate zwischen den Marktpartnern. Diese Kontakte gilt es zu optimieren und auf ein qualitativ höchstmögliches Niveau zu heben, um daraus unmittelbar zusätzliche Marktvorteile zu gewinnen.

Das integrierte Customer Relationship Management (iCRM) zeichnet sich in Verbindung mit dem integrierten Supply Chain Management (iSCM) im CSB-System durch die vollständige Einbindung des gesamten Kommunikationsmanagements in die ERP-Branchensoftware aus. Die Unternehmen verfügen über zentrale Informationen und den Online-Zugriff auf alle marktrelevanten Daten.

Mit dem iCRM & iSCM im CSB-System steht eine einheitliche Plattform u. a. für folgende Funktionalitäten zur Verfügung:
- Kommunikation, Termin- und Aufgabenmanagement
- Projektverwaltung und -dokumentation
- Dispositionsmanagement (Bestellwesen, Lagerführung, Produktionssteuerung, Auftragsabwicklung, Planung und Prognose)
- E-Procurement
- CRM-Services
- CRM-Forum
- Reklamationsmanagement
- Rückverfolgung

Die gesamte Kommunikation mit allen Geschäftspartnern kann somit lückenlos dokumentiert und die erforderlichen Aktivitäten können strukturiert eingeleitet werden. Durch den hohen Integrationsgrad greifen iCRM- & iSCM-System direkt auf die benötigten ERP-Daten wie z. B. Adressinformationen, Angebote, Bestellungen, Aufträge, Lagerbestände, Dispositions- und Umsatzdaten des CSB-Systems zu. Sie realisieren einen transparenten Informationsfluss über die gesamte logistische Kette. Dies führt zu topaktuellen Informationen, einer steigenden Kundenzufriedenheit und verbesserten Lieferantenbeziehungen.

Einfaches Navigieren mit dem iCRM- & iSCM-Cockpit

Das iCRM- & iSCM-Cockpit ist das zentrale Element zur vollständigen Integration der logistischen Kette vom Kunden bis zum Lieferanten. Mit Hilfe des Cockpits wird auf einfachste Weise durch das gesamte System navigiert. Das Managen von Terminen, Kundenservice, Lagerführung, Disposition, Bestellung und Lieferung wird durch das Cockpit erheblich vereinfacht und beschleunigt.

Darüber hinaus sind individuelle Auswertungen abrufbar, z. B.:

- Aussagefähige Reports mit dem Power-Management
- Kontakthistorie/Umsätze
- Kaufverhalten/Deckungsbeiträge
- Durchschnittliche Kontakte/Umsatz je Kunde oder Lieferant
- Selektion über verschiedenste Adressinformationen (Kunde/Lieferant)

Dabei stehen wahlweise verschiedene Sichtweisen zur Verfügung:

Benutzersicht:

- Kommunikation mit internen und externen Partnern
- Anzeigen aller für den Benutzer relevanten Ordner
- individuell definierter Startbildschirm
  (Posteingang, Termine, Aufgaben)

Adresssicht:

- Kommunikation mit Adressen/Ansprechpartnern
  (Korrespondenz, Mailing, E-Mail, Telefonnotiz)
- Anzeige einer Schnellinfo zur Adresse
- Adresshierarchie
  (Konzernzugehörigkeit → Streckenhierarchie,
  Unternehmen, Ansprechpartner)
- Stammdatenverwaltung im Adressenstamm
- Ansprechpartner mit beruflichen und privaten Informationen
- Individuelle Zusatzinformationen über frei gestaltbare Masken

Projektsicht:

- Anzeige aller angelegten Hauptprojekte im iCRM- & iSCM-Cockpit
- Unterteilung der Hauptprojekte in Unterprojekte
- E-Reports und Vorgänge mit direkter Zugriffsmöglichkeit
- Analog dazu: Anzeige der angelegten Projekte für die jeweilige Adresse
  in der Adresssicht

Dispositionssicht:

- Direkte Online- und Real-Time-Information über Lagerbestände,
  Bestelldaten, Kundenaufträge, Produktionsaufträge etc.
- Realisierung von Planungs- und Prognosemodellen
- Kontinuierliche Warenversorgung entlang der logistischen Kette
  (Continous-Replenishment Programme-CRP)
- Rückverfolgungsinformationen

- Durchgängige Losnummernstruktur (Wareneingang bis Warenausgang)
- Chargeninformationssystem (Welche Ware geht zu welchem Kunden? Welcher Lieferant hat was geliefert?)
- Kurze Reaktionszeiten bei Rückrufen

3.4.3.4 Mobile Phone Business

Die Globalisierung, die Schnelllebigkeit der Märkte sowie ein sich permanent veränderndes Geschäftsumfeld erfordern neue Möglichkeiten zum flexiblen Informationsaustausch. Die Verfügbarkeit von Informationen wird mit der Einbindung mobiler Endgeräte schneller, einfacher und vor allem ortsunabhängig. Die Unternehmen können in Echtzeit Daten erfassen und weiterleiten. Eine neue Qualität des Mobile Business entsteht durch die hohe Integration der mobilen Datenerfassung in ein bestehendes ERP-System.

Die Mobilität der Mitarbeiter wird somit zu einem kritischen Erfolgsfaktor eines Unternehmens, denn die Nähe zum Kunden kann für eine erfolgreiche und effiziente Real-Time-Abwicklung eines Auftrages von entscheidender Bedeutung sein. Neue Technologien, neue Geräte sowie neue Dienste unterstützen diesen Mobilitätsanspruch.

Mobile Phone Business bringt Flexibilität

Mit dem Mobile Phone Business im CSB-System können Außendienstmitarbeiter, Verkaufsfahrer sowie Servicepersonal flexibler und unabhängiger eingesetzt werden. Statt einen PC zu starten, verfügen die Mitarbeiter durch Mobile Phone Business sofort über alle Informationen, die vor Ort bei den Geschäftspartnern benötigt werden.

Ein Anwendungsbeispiel von vielen

Das Handling der Bestandsverwaltung und die Rückgabe von Mehrwegtransportverpackungen (MTV) sind mit einem erheblichen Aufwand verbunden. Durch das Mobile Phone Business kann die gesamte Kette der Aus- und Rücklieferung von MTV einfach und komfortabel direkt vor Ort beim Kunden realisiert werden. Somit können erhebliche Kosten eingespart werden.

Leistungsfähige Funktionalitäten

Neben der hohen Flexibilität zeichnet sich das Mobile Phone Business (MPB) durch die lückenlose Integration in die ERP-Umgebung aus. Somit ist gewährleistet, dass die Daten immer auf dem neuesten Stand sind und Auftragsdaten direkt in das ERP-System eingegeben werden können. Benötigte Kundeninformationen wie z. B. Offene Posten, Kreditlimits, Mengen- und

Preisangaben etc. können ortsunabhängig per Handy abgerufen werden. Darüber hinaus können die Mitarbeiter ihren Terminkalender einsehen, E-Mails beantworten oder auch Spesen- und Arbeitszeitnachweise im Außendienst einreichen.

Vorteile des Mobile Phone Business

- Flexibilität durch Unabhängigkeit von Netzbetreibern, Geräteherstellern, Betriebssystemen und Dienstleistungsanbietern
- minimaler Instruktionsaufwand durch intuitive Programmbedienung
- für die Auftragserfassung und den Abruf von ERP-Daten ist kein portabler PC oder Laptop erforderlich; dadurch erhebliche Ersparnis von Hardwarekosten
- sichere und zuverlässige Datenkommunikation
- Nutzung der neuesten Telekommunikationstechnologien wie z. B. MIDP 2.0, J2ME etc.
- Bluetooth-Schnittstelle für direkte Kommunikation zu Bluetooth-Geräten
- weltweiter Einsatz ohne Abhängigkeit vom Telefon-Festnetz

3.4.3.5 Termine & Aufgaben

Je nach Betriebsgröße und Anzahl der leitenden Mitarbeiter gestaltet es sich zunehmend schwieriger, die dispositiven Tätigkeiten in den Funktionsbereichen und Funktionen terminlich zu koordinieren. Es ist daher von großem Vorteil, das komplette Terminmanagement EDV-technisch abzuwickeln. Die individuelle Terminplanung wird dadurch im Datenverbund über alle Terminkalender der einzelnen Mitarbeiter und Arbeitsgruppen abstimmbar. Die Planung bzw. Abstimmung umfangreicher Gruppentermine erfolgt unter der Online-Information: „Wer ist im Haus?" oder „Wo ist jeder Mitarbeiter zu erreichen?" Leicht handhabbar wird diese Planung durch die Integration von Zeiterfassungssystem, Telefonanlage und EDV-Technik.

Moderne Kommunikation muss unmittelbar, ohne Zeitverzug und auf vollständiger Informationsbasis ablaufen. Die hierzu eingesetzte Kommunikationstechnik muss dabei die internen wie auch externen Verbindungen über ISDN zu den einzelnen Ansprechpartnern realisieren. Die Informationen sind als Wissen (Sprache, Daten und Bilder) über den CSB-Phonemaster im Unternehmen wie auch zwischen den Unternehmen austauschbar.

Die Geschwindigkeit und Sicherheit der Informationsverarbeitung werden in unserer schnelllebigen Informationsgesellschaft von entscheidender Bedeutung für die Erhaltung der Wettbewerbsfähigkeit von Unternehmen aller Branchen sein. Nur dadurch ist die Kontaktqualität zum Kunden nachhaltig zu verbessern.

Aus dem Verhalten eines jeden Mitarbeiters gegenüber den Geschäftspartnern wird auf die Qualität und Zuverlässigkeit des am Markt tätigen Unternehmens geschlossen. Das Management ist daher gefordert, neben den strukturierten Abläufen im Unternehmen (z. B. in der Warenwirtschaft, Zeitwirtschaft und dem Rechnungswesen), auch die „chaotischen" Abläufe in den gesamten Wirtschaftsbeziehungen zu organisieren.

Eine Vielzahl von Aufgaben ergibt sich aus der nicht gezielten und „rein zufälligen" Kommunikation mit den Wirtschaftspartnern. Die formulierten Aufgaben zu verteilen, den zuständigen Mitarbeitern zuzuleiten und bis zur Erledigung im Wiedervorlagesystem im Zugriff zu behalten, ist ein aufwendiges Unterfangen für alle leitenden Mitarbeiter in den Unternehmen. Die EDV-technische Bearbeitung aller zu erledigenden Aufgaben sowie die Erfassung „selbst" gestellter Pflichten und Anforderungen bis zum endgültigen Abschluss des jeweiligen Vorganges, wird mit der benutzerdifferenzierten Aufgabenverwaltung effektiv und zuverlässig organisiert. Die Analyse der im Unternehmen „produzierten" Aufgaben lässt Rückschlüsse auf die Dispositions- und Produktionsrelevanz der intern erfolgenden Arbeitsabläufe zu.

Eine nach dem „Parkinson'schen-Gesetz" ablaufende, eigenständige Vermehrung von unnötigen „Verwaltungsaufgaben" muss bereits im Ansatz vom Management unterbunden werden. Die Abläufe in der Verwaltung sind permanent zu überprüfen, da nur unter dieser Maßgabe eine Steigerung der Effizienz in den „dispositiven Arbeitsgängen" erreicht wird.

3.4.3.6 Vorgangskontrolle

Eine Aufgabe des internen Controllings ist die Überprüfung der Effizienz der Verwaltungsarbeiten. Sofern ein Qualitäts-Kontroll-System (nach DIN-ISO-9000) im Unternehmen realisiert ist, fallen die Aufgaben des Controllings und der internen Audits, bezogen auf die Prüfung der Verwaltungsaufgaben, zusammen.

Jedes wirtschaftliche Handeln führt in allen Funktionsbereichen und Funktionen zu einem „verfolgbaren" Vorgang. Diese einzelnen Vorgänge haben einen „Anfang" und ein „Ende". Wird der Ablauf eines Vorganges gestört, so muss die zuständige Führungsperson direkt auf den gesamten Vorgang (vom Start bis zur Störung und darüber hinaus bis zum „Plan-Ende") zugreifen können.

Die Vorgangskontrolle im CSB-System ermöglicht ein „Blättern" am Bildschirm über alle vorlaufenden Aktionen und alle nachfolgenden Stufen des jeweils angewählten Vorganges. Hierbei ist es unerheblich, ob ein Teil der Unterlagen zu diesem zu verfolgenden Vorgang bereits im Archiv abgelegt ist. Der einzelne Zugriff auf zum Vorgang gehörende Dokumente wird über die jeweiligen Schlüsselbegriffe bzw. Projektnummern im Archiv realisiert und bei Bedarf können direkt „dokumentenechte" Duplikate gedruckt werden. Zu einer effizienten Vorgangskontrolle gehört auch die Verwaltung aller im Unternehmen durchzuführenden Projekte.

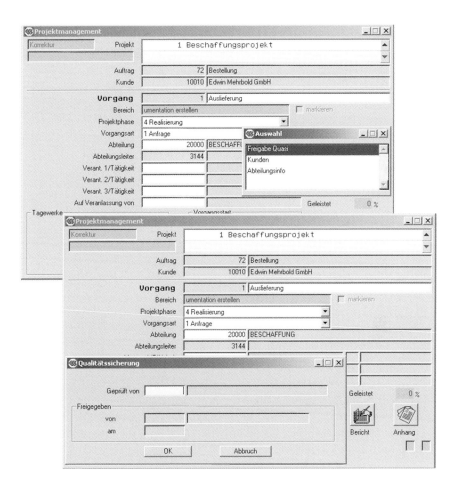

Der geplante Return-on-Invest (ROI) einer jeden Investition ist nur dann erreichbar, wenn die damit verbundenen Arbeitsgänge im geplanten Zeit- und Kostenbudget bleiben. Eine umfassende Kontrolle aller Rationalisierungsmaßnahmen führt zur geplanten Rentabilitätssteigerung, wenn die vom Management gesetzten Parameter erfüllt werden. Daraus folgt eine zeitnahe und online organisierte Projektkontrolle. Zeit- und Leistungsverzug müssen für das Management sofort erkennbar sein, damit rechtzeitiges Handeln zur Sicherstellung des ROI jederzeit möglich ist.

Durch eine umfassende Vorgangskontrolle müssen im Besonderen die mit hohen Investitionskosten verbundenen Rationalisierungsmaßnahmen überwacht werden, damit diese sich nicht zu existenzbedrohenden „Liquiditätsfallen" für innovations- und risikobereite Unternehmen entwickeln können.

3.4.3.7 Projektmanagement & CRM-Service

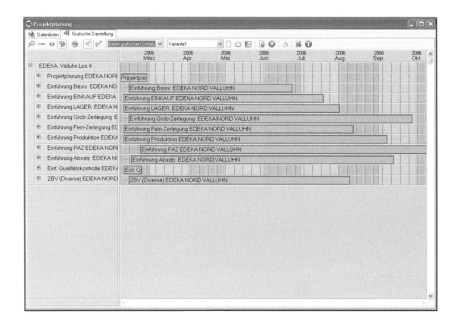

Im Projektmanagement werden alle Kundenprojekte erfasst, bearbeitet und überwacht. Nachfolgend wird nicht die Projektabwicklung, die im CSB-System umfassend realisiert wurde, in ihrer Komplexität dargestellt. Vielmehr werden Schwerpunkte der Projektarbeit analysiert, die unmittelbar den Erfolg eines Projektes beeinflussen.

Jedes Projekt wird durch den Projektleiter und seine persönlichen Qualifikationen geprägt. Die Disziplin in der täglichen Projektarbeit wirkt sich unmittelbar auf die Qualität des Projektablaufs aus. Im Projektcontrolling steht die Terminierung aller Projektaufgaben und die Einhaltung der „Meilenstein-Termine" im Vordergrund einer zentralen Überwachung. Das Projektmonitoring über den visualisierten Projektnetzplan ist hierbei unverzichtbar. Aus dem rechtzeitigen Erkennen der Abweichungen zwischen Plan- und Ist-Daten in der Projektarbeit resultieren im Regelfall kurzfristige Korrekturen und gezielte Maßnahmen, die zur Verbesserung des Projektstatus führen. Dieses Erkennen der Abweichungen in der täglichen Projektarbeit ist nur möglich, wenn alle im Projekt tätigen Personen ihre jeweiligen Arbeiten und Arbeitsergebnisse dokumentieren.

Über das Programm CRM-Service werden alle Projektarbeiten erfasst und dokumentiert. Diese Bearbeitung erfolgt direkt online über das Internet und ist somit unmittelbar für alle Projektmitarbeiter als zentrale Information zugänglich. Die schriftliche Dokumentation der Projektarbeiten über alle Projektbeteiligten ist eine notwendige und mit höchster Disziplin zu erledigende Aufgabe.

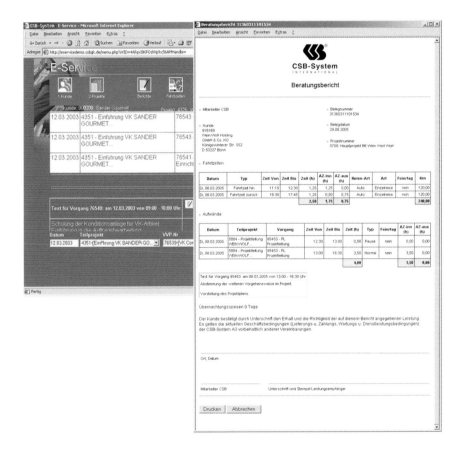

3.4.4 Entscheidungsprozess

Der Ablauf der Entscheidungsfindung in einer gegebenen Entscheidungssituation wird als Entscheidungsprozess bezeichnet. Aus dem zu erfüllenden Entscheidungsbedarf resultieren bindende Entscheidungen in Bezug auf die Umsetzung der vom Management festgelegten Ziele.

Alle Entscheidungsprozesse sind hoch diszipliniert zu bearbeiten, d. h. ein diszipliniertes Management handelt entsprechend organisiert und strukturiert und vermittelt diese Kultur allen Mitarbeitern des effektiven und erfolgreichen Unternehmens.

Entscheidungen sind Wahlhandlungen und werden bei anstehenden Entscheidungssituationen auf allen Organisationsebenen der Unternehmen von den jeweils zuständigen Mitarbeitern getroffen. Die wirtschaftliche Bedeutung der einzelnen Entscheidungen in den Einzelwirtschaften reicht von „maßgeblich" bis „unwesentlich"[56].

Abb. 59: Integrierte Informationsauswertungen mit Controlling-Funktionen vom Management bis zur Durchführungsebene

Im Zeitalter der Informationsgesellschaft sind „gesicherte Entscheidungs-findungen" in erster Linie vom aufbereiteten Faktenwissen geprägt. Die Real-Time-Verarbeitung aller Daten aus den wirtschaftlich relevanten Tatbeständen und die Integration aller Abläufe im Kombinationsprozess der „Faktoren des Leistungspotenzials" sind die Voraussetzungen zur gesicherten Entscheidungsvorbereitung.

Wie in Abb. 59 dargestellt, erfordert die Informationsaufbereitung eine auf die Organisationsstruktur ausgerichtete Auswertungshierarchie.

Die Staffelung der Entscheidungsrelevanz von „bedeutenden" bis zu „unbedeutenden" Entscheidungen, spiegelt sich in den Organisationsstrukturen und detailliert in den Stellenbeschreibungen für die einzelnen Kompetenzbereiche wider.

Die Frage „Wer darf was?" muss in den Anwendungsstrukturen der Standard-Software zur Unternehmensführung abgebildet werden. Nur unter diesen Bedingungen sind die organisatorisch festgelegten Entscheidungskompetenzen im Unternehmen durchsetzbar.

Neben der „Einzelkompetenz" muss auch die „Teamkompetenz" in der Organisation der Entscheidungsfindung eindeutig geregelt sein. Im Rahmen seiner definierten Entscheidungskompetenz hat jeder Mitarbeiter bzw. jedes Team das Recht und die Pflicht, anstehende Entscheidungen ohne Zeitverzug zu treffen. Der vorliegende Entscheidungsbedarf ergibt sich aus dem Kombinationsprozess der Elementarfaktoren sowie aus den Beziehungen des Unternehmens zu den Wirtschaftspartnern im zu bearbeitenden Wirtschaftsraum.

> *Inwieweit unbewusst oder bewusst die theoretischen Modelle der Entscheidungsfindung, z. B. die spieltheoretischen Ansätze, im alltäglichen Entscheidungsprozess beim Management Eingang finden, muss einer empirischen Untersuchung vorbehalten bleiben und wird hier nicht weiter erörtert. Festzustellen ist jedoch, dass erfolgreiche Unternehmen am Markt auf Grund ihres Entscheidungsverhaltens, begründet in der positiven Wirkung der Entscheidungen selbst, für das Unternehmen Entwicklungsfortschritte und Ertrag sichern.*

Das Maß für Erfolg aus dem Plan-Ist-Vergleich wird über das Rechnungswesen und die Warenwirtschaft dokumentiert. Die daraus resultierenden Auswertungen gehören somit zum Werkzeug der Entscheidungsprüfung. Die im Unternehmen wirkende Organisationsstruktur beeinflusst indirekt das Entscheidungsverhalten auf Führungsebene. Unternehmen, welche nach

„Pyramidenstrukturen" gegliedert sind, zeigen andere Entscheidungsprozesse als teamorientierte Organisationen mit flacher Unternehmenshierarchie.

Die Unternehmen mit hohem Reaktionsbedarf benötigen eine situativ anpassbare Organisationsstruktur. Die Änderungsfähigkeit der Organisation bestimmt danach den erreichten Grad der Flexibilität und somit die Reaktionsfähigkeit der Unternehmen auf Umfeld- und Marktänderungen.

Führungsteams, die für die aktuell anstehenden Aufgaben die besten Qualifikationen besitzen, sollten auch organisationsgestützt diese Aufgaben bis zur termingelenkten Erledigung befristet übernehmen. Die teamorientierte Organisation ist für eine innovative Prozesslenkung unerlässlich. Aus ihr spricht die Erkenntnis, dass die Umsetzung des aktuellen impliziten Wissens (des Einzelnen) durch die Teambildung zu breiterem bzw. größerem Wissen in der Gruppe führt.

> *Die Identifikation der einzelnen Mitarbeiter mit den Entscheidungen in einer von einem Führungsteam gelenkten Abteilung (beruhend auf deutlicher Fachkompetenz) ist unstreitig höher als mit den getroffenen Entscheidungen eines vorgesetzten Abteilungsleiters in einer hierarchisch geführten Abteilung.*

Aus den Erkenntnissen über die wirksamen Marktveränderungen und der Dynamik der produktbedingten Wachstumskraft des Unternehmens muss jede Geschäftsleitung die notwendigen Organisationsvorgaben definieren.

Das Entscheidungsverhalten des Managements ist maßgeblich für die Qualität der Unternehmensführung verantwortlich. Aktionen und Maßnahmen, die den Gesamtnutzen in den Funktionen bzw. Funktionsbereichen erhöhen, resultieren aus „richtigen" Entscheidungen mit positiven Effekten für das Unternehmen. Das notwendige Koordinationsverhalten im Management zu organisieren, setzt voraus, dass bestimmte Prinzipien im Entscheidungsfindungs- und Abstimmungsprozess eingehalten werden.

> *Hierzu ist es erforderlich, folgende Schritte zu realisieren:*
> - *Feststellung des Entscheidungsbedarfs ohne Zeitverzug*
> - *Festlegung der gültigen Entscheidungen*
> - *umfassender Zugriff auf alle Entscheidungen*
> - *Zielerfüllungsauswertung aller Entscheidungen*

Die Beachtung eines strukturierten Ablaufes im Entscheidungsprozess über alle Führungsebenen soll ein Maximum an positiv wirkenden Effekten für das Unternehmen sichern.

3.4.4.1 Basisdaten Entscheidungsprozess

Aus neuen Entscheidungssituationen resultiert für alle Ebenen des Unternehmens (von der Führungsebene bis zur Ausführungsebene) ein jeweils aktueller Entscheidungsbedarf. Bereits getroffene Entscheidungen werden nach Ergebnisprüfungen wieder in Frage gestellt. Neue Situationen erfordern eine neue Beurteilung, und somit eine Entscheidung aus den möglichen bzw. sich ergebenden Handlungsalternativen.

Die Vielzahl der sich permanent verändernden Entscheidungssituationen muss strukturiert erfasst und den zuständigen Entscheidungsträgern (als Einzel- oder Gruppenentscheider) zugeführt werden.

Durch die integrierte Standard-Software zur Unternehmensführung wird sichergestellt, dass aus allen Funktionsbereichen und Funktionen, bis auf die Ebene der Arbeitsabläufe im Faktorkombinationsprozess, alle Daten und aktuellen Zustände abrufbar sind.

Vorstehend wurde bereits erläutert, welche Informationen im Management-Informations-System und Bereichs-Informations-System auf Abruf bereitstehen.

Auf der Basis dieser gesicherten Informationen kann der jeweils anstehende Entscheidungsbedarf von den Entscheidungsträgern abgearbeitet werden. Die daraus resultierenden Ergebnisse sind gültige Entscheidungen für die operativen Aktivitäten aller beteiligten Mitarbeiter.

3.4.4.2 Entscheidungen

Eine sinnvolle Aufteilung der Unternehmensentscheidungen ist die Gliederung in Führungs- und Ausführungsentscheidungen. Die Entscheidungskompetenz für Führungsentscheidungen liegt beim Management. Die Ausführungsentscheidungen werden auf der Funktions- und Anwenderebene getroffen.

Der in jedem Unternehmen zu erfüllende Entscheidungsbedarf wird nach vordefinierten Regeln diszipliniert erledigt. Hierbei ist zu beachten, dass es in jedem Unternehmen generelle Entscheidungsregeln gibt, die für bestimmte (vordefinierte) Entscheidungssituationen anzuwenden sind. Hierbei sind die determinierten Entscheidungen für festgelegte Abläufe (z. B. in der Verwaltungs- und der Produktionsarbeit) von den nichtdeterminierten Entscheidungen (z. B. Strategie-Entscheidungen) abzugrenzen. Jedoch ist festzuhalten, dass es auch für die Führungsentscheidungen Regeln gibt, die für die Entscheidungsfindung zu beachten sind.

> *Eine Grundregel des Wirtschaftens heißt: „Addieren und Multiplizieren der aus der Entscheidung resultierenden positiven Effekte". Die positiv wirkenden Entscheidungsregeln lassen sich beliebig erweitern. Generell ist anzumerken, dass die positiv wirkende Unternehmensführung auf produktivitätsfördernden Entscheidungsregeln aufbaut.*

In Bezug auf den Wirkungsgrad der Entscheidungen ergibt sich die Einteilung in:

- situationswirksame, „operative Entscheidungen" und
- zeitraumbezogene „Strategie-Entscheidungen"

Die in einer bestimmten Entscheidungssituation zu treffenden „operativen Entscheidungen" sind gleichzeitig mit der Festlegung der durchzuführenden Maßnahmen abgeschlossen. Sie haben somit nur eine Situations- und Aktionswirkung mit positiven, neutralen oder negativen Effekten für das Unternehmen.

Zeitraumbezogene „Strategie-Entscheidungen" haben dagegen bindende Wirkungen über den Zeitpunkt der Entscheidung hinaus und sind so lange gültig, bis diese außer Kraft gesetzt bzw. durch neu getroffene Entscheidungen ersetzt werden.

Die rechtzeitige Kenntnisnahme der Entscheidungen des Managements (durch die Führungs- und Ausführungskräfte) ist eine wesentliche Voraussetzung für die optimale Umsetzung in den Funktionsbereichen, Funktionen und Arbeitsabläufen im Unternehmen. Über die integrierte Informationstechnologie werden alle Informationen (im Programmmodul: Kommunikationsmanagement) aktuell und real time kenntlich gemacht. Die hinterlegten Verteilungsschlüssel garantieren den korrekten Empfängerbezug und gleichzeitig die Vertraulichkeit der digitalisierten Informationen.

> *Das Management stellt korrekte Fragen und erhält darauf die korrekten Antworten. Nur so wird die Entscheidungsbasis geschaffen, die für das Treffen richtiger Entscheidungen unumgänglich ist.*

Die getroffenen Entscheidungen müssen allen Mitarbeitern im Team überzeugend vermittelt werden, nur dann wird die Entscheidung nicht in Frage gestellt und ist wirksam umsetzbar.

Richtige Entscheidungen des Managements sind der „positive Leistungsfaktor" im Unternehmen. Die damit verbundenen Zielsetzungen sind nur dann effektiv erreichbar, wenn alle damit auszulösenden Aktivitäten zeitnah und korrekt erfüllt werden. Der aus der Informationstechnik resultierende „Faktor der Integration" unterstützt die Umsetzung der kreativen, dispositiven Leistungen des Managements optimal und ohne Qualitätsverlust, über alle Ebenen der Unternehmensorganisation im zielgerichteten Handeln.

Eine Verfälschung der Entscheidung über unstrukturierte Informationsweitergaben wird durch die integrierte Informationsverarbeitung ausgeschlossen. Die betriebswirtschaftlichen Entscheidungen im integrierten Unternehmensführungssystem sind daraus folgend in ihren Effekten für das Unternehmen beurteilungsfähig, da sie nicht durch persönlichkeitsbedingte Einflüsse in der Kette der Handelnden auf verschiedenen Organisationsebenen verfälscht wurden.

3.4.4.3 Beurteilungen & Auswertungen

Die permanenten Bestrebungen des Managements zur Verbesserung der Entscheidungsprozesse müssen durch die Informationstechnik unterstützt werden. Die vorstehend aufgeführten Auswertungssysteme (vom MIS, BIS zum Kommunikationsmanagement) liefern hierzu das unverzichtbare „Faktenwissen".

Wie effektiv jedoch die daraufhin vollzogenen Entscheidungen für das Unternehmen sind, kann zum Zeitpunkt der Informationsbereitstellung nicht „vorausgesagt" werden. Im Zeitverlauf und aus den durch die Entscheidungen in Gang gesetzten Handlungen werden die „Ergebnisse" der gewählten Handlungsweisen mit Zahlen belegbar. Die Qualität der Entscheidungen in Bezug auf alternative, bessere bzw. optimale Wahlhandlungen wird in der Regel nicht strukturiert überprüft bzw. analysiert.

Die Planerreichung bzw. Überschreitung der prognostizierten Soll-Werte sagt nichts über die entgangenen zusätzlichen Ertragsverbesserungen für das Unternehmen aus, die durch alternatives Entscheidungsverhalten erreichbar gewesen wären. Selbst diese „Wenn-Dann-Aussagen" sind spekulativ und geben nur „Eindrücke" wieder, die aus einer Vielzahl von externen Marktinformationen gewonnen werden und subjektiv begründet sind. Die vom Management durchgeführten Überprüfungen des Entscheidungsverhaltens in Bezug auf zukünftige Verhaltensregeln im Unternehmen und auf dem Markt, sind von politischer Qualität und nicht mit „rechenbaren Vorteilen" zu kennzeichnen. Die Rückschlüsse auf eine Veränderung der „Strategie-Ziele" und der daraus abzuleitenden Anpassungen der operativen Ziele sind dennoch periodisch (von Branche zu Branche) in unterschiedlichen Zeitabständen durchzuführen.

In der nachstehenden Abb. 60 ist der Regelkreis des integrierten Entscheidungsprozesses von der Strategie bis zur Ergebniswirkung in Bezug auf eine beurteilungsfähige Entscheidungsqualität dargestellt.

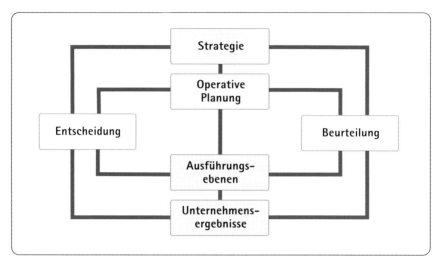

Abb. 60: Integrierter Entscheidungsprozess in Wechselwirkung mit einer permanenten
Entscheidungsbeurteilung

Das Formulieren der Unternehmens- bzw. Strategieziele durch das Management erfolgt auf der Basis strukturierter Daten, gesammelten Wissens und „chaotischer Eindrücke" rechtzeitig, kanalisiert und so effektiv wie möglich. Die vorstehend erörterte Entscheidungsregel, das „Addieren und Multiplizieren der positiven Effekte" aus den alternativen Entscheidungen herauszuarbeiten, ist die Kunst der erfolgreichen Unternehmer am Markt.

Die Umkehrung gilt mit gleichem Gewicht, das „Subtrahieren und Dividieren" von Kräften bzw. Kapazitäten in vorgegebenen Entscheidungssituationen ist zu verhindern.

Über die Kosten- & Leistungsrechnung erfolgt die nachprüfbare Bewertung aller Entscheidungen, die im Leistungsprozess der Warenwirtschaft getroffen werden.

Effektive Entscheidungen führen zu wachsendem Erlös und mehr Profit, schlechte Entscheidungen zu sinkenden Deckungsbeiträgen und weniger Profit.

Aus der permanenten Rückkopplung zwischen den Entscheidungen und den daraus resultierenden Wirkungen für das Unternehmen werden Fehlentscheidungen korrigierbar. Gleichzeitig wird ein Entscheidungsverhalten gefördert, aus dem positive Effekte für die Funktionsbereiche und Funktionen zu erwarten sind.

3.4.5 Kosten- & Leistungsrechnung

3.4.5.1 Kostenrechnung

Die Kostenrechnung dient der umfassenden Kostenkontrolle und der Produkt-kalkulation in der mehrstufigen Kostenträgerrechnung. Durch die Bewertung des Faktoreinsatzes (Arbeit, Betriebsmittel, Werkstoffe und Wissen) mit den Faktorpreisen werden die variablen Kosten des Faktoreinsatzes in der Produktion ermittelt. Zu diesen variablen Kosten (als produktbezogene Kosten) sind weiterhin die konstanten Kosten (d. h. produktunabhängige Unternehmenskosten) dem Kostenträger als fixe Kostenbestandteile zuzurechnen. Daraus ergeben sich die Gesamtkosten des Unternehmens.

Mit der EDV-technischen Integration über alle Funktionen und Funktionsbereiche sind die kostentheoretischen Aussagen über die Kostenträgerrechnung (als bewerteter Leistungsverzehr des wirtschaftlichen Handelns) rechentechnisch zu ermitteln.

Mit der nachstehend beschriebenen und realisierten Kostenrechnungsmethode der „Flexiblen Kostenträgerrechnung" lassen sich alle wesentlichen, in der Literatur dargestellten „Kostenrechnungsmodelle" abbilden. Es werden sowohl die „bewertungsdifferenzierenden" wie auch die „zurechnungsdifferenzierenden" Kostenrechnungsverfahren über die Branchen-Software erfasst. Daraus ergibt sich, dass an dieser Stelle nicht weiter auf die „bewertungsdifferenzierende" Plan-, Normal- und Ist-Kostenrechnung sowie die „zurechnungsdifferenzierenden" Voll- und Teilkostenrechnungssysteme eingegangen werden muss.

Die Begründung dieser Aussage liegt in der detaillierten und prozessgenauen Abbildung der Kostenträger über die „Komponentenstücklisten" (als Bestandteil der Basisdaten Produktion). Der Aufbau der Komponentenstücklisten (bzw. der Rezepturen in der chargenorientierten Produktion) ist beliebig verzweigbar über n-Unterstrukturen (als Unterkomponentenlisten bzw. Unterrezepturen). Über die Abbildung aller variablen Faktorkomponenten in den Komponentenstücklisten wird die Basis für die mehrstufige Teilkostenrechnung geschaffen.

Für die Kostenrechnung ist der Rezeptur- bzw. Kostenträgerstamm das zentrale Programmmodul. Es bildet die Grundlage für:
- Vorkalkulation (Plankalkulation)
- Materialplanung (Bedarfsermittlung)
- Abrechnung der Produktionsdaten
- Basis für die Produktionsplanung und Produktionssteuerung

Nachstehend ist der Aufbau der Stammdatenbasis grafisch dargestellt.

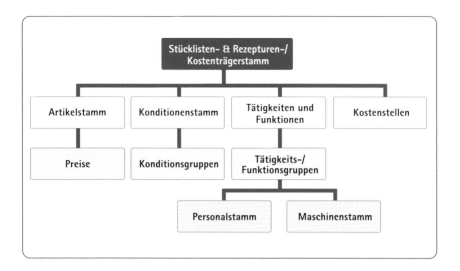

Die Gliederung der Zuschlagskalkulation im Stufenschema ist darauf ausgerichtet, die Kosten einer umfassenden Kostenanalyse zugänglich zu machen. Die Belegung der einzelnen Stufen ist frei gestaltbar und kann beispielsweise folgendermaßen gegliedert werden:

Stufe	Beschreibung	Basisdaten
Stufe 1	Rohstoffe und Unterrezepturen	Artikelstamm
Stufe 2	Verpackungsmaterial	Artikelstamm
Stufe 3	Verluste (Herstell-, Back-, Kochverluste)	Konditionen
Stufe 4	Funktionen (Maschinenbelegung)	Funktionen/Tätigkeiten
Stufe 5	Tätigkeiten (Personaleinsatz)	Funktionen/Tätigkeiten
Stufe 6	Proportionale Kosten (Maschinen, Personal)	Konditionen
Stufe 7	Betriebs- und Personalgemeinkosten Materialgemeinkosten	Konditionen
Stufe 8	Verwaltungsgemeinkosten (Administration)	Konditionen
Stufe 9	frei	Konditionen

Die verschiedenen Herstellungskosten, Produktionsverluste, Gemeinkosten-
sätze, fixe und variable Kosten sowie Wertveränderungen werden über

- Artikelstamm
- Funktionen
- Tätigkeiten und
- Konditionen

erfasst bzw. dem Kostenträger über beliebig viele Unterrezepturen zugeordnet.

Die Darstellung der Prozesskosten sowie der physischen Änderung des Kostenträgers wird über beliebig formulierbare Formeln im Konditionenstamm
abgebildet. Beispielsweise wie folgt:

Bezeichnung der Kondition	Berechnung	Vorzeichen	Manuelle Eingabe	Verwendung Wertgruppen
Herstellverlust in KG	M = M*P/100	negativ		nein
Backverlust	M = M*P/100	negativ		nein
Kochverlust	M = M*P/100	negativ		nein
Abgaben	W = M*P	positiv	nein	ja
Proportionale Kosten	W = M*P	positiv	ja	ja
Vollkosten - Prop. Kosten	W = M*P	positiv	ja	ja
Materialgemeinkosten	W = M*P/100	positiv		ja
Administration	W = M*P	positiv	nein	ja

Die Kostenrechnung ist Bestandteil der Produktion und umfasst die „Flexible
Kostenträgerrechnung" bis zur Vertriebswegekalkulation über sämtliche
kostenrechnerischen Prozesse in der Branchen-Software.

Die Erweiterung der Komponentenstücklisten um beliebig definierbare
Fixkosten-Komponenten (Artikel, Konditionen, Tätigkeiten und Funktionen)
führt somit von der mehrstufigen Teilkostenrechnung hin zur Vollkostenrechnung.

> *Die verschiedensten Zuschlagssätze sind in den mehrstufigen Kompo-*
> *nentenstücklisten als Tätigkeiten, Funktionen, Konditionen oder Artikel*
> *erfassbar. Somit können alle Einzel- oder Gemeinkostenzuschlagssätze in*
> *die Kostenträgerrechnung aufgenommen werden. Die Kostenzuschlagssätze*
> *werden als absolute Werte, stückbezogene Kosten sowie auch als Prozent-*
> *werte auf die verschiedenen Bezugsgrößen (entsprechend den in den*
> *Konditionsstammdaten hinterlegten Rechenregeln) ermittelt.*

Aus den verschiedenen Bewertungsansätzen der Faktorleistungen (als variable und fixe Komponenten) ergeben sich die Wertansätze für:

1. Plan-Kostenrechnung
2. Ist-Kostenrechnung
3. Plan-Ist-Kostenvergleich

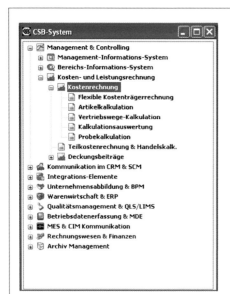

Die Kosten- & Leistungsrechnung umfasst die Kostenrechnung als „Flexible Kostenträgerrechnung" sowie die Artikelkalkulation als Probe- oder Entwicklungs-Rezeptur mit beliebigen Kalkulationsauswertungen bis hin zur Vertriebswegekalkulation mit kundenspezifischen Vertriebskosten.

Die Teilkostenrechnung und Handelskalkulation gehören ebenfalls zur Kosten- und Leistungsrechnung sowie die Deckungsbeitragsrechnung über beliebige DB-Stufen mit entsprechender Ermittlung der einzelnen Deckungsbeiträge.

Zu 1: Plan-Kostenrechnung

Erfolgt die Bewertung aller Faktorkomponenten in den Komponentenstücklisten zum Planpreis, so ist das Ergebnis die:

- Ermittlung der Plankosten pro Kostenträger der mehrstufigen Teilkostenrechnung bis zur Vollkostenrechnung sowie die
- Ermittlung der Plankosten pro Kostenstelle (bzw. Produktionsabteilung) für das ganze Unternehmen, gegliedert in die gesamten

variablen und fixen Kosten. Hieraus ergibt sich das gesamte Plan-kosten-Budget für den festgelegten Planzeitraum.

> *Die Verbrauchsabweichung ermittelt sich aus der Differenz zwischen Plan-Menge und Ist-Menge, bewertet zum Planpreis.*

Zu 2: Ist-Kostenrechnung

Über die Zeitwirtschaft werden für die Arbeitsleistungen (Tätigkeiten) die Ist-Kosten pro Zeiteinheit ermittelt. Gleiches gilt für die Betriebsmittel (Funktionen). Diese Ist-Kosten gehen als Ist-Preise in die Komponentenstücklisten ein. Die Ist-Preise der Werkstoffe werden als gleitende Durchschnittspreise über die Warenwirtschaft ermittelt[57]. Die aktuellen Komponentenpreise sind als Ist-Preise im Artikelstamm hinterlegt nach:

- Tagespreis (letzter gültiger, nach dem gewogenen Durchschnitt ermittelter Beschaffungspreis)
- Wochenpreis (nach dem gewogenen Mittel festgestellter, durchschnittlicher Beschaffungspreis)

Auf der Basis dieser beiden Preise (Tages- und Wochenpreis) können die faktisch geltenden Ist-Preise zur:

- aktuellen Bewertung des Kostenträgers (als Nachkalkulation in der Teil- und Vollkostenrechnung) und als
- verrechnete Ist-Preise für alle Leistungsfaktoren über die Ist-Mengen der gesamten Kostenträgerproduktion und für alle Kostenstellen des gesamten Unternehmens ermittelt werden.

Zu 3: Plan-Ist-Kostenvergleich

Im Plan-Ist-Kostenvergleich steht die Kostenstelle im Mittelpunkt der Betrachtung. Die Verrechnung sämtlicher Plankosten pro Kostenstelle (Abteilung) erfolgt über die flexible Kostenträgerrechnung pro Kostenträger. Die Ist-Werte der Kosten (Kostenarten) über alle Kostenstellen werden in der Finanzbuchhaltung und der Kostenstellenrechnung erfasst bzw. ausgewertet. Mit dem Abgleich der Daten aus der Warenwirtschaft und dem Rechnungswesen ergibt sich der Plan-Ist-Kostenvergleich pro Kostenart, Kostenstelle und Kostenträger.

Aus der Gegenüberstellung der verrechneten Ist-Kosten (als Produkt aus Ist-Menge x Ist-Preis) mit den als Ausgaben erfassten Kosten der Buchhaltung (pro Kostenstelle bzw. als Gesamtkosten) ergeben sich die wertmäßigen Abweichungen von den Kostenstrukturen, welche in den Komponentenstücklisten abgebildet sind. Diese Wertabweichungen werden periodisiert als „Kalkulationskostenabweichung" definiert[58]. Mit der differenzierten Aufschlüsselung der einzelnen Kostenfaktoren wird die „Kalkulationskostenabweichung" analysierbar und steht dem Management als Entscheidungsgrundlage aufbereitet zur Verfügung.

> *Die Preisabweichung wird aus der Differenz von [Ist-Menge x Ist-Preis] zu [Ist-Menge x Planpreis] ermittelt.*

Aus der Zeit- und Warenwirtschaft sowie aus den Wertansätzen über die Basiselemente ergeben sich die „bewertungsdifferenzierenden" Preise zur Kalkulation und zur Kostenträgerrechnung.

Als Bewertungsansätze für den Komponenten-Wertverzehr aller Artikel gehen die nachstehenden Preise in die „Flexible Kostenträgerrechnung" ein:

■ *Tagespreis/letzter Preis*
Für alle Artikel werden die jeweils aktuellen Preise pro Tag als gewogener arithmetischer Mittelwert (auf der Basis der effektiven Wareneingänge) ermittelt.

■ *Durchschnitts-/Wochenpreis*
Die Fortschreibung der Tagespreise (als gewogener arithmetischer Mittelwert) bildet im Zeitverlauf (der Wochentage) den kumulierten Mittelwert zum jeweiligen Wochentag für alle Artikel, die dann als aktuelle Wochenpreise im Artikelstamm ausgewiesen werden.

■ *Planpreis*
Im Artikelstamm werden die für die Planperiode vorgegebenen Planpreise artikelgenau erfasst. Für die Planperiode sind diese Preise gültig und gehen mit ihren festgelegten Werten in die Plan-Kostenrechnung und Vorkalkulation ein.

■ *Verrechnungspreis*
Im Spaltprozess der Kuppelproduktion werden alle Spaltprodukte (nach der Äquivalenzziffernrechnung) mit entsprechenden Wertansätzen belegt. Die Bewertung dieser werthaltigen Spaltprodukte wird über den Verrechnungspreis vorgenommen. Für Spaltprodukte mit geringen bzw. mit Entsorgungskosten werden die ermittelten Verrechnungspreise (evtl. mit negativem Vorzeichen) mit dem Kennzeichen „Preis fest" versehen.

Werden einzelne Spaltprodukte aus dem Kuppelproduktionsprozess zusätzlich als Einzelkomponenten am Beschaffungsmarkt eingekauft, so werden die im Spaltprozess enthaltenen Kosten (als kalkulatorische Kosten „des vorgelagerten Spaltprozesses") im Artikelstamm vorgegeben. Diese Kosten werden am Wareneingang als kalkulatorische Kosten zum Spaltprodukt (Artikel) automatisch verrechnet. Im nachgelagerten Produktionsprozess sind somit die aus eigener Spaltproduktion stammenden Spaltprodukte mit den zusätzlich zugekauften Spaltprodukten kostenrechnerisch vergleichbar.

Aus der „zurechnungsdifferenzierenden" Struktur der Komponentenstücklisten lassen sich die verschiedensten Teilkostenrechnungssysteme betriebsspezifisch abbilden. Durch die Gliederung aller „Einzelkomponenten" (Artikel, Konditionen, Tätigkeiten und Funktionen) in variable und fixe Kostenarten kann die Teilkostenrechnung über frei definierbare Stufen in die Vollkostenrechnung überführt werden.

Über die beliebig verzweigbaren n-Komponentenlisten[59] lassen sich die produktionstechnischen Abläufe der „variablen Faktorkomponenten" und die produktionsunabhängigen Kosten (als „fixe Kostenkomponenten") ebenfalls im Kostenträger kostenrechnerisch erfassen. Die hierbei ermittelten Preisebenen (der jeweils n-stufigen Komponentenstücklisten) können für jeden Kostenträger produktspezifisch festgelegt werden. Sie übermitteln (beispielsweise für chargenorientierte Produktionsprozesse) die folgenden kostenrechnerischen Aussagen; welche nachstehend als variable Zwischensummen definiert sind:

- *Materialpreis*
  Die variablen Werkstoffkomponenten, bewertet zu den Plan- und Ist-Preisen, werden zusammengefasst und in der betriebsspezifisch festgelegten Stufe als Materialpreis definiert. Die Begriffsdefinition „Materialpreis" zeigt an, dass ausschließlich zur Güterproduktion eingesetzte Werkstoffe (als Materialien) mit ihren gewichteten Preisen in diesen Preisbildungsprozess eingehen.
- *Einstandspreis*
  Durch die zusätzliche Verrechnung der sonstigen variablen Kosten zu den Materialkosten, als Kosten aus Tätigkeiten, Funktionen und Konditionen wird der Einstandspreis des jeweiligen Kostenträgers ermittelt. Der Begriff „Einstandspreis" dient als Sammelbezeichnung für den Vorgang der kompletten Verrechnung aller direkt zurechenbaren variablen Kosten zum jeweiligen Kostenträger.
- *Rentabilitätspreis*
  Die Schwelle zur Rentabilität wird überschritten, wenn die zur Produktion erforderlichen Betriebsmittel (als fixe Kostenbestandteile) auf Basis der rechnerischen „Voll-Auslastung" dem jeweiligen Kostenträger zurechenbar sind. Die Definition bzw. Festlegung dieser Zwischensumme in der Preisermittlung der „Flexiblen Kostenträgerrechnung" kann von Produkt zu Produkt unterschiedlich festgelegt werden. Aus der jeweiligen Produktion (Prozessstruktur)

des Kostenträgers wird der Rentabilitätspreis produkt- und betriebsspezifisch als Zwischensumme in der Teil- und Vollkostenrechnung
gebildet.
- *Kalkulations-Verkaufspreis*
  Aus dem kostenrechnerischen Ansatz der Vollkostenrechnung ergibt
  sich die „theoretische Notwendigkeit" der Verrechnung aller Kostenkomponenten (variabler und fixer Kosten) des Unternehmens auf die
  Kostenträger. Der aus dieser Zielsetzung resultierende Preis (inklusive des kalkulatorischen Gewinns) wird als kalkulatorischer Verkaufspreis definiert.

Der vorstehend beschriebene Preisbildungsablauf wird in Abb. 61 dargestellt. Diese kalkulatorischen Berechnungen dienen als vorkalkulatorische
Planpreisermittlungen und sind auf Ist-Preisbasis als Nachkalkulation über
alle Kostenträger (mit Hilfe der „Flexiblen Kostenträgerrechnung") ermittelbar. In der Artikelstamminformation sind diese Werte real time abrufbar und somit für alle Entscheidungsprozesse des Managements beurteilungsfähig.

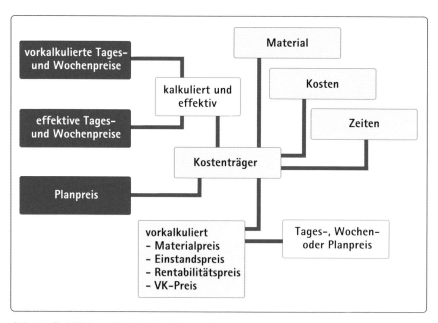

Abb. 61: Preisbildungsablauf in der Kostenrechnung

Das vorstehend über die Branchen-Software abgebildete (branchenspezifisch parametrisierbare) Kostenrechnungssystem wird hier als „Flexible
Kostenträgerrechnung" bezeichnet. Die „bewertungsdifferenzierenden Grund-

lagen" und „Zurechnungsgrundlagen" werden zur Ermittlung der mehrstufigen Deckungsbeiträge herangezogen[60]. In der nachstehenden Abbildung sind die Integration der Basiselemente sowie die Verknüpfung der Zeit- und Warenwirtschaft zur Abbildung der betrieblichen Produktionsprozesse in der „Flexiblen Kostenträgerrechnung" dargestellt. (Abb. 62)

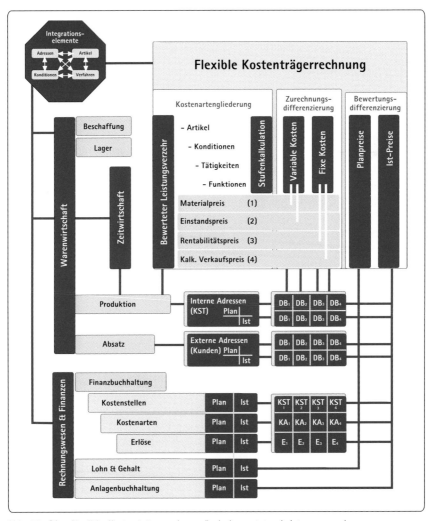

Abb. 62: Die „Flexible Kostenträgerrechnung" als bewerteter Leistungsverzehr

Die Gegenüberstellung der periodisierten „verrechneten Kosten" und der ermittelten Deckungsbeiträge mit den entsprechenden „Stufenergebnissen" im Rechnungswesen (in einer auf den gleichen Zeitraum bezogenen BWA)

zeigt die faktisch erreichte Abbildung der vollzogenen kalkulatorischen Leistungs- und Kostenverrechnung in der „Flexiblen Kostenträgerrechnung". Die dabei ermittelte Abweichung ist die „Kalkulationskostenabweichung". Die Analyse dieser Abweichungen erstreckt sich auf vier Kostenbereiche:

1. Werkstoffkosten
2. Arbeitskosten
3. Betriebsmittelkosten
4. Sonstige Kosten

Zu 1: Werkstoffkosten

Die Werkstoffkosten der einzelnen Kostenträger werden über die Komponentenstücklisten zu Plan- und Ist-Preisen (Tages- bzw. Wochenpreis) ermittelt. Der Materialpreis je Kostenträgereinheit wird als Zwischensumme über die „Flexible Kostenträgerrechnung" berechnet. Im Materialpreis spiegeln sich die „Werkstoff-Einsatz-kosten" pro Kostenträgereinheit wider. Aus der Gegenüberstellung der nach Kostenarten gruppierten „Werkstoff-Einsatzkosten" (multipliziert mit der Ist-Menge der Kostenträger) zu den einzelnen Kostenartensummen (in der BWA), werden die Kalkulationskosten abweichungen pro Kostenart für die vorgegebene Abrechnungs-periode ermittelt.

Zu 2: Arbeitskosten

Aus der Gegenüberstellung der verrechneten Arbeitskosten über die Kostenträgerrechnung mit den tatsächlich angefallenen Arbeitskosten einer Abrechnungsperiode, lassen sich Erkenntnisse zur Leistungs-fähigkeit der einzelnen Kostenstellen gewinnen. Die hierbei vorge-nommene Unterscheidung der Arbeitsleistungen in ausführende und dispositive Tätigkeiten in der Kostenzurechnung, entsteht aus dem Bedürfnis, die variablen von den fixen Kostenkomponenten zu tren-nen. Die Zurechnung der Arbeitskosten zum jeweiligen Kostenträger erfolgt nach der vorstehend erläuterten Methode, wie sie für die betriebs- und produktspezifische Produktionssituation des Unterneh-mens erforderlich ist.

Zu 3: Betriebsmittelkosten

Über die Zeitwirtschaft werden die Leistungsdaten für die einzelnen Betriebsmittel in Form von Refa-Werten bereitgestellt. Der bewertete Faktoreinsatz (als Maschinen- und Aggregateleistung im Produk-tionsprozess) wird für die Einheit „Zeit" ermittelt. Die Kosten der „Funktionen" (als Leistungen der eingesetzten Betriebsmittel) werden in der „Flexiblen Kostenträgerrechnung" dem jeweiligen Kostenträger zugerechnet.

Die Zurechnung der Betriebsmittelkosten kann als variable oder fixe Kostenkomponente in Ansatz gebracht werden. Entscheidend für die jeweilige Wahl der Zurechnungsbeurteilung ist die betriebliche und produktspezifische Situation.

Die „Kalkulationskostenabweichung" des bewerteten Betriebsmitteleinsatzes im Unternehmen ergibt sich durch die Gegenüberstellung der verrechneten Kosten (über die Kostenträgerrechnung) mit den im Rechnungswesen (nach Kostenarten- und Kostenstellenrechnung) ermittelten Daten.

Zu 4: Sonstige Kosten

Aus dem Ansatz des Verursacherprinzips wird abgeleitet, dass die Verteilung der sonstigen Kosten über die Zurechnungsdifferenzierung in variable und fixe Kostenbestandteile zu gliedern ist. Letztlich sind zwar alle Kostenpositionen im Unternehmen durch die erzeugten Güter verursacht, jedoch sind die einzelnen Kostenarten zu unterschiedlichen „Graden" (als direkt und indirekt) dem Kostenträger differenziert zurechenbar.

Die in der Praxis üblichen Hilfslösungen, die für die Umlage der nicht direkt zurechenbaren Kostenpositionen angewendet werden, bestehen in der Regel aus den unterschiedlichsten Gemeinkosten-Zuschlagsverfahren. Diese Verteilungsmethoden werden hier über die verschiedenen „Konditionsarten" abgebildet[61]. Die als „Konditionen" angelegten und über die Kostenträgerrechnung verteilten Kostenpositionen (als Kostenarten) sind über das Rechnungswesen mit den tatsächlich angefallenen Kosten periodisch abstimmbar. Die Überprüfung des Kostenzurechnungsverfahrens erfordert bezüglich der Verteilung der einzelnen Kostenarten auf die Kostenträger eine „adressenbezogene" Analyse.

Über das Basiselement „Adresse" wird der Bezug der einzelnen Kostenträger zur:
1. Internen Adresse (Kostenstelle) und
2. Externen Adresse (Vertriebsweg)
hergestellt und somit in einer detaillierten Leistungs- und Kostenanalyse beurteilungsfähig.

Zu 1: Interne Adresse

Die Kostenstellen im Unternehmen verantworten die im Gütererstellungsprozess verursachten Kosten. Die Abbildung des Produktionsablaufes erfolgt pro Kostenstelle, für jeden in dieser Kostenstelle gefertigten Kostenträger (als Zwischenprodukt, Halbfertig- und Fertigprodukt). Über die Komponentenstückliste bzw. Rezeptur (für die Chargenproduktion) werden die einzelnen Leistungsfaktoren (Werkstoffe, Arbeit und Betriebsmittel) dem kostenstellenbezogenen Kostenträger zugewiesen. Aus der Ermittlung des Leistungsverbrauchs zu Plan- und Ist-Mengen sowie des Wertverzehrs zu Plan- und Ist-Preisen (über die „Flexible Kostenträgerrechnung") ergibt sich die „Kalkulationskostenabweichung" pro Kostenträger und Kostenstelle.

In der chargenorientierten Produktion ist neben der Kostenüberwachung auch die Einhaltung der Werkstoffverbrauchsvorgaben für die Qualitätsüberwachung von besonderer Bedeutung. Aus der Gegenüberstellung der verrechneten Kostenarten in den einzelnen Kostenstellen (über die „Flexible Kostenträgerrechnung") mit den im Rechnungswesen erfassten und periodisierten Kostenarten pro Kostenstellen resultiert die Plan-Ist-Abweichung in der Kostenstellenrechnung.

Zu 2: Externe Adresse

Die adressenbezogenen „Sonderkosten" (von der Gütererstellung bis zu den Sondereinzelkosten des Vertriebs) zu erfassen, ist die Aufgabe der „Vertriebswege-Kostenrechnung". Die Abbildung der speziellen kundenbezogenen Kostenarten erfolgt hierbei unter einem Adressenbezug über die „Flexible Kostenträgerrechnung". Diese kundenbezogene Kostenrechnung wird als Vor- und Nachkalkulation auf der Basis von Plan- und Ist-Preisen berechnet.

Die „internen Adressen", z. B. als einzelne Kostenstelle (oder Kostenstellengruppe), einer Profit-Center-Betrachtung zu unterziehen, erfordert ebenfalls eine detaillierte Bewertung des Leistungsverzehrs pro Kostenträger. Über das Teilkostenrechnungsverfahren in der „Flexiblen Kostenträgerrechnung" können hierbei abgestufte Deckungsbeitragssummen pro Abteilung ermittelt werden.

Die dargestellten Deckungsbeiträge von DB 1 bis DB 4 sind betriebsspezifisch (variabel) abstufbar. Die „Interne Deckungsbeitragsrechnung" in der Profitcenter-Abrechnung ist somit ein integraler Bestandteil der Teilkostenrechnung auf Plan- und Ist-Datenbasis.

Auf die „externen Adressen" (Kunden) bezogene Deckungsbeitragsberechnungen (von DB 1 bis DB 4, auf Plan- und Ist-Datenbasis) sind dem Bereich der Ertragsrechnung bzw. Ertragsanalyse im Absatz zuzurechnen[62]. Die periodisierten Deckungsbeitragssummen von DB 1 bis DB 4 (über alle Kunden) sind daher mit den einzelnen Erlösstufen von E 1 bis E 4 (als Roherlös-Zwischensummen) über die BWA abstimmbar. Der hierbei ermittelte Differenzbetrag sollte der Summe der „Kalkulationskostenabweichung" entsprechen. Die erreichte Abbildungsgenauigkeit ist über die Wertgröße der Kalkulationskostenabweichung nachvollziehbar.

3.4.5.2 Leistungs- & Deckungsbeitragsrechnung

Die Deckungsbeiträge als Bewertungsmaßstab für die Ertragskraft der einzelnen Verkaufsgüter heranzuziehen, ergibt sich zwangsläufig aus den Verfahren der Teilkostenverrechnung in der „Flexiblen Kostenträgerrechnung". Aus der Differenz zwischen erzieltem Verkaufserlös und den verrechneten (direkt und indirekt zurechenbaren) Kosten zum jeweiligen Kostenträger (als Verkaufsgut) ergeben sich die einzelnen Deckungsbeiträge.

> *Die Deckungsbeitragsermittlung ist somit kein Kostenrechnungssystem, sondern das Ergebnis der Absatzerlösanalyse, resultierend aus der Gegenüberstellung der Verkaufserlöse zu den entsprechenden Teilkosten für die einzelnen Verkaufsgüter. Dabei ist die Preisbasis (als Plan- oder Ist-Preise) für die Kosten- und Erlösbetrachtung unerheblich für die vorstehende Feststellung, dass die Deckungsbeitragsermittlung „kein Kostenrechnungssystem" ist.*

Welche Kosten in der Kostenträgerrechnung dem Verkaufsgut direkt bzw. indirekt zurechenbar sind, ist abhängig vom unternehmensspezifisch organisierten bzw. gewählten Kostenrechnungsverfahren. Über die „Flexible Kostenträgerrechnung" werden die einzelnen Stufen zur differenzierten Kostenverrechnung güterspezifisch festgelegt.

> *Die „Flexible Kostenträgerrechnung" bildet jede beliebige Kostenträgerrechnung in ihrer Zurechnungsdifferenzierung (von den Teilkostenrechnungs- bis zu den Vollkostenrechnungssystemen) wie auch in ihrer Bewertungsdifferenzierung (von der Plan- bis zur Ist-Kostenrechnung) unternehmensspezifisch ab.*

Hieraus ergeben sich für Unternehmen die Möglichkeiten zur erlösdifferenzierten Bewertung der einzelnen Güter und zur Beurteilung der verschiedenen Vertriebswege.

Wie aus Abb. 63 zu entnehmen ist, werden die einzelnen Deckungsbeiträge (DB 1 bis DB 4) im Absatz (und hier speziell über die Verkaufsanalyse) als Maßstab zur Beurteilung der Ertragskraft der einzelnen Güter (Artikel) und Abnehmer (Adressen) ausgewertet. Die vier Deckungsbeitragsstufen für die einzelnen Güter sowie für die gesamten verkauften Gütermengen einer festgelegten Periode werden wie folgt ermittelt:

DB-Bewertungsstufen	
DB 1 = VK-Preis ./. Materialpreis	(1)
DB 2 = VK-Preis ./. Einstandspreis	(2)
DB 3 = VK-Preis ./. Rentabilitätspreis	(3)
DB 4 = VK-Preis ./. kalk. VK-Preis	(4)

Abb. 63: Deckungsbeitragsstufen in der DB-Rechnung

Der „VK-Preis" ist der real erzielte Verkaufspreis für die einzelnen Artikel, als gewogener Durchschnittswert über alle Vertriebswege bzw. Kunden (Adressen).

Die einzelnen Kalkulationspreisstufen, wie sie in der „Flexiblen Kostenträgerrechnung" abgebildet sind, können artikel- und betriebsspezifisch verschieden strukturiert werden. Die Zurechnungsdifferenzierung der einzelnen Kosten wird über die Teilkostenverrechnung „stufenbezogen" bis zur Vollkostenverrechnung (auf der Basis einer definierten Auslastungsquote) pro Kostenträger durchgeführt. Aus der Zurechnungsdifferenzierung der einzelnen Kosten zum jeweiligen Kostenträger ergeben sich die folgenden definierten Kostenpreise:

Kostenpreise zur DB-Ermittlung
Materialpreis (MAP) = Roh-, Hilfs- und Betriebsstoffe
Einstandspreis (ESP) = MAP + variable Personal- und Aggregatekosten
Rentabilitätspreis (REP) = ESP + fixe Kostenanteile
kalk. VK-Preis (KVP) = REP + kalk. Gewinnzuschläge

Abb. 64: Kostenpreise zur DB-Ermittlung

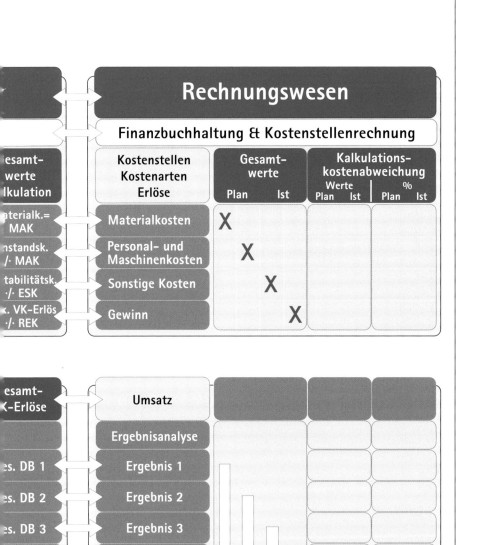

Rechnungswesen

Finanzbuchhaltung & Kostenstellenrechnung

Kostenstellen Kostenarten Erlöse	Gesamt-werte		Kalkulations-kostenabweichung			
			Werte		%	
	Plan	Ist	Plan	Ist	Plan	Ist
Materialkosten	X					
Personal- und Maschinenkosten		X				
Sonstige Kosten		X				
Gewinn		X				

	Gesamt-werte			
Umsatz				
Ergebnisanalyse				
Ergebnis 1				
Ergebnis 2				
Ergebnis 3				
Ergebnis 4				
Gesamtwerte	E1 E2 E3 E4		Gesamt-abweichung	

(linke Randspalte)

esamt-
werte
lkulation

aterialk.=
MAK

nstandsk.
/· MAK

tabilitätsk.
·/· ESK

x. VK-Erlös
·/· REK

esamt-
K-Erlöse

es. DB 1

es. DB 2

es. DB 3

es. DB 4

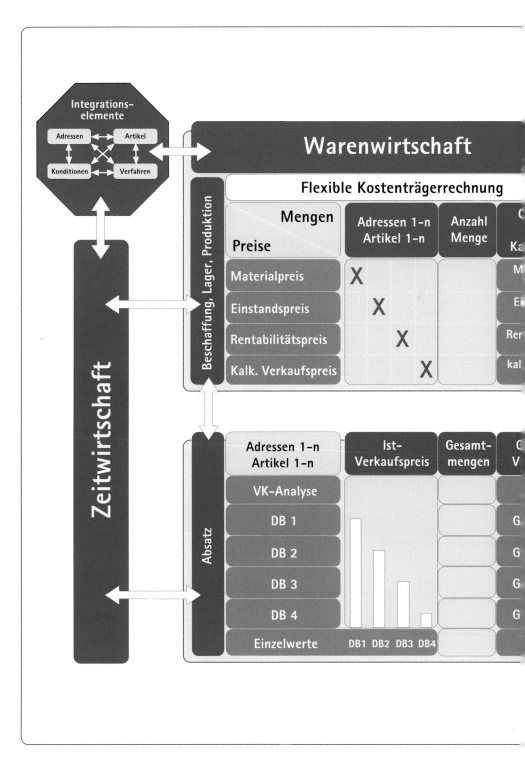

Abb. 65: Integrierte Kosten- und Ertragsanalyse über Warenwirtschaft und Rechnungswesen

Die über die „Flexible Kostenträgerrechnung" ermittelten Kostenpreise (über die vier vorstehenden Kostenverrechnungsstufen), multipliziert mit den Mengen der hergestellten Güter (Artikel), ergeben die Summen der insgesamt verrechneten Kosten der jeweiligen Abrechnungsperiode. Aus der summarischen Gegenüberstellung der kalkulatorischen Gesamtkosten mit den entsprechend korrespondierenden Kostenarten im Rechnungswesen folgen die periodisch ermittelbaren „Kalkulationskostenabweichungen"[63]. (Siehe Abb. 64)

Die Analyse der Deckungsbeiträge über die vier festgelegten Deckungsbeitragsstufen beinhaltet wesentliche Informationen zur Beurteilung der Ertragskraft einzelner Güter und Abnehmer für das Vertriebsmanagement.

In Bezug auf die Deckungsbeitragswerte pro Artikel (über alle Artikelmengen als Gesamt-Deckungsbeitragssummen und als Ergebnis einer detaillierten Absatz- und Kostenanalyse) ergeben sich aus den vier Deckungsbeitragsstufen die nachstehend erläuterten Beurteilungskategorien. In der „DB-Bewertungsmatrix" werden die wichtigsten Deckungsbeitragssituationen, bezogen auf Durchschnittswerte für Artikel und Adressen dargestellt.

Die Deckungsbeiträge (DB 1 bis DB 4) für Einzel- und Gesamtwerte sind in der „DB-Bewertungsmatrix" in die Ergebnisgruppen I bis IV (auf Artikel und Adressen bezogen) eingeteilt. Die DB-Artikelauswertung kann auf Einzelpreise, Durchschnittspreise (aus gewogenem Durchschnitt) und Gesamtwerte (Mengen x Preise) erfolgen. Für die adressenbezogenen DB-Auswertungen empfiehlt sich die Einteilung der Abnehmer (Adressen) in zwei Durchschnittspreis-Kategorien:
A > Durchschnittswert und
B < Durchschnittswert.

Die Ergebnisbeurteilungen der Artikel (Verkaufsgüter) und Adressen (Abnehmer) aus der DB-Verkaufsanalyse erfolgen über die in der DB-Beurteilungsmatrix aufgeführten Gruppierungen:

Zu I: Positive Deckungsbeiträge (DB 1 bis DB 4)

Sind die Deckungsbeiträge über alle vier DB-Stufen von DB 1 bis DB 4 positiv, d. h., sind die erzielten Verkaufspreise (im gewogenen Durchschnitt) den kalkulatorischen VK-Preisen entsprechend bzw. übersteigen sie sogar, so ist dieses Unternehmen am Markt erfolgreich und ertragssicher.

Aus der Entwicklungstendenz dieser Deckungsbeiträge (im Vergleich zu Vorperioden- und Plan-Werten) lässt sich die Marktstärke des Unternehmens beurteilen. Positiv wirkende Unternehmen erwirtschaften positive Deckungsbeiträge (als Durchschnittswerte) über alle DB-Stufen.

DB-Bewertungsmatrix							
DB-Ergebnisse für Einzel- und Gesamtwerte					Gesamte Artikel Ø Werte	Adressen mit Werten > Ø A	Adressen mit Werten < Ø B
I.	DB 1 +	DB 2 +	DB 3 +	DB 4 +	+	+	-
II.	DB 1 +	DB 2 +	DB 3 +	DB 4 -	+	+	-
III.	DB 1 +	DB 2 +	DB 3 -	DB 4 -	-	+	-
IV.	DB 1 +	DB 2 -	DB 3 -	DB 4 -	-	-	-

Abb. 66: Bewertungsmatrix zur DB-Analyse

Zu II: Deckungsbeitragsstufe DB 4 ist negativ

Erwirtschaftet ein Unternehmen keinen operativen Gewinn, so ist bei korrekter Kostenabbildung der produzierten Güter der gesamte Wert des DB 4 negativ. Ausgelöst durch die Preisfindung kostengünstig produzierender Unternehmen oder durch die Verfolgung einer Markt-öffnungsstrategie über eine aggressive Preispolitik der marktaktiven Unternehmen folgen im Verdrängungswettbewerb Ertragseinbußen aller Anbieter am umkämpften Markt für homogene Güter. Die notwendigen Aktivitäten sind in Abhängigkeit von den Lebens-phasen der umkämpften Güter am Markt abzuleiten. Diese betreffen unter Umständen das gesamte Spektrum der Zeit- und Warenwirt-schaft in allen relevanten Funktionen, in denen Kostensenkungen herbeigeführt und/oder neue ertragssichere Vertriebswege erschlos-sen werden können.

Zu III: Deckungsbeitragsstufe DB 4 und DB 3 sind negativ

Ist die DB-3-Stufe negativ, so ist auch der DB 4 negativ, d. h. die Fixkosten werden über alle Verkaufsgüter des Unternehmens mit den erzielten Durchschnittspreisen bzw. Gesamtverkaufserlösen nicht ab-gedeckt. Eine DB-Auswertung nach Abnehmern über die Kategorien A > Durchschnittswert und B < Durchschnittswert, kann anzeigen, dass der Verkauf an Abnehmergruppen bestimmter Vertriebswege (entgegen des negativen DB 3 als maßgeblichem Durchschnittswert) ertragreich, d. h. bei diesen Kunden der DB 3 und DB 4 positiv sein kann. Unternehmen in dieser Vertriebskonstellation müssen die ertragswirksamen Vertriebswege und Güter ausbauen bzw. fördern und die ertragsschwachen Abnehmer und Güter abbauen. Inwieweit für diese Unternehmen in der vorstehend beschriebenen Situation die Finanzkraft ausreicht, um produktivitätsfördernde Investitionen vorzunehmen, ist fraglich. Diese Maßnahmen sind auch nur dann wirtschaftlich vertretbar, wenn für die im Unternehmen produzierten Güter ein wachsendes Marktabsatzvolumen zu erwarten ist sowie entsprechende kostenreduzierende Produktivitätsfortschritte erreichbar und diese durch finanzierbare Investitionen in fortschrittliche und innovative Betriebsabläufe kurzfristig umsetzbar sind.

Zu IV: Nur die Deckungsbeitragsstufe DB 1 ist positiv

Unternehmen mit dieser Kosten- und DB-Konstellation scheiden als Wettbewerber auf dem Markt kurz- bzw. mittelfristig (in Abhängigkeit von den vorhandenen Finanzreserven) aus. Ein Ausscheiden dieser Unternehmen vom Markt kann nur noch durch staatliche Subventionen verhindert werden. Die unter diesen wirtschaftlichen Bedingungen ausgezahlten Subventionen an Not leidende Unternehmen haben demnach negative Effekte für die gesamte übrige Wirtschaft und vernichten geschaffenen Wohlstand.

> *Die fehlenden Deckungsbeiträge bis zur gesamten Kostenabdeckung werden in diesen subventionsempfangenden Unternehmen durch Transferzahlungen der Haushalte und Unternehmer (über Steuergelder) ausgeglichen. Daraus resultieren negative monetäre Effekte für die Wirtschaft. Sollten die in diesen Unternehmen subventionierten Güter auf dem Markt zusätzlich keine Abnahme finden, so werden weitere negative Gütereffekte wirksam.*

Diese negativen Monetär- und Gütereffekte in einer Volkswirtschaft zu verhindern, ist begründbar durch die Forderung nach wirtschaftlicher, alternativer Verwendung der eingesparten Finanzmittel, um die Investitions- und/oder die Konsumkraft durch die positiv wirkenden Marktteilnehmer in einer freien Marktwirtschaft zu stärken.

Die Deckungsbeitragssummen (DB 1 bis DB 4) über die vier Ergebnisgruppen (I bis IV) spiegeln unter folgenden Bedingungen eine korrekte und mit dem Rechnungswesen korrespondierende Staffelung der Unternehmensergebnisse (von E 1 bis E 4) wider:

- Die verrechneten Kosten in der „Flexiblen Kostenträgerrechnung" entsprechen den im Rechnungswesen als Kostenarten bzw. nach Kostenstellen summierten Kosten, sodass die periodischen „Kalkulationskostenabweichungen" keine wesentlichen Differenzbeträge aufweisen.
- Die im Rechnungswesen gebildeten Ergebnis-Zwischensummen (E 1 bis E 4) entsprechen den als Deckungbeitragsstufen definierten Kostenabgrenzungen in der „Flexiblen Kostenträgerrechnung" (als Differenzbetrachtung zu vorstehendem Punkt).
- Die ausschließlich im Rechnungswesen erfassten kunden- bzw. vertriebswegebezogenen Finanzgutschriften und rückwirkenden Preisnachlässe (über Boni, Skonto) werden in der Deckungsbeitragsermittlung berücksichtigt.

Da die in Punkt 3 aufgeführten adressenbezogenen Nachlässe nicht in der Kostenträgerrechnung abgebildet werden können, ist es erforderlich, diese Nachlässe als „nachträglich" wirksam gewordene Konditionen in Bezug auf eine Erlösreduzierung kundenspezifisch auszuwerten.

Siehe hierzu die in Abb. 67 aufgezeigte Preisbildung zur Deckungsbeitragsrechnung. Die dazu notwendigen Auswertungsgenerierungen werden über das GPM realisiert und in der DB-Ermittlung erlöswirksam berücksichtigt[64].

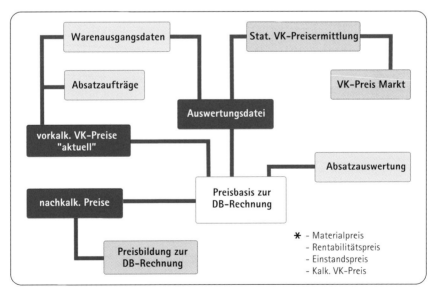

Abb. 67: Preisbildung zur Deckungsbeitragsrechnung

Zwischen diesen vorstehenden vier Ergebnisgruppen (I bis IV) finden wir in der täglichen Praxis eine Vielzahl von Zwischenstufen, d. h. für die einzelnen Unternehmen in ihrer jeweiligen Ertrags- und Kostensituation periodisch stark schwankende Verläufe und daraus folgend entsprechende Veränderungen in den Deckungsbeiträgen (von DB 1 bis DB 4).

Es ist die vordringlichste Aufgabe des Vertriebsmanagements, die Entwicklung der Deckungsbeiträge nach Gütern und Abnehmern differenziert und periodisch zu analysieren.

Es besteht die Notwendigkeit, daraus entsprechende Schlussfolgerungen zu ziehen und die strategischen wie auch die operativen Vertriebspläne und -aktivitäten ohne Zeitverzug einzuleiten.

Die am Markt erfolgreichen Unternehmen (mit positivem DB 4) sichern ihre Marktposition im Wettbewerb. Sie sind somit in der Lage, neue innovative Produkte aus eigener Finanzkraft zu schaffen. Daraus resultieren die Voraussetzungen für den wirtschaftlichen Fortschritt, aus dem der Wohlstand durch diese Unternehmen zum Nutzen der gesamten Volkswirtschaft gemehrt werden kann.

3.4.5.3 Absatz-Controlling

Die mit der Absatzplanung vorgegebene Vertriebsstrategie ist der Ausgangspunkt für ein umfassendes Absatz-Controlling. Über spezielle Workflows sind die periodischen Analysen auf alle Absatzdaten auszurichten.

Das Absatz-Controlling ist einteilbar in vier Controlling-Bereiche:
1. Controlling des gesamten Absatzprozesses
2. Integrations-Controlling in die komplette Warenwirtschaft
3. Absatz-Leistungs-Controlling über alle Vertriebswege
4. Präsentation der Controllingergebnisse für die Vertriebsorganisation

Zu 1: Controlling des Absatzprozesses

Die Abläufe im Absatz einem gezielten Controlling zuzuführen, ist unabdingbar für ein marktaktives Unternehmen. Dem Vertriebsmanagement müssen alle notwendigen Informationen über alle Absatzprozesse sowie die aktuellen Daten zur Kundenzufriedenheit auf Abruf zur Verfügung stehen. Über spezielle Workflows sind die Informationen zu den einzelnen Controllingmaßnahmen zu organisieren:
- periodischer Abgleich der Entwicklung der Interessenten (A, B, C), der Angebote und des Auftragseingangs mit den Vorjahres- und Plandaten als Marketingerfolgskontrolle

- Ermittlung des Auslieferungsgrades als Ergebnis der Analyse zwischen Auftragseingang und Lieferung unter Berücksichtigung von Teillieferungen
- Kundenreklamationsanalyse mit umfassender Ursachenforschung über alle Kommunikationsdaten aus dem Kontaktmanagement (Call-Center)

3.4.6 Archivmanagement

Die im Wirtschaftsleben anfallenden Belege, Dokumente und Berechnungen zur Leistungsermittlung und Bewertung aller Geschäftsvorfälle dienen in der Warenwirtschaft wie auch im Rechnungswesen als Grundlagen des Geschäftsverkehrs. Es versteht sich somit von selbst, dass diese Unterlagen in einem modernen Unternehmen elektronisch gespeichert werden. Die zu archivierenden Belege sind als

1. Externe Dokumente oder
2. Interne Dokumente und Belege

zu klassifizieren.

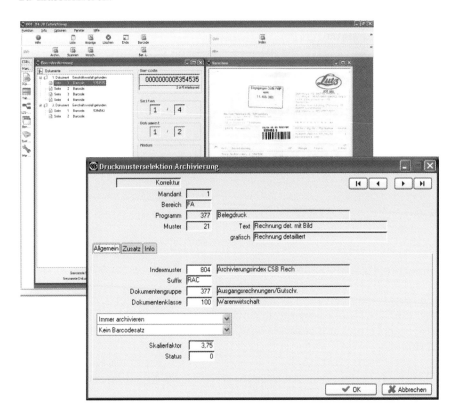

Alle externen Dokumente werden in das Archiv über Dokumentenscanner elektronisch eingelesen und allen berechtigten Personen zugänglich gemacht. Alle eingehenden Belege und Unterlagen, die zur Bearbeitung der Geschäftsvorfälle benötigt werden, sind somit an zentrale Stelle „einzuscannen" mit Barcode zu versehen und elektronisch zu archivieren.

Über alle Archivierungsvorgänge werden automatisierte Protokolle erstellt und zentral dokumentiert. Die aus der internen Warenwirtschaft (Einkauf, Verkauf, Produktion etc.) resultierenden Belege für Lieferanten, Kunden, Mitarbeiter und Behörden werden direkt in das elektronische Archiv übernommen. Dieser Prozess der automatisierten Archivierung aller internen Unterlagen und Belege, die für die Geschäftspartner erstellt werden müssen und einer Dokumentationspflicht oder Aufbewahrungsnotwendigkeit unterliegen, sind in den Druckausgaben gekennzeichnet und werden daher im elektronischen Archiv vollautomatisch unmittelbar mit dem Erzeugen der Belege (auch elektronische Kommunikation) archiviert.

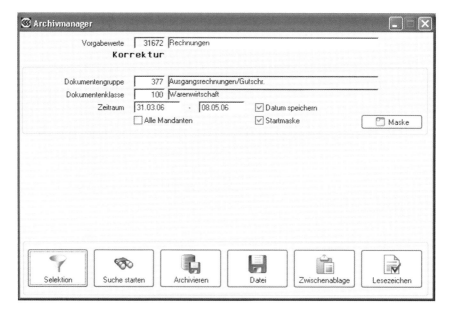

Sind alle Dokumente des Unternehmens elektronisch archiviert, so reduziert sich die Verwaltungsarbeit in der Belegverwaltung erheblich. Jedem Mitarbeiter stehen die zu bearbeitenden Belege vollautomatisch elektronisch zur Verfügung.

Über die Funktionen im Archivmanager wird die Arbeit mit den elektronischen Belegen benutzerfreundlich unterstützt:

- Recherchieren im Archiv
- Archivdaten-Export &-Import
- Lesezeichenverwaltung & Schlagwortbildung
- Automatischer Fax- und Postverteiler
- Archivierungsprotokolle & Validierung

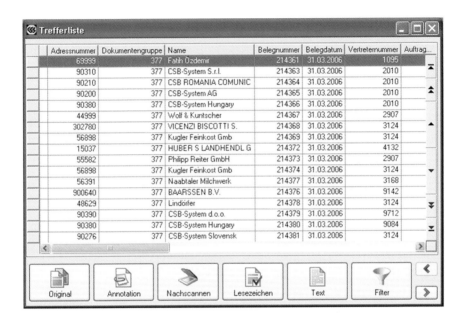

Alle Funktionen des Archivmanagements hier aufzuzeigen, würde über die Zielsetzung des Rationalisierungshinweises hinausgehen, worauf ausdrücklich verzichtet wird. Die Validierung des gesamten Archivmanagements ist notwendig, um alle rechtlichen Anforderungen zu erfüllen und auf alle externen und internen „Papier-Belege" zu verzichten. Das elektronische Zeitalter schafft die Papierflut ab (so die ideale Vorstellung) und verschafft einen umfassenden digitalen Überblick.

3.4.7 Rückverfolgungsmanagement

Zur Umsetzung des Zieles - sichere Nahrungsmittel für den Verbraucher - ist die transparente Nachvollziehbarkeit von Warenströmen ein wesentlicher Baustein und somit ist die Rückverfolgbarkeit aller Komponenten in den Lebensmitteln unumgänglich geworden.

Neben zahlreichen gesetzlichen Vorschriften bestimmen verbindliche Vorgaben des Handels auf europäischer Ebene dieses Themenfeld. Eindeutige

Vorteile bei der Umsetzung dieser Anforderungen haben diejenigen Unternehmen in der Food-Branche, die ihre interne Organisation bereits mit Warenwirtschaftssystemen straff und konsequent umgesetzt haben. Standardisierte und vollintegrierte Organisationsabläufe, wie z. B. Scannen, Wiegen, Messen, Steuern, Etikettieren sowie die qualifizierte Betriebsdatenerfassung an den CPs (Kontrollpunkten) und CCPs (kritischen Kontrollpunkten) im gesamten Produktionsablauf, einschließlich der Prüf- und Dokumentationskompetenz eines LIMS-Systems (Laborinformations- und -managementsystems), sind qualifizierte Instrumente einer umfassenden Rückverfolgung.

Eine Fülle von Regelungen und Gesetzen

Regelungen zur Rückverfolgbarkeit für die EU

- Rindfleischetikettierungs-VO
- EU-Öko-VO
- EU-Verordnung über amtliche Futter- und Lebensmittelkontrollen
- Vermarktungsnormen für Eier 1907/90/EWG

Nationale Regelungen für Deutschland

- Lebensmittelkennzeichnungsverordnung
- Los-Kennzeichnungsverordnung
- Fleisch- und geflügelfleischhygienische Vorschriften
- Weingesetz und Weinwirtschaftsgesetz
- Handelsklassenrecht
- Lebensmittelbedarfsgegenständegesetz

Neben der initialisierenden EU VO 178/2002 gibt es eine Vielzahl von gesetzlichen Regelungen, die Anforderungen zur Rückverfolgbarkeit bei landwirtschaftlichen Rohstoffen und Nahrungsmitteln beinhalten. Darüber hinaus sind die vertikale Lebensmittelhygieneverordnung sowie die horizontalen Hygieneverordnungen für Fleisch und Fleisch-Erzeugnisse, Milch und Milch-Erzeugnisse, Fisch und Fisch-Erzeugnisse mit der Vorgabe zur Umsetzung betrieblicher Eigenkontrollen oder der Einrichtung eines HACCP-Konzeptes elementare Bestandteile eines wirkungsvollen, innerbetrieblichen Rückverfolgungssystems in Lebensmittelbetrieben.

Von besonderer Bedeutung ist die EU VO 1830/2003 des Europäischen Parlamentes und des Rates über die Rückverfolgbarkeit und Kennzeichnung von gentechnisch veränderten Organismen und über die Rückverfolgbarkeit von aus gentechnisch veränderten Organismen hergestellten Lebensmitteln und Futtermitteln. Diese Verordnung ist seit dem 15. April 2004 gültig.

Insbesondere für eine Vielzahl von pflanzlichen Nahrungsmittelprodukten, wie Soja und Mais-Erzeugnissen, wird zukünftig die Einführung von Systemen und standardisierten Verfahren zur Dokumentation der Rückverfolgbarkeit vorgegeben. Eine verbindliche fünfjährige Speicherung von Daten der Transaktionen bezüglich der Lieferanten und Abnehmer ist ebenfalls verbindlich festgelegt worden.

Über die gesetzlichen Regelungen hinaus gelten verbindliche Standards der Handelsseite, die übergreifend von der Global Food Safety Initiative (GFSI) vorgegeben werden. Der International Food Standard (IFS) sowie der Standard des British Retail Consortium (BRC) definieren das detaillierte Anforderungsniveau transparenter Warenströme aus Handelssicht.

International Food Standard (IFS)

Bisher legte der IFS, der eigentliche Hauptstandard zur Rückverfolgbarkeit, folgendes Niveau für Lebensmittelproduktionsbetriebe fest:
„Die Organisation muss nachweisen, dass sie in der Lage ist, den Weg jedes Erzeugnisses zur Verarbeitungsfabrik und zum Rohmateriallieferanten zurückzuverfolgen sowie zum Ablieferungspunkt nachzuvollziehen. Bei Nachbearbeitung bzw. jeglichen Weiterverarbeitungsprozessen ist die Rückverfolgbarkeit aufrechtzuerhalten."

Seit 01. Juli 2004 wird der IFS zur Rückverfolgung wesentlich genauer definiert:
„Die Organisation muss ein System zur Rückverfolgbarkeit einrichten, das die Identifizierung von Produktlosen und deren Beziehung zu Chargen von Rohstoffen, Erst- und Endverbraucherpackungen, Verarbeitungs- und Vertriebsprotokollen ermöglicht."

Bei Nichterfüllung dieser elementaren Vorgaben kann das IFS-Zertifikat nicht vergeben werden. Für Eigenmarkenhersteller ist dies eine Situation mit sehr ernsten Konsequenzen. Die Zertifizierungsanforderungen aus der Sicht des Handels sind in den vergangenen Jahren kontinuierlich angehoben worden.

Mit der qualifizierten Unterstützung des CSB-Systems sind diese Zusatzleistungen praxisbewährt und rationell zu erfüllen.

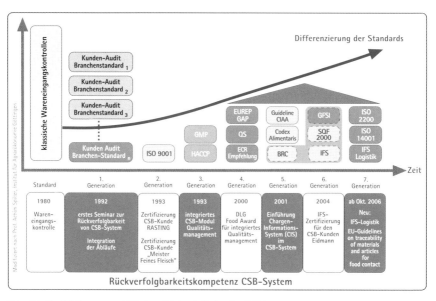

Abb. 68: Zertifizierung und Rückverfolgbarkeit im Food-Sektor

Eine weitere besondere Anforderung ist die Neuerung im IFS-Zertifizierungsumfang, Verpackungsmaterialien in ein Rückverfolgungskonzept verbindlich zu integrieren.

Darüber hinaus ist von großer Bedeutung, dass eine umfassend integrierte Rückverfolgbarkeitslösung auf der Basis eines ERP-Systems die Vorgaben zur Organisation eines schnellen Warenrückrufes nach den Empfehlungen der CCG beinhaltet. Dazu gehören unter anderem die Erstellung von Arbeitsanweisungen im Rahmen der notwendigen Aktivitäten bei der Erstinformation im Krisenfall. Des Weiteren ist die Pflege von Adresslisten mit in- und externen Multiplikatoren erforderlich. Inbegriffen sind hier auch die zuständigen Behörden und die relevanten Medienvertreter.

Ein vorausschauendes Risikomanagement ist für Unternehmen der Nahrungsmittelbranche ein wichtiger Bestandteil des Tagesgeschäftes.

Zuteilung klarer Verantwortlichkeiten

Um diese Krisensituationen zu meistern, sind klare Verantwortlichkeiten auf den jeweiligen organisatorischen Ebenen unabdingbar. Die Dokumentation der entsprechenden Aktivitäten und deren Umsetzung, wie z. B. eine ständige und kompetente Erreichbarkeit in den Unternehmen durch Dritte sowie vorbereitende Schulungen, sollten eine Selbstverständlichkeit sein.

Die unternehmerischen Aktivitäten zur Umsetzung einer sorgfältigen Rückverfolgbarkeitslösung haben folgende praktische Vorteile:
- deutliche Steigerung der Informations- und Dokumentationsqualität
- Verminderung des Verwaltungsaufwandes
- verbesserte Kostenkontrolle
- erhöhtes Verantwortungsbewusstsein der Mitarbeiter
- Rückverfolgbarkeit ist ein weiterer Katalysator zur notwendigen Integration aller unternehmerischen Prozesse und Abläufe

Eine Auswertung des öffentlichen Schnellwarnsystems der EU durch das EHI (EuroHandelsinstitut) ergab für einen Zeitraum von 3 Monaten des Jahres 2003 durchschnittlich 11 Warnmeldungen pro Woche. In 56 % der Fälle waren mikrobiologische Defizite (Salmonellen, Listerien etc.) und in 28 % unerlaubte Farbstoffe eindeutige Gründe für öffentliche Warnmeldungen.

Für gut und straff organisierte Unternehmen ist die Umsetzung einer transparenten Rückverfolgbarkeit nur ein kleiner Schritt. Die wesentlichen Voraussetzungen sind bei integrierten Warenwirtschafts- bzw. ERP-Lösungen wie dem speziell für die Rückverfolgbarkeit ausgelegten CSB-System bereits realisiert.

3.4.7.1 Rückverfolgbarkeit als Managementaufgabe

In vielen Unternehmen im Industrie- und Handelsbereich der Food-Branche wird die Umsetzung der Rückverfolgbarkeit an einzelne Abteilungen delegiert und liegt nicht unmittelbar im Verantwortungsbereich des Top-Managements. Dabei wird nicht berücksichtigt, dass die Rückverfolgbarkeit als durchgängiger Prozess in die Gesamtabläufe des Unternehmens integriert werden muss und nicht als Insellösung eine Nebenrolle spielen darf. Diese gängige Praxis wird der aktuellen Bedeutung der Rückverfolgung nicht gerecht.

Der höhere Stellenwert einer gesicherten Rückverfolgung wird den Unternehmen schon allein durch die gesetzlichen Vorschriften und Bestimmungen (EU VO 178/2002) bewusst. Darüber hinaus erfordert der hohe Anspruch der Rückverfolgbarkeit an die Produktqualität, die Lebensmittelsicherheit und das Verbrauchervertrauen, dass ein transparentes Qualitätsmanagement als wesentlicher Bestandteil in die gesamte Unternehmensstrategie eingebunden ist.

Konzept und Tiefe der Rückverfolgung

Bevor eine Rückverfolgbarkeitslösung im Unternehmen implementiert wird, müssen vom Management das detaillierte Konzept und die Tiefe der Umsetzung festgelegt werden. Die Entscheidung über die Tiefe eines Rückverfolgungskonzeptes ist abhängig von der Risikobewertung der im Unternehmen hergestellten Produkte. Insbesondere Frischeprodukte wie z. B. Fleisch- und Wurstwaren sowie Molkerei-Erzeugnisse unterliegen einem erhöhten Risiko und erfordern ein wesentlich detaillierteres, strafferes Konzept.

> *Im Grundsatz gilt: Je größer das Produktrisiko, desto kleiner die zu bildenden Chargen, um eine gesicherte und durchgängige Rückverfolgbarkeit über alle Prozessstufen zu gewährleisten.*

In Abhängigkeit von der Risikobewertung ist ein Konzept zur Gestaltung von Losnummern zu entwickeln, die den einzelnen Chargen oder Partien zugeordnet werden. Zur schnelleren Umsetzung der Rückverfolgung und aufgrund des geringeren organisatorischen Aufwands ist in der Praxis der Lebensmittelbranche vielfach das Losnummernkonzept auf der Basis von Tageslosen realisiert worden. Dies erfolgte nicht zuletzt auch deshalb, weil oftmals die notwendigen DV-technischen Voraussetzungen mit einem leistungsfähigen ERP-System fehlten, das integrierte Module zur Rückverfolgung über alle Prozessstufen bereitstellt.

Aufgrund des hohen Produktrisikos in der Lebensmittelbranche muss die Risikomenge bei Rückrufaktionen möglichst geringer als bei einer Rückverfolgbarkeitskonzeption auf der Basis von Tageslosen ausfallen. Dies wird im optimalen Fall durch eine chargengenaue Rückverfolgbarkeit sichergestellt, die mit dem CSB-System durchgängig realisiert wird. Somit können die Unternehmen im Bedarfsfall einzelne Chargen zurückverfolgen und die Risikomenge im Vergleich zur Orientierung an Tageslosen auf genau identifizierbare Teilmengen reduzieren.

Als Konsequenz aus der existenz- und wettbewerbsentscheidenden Bedeutung von Rückverfolgbarkeit und DV-technischer Umsetzung ergibt sich für das Management die zwingende Notwendigkeit, die Verantwortung für die Implementierung eines gesicherten Systems unmittelbar in der Geschäftsleitung anzusiedeln.

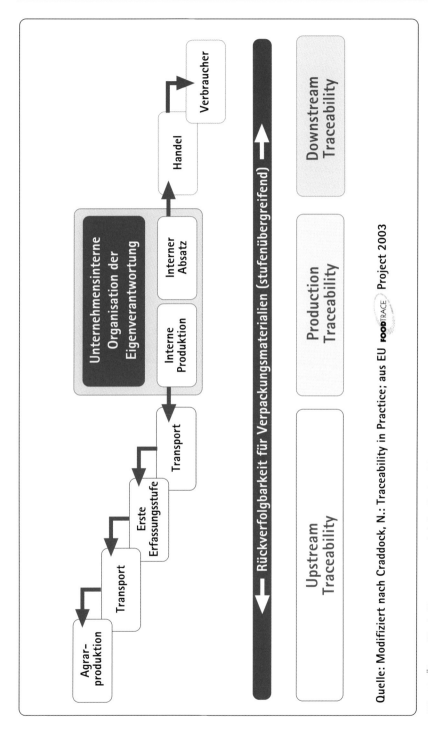

Quelle: Modifiziert nach Craddock, N.: Traceability in Practice; aus EU **FOOD**TRACE Project 2003

Abb. 69: Übergreifende Verantwortung bei der Rückverfolgung in der Nahrungsmittelkette

Die folgenden Kriterien unterstreichen diese Notwendigkeit:

- Die Anforderungen nach EU VO 178/2002 sind eine Herausforderung für die Unternehmen, ihre Prozesse und IT-Strukturen neu zu organisieren.
- Entlang der logistischen Kette sind durchgängige Rückverfolgbarkeitskonzepte erforderlich, die die Prozesse transparent, schnell und effizient abbilden. Dazu ist ein integriertes ERP-System unabdingbare Voraussetzung. Wer diese Anforderungen nicht erfüllt, kann am Markt nicht bestehen!
- Die Auswahl der richtigen ERP-Lösung mit integrierter Rückverfolgbarkeit ist existenzentscheidend für die Unternehmen. Fehlentscheidungen kosten nicht nur viel Geld, sondern vor allem wichtige Zeit gegenüber den Mitbewerbern.
- Eine ERP-Lösung umfasst das gesamte Unternehmen und muss somit die komplette Rückverfolgung im Standard beinhalten.

3.4.7.2 Tracking & Tracing mit EAN-Standards

Warenrückrufe sorgen im Lebensmittelsektor immer wieder für Schlagzeilen. Die Ursachen sind vielfältig, die Konsequenzen für Produzenten, Händler und Verbraucher immer unangenehm. Vor diesem Hintergrund ist die Rückverfolgbarkeit von Artikeln und die Sendungsverfolgung von Transporteinheiten heute zu einem wichtigen Bestandteil des Supply Chain Managements in nahezu jeder Branche geworden.

Im Lebensmittelsektor ist die Rückverfolgbarkeit durch die EU VO 178/2002 seit dem 1. Januar 2005 gesetzliche Pflicht in allen EU-Ländern. Die Einführung eines Traceability-Systems wird einerseits durch rechtliche Vorschriften, andererseits durch ein gestiegenes Verbraucherbewusstsein und betriebsinterne Gegebenheiten beschleunigt.

Kernfaktoren von Tracking- und Tracing-Systemen

Um die notwendige Transparenz für ein umfassendes Tracking und Tracing zu schaffen, sind folgende Faktoren zu berücksichtigen: Waren müssen eindeutig identifiziert und die dazugehörigen Daten miteinander verknüpft sowie archiviert werden. Zur fehlerfreien und schnellen Nutzung dieser Idente werden die Daten mit Hilfe von Strichcodes oder Transpondern (RFID) automatisch erfasst. Schließlich werden wesentliche Bewegungs- und Stammdaten von einem Handelspartner zum nächsten kommuniziert.

Standards ermöglichen den hierfür erforderlichen eindeutigen, automatischen und dabei schnittstellenübergreifenden Informationsaustausch. Jedes Unternehmen, das bei Rückrufaktionen gezielt die maximale Erreichbarkeit seiner Produkte für den Ernstfall sicherstellen möchte – möglichst noch bevor sie den Konsumenten erreichen – bedarf sicherer, reaktiver Verfahren.

Zahlreiche Etikettierlösungen und Informationsverfahren wurden in den letzten Jahren geschaffen, um mit den Kunden möglichst effizient zu kommunizieren. Auch viele der für Traceability erforderlichen Werkzeuge sind heute schon im Rahmen des Supply Chain Managements im Einsatz, beispielsweise die Nummer der Versandeinheit (NVE) zur eindeutigen Packstückidentifikation im logistischen Umfeld. Alle erforderlichen Informationen werden somit erhoben und sind zur Nutzung als Tracking- und Tracing-Informationen entsprechend zu verarbeiten.

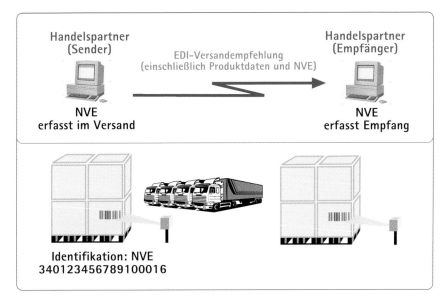

Abb. 70: Zusammenspiel zwischen automatischer Datenerfassung und elektronischem Datenaustausch

Um die Funktionen des Traceability-Systems sicherzustellen, müssen Einheiten wie Endprodukte, Chargen, Verpackungen und logistische Gebinde gekennzeichnet und diese Kennzeichnung über alle Herstellungs-, Transport- und Vertriebsphasen identifizierbar aufrechterhalten werden. Die Identifikationen müssen dabei eindeutig sein. Hier helfen die EAN-Identstandards, denn sie gewährleisten weltweite Identifizierungs- und Lokationssicherheit. So können mit der ILN (Internationale Lokationsnummer) Unternehmen oder Unternehmensteile, wie Wareneingangsrampen, Kühlregalplätze etc., eindeutig identifiziert werden. Standardisierte Handels- und Konsumenteneinheiten werden durch die EAN und Packstücke durch die NVE gekennzeichnet. Darüber hinaus dient das EAN-128-Datenbezeichnerkonzept zur eindeutigen Verschlüsselung weiterer logistisch relevanter Daten. Um im Ernstfall eine gezielte Rückrufaktion einleiten zu können, ist die Angabe der Chargen- oder Seriennummer in Kombination mit der EAN unumgänglich. Die Identifikationen werden mit den dazugehörigen relevanten Stamm- und Bewegungsdaten (z. B. Artikelstammdaten, MHDs, und Lieferdaten) verknüpft und so lange archiviert, bis mögliche Produktanfragen ausgeschlossen sind. Die EAN-Identnummern werden durch Datenträger, wie den EAN-128-Strichcode oder Transponder, weitergegeben. Diese Medien ermöglichen die automatische und somit fehlerfreie Datenerfassung und -aufzeichnung zu jeder Zeit und an jedem relevanten Punkt in der Lieferkette.

Verbindung zwischen Waren- und Informationsfluss

Essentiell für ein Traceability-System ist die systematische Verknüpfung des physischen Warenstroms mit dem dazugehörigen Informationsfluss. Verbleib und Historie entsprechender Einheiten lassen sich nur so eindeutig nachvollziehen. Der elektronische Datenaustausch stellt in diesem Zusammenhang eine weitere wesentliche Voraussetzung für schnittstellenübergreifendes und effektives Tracking und Tracing dar. Die EDI-gestützte Sendungsverfolgung ermöglicht es beispielsweise, an jeder Stufe der Wertschöpfungskette relevante Informationen (z. B. ILN des Versenders, ILN des Empfängers, NVE des Packstücks ...) über die zu verfolgenden Sendungen zeitnah zu erhalten und zu verarbeiten.

Mit dem EDIFACT-Subset EANCOM® steht ein umfassendes Instrumentarium zur Verfügung, mit dem logistische Prozesse effektiv unterstützt werden können. In diesem Zusammenhang bildet NVE die Brücke zwischen physischem Warenfluss und elektronischem Informationsfluss.

Tracking- & Tracing-Aktivitäten der CCG

Die Centrale für Coorganisation (CCG) hat sich dem Thema der Rückverfolgbarkeit frühzeitig angenommen. In diesem Zusammenhang ist insbesondere auf den branchenübergreifenden und internationalen Traceability-Leitfaden „Tracking & Tracing - Von der Strategie zur Praxis" hinzuweisen, der praxisnahe Hilfestellung für die Einführung von Traceability-Systemen gibt und ein geeignetes Strategiepapier für die gesamte Tracking- & Tracing-Thematik darstellt.

3.4.7.3 Rückverfolgung entlang der logistischen Kette

Bei der Implementierung eines Systems zur Rückverfolgung von Lebensmittelprodukten sind zunächst die vorhandenen Prozesse im Unternehmen, die räumliche Anordnung der einzelnen Abteilungen sowie die Checkpunkte (CCPs) entlang des Material- und Informationsflusses zu prüfen. Aus dieser Ist-Analyse und dem festgelegten Detaillierungsgrad des Losnummernkonzepts ergibt sich die Anzahl von Checkpunkten und die Struktur der zu verarbeitenden Daten. Somit wird das Konzept zur Umsetzung der individuell für das jeweilige Unternehmen entwickelten Rückverfolgbarkeitslösung festgelegt.

Wareneingang

Der Grundstein für eine lückenlose Rückverfolgung wird bereits im Wareneingang eines Unternehmens gelegt. Hier wird auf der Basis des festgelegten Konzepts am Wareneingang die entsprechende Losnummernstruktur zugewiesen. Das CSB-System verfügt über ein Höchstmaß an Flexibilität, um die Losnummern speziell abgestimmt auf die jeweiligen Erfordernisse zu vergeben und jedes individuelle Konzept umzusetzen.

Eingabemöglichkeit der externen Losnummer
- Scannen
- Manuelle Eingabe

Generierung der internen Losnummer
- Automatische Zuweisung
- Manuelle Eingabe
- Übernahme der externen Losnummer

Die Unternehmen können sowohl Tages-, Partie- und Lieferanten- als auch Artikellose mit der Wareneingangserfassung online und real-time in einem Arbeitsschritt verarbeiten und exakt zuordnen.

Am CSB-Rack, einem speziellen Industrie-PC zur Betriebsdatenerfassung, wird die Losnummer im Wareneingang erfasst, auf dem Empfangsschein dokumentiert und dem ERP-System zur Verfügung gestellt. Je nach Losnummernkonzept erhält beispielsweise der Lieferant zur eindeutigen Identifikation eine auf den aktuellen Wareneingang bezogene Lieferantenlosnummer. Bei einem Losnummernkonzept mit tieferem Detaillierungsgrad kann auch direkt dem jeweiligen Artikel eine Losnummer zugewiesen werden.

Aus der Lieferantennummer wird eine Lieferantencharge gebildet und den jeweiligen Produkten der Anlieferung zugeordnet. Die Los-/Chargennummern werden barcodiert, auf Etiketten mit den erforderlichen Informationen (Artikel-Nr., Los/Charge, MHD, Menge usw.) gedruckt und im Zuge der weiteren Identifikation an den I-Punkten entlang des Warenflusses wiederholt gescannt, verglichen und automatisiert weiterverarbeitet.

Lager

Die Lieferantenchargen werden mit den zugehörigen Losnummern entweder im Lager verbucht oder fließen direkt zur weiteren Verarbeitung in die Produktion ein. Die Rückverfolgbarkeit der Produkte wird bei einer Zwischenlagerung im Roh- bzw. Hilfsstofflager durch die Referenzierung auf die Los-/Chargennummern im Wareneingang durchgängig gewährleistet. Somit wird ein direkter Bezug zu den Herkunfts- und Qualitätsdaten der Produkte sichergestellt. Bei allen internen Lagerbewegungen werden die entsprechenden Identifikationsdaten zur Rückverfolgung durch Barcodekennzeichnung und Scanverfahren an den einzelnen Checkpunkten mitgeführt.

Durch die Kennzeichnung aller Produkte im Lager sind alle Prozesse der Ein- und Auslagerung sowie der Rückverfolgung automatisiert steuerbar. So sind mit dem CSB-System über ein durchgängiges CIM-Konzept (Computer Integrated Manufacturing) alle erforderlichen Hardwarekomponenten innerhalb von Hochregalsteuerungen und Logistiksystemen online und realtime angebunden. Damit ist ein automatisiertes Tracking & Tracing aller Produkte im Rohstoff-, Zwischen- und Fertiglager mit den Verweilzeiten (MHD) und allen Rückverfolgbarkeitsdaten gesichert realisierbar.

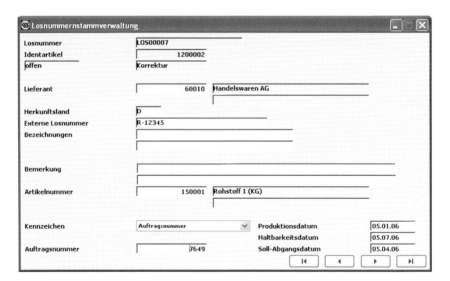

Produktion

Auf der Basis der hinterlegten Rezepturen und der vorliegenden Produktionsaufträge erfolgt über den festgelegten Herstellungsprozess die

Chargenproduktion bis zum fertigen Produkt. Ausgehend vom Wareneingang, bei dem den Produkten eindeutige Los-/Chargennummern zugewiesen wurden, über die verschiedenen Ein-, Aus- und Zwischenlagerungen bis hin zum Produktionsauftrag, stehen zu allen Artikeln die Identifikationsdaten zur Rückverfolgung im CSB-System bei der Chargierung zur Verfügung. Beim Komponentenabruf zur Chargenproduktion wird mit dieser Identifikationsmethode die Los-/Chargennummer im Produktionsprozess dokumentiert.

Somit ist aus den Stücklisten/Rezepturen innerhalb der Produktion der Warenfluss bis zum Lieferanten zurück transparent nachvollziehbar. Den hergestellten Produkten wird eine neue Losnummer zugewiesen, die dadurch mit den einzelnen im Produktionsprozess verarbeiteten Komponenten verknüpft und entsprechend barcodiert sind.

Zur Kontrolle und Auswertung der gesamten Chargenbearbeitung ist es notwendig, den Produktionsausgang über alle chargenbearbeitenden Abteilungen zu erfassen und dem Fertiglager mit den entsprechenden Rückverfolgungsdaten zuzuführen. Die Erfassung am Checkpunkt des Produktionsausgangs erfolgt über Barcodescanning.

Produktionsausgang	Produktionsausgang
33025 P Produktionskostenstelle	33045 P Produktionskostenstelle
34002 Zwischenprodukt B	**46302 Endprodukt / Fertigprodukt**
Charge : 30008 Los : 0000000030008 MHD :	Charge : 50008 Los : 0000000050008 MHD :
‖‖‖‖‖‖‖‖‖‖‖	‖‖‖‖‖‖‖‖‖‖‖
0138 010 0 030 01 Produktionsausgangsetikett	0138 010 0 030 01 Produktionsausgangsetikett

Chargeninformationssystem (CIS)

Im CSB-System ist das in den Produktionsprozess integrierte Chargeninformationssystem der zentrale Punkt der Rückverfolgbarkeit. Hier stehen online und real-time am Bildschirm alle erforderlichen Identifikationsdaten zur Rückverfolgung zur Verfügung.

Zu den in den Rezepturen verarbeiteten einzelnen Komponenten sind die Losnummern sofort ersichtlich, wodurch eine lückenlose Herkunftsanalyse der Produkte zurück bis zum Lieferanten realisiert werden kann. Aus der Losnummer der fertigen Produkte können somit jederzeit die Zulieferer der verarbeiteten Roh- und Hilfsstoffe identifiziert werden.

Ein leistungsfähiges Chargeninformationssystem gewährleistet somit eine Vielzahl von Vorteilen im Bereich der Rückverfolgbarkeit:
- Im Ereignisfall rascher Zugriff auf Daten und Produkte
- Geringer Zeitverlust bei der Informationsbeschaffung
- Abgrenzbare Sperrungen von Warenlieferungen
- Gezielte und schnelle Rückholung vom Kunden oder Rückrufe
- Eindeutige Kommunikation nach innen und außen
- Rasche Verbraucherinformation, sofern erforderlich
- Lückenlose Aufklärung bei Herkunftsfragen
- Konkrete Sanktionsmaßnahmen bei Lieferanten
- Klärung von Haftungsfragen

Absatz

Mit der Rückmeldung am Produktionsausgang werden die produzierten Artikel im Fertiglager automatisch mit allen Identifikationsdaten zur Rückverfolgung verbucht. Die Zuordnung der zu liefernden Artikel an die Kunden erfolgt automatisiert mit dem CSB-System im Warenausgang, indem zu den bestellten Artikeln die Fertigwaren sofort am Bildschirm vorgeblendet werden und die zugehörige Losnummer abgefragt wird. Die Verarbeitung der Losnummer erfolgt durch Scanning der barcodierten Lieferartikel.

Alternativ ist im Bedarfsfall eine manuelle Eingabe ebenfalls möglich. Durch dieses lückenlose Identifikationsverfahren wird ein gesicherter Kundenbezug der Artikel im Warenausgang hergestellt. Auf der Basis der Losnummern ist jederzeit schnell und transparent nachvollziehbar, an welchen Kunden welche Produkte ausgeliefert wurden und somit ebenso, welche Rohstoffe von welchem Lieferanten in das Produkt eingeflossen sind (Chargeninformationssystem). Dadurch wird eine lückenlose Rückverfolgung und eine exakte Fehleranalyse online und real-time möglich.

Wie oben bereits ausgeführt, werden mit Hilfe eines leistungsfähigen CIM-Konzeptes alle Warenbewegungen von der Beschaffung bis zum Absatz entlang der logistischen Kette chargengenau erfasst und kostenstellengenau über alle Funktionsbereiche verbucht:

- Wareneingang
- Roh-, Hilfs- und Zwischenläger
- Produktion (Zerlegung/Chargierung)
- Verpackung
- Fertigläger
- Etikettierung/Preisauszeichnung
- Kommissionierung
- Warenausgang/Versand

Durch die DV-gestützte Erfassung des Material- und Informationsflusses ist für jedes Produkt nachvollziehbar, an welchem Tag, zu welcher Stunde und in welcher Charge es welche Anlage bzw. Abteilung durchlaufen hat. Nur wer gegenüber Kunden und Konsumenten eine solche Transparenz nachweist, kann im Wettbewerb am Markt langfristig bestehen.

Etikettierung/Preisauszeichnung

Im Prozess der Etikettierung/Preisauszeichnung wird die Losnummer automatisiert an die Kennzeichnungssysteme übergeben und auf Etiketten gedruckt. Die Zuordnung zu den Kunden erfolgt mit der Auslieferung durch Scanning der Barcodes mit den Identifikationsdaten der Produkte (Los-/Chargennummer). Neben der lückenlosen Rückverfolgbarkeit können durch die integrierte Preisauszeichnung im CSB-System erhebliche Rationalisierungen und nachhaltige Kosteneinsparungen erzielt werden.

Mit dem neuen CSB-Multi-Funktionsrack (MF-Rack) werden die Kommissionierung mit Verwiegung und Preisauszeichnung zu einem Arbeitsprozess zusammengeführt. Damit entfallen die mehrstufigen und nicht miteinander verbundenen Arbeitsprozesse bei der Preisauszeichnung.

Durch die Integration der Preisauszeichnung in das CSB-System stehen alle notwendigen Daten in der zentralen Datenbank zur Verfügung. Zeit- und kostenintensive Doppelerfassungen entfallen. Die verschiedenen Auszeichnungsvarianten können mit unterschiedlichem Automatisierungsgrad in die Gesamtlogistik und das Rückverfolgungskonzept eines Unternehmens integriert werden.

3.4.7.4 Hohe Integration für rationelle Rückverfolgbarkeit

Die Fleisch- und Wurstwarenindustrie ist Pionier im Bereich der Rückverfolgbarkeit und der durchgängigen Automatisierung entlang der logistischen Kette in der gesamten Lebensmittelindustrie. Somit besitzt dieser Industriezweig die technologische Organisationsführerschaft und ist zukunfts- und richtungsweisend für alle anderen Branchen in Bezug auf:

- Sensible Produkte
- Frischekompetenz
- Komplexität der Produktion
- Hohe Produktvielfalt
- Gesetzliche Regulierung

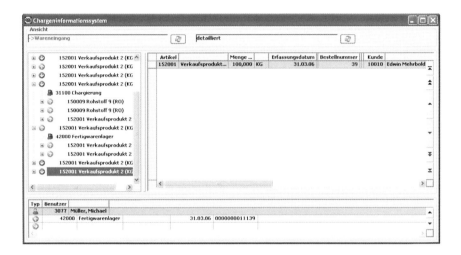

Mit der gesicherten Realisierung der Rückverfolgbarkeit kann das Vertrauen der Endverbraucher nachhaltig und signifikant gesteigert werden. Darüber hinaus wird eine Verbesserung der Nahrungsmittelsicherheit erreicht.

Generell ist zukünftig nur eine EU-weit einheitliche Lösung nach EU VO 178/2002 möglich, obwohl zusätzlich nationale Leitlinien und Verwaltungsanweisungen zu berücksichtigen sind. In der logistischen Kette und entlang der Supply Chain sind dabei exakte internationale Daten-Standards, insbesondere zur Identifizierung zwingend erforderlich.

Integrierte durchgängige Lösung

Das integrierte CSB-System ermöglicht ein DV-gesteuertes papierloses Qualitätsmanagement nach DIN/EN/ISO 9000ff. sowie eine gesicherte Rückverfolgbarkeit nach der neuen EU VO 178/2002 über die gesamte logistische Kette des Unternehmens hinweg.

Mit der integrierten Unternehmenssoftware wird ein effizientes Qualitätsmanagement mit transparentem Rückverfolgbarkeitskonzept realisiert, das sich über alle Unternehmensbereiche erstreckt und nahtlos in alle anderen Funktionsbereiche eingebunden ist. Durch dieses Konzept können die qualitäts- und rückverfolgbarkeitsrelevanten Informationen aus allen Unternehmensbereichen online in einem System erfasst, ausgewertet und analysiert werden. Dabei werden alle Daten dort erfasst, wo sie anfallen.

Das Qualitätsmanagement ist einerseits Bestandteil eines übergeordneten Branchen-Software-Systems und andererseits Teil jedes einzelnen Funktionsbereiches. Das bedeutet, alle Funktionsbereiche – von der Beschaffung bis zum Absatz – können mit einem „Netz" von Informations- und Kontrollpunkten versehen werden.

Dadurch entsteht eine lückenlose Qualitätsüberwachung und Rückverfolgbarkeit, integriert über den gesamten Herstellungsprozess insbesondere mittels folgender Funktionalitäten:

- Papierloses HACCP-Konzept
- Elektronisches QM-Handbuch mit Stellenbeschreibungen, Verfahrens- und Arbeitsanweisungen
- Lückenloses Chargeninformationssystem
- Datendokumentation am Ort des Geschehens
- Flexible Steuerung des Qualitätsmanagements
- Geführte Qualitätskontrollen am Wareneingang
- Produktionseingangs- und -ausgangskontrolle mit Los- und Chargenzuordnung
- Transparente dokumentierte Prozesse in der Chargierung
- Planung von internen Audits und von externen Lieferanten-Audits
- Gesicherte Einhaltung von Qualitätsvorgaben
- Verbesserung der Produktqualität und Kundenzufriedenheit
- Optimales Reklamationsmanagement

Effizienz und Nutzenmaximierung

Neben der Erfüllung der gesetzlichen Anforderungen liegt der Nutzen, der mit der Rückverfolgung durch die integrierte ERP-Komplettlösung erreicht wird, in der Optimierung der Unternehmensabläufe und der gesamten Supply Chain.

Durch die Online- und Echtzeitverarbeitung der erforderlichen Rückverfolgungsdaten an allen Checkpunkten wird eine erhebliche Zeit- und Kostenersparnis erreicht. Darüber hinaus werden alle Prozesse gesichert und transparent abgebildet. Dadurch stehen alle relevanten Rückverfolgungsdaten in kürzester Zeit in einem integrierten System zur Verfügung.

3.4.8   Ressourcenmanagement

Ein effektives Unternehmen zeichnet sich dadurch aus, dass es die verfügbaren Ressourcen (als fixe und variable Produktionsmittel) optimal bewirtschaftet bzw. aufbaut. Die in der jeweiligen laufenden Wirtschaftsperiode (bzw. Planperiode) verfügbaren Ressourcen (Arbeit, Betriebsmittel, Werkstoffe und Wissen) optimal einzusetzen, ist die Aufgabe des Managements.

Die Planung und Steuerung des Ressourcenverbrauchs über die gesamte Warenwirtschaft (Beschaffung, Lager, Produktion und Absatz) wird über das hochintegrierte CSB-System optimal unterstützt. Die Nutzung der verfügbaren Ressourcen ist in erster Linie abhängig von der gegebenen Nachfrage und somit von einer effizienten Absatz-Steuerung über iCRM (siehe hierzu Gliederungspunkt 3.4.3.3).

Über das Ressourcenmonitoring erfolgt die permanente Real-Time-Abstimmung von Kapazitäten und Bedarf über alle Produktionsfaktoren (Arbeit, Betriebsmittel, Werkstoffe und Wissen). Das Ressourcenmanagement ist somit die Basis für die gesamte Warenwirtschaft sowie für die Zeitwirtschaft und das bereichsübergreifende Planungsmanagement.

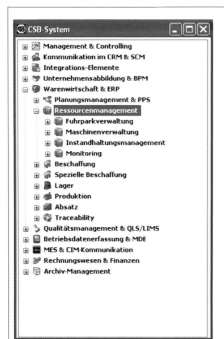

Das Ressourcenmanagement greift auf die Stammdaten des Integrationselementes „Verfahren" zurück. Die hier zuzuordnenden Tätigkeiten und Funktionen werden über die Einzelverfahren und Globalverfahren verwaltet sowie die benötigten Ressourcen geplant und in den Produktionsaufträgen verwaltet.

Die Auslastung der gesamten Ressourcen zu optimieren und effizient zu planen, ist die Aufgabe des Ressourcenmanagements über den gesamten Maschinenpark, Fuhrpark, Personaleinsatz (Tätigkeiten und Funktionen) sowie die zu berücksichtigende Instandhaltung sämtlicher technischer Aggregate im gesamten Unternehmen.

3.4.8.1 Verfügbare Ressourcen

Die verfügbaren Ressourcen zu verwalten, zu planen und einer optimalen Nutzung zuzuführen, ist eine konzernweite und gleichzeitig unternehmensspezifische Aufgabe. Hierbei sind die weltweiten arbeitsteiligen Anforderungen aus der Globalisierungswirkung zu beachten, um die Konkurrenzfähigkeit im Unternehmensverbund zu erhalten. Daraus folgt, dass die gesamten Produktionsressourcen die einsetzbaren Kapazitäten über alle Betriebe bilden. Die Erfassung der Kapazitäten wird hierbei unterteilt in:

- Maschinenkapazitäten (Funktionen)
  - Einzelmaschinen
  - Produktionslinien
  - Lagerlogistik
  - Fuhrpark
  - etc.
- Personalkapazitäten (Tätigkeiten)
  - Quantitative Leistungen
  - Qualitative Beurteilung
  - Wissensstand
  - Produktivitätskennzahlen
  - etc.

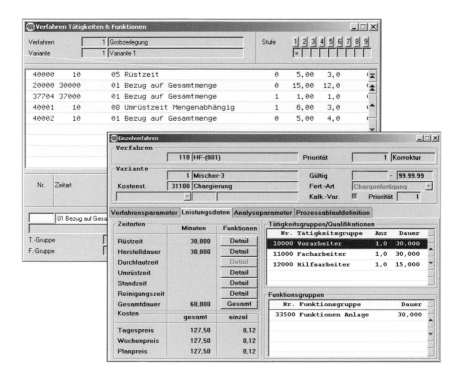

Alle nutzbaren und planbaren Kapazitäten über alle Werke eines Unternehmens bilden die verfügbaren Ressourcen und müssen daher einer konzernweiten Kapazitätsverwaltung zugänglich gemacht werden. Diese Anforderung setzt somit eine zentrale Verwaltung aller Tätigkeiten und Funktionen voraus, damit der bestmöglichen und kostengünstigsten Nutzung aller Maschinen- und Personalkapazitäten Rechnung getragen werden kann.

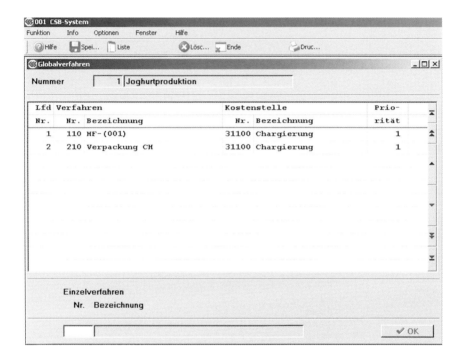

3.4.8.2 Planung des Ressourceneinsatzes

Sind sämtliche Kapazitäten über Menschen (Arbeit), Maschinen, (Betriebsmittel), Material (Werkstoffe) und Fähigkeiten (Wissen) erfasst, so kann eine Bewirtschaftung erfolgen.

Eine Verwendungsplanung der gesamten Kapazitäten setzt eine vorlaufende Absatzplanung voraus. Die Fristen des Verlaufs sind zu staffeln in:
- langfristige Absatzplanung
- mittelfristige Absatzplanung
- kurzfristige Absatzplanung
- Absatzaufträge mit Lieferterminen

Auf diese verschiedenen Zeiträume wird jeweils ein spezifischer Ressourceneinsatzplan ermittelt. Bei der langfristigen Absatzplanung erfolgt die Prüfung der Kapazitäten global über alle Werke, Kostenstellen und Linien auf der Basis der gesamten verfügbaren Kapazitäten.

Zur Prüfung der mittel- und kurzfristig verfügbaren Kapazitäten (zu einem ermittelten Absatzplan) ist es nun erforderlich, den Ressourceneinsatz nach Werken und Kostenstellen festzulegen. Hier wird eine erste globale Zuordnung von Produktionsplänen auf Werke und Kostenstellen mit entsprechender Prüfung der verfügbaren Kapazitäten vorgenommen. Vor der Festlegung der Produktionsaufträge wird bei bekannten Absatzaufträgen mit Lieferterminvorgaben die genaue werkspezifische und kostenstellenbezogene Kapazitätsprüfung über alle Produktionsfaktoren durchgeführt.

Dies erfolgt aus drei Sichtweisen:
■ Beschaffungssicht
■ Produktionssicht und
■ Absatzsicht

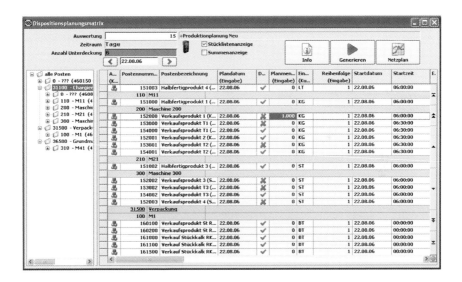

3.4.8.3 Optimale Nutzung der verfügbaren Ressourcen

Aus den Anforderungen an die Produktionsabteilungen auf der Basis vorliegender Absatzaufträge und kurzfristiger Absatzpläne ergibt sich die Möglichkeit zur Optimierung der Produktionsprozesse in Bezug auf:

1. Materialeinsatzoptimierung (siehe hierzu Punkt 3.7.3.7)
2. Personaleinsatzoptimierung
3. Maschineneinsatzoptimierung

Aus dem Dispositions- & PPS-Manager wird ein optimierter Produktions-vorschlag ermittelt und dem Produktionsplaner vorgeschlagen. Die Visuali-sierung der optimierten Produktionsaufträge erfolgt im Produktionsnetzplan. Aus dem Produktionsnetzplan wird ersichtlich, wie die einzelnen Kosten-stellen mit den Produktionsaufträgen belegt sind und welche Maschinen, Linien, Personal und Material bereitgestellt werden müssen.

Eine interaktive Bearbeitung ist am Produktionsnetzplan möglich. Mit der Festlegung des endgültigen Produktionsplanes (pro Schicht oder Tag) wer-den die einzelnen Produktionsaufträge für alle Kostenstellen über den ge-samten Produktionsprozess erzeugt und zur Chargenbearbeitung mit Zeit-vorgaben für Beginn und Ende der einzelnen Chargen freigegeben. Die Be-arbeitung der Chargen- und Prozessaufträge erfolgt real time und online mit unmittelbarer Datenbearbeitung im Produktionsprozess (siehe hierzu Punkt 3.7.3.5).

3.4.8.4 Ressourcenmonitoring & Instandhaltung

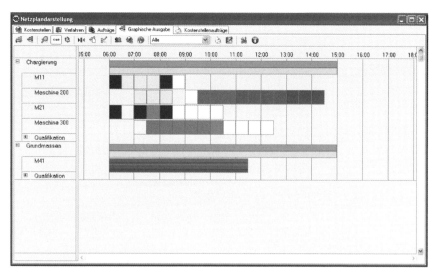

Die Überwachung des gesamten Produktionsprozesses erfolgt über das Ressourcenmonitoring. Alle Abweichungen zwischen „Plan" und „Ist" wer-den online angezeigt und geben somit eine unmittelbare Leitstandinforma-tion wieder. Bei Abweichungen, die durch Maschinenausfälle oder sonstige Störungen des Produktionsprozesses erfolgen, wird diese Meldung über Messagemanagement direkt an die zuständigen Personen weitergeleitet. Alle Abweichungen und Störungen werden als SMS auf dem Mobiltelefon oder als Benachrichtigung im Netzwerk gemeldet, wodurch jederzeit eine On-line-Information für das Management gegeben ist.

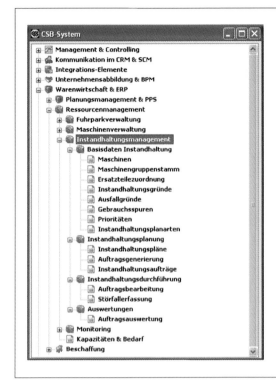

Das Instandhaltungsmanagement umfasst die gesamte Überwachung und Instandsetzung des Maschinen- und Fuhrparks.

Hierzu zählen die Planung, die Durchführung und Abrechnung (Kostenerfassung) aller Instandhaltungsmaßnahmen. Ebenfalls werden hier die Störungserfassung und die externe Auftragsvergabe sowie die Überwachung der Abwicklung aller Instandhaltungsaufträge bis zum Monitoring der Zeitpläne für die betroffenen Objekte bzw. Maschinen organisiert.

Das Instandhaltungsmanagement umfasst nicht nur die Störungsbehebung, sondern hat in erster Linie die Aufgabe, die Wartungsarbeiten über den gesamten Maschinen- und Fuhrpark zu steuern. Die Planung der Produktionsprozesse im kurzfristigen Zeitraum muss die Instandhaltungsintervalle berücksichtigen und diese im Netzplan sowie in den Produktionsaufträgen anzeigen. Die Überwachung der Instandhaltungsintervalle und der Wartungsarbeiten ist für eine umfassende Produktionssteuerung und Produktionsüberwachung unerlässlich.

Die Umplanung der Produktion aufgrund unvorhergesehener Störungen bzw. Überschreitungen der geplanten Wartungsarbeiten wird im Produktionsmonitoring sichtbar. Im Netzplan können entsprechend diesen Informationen die notwendigen Änderungen im Produktionsablauf vorgenommen werden. Das Ressourcenmonitoring ist ein unverzichtbarer Bestandteil zur Pflege der Kundenzufriedenheit.

Die termingerechte Lieferung aller Absatzaufträge an die Kunden ist die Voraussetzung für mehr Ertrag und gehört zur Strategie der nachhaltigen Kundenbindung.

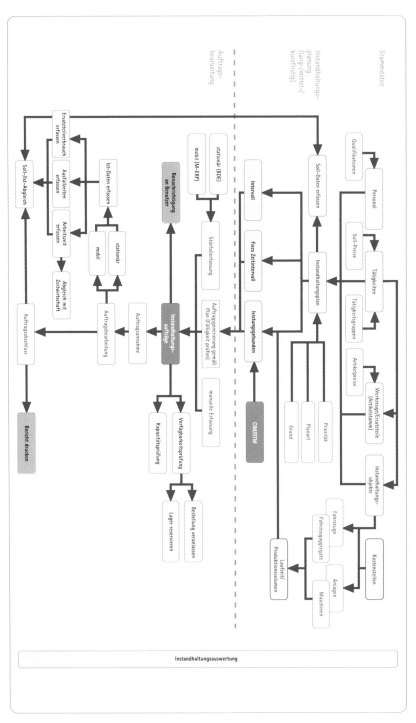

Abb. 71: Instandhaltung

3.5 Leistungs- & Zeitmanagement

Die Elementarfaktoren Arbeit, Betriebsmittel, Wissen sowie die benötigten Werkstoffe erbringen im Leistungsprozess der Faktorkombinationen die Güter zur Bedarfsdeckung in den Einzelwirtschaften und Haushalten. Im Wirtschaftsleben der Unternehmen werden die erbrachten Leistungen von arbeitswilligen Personen (Arbeit) für definierte Leistungsperioden (Arbeitszeit) entgeltlich zur Verfügung gestellt. Hierbei konkurriert die jeweils mögliche Freizeit gegen die honorierte Arbeitszeit in der alternativen Verwendung der frei verfügbaren Lebenszeit eines jeden Menschen.

> *Aus der Erkenntnis: „Die Zeit verrinnt." bzw. „Zeit ist Geld." resultiert der Anspruch des wirtschaftlich denkenden Menschen: „Nutze die Zeit.", entsprechend seiner individuellen Nutzungsmöglichkeit.*

Über tarifpolitische Entscheidungsprozesse der Tarifpartner (Arbeitgeberverbände und Gewerkschaften) entwickelt sich aus persönlichen „Zeitverwendungsbedürfnissen" eine Vielzahl kollektiver Forderungen zur Arbeitszeitgestaltung. Diese müssen mit den vorhandenen gesamtwirtschaftlichen Notwendigkeiten der Güternachfrage in Übereinstimmung gebracht werden.

Aus dem Prozess der Leistungsabstimmungen entstehen sowohl „Unterkapazitäten" wie auch „Überkapazitäten" in den einzelnen Unternehmen. In jedem dieser beiden Fälle resultieren daraus uneffektive Zustände für die Gesamtwirtschaft.

> *Die optimale Auslastung der gegebenen „Betriebsmittel" in den Unternehmen, als Vorgabe für den erreichbaren wirtschaftlichen Wohlstand der Volkswirtschaften, wird in der Einheit „Zeit" gemessen. Auch für das Produktivkapital gilt: „Die Zeit hat keine Zeit zu warten." (H. von Hofmannsthal).*

Die Dynamik des technischen Fortschritts ist nicht anzuhalten. Die „Basiseinheit" zur Erfassung der „Bereitstellungskapazitäten" der menschlichen Arbeit sowie der Betriebsmittel ist somit die „Zeit". Daraus folgt, dass die beiden Leistungsfaktoren Arbeit und Betriebsmittel in der „Zeitwirtschaft" zur optimalen Bewirtschaftung des gesamtwirtschaftlichen und einzelwirtschaftlichen Leistungspotenzials eingesetzt werden müssen.

Die erbrachten Leistungen menschlicher Arbeit sowie der Betriebsmittel werden als Ausbringungsmenge oder Wertschöpfung pro „Zeiteinheit" ermittelt. Als Zuordnungs- bzw. Identifikationskriterium der Informationstechnik werden, wie bereits vorstehend erläutert, die Basiselemente: „Adressen, Artikel, Konditionen und Verfahren" zur integrierten Unternehmensführung eingesetzt. Aus der EDV-technisch integrierten Kombination der Basiselemente pro „Leistungselement" lassen sich quantifizierte Werte des Leistungseinsatzes pro Leistungseinheit im Faktorkombinationsprozess „real time" abbilden (siehe hierzu die Darstellung in Abb. 72).

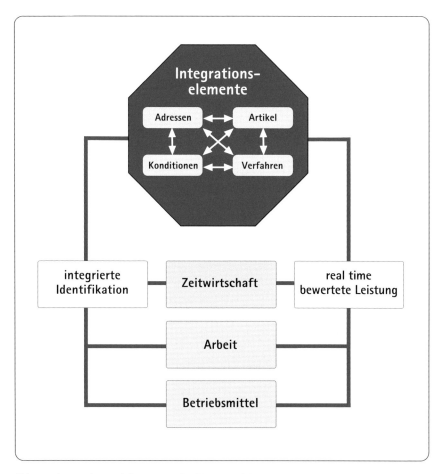

Abb. 72: Integration und Bewertung der Elementarfaktoren

Damit wird die Kosten- und Leistungsrechnung über die Elementarfaktoren Arbeit und Betriebsmittel zum wesentlichen Bestandteil der Zeitwirtschaft.

Die unmittelbare Bewertung des Leistungsverzehrs im Faktorkombinationsprozess führt zu sicheren Entscheidungsgrundlagen des Managements in der Beurteilung des gegebenen technischen Produktionskapitals.

3.5.1 Basisdaten Zeitwirtschaft

Die „Zeit" ist die Basiseinheit zur Erfassung der verfügbaren „Kapazitäten" für die Elementarfaktoren Arbeit und Betriebsmittel. In der jeweils verfügbaren Produktivzeit (im Faktorkombinationsprozess) werden die Güter (Produkte und Leistungen) in den Unternehmen erzeugt und auf dem Gütermarkt angeboten. Um aus der jeweils gegebenen Zeitkapazität als kurzfristig nutzbare „Produktionszeit" eine optimale Auslastung des „Produktionskapitals" (Betriebsmittel) für das Unternehmen zu sichern, stellt sich dem Management die Forderung, eine umfassende Bewirtschaftung aller leistungsbezogenen Zeitdaten zu organisieren.

Als Basis-Zeitdaten gelten demnach alle für die Organisation der Leistungserfassung und Leistungsabrechnung notwendigen Fakten und Informationen. Die Erfassung der Zeitdaten von der Zugangserfassung bis zum Arbeitsende kann über die verschiedensten technischen Systeme erfolgen. Der Grad der Differenzierung von Arbeitsleistung und Maschinenlaufzeit ist abhängig von den branchen- und unternehmensspezifischen Gegebenheiten im Gütererstellungsprozess.

Eine Planung des Personaleinsatzes sowie die „Belegung" der Aggregate und Maschinen setzt voraus, dass aus der Produktion und dem Absatz ein detaillierter Kapazitätsbedarf für die einzelnen Abteilungen über das PPS-System ermittelt wird. Aus dem Produktionskalender ergeben sich die dem Unternehmen zur Verfügung stehenden absoluten „Leistungszeiten". Diese entsprechen in der Regel den festgelegten täglichen Arbeitszeiten vom Ein-Schicht- bis Drei-Schicht-Betrieb.

> *Im Leistungsprozess der Gütererstellung erfolgt der Verbrauch der „Zeit" als physische Dimension zu den Kosten, die durch die verwendete Arbeit und die eingesetzten Betriebsmittel verursacht werden.*

Daraus folgt die Notwendigkeit, den Leistungsverzehr an Arbeitskraft und Betriebsmitteln auf eine kostenrechnerisch festzulegende Zeiteinheit (Stunde oder Minute) zu beziehen. Die in jedem Unternehmen mehr oder weniger festzustellenden „Leerlaufzeiten" senken die Leistungsfähigkeit und erhöhen die effektiven Kosten der Leistungsfaktoren (Arbeit und Betriebsmittel) pro Zeiteinheit.

> *Unter dem Begriff „Leerlaufzeiten" werden alle nicht genutzten „Leistungszeiten" des Personals (auch Krankheits- und Abwesenheitszeiten) sowie Wartungs- und Reparaturzeiten bei den Betriebsmitteln zusammengefasst.*

In den Basis-Zeitdaten werden alle Fakten und Tatbestände festgehalten, die für eine umfassende Bewirtschaftung des messbaren „Zeitverbrauches" durch Personal und Investitionsgüter erforderlich sind[65].

3.5.2 Personal & Arbeit

Die dispositiven wie auch die ausführenden Arbeiten werden vom verfügbaren Personal in den Unternehmen erbracht. Die optimale Auslastung aller Mitarbeiter im Unternehmen ist eine permanente Management-Aufgabe. Durch die sich fortlaufend ändernden Markt- und Produktionsbedingungen sind ständige Anpassungsvorgänge in den Faktorkombinationsprozessen erforderlich. Die Gesamtkosten der dispositiven Arbeit (aller Führungskräfte) sind abhängig von der Anzahl der Führungsebenen sowie der auf jeder Führungsebene eingerichteten Anzahl der Funktionsein- bzw. -aufteilung nach Bereichen bzw. Teilbereichen in der Unternehmensorganisation.

Im Zeitalter der Informationstechnik ist die umfassende Integration aller Faktorkombinationsprozesse „Stand der Technik", sodass die Organisation der dispositiven Tätigkeit dieser Entwicklung Rechnung tragen muss.

> *Unter dem Begriff „lean management" wird hierbei die Reduzierung der Führungsebenen verstanden. Der Verzicht auf ganze Führungsebenen wurde erst durch die Einführung der integrierten Standard-Software zur Unternehmensführung möglich.*

Der unmittelbare Zugriff auf real time verfügbare Prozessdaten (Zeitwirtschafts- und Warenwirtschaftsdaten) ermöglicht es dem jeweils berechtigten Anwender, ohne Zeitverzug die notwendigen Entscheidungen bzw. Aktivitäten auf der Basis gesicherter Daten zu bewirken.

> *Die aufgezeigten Rationalisierungsmöglichkeiten durch die Faktorleistung „Integration" werden erst dann genutzt, wenn die überflüssigen „Führungsebenen", die den schnellen Entscheidungs- und Umsetzungsprozess zusätzlich hemmen, beseitigt sind.*

Nicht optimal genutzt werden die wirtschaftlichen Vorteile des Faktors „Integration" in den tief gegliederten Organisationen der „traditionell" geführten Unternehmen. In diesen Unternehmen besteht dringender Handlungsbedarf, flachere Organisationsstrukturen zu erreichen, um die Wettbewerbsfähigkeit dieser Unternehmen auf den Gütermärkten in unserer Informationsgesellschaft wieder herzustellen. Die ausführenden Arbeiten werden in allen Unternehmen vom Management bzw. dem Führungspersonal organisiert. Die durch das Management vorgegebenen Strategie-Ziele müssen hierbei als Leitlinie für die Planung, Beschaffung und Kontrolle der zu erbringenden Arbeitsleistungen (auch für kommende Planperioden) herangezogen werden.

> *Aus den sich zum Leistungsprozess permanent entwickelnden Leistungs- und Kostendaten sind die notwendigen Aktivitäten abzuleiten, die eine steigende Arbeitsproduktivität sicherstellen.*

Die Real-Time-Überwachung sämtlicher Produktionsprozesse gewährleistet auch für die Zukunft notwendige Produktivitätsfortschritte. Nur unter der Maßgabe fortschreitender Arbeitsproduktivität sind auch die steigenden Arbeitskosten pro Zeiteinheit durch die Unternehmen wirtschaftlich tragbar.

3.5.2.1 Personalplanung

Die Planungen der bereitzustellenden Arbeitskapazitäten werden initiiert durch die in der strategischen und operativen Planung zugrunde gelegten, kurz- und mittelfristigen Ziele der Unternehmensentwicklung. Die dabei laut Plan notwendigen Arbeitskapazitäten sind direkt abhängig von der Struktur der Betriebsmittel und der geplanten Ausbringungsmenge der zu erzeugenden Güter.

Als konsequente Folge des realisierten technischen Fortschritts werden langfristig die erforderlichen Arbeitskapazitäten (bei gegebenem Gütervolumen) von der Entwicklung der Produktionsbedingungen im Gütererstellungsprozess bestimmt.

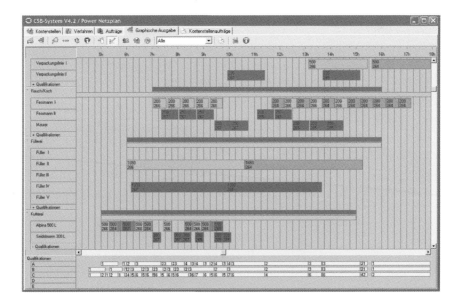

Der aus Forschung und Entwicklung resultierende technische Fortschritt beeinflusst in der Regel die Relation von Arbeitseinsatz zur Ausbringungsmenge der im Unternehmen erstellten Güter. Auch diese Arbeitsproduktivitätseffekte müssen in einer umfassenden Personalplanung beachtet werden. Neue zusätzliche Güter auf dem Markt anzubieten und mit bestmöglicher Technologie im Unternehmen zu erstellen, erfordert ebenfalls eine umfassende Personalplanung mit anschließender Analyse der im Unternehmen vorhandenen und einsetzbaren wie auch extern zu beschaffenden zusätzlichen Arbeitskräfte.

Die Besetzung dieser neu zu schaffenden Führungs- und Ausführungsarbeitsplätze erfordert ein Informationssystem über die verfügbaren externen sowie internen Personalkapazitäten. Diese Personalanforderungen sind mit dem betrieblichen Personalentwicklungsplan abzustimmen und die ausgewählten Personen dem festgelegten Auswahlverfahren zuzuführen.

3.5.2.2 Personalbeschaffung

Die Beschaffung des für die Führungs- und Ausführungspositionen notwendigen Personals wird in unserer spezialisierten und arbeitsteiligen Wirtschaft einem strukturierten und differenzierten Auswahlverfahren unterzogen.

Standardisierte und EDV-gestützte Methoden zur Personalauswahl ergänzen dabei die subjektiven Beurteilungskriterien der Führungs- bzw. Personalverantwortlichen in fast allen größeren Unternehmen.

> *Die Qualitäten der eingestellten Arbeitskräfte bestimmen unmittelbar die Leistungsfähigkeit eines jeden Unternehmens. Unzureichende Kenntnisse in den Ausführungs- wie auch den Führungsleistungen ergeben im arbeitsteiligen Produktionsprozess weit reichende, d. h. „multiplizierte Fehlerkosten", die unbedingt zu verhindern sind.*

Die standardisierten Methoden zur unternehmensweiten Qualitätssicherung (z. B. nach DIN/ISO 9000) können die aus unzureichender Personalauswahl resultierenden „Fehlerkosten" nicht verhindern, sondern zeigen lediglich diese entstandenen Probleme unmittelbar nach Eintritt der Fehlersituation auf. Die daraus abzuleitenden erforderlichen Korrekturen sind in der Regel zusätzliche Schulungsmaßnahmen bzw. eine Neubesetzung der „Not leidenden Stelle".

Aus der vorstehend dargelegten Problembeschreibung einer fehlbesetzten Position werden die Erfordernisse sichtbar, die an eine qualifizierte Personalauswahl zu stellen sind. Eine fehlbesetzte Führungsposition ist in ihren negativen Einzeleffekten für das Unternehmen im Regelfalle gravierender als die unqualifizierte Besetzung einer Ausführungsstelle.

Durch die höhere Multiplikationswirkung der Führungsentscheidungen gegenüber den Ausführungstätigkeiten kommt der Auswahl der Führungskräfte ein besonders großes Gewicht zu.

Auf die gesamtwirtschaftlichen Voraussetzungen zur erfolgreichen Besetzung einer ausgeschriebenen Position wird an dieser Stelle kurz einzugehen sein. Neubesetzungen sind nur möglich, wenn ausreichend qualifiziertes Personal am Arbeitsmarkt angeboten wird. Die benötigten Arbeitskräfte werden aus dem Bestand der nicht in Arbeit befindlichen Personen, aus den im Strukturwechsel stehenden Unternehmensbereichen sowie aus durch Rationalisierungsmaßnahmen freigesetzten Arbeitskräften rekrutiert.

Eine wachsende und fortschrittliche Volkswirtschaft ist darauf angewiesen, dass neue, innovative und zukunftsorientierte Unternehmensbereiche auch durch Abwerbung von Mitarbeitern mit entsprechender Ausbildung aus anderen Unternehmen besetzt werden können. Das gesamtwirtschaftliche Wachstumspotenzial wird kurz- und mittelfristig von den frei verfügbaren qualifizierten Arbeitskräften bestimmt. Langfristig ist der Wohlstand der Volkswirtschaften davon abhängig, ob ausreichende Fähigkeiten in den Unternehmen vorhanden sind, um an der durch den technischen Fortschritt bedingten internationalen Arbeitsteilung mit positiven Effekten in den Produktionsbereichen der Gütererstellung maßgeblich mitzuwirken, welche für die wirtschaftliche Zukunft des einzelnen Landes von Bedeutung sind.

Aus dieser Situation heraus wird auch die geübte Praxis vieler Unternehmen verständlich, neue Führungspositionen bevorzugt intern zu besetzen. Dabei helfen im Besonderen die über die gesamte Unternehmenszugehörigkeit geführten „Personalbeurteilungsdokumente" und die dazu ergänzenden Personalentwicklungspläne der Mitarbeiter.

Eine objektive Beurteilung aller für die Besetzung einer ausgeschriebenen Position in Frage kommenden Bewerber ist jedoch durch die „subjektiv ausgerichteten" Entscheider nicht realisierbar.

Der Prozess der Personalauswahl bleibt trotz größtmöglicher objektivierter Beurteilungskriterien (seinem Wesen nach) den Entscheidungsstrukturen menschlicher Beurteilungskriterien unterworfen und diese sind in letzter Konsequenz nicht objektivierbar.

3.5.2.3 Arbeitskapazitäten

Die vorhandenen Arbeitskapazitäten im Unternehmen produktiv zu nutzen, ist eine permanente Aufgabe aller Führungskräfte. Die abteilungsbezogenen Anforderungen an die Arbeitskapazität sind kurzfristig von der aktuellen Auftragssituation und mittelfristig von der dem technischen Fortschritt unterworfenen Struktur des Betriebsmitteleinsatzes abhängig. Die zur Verfügung stehenden Arbeitskapazitäten mit den erforderlichen gesamtunternehmerisch benötigten Kapazitäten in eine effiziente Abstimmung zu bringen, erfordert die umfassende Zeitdatenaufbereitung und detaillierte Planung aller Arbeitsgänge. Die Summe aus allen Planzeiten (über die gesamten Arbeitsgänge der für den Planzeitraum ermittelten „Plan-Gütermengen") stellt die „Plan-Arbeitszeitkapazitäten" des Unternehmens dar.

Diese Plankapazitäten sind mit den tatsächlich vorhandenen Arbeitskapazitäten des jeweiligen Planungszeitraums abzustimmen. Die aus dem Produktionsplan resultierenden Kapazitätsanpassungsprozesse sind nach einem Leistungsprofil, welches beim einzelnen Mitarbeiter hinterlegt ist, über alle Abteilungen vorzunehmen.

Aus der Gegenüberstellung der vorhandenen Arbeitskapazitäten (aufgeschlüsselt nach Tätigkeiten bzw. Tätigkeitsgruppen) mit den laut Produktionsplan benötigten Arbeitszeiten, resultieren die notwendigen Anpassungsmaßnahmen über alle Abteilungen. Die aus alternativer Zuordnung über die verschiedenen Belegungsvarianten gegebenen Freiheitsgrade im Produktionsprozess sind über eine Arbeitskapazitätsoptimierung ausschöpfbar. In der saison- und urlaubsbedingten Engpassbewältigung der einzusetzenden Tätigkeiten kann auf eine Arbeitskapazitätsoptimierung nicht verzichtet werden.

> *Die optimale Zuordnung der einzelnen Tätigkeiten auf alle Abteilungen kann nur dann marktgerecht vollzogen werden, wenn die Berücksichtigung von frei definierbaren Prioritätsschlüsseln in der Produktionsplanung ermöglicht wird.*

Über die Vergabe von Prioritätsfolgen lassen sich auch die aus dem Absatz resultierenden, kurzfristigen Änderungen in der Produktionsabfolge beeinflussen und somit marktgerecht steuern.

3.5.2.4 Arbeitsleistung

Die absolute Arbeitsleistung ist abhängig von der technischen Ausstattung des Arbeitsplatzes und dem sich darin widerspiegelnden „Stand der Technik". Aus der internationalen Arbeitsteilung resultiert das permanente Konkurrieren der Arbeitsleistungen, wodurch die gesamtwirtschaftliche Steigerung der Arbeitsproduktivität bewirkt wird. Für das einzelne Unternehmen ist die kontinuierliche Erhöhung der Arbeitsleistung überlebensnotwendig. Nur wenn die absoluten Arbeitsleistungen pro Zeiteinheit zunehmen, wird die Wettbewerbssituation des Unternehmens gestärkt.

> *Arbeitskostensteigerungen sind nur unter der Voraussetzung für ein Unternehmen wirtschaftlich vertretbar, wenn eine stetige Produktivitätsverbesserung der beschäftigten Arbeitskräfte erfolgt.*

Die Ermittlung der relativen Arbeitsleistungen innerhalb branchengegliederter Unternehmen ist notwendig, um die eigene Wettbewerbsposition auf dem Gütermarkt zu ermitteln. Durch die interne Fortschreibung der Leistungsdaten sind die erzielten Produktivitätsfortschritte im Unternehmen belegbar. Die eigene Wettbewerbssituation verschlechtert sich unter der Bedingung, dass die am Markt aktiv tätigen Wettbewerber Produktivitätsraten erreichen, die über den innerbetrieblichen Möglichkeiten liegen.

Aus den permanent ermittelten Daten der im Unternehmen erzielten Arbeitsleistungen, sind alle betriebsspezifischen Auswertungen dem Management zuzuführen. Im Management-Informations-System (MIS) werden diese Daten aufbereitet und zur Zielformulierung und Investitionsplanung herangezogen. Auf die komplette Integration der Erfassung aller Leistungsdaten im Faktorkombinationsprozess kann nicht verzichtet werden, da eine nachträgliche Erfassung nur auf unsicherer Datenbasis beruhen kann. Rationalisierungsmaßnahmen können nur dann eingeleitet werden, wenn alle Entscheidungsgründe auf sicherer Datenbasis beruhen und somit rechenbar der Entscheidungsfindung dienen.

Die Ermittlung und Bewertung aller Leistungsdaten fördern nur dann die Leistungsbereitschaft der Mitarbeiter, wenn sie unter anderem
- transparent und an objektivierten Kriterien gemessen werden
- anhand einer überprüfbaren und für alle geltenden Wertskala erfolgen
Darüber hinaus müssen
- Mehrleistungen zu rechenbarem Mehreinkommen führen und letztlich
- Motivations- und Sanktionsmittel „gerecht" und verlässlich zum Einsatz kommen

> *Inwieweit diese Grundsätze anwendbar sind, wird über die „Gesetzgebung zur Arbeitsordnung" des Staates sowie nach den zwischen den Tarifpartnern vereinbarten Tarifverträgen gesteuert bzw. zum Nachteil der gesamten Volkswirtschaft eingeschränkt. Wettbewerbsorientiertes Wirtschaften setzt voraus, dass die dazu erforderlichen Rahmenbedingungen zur Leistungssteigerung vorhanden sind bzw. rechtzeitig geschaffen werden.*

3.5.3 Investitionen & Betriebsmittel

Betriebsmittel sind produzierte Produktionsmittel und werden als „technische Kapitalausstattung" des Unternehmens definiert. Unter wirtschaftlichen Aspekten erfolgt der Einsatz des technischen Kapitals als Rationalisierungsmaßnahme zur Steigerung der Unternehmensproduktivität.

> *Die betriebswirtschaftliche Definition der Betriebsmittel umfasst die technischen Investitionen sowie Grund und Boden. Der volkswirtschaftliche Begriff „Kapital" beinhaltet nicht den „Boden", jedoch zusätzlich die Werkstoffe; unter Betriebsmittel wird hier die Begriffsdefinition nach Gutenberg zugrunde gelegt.*

Die Produktivität eines Unternehmens steigt, wenn mit unveränderter Arbeitsleistung mehr Güter (gleicher Qualität) im gleichen Produktionszeitraum produziert werden. Der durch den technischen Fortschritt bewirkte Produktivitätszuwachs ist rechenbar und wird vom Management im Investitionsplan mit den verfügbaren Finanzmitteln in Abstimmung gebracht. Somit kann er nach den vergebenen Prioritäten im Unternehmen umgesetzt werden.

Die Auslastung der Betriebsmittel wird in der Einheit „Zeit", als absoluter Maßstab für die Leistungsfähigkeit des technischen Kapitals, über die geplante (bzw. mögliche) Lebensdauer der getätigten Investitionen ermittelt.

> *Die erreichte tatsächliche „Nutzungszeit der Betriebsmittel" bestimmt maßgeblich die Kapitalproduktivität der vorgenommenen Investitionen.*

Daraus folgt, dass technisch hochwertige Betriebsmittel, die zusätzlich noch einer hohen Innovationsrate unterliegen, mit höchstmöglicher Nutzungszeit ausgelastet werden müssen. Künstliche bzw. nicht wirtschaftlich vertretbare „Nutzungszeitverkürzungen" bewirken, dass diese Investitionen in die Regionen abwandern, wo diese Einschränkungen der Nutzungszeiten (unter gleichen Randbedingungen) nicht gegeben sind.

> *Eine Verlängerung der Maschinenlaufzeiten, die über die bisher erreichten Nutzungszeiten hinausgeht, bestimmt somit letztlich die zusätzlich zu verteilenden Ergebnisse der Produktivitätssteigerungen zwischen Unternehmen und Mitarbeiter.*

Eine Entkopplung der Arbeitszeit (als Regelarbeitszeit) von der Nutzungszeit der Betriebsmittel ist für fortschreitende und kapitalintensive Unternehmen die notwendige Voraussetzung zur Stärkung ihrer Wettbewerbsfähigkeit. Sie bildet somit die Grundlage zur Erhaltung bzw. Verbesserung ihrer erreichten Marktposition. Die physischen, d. h. absolut erreichten Nutzungszeiten des technischen Kapitals bestimmen die Betriebsmittelkapazitäten. Diese Nutzungskapazitäten werden als „Nutzungszeiten" ermittelt, und somit als Wert bzw. Kosten pro Zeiteinheit berechnet. Die Kosten- und Leistungsrechnung des Faktoreinsatzes „Betriebsmittel" in der Zeitwirtschaft wird über die Erfassung der tatsächlichen Nutzungszeit für die einzelnen Leistungseinheiten integriert.

Der „Leistungsverzehr" wird somit real time zum Leistungsprozess ermittelt. Alle Kosten- und Leistungsdaten des erfolgten Betriebsmitteleinsatzes werden für das Management-Informations-System (MIS) aufbereitet zur Verfügung gestellt. Für alle zutreffenden Investitionsentscheidungen sind sie von grundlegender Bedeutung.

3.5.3.1 Investitionsplanung

Ausgangspunkt aller Investitionsentscheidungen ist das Bestreben der Unternehmen, ihre Wettbewerbsfähigkeit am Gütermarkt zu verbessern. Aus den permanent fortschreitenden technischen Entwicklungen verändern sich nicht nur die Prozesse der Produktion, sondern auch die Strukturen der Gütermärkte in unserer arbeitsteiligen Wirtschaft. Daraus folgt die Notwendigkeit, Rationalisierungsinvestitionen (als Ersatz- oder Erweiterungsinvestitionen) vom Management rechtzeitig und umfassend zu planen.

> *Die einzelnen Investitionsvorhaben konkurrieren um die begrenzten Finanzmittel in den Unternehmen und Volkswirtschaften. Rangfolgeprobleme in der Realisierung der Investitionsvorhaben sind vom Management mit quantitativen Methoden zu lösen.*

Die Vergabe der Rangfolge in den Prioritätspositionen über die dem Management vorliegenden Investitionsanträge erfolgt auf der Basis von Wirtschaftlichkeitsrechnungen. In der betriebswirtschaftlichen Literatur werden verschiedene Berechnungsmethoden zur Ermittlung der „Wirtschaftlichkeit" von Investitionen ausführlich erörtert[66].

Wirtschaftlichkeitsberechnungen beziehen sich in der Phase der Investitionsplanung immer auf zukünftige Nutzungs- bzw. Leistungsperioden. Daher unterliegen alle Berechnungsmethoden der Unsicherheit in den unterstellten Randbedingungen wirtschaftlicher Entwicklungen. In der Praxis resultieren daraus (in der Regel) absolute Kostenvergleiche im Auswahlverfahren über alternative Investitionsgüter, die jedoch in keinem Falle zu rechtfertigen sind.

> *Wirtschaftlichkeitsbetrachtungen ohne Einbeziehung der durch die Investitionen jeweils erreichten Leistungsverbesserungen sind unwirtschaftlich. In diesem Falle sind die den vorstehenden Managemententscheidungen zugrundeliegenden Entscheidungsstrukturen von unzureichender Beurteilungskompetenz geprägt und werden somit auch „in Zukunft" immer wieder zu Fehlentscheidungen in der Investitionsplanung führen.*

Die positiven Effekte der einzelnen Investitionsvorhaben können nur aus der Gegenüberstellung von Ertrag und Aufwand ermittelt werden (siehe Abb. 73).

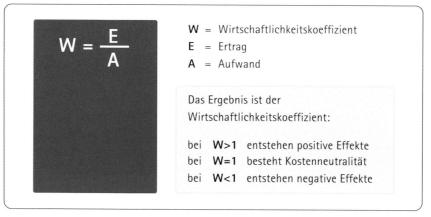

Abb. 73: Ermittlung des Wirtschaftlichkeitskoeffizienten zur Einstufung der Effekte

Vergleicht man verschiedene Investitionsgüter (für die gleiche Aufgabenstellung) miteinander, so resultieren daraus „relative Wirtschaftlichkeitskoeffizienten". Ist der Ertrag in der Wirtschaftlichkeitsermittlung nicht quantifizierbar, so kann er (E) auch durch die (mit der Investition erreichten) Leistung (L) ersetzt werden[67]. Bei dieser Methode wird vorausgesetzt, dass die Qualität der Leistungen vergleichbar ist. Neben diesen statischen Verfahren der Wirtschaftlichkeitsermittlung sind die dynamischen Methoden zur Rentabilitätsermittlung über die geplante gesamte Nutzungsdauer des Investitionsvorhabens besonders hervorzuheben[68]. Allen dynamischen Methoden zur Rentabilitätsermittlung geplanter Investitionsvorhaben liegen die Unsicherheiten der unterstellten und für die Nutzungszeiträume ermittelten Erträge und Aufwendungen zugrunde.

Eine alternative zusätzliche Betrachtung bei der Prüfung der Wirtschaftlichkeit ist mit der Auswertung der letzten abgeschlossenen und zurückliegenden Abrechnungsperiode gegeben. Im Vergleich zwischen „eingesetztem Investitionsgut" und geplantem „neuen Investitionsgut" ergibt sich für die geplante Investition durch Einsetzen von Leistungs- und Kostendaten (pro Ausbringungseinheit) ein kumulierter Rentabilitätswert aus der Plan-Kostenrechnung des untersuchten Betrachtungszeitraumes. Diese „Ex-post-Analyse" des Kostensenkungspotenzials der geplanten Investition ist direkt mit dem Programm „Plan-Komponenten-Tausch" über alle durch diese Investition betroffenen Güter (Artikel) ermittelbar[69].

Mit der „Plan-Deckungsbeitragsrechnung" lässt sich durch Gegenüberstellung „DB alt" zu „DB Plan" (bedingt durch neue Investition) der absolute Rentabilitätswert für den Betrachtungszeitraum ermitteln. Aus der Division des Rentabilitätswertes durch die Anzahl der Produktionstage (aus dem Betrachtungszeitraum) ergibt sich der „Tages-Rentabilitätswert". Dividiert man nun den Investitionsaufwand (für das neu geplante Investitionsgut) durch den „Tages-Rentabilitätswert", so ergeben sich daraus die benötigten Produktionstage zur Abdeckung der geplanten Investitionsaufwendungen (siehe Abb. 74).

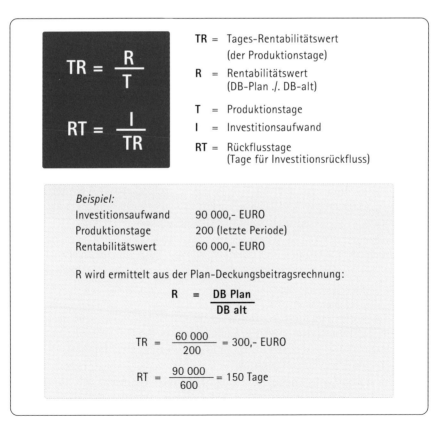

Abb. 74: Prioritätsvergabe im Investitionsplan nach den kürzesten Investitionsrückflusstagen

Die Vergabe der Investitionsprioritäten aus den dem Management vorliegenden Investitionsanträgen, sollte nach den kürzesten Rückflusstagen der einzelnen Investitionsvorhaben erfolgen.

3.5.3.2 Betriebsmittelbeschaffung

Die Beschaffung der Betriebsmittel erfolgt in enger Abstimmung mit dem Finanzmanagement. Die einzelnen Investitionsanträge sind vom Management in eine Prioritätenfolge zu bringen. Notwendige Ersatzinvestitionen haben hierbei Vorrang gegenüber Rationalisierungs- und Erweiterungsinvestitionen.

Die verfügbaren Finanzmittel entscheiden letztlich über den Umfang der Betriebsmittelbeschaffung. Die Höhe der Finanzmittel, welche dem Unternehmen durch die Kapitalgeber zur Verfügung gestellt werden, ist abhängig von der sichtbaren Ertragskraft des Unternehmens selbst und den positiven Einschätzungen gegenüber den geplanten Investitionsvorhaben. Risikobehaftete Investitionsprojekte sollten im Regelfall aus „Eigenmitteln" finanziert werden.

> *Fehlinvestitionen sind dann für ein Unternehmen existenzbedrohend, wenn die dadurch gebundenen Finanzmittel (bei nicht erreichtem ROI) die Liquidität so einschränken, dass die Finanzierung des Umlaufkapitals gefährdet und schließlich nicht mehr aufrechterhalten werden kann.*

Das Risikopotenzial über alle geplanten Investitionen in einem vertretbaren Rahmen zu halten, ist die Aufgabe des Managements. Neben der Prioritätenvergabe muss - auch unter dem Aspekt der Risikofinanzierung - die Investitionsplanung analysiert werden. Die Analyse und Gliederung der Investitionen in risikobehaftete und risikofreie Investitionsvorhaben gilt sowohl für Erweiterungs- als auch für Ersatzinvestitionen.

> *Das Investitionsvolumen der risikobehafteten Investitionsprojekte sollte das Volumen des aus Eigenmitteln zufließenden Finanzvolumens nicht überschreiten.*

Ein umfassender Leistungsvergleich der alternativen Investitionsgüter über die ausgewählten Anbieter erfolgt in der Regel in der Phase der Investitionsplanung durch die einzelnen Fachabteilungen (unter der Verantwortung der Funktionsbereichs- bzw. Funktionsleiter). Ein Investitionsantrag hat dann Aussichten auf Zustimmung durch das Management, wenn die ermittelten „Investitionsrückflusstage" für das eingereichte Investitionsprojekt in kürzester Frist erreicht werden können. Die optimistische bzw. pessimistische Einschätzung (durch die jeweils verantwortliche Projektgruppe) über die wirtschaftlichen Rahmenbedingungen des Investitionsvorhabens wirkt somit unmittelbar auf die erstellte ROI-Betrachtung ein. Höhere Kosten wirken daher als Gesamtaufwendungen eines Investitionsprojektes vordergründig „rückflussverlängernd", wenn die Investitionsleistungen über alle Anbieter in ihrer Qualität (mangels Vergleichskriterien bzw. fehlender Betrachtungs- möglichkeit) gleichgesetzt werden. Aus diesen Situationen resultieren die größten Gefahren für gesicherte Investitionsentscheidungen.

Daraus folgt die Notwendigkeit, eine richtige (für das Unternehmen erfor- derliche) Investitionsentscheidung durch das Management zu bestätigen und Fehlentscheidungen einzuschränken. Eine umfassende Prüfung aller Fakten, die dem Investitionsantrag zugrunde liegen, ist daher vom Management bzw. vom Controlling detailliert vorzunehmen. Mit diesem doppelten Überprü- fungsverfahren werden die Risiken einer Fehleinschätzung und somit einer folgenschweren Fehlinvestition minimiert.

Die EDV-technische Abwicklung der Betriebsmittelbeschaffung erfolgt über die branchenspezifische Standard-Software; von der Angebotseinholung über die Auftragserteilung und von der Wareneingangserfassung über die Projektabwicklung (des Investitionsvorhabens) bis zur Rechnungs- und Budgetprüfung[70].

Die Integration mit dem Rechnungswesen erlaubt eine genaue Kostenstellen- belastung bis hin zur OP-Verwaltung und zum anschließenden Zahlungs- ausgleich. Die anwendungstechnische Abwicklung der gesamten Beschaf- fungsabläufe ist für die Betriebsmittel und Werkstoffe vergleichbar. Die auf die verschiedenen Investitionsgüter bezogenen speziellen Abläufe können ebenfalls in der branchenspezifischen Standard-Software abgebildet werden. Diese Abbildung erfolgt über die Basiselemente: Adressen, Artikel, Konditionen und Verfahren.

Über die umfassende Integration der Basiselemente mit der Zeit- und Warenwirtschaft wird eine für das Management transparente Organisations- struktur geschaffen, die über das Management-Informations-System „MIS" eine komplette Investitions- und Rationalisierungskontrolle ermöglicht. Somit ist auch eine nachträgliche Überprüfung der Investitionsmaßnahme gewährleistet.

3.5.3.3 Betriebsmittelkapazitäten

Die verfügbaren Kapazitäten der Betriebsmittel sind abhängig von den möglichen Nutzungszeiten. Bindet man die Nutzungszeiten an die tariflich vorgegebenen Arbeitszeiten des Personals, so wird die mögliche Kapital- produktivität eingegrenzt bzw. mit jeder tariflichen Arbeitszeitverkürzung gemindert. Die permanente Aufgabe der Tarifpartner besteht nun darin, die Nutzungszeiten der kapitalintensiven Investitionen durch flexible Arbeitszeitmodelle zu erweitern. Nur unter dieser Vorgabe ist die Kapitalproduktivität kurzfristig zu verbessern; vorausgesetzt, die durchzuführende Nutzungszeitausdehnung ist in jedem Unternehmen mit dem geplanten bzw. realisierbaren Güterabsatz vereinbar.

Eine effektive Bewirtschaftung der Betriebsmittelkapazitäten setzt voraus, dass die im Absatz realisierten Kundenaufträge in der Produktion fristgerecht abgearbeitet werden können. Hierzu ist eine umfassende Bewirtschaftung aller Betriebsmittel (Aggregate & Maschinen) erforderlich.

Aggregate- & Maschinensteuerung

Das Management ist verantwortlich für die Wettbewerbsfähigkeit und somit für die umfassende Auslastung der Betriebsmittel. Die im Unternehmen vorhandenen technischen Kapazitäten sind über die integrierte Produktionsplanung in ihrer täglichen Auslastung zu optimieren[71]. Über die Zeiterfassung aller Betriebsmittel kann eine tägliche Soll-Ist-Analyse der Kapazitätsauslastung durchgeführt werden.

- Definition der Kapazitäten
- Leistungsgrad pro Funktion
- Wartungs- & Prüfpläne
- Zugeordnete Ersatzteile und Verbrauchsmaterialien
- Verfügbarkeit und Einsatzplanung
- Kostensätze für unterschiedliche Belegungsvarianten

Die erforderlichen Anpassungsmaßnahmen werden über die variablen Maschinenbelegungsvarianten, den lt. Produktionsplan benötigten Kapazitäten, vorgenommen und somit über die branchenspezifische Standard-Software anwenderfreundlich unterstützt. Um auftretende Engpässe in den technischen Kapazitäten marktgerecht zu „entschärfen", sind in der Reihenfolge der Bearbeitungsprozesse für die zu erstellenden Güter Prioritäten hinterlegt. Die Optimierung des Leistungsausstoßes erfolgt unter der Beachtung der ABC-Auswertungen in der Deckungsbeitragsrechnung. Die damit vergebenen Prioritätenpositionen fließen für die einzelnen Güter in die Produktionssteuerung ein.

3.5.3.4 Betriebsmittelleistung

Die Produktivität des technischen Kapitals wird bestimmt durch die gesamte Ausbringung der Güter in einer festgelegten Periode. Die so definierte Betriebsmittelleistung ist demnach abhängig von der Leistungsfähigkeit der

Investitionsgüter sowie der gesamten Nutzungszeit in der vorgegebenen Periode.

> *Die Differenz zwischen technisch möglicher und tatsächlich erbrachter Leistung - durch das jeweilige Investitionsgut - kann als „Leistungslücke" bezeichnet werden.*

Da diese beiden Leistungswerte zueinander ins Verhältnis gesetzt (bzw. als Prozentwert dargestellt) werden, ergibt sich der „Leistungsgrad" des Investitionsgutes.

Bei unveränderter Nutzungszeit pro Tag oder Jahr (beispielsweise als variable Betrachtungsperiode) sind die Ausbringungsmengen an Gütern die wichtigsten, permanent zu erfassenden Leistungsdaten. Die Ausbringungsdaten, welche im Leistungsprozess pro Kostenstelle real time zu ermitteln sind, spiegeln die Leistungsfähigkeit der jeweiligen Kostenstelle wider.

> *Produktivitätssteigerungen sind nur dann erreichbar, gleiche Randbedingungen vorausgesetzt, wenn die „Leistungslücken" kleiner bzw. geschlossen werden, womit der „Leistungsgrad" der Betriebsmittel erhöht wird.*

Für das Management sind diese vorstehenden Leistungsdaten unverzichtbare Informationen zur Unternehmensführung. Alle relevanten Statistikdaten über die Betriebsmittelleistungen werden branchen- und betriebsindividuell über das Grafische Print Management „GPM" aufbereitet und sind online im Management-Informations-System jederzeit abrufbar.

3.6 Automatisierte Wirtschaft

In unserer Informations- und Wissensgesellschaft vollzieht sich die Güter- und Warenwirtschaft unter den Bedingungen der zunehmenden Automation.

> *Aus dem verfügbaren und dem weltweit wachsenden Wissen wird ein Entwicklungsfortschritt bewirkt, der im Rahmen der hoch entwickelten Volkswirtschaften in einer „automatisierten Wirtschaft" mündet.*

Wie unter Gliederungspunkt 1.4.2 „Faktor- und Gütermarktentwicklung" dargelegt, vollzieht sich der Wandel vom Industrie- zum Informationszeitalter über den Elementarfaktor „Wissen".

Mit der Kommunikations- und Informationstechnologie wird die Voraussetzung zur umfassenden Bewirtschaftung des „Wissens" sichergestellt. Dieses verfügbare explizite Wissen wird über die „dynamischen Elemente" und „expansiven Kräfte" im Prozess des globalen Wirtschaftens wirksam (siehe hierzu auch Abb. 4).

Das Management ist für die Umsetzung des technisch möglichen Integrationsgrades von Informations-, Kommunikations- und Produktionstechnologie verantwortlich. Die Wettbewerbsfähigkeit jedes Unternehmens ist vom erreichten Integrationsstand der verfügbaren bzw. eingesetzten technischen und automatisierenden Systeme abhängig. In der Güter- und Warenwirtschaft wird über die technische Integration eine permanente Produktivitätssteigerung angestrebt.

> *Die Möglichkeit des Managements zur effektiven Koordination des „expansiven Wissens" und dessen erfolgreiche Einführung in die unternehmensspezifischen Güter- und Warenwirtschaftsprozesse bestimmen die Zukunftsfähigkeit der Unternehmen unmittelbar.*

Die automatisierte Wirtschaft erzeugt eine Flut von Daten, die zu nutzbringenden Informationen führen sollen. Erkenntnisse aus Informationen sind jedoch nur dann zu gewinnen, wenn aus einer unübersichtlichen Datenflut konkret bewertbare und leicht verständliche Informationen entstehen, auf die das Management zielgenau zugreifen kann.

3.6.1   Faktorkombination

Die zielgerichtete Kombination der Produktionsfaktoren ist die Aufgabe der Einzelwirtschaften in einer organisierten Gesamtwirtschaft. Die zur Leistungserstellung benötigten Faktoren sind dabei die Quelle zur Begründung von Wachstum und Wohlstand.

In der traditionellen Volks- und Betriebswirtschaftslehre sind die Produktionsfaktoren bzw. die Elementarfaktoren wissenschaftlich festgelegt bzw. definiert unter den Gegebenheiten der beginnenden Industrialisierung (und dem gleichzeitigen Niedergang der Feudalwirtschaft) in der sich anschließenden aufstrebenden Industriegesellschaft.

Die drei Produktionsfaktoren unter volks- wie auch betriebswirtschaftlicher Sicht sind Leistungsfaktoren, die ausschließlich auf physischer bzw. körperlicher Existenz beruhen.

Aus der Kombination der „Leistungsfaktoren"[72] in den Unternehmen und Einzelwirtschaften entstehen die auf den Märkten angebotenen Güter. Dabei müssen sich die Unternehmensstrukturen zur Gütererstellung, welche vom

Management organisiert und geschaffen werden, im täglichen Wettbewerb behaupten.

Produktionsfaktoren	
traditionelle Volkswirtschaftslehre	traditionelle Betriebswirtschaftslehre
1. Arbeit 2. Kapital 3. Boden	1. Arbeit 2. Betriebsmittel 3. Werkstoffe
	4. Dispositive Tätigkeit

Jedes effektive Unternehmen behauptet sich in seiner Kernkompetenz. Eine Analyse der Wettbewerbsfähigkeit von Gütern, die auf dem Markt angeboten werden, beginnt für das jeweilige Unternehmen mit einem Preis-, Qualitäts- und Leistungsvergleich von angebotenen Substitutionsgütern über die maßgeblichen Konkurrenzunternehmen.

Im Anschluss wird die Kostenanalyse des Gütererstellungsprozesses und die damit verbundene Überprüfung der vorliegenden Faktorkombinationsfunktion durchgeführt. Im Leistungsprozess der Unternehmen und Einzelwirtschaften wird die Faktorkombination (in der Regel) nach der Produktionsfunktion vom „Typ B" erfolgen. Aus dieser Produktionsfunktion „Typ B" ergibt sich, dass selbst die teurer gewordenen Faktoren nicht durch Substitution anderer Faktoren im Produktionsprozess ersetzt werden können, da eine solche Änderung technisch (bei gegebener Investitionsgüterstruktur) nicht möglich ist. Erfolgt eine durch den technischen Fortschritt (z. B. durch neue Investitionsgüter) bedingte Änderung in der Faktorkombination (durch Ersatz- bzw. Erweiterungsinvestitionen), so liegt eine neue Produktionsfunktion vor.

Die Produktionsfunktion vom Typ B ist gekennzeichnet durch die Limitation der Produktionsfaktoren. Auf die theoretischen Ansätze der traditionellen Produktionsfunktionen des Typs A (begründet in der Volkswirtschaftslehre als „Ertragsgesetz" von J. H. Thünen und J. Turgot) wird hier nicht weiter eingegangen.

Das Leistungspotenzial eines Unternehmens ist jeweils zum Zeitpunkt der Betrachtung als gegeben anzusehen. Die Verbesserung der Leistungen ist dennoch die permanente Aufgabe des Managements. Daraus folgt die Notwendigkeit, den Einsatz der einzelnen Faktorleistungen zu optimieren.

> *Der Übergang von der Industrie- zur Informationsgesellschaft vollzieht sich über die Änderung der Rangfolge bzw. der Bedeutung der Produktionsfaktoren in der Faktorkombination. Im Feudalismus war die Bedeutung des Faktors Boden wesentlich höher angesiedelt als in der sich anschließenden Industriegesellschaft. In der heutigen Informationsgesellschaft ist besonders die schnelle und abgesicherte Information im Verdrängungswettbewerb von entscheidender Bedeutung für die effektiven Unternehmen.*

Unternehmen gewinnen Informationen aus internen und externen Daten. Das zur expansiven Spezialisierung benötigte „Wissen" im Unternehmen muss für die Forschung und Entwicklung sowie für das Management umfassend zugänglich sein.

Die Integration der Kommunikations- und Informationstechnologie in die weltweiten Wissensdatenbanken wird die Wettbewerbsfähigkeit der Unternehmen bestimmen.

> *Der technische Fortschritt aus „expansivem Wissen" und die internationale Arbeitsteilung ermöglichen es dem Management, im Zeitverlauf die Faktorkombination im Unternehmen wettbewerbssteigernd zu verändern.*

Die Entwicklung der Faktorpreise auf den Märkten (und somit in den Unternehmen) ist maßgeblich für die Änderungen in den Faktorkombinationsstrukturen verantwortlich.

Das Zusammenwirken bzw. die Verknüpfung der
- Elementarfaktoren
  - Arbeit
  - Betriebsmittel
  - Werkstoffe
  - Wissen

und die Steuerung dieses Prozesses über die
- Managementfaktoren
  - dispositive Tätigkeit und
  - Integration

vollzieht sich nach der vorgegebenen Produktionsfunktion als EDV-technische Abbildung in den Funktionsbereichen des Unternehmens über
- Management & Controlling
- Kommunikationsmanagement
- Wissensmanagement
- Leistungs- & Zeitwirtschaft
- Güter- & Warenwirtschaft
- Rechnungswesen & Finanzen

über die Integrationselemente
- Adressen
- Artikel
- Konditionen und
- Verfahren

zu einem von der Informations- und Kommunikationstechnik gelenkten Leistungsprozess der Gütererstellung.

> *Der Begriff „Informationsgesellschaft" resultiert aus diesem nachhaltigen Einfluss der Informationstechnik auf die Verbesserung aller Abstimmungsprozesse im Wirtschaftsleben und im Einzelnen in den effektiven Unternehmen.*

Die in Abb. 75 dargestellten Faktorkombinationen im Gütererstellungsprozess zeigen, dass das unternehmerische Leistungspotenzial (Arbeits-, Betriebsmittel-, Werkstoff- und Wissenskapazitäten) im Zusammenwirken mit der Faktorleistung „Integration" über die Basiselemente (Adressen, Verfahren, Artikel, Konditionen) ablauftechnisch und kostenrechnerisch abgebildet wird.

Der Einsatz der Elementarfaktoren:
- Arbeitsleistung
- Betriebsmittel
- Werkstoffverbrauch und
- zielgerichtetes Wissensmanagement,

welche in die Gütererstellung einfließen, ist über die Informationstechnik real time ermittelbar und im Leistungsprozess von Abteilung zu Abteilung abgrenzbar.

Die wertmäßige und physische Fortschreibung der einzelnen Arbeitsgänge, der Maschinenleistungen und des Werkstoffverbrauchs im Gütererstellungsprozess ist dem einzelnen Kostenträger in der jeweiligen Abteilung direkt zuzurechnen. Daraus resultiert die Notwendigkeit, dass die Kostenrechnung als integraler Bestandteil der Warenwirtschaft zu betrachten ist.

Die integrierte Branchen-Software gewährleistet somit, dass die den Produktionsprozess begleitenden Aufwendungen dem Kostenträger real time und online zugerechnet werden, und die „Ist-Kosten" der einzelnen Güter zu jedem Zeitpunkt transparent aufzeigbar sind. Dieser Abbildungsprozess der Gütererstellung im Informationssystem ist zu gliedern nach branchenspezifischen Kriterien. Die Einteilung der Unternehmen nach Branchengruppen, Branchentypen und Branchenbetrieben erfolgt unter der Maßgabe, eine branchenspezialisierte Standard-Software für das Anwendungsunternehmen zu konfigurieren.

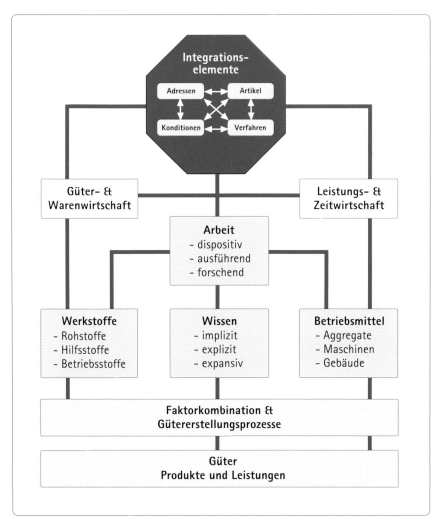

Abb. 75: Faktorkombination zur Gütererstellung im informationstechnischen Ablauf

3.6.2   Wissen als Elementarfaktor

Die Nutzung des Faktors „Wissen" im Unternehmen zu organisieren, ist die vordringliche und wichtigste Aufgabe des Managements in unserer Informations- und Wissensgesellschaft.

Das persönliche Wissen bestimmt die Leistungsfähigkeit der einzelnen Mitarbeiter. Über Bildung, permanente Fortbildung, Beobachtung, Erfahrung, Information und Kombination gewinnen wir implizites Wissen. Dieses implizite Wissen in explizites Wissen zu überführen, ist die Voraussetzung für die unternehmensweite Organisation der Wissensvermittlung an die Mitarbeiter.

Implizites Wissen lässt sich im Gegensatz zu explizitem Wissen nicht informationstechnisch bearbeiten. Der subjektive und intuitive Charakter von implizitem Wissen steht einer systematischen und produktiven Weitergabe von Wissen entgegen. Das explizite Wissen lässt sich dahingegen umfassend informationstechnisch bearbeiten, weitergeben, ergänzen und abrufen.

Das in jedem Unternehmen zu organisierende Wissensmanagement verfolgt die Zielstellung, Wissen zu multiplizieren durch eine:

- umfassende Unterstützung in allen Lern- und Ausbildungsprozessen
- multidimensionale Wissensbereitstellung über die unternehmensweite Integration von Data Warehouse, Branchen-Software und Communication Ware
- komplette Erfahrungsdokumentation
- Zugriffsmöglichkeit auf alle Geschäftsprozesse und Lösungsmöglichkeiten in einer unternehmensweiten Wissensdatenbank
- Steuerung der Mitarbeiteraktivitäten über zeitoptimierte Zugriffe auf „komplettes Wissen" zur jeweiligen Aufgabenstellung über alle verfügbaren Kommunikationskanäle.

Nur unter diesen vorstehend dargestellten organisatorischen Maßnahmen wird der Nutzungsgrad des intern vorhandenen Wissens für die Mitarbeiter wesentlich verbessert.

Eine dynamische Wirtschaftsentwicklung ist nur unter der Verwendung von neuem, expansivem Wissen realisierbar. Der Fortschritt wird demnach bewirkt über „spezielles neues Wissen", welches unmittelbar zu spezialisierten Gütern führt. Die fortschreitende Spezialisierung im Wirtschaftsleben ist der sichtbare Beleg dafür, dass Wissen der wichtigste Produktionsfaktor in der Informationsgesellschaft ist.

Die traditionelle Faktorkombination wird durch die Ergänzung der Produktionsfaktoren um den eigenständigen Faktor „Wissen" in eine neue Dimension geführt.

Der Faktor Wissen beeinflusst die Verknüpfung aller Produktionsfaktoren zu einer „dynamischen Produktionsfunktion" nachhaltig positiv und bewirkt somit maßgeblich den technischen wie auch wirtschaftlichen Fortschritt.

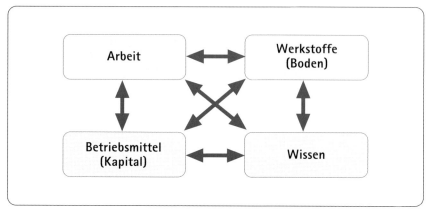

Abb. 76: Multidimensionale Verknüpfung der Produktionsfaktoren (Elementarfaktoren)

> *Ökonomisches Wissen ist unmittelbar mit dem ökonomischen Subjekt verbunden. Daraus folgt, dass der rein wissenschaftliche Ansatz herkömmlicher ökonomischer Theorien für unsere Informationsgesellschaft in Frage zu stellen ist!*

Die Wirtschaftswissenschaftler müssen sich in unserer Informations- und Kommunikationsgesellschaft der Notwendigkeit bewusst werden, eine umfassende Theorie zur Wissensbeschaffung zu entwickeln. Als Kernpunkte dieser Aufgabe sollten beachtet werden:

- Erwerb von Wissen
- Sammlung von Wissen
- Verwendung von existentem Wissen
- Schaffung neuen Wissens
- Produktive Verwendung des Wissens

> *Die Voraussetzung zur Beschreitung neuer Wege liegt in der Aufhebung bzw. der Überwindung des Dualismus über die in der philosophischen Diskussion befindliche Möglichkeit, Geist und Körper zusammenzuführen.*

Subjektives Wissen ist körperlich an die Wissensträger gebunden. Es ist jedoch für eine dynamische Wirtschaft unerlässlich, dass implizites Wissen in explizites Wissen überführt wird. Mit den Methoden der begrifflichen Wissensverarbeitung wird aus vorhandenem Wissen strukturiertes Wissen. Daraus resultiert der Zugang zu neuem Wissen (siehe hierzu Abb. 77).

Mit den Werkzeugen des „Data Mining" werden ebenfalls aus Datenbeständen die nicht unmittelbar ersichtlichen Informationszusammenhänge intelligent herausgesucht.

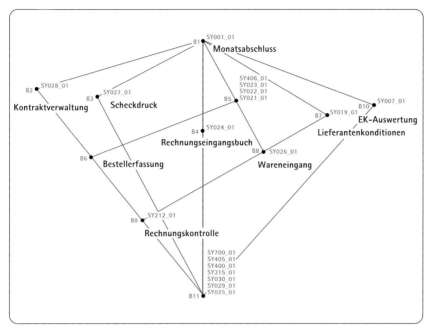

Abb. 77: Informationsverbund in der begrifflichen Wissensverarbeitung

> *Der Erfolg dynamischer Unternehmen ist in der Regel darauf zurückzuführen, dass diese Unternehmen ihr „Wissen" effizient in der Entwicklung neuer Produkte und in zielsicheren Handlungen umsetzen.*

Innovationen entstehen aus Informationen, die sowohl von innen als auch von außen zur Forschung und Entwicklung gelangen. Gleichzeitig werden diese Innovationen auch „neues Wissen" für das angrenzende Umfeld (Wissenschaft, Unternehmen, Einzelpersonen etc.) erzeugen bzw. bereitstellen. Fortschrittliche Unternehmen sind sich bereits heute der Notwendigkeit bewusst, das vorhandene Wissen besser zu managen.

> *Wissen muss wie jedes andere Gut (und somit im Besonderen als Produktionsfaktor) informationstechnisch, kaufmännisch und nicht zuletzt personifiziert bewirtschaftet werden.*

Dieser kaufmännischen Position des Wissensmanagementes muss die nicht strukturierte Position des kreativen Chaos als Quelle neuer Ideen ergänzend gegenübergestellt werden. Die Forschung und Entwicklung lebt von der individuellen Freiheit der schöpferischen Forschungsarbeit. Zwischen diesen beiden Polen, auf der einen Seite die geregelte Bewirtschaftung von

Wissen und auf der anderen Seite das schöpferische Chaos in der Forschung, bewegt sich der Strom der daraus resultierenden Erkenntnisse (neues Wissen) zum Nutzen der Gesamtwirtschaft.

> *Aus diesem polarisierten Spannungsfeld des verfügbaren, strukturierten Wissens und aus neuen Impulsen auf der Basis unstrukturierten Wissens resultiert die Innovationskraft unserer Volkswirtschaft und somit die „Zukunftsfähigkeit" der Unternehmen im internationalen Wettbewerb.*

3.7 Güter- & Warenwirtschaft

Der integrierte Abstimmungsprozess zur optimalen Warenwirtschaft steht hier im Mittelpunkt der Betrachtung. Eine effektive Unternehmensführung setzt voraus, dass das Management und die Funktions- bzw. Abteilungsleiter alle entscheidungsrelevanten Daten im Zugriff haben, um damit eine zielgerichtete Warenwirtschaft zu realisieren.

> *Die Branchen-Software (CSB-System) ist ein praxisbewährtes Unternehmensführungsinstrument in spezialisierten Einzelwirtschaften und verifiziert das vorstehend dargestellte theoretische Modell zur Wirtschaftsentwicklung; im Speziellen die theoretisch formulierten Wirkungen in der Stufe 4 „Automatisierte Wirtschaft". (siehe hierzu Abb. 4 „Wirtschaftsentwicklungsmodell").*

Die Qualität der Faktorkombination wird in Unternehmen des Informationszeitalters durch den erreichten Grad der Integration, also durch die erreichte Sicherheit in den Koordinationsaufgaben (als dispositiver Faktor) bestimmt.

Die dispositiven Leistungen im Abstimmungsablauf zwischen den Funktionen der Warenwirtschaft (über Beschaffung, Lager, Produktion sowie Absatz) erfolgen über vorlaufende „Planzeitintervalle". Der Sicherheitsgrad der dispositiven Tätigkeit steigt mit zeitlich kürzerem „Ereigniseintritt". Die Prognose über zu erwartende Wirtschaftsdaten ist bei weit vorlaufenden Aussagen in der Regel mit größerer Unsicherheit behaftet, je weiter der für die Prognose gültige Ereignistermin vom Zeitpunkt der Prognoseaussage entfernt ist.

Je kürzer die zur Verfügung stehenden Zeiträume für die Disposition und Planung einer umfassenden Warenwirtschaft in den einzelnen Funktionen werden, desto schwieriger gestaltet sich die Aufgabe, einen optimalen Auslastungsgrad des Leistungspotenzials herbeizuführen. Durch Simulation und Optimierung können die „verfügbaren" Ressourcen des Produktionsprozesses den wirksam gewordenen Anforderungen aus dem Absatz angepasst werden. Hierzu bedarf es branchengerechter Unterstützung aus den real time verfügbaren Unternehmensdaten zur Produktionsplanung.

Die Steuerung der Produktionsprozesse – von der rechtzeitigen Bereitstellung (als „Just-in-time-Abläufe") in der Beschaffung über die Lager- und Kapazitätsauslastung bis hin zur Produktionsaggregate-Überwachung (als Leitstandfunktionalität im CIM-Konzept) – wird auf den über aktuelle Aufträge wirksam gewordenen Absatz im Unternehmen ausgerichtet.

Dieser vorstehend erläuterte Produktions- und Dispositionsablauf ist in Abb. 78 dargelegt. Aus der schematischen Darstellung wird die Notwendigkeit der Integration über alle Funktionen, einschließlich des dispositiven Faktors als Voraussetzung zur Erreichung einer optimalen Warenwirtschaft sichtbar.

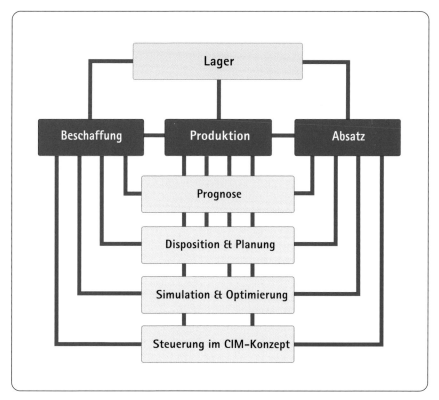

Abb. 78: Integrierter und dispositiver Abstimmungsprozess der Leistungsfaktoren in der Warenwirtschaft

3.7.1 Planungsmanagement & PPS

Eine hochintegriertes ERP-System ermöglicht die umfassende Planung des gesamten Warenwirtschaftsprozesses (Beschaffung, Lager, Produktion & PPS sowie Absatz und Finanzen). Diese Planung betrifft mehrere Ebenen bzw. Achsen:

1. Funktionssicht der operativen Bereiche
   (Beschaffung & Lager, Produktion & PPS, Absatz & Aktionen)
2. Planung der Ressourcen im Unternehmen (Mensch, Maschine, Material)
3. Horizont der Betrachtungszeiträume für die Planungszyklen
   (kurzfristig, mittelfristig, langfristig) in die Zukunft

Diese Verbindung der Ebenen bzw. Achsen ermöglicht eine konzern- und unternehmensweite Planung in einem Detaillierungsgrad, der beliebig gestaltbar ist: von der Grob- zur Feinplanung, von der Lang- bis Kurzfristplanung und von der Kapazitätsprüfung bis zur Maschinenbelegung sowie der dazugehörigen Personaleinsatzplanung.

Ein praxisorientiertes und erprobtes Planungsmanagement muss die Möglichkeiten schaffen, schrittweise den komplexen Planungsanforderungen gerecht zu werden. Diese Schritte in der Realisierung des Planungsmanagements werden in den nachstehenden Gliederungspunkten über die wesentlichsten Leistungsmerkmale verdeutlicht.

3.7.1.1 Dispositionsmanagement

Die Disposition aller Ressourcen optimal zu gestalten, verlangt vom Management eine hohe Integration und Verkettung sämtlicher Schlüsselprozesse über die gesamte Warenwirtschaft. Ausgehend vom Absatzplan muss die Produktion geplant und gesteuert werden, um die zu liefernden Verkaufsartikel termingerecht bereitstellen zu können. Aus dieser „retrograden Betrachtung" erfolgt für die Bereitstellung der Rohstoffe (Material) und Kapazitäten (Menschen und Maschinen) eine Beschaffungs- und Bereitstellungsplanung, die diese Termine im Netzplan darstellt und jederzeit eine manuelle Korrektur ermöglicht.

Wie die berücksichtigten Produktionsfaktoren mathematisch in die Ermittlung einfließen, ist in erster Linie abhängig von der gewählten Dispositionsmethode. Die richtige Wahl der Dispositionsmethode wird durch quantitative Auswahl der bereitstehenden Artikel getroffen.

Das Dispositionsmanagement ist auf verschiedene „Sichtweisen" einstellbar, sodass die unternehmensweite Integration der Warenwirtschaftsprozesse und die jeweiligen Funktionsbereiche gesondert betrachtet werden können.

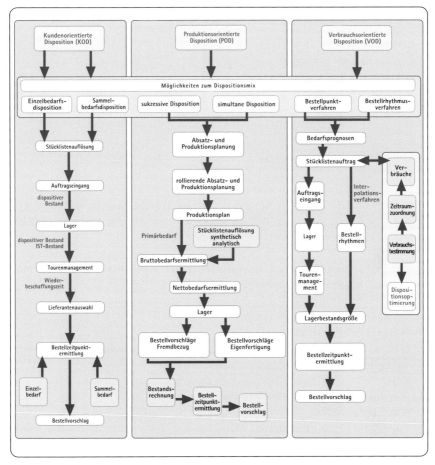

Abb. 79: Dispositionsmethoden

Folgende nachstehende Sichtweisen sind empfehlenswert:
1. **Beschaffungssicht**
   mit Lagerverfügbarkeit aller Roh-, Hilfs- und Betriebsstoffe
2. **Produktions- & PPS-Sicht**
   mit Fertigprodukt-Lagersteuerung und Erfüllung sämtlicher
   Kundenaufträge
3. **Absatz- & Aktionssicht**
   mit Vorplanung aller Verkaufsartikel für festgelegte Zeiträume

Über alle beliebig definierten Sichtweisen erstellt das PPS-System eine ge-
samtheitliche Abstimmungsmatrix, die in einem vollautomatisch erzeugten
„optimierten Produktionsauftrag" mündet und am Bildschirm angezeigt wird.

Der vom PPS-System erzeugte und optimierte Produktionsvorschlag berücksichtigt flexibel die zu optimierenden Variablen wie:

- Ausstoßmaximierung
- Rüstzeitminimierung
- Ressourcenoptimierung
- Chargenoptimierung
- Rezeptur-Komponenten-Optimierung

3.7.1.2 Ressourcenplanung

Der von der Produktionskoordination erstellte und korrigierte Produktionsplan wird im Netzplan auf die „Verträglichkeit" mit den verfügbaren und belegbaren Kapazitäten geprüft. Im Anschluss werden die Chargenaufträge auf alle beteiligten Kostenstellen vollautomatisch verteilt.

Wie aus der nachstehenden Abbildung des PPS-Prozesses zu entnehmen ist, werden folgende Daten vollautomatisch auf Verein- und Verfügbarkeit geprüft:

- **Alle Verkaufsartikel**
  (über Dispo- und Reichweitenmonitoring)
- **Verkaufsaufträge und Verkaufsplanaufträge**
  (über Prognose- und Statistikdaten des Planungsmanagers)
- **Alle Roh-, Hilfs- und Betriebsstoffe**
  (über Bereitstellungslager und laufende Beschaffungsaufträge)
- **Sämtliche Produktionskapazitäten**
  für Material, Menschen und Maschinen
  (nach Bedarfsermittlung und Berücksichtigung der Wartungsdaten)

Zu allen ermittelten Plan- und Soll-Daten über die beteiligten Kostenstellen werden die im Produktionsprozess ermittelten und am Produktionsausgang gemessenen Ist-Daten erfasst. Die Ist-Datenerfassung erfolgt in der Regel über die verschiedensten BDE-Systeme (Betriebsdatenerfassungsgeräte). Das Ziel besteht darin, eine genaue Leistungserfassung über alle Produktionseinheiten sicherzustellen.

Nur auf der Basis genauer Ist-Daten ist eine aussagekräftige Plan-, Soll- und Ist-Daten-Analyse möglich. Über die „Soll-Ist-Kostenrechnung" wird pro Kostenstelle und über alle Kostenarten eine betriebswirtschaftliche Abrechnung (BWA) erzeugt (siehe hierzu Gliederungspunkt 3.8.5). Aus diesen BWAs können Rückschlüsse auf die Produktivität, Effizienz und somit auch auf die Ertragskraft der einzelnen Artikel und Produktionsabteilungen gezogen werden.

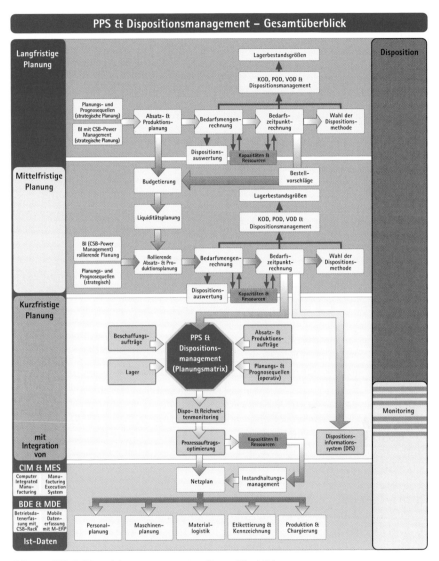

Abb. 80: PPS & Dispositionsmanagement – Gesamtüberblick

3.7.1.3 Zeitraum- & Zeitpunktbetrachtung

Jeder beliebige Zeitraum ist auch in die Zukunft planbar. Jedoch wird die Sicherheit der Planungsaussagen mit größeren Zeiträumen stark reduziert. Wo die Grenze für eine sinnvolle Langfristplanung liegt, ist von Unternehmen und Branchen abhängig und unterliegt der Aussagekraft der verwendeten Parameter im Planungsmanagement.

Die zu wählenden Zeiträume für die Planungsaufgaben (Absatz, Beschaffung und Produktion) sind auch in Abhängigkeit der Funktionsbereiche zu definieren. So empfiehlt sich für die Absatzplanung eine über das Wirtschaftsjahr hinausgehende und rollierende Planung. Auch ist im Absatzplan (langfristig) die Planung gegen beliebige Kapazitäten zu erstellen.

Für die Produktionsplanung ist entscheidend, welche Waren produziert werden:
- frische oder lange haltbare Ware

und/oder
- saisonorientierte oder kontinuierlich zu produzierende Artikel

Die einzelnen Spezifika des Branchenunternehmens nehmen direkten Einfluss auf die Planungshorizonte und auf die Planungsmethoden.

> *Festzuhalten ist, dass die Prozessproduktionsplanung sich besonders im Lebensmittelsektor wesentlich von den Fertigungsmethoden der Aggregatherstellung (Automobile, Maschinen etc.) und der diskreten Fertigung unterscheidet.*

Der kürzeste Planungszeitraum ist die Schicht in einem Planungstag. In Betrieben, die Fischwaren wie Menüs, Brot, Frischfleisch, Frischfisch etc. bearbeiten, sind noch kürzere Planungszeiträume notwendig.

Die Überwachung der Einhaltung von Planungsvorgaben erfolgt über das „Monitoring" im CSB-System. Das unternehmensweite Monitoring kann über alle Bereiche der Warenwirtschaft geschaltet werden. Zur optimalen Steuerung der mittel- und kurzfristigen Unternehmensplanung bietet sich ein bereichsgegliedertes Monitoring an.

Hierbei empfiehlt sich folgende Einteilung:
- Reichweitenmonitoring über alle Verkaufsartikel
- Bereitstellungsmonitoring für alle Roh-, Hilfs- und Betriebsstoffe
- Bereitstellungsmonitoring für alle Halb- und Zwischenprodukte
- Auftragsabwicklungsmonitoring vom Auftragseingang bis zur Preisauszeichnung
- Touren- und Kommissionierungsmonitoring mit Anlieferzeitpunktsteuerung beim Kunden

Die Definition der zu überwachenden geplanten Termine in Verbindung mit den festgelegten Aktionen in der Warenwirtschaft ist beliebig zu gestalten. Eine Eskalationshierarchie bei Abweichungen von den geplanten „Monitorzeitpunkten" ist ebenfalls frei definierbar und sollte dem Grad der Verschiebung Rechnung tragen.

Die vordringlichste Aufgabe des Managements besteht darin, die Leerlauf- und Rüstzeiten zu reduzieren und die Kundenzufriedenheit durch termingetreue Lieferungen zu stabilisieren bzw. zu verbessern. Jedoch erhöhen Überkapazitäten die Fixkosten und somit die Kosten der Produkterstellung. Unterkapazitäten hingegen gefährden die termingerechte und qualitativ einwandfreie Kundenbelieferung. Zwischen diesen beiden „Extremen" ist eine optimierte Disposition erforderlich, um im Leistungswettbewerb zu bestehen.

3.7.2 Beschaffung

Die Beschaffung aller für die Produktion und den Absatz notwendigen Leistungsfaktoren steht im Mittelpunkt einer engpassfreien Warenwirtschaft. Die von den Unternehmen am Markt angebotenen Güter können nur dann termingerecht geliefert werden, wenn die zur Gütererstellung und Lieferung erforderlichen Kapazitäten rechtzeitig geplant und im Leistungsprozess bereitgestellt werden.

Die optimale Steuerung des Leistungsprozesses wird umso schwieriger, je größer und unterschiedlicher die Beschaffungsvorlaufzeiten der einzelnen Leistungsfaktoren am Markt sind. Die Aufgabe der bedarfsgerechten Beschaffung in der Warenwirtschaft wird in der integrierten Branchen-Software zur Unternehmensführung branchengruppenspezifisch organisiert[73].

Hierbei werden die einzelnen Leistungsfaktoren unternehmens- bzw. organisationsspezifisch über verschiedene Funktionsbereiche durchgeführt.

Für die einzelnen Elementarfaktoren empfiehlt sich die nachfolgende Einteilung und Organisation der Beschaffungsprozesse wie folgt:
- *Arbeit*[74]
  über die Zeit-, Personalwirtschafts- und Finanzfunktionen abstimmen
- *Betriebsmittel*[75]
  über die Zeit-, Aggregatkapazitäts- und Finanzfunktionen optimieren
- *Werkstoffe*
  über die Funktionen der Warenwirtschaft, in Abstimmung der Lager und der vorgegebenen Produktionskapazitäten mit dem zu leistenden Absatz (Güterverkauf) termingerecht koordinieren
- *Wissen*
  über unternehmens- und weltweites Wissensmanagement

Aus dieser Aufteilung der Beschaffungsaufgaben folgt, dass mit der integrierten Unternehmensführung die Aufteilung des Beschaffungsprozesses (ohne Zeit- und Informationsverluste) „bereichsgerecht", d. h. rationell organisiert werden kann. Unter dem Gliederungspunkt „Beschaffung" soll nachfolgend auf die Werkstoffe eingegangen werden, welche im Mittelpunkt der Warenwirtschaft stehen. Branchenspezifisch werden unter dem Begriff Werkstoffe die verschiedenen Güter subsumiert. Im CSB-System werden über das Element „Artikel" die definierten „Beschaffungsartikel" erfasst[76].

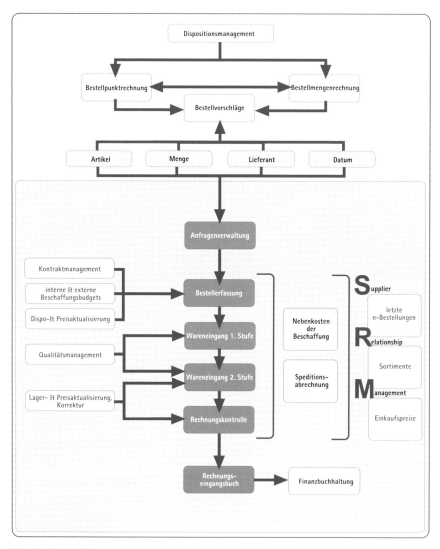

Abb. 81: Beschaffungsprozess

Für die rechtzeitige und optimierte Bereitstellung aller notwendigen „Artikel" für den Leistungsprozess sind erforderlich:

- internationale Beschaffungsmarktanalyse
- komplette Definition der Basisdaten zur Werkstoffbeschaffung
- umfassende Bedarfsdisposition über alle Artikel sowie integrierte Abwicklung allgemeiner und spezieller Beschaffungsabläufe

Die branchenspezifischen Besonderheiten werden in allgemeine (also generell gültige) und spezielle Beschaffungsabläufe gegliedert. Die Organisation der Beschaffungsprozesse wird branchengerecht aufgebaut. Die dabei zu beachtenden Besonderheiten werden über Parameter „frei geschaltet". Die unternehmensspezifischen Organisationsabläufe im Beschaffungsprozess werden über die „Abbildungsebene" der Anwendersteuerung definiert.[77] Die wesentlichsten Organisationsschritte in der nach Branchen gegliederten Branchen-Software zur Unternehmensführung werden nachstehend erörtert.

3.7.2.1 Beschaffungsmarktanalyse

Aus einer umfassenden Analyse der Entwicklung der Gütermärkte ist ableitbar, dass der Wohlstand der industrialisierten Länder aus der internationalen und permanent fortschreitenden Arbeitsteilung resultiert. Durch zukunftsweisende Innovationen entstehen neue Güter mit spürbaren Leistungs- und/oder Kostenvorteilen für die Nachfrager. Daraus folgt der dynamische Wandel in der Rangfolge der Bedürfnisse und somit eine Änderung in den Produktionsstrukturen auf den Gütermärkten. Leistungsfähigere Substitutionsgüter verdrängen im Zeitverlauf herkömmliche, etablierte Güter im Wettbewerb um knappe Finanzmittel auf den freien Märkten. Dies geschieht zum Wohle der Verbraucher in allen Volkswirtschaften.

> *Das internationale Patentrecht sichert den forschungsfreudigen und risikobereiten Unternehmen einen befristeten zusätzlichen Lizenzertrag und dadurch im Regelfalle eine Besserstellung im Wettbewerb. Das geschützte „Wissen" wird kaufmännisch genutzt und somit zum eigenständigen Wirtschaftsgut.*

Die Sicherung des fairen internationalen Wettbewerbes ist eine notwendige Voraussetzung für erfolgreiches Innovationsmanagement. Den Anbietern neuer, leistungsfähigerer Konkurrenzprodukte müssen (mit kalkulierbarem Risiko) Möglichkeiten gegeben sein, eine wirtschaftlich ausreichende Nachfragerzahl auf den internationalen Gütermärkten anzusprechen, die diese Güter ohne Beschränkungen zu leistungsgerechten Preisen erwerben können.

> *Eine freie und liberalisierte Weltwirtschaft ist die notwendige Infrastruktur für den Gütermarkt. Nur auf dieser Basis ist ein permanentes Wachstum des weltweiten Wohlstandes zu bewirken.*

Erst unter diesen vorstehend genannten Marktanforderungen wird eine umfassende „Beschaffungsmarktanalyse" sinnvoll und zu einer effektiven, arbeitsteiligen Unternehmensführung in den Beschaffungsfunktionen umsetzbar. Die Beschaffung der zur Produktion bzw. zum Handel benötigten Güter (Produkte und Leistungen) erfolgt im Zeitalter der Informationsgesellschaft unter den Bedingungen weit reichender, transparenter „Güterinformationen", die in der Regel einem bedürfnisgerechten Auswahlverfahren zugänglich sind.

Welche Produkte und Leistungen zu beschaffen sind, ist in Abhängigkeit von der geplanten bzw. gegebenen Absatzsituation und den im Unternehmen vorhandenen Lager-, Kapazitäts- und Produktionsbedingungen zu sehen. Eine effektive Beschaffung in den Einzelwirtschaften hat die Erhöhung der Produktivität in den Kombinationen der Leistungsfaktoren zum Ziel.

Von dieser Aufgabenstellung ausgehend, ergeben sich folgende unternehmerisch zu planende Beschaffungsaktivitäten für ein vorgegebenes bzw. geplantes Gütersortiment:
- aktuelle Bedarfsdeckung
- kurzfristige Engpassbeseitigung
- mittelfristige Produktivitätssteigerung
- langfristige Verbesserung der Faktorkombinationen als Folge des technischen Fortschrittes aus neuem, expansivem Wissen

Die aus den vorstehenden Zielsetzungen resultierenden „Beschaffungsaufgaben" müssen mit der integrierten Branchen-Software zur Unternehmensführung erfüllt werden. Alle Informationen, die zur umfassenden Beschaffungsmarktanalyse erfasst werden, sind den Integrationselementen Adressen (Lieferanten) und Artikel (Werkstoffe) zuzuordnen.

Im Zeitalter des E-Commerce ist es unabdingbar, die Beschaffungsmarktanalyse über das Internet abzuwickeln. (B2B-Kommunikation)

Das E-Procurement hat die herkömmlichen Methoden des Einkaufs wesentlich verändert. Unumgänglich ist jedoch die Schaffung der notwendigen Rahmenbedingungen. Es müssen beispielsweise einheitliche Standards für den Austausch elektronischer Artikelkataloge errichtet werden. Der Wildwuchs in den im Internet verwendeten Katalogsprachen muss zugunsten einer einheitlichen Katalogsprache beseitigt werden.

Konzernunternehmen mit mehr als 200.000 Lieferanten weltweit und mit den verschiedensten Katalogsprachen sind nur sehr schwer auf ein einheitliches Format in der B2B-Kommunikation auszurichten.

Dabei liegen die Vorteile des E-Procurements auf der Hand:
- Internetbasierende Integration der vorhandenen IT-Systeme
- Online-Bestellungen an den Lieferanten
- Kosteneinsparungen bei Porto, Papier- und Verwaltungskosten
- Erhebliche Kostenreduzierung in den administrativen Abläufen im Einkauf

Die Aufbereitung aller detaillierten Informationen zur umfassenden Beschaffungsmarkt-Analyse geht in die „Beschaffungsdaten" ein und steht in den operativen Programmen der Beschaffungsfunktion für die berechtigten Anwender online zur Verfügung.

3.7.2.2 Basisdaten Beschaffung

Unter dem Begriff „Basisdaten Beschaffung" werden alle Faktoren, Tatbestände und Daten erfasst, die zur effektiven Beschaffung aller Werkstoffe erforderlich sind. Diese Beschaffungsdaten werden branchenspezifisch und unternehmensgenau aufgearbeitet und in der Branchen-Software abgebildet.

Mit dieser Datenbasis stehen dem Unternehmen alle notwendigen Informationen in der operativen Beschaffung zur Verfügung.

Die Verknüpfungen der Integrationselemente[78]
- Adressen
- Artikel
- Konditionen
- Verfahren

gewährleisten die geforderte Integration über alle Funktionsbereiche und Funktionen.

Gleichzeitig werden auf der Basis dieser Beschaffungsmarkt-Informationen objektivierte Entscheidungsgrundlagen für das Management geschaffen. Ein Artikel-Preisvergleich für „gleichwertige" Güter wird erst möglich, wenn alle gültigen Lieferantenkonditionen erfasst, online bei jedem Anwenderzugriff artikelgenau ermittelt und somit für alle Entscheidungsträger sichtbar gemacht werden.

Die aktuelle Bedarfsdeckung über alle erforderlichen Artikel (im Leistungsprozess zur Gütererstellung) setzt das Wissen über die kompletten Liefersortimente eines jeden Lieferanten und der damit verbundenen „Gesamt-Konditionen" voraus, um auf diesen Kenntnissen aufbauend, die optimalen Einkaufspreise über alle „Beschaffungsartikel" zu erzielen. Aus dieser Anforderung resultiert eine umfassende Stammdatenpflege, die durch die

Integration mit den operativen Funktionen des Einkaufsprozesses (von der Angebotseinholung bis zur Rechnungseingangskontrolle) automatisch, d. h. ohne zusätzlichen Erfassungsaufwand gewährleistet werden muss[79].

Die von den Lieferanten in der Auftragsabwicklung zu beachtenden „Verfahren" werden ebenfalls in den „Basisdaten der Beschaffung" festgelegt und nur bei „neuen Vereinbarungen" modifiziert. Über lieferantenspezifische Belegarten, Standardtexte, Retourbearbeitungen bis hin zur vereinbarten Zahlungsart werden alle Beschaffungsspezifikationen „vereinbarungsgenau" erfasst, bei jedem Arbeitsvorgang dem zugriffsberechtigten Anwender real time angezeigt sowie in den operativen Programmen systematisch berücksichtigt.

Die Effektivität und Datensicherheit im Beschaffungsprozess sind direkt abhängig von der Qualität der Basisdaten und der vom Management geschaffenen Ablauforganisation aller Arbeitsgänge in den Beschaffungsfunktionen.

3.7.2.3 Beschaffungsorganisation

Mit der Einführung einer Branchen-Software zur Beschaffungsabwicklung sollten die bestehenden Ablauforganisationsstrukturen in jedem Betrieb detailliert überprüft werden. Diese Vorgehensweise ist unbedingt erforderlich, wenn, wie bereits vorstehend dargelegt, die Qualitätssicherungsmaßnahmen (in den nach DIN-ISO 9000 ff. zertifizierten Betrieben) in die Arbeitsabläufe der Beschaffungsprozesse zu integrieren sind. So ist kein zusätzlicher Arbeitsaufwand für die im Unternehmen festgelegten Qualitätssicherungsmaßnahmen erforderlich. Die Beschaffungs- und gleichzeitig alle festgelegten Qualitätssicherungsaufgaben papierlos zu organisieren, erfordert eine umfassende Analyse der branchen- und unternehmensspezifischen Arbeitsabläufe.

Auf diesen Kenntnissen aufbauend, sollten die „Verfahren" der einzelnen Beschaffungsschritte in den „Verfahrensbeschreibungen" detailliert festgelegt werden und gleichzeitig als QK-System-Dokument dienen. Im bildschirmgestützen QK-Handbuch sind alle quantitativen Prüfanweisungen für den Beschaffungsprozess festzulegen und in die einzelnen Arbeitsabläufe zu integrieren. Die Zuordnung der Beschaffungsschritte zu den einzelnen Arbeitsstellen muss nach dem Grundsatz „gegenseitiger Kontrolle" erfolgen. Daraus folgt, dass die einzelnen Arbeitsschritte, von der Angebotseinholung, Bestellausführung, der Warenübernahme mit Qualitäts- sowie Rechnungskontrolle und schließlich der Zahlungsausgang, durch voneinander unabhängige „Stellen" vorzunehmen sind. Durch den Aufbau einer solchen Ablauforganisation wird das lückenlose Überprüfen und Dokumentieren der Arbeitsschritte dem „Zwei-Stellen-Kontroll-Prinzip" unterworfen.

Eine effektive Beschaffungsorganisation hat die aktuelle Bedarfsdeckung termingerecht zu erfüllen und alle bestehenden Engpässe in der Bereitstellung der Werkstoffe zu beseitigen, soweit diese durch entsprechende Beschaffungsaktivitäten aufzulösen sind. Darüber hinaus dient die Beschaffungsfunktion dem Management in der Analyse der Beschaffungsmärkte mit dem Ziel, beschaffungsbedingte Produktivitätssteigerungen (als positiv wirkende Gütereffekte) herbeizuführen.

Mit dem technischen Fortschritt verändern sich die Beschaffungsmärkte und darüber hinaus auch die jeweils unternehmensspezifischen Wettbewerbssituationen am Markt. Hieraus folgt, dass die Beschaffungsaktivitäten dem technischen Stand der Fertigung permanent angepasst werden müssen. Die dazu notwendige Beschaffung der zur Umstrukturierung erforderlichen Betriebsmittel ist eine strategische Management-Entscheidung, die auf der Basis umfassender Leistungs- und ROI-Daten erfolgen muss.

3.7.2.4 Beschaffungsplanung

Ausgehend von einer im Unternehmen gegebenen Produktionsstruktur sowie von bestehenden Personal-, Lager- und Aggregat-Kapazitäten, sind die benötigten Werkstoffe einer umfassenden Beschaffungsplanung zu unterziehen. Der durch den Absatz ausgelöste Produktionsbedarf an Rohstoff-, Hilfsstoff- und Betriebsstoff-Artikeln ist unter optimaler Mengen- und Kostenwirkung zu planen[80]. Die Preisvorteile größerer Losgrößen, die festgelegten Mindestbestände und die fixen Bezugskosten pro Auftrag beeinflussen durch Zins- und Lagerkosten direkt den Stückpreis aller „Beschaffungsartikel". Die Beschaffungszeit sowie die verfügbaren Lagerkapazitäten sind die kurzfristig vorherrschenden Restriktionen und werden daher vorrangig beachtet.

Der aktuelle Artikelbedarf und die schnelle Engpassbeseitigung sind produktionszyklisch zu planen und mit den darüber hinausreichenden Zeiträumen der einzelnen Produktionspläne zu koordinieren. Eine effektive Beschaffung baut auf den datentechnisch aufbereiteten Verbrauchsentwicklungs-Informationen auf und beschafft termingerecht die ermittelten Bedarfsmengen aller Werkstoffe.

Der Dispositionsvorgang im Bereich der Beschaffung berücksichtigt folgende Informationen:
- Lagerbestand vor Bestellung und Lieferung
- Lagerbestand nach Wareneingang und Verbrauch durch die Produktion
- Verbrauchsbedarf durch geplante Produktion
- Verbrauchsbedarf durch bereits vorliegende Absatzaufträge
- Saldo aus beliebigen Spalten und Zeilen

Beschaffungsplanung Matrix

Posten	Postenbezeichnung	Mengentyp	Freitag, 31.03.06	Samstag, 01.04.06	Sonntag, 02.04.06
150001	Rohstoff 1 (KG)				
150001	Rohstoff 1 (KG)	Bestand	80540.000+	80540.000+	80540.000+
30350	Rohstoffe Produktion	Minimalbestand	25000.000+	25000.000+	25000.000+
30350	Rohstoffe Produktion	Bestand	80540.000+	80540.000+	80540.000+
30350	Rohstoffe Produktion	Bedarf	0.000+	0.000+	0.000+
30350	Rohstoffe Produktion	Deckung	0.000+	0.000+	0.000+
60010	Handelswaren AG		0.000+	0.000+	0.000+
60020	Meier Industries		0.000+	0.000+	0.000+
60030	Fleischzentrale		0.000+	0.000+	0.000+
150002	Rohstoff 2 (KG)				
150002	Rohstoff 2 (KG)	Bestand	49550.000+	49550.000+	49550.000+
30350	Rohstoffe Produktion	Minimalbestand	20000.000+	20000.000+	20000.000+
30350	Rohstoffe Produktion	Bestand	49550.000+	49550.000+	49550.000+
30350	Rohstoffe Produktion	Bedarf	0.000+	0.000+	0.000+
30350	Rohstoffe Produktion	Deckung	0.000+	0.000+	0.000+
60010	Handelswaren AG		0.000+	0.000+	0.000+
60020	Meier Industries		0.000+	0.000+	0.000+
60030	Fleischzentrale		0.000+	0.000+	0.000+
150003	Rohstoff 3 (KG)				
150003	Rohstoff 3 (KG)	Bestand	45750.000+	45750.000+	45750.000+
30350	Rohstoffe Produktion	Minimalbestand	15000.000+	15000.000+	15000.000+
30350	Rohstoffe Produktion	Bestand	45750.000+	45750.000+	45750.000+
30350	Rohstoffe Produktion	Bedarf	0.000+	0.000+	0.000+
30350	Rohstoffe Produktion	Deckung	0.000+	0.000+	0.000+
60010	Handelswaren AG		0.000+	0.000+	0.000+
60020	Meier Industries		0.000+	0.000+	0.000+
150004	Rohstoff 4 (KG)				
150004	Rohstoff 4 (KG)	Bestand	31200.000+	31200.000+	31200.000+
30350	Rohstoffe Produktion	Minimalbestand	12500.000+	12500.000+	12500.000+
30350	Rohstoffe Produktion	Bestand	31200.000+	31200.000+	31200.000+
30350	Rohstoffe Produktion	Bedarf	0.000+	0.000+	0.000+
30350	Rohstoffe Produktion	Deckung	0.000+	0.000+	0.000+

Der Zeithorizont reicht hierbei vom aktuellen Datum bis zur letzten Transaktion über die vorstehenden Informationsspalten im „Dispositionsmanager". Der Listeninhalt ist beliebig über alle Spalten und Zeilen frei zu konfigurieren. Die dazu notwendigen Informationen können in beliebig lange Planvorlaufzeiten hineinreichen. Von Bedeutung sind jedoch nur die entscheidungsrelevanten Daten, die bereits durch warenwirtschaftliche Aktivitäten (über Bestellung, unterwegs befindliche Ware, realisierten Verbrauch und bereits geplanten Abfluss) zu einer hohen Dispositionssicherheit führen.

Aus der Lagerbestandsentwicklung wird rechtzeitiges Handeln im Beschaffungsprozess realisierbar. Die „Artikelbedarfslisten" zeigen darüber hinaus an, welche Artikel termingerecht der Produktion zugeführt werden müssen. Die Produktionsaufträge beruhen hierbei auf tatsächlich vorliegenden bzw. prognostizierten Absatzzahlen mit den vorgegebenen Mengen der Produktionspläne. Die „Artikeldeckungslisten" beinhalten die bestehenden bzw. zu erwartenden „Bedarfsartikel" im Lager und bilden damit die Grundlage zur Engpassvermeidungsstrategie in der Beschaffung. Alle diese Informationen stehen den berechtigten Mitarbeitern online und real time (auf Abruf) durch „Funktionstastendruck" zur Verfügung (in allen Programmen der Warenwirtschaft).

Die Entwicklung der zu erwartenden Lagerbestände und des zu betrachtenden Planzeitraumes zeigt die Engpasssituationen, die durch rechtzeitige Beschaffungsaktivitäten, Produktions- bzw. Lieferungsstillstände zu verhindern sind.

3.7.2.5 Beschaffungsverwaltung

Aufbauend auf einer umfassenden Beschaffungsplanung sind die operativen Beschaffungsaufgaben entsprechend den Organisationsvorgaben durchzuführen. Die branchenspezifischen Beschaffungsaktivitäten sind unterteilbar in allgemeine und spezielle Arbeitsabläufe. Die unter dem Begriff „allgemeine Beschaffung" subsumierten Vorgänge des Einkaufs erfassen alle Beschaffungsartikel, die branchenübergreifend mit gleicher Ablaufmethode bearbeitet werden. Als spezielle Beschaffungsvorgänge werden die branchenspezifischen Abläufe gekennzeichnet, die eine besondere spezialisierte Bearbeitung im Beschaffungsprozess erfordern.

Jeder Beschaffungsprozess beginnt mit der Analyse der Beschaffungsmarktdaten. Das Einholen von Angeboten über zu beschaffende, „vergleichbare" Artikel erfolgt periodisch auf der vorstehend gepflegten Datenbasis (über die erfasste Informationsbasis ausgewählter Anbieter). Aus der Kenntnis des aktuellen Bedarfs erfolgt die Auftragserteilung an die Lieferanten.

Hierbei sind verschiedene Varianten der Auftragsvergabe möglich:
- Einzelbestellung (Einzel-Artikel-Bestellung)
- Lieferanten-Sortiments-Bestellung
- Kontrakt-Bestellung
- Abrufbestellung (aus Konsignationslager)

Diese vier Bestellvarianten erfordern spezielle Stammdaten, die permanent aktualisiert werden müssen. Ein „Artikel-Lieferanten-Preisvergleich" in der Auftragsverhandlung mit dem jeweiligen Lieferanten ist nur dann erfolgreich und somit effektiv, wenn eine objektive Vergleichsbasis gegeben ist. Alle vergleichbaren Qualitäts- und Preisinformationen sollten dem Besteller online angezeigt werden. Diese vorstehend genannten Daten müssen dem Anwender als „Statistikdaten" (aus vergangenen Perioden) und als Angebotsdaten zu jedem beliebigen Zeitpunkt auf Funktionstastendruck zur Verfügung stehen. Nur unter diesen EDV-technischen Voraussetzungen ist eine optimale und leistungsgerechte Auftragsvergabe an die einzelnen Lieferanten realisierbar[81].

Die bereits erläuterten Verfahren zur Auftragsvergabe können per Telefon, Post, Fax oder EDI erfolgen und stehen im integrierten Unternehmensführungssystem allen Beteiligten zur aktuellen Information und weiteren Bearbeitung der Aufträge zur Verfügung. Nach der Bestellung erfolgt der Wareneingang über die beim Lieferanten in Auftrag gegebenen Artikel. Die Überprüfung aller qualitativen und quantitativen Fakten erfolgt an den für die Anlieferung festgelegten und dem Lieferanten mitgeteilten Wareneingangsstellen.

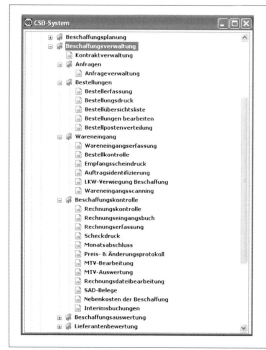

Nach umfassender Beschaffungsplanung erfolgt die arbeitsteilige Beschaffungsverwaltung. Die einzelnen Programme zur optimierten Abwicklung der gesamten Beschaffungsaufgaben werden den einzelnen Anwendern (Abteilungsleitern und Mitarbeitern) über Workflows und Berechtigungsvergaben zugeordnet.

Aus dem komplexen Beschaffungsprozess wird somit ein überschaubarer „Prozessteil" mit Monitoring-Funktionen für alle Einzelaufgaben in der Beschaffung.

Die Qualitätssicherungsmaßnahmen, welche im Qualitätshandbuch vorgegebenen sind, werden direkt mit der Bearbeitung der artikelgenauen Wareneingangserfassung erledigt und dem Anwender als „Pflichteingabefelder" angezeigt. Mengen- und Qualitätsprüfungskontrolle werden in einem Arbeitsschritt durchgeführt; gleichzeitig werden die erfassten Beurteilungsdaten lückenlos zur Lieferantenbewertung fortgeschrieben. Die Weiterleitung der Artikel erfolgt sowohl vollautomatisch zu vordefinierten Lagerplätzen (z. B. in Hochregallager) und/oder auch lieferantenspezifisch unter nachverfolgbaren Chargennummern zu den vorgegebenen Stellen. Die im Qualitätssicherungsmanagement vorgegebenen Abläufe bestimmen dabei die Checkpunkte (im HACCP-Konzept) der einzelnen Datenerfassungsstationen im Betrieb.

Der Beschaffungsvorgang besteht in der Regel aus: Lieferantenauswahl, Angebotseinholung, Auftragsvergabe, Wareneingangs- und Qualitätsbestätigung, dem Empfangs- und Lieferschein sowie der Rechnung mit Buchungsbeleg und Zahlungsvermerkung. Er erfolgt unter den Vorgaben der Rückverfolgbarkeit.

In der Beschaffungskontrolle werden alle zum Beschaffungsvorgang gehörenden Unterlagen vollautomatisch, durch dafür hinterlegte Prüfungsschritte, auf Vollständigkeit und Richtigkeit aller Rechnungsdaten (Einzelpreise, Konditionen, Endsummen etc.) überprüft.

3.7.2.6 Spezielle Beschaffung

Branchenspezifische Einkaufsabläufe für die Werkstoffbeschaffung sind in der Regel nur über spezielle Branchenprogrammmodule effektiv zu bearbeiten. Diese Feststellung gilt sowohl für die Grundstoff-, Veredlungs-, Einzelfertigungs- wie auch Chargenproduktion. Im Dienstleistungssektor gelten ebenfalls die vorstehend differenzierenden Anforderungen an die Leistungsfähigkeit der Beschaffungsprogramme[82]. Daraus folgt, dass die branchenspezifischen Ausprägungen in der Branchen-Software so abgebildet werden müssen, dass sie den jeweils speziellen Erfordernissen des Branchenunternehmens entsprechen.

Eine optimale Beschaffung aller Kuppelprodukte (z. B. Nahrungsgrundstoffe, Mineralöle und sonstige Werkstoffe, die aus Spaltprozessen resultieren) ist nur dann realisierbar, wenn die zu erwartenden Ergebnisse aus dem Spaltprozess des jeweiligen Kuppelproduktes im Einkauf real time simuliert werden können. Die alternativen Einkaufsentscheidungen sind nur dann beurteilungsfähig – bezüglich der Beschaffung „ganzer" Kuppelprodukte gegenüber einzelnen Spaltprodukten (die bereits aus dem Spaltprozess hervorgegangen sind) – wenn diese speziellen Kuppelproduktionsabläufe branchengerecht in der Software abgebildet werden.

> *In der Nahrungsmittelindustrie sind Kuppelprodukte ebenfalls Artikel, z. B. komplette Tierkörper (Fische etc.) sowie Gemüse und Obst. Gleiches gilt auch für die Mineralölindustrie bzw. die Kunststoffverarbeitungsbranche. Diese können ebenfalls Rohstoffe als Kuppelprodukte oder auch als Spaltprodukte direkt vom Rohstoffmarkt beschaffen.*

EVS – Erzeugerverrechnungssystem

Auf dem Nahrungs- & Genussmittel-Rohstoffmarkt sind die Beschaffungsprozesse über spezielle Programme abzuwickeln. Im CSB-System wurde hierfür ein „Erzeugerverrechnungssystem" entwickelt.

Im Erzeugerverrechnungssystem (EVS) können die unterschiedlichsten Anforderungen des „Nahrungsmittel-Rohstoff-Einkaufs" spezialisiert berücksichtigt werden:
- Planung der Einkaufskontrakte
- Qualitätsbeurteilungsmethoden
- Qualitätsabrechnungsmodelle

- Anlieferungserfassungsverfahren
- Kontroll- und Auswertungsmethoden
- Integration in die Warenwirtschaft
- Integration in Rechnungswesen & Finanzen

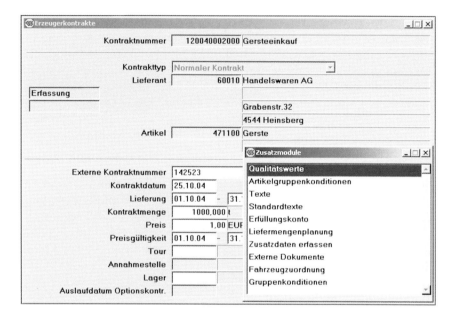

Das EVS ist ein Rohstoff- bzw. Grundstoff-Einkaufs-Abrechnungssystem zur Bewirtschaftung aller biologischen Stoffe, die einer Beschaffenheits- und Analysewertschwankung unterliegen. Diese Werkstoffe sind in speziellen Qualitätsbeurteilungverfahren einer Bewertung zuzuführen. Die Ermittlung des korrekten Einstandspreises ist die notwendige Grundlage einer integrierten Warenwirtschaft. Dazu ist der Aufbau der Plankostenrechnung des Spaltprozesses in den Einkaufsprogrammen erforderlich. Die Integration der Kuppelproduktion erfolgt hierbei über die Basiselemente:

- Artikel   = Kuppel- und Spaltprodukte
- Konditionen = Preis- und Mengenermittlungen
- Verfahren   = Spaltprozessabbildungen

Sind auch die lieferantenspezifischen Daten in den Entscheidungsprozess (Simulationsrechnung) einzubeziehen, so wird zusätzlich noch das Basiselement „Adresse" in die „Einkaufsoptimierung" eingeführt.

Die Abläufe in der Simulation der Spaltprozesse sind in Abhängigkeit vom jeweiligen Branchen-Unternehmen sogar von Artikel zu Artikel (verschiedener Werkstoffe) unterscheidungsbedürftig und müssen daher in den entsprechenden Produktionsprozess-Plandaten „einzeln" (pro Artikel) abgebildet werden. Bei biologischen Grundstoffen sind die qualitäts- und produktspezifischen Ausprägungen im Spaltprozess zusätzlich zu berücksichtigen und in einer „Plan-Ist-Ausbeutekontrolle" im sich anschließenden Produktionsprozess zu überprüfen. Eine chargengenaue (und lieferantenbezogene) Auswertung der Spaltprozesse ist bei biologischen Grundstoffen unabdingbar und bis in das jeweilige Lager hinein zu verfolgen.

Nur unter dieser Vorgabe ist eine permanente Überprüfung der Kuppelproduktbeschaffung durchführbar und die Wirtschaftlichkeit der Entscheidungen über entsprechende Auswertungen für die Einkaufsleitung und das Management belegbar.

Die Abläufe in der Abwicklung aller Beschaffungsvorgänge von der Angebotseinholung bis zur Zahlungsfreigabe innerhalb der allgemeinen Beschaffung gelten ebenfalls ergänzend für die Spezielle Beschaffung.

Die Integration der Daten zu den Bereichen des Lagers und der Produktion ist zusätzlich gekennzeichnet durch die speziellen Preisbildungsmechanismen in der Kuppelproduktion.

3.7.2.7 Beschaffungsauswertungen

Die Auswertung aller Beschaffungsdaten ist anwenderspezifisch zu organisieren. Für den Abteilungs- bzw. Funktionsleiter der Werkstoffbeschaffung stehen beispielsweise besondere „Vergleichsauswertungen" im Vordergrund der Analyse (mit Budget- und Ist-Werten über beliebige Perioden). Der Controller erwartet die lückenlose Dokumentation eines Beschaffungsvorgangs; von der Angebotseinholung bis zur Überweisung des Zahlungsbetrages (mit Zugriffsmöglichkeiten auf alle digitalisierten Urbelege im Archiv)[83].

Die ABC-Analyse über alle Beschaffungsartikel (mit Vergleichen der Darstellung aller Lieferanten, unter Ermittlung der erzielten „Netto-Netto-Preise") steht für den Einkäufer im Mittelpunkt seiner Anwendung. Diese vorstehende Anmerkung zu den Anforderungen an einen Auswertungs- und Statistik-Generator zeigt die Notwendigkeit, ein flexibles und umfassendes Werkzeug in der Branchen-Software zur Verfügung zu stellen[84].

> *Der Begriff „Netto-Netto-Preis" kennzeichnet den Auszahlungsbetrag für die Artikel nach Abzug aller durch den Lieferanten gewährten Konditionen (Rabatt, Nachlässe), berechnet auf den Einzelartikel".*

Das Management-Informations-System wie auch das Bereichs-Informations-System muss jederzeit einen unmittelbaren Zugriff auf alle Beschaffungsinformationen gewährleisten, wodurch eine effektive Kontrollfunktion in flacher Organisationsstruktur realisierbar wird.

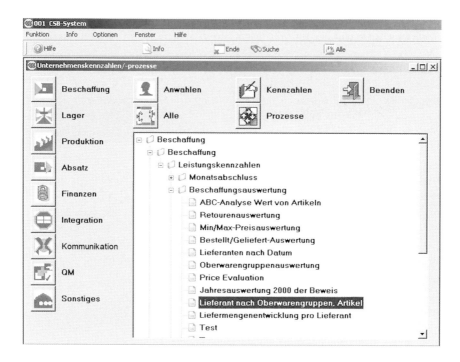

3.7.2.8 Einstandspreise

Der effektiv bezahlte Preis für die einzelnen Werkstoffe (Artikel) wird hier als Einstandspreis bezeichnet. Werden gleiche Artikel zu unterschiedlichen Konditionen, von verschiedenen Lieferanten am gleichen Tag bzw. in der gleichen Kalenderwoche eingekauft, so wird der jeweilige Einstandspreis als letzter Tages- und Durchschnitts- bzw. Wochenpreis für diese Artikel aus dem gewogenen Mittel berechnet.

Die Preisermittlung erfolgt real time mit der Erfassung der einzelnen Artikel am Wareneingang und somit gleichzeitig mit der physischen Warenbewegung vom Lieferanten zum Abnehmer.

Für die Kostenrechnung ist eine permanente Preisbildung in der Beschaffung die notwendige Voraussetzung zur Ermittlung des bewerteten Leistungsverzehrs auf der „Ist-Preisbasis". Eine kostenstellengenaue Profitcenter-Abrechnung kann ebenfalls nur auf korrekten, direkt mit der Warenbewegung verfügbaren Einstandspreisen erfolgen. Die „Tages-Unternehmensertragsrechnung" ist auf eine unmittelbare Preisbildung angewiesen und nur auf dieser Datenbasis aussagefähig. Der Ablauf der Preisbildung vom vorkalkulatorischen Preis (als Tages-, Wochen- bzw. Durchschnittspreis) sowie die Bewertung der Artikel zum Planpreis und die Verknüpfungen zur Kostenrechnung sind aus der Abb. 82 zu entnehmen.

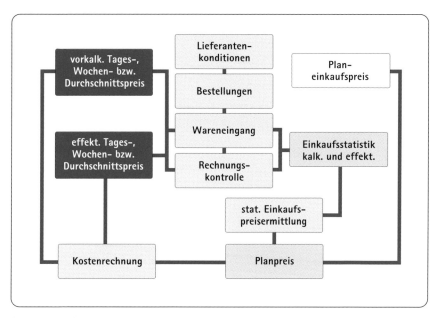

Abb. 82: Preisbildung in der Beschaffung vom Planpreis bis zum effektiven Einstandspreis

Über die Integration der Beschaffung zu allen übrigen Funktionen der Warenwirtschaft wird gewährleistet, dass die einzelnen Abteilungen im Unternehmen nicht mit unterschiedlichsten Preisansätzen in der Bewertung der kostenrechnerischen Tatbestände operieren.

3.7.2.9 Beschaffungscontrolling

Ein effektives Beschaffungscontrolling geht über die lieferantenbezogenen Preisvergleiche weit hinaus. Die gesamten Beschaffungsprozesse einem umfassenden Controlling zu unterziehen, ist für eine bedarfsgerechte Beschaffung unerlässlich.

Das Beschaffungscontrolling sollte in vier Kernbereiche eingeteilt werden:
1. Controlling des Beschaffungsprozesses
2. Integrationscontrolling in die gesamte Warenwirtschaft
3. Leistungscontrolling über die vier Integrationselemente
4. Bereitstellung der Controllingergebnisse

Zu 1: Controlling des Beschaffungsprozesses

Die vom Management vorgegebenen Abläufe in der Beschaffung müssen im Beschaffungscontrolling überprüft werden. Hierbei sind die Beschaffungsprozesse in „wiederkehrende" und „einmalige" Einkäufe zu unterteilen. Für die wiederkehrenden Einkäufe (z. B. Rohstoffeinkauf) werden über die Branchen-Software spezielle Standardabläufe bereitgestellt, die im anwenderspezifischen Workflow vorgegeben werden. Die Controllingprozesse werden workflowgestützt über die Programme der Absatzanalyse festgelegt.

Zu 2: Integrationscontrolling in die gesamte Warenwirtschaft

Die Beschaffungsfunktion ist als Dienstleistung für die Bereiche Lager, Produktion und Absatz zu verstehen. Über die gesamte Warenwirtschaft sind die Beschaffungsprozesse zu steuern:
- optimierte Lagerbestände
- permanente Produktionsbereitschaft
- kurzfristige Lieferbereitschaft

Durch die integrierte Warenwirtschaft sind reibungsfreie Unternehmensprozesse zu organisieren. Die Überwachung und Optimierung des Warenflusses im Unternehmen gehört zum Aufgabenbereich des Integrationscontrollings. Über spezielle Analyseprogramme ist daher zu prüfen, inwieweit:
1. die Lagerbestände zu hoch sind
2. die Produktionsfähigkeit gestört ist und somit die Kapazitäten nicht ausgelastet sind
3. die Lieferfähigkeit der Verkaufsartikel an die Kunden beeinträchtigt ist
4. die Kosten sich in der integrierten Beschaffung über die gesamte Warenwirtschaft entwickelt haben

Über das Integrationscontrolling wird sichtbar, wie sich die Beschaffungsprozesse am Produktivitätsfortschritt des gesamten Unternehmens beteiligt haben. Gleichzeitig werden die Schwachstellen in der Beschaffungsanalyse sichtbar.

Zu 3: Leistungscontrolling über die vier Integrationselemente

Die Leistungsfähigkeit der Lieferanten zu überwachen und mit dem Markt abzugleichen, ist eine permanente Aufgabe des Beschaffungsmanagements.

Eine strukturierte Analyse der Leistungsfähigkeit ist organisierbar über die vier Integrationselemente (Adressen, Artikel, Konditionen und Verfahren).

Über die in der Beschaffungsauswertung verfügbaren Analyseprogramme sind die Leistungskennzahlen der Lieferanten überprüfbar:
1. Durchschnittspreise pro Artikel und Lieferant mit Mindest- und Maximal-Preisgestaltung
2. Qualitätsabweichung pro Artikel und Lieferant, periodisiert und quantifiziert
3. Kontraktüberwachung mit Boniabrechnung zu beliebigen Zeitpunkten und für bestimmte Zeiträume
4. Preisoptimierungspotenzial über Online-Statistiken auf Abruf

Zu 4: Bereitstellung der Controllingergebnisse

Die Bereitstellung des Beschaffungscontrollings erfolgt auf drei Ebenen:
A – Managementebene
B – Bereichsleiterebene
C – Einkäuferebene

und für variable Zeiträume:
1. Periodentermine – über „Relatives Datum" und „Perioden-Manager"
2. Stichtage – zum Abgleich von Plan-Inventuren im Budget-Controlling

Über die Ebenen A bis C und die definierten Perioden und Zeitpunkte erfolgen automatisierte Auswertungen, die dem jeweiligen Anwender auf Abruf online zur Verfügung stehen. Die daraus abzuleitenden Maßnahmen müssen zunächst formuliert, danach bearbeitet und die Ergebnisse überwacht und bewertet werden.

3.7.3 Lager

Die Bereitstellungsfunktion des Lagers wirkt über den gesamten Warenwirtschaftsprozess. Aus den Anforderungen der verschiedenen Branchen und den speziellen Unternehmensstrukturen ergeben sich die unterschiedlichsten, in der Praxis vorzufindenden Lagerkonzepte. Allen lagerwirtschaftlichen Überlegungen liegen hierbei klar definierte Zielsetzungen zugrunde, die unter dem Begriff „Kostenminimierungsmethoden" zusammengefasst werden können.

Wichtige direkte Einflussfaktoren auf die Gestaltung einer optimalen Lagerwirtschaft sind:

- *Beschaffungssicherheit*
  (für Liefertermine und -mengen sowie Preise über alle Werkstoffe)
- *Lagerkapazitäten*
  (als interne und externe, kurzfristige Verfügbarkeit aller Werkstoffe und Güter)
- *Wertbeständigkeit*
  (über die Absicherung der Haltbarkeit, Verfallszeiten, Qualitätsmerkmale und des Preisverfalls)
- *Produktionsbereitschaft*
  (Fähigkeit, eine flexible Produktion für alle Güter zu sichern)
- *Absatzfähigkeit*
  (Gewährleistung einer permanenten Lieferbereitschaft der Verkaufsgüter)
- *Finanzierbarkeit*
  (Sicherstellung der notwendigen liquiden Mittel zur Lagerfinanzierung)

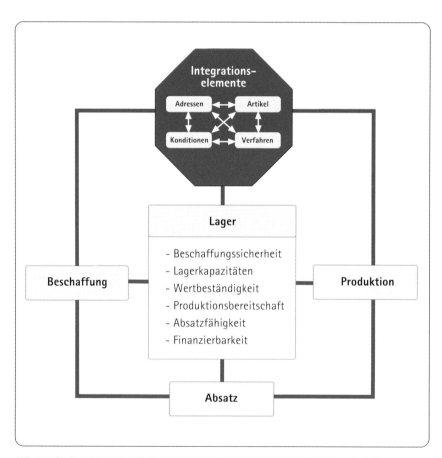

Abb. 83: Einflussfaktoren auf die Lagerführung in der integrierten Warenwirtschaft

Wie aus der vorstehenden Abbildung 83 zu entnehmen ist, werden die vorstehenden Einflussfaktoren auf die Lagerführung als Fakten und Daten wirksam. Über die Basiselemente der Integration (Adresse, Artikel, Konditionen und Verfahren) erfolgt die wertmäßige Abbildung in der branchenspezifischen Warenwirtschaft. Aus der jeweiligen branchen- und betriebsspezifischen Gewichtung der vorstehenden Einflussfaktoren resultieren die faktischen Handlungsmöglichkeiten des Managements in der Lagerwirtschaft.

Entsprechend der vom Management vorgegebenen Zielsetzung werden die Lagerkonzepte erarbeitet und umgesetzt. Als Organisationsvoraussetzung sind die einzelnen Lagerdaten (Basisdaten des Lagers) einzurichten.

Die Ablauforganisation in der Lagerwirtschaft ist unter der Maßgabe der integrierten Qualitätssicherung nach dem HACCP-Konzept aufzubauen. Aus den branchen- und betriebsspezifischen QS-Vorgaben erwachsen die Logistikanforderungen in der Werkstoffbereitstellung (zur Pufferung der Zwischenprodukte) sowie die Fertigproduktlagerung mit anschließender Kommissionier- und Auslieferungsbereitstellung.

Die Konzepte der Just-in-time-Produktion sind mit den dazu notwendigen Anforderungen der Lagerorganisation zu überprüfen und die dabei entstehenden zusätzlichen Kosten mit dem möglichen Einsparungspotenzial abzugleichen.

Inwieweit die Just-in-time-Produktion gesamtwirtschaftliche Einsparungen ermöglicht, ist in Frage zu stellen, da die real wirkenden Infrastrukturgegebenheiten zu erheblich höheren Transportkosten führen, die letztlich vom Vorlieferanten zu tragen sind und in den zu liefernden Produkten kostenwirksam werden.

Das Einkaufsverhalten und die anschließenden Lagerprozesse bestimmen die Kosten der einzelnen Werkstoffe. Der Verbrauch der Werkstoffe in den einzelnen Produktionsabteilungen wird durch die intern ermittelten Einstandspreise bewertet. Die Entnahme der Werkstoffe oder Zwischenprodukte erfolgt zu den in der integrierten Datenverarbeitung ermittelten Lagerpreisen.

3.7.3.1 Basisdaten Lager

Zu den Basisarbeiten der Lagerwirtschaft gehören die Erfassung der Lagerkapazitäten und die Verwaltung der einzelnen Lagerorte bzw. Lagerplätze. Aus dem Bedarf der Werkstoffe werden die Bestandsparameter für jeden einzelnen Beschaffungsartikel ermittelt und festgelegt.

Neben dem Mindest- und Maximumbestand werden die empfohlene Bestellgröße und der Meldebestand vorgegeben. Der Melde- und Mindestbestand wird ermittelt nach den allgemein bekannten Formeln.

$$\text{Meldebestand} \quad = \quad \frac{\text{Anfangsbestand} \times \text{Beschaffungszeit}}{\text{Lagerzeit in Tagen}}$$

$$\text{Mindestbestand} \quad = \quad \frac{\text{Anfangsbestand} \times (\text{Beschaffungszeit} + \text{Sicherheitszeit})}{\text{Lagerzeit in Tagen}}$$

Neben den vorgegebenen Lagerkapazitäten bestimmen auch die Kapitalkosten und Einkaufsvorteile (großer Losgrößen) die festzulegenden Lagerparameter. Die vorstehend erwähnten Einflussfaktoren auf die Lagerartikel, sind pro Werkstoff auf ihre möglichen Wechselwirkungen hin zu prüfen und die einzelnen Lagerparameter danach auszurichten.

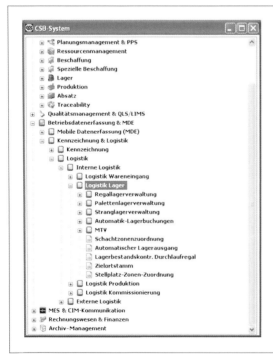

Die Organisation der „Internen Logistik" zählt ebenfalls zum Bereich der Lagerfunktionen im Unternehmen.

Die Verwaltung der physischen Kapazitäten (Lagerplätze, Hochregale, Durchlaufregale, Stranglager etc.) ist eine notwendige Voraussetzung, um eine reibungslose Produktion und einen sicheren Absatz zu organisieren.

Sie ist somit integraler Bestandteil der unternehmensweiten Logistik.

Die sechs wichtigsten Einflussfaktoren auf die Lagerartikel bestimmen die Lagerparameter:

- *Beschaffungssicherheit*
  Das Sicherheitsbedürfnis in der Bereitstellungsfunktion des Lagers bestimmt die Höhe des Melde- und Mindestbestandes pro Werkstoff.

- *Lagerkapazitäten*
  Aus den verfügbaren Lagerkapazitäten resultieren die natürlichen Grenzen der Lagerhaltungsmengen pro Werkstoff. Eine Optimierung der Lagerkapazitäten wird erreicht durch die dynamische Lagerplatzverwaltung in allen automatisierten Lagersystemen (z. B. Hochregalläger für Kisten, Paletten etc.)[85].

- *Wertbeständigkeit*
  Neben der monetären Wertbeständigkeit muss auch die physische Wertbeständigkeit der Werkstoffe abgesichert werden. Durch Innovation und technischen Fortschritt wird der wertmäßige und auch der physische Verfall technischer Werkstoffe bedroht; daraus folgt eine restriktive Lagerhaltung. Die biologischen Werkstoffe sind zusätzlich durch Qualitätsverluste und Rohstoffveränderungen sowie durch Prozesse wie Gewichtsreduktionen, Konsistenzänderungen etc. belastet. Diese Prozesse haben Kostenwirkungen, die über die Basiselemente (Artikel, Konditionen und Verfahren) abgebildet werden.

- *Produktionsbereitschaft*
  Ebenso wie die Werkstoffartikel sind zur Absicherung der Produktion auch alle Zwischenprodukte (aus vorlaufenden Produktionsprozessen) in ausreichender Menge bereitzustellen. Alle Zwischenprodukte sind somit ebenfalls einer Melde- und Mindestbestandsverwaltung zu unterziehen. Die Berücksichtigung dieser „Pufferlager-Bestände" für alle Zwischenprodukte geht ebenfalls in die Produktionsplanung und Produktionssteuerung ein.

- *Absatzfähigkeit*
  Die verfügbaren Auslieferungsartikel im Lager bestimmen die Lieferfähigkeit aller Absatzprodukte. Durch Prognosemodelle im Absatz werden besonders für „Saisonartikel" wichtige Entscheidungshilfen in der Produktionsplanung bereitgestellt[86]. Die Auswirkungen der „eingeschränkten Lieferungen" bzw. der „Nicht-Lieferungen" müssen permanent vom Management überwacht werden (siehe hierzu MIS-Auswertungen im Absatz).

- *Finanzierbarkeit*
  Das im gesamten Lager gebundene Kapital wirkt sich unmittelbar auf die frei verfügbaren, liquiden Mittel des Unternehmens aus. Daraus folgen die Lageroptimierungsansätze und die Konfliktwirkungen zu den vorstehend aufgeführten Einflussfaktoren. Im Finanzmanagement sind die Auswirkun-

gen auf die Finanzierung des gesamten Umlaufkapitals zu analysieren und entsprechende Finanzdispositionen rechtzeitig durchzuführen.

Die Basisdaten des Lagers gehen in die Programmbereiche „Lagerorganisation" sowie in die „Lagerwirtschaft und Lagerpreisbildung" ein. Durch die umfassende Integration der Lagerwirtschaft in die Unternehmensführung werden alle Fakten, Tatbestände und Wirkungen im Leistungsverzehr des Warenwirtschaftsprozesses real time mit der Branchen-Software abgebildet und somit in allen Funktionen der Warenwirtschaft transparent.

3.7.3.2 Lagerorganisation

Die Organisationsabläufe in den einzelnen Lägern der Unternehmen werden bestimmt durch die Bewirtschaftungsmethode der Werkstoffe und Zwischenprodukte selbst sowie durch branchen- und betriebsspezifische Gegebenheiten. Eine optimale und rationelle Methode zur Bereitstellung aller „Lagerartikel" kann nur artikelgruppenspezifisch und prozessorientiert festgelegt werden. Durch das integrierte Qualitätssicherungssystem werden entsprechend dem HACCP-Konzept die Abläufe in der Lagerdatenbearbeitung vorgegeben.

> *Unterschiedlichste Verfahren sind hier in der Praxis eingeführt. Technische Produkte werden anders gelagert als biologische Erzeugnisse. Nahrungsmittelhersteller führen ihre Rohstoff- und Zwischenproduktlager nach anderen Konzepten als Maschinenhersteller.*

Die branchenspezifischen Ausprägungen bestimmen die Organisation der verschiedenen Lösungen für Lagersysteme.

Zur Klassifikation der verschiedenen Lagersysteme ist es erforderlich, die Unternehmen nach ihren Fertigungsmethoden zu gruppieren, beispielsweise in:
- Chargenorientierte Produktion
- Fließ- bzw. kontinuierliche Fertigung
- Einzelfertigung
- Serienproduktion

Entsprechend der unternehmerischen Produktionsausrichtung sind die effektivsten Lagerabläufe zu wählen. Hierbei ist festzustellen, dass die verschiedenen Lagerartikel:
- Werkstoffe (Roh-, Hilfs- und Betriebsstoffe)
- Zwischenprodukte (alle Halbfabrikate)
- Fertigprodukte

zur optimalen und rationellsten Lagerabwicklung eine jeweils technisch unterschiedliche Lagerbewirtschaftung erfordern. Unter Beachtung einer umfassenden Kosten-Nutzen-Analyse ergeben sich unternehmensspezifisch zu organisierende Lagermethoden. Diese können folgende Abwicklungsverfahren umfassen:

1. manuelle Ein- und Auslagerung
2. halbautomatische Lagerführung
3. vollautomatische Lagersysteme
4. Mischsysteme aus 1. bis 3.

Aus der betriebsspezifischen Aufgabenstellung und dem gegebenen Mengengerüst lassen sich die jeweils rationellsten Abwicklungsverfahren ermitteln. Beispielsweise empfiehlt sich eine vollautomatische Regallagersteuerung für eine große Anzahl standardisierter Kisten in der Werkstoff-, Zwischenproduktions- sowie Fertigprodukt-Lagerführung.

Die Ein- und Auslagerungsprozesse werden hierbei über EDV-technisch gesteuerte Regalförderzeuge (RFZ) vorgenommen. Die Werkstoffe werden dabei entsprechend den Produktionsaufträgen automatisch in die Produktionsabteilungen gefördert, wobei vorgegebene Mengen und eine festgelegte Produktionsreihenfolge berücksichtigt werden. Unter Beachtung aller nachfolgenden Produktionsprozesse werden die Ein- und Auslagerungsprozesse in die Pufferläger entsprechend der vorgegebenen Produktionsplanung automatisch abgearbeitet.

Über den „Express-Master"[87] werden die Ein- und Auslagerungsprozesse vollautomatisch abgewickelt und die möglichen Engpasssituationen in der Bereitstellung aller Lagerartikel rechtzeitig angezeigt. Standardisierte Kommissionierungsabläufe (d. h. komplette Kisten bzw. Gebinde) werden über den „Express-Master" selbstständig und vollautomatisch aus den unterschiedlichsten Lagerbereichen der Hochregale aus allen Abteilungen zusammengeführt und der Spedition mit allen festgelegten Begleitpapieren bereitgestellt.

Der mit dem „Express-Master" erreichte Rationalisierungsgrad führt zu einer Steigerung der Arbeitsproduktivität mit dem Faktor 10 bis 15 gegenüber einer manuellen Kistenkommissionierung. Die Abläufe der Lagerprozesse zu überprüfen und das mögliche Rationalisierungspotenzial am erreichten Stand der Technik zu messen, ist die Aufgabe des Managements sowie der Funktions- bzw. Abteilungsleiter.

Somit ist das Lager die Schnittstelle zwischen Beschaffung, Produktion und Absatz, Finanzbuchhaltung. Durch die physische Überbrückung von Zeit und Raum ist außerdem das Lager die informatorische Schnittstelle zu den in den Prozessen eingesetzten Anlagen. In einer Übersicht stellt sich dieser Sachverhalt wie folgt dar:

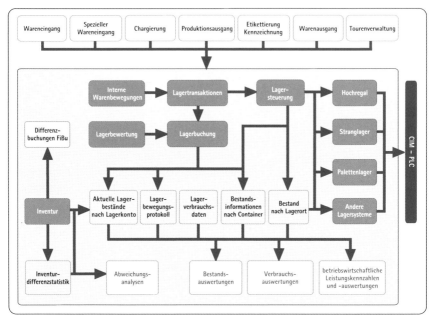

Abb. 84: Lagerprozess

3.7.3.3 Lagerverwaltung

Die Lagerverwaltung ist in der branchenspezifischen Warenwirtschaft ein zentrales integriertes Software-Modul zur Sicherung einer reibungsfreien Produktion und dient darüber hinaus einer permanenten Lieferbereitschaft des Unternehmens im Absatz. Alle Artikelbewegungen, die vom Wareneingang über alle Produktionsstufen bis hin zum Warenausgang erfolgen, werden online und real time am Ort der physischen Lagerbewegung erfasst und ausgewertet. Über die branchenspezifisch parametrisierte Organisation der Lagerdaten wird sichergestellt, dass alle Daten nur einmal erfasst werden (also keine mehrfache Datenerfassung erfolgt) und gleichzeitig die benötigten Daten allen betroffenen Abteilungen (Kostenstellen) zur Verfügung stehen.

Durch die Integration der Fördertechnik, Durchlaufregal- und Hochregalsteuerung wird die zentrale Lagerwirtschaft zum übergeordneten Steuerungsinstrument zwischen Beschaffung, Produktion und Absatz.

3.7.3.4 Lagersteuerung

Eine rationelle Warenwirtschaft wird mit zunehmender Automation (als Folge des technischen Fortschrittes) abhängig von den innerbetrieblichen „Infrastrukturbedingungen" im Transport- und Beförderungsablauf und den gleichzeitig vorzunehmenden Qualitätssicherungsverfahren als einheitliche Arbeitsgänge[88].

Die Rückverfolgbarkeit sämtlicher Lagerartikel (bis zum Lieferanten und Anlieferdatum) wird über entsprechende Lagerparameter (Partie-, Ident- und Chargen-Nr. etc.) und mit direktem Bezug zu den durch die Lagerbewegung erfassten Herkunfts- und Qualitätsdaten organisiert. Die parametrisierbaren Verknüpfungsdaten in der Lagerwirtschaft wie:

- Lieferanten-Nummer
- Chargen-Nummer
- Partien-Nummer
- Kostenstellen-Nummer
- Arbeitsplatz-Nummer
- Referenz-Nummer
- Serien-Nummer
- Los-Nummer

ermöglichen eine umfassende Auswertung über alle Lagerbewegungen und Qualitätsdaten. Mit der Artikelflusskontrolle lassen sich die notwendigen Rückschlüsse auf die Verweilzeiten der Werkstoffe und Zwischenprodukte sowie der Fertigprodukte in der Warenwirtschaft ziehen.

Die Kennzeichnung der Lagerartikel ist automatisierbar, womit die Real-Time-Verfolgung aller Lagerbewegungen möglich wird. Aus der Anforderung nach einer Verkürzung der Durchlaufzeiten aller Artikel in der Warenwirtschaft, folgt die Überwachung von Verweilzeiten der Rohstoff-, Zwischenprodukt- und Fertigproduktläger im Unternehmen. Die Bildschirmprotokolle der einzelnen „Ist-Lagerzeiten" zu den produktionstechnisch benötigten „Soll-Lagerzeiten" zeigen dem Management das Rationalisierungspotenzial in der Lagerwirtschaft auf.

Die Lagerbestandskontrolle ist eine permanente Aufgabe aller Abteilungsleiter im Warenwirtschaftsprozess. Daraus folgt die Notwendigkeit, eine umfassende Stichprobeninventur der Ist-Lagerbestandserfassung pro Artikel zu jedem beliebigen Zeitpunkt durchzuführen und mit dem real time fortgeschriebenen Soll-Lagerbestand pro Artikel abzugleichen. Aus der Differenzenanalyse ergeben sich aussagekräftige Rückschlüsse auf die erreichte Disziplin in der Einhaltung der Verbrauchsvorgaben und somit auf die reale „Qualität" des Warenwirtschaftsprozesses im Unternehmen.

3.7.3.5 Inventuren

Die Bewertung der Lagerartikel in der permanenten Inventur erfolgt nach den in der Literatur hinreichend erklärten Methoden. Auf die Lagerpreisbildung wird nachstehend näher eingegangen.

In der Inventurbearbeitung werden alle Programme zusammengefasst, die zur Durchführung und Auswertung einer Inventur benötigt werden.

Mit der Inventurerfassung erfolgt die körperliche Aufnahme aller Lagerartikel. Der neue Ist-Anfangsbestand wird mit der Inventurdatenerfassung gebildet. Die „Soll-Inventuren" ermitteln die neuen Lagerbestände über die Produktionsausgangserfassung als komponentengenaue Rückrechnung auf der Basis der Komponentenstücklisten. Diese Methode der Lagerabbuchung empfiehlt sich für alle Produktionsabläufe, in denen der Komponentenverbrauch nicht „einzeln" pro Komponente bzw. nicht physisch erfasst werden kann. Zur Überprüfung des Werkstoffverbrauchs ist es erforderlich, die Soll-Inventurwerte periodisch mit den Ist-Inventurwerten abzustimmen. Die dazu nötigen Inventurlisten und Inventurerfassungsarbeiten werden EDV-technisch umfassend unterstützt. Diese Inventurdaten müssen protokolliert werden, damit die einzelnen Inventurwerte (pro Artikel zur Bilanzerstellung) integriert zur Verfügung stehen.

3.7.3.6 Lagerauswertungen

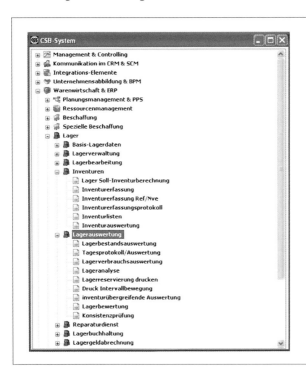

Lager- und Inventurauswertungen sind unerlässliche Hilfsmittel im gesamtheitlichen Warenwirtschafts-Controlling.

Die Kontrolle der durchschnittlichen Verweildauer der Artikel im physischen Lager ist eine permanente Aufgabe in der Lagerwirtschaft mit dem Ziel, die Bestände zu minimieren und Kosten der Lagerung permanent zu senken.

Zur Überprüfung der vom Management vorgegebenen Lagerwirtschaftsziele ist es erforderlich, umfassende und flexible Lagerauswertungen durchzuführen. Von Branche zu Branche sowie von Betrieb zu Betrieb unterscheiden sich die dispositiven Vorgaben zur Lagerwirtschaft, sodass die erforderlichen Auswertungen einer breiten Parametrisierung und „Variablen-Kombination" zugänglich sein müssen. Die Werkstoffkosten stellen in einzelnen Branchen den weitaus größten Kostenblock dar.

> *In der Nahrungsmittelindustrie sind die Rohstoffkosten beispielsweise in der Fleischwarenproduktion mit ca. 50 % bis 70 % (je nach Produktgruppe) erheblich höher als in Metall verarbeitenden Betrieben.*

Es ist daher erforderlich, in diesen Betrieben ein spezielles „Material-Controlling" durchzuführen. Die dazu notwendigen Auswertungen sind als „Urbelege" für den Materialverbrauch über die „Tagesauswertungen" und über die „Lagerverbrauchsauswertung" jederzeit für den Controller abrufbar.

Schwachstellenanalysen und daraus resultierende Verbesserungsvorschläge im Bereitstellungsprozess der Werkstoffe für die Produktion erfordern eine detaillierte Aufbereitung und Auswertung sämtlicher Lagerdaten. Die Real-Time-Verfügbarkeit sämtlicher Lagerdaten ermöglicht es den Abteilungsleitern und dem Management, ohne Zeitverzug auf sich abzeichnende Engpässe bei den Verbrauchsgütern und Werkstoffen direkt zu reagieren und somit Engpässe bzw. Leerlaufzeiten in der Produktion zu verhindern.

3.7.3.7 Lagerpreise

Die Bewertung der Artikel im Lager erfolgt unmittelbar mit der Übernahme der Werkstoffe (bzw. „Einkaufsartikel") am Wareneingang. Voraussetzung hierfür ist die vorlaufende EDV-technische Bestelldatenerfassung und die unmittelbare Qualitäts- und Anlieferungsprüfung (über Mengen und Preise) für alle Beschaffungsartikel. Mit der Übernahme bzw. der Aussonderung als Retouren der einzelnen Artikel werden die Einstandspreise online ermittelt und als Lagerpreise fortgeschrieben.

Für die Sicherung der Rückverfolgbarkeit der einzelnen Artikel bis zum Lieferanten empfiehlt sich die Lagerführung nach Lieferantenpartien. In diesem Falle ist die Preisbildung im Lager partienbezogen. Werden die angelieferten Artikel jedoch nach Lagerorten ohne Lieferantenbezug geführt, so wird der Einstandspreis im Lager nach dem gewogenen Mittel aus aktuellem Bestand und neuem Zugang gebildet.

Eine spezielle Lagerpreisbildung ist für den Kuppelproduktionsprozess erforderlich. Die angelieferten Kuppelpakete werden nach vordefinierten Qualitätsklassen bestellt, am Wareneingang geprüft und mit dem akzeptierten Preis nach Lieferantenpartien eingelagert. Über die theoretischen Spaltprozessvorgaben sind die einzelnen Preise für die Spaltprodukte als „Soll-Preise" mit „Soll-Mengen" im angelieferten Kuppelpaket enthalten. Unter den vorstehenden Qualitäts- und somit Wertannahmen werden die Kuppelpakete beim Lieferanten bestellt. Im nachfolgenden physischen Spaltprozess wird die Werthaltigkeit des Kuppelpaketes (lieferantengenau) in der Partieabrechnung überprüft[89].

Die Lagerpreisbildung für die einzelnen Spaltprodukte vom erwarteten Soll-Preis zum ermittelten Ist-Preis in der Partieabrechnung ist in Abb. 85 grafisch dargestellt. Der sich aus der tatsächlichen Ausbeute ergebende Preis ist der „Ist-Preis" und der aus den Vorgaben erwartete Preis ist der „Plan-Preis". Aus der Differenz zwischen Plan- und Ist-Preis ergibt sich die Wertabweichung über alle Spaltprodukte der Lieferantenpartie.

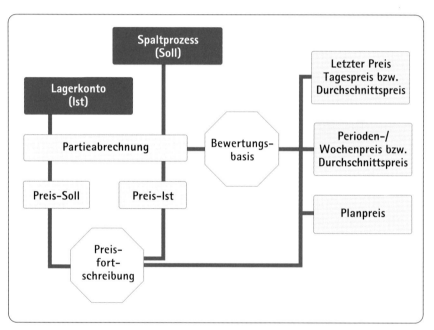

Abb. 85: Lagerpreisbildung im Spaltprozess vom erwarteten Soll-Preis zum Ist-Preis über die Partieabrechnung

Die Bereitstellung der „Lagerartikel" als Rohstoffe, Spaltprodukte, Zwischenprodukte bis zum Endprodukt erfolgt immer zum Plan- und effektiven Lagerpreis. Dieser Lagerpreis wird über die Beschaffung, den Spaltprozess und über die einzelnen Produktionsschritte von Abteilung zu Abteilung durch die „Flexible Kostenträgerrechnung" ermittelt und dem einzelnen Artikel am jeweiligen Abteilungsausgang als Produktionspreis zugeordnet.

Die bewertete Leistung (in Form des einzelnen Artikels für jede Abteilung) erfolgt hiernach als „Produktionspreis", differenziert in vier Preisstufen:

- Materialpreis
- Einstandspreis
- Rentabilitätspreis
- Kalkulatorischer Verkaufspreis

Diese „zurechnungsdifferenzierenden Preise" ermöglichen die Ermittlung der Teil- und Vollkosten für jeden Kostenträger. Eine Profitcenterabrechnung über jede einzelne Abteilung ist nur möglich, wenn die erstellten Leistungen gleichzeitig mit Plan- und Ist-Preisen bewertet werden[90].

Die Übernahme der Lagerpreise erfolgt zur Bewertung der Inventurbestände in der Bilanz unter bilanzpolitischen Aspekten und nach dem Grundsatz der Bewertungskontinuität (Fifo, Lifo). Der Inventurpreis ist daher betriebsspezifisch auf jeder Preisstufe als Bilanzwert ermittelbar und steht integriert für das Rechnungswesen zur Verfügung.

3.7.3.8 Lager-Controlling

Im Lagerwirtschaftscontrolling stehen die geleisteten „Bereitstellungs-funktionen" des Lagers im Vordergrund der Analyse. Das Lagercontrolling wird hierbei eingeteilt in 4 Bereiche, die einer detaillierten Analyse unterzogen werden müssen:

1. Controlling der Lagerwirtschaftsprozesse
2. Integrations-Controlling des Lagers in die gesamte Warenwirtschaft
3. Leistungs-Controlling über die Bereitstellungsfunktionen des Lagers
4. Präsentation der Controlling-Ergebnisse

Die Abwicklung dieser Controllingmaßnahmen ist über anwenderspezifische Workflows zu organisieren.

Zu 1: Controlling der Lagerwirtschaftsprozesse

Die Abläufe im Lager einem umfassenden Controlling zu unterziehen, ist für eine effektive Beschaffung (und den Absatz) unverzichtbar. Hierbei stehen im Vordergrund der Analyse das rechtzeitige Erkennen und das umgehende Beheben von wesentlichen Schwachstellen in der Lagerführung.

Die Lagerbewirtschaftung beginnt mit der Bestellung beim Lieferanten und endet mit der Auslieferung des Produktes (Artikel) an den Kunden. Daraus ergeben sich die Aufgaben bzw. die Schwerpunkte eines Controllings in der Lagerwirtschaft. Diese umfassen im Einzelnen:

1. Analyse des Anlieferungsprozesses über alle Lieferanten und Artikel
2. Überwachung der Qualitätssicherungsarbeiten über alle Artikel
3. Lückenlose Kontrolle der Artikel über alle Einlagerungsprozesse in die Lagersysteme
4. Sachgerechte Produktionszuführung aller Lagerartikel
5. Termin- und qualitätsgesicherte Auslieferung aller Verkaufsartikel
6. Lagerbestandsüberwachung über alle Artikel
   (Roh-, Hilfs-, Betriebsstoffe, Zwischenprodukte und Endartikel)

Die zur umfassenden Lagerwirtschaft gehörenden Verwaltungsprozesse sind bezüglich ihrer Vorgaben bzw. Anweisungen an die Mitarbeiter einer permanenten Effizienzkontrolle zu unterziehen.

Zu 2: Integrations-Controlling des Lagers in die gesamte Warenwirtschaft

Die Lagerfunktionen sind innerhalb der gesamten Warenwirtschaft hochintegriert über Beschaffung, Produktion und Absatz zu organisieren. Die Integration der Lagerprozesse erfolgt hierbei über die Integrationselemente:

- *Adressen:*
  Lieferant, Empfangsstelle, Lagerorte, Kostenstellen etc.
- *Artikel:*
  Einkaufsprodukte, Lagerartikel, Zwischenprodukte und Endprodukte
- *Konditionen:*
  Preise, physische und mengenmäßige Artikeländerungen etc.
- *Verfahren:*
  Qualitätsprüfungen, quantitative Erfassungen, Tätigkeiten, Funktionen etc.

Über die Integrationselemente erfolgt die redundanzfreie und lückenlose informationstechnische Abbildung aller Ein- und Auslagerungsprozesse im Unternehmen. Die Erfassung aller notwendigen Daten im Verfahrungsprozess der Lagerartikel durch den Produktionsbetrieb erfolgt hierbei jeweils am Ort der physischen Handlungs- und Datenbearbeitungsvorgänge. Somit werden beispielsweise Qualitätsprüfung und Qualitätsdatenerfassung zu einem Arbeitsgang im Ein- und Auslagerungsprozess über alle Kostenstellen.

Eine lückenlose Rückverfolgung aller Rezepturkomponenten bis zum Lieferanten und bis in jedes Kundenlager hinein ist nur durch die hohe Integration der Lagerprozesse in die Warenwirtschaft möglich. Hierbei müssen jedoch die Identifikationssysteme in den gesamten Warenwirtschaftsprozess eingeführt werden.

Zu 3: Leistungs-Controlling über die Bereitstellungsfunktionen des Lagers

Wird die Bereitstellungsfunktion des Lagers gestört, so kommt es zu erheblichen negativen Auswirkungen im gesamten Warenwirtschaftsprozess. Störungen bereits im Vorfeld der Ein- und Auslagerungsprozesse rechtzeitig über eine Schwachstellenanalyse zu ermitteln, ist eine vorrangige Aufgabe des Leistungs-Controllings in der Lagerwirtschaft.

Die Überprüfung der Kostenminimierungsanforderungen an die Lagerwirtschaft nimmt direkten Einfluss auf die Verfahren des Leistungs-Controllings. Hierbei ist zu beachten, dass die Gestaltung einer optimalen Lagerwirtschaft immer unter Beachtung aller „Einflussfaktoren" auf die Lagerführung zu erfolgen hat:

- Beschaffungssicherheit
- Lagerkapazitäten
- Wertbeständigkeit
- Produktionsbereitschaft
- Absatzfähigkeit
- Finanzierbarkeit

Ein umfassendes Leistungs-Controlling kann hierbei nur durch detaillierte Analyseprogramme über die gesamte Lagerwirtschaft erfolgen.

Zu 4: Präsentation der Controlling-Ergebnisse

Die im Lager-Controlling festgestellten Ergebnisse werden zur Verbesserung der Lagerwirtschaftsprozesse auf drei Ebenen verfügbar gemacht.

A - Management
B - Bereichsleitung
C - Lagermitarbeiter

Alle Ergebnisse sind als Stichtags- bzw. Zeitraum-Analysen in die benutzerspezifischen Auswertungsverzeichnisse einzufügen.

3.7.4   Produktion

Eine optimale Auslastung der Produktionskapazitäten kann nur dann erreicht werden, wenn die Absatzleitung ebenfalls diese Zielsetzung verfolgt und die im Unternehmen produzierten Güter zu kostengerechten bzw. ertragssichernden Preisen am Markt verkaufen kann. Aus der wechselseitigen Abhängigkeit zwischen Absatz und Produktion ist eine ertragsoptimale Produktionsplanung ableitbar. Die kurz- und mittelfristigen Schwankungen, die zwischen vorlaufender Produktionsplanung und realisierter Produktion der Verkaufsgüter auftreten, bewirken Anpassungsmaßnahmen über alle Funktionen der Warenwirtschaft.

Die notwendigen Anpassungsformen als
- Intensitätsanpassungen
- Zeitanpassungen
- Quantitätsanpassungen

sind situations- und kostenoptimal für das jeweilige Produktionsunternehmen zu ermitteln. Die Branchen-Software zur Unternehmensführung stellt dazu die erforderlichen Optimierungsprogramme bereit. Zur notwendigen Unterstützung des Managements im Entscheidungs- und Abstimmungsprozess müssen die einzelnen Funktionen der Warenwirtschaft über die integrierten Abläufe branchenspezifisch und betriebsgerecht abgebildet werden.

Die Produktionsabläufe komplett über die branchenspezifische Standard-Software zu erfassen und alle notwendigen Prozesse zu planen bzw. zu simulieren, erfordert im Einzelnen eine:
- strukturierte und branchengerechte Ermittlung der „Basis-Produktionsdaten"
- detaillierte Festlegung der betrieblichen Produktionsorganisation
- umfassende, über alle Produktionsstufen reichende Produktionsplanung
- Definition der Produktionsablaufdaten über das gesamte Produktionssortiment
- Abbildung aller Produktionsabläufe, von den standardisierten bis hin zu den speziellen Produktionsprozessen
- Online- und Real-Time-Überwachung der Produktionssteuerung als Leitstandsfunktion im CIM-Konzept über alle Abteilungen
- detaillierte Kostenträgerrechnung mit Ermittlung des Leistungsverzehrs über alle Abteilungen und Produktionsstufen als Plan- und Ist-Kostenrechnung

Jedes Produktionsunternehmen sichert seine Marktposition durch die permanente Überprüfung aller Produktionsabläufe. Nur die ständige Suche nach Rationalisierungsmöglichkeiten und das kurzfristige Umsetzen neuer technischer Erkenntnisse (z. B. aus der Forschung und Entwicklung) versetzen das Unternehmen in die Lage, wettbewerbsfähige Güter am Markt anzubieten.

Wirtschaftliche Entscheidungen herbeizuführen, setzt das Wissen um die Einflussfaktoren auf den Produktionsprozess voraus. Kennt das Management die wichtigsten „Hauptkosteneinflussgrößen" und sind die dazu erforderlichen Informationen jederzeit verfügbar, so werden die dispositiven Tätigkeiten mit größtmöglicher Entscheidungssicherheit ausführbar.

> *Nach Gutenberg werden fünf Hauptkosteneinflussgrößen im Unternehmen wirksam: Faktorqualität, Beschäftigung, Faktorpreise, Betriebsgröße und Fertigungsprogramm.*

Das Ziel der positiv wirkenden Unternehmensführung[91] besteht darin, mit den knappen und begrenzt zur Verfügung stehenden „Finanzmitteln" die höchsten Rationalisierungswirkungen zu erzielen. Die gesamten Kosten einer Wirtschaftsperiode im Unternehmen sind nach dem Verursacherprinzip nicht ausschließlich den hergestellten Gütern zuzurechnen. Als Anbieter auf dem Gütermarkt können jedoch nur diejenigen Unternehmen langfristig bestehen, deren Gesamterträge „größer/gleich" den Gesamtkosten (gE $\geq$ gK) sind.

> *Diese Regel wird für subventionsempfangende Unternehmen außer Kraft gesetzt und der Kostenüberhang über die Steuerzahler sozialisiert.*

Von den mit „Gewinn" (G = gE-gK) arbeitenden Unternehmen gehen positive Effekte für die Wirtschaft aus. Die Wirtschaftlichkeit eines Unternehmens wird gesichert durch die detaillierte Kenntnis des Managements über die Zusammensetzung und Gewichtung der einzelnen Kostenfaktoren[92]. Nur auf der Basis einer umfassenden Kostenanalyse sind alternative, produktivitätssteigernde Wirtschaftsabläufe in den Zeit- und Warenwirtschaftsfunktionen fortschrittlicher Unternehmen realisierbar.

3.7.4.1 Basisdaten Produktion

Der Produktionsprozess in der Gütererstellung ist nur dann abbildbar, wenn alle Daten, Tatbestände und Fakten als „kleinste" Bausteine des Wirtschaftsprozesses eindeutig festgelegt bzw. definiert sind. Im Anschluss an die Erfassung dieser „Basis-Produktionsdaten" werden die Produktionsprozesse datentechnisch über die Branchen-Software reproduzierbar.

Die branchen- und betriebsspezifische Wiedergabe aller Betriebsprozesse bestimmt die Qualität und somit die Effektivität der Branchen-Software zur Unternehmensführung. Mit den Basiselementen (Adressen, Artikel, Konditionen und Verfahren) und den Basis-Produktionsdaten erfolgt die Integration der Warenwirtschaftsprozesse über alle Funktionsbereiche und Funktionen[93].

Die Basisdaten der Produktion werden wie folgt gruppiert und in der Branchen-Software erfasst:
- Komponenten und Rezepturen werden entsprechend ihres Produktionsablaufes über alle Produktionsstufen abgebildet.

- Die Komponentenkontrolle und der Komponententausch erfordern einen direkten Zugriff auf die gesamten Produktionsstrukturen, die in den Rezepturen (bzw. Komponentenstücklisten) festgelegt sind.
- In den Technologiebeschreibungen wird der Produktionsprozess über alle Produktionsstufen festgehalten und als Produktionsanweisung gleichzeitig in der integrierten Qualitätssicherung für das digitale QK-Handbuch dokumentiert.
- Zutaten und Zutatenzuordnungen zum jeweiligen Verkaufsartikel sind in der Lebensmittel- und Pharmaproduktion nach den gültigen landesspezifischen Verordnungen zu beschreiben und zu dokumentieren.
- Über die Tätigkeiten und Funktionen werden die im Produktionsprozess aufzuwendenden Arbeits- und Maschinenzeiten (Betriebsmittel) als Soll-Zeiten (nach Refa-Vorgaben) in den Rezepturen bzw. Komponentenstücklisten festgelegt.
- Analytische Kennzahlen in der Rezepturproduktion sowie Nährwertberechnungen für die Lebensmittelprodukte sind als Vorgaben in den Optimierungsverfahren und in der Qualitätsprüfung zu beachten.

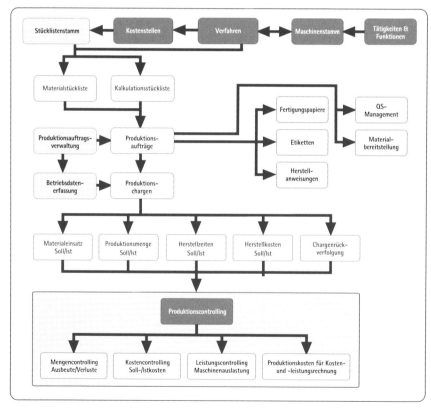

Abb. 86: Produktionsprozess

Der Funktionsbereich „Produktion" ist in der chargenorientierten Fertigung ein komplexer n-stufiger Prozess. Die vorgelagerten Spaltprozesse in der Kuppelproduktion mit den notwendigen Mengen- und Preisermittlungen bilden die Grundlagen zur Materialpreisermittlung in der flexiblen Kostenträgerrechnung.

Die Rezepturen und Stücklisten sind gleichzeitig die Basisdaten für die umfassende Produktionsplanung und die Ermittlung der Bereitstellung aller Komponenten (Mensch, Maschine, Material) und somit die Grundlage zur Produktionsauftragsverwaltung mit Soll-Ist-Kostenermittlung. Sind diese vorstehenden Basisdaten der Produktion detailliert und lückenlos erfasst, kann der Produktionsprozess entsprechend der Produktionsorganisation geplant, abgebildet, überwacht und gesteuert werden. Die Produktionsergebnisse werden ausgewertet sowie mit gleichzeitiger Ist-Kostenermittlung in der Kostenträgerrechnung dargestellt.

Die mit den Basisdaten der Produktion beschriebenen „physischen Artikel" sind als „reales Abbild" in der EDV-technischen Darstellung so definiert, dass die Ist-Kosten des Produktionsprozesses detailliert analysiert und kostenrechnerisch dokumentiert werden können.

Eine zusätzliche kostenrechnerische Darstellung der Kostenträgerrechnung im Rechnungswesen ist somit im CSB-System hinfällig, da mit dem Produktionsprozess gleichzeitig (real time und online) der komplette Wertverzehr im Unternehmen über alle Artikel integriert ermittelt wird.

3.7.4.2 Produktionsorganisation

Ein umfassendes und detailliertes Wissen über die branchen- und unternehmensspezifischen Besonderheiten in den Güterproduktionsabläufen ermöglicht die effektive Gestaltung des Produktionsprozesses. Gleiches gilt für die Fähigkeit der einzusetzenden Branchen-Software in der Abbildung der einzelnen Produktionsabläufe über alle Abteilungen (Kostenstellen) im Unternehmen. Die optimale Organisation der Prozessabläufe darf nicht an den eingeschränkten Möglichkeiten einer allgemein gestalteten Standard-Software scheitern.

Die wettbewerbsorientierte Überlegenheit eines Produktionsunternehmens ist letztlich nur auf die erreichte Produktivität in der Faktorkombination zurückzuführen. Im Zeitalter der Informationstechnologie bestimmen somit die Fähigkeiten der branchenspezifischen Software die erreichbare Qualität in der Produktionsorganisation und den Entscheidungsprozess im Unternehmen. Der dispositive und administrative Aufwand in der Erfassung und

Verwaltung aller Informationen im Produktionsprozess wird ebenfalls maßgeblich durch die eingesetzte Standard-Software bestimmt. Daraus folgt, dass sich mittel- bis langfristig nur diejenigen Unternehmen am Markt behaupten können, die die Möglichkeiten einer branchen- und unternehmensspezifisch parametrisierbaren Standard-Software optimal nutzen können.

Im Einzelnen sind dazu die unternehmensspezifischen Produktionsabläufe detailliert zu organisieren und in der branchenspezialisierten Software abzubilden, so dass:

- die Produktionsplanung in enger Abstimmung mit dem Absatz, der Beschaffung und der Lagerwirtschaft erfolgt;
- aus den Spalt- und Kuppelproduktionsprozessen eine optimale Ausbeute zur Bereitstellung aller Werkstoffkomponenten sichergestellt ist;
- die Chargen- und Prozessproduktion situationsgerecht (unter kostenminimalem Arbeitsaufwand) mit der Informationstechnik erfassbar ist;
- alle sonstigen branchen- und unternehmensspezifischen Produktionsabläufe parametergesteuert abbildbar sind;
- eine umfassende Produktionsoptimierung die Werkstoff-, Arbeits- und Betriebsmittelkosten minimiert;
- der Produktionssteuerung eine Überwachungs- und Kostensenkungsfunktion prozessspezifisch zuzuordnen ist;
- über detaillierte Produktionsauswertungen die Schwachstellen zu analysieren sind und zukünftiges Rationalisierungspotenzial zu erkennen ist;
- durch die integrierte Kostenträgerrechnung der geplante und realisierte Leistungsverzehr differenziert über alle Abteilungen dem Kostenträger zuzuordnen ist.

Die Organisation der gesamten Produktionsabläufe muss unter der Maßgabe eines integrierten und papierlosen Qualitäts-Kontroll-Systems aufgebaut werden. Durch die Integration aller qualitätsrelevanten Abläufe in den Produktionsprozess werden aufwändige Doppelarbeiten vermieden und die Qualitäts-Kontroll-Maßnahmen nach DIN-ISO 9001 ff. zum Ablaufbestandteil der Güterproduktion.

3.7.4.3 Produktionsplanung

Die optimale Auslastung aller Produktionsabteilungen setzt voraus, dass eine kostenstellengenaue Produktionsplanung erfolgt. Der über den Absatz realisierte Auftragsbestand bildet die Datenbasis zur aktuellen Produktionsplanung. Je kürzer die Zeitspanne zwischen Auftragseingang und Auslieferungszeitpunkt wird, desto geringer ist die verfügbare Produktionszeit.

Eine auftragsbezogene Gütererzeugung wird durch eine prognosebasierende Fertigung abgelöst, wenn die Aufträge zur Auslieferung der Verkaufsgüter z. B. später eingehen als es vom Zeitbedarf für die Produktion notwendig ist[94]. Die Qualität der eingesetzten Prognosemodelle im Absatz mit Wirkung auf die Produktion, bestimmt somit die erreichbare Genauigkeit zwischen wirksamer Güternachfrage und erzielter Produktionsabdeckung.

Im Bereichs-Informations-System wird (unter Punkt 3.4.2) darauf hingewiesen, dass sich Absatz und Produktion in der Planung gegenseitig beeinflussen. Eine auf die vorhandenen oder geplanten Kapazitäten ausgerichtete Planung von Absatz und Produktion ist für ein wettbewerbsaktives Unternehmen unverzichtbar. Hierzu wurde der „Dispositions- & PPS-Manager" als das „vermittelnde Softwaremodul" zwischen Absatz, Lager und Produktion entwickelt.

Operative Planung mit dem Dispositions- und PPS-Manager

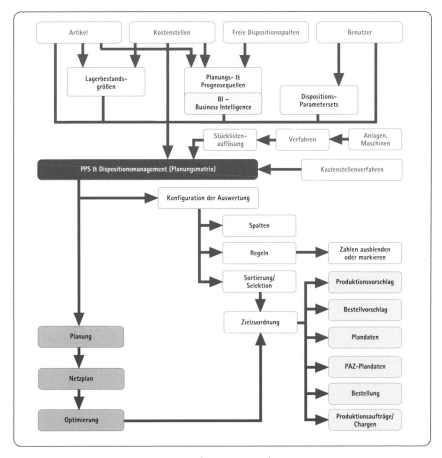

Abb. 87: PPS & Dispositionsmanagement (Planungsmatrix)

Der Dispositionsmanager unterstützt das Management in der Planung (Operative Feinplanung, siehe 3.4.2.1) und der Erstellung von Prognosen über mögliche Absatzverläufe für beliebige Perioden. Zur Erstellung neuer Prognosemodelle können alle beliebigen (vorhandenen) Daten ausgewählt werden und mit Formeln (Prognoseformeln) versehen werden. Diese Daten können aus den verschiedensten Datenquellen über den „Planungsmanager" gewonnen werden.

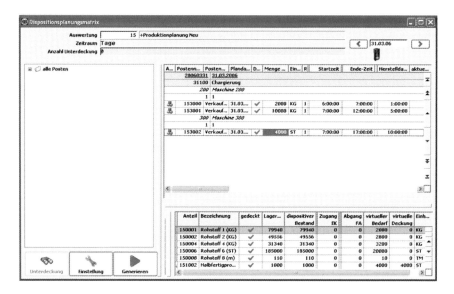

Im Planungsmanager können die Spalten frei definiert werden. In einer Matrixdarstellung werden die jeweils „eingestellten" Auswertungstage angezeigt. Hierbei wird dargelegt, woher die Daten für die Prognose stammen (Datenquelle) und wofür dieses Ergebnis der Prognose verwendet werden kann (also welches „Datenziel" festgelegt wurde). Jedes Prognosemodell bezieht seine Daten aus bestimmten „Quelltagen" und ist auf definierte „Zieltage" ausgerichtet. Hierzu ist es erforderlich, die jeweils vorgegebenen Quelltage mit einer Gewichtung (Prognoseformel) zu versehen. Die Festlegung der für die Prognose in Frage kommenden Tage erfolgt über die Einstellung des „relativen Datums", ausgehend von einem zu definierenden „Starttermin". Die Zieltage sind frei definierbar (z. B. Tagesfolge, Schicht erster Montag im Monat etc.). Dadurch kann für jeden beliebigen Zeitraum eine exakte Planung erfolgen (Feiertage werden aus dem Produktionskalender automatisch berücksichtigt).

Die Qualität eines jeden Planungsmoduls hängt von der erzielbaren Sicherheit in der Vorhersage ab. Die Abbildung der möglichen Einflussfaktoren auf die Mengenänderung zwischen „Quelltagen" und „Zieltagen" wird dabei über flexible Prognoseformeln definiert. Von den statistischen Grunddaten über eine Formeldefinition die zu erwartenden Absatzmengen pro Artikel vorauszusagen, ist die Aufgabe des Programms „Planungsmanager". Eine permanente Verbesserung des Prognosemodells ist nur dann möglich, wenn die Formeleingaben variabel gestaltet sind.

Daraus folgt, dass es möglich sein muss, für jeden Produktionstag eine spezielle Formeleingabe zu definieren, damit die Prognose so weit wie möglich mit der tatsächlichen Produktionsanforderung übereinstimmt. Hierbei sind auch die feiertagsbedingten Ausschläge im Auftragseingang sowie durch Sonderaktionen veranlasste Mengenausschläge für eine realitätsnahe Produktionsprognose von ganz besonderer Bedeutung. Aufbauend auf diesen Prognosemodellen, wird die Umsetzung in die Produktionssteuerung vollzogen. Im Besonderen werden dabei die Kapazitäten in der Produktion beachtet.

Kapazitäten- & Ressourcenplanung

Die Auslastung des Produktionspotenzials im Unternehmen ist für längerfristig vorlaufende Auftragseingänge bei kurzfristig herstellbaren Gütern einfacher zu gestalten. Im Falle der tendenziellen Umkehrung des vorstehenden Sachverhaltes wird eine Produktionsplanung zunehmend schwieriger, sodass eine effektive Steuerung der Produktion nur durch den zusätzlichen Einsatz der aktiven Elemente des Absatzes über die Verkaufsorganisation zu gewährleisten ist[95].

In der chargenorientierten Produktion sind auch folgende Besonderheiten umfassend EDV-technisch zu unterstützen und bedienerfreundlich zu jedem Zeitpunkt zu ermöglichen:
- Einzelkunden-Auftragsplanung
- Produktionsterminsteuerung für Kundenaufträge
  (für spezielle Kundenrezepturen)
- Aktionsauftragsplanung
- Sonderplanung bei Betriebsstörungen
  (manuelles Eingreifen auf allen Stufen der Produktionsplanung
  und Produktionssteuerung)

Aus der langfristigen Produktionsplanung wird über das Produktionsinformationssystem ein gesamter Periodenüberblick generiert. Die Kapazitäten des Unternehmens werden hierbei eingeteilt in:
- Personalkapazitäten (Tätigkeiten)
- Maschinenkapazitäten (Funktionen)
- Materialkapazitäten (verfügbare Artikel)
- Finanzbudgets (Plan-Ist-Kostenrechnung)

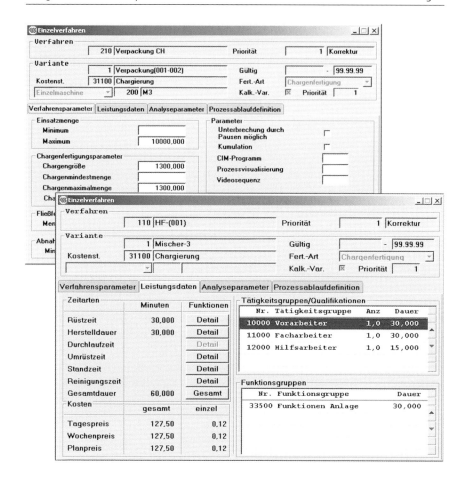

Aus den langfristigen Planungsdaten werden periodisierte Produktionsplandaten. Die Produktionsplandaten werden aktualisiert über die Auftragsdaten und über die Prognosesysteme zu „Planproduktionsaufträgen" generiert. Eine detaillierte Produktionsplanung erfordert die Abbildung aller planerischen Elemente in der branchenspezifischen Software und somit auch eine umfassende Personaleinsatzplanung.

Personaleinsatzplanung

Die optimale Planung aller Personalressourcen steht im Mittelpunkt einer umfassenden „Personaleinsatzplanung". Ein System zur effizienten Planung und Steuerung der Personalkapazitäten muss alle internen und externen Einflussfaktoren, die auf den Einsatz des Personals einwirken, abbilden können und deren Auswirkungen sichtbar machen. Auf die aktuellen Personalressourcen nehmen direkt Einfluss:

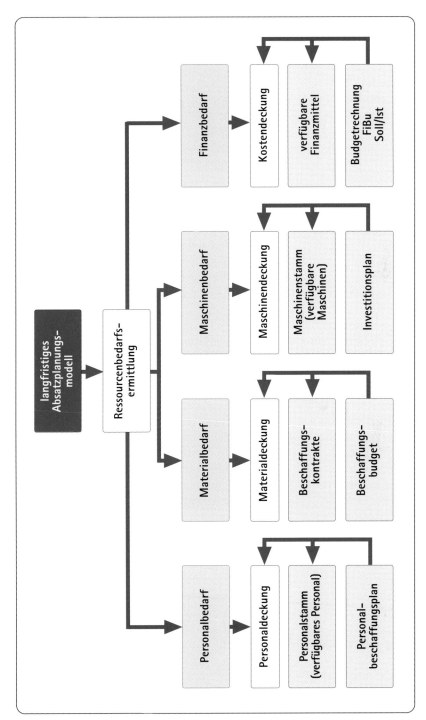

Abb. 88: Langfristiges Absatzplanungsmodell für umfassende Ressourcenermittlung

- verfügbares Personal für die benötigten Tätigkeiten (Qualifikation)
- eingeplante Urlaubszeiten und Resturlaubsstände über alle Mitarbeiter und Abteilungen (Kostenstellen)
- vorliegende Fehlzeiten (Ist-Stand) aus Krankheitsgründen und sonstiger Abwesenheit
- Bestand der Arbeitszeitkonten und der genehmigten Mehrarbeitszeit-konten als Ergänzung zur gültigen Arbeitszeitregelung
- verplante Zeiten über alle Tätigkeiten und Funktionen aller Abteilungen aufgrund der aktualisierten Produktionspläne

Alle plötzlichen Fehlzeiten treten ohne Vorankündigung auf und müssen daher für den zuständigen Anwender schnell und bedienerfreundlich erfassbar sein. Die Integration dieser „Fehlzeiten" in die gesamte Zeitwirtschaft, Lohn- & Gehaltsabrechnung sowie in die aktuelle Produktionsplanung ist umfassend erforderlich. Die für eine reibungslose Produktionsplanung notwendigen Einsatzplanungen des „produzierenden Personals" müssen auf der Basis aktueller und konkreter Fakten erfolgen. Dies setzt voraus, dass alle Daten aus der Zeitwirtschaft online und real time zur Verfügung stehen müssen.

Für eine effektive Einsatzplanung des Personals aller Abteilungen, die Realisierung des aktuellen Produktionsplanes und die Steuerung der Produktionsaufträge ist es erforderlich, alle Faktoren zu berücksichtigen, welche diese Bereiche beeinflussen:
- Bestand der offenen Aufträge aus Auftragseingang und Planabsatz
- Umwandlung der Auftrags- und Planabsatzdaten in Zeiteinheiten zur Ermittlung der benötigten Personalzeiten pro Abteilung
- möglicher Kostenstellenwechsel (von Abteilung A zu B) aufgrund der vorgesehenen Kapazitätsinformationen und in Abhängigkeit der Personal-Qualifikationsmuster
- automatische Steuerung des Freizeitausgleiches als planbare Fehlzeit
- Unterstützung bei der Planung variabler Schichten und Freischichten bei saisonbedingter und sonderauftragsbezogener Auslastung der Produktionskapazitäten

Zur Personaleinsatzsteuerung ist es erforderlich, alle Plandaten mit den Ist-Werten abzugleichen. Eine Plan-Ist-Analyse über den Personaleinsatz gehört somit zu jedem effektiven Produktionsplanungssystem.

Planung der Produktionsaufträge & Dispositionsoptimierung

Aus den Produktionsplandaten werden über Prognosemodelle und Korrekturen aus den aktuellen Absatzdaten (als korrigierter Auftragsbestand) die gültigen Produktionsaufträge ermittelt. Entsprechend den betrieblich festgelegten und variablen Dispositionszeiträumen werden die Produktionspläne und Produktionsaufträge generiert.

Über die Kapazitäts- und Bedarfsermittlung werden diese (aufgrund der ermittelten Produktionspläne und der an die einzelnen Abteilungen zu verteilenden Produktionsaufträge) auf ihre Realisierbarkeit hin überprüft. Bei auftretenden Engpässen werden die betrieblich möglichen und wirtschaftlich vertretbaren Anpassungsmaßnahmen vom Produktionsmanagement vorgegeben.

Die möglichen Anpassungsformen in der Produktion sind:
- Intensitätsanpassung
- Zeitanpassung
- Quantitätsanpassung

bzw. eine Mischung aus den drei vorstehenden Verfahren. Es darf hierbei nicht außer Acht gelassen werden, dass durch frühzeitige Informationsaufbereitung in der Engpassdisposition und durch komplette Integration der Auftragsbearbeitung (aus dem Absatz) über aktives Handeln die Anpassungsmaßnahmen optimiert werden können.

Die softwaretechnologische Unterstützung wird den Führungskräften über verschiedene Programmmodule in den Funktionen Beschaffung, Produktion und Absatz bereitgestellt.

Produktionsaufträge & Netzplan

Die über die Dispositionsoptimierung ermittelten Produktionsaufträge werden für den jeweils gewählten Produktionsplanungszeitraum angezeigt. Hierbei werden nur die Artikel vorgeschlagen, die nicht mehr ausreichend verfügbar sind. Die Produktionsvorschläge werden aus der Gegenüberstellung der aktuellen Lagerbestände mit dem geplanten Verkauf und unter Berücksichtigung von Auftragssituation und saisonalen Schwankungen (Prognosemodell) über die Dispositionsoptimierung erzeugt. Diese Produktionsvorschläge werden im Netzplan grafisch angezeigt. Die produktionstechnischen Verbindungen von „Vorprodukten" zu nachgelagerten Zwischen- bzw. Endprodukten werden visualisiert. Bei notwendiger Verschiebung von Verkaufsartikeln im Netzplan werden bestehende Verkettungen automatisch beachtet und somit auch verschoben. Alle Korrekturen im Netzplan bewirken gleichzeitig eine Änderung in der Dispositionsoptimierung.

Die automatisiert ermittelten Produktionsvorschläge unterliegen einem Optimierungsverfahren unter der Berücksichtigung variabler „Strategien", die beachtet werden sollen:
- Rüstzeitminimierung
- Voll-Chargenoptimierung

- Durchlaufzeit-Minimierung
- beliebig erweiterbare Strategien

Am Ende der Produktionsplanung stehen die vorläufig ermittelten Produktionsaufträge für die einzelnen Abteilungen bzw. Kostenstellen. Die Übergabe aller relevanten Produktionsdaten erfolgt real time mit der Bestätigung der festgelegten Produktionsaufträge.

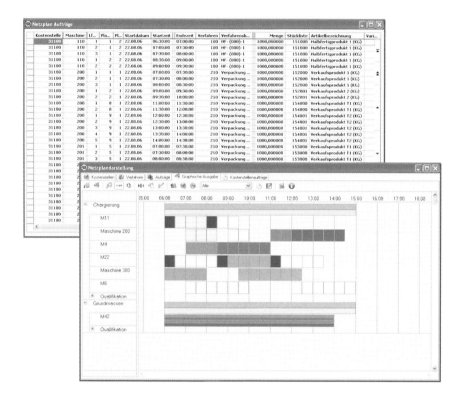

3.7.4.4 Spalt- und Kuppelproduktion

Die Rohstoffe in der Chargen- und Prozessproduktion können als „Einzelkomponenten" oder als „Kuppelprodukte" am Beschaffungsmarkt geordert werden. Kuppelprodukte sind Bestandteile eines „ganzen Kuppelpaketes" und werden durch den Spaltprozess separiert. Arbeitsteilung und Spezialisierung wirken sich auch auf die Produktionstiefe (d. h. auf die gesamte Anzahl der Produktionsschritte in vertikaler Produktionskette) bei der Erstellung der Endprodukte im Unternehmen aus. Daraus folgt, dass sich die vorgelagerten Spaltprozesse in der Rohstoffgewinnung einzelner „Rohstoff-Komponenten" als eigenständige Unternehmensprozesse entwickelt haben.

Als Chargen- und Prozessproduktion werden die Produktionsprozesse der Nahrungsmittel-, Pharma- und Chemischen Industrie sowie der sonstigen chargenorientierten Fertigung zusammengefasst.

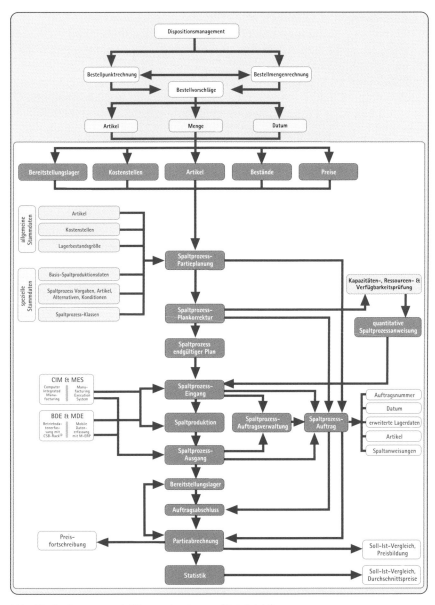

Abb. 89: Spaltprozessproduktion und -planung (Detailsicht)

Die Frage, ob es wirtschaftlich sinnvoll ist, die vorgelagerten Spaltprozesse (zur Gewinnung der Rohstoffkomponenten aus den Kuppelpaketen) in den vertikalen Produktionsprozess des Untenehmens zu integrieren, ist abhängig von folgenden Bedingungen:

1. Qualitätssicherheit der Kuppelpakete und der daraus resultierenden Spaltprodukte
2. Ausbeutewert, als Relation zwischen den Mengenverhältnissen wertvoller und geringwertiger Komponenten (Spaltprodukte)
3. ständige Verfügbarkeit der Spaltprodukte am Markt, ohne wesentliche saisonale Einflüsse
4. Preissicherheit zwischen Marktpreisentwicklung der Kuppelpakete und den dadurch bedingten relativen Preisänderungen bei den einzelnen Spaltprodukten (ohne größere Spekulationseffekte)

In den Punkten 1 und 2 werden die rohstoffbedingten Beschaffungsrisiken dargelegt. Mit den Punkten 3 und 4 sind die marktpreiswirksamen Unsicherheiten aufgezeigt.

Zu 1 und 2: Qualitätssicherheit & Ausbeutewert

Bei biologischen Rohstoffen sind die qualitäts- und ausbeutebedingten Schwankungen besonders groß. Höhere Beschaffungssicherheit ist nur mit umfassenden Prüfmethoden[96] zu erzielen, die in das Qualitäts-Kontroll-System integriert werden müssen. Aus den ermittelten Messwerten sind die beschaffungspreisrelevanten Faktoren reproduzierbar zu dokumentieren. Durch die anschließende Kontrolle des Spaltprozesses selbst werden die vorstehend ermittelten Messwerte mit den tatsächlich erzielten Ausbeutewerten der einzelnen Spalt- bzw. Kuppelprodukte überprüft. Aus der Gegenüberstellung der Soll- und Ist-Werte des Kuppelproduktionsprozesses werden sowohl die wirtschaftlichen Auswirkungen auf die einzelnen Qualitätsklassen als auch des Spaltprozesses selbst transparent, womit sie für das Management beurteilungsfähig werden.

Zu 3 und 4: Verfügbarkeit & Preissicherheit

Die Ausdehnung der vertikalen Produktionskette von der Urerzeugung bis hin zu den Fertigprodukten ist dann sinnvoll, wenn Beschaffungsmarktänderungen die Produktivität der nachgelagerten Produktionsprozesse negativ beeinflussen können. Eine spezialisierte Endproduktfertigung (mit direkter Beschaffung aller Spaltprodukte als Einzelkomponenten) ist nur unter den Bedingungen vollständiger Konkurrenz auf dem Rohstoffmarkt kalkulationssicher zu organisieren. Erhalten jedoch Mitbewerber durch die Ausdehnung der vertikalen Produktionsstufen (durch die Integration vorgelagerter Spalt-

prozesse gegenüber den spezialisierten Unternehmen) einen Beschaffungs-
preisvorteil, so folgt daraus, dass für die spezialisierten Unternehmen eine
relative Kostenerhöhung der Rohstoffe bewirkt wird.

Die Erweiterung der Fertigungstiefe sichert den Unternehmen die Rohstoff-
bezugsquellen; gleichzeitig sind spekulative Preisschwankungen (durch
Überreaktion des Marktes) kostenneutral. Zusätzlich ist es jedem Unternehmen mit tiefer vertikaler Produktionsgliederung möglich, auf jeder „Produkt-
stufe" (Kuppelprodukt, Spaltprodukt, Zwischenprodukt) als Anbieter und
Nachfrager auf dem Sachgütermarkt zu operieren.

*Aus der vorstehend beschriebenen Unsicherheit der biologischen Kup-
pelproduktsituation organisieren die chargen- und prozessbezogenen
Produktionsunternehmen in der Praxis die unterschiedlichsten Beschaf-
fungs- und Produktionsabläufe. Die am häufigsten anzutreffende Produktionsstruktur in den Lebensmittel produzierenden Unternehmen besteht
aus einer Mischform von vorgelagerter Kuppelproduktion (die eine
Mindestkapazität für Spaltprozesse vorhält) sowie einer spezialisierten
Güterfertigung.*

Die optimale Auslastung der Betriebsmittel (als vorgegebene Produktionskapazitäten in der Kuppelproduktion) und der preisgünstigste Einkauf aller
Kuppelprodukte erfordern den Einsatz der EDV-technischen Optimierung[97].
Die qualitätsbezogenen Vorgabewerte (Soll-Anteile) für die einzelnen Kuppelpakete sowie die marktgerechte Bewertung der einzelnen Kuppel- bzw. Spaltprodukte bilden die vorzugebende Datenbasis. Die einzelnen Preise für die
im Spaltprozess anfallenden Spaltprodukte müssen für jedes Kuppelprodukt
als Verrechnungspreis im Artikelstamm abgebildet werden. Das dabei zugrunde zu legende „Preisermittlungsverfahren" hat bestimmte Grundsätze
der kostenadäquaten Verrechnungspreissetzung zu beachten.

Aus der Praxis ergeben sich vier praktikable Methoden zur Ermittlung der
Verrechnungspreise für die einzelnen Spaltprodukte:
- *Äquivalenzziffernrechnung*
  Hierbei wird unterstellt, dass es für die einzelnen Spaltprodukte, die
  durch den Spaltprozess unmittelbar Verkaufsartikel werden, keine Ein-
  kaufspreise gibt und somit über die einzelnen Verkaufspreise Äquiva-
  lenzziffern die Verrechnungspreise vorgeben.
- *Subtraktionsmethode*
  Soll die Subtraktionsmethode zum Einsatz kommen, so wird unterstellt,
  dass es maximal ein Hauptprodukt als Ergebnis des Spaltprozesses gibt.
  Die Erlöse der Nebenprodukte werden von den Gesamtkosten des Produktionsprozesses (Kuppelproduktion) abgezogen und die Restkosten dem
  Hauptprodukt als Verrechnungspreis zugerechnet.

- *Marktpreise*[98]

  Die im Spaltprozess anfallenden Spalt- bzw. Kuppelprodukte werden mit den gültigen Marktpreisen des Beschaffungsmarktes als Verrechnungspreise bewertet. Hierbei wird unterstellt, dass die Qualität und die Inhaltsstoffe der einzelnen Spaltprodukte miteinander vergleichbar sind, und die Marktpreisbildung unter den Bedingungen der vollständigen Konkurrenz erfolgen kann.

- *Variable und feste Verrechnungspreise*

  Die vorstehenden 3 Methoden der Verrechnungspreisbildung sind nicht für alle Spaltprozesse anwendbar. Aus der Anforderung, eine generelle standardisierte Lösung zur Verrechnungspreisbildung über die EDV herbeizuführen, empfiehlt sich folgende Vorgehensweise:

  a) *Kuppelpaket*

  Die Bewertung des Kuppelpaketes erfolgt zum tatsächlich gezahlten Einkaufspreis (als Einstandspreis) und somit als Berechnungsausgangsbasis der Kuppelproduktion.

  b) *Werthaltige Spaltprodukte*

  Die Verrechnungspreise bei werthaltigen Spaltprodukten werden als variable Faktoren marktpreisbezogen im Artikelstamm (als Äquivalenzziffern) vorgegeben bzw. entsprechend den Preisverschiebungen korrigiert.

  c) *Wertlose bzw. wertarme Spaltprodukte*

  Bei wertlosen bzw. wertverzehrenden Spaltprodukten (evtl. mit Entsorgungskosten) werden die Verrechnungspreise bzw. Entsorgungskosten (hier mit negativem Vorzeichen) als feste Preise ebenfalls im Artikelstamm festgelegt. Die festgelegten Preise beziehen sich auf die vorgegebenen Mengeneinheiten.

  d) *Konditionen*

  Auf die einzelnen Kuppelprodukte wirksam werdende Veränderungen im Spaltprozess und in der Zwischenlagerung werden als Konditionen in der Verrechnungspreisermittlung berücksichtigt. Diese Auswirkungen werden über „Konditionsformeln" als Faktoren in die Verrechnungspreisfestlegung einbezogen. Die vorgenannten Konditionen haben nur auf die Verrechnungspreise der werthaltigen Spaltprodukte rechnerischen bzw. wertverändernden Einfluss.

Die aufgrund der vorstehenden Methoden ermittelten Verrechnungspreise enthalten die notwendige Markt- und Prozessrelevanz, um den wirksamen Wertzuwachs einzelner Spaltprodukte im Spaltprozess abzubilden. Diese vorstehenden Preise gehen in das System der Verrechnungspreisermittlung ein, wie es in Abb. 90 dargestellt ist.

Auf der Basis der variablen und festen Verrechnungspreise können die Spaltprozesse (als Partieabrechnung) lieferantenbezogen ausgewertet werden. Die aus diesen Auswertungen resultierenden Ergebnisse geben dem Management wertvolle Entscheidungshilfen im Beschaffungsverhalten des Kuppelproduktionseinkaufs. Die Abbildung des Spaltprozesses in den „Spaltprozess-Stücklisten" (als Ausbeute-Soll-Vorgaben) dient zur Überprüfung der Kuppelpakete auf ihren Ausbeutegrad; gleichzeitig wird damit die Qualität des Spaltprozesses (als Leistungskontrolle) kontrolliert.

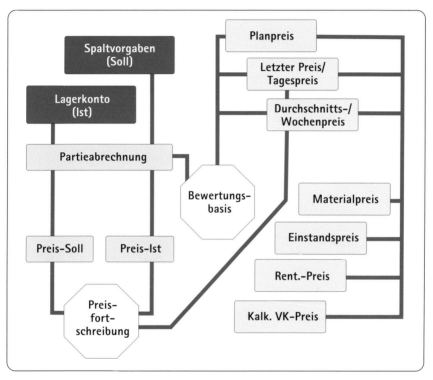

Abb. 90: Preisbildung im Spaltprozess

Für biologische Spaltprozesse gilt die Feststellung, dass es in der Regel eine Vielzahl von möglichen Spaltprozessvarianten in der Kuppelproduktion gibt. Aus dieser endlichen Anzahl von Spaltprozessvarianten diejenigen Prozesse festzulegen, die die höchstmögliche Wertschöpfung erbringen, wird über ein Gleichungssystem erreicht.

Die vorgegebenen Varianten des Spaltprozesses werden im CSB-System über ein Gleichungssystem erfasst, wodurch die optimale (mit dem Bedarf abgestimmte) Spaltprozessdisposition ermittelt wird. Diese wird der Kuppelproduktionsabteilung verbindlich vorgegeben.

Die zur Ermittlung der möglichen Varianten aufzubauende Wissensbasis erfolgt betriebsspezifisch durch die artikelgenaue Mengenerfassung des Spaltprozesseingangs und -ausgangs.

Auf der Basis von „Spaltprozessstrukturen" (ohne Anteilsvorgaben der einzelnen Kuppelprodukte) werden die wirtschaftlichsten Spaltprozesse in die „Wissensbasis" der Spaltprozessvorgaben übernommen.

Die Kuppelproduktion, welche über die Spaltprozessdisposition vorgegeben ist, vermag es jedoch in der Regel nicht, die durch die nachgeordnete Produktion bzw. für den Absatz benötigten Artikel bedarfsgerecht zur Verfügung zu stellen. Zur Unterstützung eines umfassenden Abstimmungsprozesses zwischen Beschaffung, Lager, Produktion (hier Kuppelproduktion) und Absatz ist eine Spaltprozess- und Zukaufsoptimierung erforderlich[99].

Die Kuppelproduktion und die Spaltprozess-Steuerung im CSB-System umfasst die gesamten Arbeitsschritte von der Planung bis zur Abrechnung.

Ausgehend von den Spaltprozess-Vorgaben wird der Ein- und Ausgang in die Spaltproduktion in einer Soll-Ist-Analyse (Partieabrechnung) überwacht. Die Soll-Spaltkalkulation ermöglicht eine „Kuppelprodukt-Vorkalkulation" mit Integration in die Einkaufsoptimierung.

Mit der Spaltprozess-Verwaltung werden alle Warenbewegungen bearbeitet sowie die Produktionsaufträge für die Spaltprozesse geplant, überwacht und abgerechnet.

3.7.4.5 Chargen- & Prozessproduktion

Entsprechend der Produktionsplanung erfolgt die Aufbereitung der einzelnen Produktionschargen über alle Abteilungen. Die vorzunehmenden Anpassungsmaßnahmen in der Abstimmung zwischen den Produktionskapazitäten (Betriebsmittel, Arbeitskräfte und Werkstoffe) und den Anforderungen aus dem Absatz (unter Berücksichtigung der Beschaffungs- und Lagerpuffer) werden über die Arbeitsvorbereitung gesteuert. Am Ende dieses Dispositionsprozesses stehen die gültigen Produktionsaufträge für die einzelnen Abteilungen zur Bearbeitung bereit. Bevor jedoch die einzelnen Chargen (als Stufen-, Zwischen- und Endprodukte) bearbeitet werden, ist zu überprüfen, ob die Komponentenzusammenstellung (in den einzelnen Rezepturen) zu Rohstoffengpässen im Produktionsprozess führt.

Über die Artikeldeckungsliste ist abrufbar, welche Artikel (Rohstoffe, Hilfsstoffe, Zwischenprodukte aller Produktionsstufen bis zum Fertigprodukt) im mehrstufigen Produktionsprozess in nicht ausreichender Menge bereitgestellt werden können.

Über einen zulässigen, vorher definierten Komponentenaustausch kann im Produktionsprozess der Chargenbearbeitung kontrolliert reagiert und somit der Produktionsprozess ohne Unterbrechung fortgeführt werden.

Nach gleicher Methode wird verfahren, wenn für einzelne Komponenten grundsätzlich neue „Alternativkomponenten" (in allen betroffenen Rezepturen) eingesetzt werden sollen; z. B. durch den Wechsel einer Hilfsstoffkomponente (von Lieferant A zu B) in allen Rezepturen.

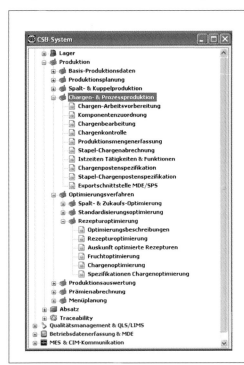

Die Chargenproduktion ist Voraussetzung für einen gesicherten Aufbau eines lückenlosen Rückverfolgungssystems über alle Komponenten der Stücklisten (bzw. Rezepturen).

Die Prozessabläufe in der Chargenproduktion werden auch als Prozessproduktion bezeichnet und umfassen alle Arbeitsgänge der Produktion von der Komponenten-Chargierung über die Prozesssteuerung aller maschinellen Bearbeitungsverfahren bis zum Verpackungsprozess und zur Einlagerung aller Fertigprodukte nach Los-Nummern-Logik.

In der Lebensmittelproduktion besteht die Möglichkeit, einzelne Rezepturkomponenten gegeneinander auszutauschen. Dieses Verfahren wird auch als Rezepturoptimierung bezeichnet[100]. Das Ziel besteht darin, die kostengünstigste und den Qualitätsvorgaben entsprechende optimale Rezeptur zu ermitteln.

Die Aufgabe des Produktionsmanagements besteht darin, den Chargenverarbeitungsprozess betriebsspezifisch zu organisieren, und die dazu erforderlichen Kapazitäten termingerecht zur Verfügung zu stellen. Deshalb ist es notwendig, alle Daten des Produktionsablaufes real time und online zur Verfügung zu stellen. Im CIM-Konzept[101] werden dazu alle im Produktionsbetrieb anfallenden Daten am Ort ihrer Entstehung erfasst und ausgewertet. Nur unter dieser Vorgabe funktioniert das integrierte Qualitäts-Kontroll-System papierlos und mit größtmöglicher Effektivität.

In komplexen Produktionsprozessen ist die Organisierung und erfolgreiche Umsetzung der gesamten Chargenproduktion über alle Abteilungen in einem aufeinander abgestimmten Zeitverlauf nur durch die umfassende Unterstützung der Informationstechnik möglich. Hierbei ist zu beachten, dass es branchenspezifische Besonderheiten in der Abfolge der Chargenbearbeitung bei mehrstufigen Produktionsprozessen zu organisieren gilt. Die Reihenfolgevorgaben für die einzelnen Chargen werden über Prioritätsschlüssel (unter der Berücksichtigung von parallelen, sukzessiven und chargensukzessiven Produktionsabläufen) zur Bearbeitung in jeder Abteilung freigegeben und in vorsortierter Reihenfolge am Bildschirm des Leitstandes (CSB-Rack) angezeigt.

Auf der Suche nach weiteren Rationalisierungsmöglichkeiten werden zunehmend alle innerbetrieblichen Rohstoff-, Zwischenprodukt- und Endprodukttransporte automatisiert. Über Hochregalläger mit automatischen Entnahmesystemen (RFZ)[102] werden die benötigten Einzelkomponenten für die Chargenbearbeitung direkt und in der geforderten Menge der Chargenproduktion zugeführt.

Im Rahmen der Qualitätssicherung müssen Stichproben und auch komplette Chargen-Komponenten-Kontrollen durchgeführt werden. Eine lückenlose Chargen-Komponenten-Kontrolle mit gleichzeitiger Lagerüberprüfung der verbrauchten Komponenten ist z. B. in der Pharmaproduktion unabdingbar.

Die Rückverfolgbarkeit der Chargenproduktion muss ebenfalls bis zu den Lieferanten der einzelnen Rezepturkomponenten sichergestellt werden. Dazu ist es erforderlich, bereits bei der Anlieferung der Roh-, Hilfs- und Betriebsstoffe eine lieferantenbezogene Einlagerung[103] (als Lieferpartien) mit allen qualitätsrelevanten Daten direkt (bei der Warenannahme) zu dokumentieren. Beim Komponentenabruf zur Chargenproduktion wird nach dieser Identifikationsmethode die Partienummer (und somit indirekt die Lieferantennummer) im Produktionsprozess dokumentiert.

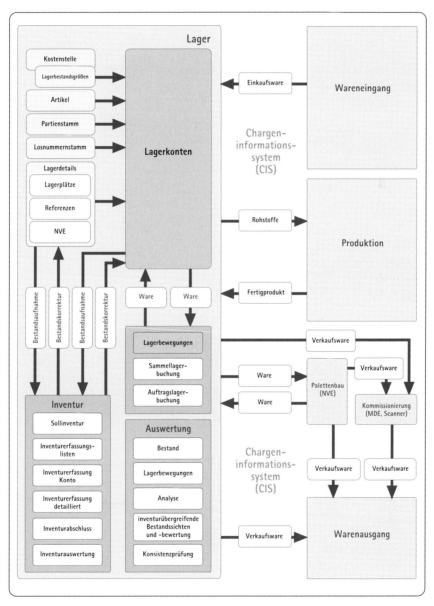

Abb. 91: Lagerwarenfluss & Chargeninformationssystem (Gesamtüberblick)

Zur Gegenkontrolle der gesamten Chargenbearbeitung ist es notwendig, den Produktionsausgang über alle chargenbearbeitenden Abteilungen zu erfassen. Über die Produktionsausgangserfassung werden damit gleichzeitig alle Artikel vom Lager abgebucht, die nicht direkt mit der Komponentenerfassung verbunden sind (z. B. Verpackungsartikel). Von besonderer Bedeutung ist die Produktionsausgangserfassung pro Abteilung, wenn in der Chargenproduktion eine Leistungsentlohnung vorliegt.

Hierbei ist darauf zu achten, dass die einzelnen Zeit- und Leistungsdaten online und real time verarbeitet werden müssen und somit manipulationsfrei am Produktionsausgang der einzelnen Abteilungen erfasst werden können. Der Abfluss der Chargenartikel aus der vorgelagerten Produktionsabteilung in der mehrstufigen Rezepturproduktion ist gleichzeitig ein Zufluss (z. B. als Zwischenprodukt) in der nachgeordneten Abteilung. Eine umfassende Materialflusskontrolle wird über die lückenlose Produktionsdatenerfassung zu einem erstrangigen Produktions-Kontroll-Instrument. Alle wesentlichen Daten werden automatisch aufbereitet in das Bereichs-Informations- und das Management-Informations-System übergeben, sodass dem Management alle als wesentliche Abweichungen deklarierten Tatbestände auf Abruf zur Verfügung stehen. Produktivitätssteigerung in der Produktion bedeutet, die Auslastung der Kapazitäten kurzfristig herbeizuführen und die festgestellten Schwachstellen zu beheben.

3.7.4.6 Sonstige Fertigungsverfahren

Branchenspezifische Produktionsprozesse über das Unternehmensführungssystem abzubilden, erfordert von der Branchen-Software eine umfassende und tief gestaffelte Produktionsablaufparametrisierung. Die einzelnen Produktionsprozesse branchen- und betriebsgenau abzubilden, ist die notwendige Voraussetzung, die von einer Branchen-Software erwartet wird.

Dabei ist zu beachten, dass die kleinsten „Bausteine" des Produktionsprozesses über die Basiselemente Adresse, Artikel, Konditionen und Verfahren definiert werden. Ergänzend müssen dazu in den Basis-Produktionsdaten alle Fakten und Tatbestände des Produktionsablaufs beschrieben werden. Nur durch die exakte Abbildung des Produktionsablaufs in der Branchen-Software wird ein effektives Informationsmanagement möglich.

Am Beispiel der chargenorientierten Produktion der Nahrungsmittel- und Pharmaindustrie wurden vorstehend exemplarisch der Basisdatenaufbau und die Datenerfassung im Produktionsablauf detailliert beschrieben. Es wird somit an dieser Stelle ausdrücklich darauf verzichtet, die verschiedenen branchenspezifischen Produktionsprozesse darzustellen. Für die einzelnen Fertigungsprozesse (Einzel- und Serienfertigung oder Fließ- bzw. kontinuierliche Produktion) gilt es, eine einheitliche, strukturierte Vorgehensweise in der Ermittlung aller Stamm- und Bewegungsdaten zu organisieren[104].

3.7.4.7 Optimierungsverfahren

Aus den im Produktionsprozess gegebenen Wahlhandlungen (als Entscheidungsalternativen definiert) ergeben sich die möglichen Ansatzpunkte zur „Produktionsoptimierung". Seit der Einführung des „Operations Research" in die Wirtschaftswissenschaften wurde eine unübersehbare Zahl von Optimierungsmodellen für die Teil- und Gesamtprozessoptimierungen entwickelt[105]. Hierbei ist festzustellen, dass nur die Modelle praktische Akzeptanz fanden, die überschaubare Ansätze (bzw. Zielsetzungen) beinhalten und gleichzeitig die übergeordneten Steuerungseingriffe des Anwenders zulassen[106].

Die Darlegungen zur Produktionsoptimierung beschränken sich hier auf die Kostensenkungseffekte in den nachstehenden drei Bereichen:
1. Spaltprozess- & Zukaufsoptimierung
2. Standardisierungsverfahren & -optimierung
3. Rezepturbildung & -optimierung

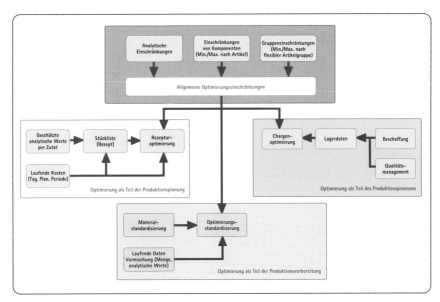

Abb. 92: Rezepturoptimierung

Auf die Bereiche der Kapazitäts- und Belegungsoptimierung im Produktionsprozess wurde bereits an vorheriger Stelle hingewiesen[107]. Es bleibt noch anzumerken, dass auf der Basis gegebener Produktionsmittel (Betriebsmittel und Arbeitskräfte) bei Erreichung der Kapazitätsauslastung der Produktion, diejenigen Produktionsartikel Vorrang (über Prioritätskennzeichnung in der Produktionsplanung) erhalten, die den höchsten Deckungsbeitrag (DB4) erwirtschaften.

Das Bestreben nach permanenter Produktivitäts- und Erlösverbesserung führt zwangsläufig zur Produktionsoptimierung, mit dem Ziel der Materialkostensenkung bei gleichbleibender Produktqualität.

Über alle Rezepturproduktionen mit variablem Komponenteneinsatz kann die Rezepturoptimierung kostensenkend zum Einsatz kommen. Die Rezepturoptimierung hat zum Ziel, die produktspezifischen Ausprägungen zu stabilisieren und die möglichen Materialkostensenkungspotenziale umfassend auszuschöpfen. Dadurch wird die Rezepturoptimierung zum Qualitätssicherungsinstrument in der Chargenproduktion.

Zu 1: Spaltprozess- & Zukaufsoptimierung

Die Zerlegung der Kuppelpakete in einzelne Spaltprodukte kann im Spaltprozess nach verschiedenen Varianten vorgenommen werden. Aus der Vielzahl der möglichen „Zerlegevarianten" sind die ertragreichsten bzw. kostengünstigsten zu wählen. Es ist somit leicht nachvollziehbar, dass zur Deckung des Bedarfs an Spaltprodukten (für Produktion und Absatz) eine noch zu ermittelnde Menge dieser Beschaffungsartikel zusätzlich eingekauft werden muss. Zur Bewältigung des vorstehenden Problemkreises wird ein Algorithmus eingesetzt, in den sowohl die Erfahrungen aus der Vergangenheit (gespeicherte Spaltprozessergebnisse) wie auch die aktuellen Kenntnisse eines Fachmannes einfließen.

Im Gegensatz dazu stellt ein Expertensystem den Problemraum durch Fakten und Regeln dar, die in einer Interferenzmaschine zum Zielzustand hin aufgelöst werden.

Die Qualität und der Nutzen dieses Systems sind direkt abhängig von der Güte der Spaltprozessvorgaben (Zerlegevarianten). Um nun diesen Vorgang zu verbessern, wird mit Hilfe intelligenter Algorithmen eine Optimierung der Spaltprozessvorgaben erreicht. Die so ermittelten „Spaltprozess-Stücklisten" sind die optimalen (biologisch bzw. technisch möglichen), d. h. bestmöglichen Vorgabedaten für die Steuerung des Spaltprozesses. Hierzu ist es erforderlich, den Optimierungsprozess zu beschreiben und alle erforderlichen Daten dem Optimierungsverfahren zugänglich zu machen. Im traditionell arbei-

tenden Unternehmen sind durch die Spaltprozess- und Zukaufsoptimierung ebenso beachtliche Material- wie auch Kosteneinsparungen zu erzielen.

Zu 2: Standardisierungsverfahren & -optimierung

Im Spaltprozess biologischer Kuppelpakete fallen die einzelnen
werthaltigen Spaltprodukte in unterschiedlicher Qualität und Menge
an. Damit die nachfolgenden Produktionsprozesse auf standardisierte
(genormte) Rohstoffe zurückgreifen können, ist es erforderlich, alle
Rohstoffe in Gruppen mit standardisierten Inhaltsstoffen einzuteilen.

> *Für den Rohstoff Fleisch ist beispielsweise die Analyse aller werthaltigen
> und wertarmen Inhaltsstoffe vorzunehmen und mit Minimal- und Maxi-
> malwerten pro festgelegtem „Standard-Rohstoff" zu belegen.*

Die analytische Definition der vorgegebenen Standards erfolgt über
die Erfassung bzw. Vorgabe der Standardisierungsmaterialien. Durch
den Standardisierungsprozess aller Rohstoffe wird der Ablauf aller
nachfolgenden Rezepturproduktionen sicherer und entsprechend den
QK-Vorgaben durchführbar.

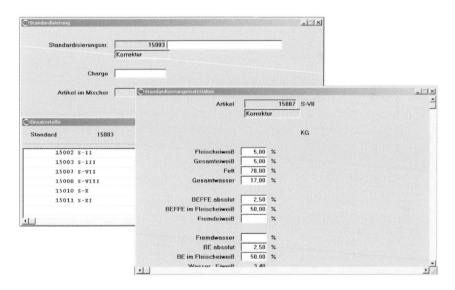

Der komplette Standardisierungsprozess wird EDV-technisch im CIM-
Konzept überwacht bis zur Ermittlung der evt. Mischerüberlauf-
bedingungen, die rechtzeitig verhindert werden müssen. Die im
Standardisierungsprozess (nach optimierter Rohstoffverwendung)

verbrauchten Spaltprodukte werden vom Lager abgebucht und die „neu" erstellten bzw. überprüften Standards (mit real time ermitteltem Lagerpreis) dem Rohstofflager zugebucht. Dieser chargenorientierte Prozess wird für alle Rohstoffe notwendig, die in ihren Inhaltsstoffen Schwankungen unterworfen sind.

Zu 3: Rezepturbildung & -optimierung

Eine Optimierung der Rezepturproduktion setzt voraus, dass sämtliche produktionsspezifischen Daten dem Optimierungsverfahren zugeführt werden. Um die Forderung aus der Praxis nach einer optimalen Rezeptur zu erfüllen, bedarf es einer den Anforderungen entsprechenden Produktionsdatenbasis. Für die Lebensmittelproduktion bedeutet diese Zielsetzung, dass die optimale Rezeptur den lebensmittelrechtlichen und sensorischen Anforderungen genügen muss und aus einer Vielzahl von alternativ verwendbaren Rohstoffkombinationen herstellbar ist[108].

Das nachstehende Optimierungsmodell basiert im Wesentlichen auf folgendem Ansatz:
- kostenminimaler Rohstoffeinsatz
- Berücksichtigung von Produktionsverlusten
- Beachtung der Zusatzstoffe in der Mischung
- lebensmittelrechtliche Anforderungen
- sensorische Bedingungen

In der Optimierungsbeschreibung werden die vorstehenden Anforderungen als Restriktionen festgehalten. Die Ergebnisse der Rezepturoptimierung werden in die Komponentenstücklisten (als optimale Rezeptur) übernommen. Im Produktionsplanungs- und Produktionssteuerungsablauf wird direkt bei der Materialbedarfs- und Materialabrufsermittlung auf diese optimale Rezeptur zugegriffen. Alle weiteren Schritte in der geschlossenen und integrierten Warenwirtschaft werden real time vollzogen.

Die Rezepturoptimierung für Lebensmittel und Genussgüter ist branchenspezifisch differenziert vorzunehmen. Nachstehend werden drei Verfahren exemplarisch aufgeführt:
1. Fleischwarenoptimierung
2. Schmelzkäseoptimierung
3. Fruchtmischungsoptimierung

Verschiedene Ausgangssituationen können Grundlage für den Prozess der Rezepturoptimierung sein:

A Basis ist die Produktionsplanung. Hierbei werden die verschiedenen Planungshorizonte berücksichtigt (lang-, mittel- und kurzfristige Planung). Zu diesem Zeitpunkt sind die Beschaffungsprozesse der zu optimierenden Komponenten für die geplanten Rezepturen noch nicht ausgeführt. Die vorliegende „Plan-Rezepturoptimierung" ist zu diesem Zeitpunkt ein Werkzeug zur optimalen Rohstoff- bzw. Komponentenbeschaffung.

B Basis für eine Real-Time-Rezepturoptimierung ist das verfügbare Rohstoff- bzw. Komponentenlager. Hierbei wird unterstellt, dass sich der Produktionsprozess unvorhersehbar plötzlich ändert. Dieser Fall ist vorstellbar bei Störungen der Produktionsabläufe bzw. durch kurzfristige „Sonderaufträge" von Kunden. Die Rezepturoptimierung wird in diesem zweiten Fall auf der Basis der verfügbaren Komponenten im Lager durchgeführt.

Zu 1: Rezepturoptimierung von Fleisch-Erzeugnissen

Die Zielsetzung der Rezepturoptimierung besteht darin, eine kostenminimale Wurstrezeptur mit Hilfe der linearen Programmierung zu entwickeln. Die dabei durch die Optimierungsrechnung zu ermittelnde Materialrezeptur (optimale Stückliste der Rezepturkomponenten) sollte im gesamten Beurteilungsrahmen (lebensmittelrechtlich und sensorisch) „ebenso gut" sein wie ein vergleichbares Produkt (Fleisch-Erzeugnis), dass nach herkömmlicher Rezepturbildung hergestellt wurde. Die Rezepturoptimierung einer Fleischwarenrezeptur erfolgt über 4 Schritte:

Schritt 1: Die am Markt verfügbaren Rohstoffe A bzw. im Lager bereitstehenden Rohstoffe B (Rezepturkomponenten) werden der Modellrechnung zugeführt. Hierbei hat jeder Rohstoff (Artikel) einen Markt- bzw. Lagerpreis. Zu jedem dieser standardisierten Rohstoffe liegt eine verbindliche Komponentenanalyse vor, die in die Optimierungsrechnung eingeht.

Schritt 2: Formulierung der Restriktionen für die zu optimierende Rezeptur. Hierbei werden die sensorischen Bedingungen über die Zulassungsschranken (Anteile der Rohstoffe an der Gesamtmenge der Rezeptur) als Stammdaten formuliert und bei Bedarf angepasst.

Die lebensmittelrechtlichen Restriktionen ergeben sich aus den Vorschriften der „Leitsätze für Fleisch und Fleisch-Erzeugnisse". Diese Restriktionen sind als Analysewertvorgaben des

Endproduktes in der Fertigproduktrezeptur (Artikel) als Bestandteil der Stückliste vorgegeben.

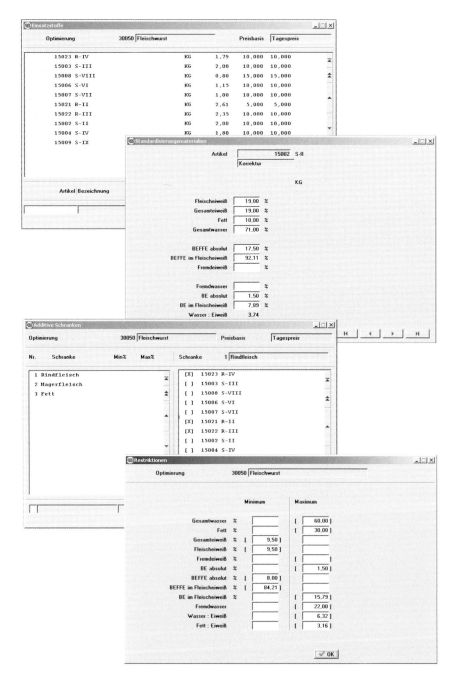

Schritt 3:   Die Optimierungsrechnung ist als Einzeloptimierung (für eine einzelne Rezeptur, z. B. für ein neues Produkt) oder als „Stapeloptimierung" über das gesamte Produktionssortiment durchführbar. In diese Optimierungsrechnung gehen die vorstehend definierten Daten (Schritt 1 bis Schritt 3) als Optimierungsbasis ein.

Zusätzlich werden die laut Stückliste definierten Zusatzstoffe sowie die zu erwartenden Produktionsverluste (soweit diese Einfluss auf die Analysewerte des Endproduktes nehmen) der Optimierungsrechnung zugänglich.

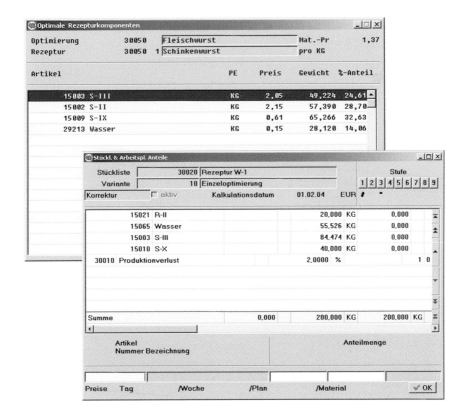

Schritt 4:   Die Ergebnisse der Einzeloptimierung bzw. der Stapeloptimierung über das Produktionssortiment werden automatisch als „aktive Variante" in die Stücklisten übernommen.

Auf Basis dieser optimierten Stücklisten werden die Materialbeschaffungsplanung sowie die Materialbereitstellungsverfahren ausgelöst. Die hohe Integration der Rezepturoptimierung in die gesamte Produktionsplanung und Produktionssteuerung (PPS) ist eine wesentliche Voraussetzung für eine wettbewerbsfähige Chargenproduktion aller Lebensmittel- und Genusswarenhersteller.

Zu 2: Rezepturoptimierung von Schmelzkäse

Das Ziel der Optimierung einer Schmelzkäsemischung besteht darin, eine kostenminimale Rezeptur mit Hilfe der linearen Programmierung zu entwickeln, welche die Herstellung von Produkten gewährleistet, die qualitativ ebenso gut sind wie nach herkömmlicher Rezeptur hergestellte Schmelzkäsemischungen. Der Ablauf einer Optimierungsrechnung erfolgt ebenfalls über die bereits dargelegten 4 Schritte:

Schritt 1:   Definition der Rohstoffbasis

Schritt 2:   Formulierung der sensorischen und lebensmittelrechtlichen Restriktionen

Schritt 3:   Durchführung der Optimierungsrechnung über alle Rezepturen als „Stapeloptimierung"

Schritt 4:   Bereitstellung der optimierten Rezepturkomponenten in die „aktiven Varianten" der Stücklisten

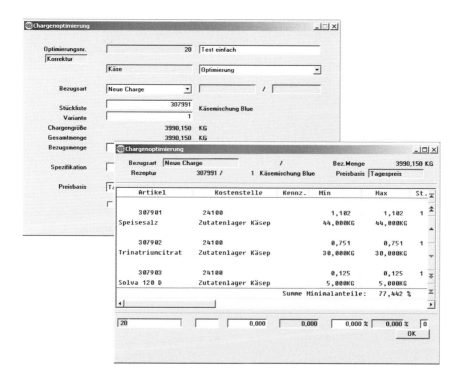

Die variablen Einsatzstoffe in der Schmelzkäseoptimierung einem weitestgehend stabilen Endprodukt zuzuführen, ist die Anforderung, die in der Formulierung der Restriktionen (sensorisch und analytisch) zu erfüllen ist. Durch die Rezepturoptimierung werden im Rohstoffeinsatz erhebliche Kostensenkungen bei gleichbleibender Qualität wirksam. Die Wettbewerbsfähigkeit eines optimierten Endproduktes wirkt somit direkt auf den Absatzmarkt.

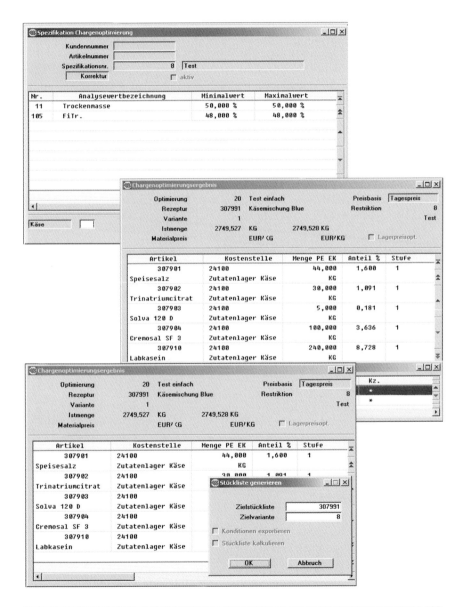

Zu 3: Rezepturoptimierung von Fruchtmischungen

Die generelle Zielsetzung, die einer Fruchtmischungsoptimierung zugrunde liegt, ist vergleichbar mit der unter 1 und 2 formulierten Basisanforderung, wenngleich auch die unterschiedlichen Rohstoffe zu beachten sind.

Die Optimierung der Fruchtmischung erfolgt ebenfalls in vier Schritten:

Schritt 1: Rohstoffe, die in die Optimierungsrechnung eingehen, werden der Quellenrezeptur zugeordnet. Aus diesen Komponenten wird die optimierte Rezeptur ermittelt.

Schritt 2: Die für die Zielrezeptur zu formulierenden Restriktionen (sensorische und lebensmittelrechtliche) werden dem Optimierungsmodell vorgegeben.

Schritt 3: Durchführung der Optimierungsrechnung über alle Rezepturen bzw. über eine Einzelrezeptur.

Schritt 4: Bereitstellung der optimierten Rezepturkomponenten für die „aktive Variante" der Stücklisten.

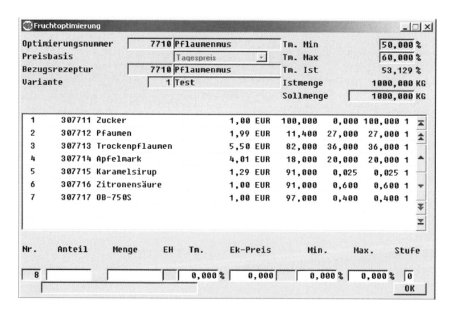

Die Ergebnisse der Rezepturoptimierung über die Lebensmittel- und Genusswarenartikel zeigen deutlich, dass die Praxis der festen vorgegebenen Rezepturen durch variable Rezepturen ersetzt werden muss. Über die Optimierungsmodelle ist nachweisbar, dass die optimierten Komponenten in den Rezepturen (Stücklisten) durch die schwankenden Rohstoffpreise am Markt erhebliche Kostenreduktionen im Materialeinsatz herbeiführen.

Die Sicherung der Wettbewerbsfähigkeit ist über die Rezepturoptimierung kurzfristig realisierbar und verschafft dem Produktionsunternehmen zusätzlichen Bewegungsspielraum zur Rationalisierung des gesamten Produktionsprozesses.

3.7.4.8 Produktionssteuerung

Die Aufgabe der integrierten Produktionssteuerung besteht darin, den gesamten Produktionsprozess nach dem CIM-Konzept über Kontrollpunkte zu steuern und zu überwachen. Der zu steuernde Warenfluss beginnt bei der Wareneingangserfassung und endet bei der Produktionsausgangserfassung. Alle mit der Produktion verbundenen Lagerprozesse werden über die Lagersteuerung abgewickelt[109].

Die Lagerung der Zwischen- und Endprodukte, mit den von Abteilung zu Abteilung gesondert zu steuernden Pufferlägern, wird ebenfalls über die integrierte und automatisierte Lagersteuerung abgewickelt. Eine umfassende Produktionssteuerung setzt notwendigerweise eine allumfassende Lagersteuerung voraus. Die Datenerfassungsaufgaben für ein betriebsweites Qualitätssicherungssystem sind in sinnvoller Weise mit den Produktionssteuerungssystemen online zu verbinden (nach dem HACCP-Konzept). Unter dieser Voraussetzung wird mit einer einheitlichen „EDV-Technik"[110] in einem Arbeitsgang eine mehrfache Aufgabenstellung bearbeitungsfähig.

Die Abbildung der Datenerfassungsprozesse in der chargenorientierten Produktion wird hier exemplarisch in Abb. 93 dargestellt.

Datentechnisch erfolgt die Abbildung dieser einzelnen Prozesse jeweils über die Integrationselemente:
- Adressen
- Artikel
- Konditionen
- Verfahren

Die Integrationselemente sind hierbei die kleinsten Elemente zur eindeutigen Beschreibung und somit Abbildung der einzelnen Schritte im gesamten Produktionsprozess des Unternehmens.

Eine einheitliche Erfassungs- und Steuerungstechnik ist erforderlich, um eine personenunabhängige und leicht erlernbare Prozessdatenerfassung über alle Abteilungen (bzw. Kostenstellen) zu gewährleisten. Nur durch die leicht erlernbare und arbeitsplatzbezogene Parametrisierung des Datenerfassungsablaufes wird sichergestellt, dass mit der Automation auch gleichzeitig die Rationalisierungseffekte abgesichert werden. Wie aus Abb. 93 zu ersehen

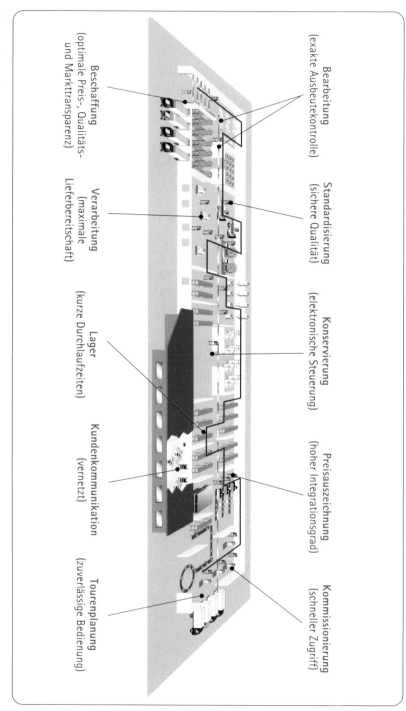

Abb. 93: Datenerfassung in der chargenorientierten Fertigung

Bearbeitung
(exakte Ausbeutekontrolle)

Beschaffung
(optimale Preis-, Qualitäts-
und Markttransparenz)

Standardisierung
(sichere Qualität)

Verarbeitung
(maximale
Lieferbereitschaft)

Konservierung
(elektronische Steuerung)

Lager
(kurze Durchlaufzeiten)

Preisauszeichnung
(hoher Integrationsgrad)

Kundenkommunikation
(vernetzt)

Kommissionierung
(schneller Zugriff)

Tourenplanung
(zuverlässige Bedienung)

ist, bestehen für chargenorientierte Fertigungsprozesse beliebig gestaffelte Ausbaustufen zur Automation der Produktionsabläufe und der damit verbundenen „leitstandsorientierten" Datenerfassung (über die CSB-Racks im unternehmensweiten Netzwerk).

Beispielsweise können folgende Produktionssteuerungsprozesse branchenspezifisch organisiert und als standardisierte Programmabläufe im CIM-Konzept (mit integrierter Qualitätskontrolle) betriebsspezifisch parametrisiert und somit arbeitsplatzgenau eingestellt werden[111]. Dazu zählen die nachfolgend exemplarisch hervorgehobenen Erfassungspunkte:

Wareneingang

Am Erfassungspunkt *Wareneingang* werden die aus der Beschaffung resultierenden Anlieferungen der zur Produktion benötigten Roh-, Hilfs- und Betriebsstoffe erfasst. Die Integrationselemente bilden hierbei den Erfassungsvorgang eindeutig ab:

- *Adressen*
  Alle Lieferanten werden über das Integrationselement Adresse identifiziert und bearbeitet.

- *Artikel*
  Die am Wareneingang zu erfassenden Roh-, Hilfs- und Betriebsstoffe werden als Anlieferungsartikel registriert (gezählt, gewogen bzw. physisch erfasst).

- *Konditionen*
  Die mit der Lieferung (in der Beschaffung) vereinbarten Konditionen werden vorgeblendet (zum Erfassungsauftrag) und direkt bei der Anlieferung überprüft sowie die möglichen Abweichungen registriert.

- *Verfahren*
  Die vorgegebenen Qualitätsanforderungen werden nach artikelspezifischen Vorgaben und definierten Qualitätsprüfanweisungen einem genau definierten „Verfahren" unterzogen und alle Abweichungen online und real time erfasst.

Lagerbewegung

Die Steuerung des Warenflusses vom Wareneingang in die „Empfangslager" erfolgt ebenfalls über die vier Integrationselemente in der hochintegrierten Branchen-Software mit den dazu erforderlichen Anbindungen an automatische Lagersysteme (Hochregale, Palettenstellplätze etc.).

- *Adressen*
  Jede Kostenstelle und somit jedes Lager ist eine eindeutige „interne Adresse". Die Zufuhr sowie Abfuhr aus jedem Lager ist somit eine physische und datentechnische Kommunikation zwischen zwei Adressen (Kostenstellen).

- *Artikel*
  Die von Abteilung zu Abteilung auszutauschenden Produkte (Rohstoffe, Zwischenprodukte, Endprodukte etc.) werden den einzelnen Produktionsabteilungen zugeführt. In ihrer Verweildauer bis zur Verwendung sind alle Artikel in dieser Abteilung auf Abruf - d. h. als „Pufferlager" aufgelistet.
- *Konditionen*
  Alle physischen und kostenrechnerischen Veränderungen, die aufgrund der Lagerbedingungen verursacht werden, sind als Konditionen definiert. Die im Lager wirkenden Konditionen sind über frei zu vergebende Formeln dem einzelnen Artikel im jeweiligen Lager (Adresse) in einer Konditionsformel (als Einzelkondition) zuzuweisen.
- *Verfahren*
  Die im Lager durchzuführenden Tätigkeiten sowie qualitätsprüfenden Arbeitsschritte werden über das Integrationselement „Verfahren" vorgegeben. Das Prüfungsverfahren wird für die einzelnen Produkte (Artikel) oder Produktgruppen (Artikelgruppen) eindeutig vorgegeben. Die Einhaltung dieser Vorgaben wird lückenlos für jede Kostenstelle (Adresse) überwacht.

Chargenbearbeitung

Die chargenorientierten Produktionsprozesse sind gekennzeichnet durch branchenspezifische Rückverfolgungssysteme. In der Branchengruppe „Pharma & Kosmetik" werden spezielle Anforderungen an die Dokumentation der Komponentenlieferungen gestellt. Ebenfalls bestehen im Bereich „Nahrung & Genuss" vom Gesetzgeber formulierte Rückverfolgungsanforderungen, die zu beachten sind. Diese Anforderungen müssen über die gesamte Kette des Prozesses der Produkterstellung lückenlos dokumentiert und online verfügbar sein.

Der Komponentenverbrauch in der Chargenproduktion wird somit über eine lückenlose Zuordnung der einzelnen Komponenten zu einer Lieferantenpartie und einer internen Lagerposition (Partie) bestimmt. Dies erfolgt über die Integrationselemente:
- *Adressen*
  Die Chargierung ist eine Kostenstelle, in der die Komponenten zu Zwischen- bzw. Endprodukten zusammengestellt werden. Diese interne Adresse wird mit der Lieferantenpartie (externe Ebene) verknüpft. Somit ist jede Chargennummer mit einer eindeutigen Lieferantenpartienummer verbunden.
- *Artikel*
  Die in der Chargierung verbrauchten Komponenten sind Artikel, die direkt einer Lieferantenpartienummer, einer Qualitätsprüfungsnummer und einem Empfangslager zugeordnet sind. Jeder einzelne Artikel (als Kompo-

nente in der Chargierung) kann somit lückenlos vom Erzeuger bis zum Zwischen- oder Endprodukt dokumentiert und zugeordnet werden.

■ *Konditionen*
Alle Veränderungen in den Chargierungsprozessen auf der Ebene der physischen Konsistenz sowie in der Mengenausbringung (z. B. Verluste bei den Eingangskomponenten) werden über die Konditionen abgebildet. Die frei definierbaren Konditionsformeln werden den einzelnen Komponenten bzw. den Zwischen- oder Fertigprodukten zugeordnet und überwacht.

■ *Verfahren*
Die Methoden zur Bearbeitung der Chargen sind über spezielle Arbeitsanweisungen (Verfahren) den einzelnen Produkten (als Zwischen-, Fertig- und Verkaufsprodukte) zugewiesen. Die „produktspezifischen Verfahren" umfassen auch die Anweisungen für alle Qualitätssicherungsmaßnahmen des gesamten Produktionsprozesses.

Automatische interne Warenbewegungen

Eine effektive Produktionssteuerung muss die in jeder Abteilung bereitzustellenden Komponenten und Produkte mit dem geringsten logistischen Aufwand organisieren. Bei Massenproduktionen sind diese Prozesse automatisiert. Die technischen Systeme zum Transport des innerbetrieblichen Warenverkehrs gehören somit zur Produktionssteuerungsaufgabe.

Unter dem Begriff CIM (Computer-Integrated-Manufacturing) wird die innerbetriebliche Logistik in die integrierte Warenwirtschaft einbezogen und erfolgt über die Integrationselemente:

■ *Adressen*
An welchem Ort, welche Komponenten oder Produkte, zu welchem Zeitpunkt in der geforderten Menge den einzelnen Kostenstellen (Adressen) zuzuführen sind, wird über die Produktionsplanung ermittelt. Diese Informationen werden über das CIM-System als integraler Bestandteil der Warenwirtschaft (Branchen-Software) zum innerbetrieblichen Transportauftrag (Ziel-Adresse) an das automatisierte Transportsystem.

■ *Artikel*
Die einzelnen Komponenten (Artikel) oder Produkte (als Zwischen- oder Fertigprodukte) sind eindeutig den Kostenstellen oder Lagersystemen zugewiesen. In der „Just-in-time-Fertigung" aufeinander folgender Chargenproduktionsprozesse werden die Planaufträge (einzelner Artikel) rechtzeitig zur Fertigung an die vorgelagerten Abteilungen in „Produktionsauftrag" (mit Menge und Zeitpunkt der Fertigstellung) gegeben.

■ *Konditionen*
Die innerbetriebliche Zuordnung durch den Prozess der Lagerhaltung, des Abtransportes sowie der Chargenzu- und -abführung der Kosten

erfolgt über Konditionsmuster, die als „Soll- bzw. Ist-Kosten-Konditionen" den einzelnen Kostenstellen (interne Adressen) oder direkt den Artikeln zugerechnet werden können. Parallel zum Produktionsprozess findet somit die kostenrechnerische Ermittlung der Abteilungspreise (oder Lagerpreise) für jeden einzelnen Artikel (Komponente, Zwischen- oder Fertigprodukt) statt.

■ *Verfahren*
Die Anweisung, wie die einzelnen Artikel den jeweiligen internen Adressen (Abteilungen) überstellt werden sollen, wird in den Verfahrensbeschreibungen (Verfahren) vorgegeben. Hierzu zählen auch alle Tätigkeiten, die im Bereich der prozessbegleitenden Qualitätssicherung zu erledigen sind.

Produktionsausgangserfassung

Die Überführung der Zwischen- und Fertigprodukte ins Zwischen- oder Verkaufslager erfolgt über die Produktionsausgangserfassung. Die Kennzeichnung der Fertigprodukte erfolgt unter den Rückverfolgungsvorgaben und schließt somit den Produktionsprozess datentechnisch ab. Die eindeutige Zuordnung wird hier ebenfalls über die Integrationselemente gewährleistet:

■ *Adressen*
Nach dem Produktionsausgang werden alle Fertigprodukte, versehen mit einer eindeutigen Chargennummer (Los-Nummer), in ein Verkaufs- oder Auslieferungslager verbracht. Die notwendigen Rückverfolgungsdaten sind in der Chargenzuordnung enthalten, werden bis zum Empfangspunkt (Kundenadresse) dokumentiert und somit für eine lückenlose Rückverfolgbarkeit aller Komponenten gesichert.

■ *Artikel*
Welche Artikel mit eindeutiger Auszeichnung der Chargenidentifizierung in fortgeschriebener Menge im Versand- bzw. Auslieferungslager verfügbar sind, wird im „Artikel-Lager-Konto" online und real time angezeigt. Jeder Zu- und Abgang wird online erfasst, sodass eine umfassende Produktionsplanung und -steuerung unter Berücksichtigung aktueller Absatzdaten möglich wird.

■ *Konditionen*
Die adressenspezifischen Bedingungen, unter denen die einzelnen Verkaufsartikel den Abnehmern/Kunden ausgeliefert werden, müssen über spezielle „Adresskonditionen" erfasst werden. Diese Adresskonditionen werden noch um spezielle „Adress-Artikel-Konditionen" ergänzt und stellen somit die Abbildung der „Sonderkonditionen" im Verkauf der Artikel zum Kunden dar.

■ *Verfahren*
Nach welcher Methode (FIFO, LIFO etc.) die Artikel aus dem Verkaufslager den einzelnen Kunden zugeführt werden, ist in den speziellen

„Verfahren" zur Auslagerung der Artikel hinterlegt. Die automatisierten Lagersysteme werden in diesen Auslagerungsprozess integriert. Sie sind somit Bestandteil einer gesamtheitlichen branchenspezifischen Warenwirtschaft im CIM-Konzept.

Das Ziel des CIM-Konzeptes besteht darin, alle Produktionsprozesse umfassend zu steuern. Hierzu ist es erforderlich, dass die Hersteller der Betriebsmittel (Produktionsmaschinen, Aggregate) standardisierte Schnittstellen (Interfaces) schaffen, die es erlauben, mit dem betriebsweiten Informationssystem (Netzwerk) zu kommunizieren.

Der jeweils erreichte Automationsgrad in der Produktion erfordert immer einen entsprechenden Grad integrierter Kommunikation. Die Beachtung dieser Grundbedingung ist die Voraussetzung zur fortschreitenden Produktionsautomation im Gleichschritt mit dem technischen Fortschritt. Daraus folgt, dass die entsprechende Kommunikationssoftware standardisiert werden muss und somit branchenspezifisch über eine Vielzahl von Unternehmen multiplikationsfähig wird[112].

Unter diesen Voraussetzungen wird die Realisierung eines unternehmensweiten CIM-Konzeptes für jede Betriebsgröße möglich. Gleichzeitig wird damit ausgeschlossen, dass die Steuerungs- und Kommunikationssoftware zum wettbewerbsverzerrenden Faktor zwischen Groß-, Mittel- und Kleinbetrieb wird. Die jeweilige ROI-Rechnung für entsprechende CIM-Projekte kann diese vorstehenden Aussagen belegen und ist eine notwendige Bedingung für jede Rationalisierungsinvestition.

3.7.4.9 Produktionsauswertungen

Die zeitnahe Auswertung der Produktionsdaten aller Produktionsabteilungen gehört zu den vordringlichsten Aufgaben des Produktions-Managements. Das Produktions-Controlling umfasst neben der permanenten Überwachung des Produktionsprozesses auch die gezielte Schwachstellenanalyse aller Produktionsabläufe und Kostenstellen.

Sowohl die Auswertungen der Spaltprozesse und der Kuppelproduktion sowie der Chargen- und Prozessproduktion, einschließlich aller Qualitäts-Kontroll-Maßnahmen, sind als Informationen ständig real time abrufbar. Es gilt für das Management die Maxime, aus der Flut der Produktionsdaten die „wesentlichen Fakten", die für eine Verbesserung der Produktionsleistung von Bedeutung sind, herauszufiltern.

Die Qualität einer branchenspezifischen Software wird auch daran gemessen, welche und wie viele „praxiserprobte Auswertungsmuster" dem

Anwender zur Auswahl gestellt werden[113]. Über das bereits vorstehend geschilderte GPM (Grafisches Print Management)[114] können beliebige Auswertungen erstellt und diese auf Abruf am Bildschirm erscheinen oder auch ausgedruckt werden.

Die Analyseprogramme über die gesamten Produktionsprozesse, ausgehend von der Produktionsplanung bis zur Produktionssteuerung, dienen der permanenten Aufgabe, die Produktionsabläufe zu optimieren.

Informationen, die über eine umfassende Soll-Ist-Analyse gewonnen werden, müssen unmittelbar nach Erkenntnisgewinn in die aktuelle Produktionsplanung und Steuerung einfließen. Hierzu zählen im Besonderen die Informationen zur:

- Chargierung
- Lagersteuerung
- Qualitätssicherung
- Optimierungsverfahren
- Kostenträgerrechnung
- Soll-Ist-Kostenrechnung

Über alle Abteilungen der gesamten Produktion sind die Auswertungsanalysen zu erstellen. Nur auf Basis einer zeitnahen Informationsbeschaffung wird eine effektive Koordination der Produktionsprozesse möglich.

Die wichtigsten und wesentlichen Aussagen über den Produktionsablauf sind dem Management (im BIS und MIS)[115] automatisiert bereitzustellen. Die Qualität der Entscheidungen ist im Wesentlichen abhängig von der Qualität der aufbereiteten Daten. Es ist daher erforderlich, für jede „Problemsituation" diejenigen Auswertungen bereitzustellen, aus denen „Produktionstransparenz" erwächst. Damit ist eine korrekte Entscheidungsbasis für das Management gegeben. Über „Top-to-down-Zugriffe" können komplexe Datenbereiche über mehrere Stufen auf einzelne Aussagewerte zurückgeführt werden.

Aus den umfassenden „Soll-Ist-Leistungs- und Materialverbrauchsauswertungen" lässt sich das theoretisch mögliche Kostensenkungspotenzial ermitteln. Die permanente Verbesserung sämtlicher Produktionsabläufe ist nur erreichbar, wenn eine ständige Kontrolle der Verbrauchs- und Leistungsdaten im Organisationsablauf gewährleistet ist. Letztlich entscheidet die installierte Kontrollfunktion mit dem Informationssystem über die Effektivität des gesamten Prozessablaufes und damit über die tatsächlich erreichte Produktivität im Produktionsunternehmen.

Alle in der Produktion erfassten Ist-Daten sind der variablen Produktionsauswertung zugänglich.

Die Produktions-Solldaten werden der Soll-Ist-Kostenrechnung verfügbar gemacht und sind detailliert auswertbar. Weitere Ausführungen zur Soll-Ist-Kostenrechnung erfolgen unter Punkt 3.8.5.

3.7.4.10 Produktions-Controlling

Das Produktions-Controlling hat zum Ziel, die gesamte Sicht auf die Produktion transparent zu gestalten. Es umfasst somit eine komplette Analyse aller Produktionsprozesse von PPS bis Produktionsausgang.

Die Definition von Richtlinien zum Controlling sollte über speziell vorgegebene Workflows erfolgen.

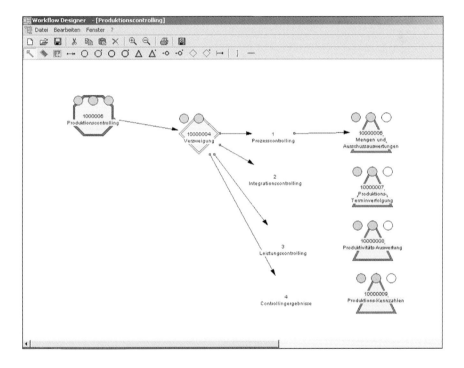

Das Produktions-Controlling ist in vier Controlling-Kernbereiche einzuteilen:
1. Controlling der Produktionsprozesse inklusive PPS
2. Integrations-Controlling in die gesamte Warenwirtschaft
3. Leistungs-Controlling der Produktionsausbringung
4. Präsentation der Controllingergebnisse für die Produktionsverantwortlichen

Zu 1: Controlling der Produktionsprozess inklusive PPS

Das Produktionsmanagement benötigt permanent einen aktuellen Überblick über alle Produktionsprozesse. Störungen müssen unmittelbar nach Ereigniseintritt über CMM (Control-Message-Management) dem zugehörigen Verantwortlichen übermittelt werden. Ungeplante Produktionsunterbrechungen haben gravierende Auswirkungen auf die gesamte Warenwirtschaft und sind mit allen verfügbaren Mitteln zu unterbinden. Treten Störungen auf, sind diese schnellstens zu lokalisieren und die Ursachen dafür zu beheben. Dazu ist es erforderlich, das vorstehend beschriebene CIM-Konzept in der hochintegrierten Branchen-Software zu realisieren.

Die Steuerung sämtlicher Produktionsabläufe ist somit ein integraler Bestandteil der branchenspezifischen Warenwirtschaft.

Die Schwerpunkte des Produktions-Controllings sind betriebsspezifisch festzulegen. Beispielsweise empfehlen sich die nachstehenden Controlling-Maßnahmen:
1. Periodische Analyse (Schicht, Tag, Woche, Monat, Quartal etc.) der Plan- und Ist-Daten über alle Produktionsabteilungen (Kostenstellen)
2. Kontrolle der Bedarfs- und Kapazitätsabstimmung über alle Produktionsfaktoren als Tätigkeits- (Arbeit), Funktions- (Betriebsmittel) und Materialverbrauchs-Analyse (Werkstoffe)
3. Überwachung der Produktionsaufträge vom Auftragseingang bis zum Produktionsausgang
4. Spezielle Auswertungen in der Spalt- und Kuppelproduktion für biologische Rohstoffe über den gesamten Spaltprozess
5. Analyse der Chargen- und Prozessproduktion unter Berücksichtigung der einzelnen Rohstoff-Optimierungen (Standardisierungs-Optimierung und Rezeptur-Optimierung)
6. Prozessbegleitende Qualitätssicherungsanalysen über alle Abteilungen und Artikel.
7. Kontrolle der Preisbildung in der Kostenträgerrechnung und Analyse der Verbrauchs- und Preisabweichung

Zu 2: Integrations-Controlling in die gesamte Warenwirtschaft

Die Produktion ist der umfangreichste Teil der gesamten Warenwirtschaft. Durch das Integrations-Controlling werden die Schwachstellen sichtbar, die zwischen den Funktionsbereichen (Beschaffung - Lager - Produktion - Absatz) bei unzureichender Integration bestehen.

Die Integration der Produktion in die Branchen-Software erfolgt über die Integrationselemente:

- *Adressen:*
  Die Produktionsabteilungen (Kostenstellen) sind die internen Adressen.
- *Artikel:*
  Alle Roh-, Hilfs- und Betriebsstoffe sowie Zwischen- und Endprodukte sind Artikel.
- *Konditionen:*
  Alle Einflüsse auf die Artikel in den einzelnen Prozessen sind als Konditionen definiert.
- *Verfahren:*
  Die Technologieanweisungen, Tätigkeiten, Funktionen sowie alle Qualitätssicherheitsmaßnahmen sind als Verfahren festgelegt.

Die Abbildung des kompletten hochintegrierten Warenflusses im Unternehmen erfolgt über die Integrationselemente. Sie sind somit als Ausgangspunkt für ein lückenloses Integrations-Controlling anzusehen.

Über die Analyseprogramme in der Produktion können beliebige Auswertungen über die einzelnen Integrationselemente und über Kombinationen dieser Elemente betriebsspezifisch durchgeführt werden.

Zu 3: Leistungs-Controlling der Produktionsausbringung

Die Real-Time-Erfassung sämtlicher Produktionsdaten über alle Abteilungen und Produktionsprozesse schafft die Voraussetzungen zur Leistungserfassung (Mengen pro Zeit und Mitarbeiter bzw. pro Abteilung). Eine Qualitäts- und Leistungskontrolle sollte um Leistungsanreizsysteme ergänzt werden. Hierbei sind besondere Controlling-Maßnahmen erforderlich:
1. Lückenlose Abteilungsabrechnung pro Schicht
2. Überwachung der Qualitätsstandards
3. Erfassung der Einzel- oder Gruppenleistung
4. Terminkontrollen zu den Bereitstellungsterminen (Plan-Ist-Analyse)

Zeitnahe Abrechnungen und verständliche Leistungsdokumentation bewirken eine hohe Akzeptanz der Leistungsentlohnungssysteme.

Zu 4: Präsentation der Controllingergebnisse für die Produktionsverantwortlichen

Die Bereitstellung der im Produktionscontrolling ermittelten Informationen erfolgt über die Standardauswertungstools.

Diese Auswertungen werden für drei Hierarchieebenen erstellt:

- Management
- Bereichsleitung
- Abteilungs- bzw. Gruppenleiter

Dem Management werden hierbei verdichtete Daten präsentiert. Der Bereichsleitung müssen alle Informationen aus der Produktion top-to-down bereitgestellt werden. Für alle Abteilungs- und Gruppenleiter gilt, dass diese Auswertungen real time und online verfügbar sein müssen. Der Aufbau aller Controlling-Auswertungen muss der Anforderung nach übersichtlicher Gestaltung entsprechen.

3.7.5 Absatz

Über die Funktion des Absatzes erfolgt die Vermarktung der im Unternehmen produzierten Güter sowie aller Handelswaren. Der Absatz ist ein integraler Bestandteil der Warenwirtschaft und bildet die Schnittstelle zum Gütermarkt. Aus der wechselseitigen Abhängigkeit der Produktion vom Absatz und umgekehrt, erwächst für das Management die permanente Aufgabe, die wirtschaftlichsten Produktions- und Vertriebsstrategien zu entwickeln. Die Auslastung des betrieblichen Leistungspotenzials (als vorgegebene Infrastrukturbedingung) ist dabei kurzfristig als wesentlichste Restriktion in der Vertriebsplanung zu beachten.

Die optimale Verwendung der knappen Finanzmittel führt zu positiven Effekten im Unternehmen, wenn die vorgegebenen Vertriebsziele erfolgreich umgesetzt werden. Daraus ergeben sich die Möglichkeiten, aus eigener Finanzkraft neue Produkte zu entwickeln und erfolgreich im Markt zu platzieren. Die dazu notwendigen mittel- und langfristigen Vertriebsstrategien werden in der Regel vom Management, basierend auf einer Chancen- und Risikoanalyse erstellt.

Übersteigen die Entwicklungsrisiken die vorhandenen Finanzierungsmöglichkeiten der Unternehmen, so wird die Sozialisierung der Risiken über Subventionen angestrebt, bei gleichzeitiger Aufrechterhaltung der Privatisierung der Ertragschancen. Daraus folgt, dass Subventionen volkswirtschaftlich bedenklich sind und nur für ausgewählte strategische Entwicklungsziele (z. B. in zukunftssichernde Forschungs- und Entwicklungsprojekte) Anwendung finden sollten.

Neue Produkte ersetzen marktgängige Produkte, die am Ende ihres Lebenszyklus angekommen sind. Die durch neue Substitutionsgüter „bedrängten Güter" verfallen im Preis, bedingt durch die überschüssigen Produktionskapazitäten, die im Übergang des Verdrängungswettbewerbs vorhandenen sind. Der erfolgreiche und positiv wirkende Unternehmer erkennt diese Marktveränderung rechtzeitig und strukturiert sein betriebliches Leistungspotenzial auf neue, ertragreiche Produkte um.

Das Management erwartet im Informationszeitalter eine umfassende Unterstützung in den Entscheidungsprozessen des Absatzes durch die integrierte Branchen-Software zur Unternehmensführung.

Im Einzelnen sind die branchen- und betriebsspezifischen Abläufe im Absatz detailliert zu erfassen:

- Definition sämtlicher Basis-Absatzdaten als Fakten, Tatbestände und Daten
- Abbildung und permanente Überprüfung der Organisationsstruktur und der implizierten Entscheidungsprozesse
- effektive Nutzung der Instrumente des Marketings als schlagkräftige Werkzeuge zur Marktbearbeitung
- Durchführung einer umfassenden Vertriebsplanung als kurz-, mittel- und langfristige Vorgabe für die Unternehmensentwicklung
- Gewährleistung einer „schlanken" und rationellen Absatzverwaltung zur Erfüllung aller vom Markt geforderten Kommunikations- und Informationsbedürfnisse der einzelnen Marktpartner
- Automatisierung der „Absatzsteuerung im CIM-Konzept" (auch schrittweise), als Reaktion auf die Anforderungen nach größerer Flexibilität, Verkürzung der Reaktionszeiten und permanenter Steigerung der Produktivität
- Förderung ertragreicher Güter und Gewinnung von Frühindikatoren für notwendige Umstrukturierungsprozesse durch eine aktive Preispolitik auf der Basis der internen Kostenrechnung und externer Marktpreise
- Erreichen aussagefähiger Auswertungen auf Grundlage allumfassender Absatzdaten zur gezielten Kundenbearbeitung und permanenten Produktpflege
- Ermittlung der Deckungsbeiträge als aussagekräftige Ertragsbeurteilung über alle Artikel und Kunden

Durch die Aufrechterhaltung einer schlagkräftigen und schlanken Absatzorganisation und die Möglichkeit, sich den ständig ändernden Marktbedürfnissen zeitnah anzupassen, sind die notwendigen Voraussetzungen zur Erhaltung der Wettbewerbsfähigkeit gegeben.

> *Schnell und rationell arbeitende, flexible Unternehmen gewinnen den Wettbewerb um den täglichen Erfolg, da sie nicht in starren Strukturen verhaftet sind.*

Die Grundlagen für dieses Handeln sind in der flexiblen (parametrisierbaren) und branchenspezifisch ausgerichteten sowie der anwendungssteuernden

Standard-Software gelegt. Die Arbeitszeit verschlingende Betreuung eines Informationssystems behindert gleichzeitig die Beschäftigung mit dem Wesentlichen des Absatzes; der Durchführung einer erfolgreichen Marktbearbeitung ohne Systemzeitverlust. Aus diesen Unzulänglichkeiten des täglichen Arbeitsprozesses resultieren die Anforderungen an das moderne „Informationssystem zur Unternehmensführung".

Das Postulat zur effektiven Unternehmenssteuerung besagt: „Je komplexer der abzubildende Betriebsprozess, desto einfacher müssen die anwenderbezogenen Abläufe realisierbar sein". Die konsequente Umsetzung dieser Anforderungen reduziert die Einführungszeiten in die Branchen-Software und erhöht die gesamte Produktivität des Informationssystems im Unternehmen und somit seine Wettbewerbsfähigkeit.

Der Markt wartet nicht auf die Nachzügler, sondern belohnt die Sieger im Wettlauf um Leistung und Innovation.

3.7.5.1 Basisdaten Absatz

Die informationstechnische Abbildung sämtlicher Absatzprozesse im Unternehmen erfordert eine detaillierte Erfassung der dazu benötigten Basisdaten. Aufbauend und ergänzend zu den Basiselementen der Integration (Adressen, Artikel, Konditionen und Verfahren) werden die Basisdaten des Absatzes als „kleinste Bausteine" in der Branchen-Software erfasst. Diese Basisdaten im Absatz sind alle Daten, Bezeichnungen, Texte, Vorgänge, Formulare, die als allgemein gültige Basisinformationen in den operativen Programmen (des Absatzes) benötigt werden. Eine strukturierte Erfassung dieser vorstehenden Daten ist jedem sachkundigen Anwender für seinen Zuständigkeitsbereich möglich, und im Ergebnis sind es die kleinsten Bausteine der Absatzorganisation.

Die schriftlichen und digitalisierten Basisdaten der Kommunikation werden hier erfasst. Gleichzeitig werden alle für das Unternehmen gültigen Verfahrensregeln der Dokumentation und der Abrechnungsmodalitäten definiert[116].

Flexibilität und änderungsfreundliche Bedienung sind Grundvoraussetzungen einer branchengerechten und rationalisierenden Software zur Unternehmensführung. Ein besonders hoher Grad an Flexibilität wird im Absatz gefordert. Nur diejenigen Unternehmen, die jedem „neuen Kunden" seine geforderten Besonderheiten im Kommunikations- und Informationsaustausch kurzfristig bieten können, werden die Voraussetzung zur Absatzerweiterung realisieren.

Der Gütermarkt des Informationszeitalters ist gekennzeichnet von weitgehender Marktsättigung. Für die Unternehmen ist es deshalb wichtig, bestimmte Strategien des Verdrängungswettbewerbs zu verfolgen. Schnelles und flexibles Handeln ist dazu eine notwendige Voraussetzung. Die hierfür einzusetzenden informationstechnischen Werkzeuge müssen dieser Strategie dienen und dürfen sie auf keinen Fall begrenzen.

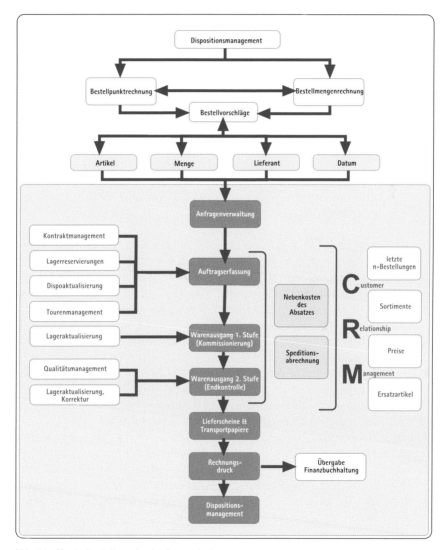

Abb. 94: Absatzdarstellung in der Prozesskette

Die Abbildung der gesamten Absatzorganisation über die Branchen-Software ist die vordringlichste Aufgabe des Managements. Im CSB-System sind über sämtliche Vertriebswege alle Marketingmaßnahmen steuerbar, die

Vertriebsabwicklung durchführbar sowie alle Abrechnungen mit den Kunden abbildbar. Die Auswertungen im Absatz sind allumfassend und bauen auf einer komplexen Abrechnungskontrolle auf.

Integraler Bestandteil des Absatzes ist ebenfalls ein Reklamationsmanagement sowie ein über alle Vertriebswege reichendes Customer Relationship Management (CRM).

3.7.5.2 Absatzorganisation

Die Reorganisation einer betriebsspezifischen Organisation im Absatz setzt umfassende Kenntnisse über die jeweilige Branche voraus. Die dazu notwendige Branchen-Software muss in der Lage sein, alle Branchen- und Unternehmensspezifikationen abzubilden. Mit der Zielsetzung, eine schlanke und schlagkräftige Absatzorganisation aufzubauen, ist gleichzeitig die Forderung nach einem integrierten Informationssystem verbunden. Bei der Reorganisation des Absatzes müssen sämtliche Vertriebsstrukturen und -abläufe zur Disposition gestellt werden.

Reorganisation mit dem Ziel der Ausschöpfung von Rationalisierungsreserven im Absatz zu erreichen, erfordert:

- alle Marketingaktivitäten auf den Vertriebsplan und hierbei auf die ertragreichen Artikel auszurichten,
- die Vertriebsplanung mit den vorhandenen und geplanten Produktionskapazitäten zu koordinieren,
- die Preiselastizität der einzelnen Güter über alle Abnehmergruppen optimal auszuschöpfen,
- die Verwaltung des Absatzprozesses mit der Zielsetzung aktiver Marktbearbeitung effektiver zu gestalten,
- Rationalisierungsmaßnahmen aus der umfassenden Absatzsteuerung in Kommunikation und Logistik wirksam umzusetzen,
- aus den Absatzauswertungen permanent die notwendigen Anpassungsmaßnahmen und zusätzlichen Aktivitäten abzuleiten,
- über die ermittelten periodischen Deckungsbeiträge pro Artikel und Kunde eine zielgerichtete Erlösstrategie zu entwickeln und laufend anzupassen
- ein effektives Absatz-Controlling über die gesamte Absatzorganisation aufzubauen.

Der Aufbau einer effektiven und flexiblen Absatzorganisation ist ausschlaggebend für den erreichbaren Grad der Wettbewerbsfähigkeit aller Unternehmen am Markt. In unserer Informationsgesellschaft verkürzen sich die Lebenszyklen der einzelnen Güter erheblich. Daraus folgt: Die schnellen und flexiblen Unternehmen gewinnen gegen die langsamen und starren Unternehmenstypen.

Der Typ des „dynamischen Unternehmers"[117] verändert das Wirtschaftsleben und bewirkt die Fortschritte in unserer Gesellschaft. Die positiven Wirkungen aus den gesetzten Aktivitäten sind jedoch entscheidend für das wirtschaftliche Überleben der innovativen und dynamischen Unternehmen. Bezüglich des Absatzes erfordert die positiv wirkende Unternehmensführung schnelle Entscheidungen vom Management bei Veränderungen am Gütermarkt. Die Qualität und die Aktualität der Marktinformationen im Informationssystem bestimmen die Sicherheit der Entscheidungsfindung und somit indirekt die positiven, neutralen oder negativen Wirkungen für das Unternehmen selbst.

3.7.5.3 Marketing

Unter dem Begriff „Marketing" wird generell das marktorientierte Entscheidungsverhalten im Unternehmen verstanden[118]. Somit ist die Gewinnung, Auswertung und Beurteilung aller Marktdaten - also die Marktforschung - die dem Marketing zugedachte Basisaufgabe. Hierbei sind die auf die Gütermärkte wirkenden Parameter zu ermitteln und in ihren verkaufsfördernden Wirkungen abzuschätzen. Basierend auf diesen Informationen kann ein erfolgreiches Marketing-Mix geplant werden. Zielorientiertes Marketing setzt die Bewertung der eigenen Marktposition voraus. Dazu zählen folgende Fakten:

- Ermittlung der erzielten Marktanteile für die einzelnen Güter, die als Umsatz- und Erlösträger gelten
- Kenntnisse über die auf die Nachfrager wirkenden Präferenzen bei den wichtigsten Angebotsgütern
- Analyse der einer Markterweiterung entgegenstehenden Bedingungen bei den wichtigsten strategischen Verkaufsgütern
- Beurteilung des vorhandenen Entwicklungspotenzials im Unternehmen, in Bezug auf die Verbesserung des bestehenden Produktionssortiments und auf die innovativen Fähigkeiten, neue erfolgreiche Güter zu entwickeln

Aufgrund dieser umfassenden Analyse der eigenen Marktposition und der im Unternehmen vorhandenen Innovationsfähigkeiten, sind die notwendigen strategischen Maßnahmen zu planen. Der Einsatz der branchenspezifischen Standard-Software im Absatz setzt voraus, dass die dispositiven und operativen Arbeitsschritte eindeutig definiert sind.

Ein geschlossenes Marketingsystem ist gegeben unter folgenden Bedingungen:

- Die Vertriebsziele sind konkretisiert.
- Ein strukturiertes Vorgehen im Markt und im Absatzablauf ist festgelegt.
- Über konsequente Erfolgskontrollen werden die Schwachstellen unmittelbar aufgedeckt.

■ Aus der Marktbeobachtung sowie der Forschung und Entwicklung werden neue Vertriebsstrategien bzw. Korrekturen im Absatzprozess situationsgerecht und zeitnah durchgeführt.

Diese vorstehenden Managementaufgaben umzusetzen, erfordert eine detaillierte Absatzmarktanalyse sowie eine zielführende Vertriebsstruktur. Die Aufgabe der Marktforschung besteht darin, aus den exogenen Marktdaten die Angebots- und Nachfragesituation zu analysieren.

> *Auf die Marktformenlehre und die volkswirtschaftliche Markteinteilung wird hier nicht weiter eingegangen. Es wird unterstellt, dass jeder Unternehmer die vorliegenden Marktsituationen zum eigenen Vorteil nutzen und alle ihm zur Verfügung stehenden Absatzinstrumente des „Marketing-Mix" einsetzen wird, um sie für sich im Zeitverlauf positiv zu verändern, unter der Maßgabe berechtigter Erfolgsaussichten.*

Hierbei sind die auf den Absatz der einzelnen Güter Einfluss nehmenden „Parameter" zu bestimmen. Die jeweilige Bandbreite, der auf den Gütermarkt wirkenden „Parameter" bzw. Einflussfaktoren ist zu ermitteln und bestimmt somit den Handlungsrahmen im Marketing-Mix. Die empirische Marktforschung muss dem Absatzmanagement qualifizierte und quantifizierte Daten zu den einzelnen Parametern des Gütermarktes bereitstellen.

Die dazu erforderliche Integration aller Informationszugriffe wird in Abb. 95 dargestellt.

Eine aussagefähige Marktanalyse ist dann durchführbar, wenn die Untersuchungsobjekte klar abzugrenzen sind und die zur Verfügung stehende Datenbasis permanent überprüft und aktualisiert wird[119]. Die auf den Gütermarkt wirkenden Einflussfaktoren sind in ihrer jeweiligen Bandbreite und mit ihrem Wirkungsgrad für den Marketing-Mix zu ermitteln. Die wesentlichen Parameter sind dabei in Anlehnung an H. Sabel:

1. Kunden
2. Konkurrenten
3. Kanäle, also Distribution
4. Kommunikationstechnik
5. Knute (staatliche Rahmenbedingungen)

Zu 1: Kunden

Auf dem Gütermarkt treffen die Nachfrager Kaufentscheidungen, und dies nicht nur unter rational nachvollziehbaren und objektiv überprüfbaren Kriterien. Der Einfluss von Präferenzen verschiedener Art wirkt auf die Kaufentscheidungen für die einzelnen Güter ein. Die

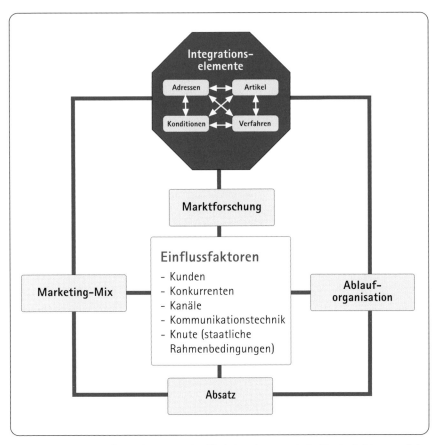

Abb. 95: Integrierte Informationen aus der Marktforschung und die Wechselwirkung auf das Marketing und die Absatzabläufe im Unternehmen

Beweggründe dafür im Prozess der Güterauswahl herauszufinden und gezielt zu beeinflussen, ist die Aufgabe der Werbung im Marketing-Mix. Die Präferenzstrukturen bei den einzelnen Käuferschichten zu ermitteln, zu analysieren und gezielt für die Produkt- und Preispolitik herauszuarbeiten, ist die Aufgabe der Marktforschung. Sie bildet die Grundlage zur Vertriebsplanung des Managements.

Produkte und Leistungen, die in ihrer Nutzenstiftung über den Wettbewerbs- oder Substitutionsgütern liegen, erfahren in der Regel ein höheres Nachfrageinteresse. Die nutzbringenden Vorteile rechenbar zu machen, ist die Aufgabe des Leistungs- bzw. Produkt-Marketings. Der permanente Güterqualitätsvergleich zwischen den konkurrierenden Anbietern am Markt fördert die Innovation und den Wettbewerb.

Neue, nutzensteigernde Güter verdrängen die herkömmlichen Substitutionsgüter und sichern somit über die verbesserten Qualitäts- und Nutzenwirkungen dem innovativen Unternehmen verbesserte Absatzmöglichkeiten. Diese führen zu positiven Wirkungen auf Umsatz und Ertrag.

Zu 2: Konkurrenten

Die Nachfrage nach den einzelnen Gütern am Markt bestimmt die Produktionsmengen. Aus den gesamtwirtschaftlichen Anpassungsprozessen des Ausgleichs zwischen der Nachfrage- und Angebotsmenge der einzelnen Substitutionsgüter auf dem Gütermarkt, kommt es zu Unter- und Überkapazitäten des Leistungspotenzials bei den Anbietern. Die daraus resultierenden Aktivitäten auf der Angebots- und Nachfrageseite sind abhängig von der jeweils vorliegenden Marktsituation.

Die Klassifizierung der Marktformen in die bekannten volkswirtschaftlichen Markttypen ist bei vorliegender freier Wirtschaftsordnung fließend. Unter dem Maßstab dynamischer und periodischer Betrachtung verändern sich die Angebotsstrukturen auf den Gütermärkten permanent und bewirken in der Folge die feststellbaren Wohlstandsänderungen in den Volkswirtschaften.

Aus der Anzahl der Nachfrager und Anbieter lässt sich der am Markt wirkende Wettbewerb ableiten. Diese Aussage besitzt so lange Gültigkeit, wie die konkurrierenden Güter von vergleichbarer Qualität sind und die Rahmenbedingungen für einen uneingeschränkten Wettbewerb auf dem Markt gesichert sind.

Die Preise für Produkte und Leistungen werden ermittelt durch Angebot und Nachfrage. Die Basis bildet eine Übereinkunft, in der sämtliche Konditionen des Kaufvertrages festgelegt werden. Konditionen sind demnach: der Listenpreis, die Nachlässe, die Zahlungsweise sowie alle auf das Rechtsgeschäft finanzwirksam werdenden Bedingungen.

Die zielgruppenorientierten Finanzierungsangebote (z. B. für Gebrauchsgüter) zählen auch zu den Konditionen, die als wirksame Marketing-Maßnahmen zur Verkaufsförderung eingesetzt werden. Mit zunehmendem Wettbewerbsdruck sinken die Preise. Die gewährten Konditionen werden vielfältiger bis unübersichtlich. Dahinter steht das Ziel, eine „Netto-Netto-Preisermittlung" unter Berücksichtigung sämtlicher offener und „versteckter" Nachlässe nur mit größerem Aufwand für den Käufer zu ermöglichen.

Das Ausschöpfen der gesamten Spannbreite der Preisdifferenzierung ist die Aufgabe des „Konditionen-Marketings" zur Optimierung der Deckungsbeiträge im Unternehmen.

Zu 3: Kanäle, also Distribution

Die Wahl der Vertriebswege zur Gütervermarktung beeinflusst unmittelbar den möglichen Erfolg der Unternehmen am Markt. Für die verschiedenen Güterarten (Verbrauchs-, Gebrauchs- und Investitionsgüter) bietet sich jeweils nur eine beschränkte Anzahl wählbarer Vertriebswege an. Dem Unternehmen die optimale Kombination der Verkaufskanäle zu sichern, ist die herausragende und permanente Aufgabe des Vertriebsmanagements. Die Analyse bestehender Vertriebsstrukturen und die Suche nach innovativer, zielgruppengenauer Marktansprache bieten die Möglichkeit, erhebliche Rationalisierungseffekte im Vertrieb freizusetzen.

Die effektivsten Wirkungen aus den Einflussfaktoren (Kunden, Konkurrenten, Kanäle, Kommunikationstechnik, Knute) zu erreichen, dient als Entscheidungskriterium und Leitlinie für die Distributionspolitik des Managements.

Zu 4: Kommunikationstechnik

Die Informationsgesellschaft ist geprägt durch die Verbreitung und Nutzung aller technisch verfügbaren Kommunikationssysteme. Wirtschaftsinformationen gehen blitzschnell um die Welt und führen zu drastisch reduzierten Reaktionszeiten bei den Marktteilnehmern. Die Kommunikationsmittel, angefangen bei den traditionellen Medien bis hin zur Internet-Kommunikation, zielgerichtet einzusetzen, ist die Aufgabe der Kommunikationspolitik.

Der Einsatz der verschiedenen Werbemittel ist in Abhängigkeit von den gegebenen Möglichkeiten des Unternehmens sowie von den zu bewerbenden Gütern zu planen.

Zu 5: Knute (staatliche Rahmenbedingungen)

Den staatlichen Rahmenbedingungen unternehmerischen Handelns widmet sich das Schlusskapitel „Wachstum aus effektiver Unternehmensführung".

Die Vorgehensweise und die Inhalte der Marktforschungsprojekte müssen detailliert geplant, umgesetzt und überprüft werden. Die hierzu einzusetzenden Instrumente müssen mit der Branchen-Software abgedeckt werden. Die benötigten Daten werden in der Informationsgesellschaft über EDV-integrierte Kommunikationssysteme beschafft[120]. Über das Telefonmarketing werden die jeweils erforderlichen Daten abgefragt, erfasst, gespeichert und gezielt ausgewertet. Jedes Marketingprojekt zur Ermittlung der erforderlichen Marktdaten muss umfassend geplant werden. Hierbei sind die anzusprechenden Zielgruppen genau festzulegen und die dazu notwendigen Adressdaten aufzubereiten. Die Durchführung des Marketingprojektes selbst ist für alle Beteiligten als Skriptvorlage detailliert festzuschreiben. Nach diesen Vorgaben erfolgt die Ermittlung der erforderlichen Daten über das Telefonmarketingmodul.

Alle Daten, Fakten und Erwartungen, die für eine erfolgreiche Marktbearbeitung benötigt werden, gehen in die strategische Vertriebsplanung ein. Die operative Vertriebsplanung erfolgt für vorgegebene Zeiträume und erfordert eine periodische Überprüfung sämtlicher Markt- und Absatzdaten durch das Management.

3.7.5.4 Vertriebsplanung

Die Vorgaben zur Auslastung der vorhandenen und geplanten Produktionskapazitäten und die Nutzung der gegebenen Chancen am Absatzmarkt fließen in die periodisch aufzustellenden Plandaten des Vertriebs ein. Für die Vertriebsplanung werden die Erfahrungen aus vergangenen Perioden sowie die Erkenntnisse aus der Markt- und Produktforschung benötigt. Das Absatz-Management koordiniert demnach die Abstimmung zwischen Verkauf und Produktion sowie zwischen Marktanalyse für neue Güter und Einflussnahme auf die Forschungs- und Entwicklungsaktivitäten im Unternehmen.

Die Basis für eine solche Planung bilden in der Regel bereits vorhandene Kenntnisse/Daten, welche über unterschiedliche Szenarien, Berechnungsmodelle und Ebenen in die Zukunft projiziert werden. Sowohl Erfahrungen der Mitarbeiter, die in die Planung einfließen, eine permanente Aktualisierung der Werte sowie ein ständiger Abgleich mit dem tatsächlichen Produktabsatz ermöglichen einen dynamischen Prozess, in dem die Planwerte ein weitgehendes Bild der Wirklichkeit widerspiegeln. Damit sind auf der Grundlage der Planung Optimierungen und Abstimmungen sowohl in Bezug auf die Kapazitäten in den einzelnen Unternehmensbereichen als auch speziell der Aktivitäten auf dem Beschaffungsmarkt möglich.

Produkte, die am Ende ihres Lebenszyklusses stehen, geraten zunehmend unter Preisdruck, bedingt durch die hohen Überkapazitäten (durch sinkende Nachfrage für diese Güter am Markt) in der Phase der Kapazitätsanpassung.

Diese Entwicklung muss frühzeitig erkannt werden und in die Vertriebsplanung einfließen. Neue Produkte müssen rechtzeitig zur Marktreife geführt werden und in die entstehenden Ertragslücken hineinwachsen. Dazu sind abgestimmte Marketingmaßnahmen erforderlich, die die Produktnachfrage stimulieren und somit die Marktposition des Unternehmens für diese neuen Güter festigen und erweitern.

Szenarien für die Absatzplanung

Ein effektives Absatzplanungssystem zeichnet sich durch eine hohe Flexibilität über die zu erwartenden Vertriebsmöglichkeiten aus. Die verschiedenen Absatzszenarien werden über alle Vertriebswege geplant und in ihren Mengen- und Ertragswirkungen beurteilungsfähig, wenn sie auf Kunden- und Artikeldaten der Vergangenheit (Vergleichsperioden) aufbauen und über Prognoseformeln in die Vertriebsplanzahlen (nach den vorgegebenen Szenarien) eingehen.

In der Planung der Frischeprodukte (z. B. Nahrungsmittel) können u. U. die Planungsprozesse unter größerer Unsicherheit ablaufen als beispielsweise in der Gebrauchsgüterindustrie. Gehen die Aufträge im Unternehmen mit Auslieferungsfristen ein, die eine rechtzeitige Produktion unmöglich machen, so sind entsprechende Prognosemodelle einzusetzen, die eine situationsgerechte Abstimmung zwischen Absatz und Produktion gewährleisten. Alle denkbaren und realen Nachfragesituationen sind jedoch auch mit den effektivsten Prognosemodellen nicht abdeckbar. Gerade in der Frischeproduktion stellt die Verkürzung zwischen Produktion und Verbrauch ein wesentliches Kriterium für die „Frische-Qualität" dar, und somit für die geschaffene Akzeptanz der Produkte am Markt. In diesen Fällen muss über die Branchen-Software durch entsprechende „Kürzungs- bzw. Zuweisungsroutinen", die Produktverteilung der produzierten und zur Auslieferung bereitstehenden Produkte marktverträglich organisiert werden[121].

Die Einflussfaktoren zur Steuerung der Nachfrage (und somit zur Koordination der Vertriebsplanung mit dem effektiven Auftragseingang) sind vielfältig. Der mögliche Handlungsrahmen im Marketing-Mix ergibt sich aus der Kombination der wirkungsvollsten Einflussfaktoren auf den Gütermarkt. Es ist die Aufgabe des Marketings, rechtzeitig und in enger Abstimmung mit der Absatzleitung verkaufsfördernde Maßnahmen herbeizuführen.

3.7.5.5 Preisbildung

Der Preispolitik kommt von allen absatzfördernden Instrumenten die schwerwiegendste Bedeutung zu. Die Vertriebsplanung über das abzusetzende Gütersortiment am Markt baut auf den Erkenntnissen der Marktforschung auf.

vermarktung. Das Streben nach Vollauslastung der Produktionskapazitäten (über eine aggressive Preispolitik) steht demnach diametral der Ertragssicherungsfunktion (über eine Hochpreispolitik) entgegen.

Aus diesen scheinbar widerstrebenden Funktionen resultiert der Verdrängungswettbewerb unter den Bedingungen einer freien Wirtschaftsordnung. Die Voraussetzungen (und damit auch Entscheidungsgrundlagen für das notwendige Marktverhalten des Managements) bilden die Kenntnisse über die bei Vollauslastung der Produktionskapazitäten entstehenden Einzelstückkosten der Verkaufsgüter.

> *In einer wachsenden Wirtschaft, die aus Innovation und Rationalisierung Fortschritt und Spezialisierung bewirkt, ist die herkömmliche Preistheorie nicht verwendbar. In der traditionellen Preistheorie bildet sich der „langfristige" Gleichgewichtspreis auf der Höhe des natürlichen Preises (Kostenpreis). Diese Definition ist für eine dynamische Wirtschaft nicht haltbar.*

Unternehmen mit nicht wettbewerbsfähigen, hinter dem aktuellen Stand der Technik zurückgebliebenen Produktionsstrukturen scheiden im Wettbewerb um die auf die Anbieter zu verteilenden Güter aus; zum Vorteil der effektivsten und produktivsten Unternehmen am Markt.

Rationalisierungsinvestitionen werden nur dann von den Unternehmen in der Verdrängungssituation vorgenommen, wenn die externen und internen Bedingungen ein solches Verhalten rechtfertigen; d. h. die entsprechenden Güter nicht am Ende ihres Lebenszyklusses angekommen und die erforderlichen internen Produktivitätsverbesserungen durch die geplanten Rationalisierungsinvestitionen erreichbar sind. Aus der jeweils „richtigen Entscheidung" resultieren positive Effekte für das Unternehmen selbst und damit für die ganze Volkswirtschaft.

Die tendenzielle Ausrichtung der Preispolitik hin zu den Marktöffnungs- oder Ertragssicherungsbestrebungen ist abhängig von der gesamtheitlichen Beurteilung der Angebotsposition des Unternehmens durch die Nachfrager am Markt. Die mit dem unternehmensspezifischen Güterangebot wirksam werdenden Einflussfaktoren auf den Gütermarkt (Qualitäten, Quantitäten, Präferenzen, Distribution und Kommunikation) beeinflussen direkt oder zumindest indirekt die Preiselastizitäten. Güter, die in ihrer Nutzenstiftung über dem Niveau der Wettbewerbs- und/oder Substitutionsgüter liegen, erwirken für den Anbieter (mit wachsendem Nutzen beim Nachfrager) eine zunehmende Ertragssicherungsfunktion. Daraus folgt: Die Handlungs- und Aktionsfähigkeit in der Preisgestaltung bleibt nur den leistungsführenden Unternehmen auf dem Gütermarkt erhalten.

Zu 3: Individualisierungsfunktion

Die Vorgehensweise zur zielgruppenorientierten Preisbindung wird auf der Ebene des dispositiven Entscheidungsprozesses festgelegt. Die Abbildung der strategischen Preispolitik erfolgt über verschiedene Preislisten und Konditionen, die für die einzelnen Vertriebswege und Kunden bzw. Nachfragegruppen definiert werden.

Die verfügbare Informations- und Kommunikationstechnologie bietet den Marktteilnehmern die Möglichkeiten zur fortschreitenden Individualisierung des Leistungsaustausches. Die in der realen Wirtschaft feststellbare Konditionenvielfalt beim Warenaustausch zwischen Anbietern und Nachfragern zeigt deutlich die Tendenzen zur Individualisierung der Geschäftsbeziehungen.

Die Vielzahl der in der Branchen-Software CSB-System als Standard realisierten Konditionen weist die Bestrebungen zur Individualisierung der Einkaufs- und Verkaufsbeziehungen zwischen den Marktpartnern nach. Die Einkaufs- und Verkaufsseite stehen somit in einer spiegelbildlichen Beziehung zueinander. Belegt wird diese Aussage durch die nachstehende Auflistung:

- Allgemeine kundenspezifische Konditionen wie:
  Daueraufträge, Sonderangebote, Spezialaufträge, Abrufaufträge, Konsignationsaufträge etc.
- Artikelgruppen und Kundenkonditionen wie:
  Warengruppen-, Oberwarengruppen-, Sortimentsgruppen-nachlässe etc.
- Kundenspezifische Sonderkonditionen wie:
  Naturalrabatte, Vollmengenrabatte, kumulierte Umsatzrabattierung, Aktionssortimentsnachlässe etc.
- Kundensonderpreise für Sondermengen, zeitraumbezogene Aktionen, Boniverwaltung und Kontrakte etc.

Der Pflege dieser preisrelevanten Stammdaten kommt eine besondere Bedeutung zu. Die Flexibilität des Verkaufs muss durch eine Online-Netto-Netto-Preisermittlung abgesichert werden, damit die Ertragssicherungsfunktion nicht durch die Individualisierungsfunktionen außer Kraft gesetzt wird.

Die Flexibilität der Preissetzungs- und Konditionierungsverfahren entscheidet über den erreichbaren Grad der Preisdifferenzierung. Zum aktiven Preismarketing zählen auch die zeitraumbezogenen Sonderpreisaktionen, die an vorgegebene Mindestmengen bzw. Mindestwerte gebunden werden, um durch diese Maßnahmen die Produktionskapazitäten besser auszulasten.

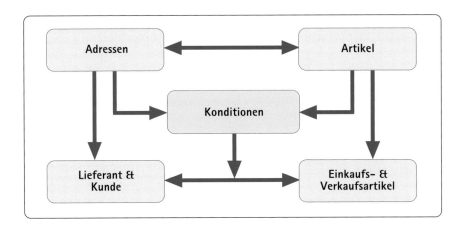

Für den Ausbau der erreichten Marktposition und die Erhaltung der Ertrags-
fähigkeit ist es permanent erforderlich, die vorgegebene Preispolitik des
Managements mit der tatsächlichen Preisbildung im Absatz abzugleichen.
Im Bereichs-Informations-System werden diese Controlling-Funktionen vorgenommen[122].

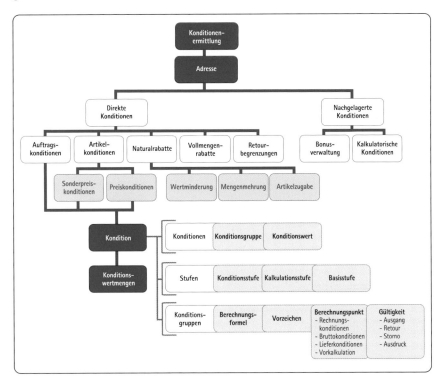

Abb. 96: Integrationselement Konditionen

Die vorstehenden Preisverwaltungs- und Konditionierungssysteme werden für die einzelnen Vertriebswege organisiert und verwaltet. Die Vertriebswege-Kostenrechnung ist zur Überprüfung der Preisuntergrenze für die Güterabgabepreise ein unentbehrliches Hilfsmittel[123]. Die auf allen Vermarktungsebenen erzielten „Netto-Netto-Preise" (nach Abzug sämtlicher Konditionen) bestimmen letztlich die erreichten Deckungsbeiträge (von DB 1 bis DB 4).

Die Ermittlung der erzielten Deckungsbeiträge gehört zum wesentlichen Überwachungs- und Entscheidungsvorbereitungsverfahren über alle Vertriebswege.

3.7.5.6 Vertriebswege

Eine nachfragegerechte Preisdifferenzierung und die damit verbundene Wahl der optimalen Vertriebswege wirken positiv auf den erzielbaren Güterertrag im marktaktiven Unternehmen. Die Aufgabe der Distributionspolitik besteht darin, innovative Vertriebsformen güterspezifisch zu ermitteln und am Markt durchzusetzen. Der Markterfolg eines jeden Unternehmens ist abhängig von der Marktdurchdringung der Güterinformationen (hin zum Nachfrager) und der Organisation effektiver kostengünstiger Vertriebswege.

Der Startpunkt jeder physischen Güterverteilung geht vom Hersteller aus. Die Standortsituation des Produktionsbetriebes ist somit unmittelbar mit den potenziellen Zielorten des Nachfragermarktes, und dort mit den Abnehmern, aufs Engste verknüpft. Die logistischen Anforderungen sind für die einzelnen Vertriebswege physisch und kostenrechnerisch zu analysieren[124].

Verbrauchernahe Produktions- und/oder Auslieferbetriebe erfahren in der Regel (bei Massengütern des täglichen Ge- bzw. Verbrauchs) Präferenzen, wenn kurzfristige Bestell- und Lieferintervalle durch die Nachfrager vorliegen. Werden diese Vorteile jedoch durch andere Standortnachteile beim Hersteller aufgewogen, z. B. durch arbeitszeitbedingte und sonstige kostenwirksame Restriktionen, so verstärkt sich die Wirkung der effektiven Güterpreise als Marktzugangsfunktion im Verdrängungswettbewerb homogener Güter am Markt.

Die Gestaltung der einzelnen Vertriebswege informations- und kommunikationstechnisch zu organisieren und umzusetzen, ist die Aufgabe der Branchen-Software zur Unternehmensführung.

Die Vertriebswege für alle Güterarten lassen sich in zwei Gruppen einteilen:
1. **Direkter Vertrieb**
2. **Indirekter Vertrieb**

Zu 1: Direkter Vertrieb

Den direkten Zugang zum Endverbraucher zu suchen, resultiert aus dem Bedürfnis der Hersteller, dem Management in allen Absatzentscheidungen die größtmögliche Unabhängigkeit zu sichern.

Diesem Streben nach direktem Endabnehmer- bzw. Verbraucherzugriff stehen die Sachzwänge der wirtschaftlichsten Güterdistribution entgegen. Die Erschließung eines breiten Marktes führt in der heutigen Kommunikationsgesellschaft über das Internet. Im Regelfalle erfolgt die Interessenten- bzw. Kundenansprache über die Webseite des Anbieters. Über den Anschluss an spezialisierte Marktplätze (Portale) ist eine breite Erschließung großer Zielgruppen möglich.

Die Bedieneroberfläche eines E-Shops muss auf die branchenspezifischen Bedürfnisse der Kunden ausgerichtet sein. Die intuitive Bedienungsgegebenheit des E-Shops ist unabdingbare Voraussetzung für den Markterfolg einer unternehmensspezifischen Internetstrategie.

Zu 2: Indirekter Vertrieb

Der Zwang zur mehrstufigen Distribution wird in erster Linie durch die Güterart selbst vorgegeben. Steht die Notwendigkeit nach schneller Marktdurchdringung im Vordergrund der Absatzpolitik, so sind ebenfalls nur multiplizierbare indirekte Vertriebskanäle (als effektivste Vertriebswege) zu wählen.

Die beiden „Vertriebswege-Gruppen" unterscheiden sich auch durch die erforderlichen Vorleistungskosten und die notwendigen Vorlaufzeiten in der Marktbearbeitung und Marktdurchdringung für homogene Güter. Die vorhandene Finanzkraft des Unternehmens sowie die zur Verfügung stehende Zeit zur Absatzvorbereitung und Markterschließung beeinflussen die Wahl der Vertriebswege. In der Regel liegt bei Mehrproduktunternehmen eine Mischung verschiedener Vertriebswege vor.

Die technischen Möglichkeiten des Informationszeitalters erschließen den marktaktiven Unternehmen einen kostengünstigen, direkten Weg zu den Marktpartnern. Durch die Integration der Kommunikations- mit der Informationstechnik werden die Voraussetzungen für eine effektive und überprüfbare Marktbearbeitung geschaffen[125]. Das Telefonmarketing und der aktive Telefonverkauf haben in unserer Informations- und Kommunikationsgesellschaft erheblich an Bedeutung gewonnen. Der Vertrieb von Gütern aller Art über den Telefonverkauf reicht von den Gebrauchsgütern bis hin zu Investitions-, Finanz- und Dienstleistungsgütern. Keine Güterart bleibt von den innovativen Vertriebsmethoden durch die modernen Kommunikationstechniken unberührt. Ausschlaggebend für dieses starke Wachstum des aktiven Telefonverkaufs sind die direkte Ansprache der Endabnehmer und die erreichte Wirtschaftlichkeit.

> *In der Praxis wurden durch den Einsatz von CTI-Systemen 30 bis 45 Prozent an Produktivitätssteigerung erreicht. Die Vertriebsstückkosten konnten durch den aktiven Telefonverkauf erheblich gesenkt und die Marktzugangskosten gegenüber alternativen Vertriebswegen auf ein Minimum reduziert werden.*

Die effektive Organisation der herkömmlichen Vertriebswege für Verbrauchs- und Gebrauchsgüter über den Fach-, Groß- und Einzelhandel erfordert ein detailliertes Branchenwissen. Die Kosten der traditionellen Vertriebswege müssen permanent gesenkt und transparent werden. Nur ein umfassendes Filial-Informations-System gewährleistet eine produktive Verkaufsabwicklung und gezielte Erlössicherung über alle Filialstandorte. Um Agenturen und Vertreter zu „Mit-Unternehmern" zu machen, ist es notwendig, ein gezieltes Kostenbewusstsein und ertragsorientiertes Handeln bei allen Vertriebsbeauftragten zu fördern.

Die erfolgsorientierte Entlohnung der Vertreter und Agenturen ist bei allen Güterarten für den Hersteller von existenzieller Bedeutung. Im Besonderen trifft das bei den Gütern zu, die im Wettbewerb am Markt unter starken Preisdruck geraten. Eine notwendige Voraussetzung für die ertragsbezogene Provisionierung der Vertriebsbeauftragten (Vertreter, Agenturen) ist eine genaue, detaillierte und zeitnahe Kostenrechnung[126]. Die Verknüpfung der Provisionierung nach den erzielten Deckungsbeiträgen mit der Festlegung absoluter Mindestpreise (bei gleichzeitiger Vorgabe von Mindestabnahmemengen), ist eine empfehlenswerte Strategie zur Förderung unternehmerischen Handelns im aktiven Verkaufsgebaren.

Die effektive Steuerung des Vertriebs umfasst auch eine zeitnahe Abrechnung aller Verkaufsaktivitäten. Die mit variabler Leistungsentlohnung versehenen Verkaufsaktivitäten werden über Vertreter- bzw. Agenturabrechnungsprogramme überwacht und erfolgsorientiert abgerechnet.

Die Vertriebsmitarbeiter über variable Leistungssysteme zur Mitunternehmerschaft zu führen, ist eine auf Erfolg ausgerichtete Vertriebsstrategie.

Der direkte Verkauf der Güter beim Hersteller (Fabrik- oder Werksverkauf) hat unter allen Vertriebswegen quantitativ die geringste Bedeutung. Diese Verkaufsart ermöglicht dem Hersteller einen direkten Kontakt zum Endabnehmer, wodurch er wesentliche Informationen für die Produktentwicklung und Preisgestaltung gewinnen kann. Eine gezielte Befragung und Analyse des Kaufverhaltens gibt wichtige Anhaltspunkte für die Marketingaktivitäten sowie die Produkt- bzw. Sortimentsgestaltung.

In der Nahrungsmitteldistribution gewinnt der direkte Haushaltsverkauf (besonders für Frisch- bzw. Tiefkühlprodukte) über Verkaufsfahrer an Bedeutung. Die vorlaufende Kommunikation zur Abstimmung der Besuchs- bzw. Liefertermine und die Gewinnung von Neukunden erfolgen in der Regel über das Telefonmarketing. Die Festlegung der Touren und die Beschickung der Verkaufsfahrzeuge mit den nachfragewirksamsten Verkaufsartikeln bestimmen maßgeblich den Verkaufserfolg. Daraus folgt, dass vorlaufende Abstimmungsprozesse zwischen Abnehmern und liefernden Verkaufsfahrern unumgänglich sind.

Die Ermittlung der gesamten Kosten der einzelnen Vertriebswege ist die Aufgabe der Kostenrechnung, speziell der Vertriebswegekalkulation. Die Gegenüberstellung von Kosten und Erlös über die einzelnen Vertriebswege gibt Auskunft über die Produktivität der gewählten Vertriebsform.

Im Rahmen der zunehmenden Internationalisierung des Wettbewerbs wird es immer wichtiger, neue Märkte über alle Landes- und Sprachgrenzen hinweg zu erschließen. Für ausländische Märkte gelten in der Regel andere Rahmenbedingungen als sie aus dem Inlandsvertrieb bekannt sind.

Zur Erschließung der Auslandsmärkte ist es erforderlich, dass die eingesetzte Branchen-Software über die angesprochenen Adressen (im Ausland) erkennt, welche Verfahren und Konditionen beim Verkauf der marktgängigen Artikel zu beachten sind. Auch hieraus wird deutlich, dass die Integrations-Elemente (Adressen, Artikel, Konditionen und Verfahren) die jeweiligen Landesspezifikationen im Kommunikations- und Informationsaustausch umfassend abbilden müssen. Nur so ist eine Bearbeitung der ausländischen Märkte ohne zusätzlichen innerbetrieblichen Administrationsaufwand gewährleistet.

3.7.5.7 Verkaufsunterstützung

Die Erkenntnis „Wissen ist Macht" bestätigt sich im täglichen Handel mit allen Gütern dieser Erde immer wieder neu. Diejenigen, die genaue Informationen über Wettbewerb, Preise, Mengenentwicklungen und Spekulationsverläufe besitzen, verschaffen sich die Grundlagen zum ertragsverbesserten Handeln. Es ist daher naheliegend, für alle Vertriebsbeauftragten zu fordern, dass die ertragssichernden Informationen beim Verkaufsgespräch und zur Verkaufsvorbereitung real time und online am Bildschirm zur Verfügung stehen. Die Aufgabe des Software-Moduls „Vertriebsunterstützung" besteht darin, aus einer großen Flut der Verkaufsdaten spezielle Daten zu selektieren, und diese differenziert sowie verdichtet dem Vertrieb zu Verfügung zu stellen.

Im Zuge der Globalisierung unserer Volkswirtschaften und des damit verbundenen immer härter werdenden Wettbewerbs ist für die marktaktiven Unternehmen der Aufbau eines effizienten Kundenbeziehungsmanagementes von besonderer Bedeutung.

Die Steuerung und Kontrolle der gesamten Absatzorganisation erhält über die moderne Informationstechnologie (im Besonderen durch die Internettechnologie) neue Möglichkeiten in der zielgerichteten Kundenorientierung über die Realisierung von:
1. Computer Aided Selling (CAS)
2. Sales Force Automation (SFA)
3. Customer Relationship Management (CRM)
4. Electronic Customer Care (ECC)

Zu 1: Computer Aided Selling – CAS

Zur aktiven Unterstützung des Vertriebs werden CAS-Systeme entwickelt. Im Einzelnen zählen hierzu folgende Maßnahmen:
- Vertriebsmanagement
- Vertriebscontrolling
- Vertriebssteuerung (Innendienst)
- Außendienstlenkung
- Call-Center-Service

Die informationstechnische Unterstützung muss in den Programmen zur branchenspezifischen Abwicklung des gesamten Vertriebs hochintegriert zur Verfügung stehen. Die einzelnen Softwaremodule sind unter Punkt 2.2.3 Communication Ware – iCRM & iSCM detailliert beschrieben.

Die Steigerung der Transparenz über Vertriebsaktivitäten und Kundeninformationen steht im Vordergrund einer CAS-Einführung:
- Umfassende Informationen über ABC-Kunden, Umsätze, Deckungsbeiträge, aktive Angebote, Interessenten sowie Marktpotenziale
- Informationstechnische Unterstützung bei allen Routinearbeiten im Vertrieb, d. h. hohe Integration zwischen Innen- und Außendienst
- Nutzung aller technisch verfügbaren Möglichkeiten zur Verbesserung der Kommunikation über CTI (Computer Telephony Integration), E-Mail, Internet etc.

Zu 2: Sales Force Automation - SFA

Mit der technischen Realisierung zunehmender Automation wandelte sich CAS zu SFA. Die Nutzung aller verfügbaren Kommunikationstechnologien steht hierbei im Vordergrund der Vertriebsunterstützung. Die Kommunikationstechniken, die zur automatisierten Vertriebsunterstützung von Bedeutung sind, wurden vorstehend unter Punkt 2.2.3 Communication Ware – iCRM & iSCM detailliert beschrieben.

Dazu gehören im Wesentlichen:
- Electronic Data Interchange - EDI
- Computer Telephony Integration - CTI
- Internet und Intranet
- E-Mail und Fax

Zu 3: Customer Relationship Management - CRM

Aus der Zielsetzung, die gesamte Absatzsteuerung hochintegriert in die unternehmensweite Informationstechnologie einzubinden, entwickelten sich die CRM-Systeme. D. h. im Einzelnen, dass zur Vertriebssteuerung die Bereiche Marketing, Verkaufsabwicklung, Call-Center, Kundenservice und Absatzmanagement hinzukommen. Das Ziel besteht darin, alle Kundendaten effizienter in der gesamten Warenwirtschaft der Unternehmensorganisation verfügbar zu machen.

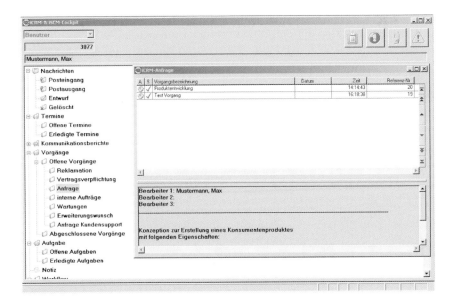

Über CRM im CSB-System wird das komplette Beziehungsmanagement zwischen Kunde und Lieferant einer transparenten informationstechnischen Ablauf- und Controlling-Organisation unterzogen. Im Vordergrund stehen hierbei die Kundenbindung, Kundenbetreuung, Kundenrückgewinnung, Neukundengewinnung sowie die Steigerung der Kundenprofitabilität. Siehe hierzu weitere Ausführungen unter Punkt 3.4.3.3.

Zu 4: Electronic Customer Care – ECC

Im Electronic Customer Care steht das Internet als Basis für die Kunden-Lieferantenbeziehung im Vordergrund der Betrachtung und dient als maßgebliches Kommunikationswerkzeug. Hierbei unterscheidet sich diese Internetkommunikation nach den Kommunikationspartnern in:

a   Business to Consumer (B2C)
b   Business to Business (B2B)

Zu a: Business to Consumer – B2C

Der E-Shop ist im B2C die geeignete Plattform, um als Hersteller oder Handelsunternehmen den direkten Vertrieb der anzubietenden Produkte über das Internet an den Endkunden abzuwickeln. Die im E-Shop zu realisierenden unternehmensspezifischen Marketingstrategien und Vertriebsaktivitäten sowie die einheitliche Darstellung auf der Web-Seite müssen in der Unternehmens-Corporate-Identity Berücksichtigung finden.

Die leichte Bedienbarkeit der Einkaufsabläufe mit den notwendigen Sicherungsmaßnahmen in Einklang zu bringen, ist die Aufgabe der branchenspezifischen Warenwirtschaftssoftware.

Die hohe Integration des E-Shop in das Branchen-ERP-System ist eine maßgebliche Voraussetzung, um doppelte Datenpflege und ein handhabbares Kundenmanagement zu gewährleisten.

Zu b: Business to Business – B2B

Die Ergänzung des traditionellen Kunden-Lieferanten-Beziehungsmanagements (z. B. EDI) um die Internet-Kommunikation, ergibt sich zwangsläufig aus dem Wachstum der elektronischen Märkte. Hierbei sind die Voraussetzungen zur Teilnahme am elektronischen Markt von jedem Unternehmen entsprechend seiner Marktbearbeitungsstrategie zu schaffen und in der unternehmensspezifischen Software (ERP-System) umzusetzen.

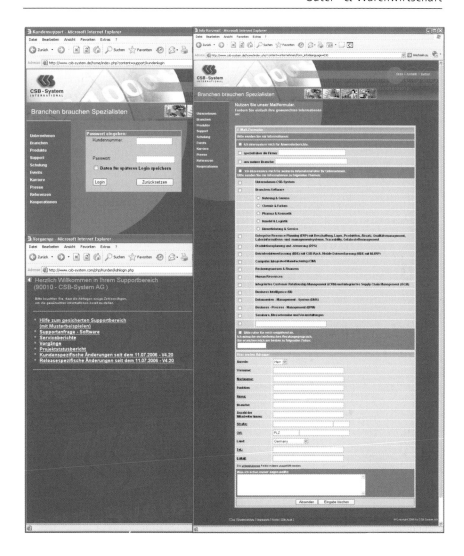

Folgende Voraussetzungen sollten gegeben sein:
- *Auf der Angebotsseite beim Lieferanten*
  - Aussagekräftiger Produktkatalog
  - Eindeutige Produkt-Klassifizierung und -Quantifizierung
  - Umfassende Beschreibung aller Produkte und Leistungen
  - Klare Geschäftsbedingungen (AGBs)
  - Gesicherter Leistungsaustausch (Ware gegen Zahlung)
- *Auf der Nachfrageseite beim Kunden*
  - Identifizierungssystematik für alle Kunden und Interessenten
  - Einfache Anmeldung auf der Webseite des Lieferanten

- – Gesicherter Zugang zu den kundenspezifischen Informationen
  (z. B. OPs, offene Bestellungen, offene Lieferungen, aktuelle
  Konditionen, erreichte Boni, Verfügbarkeit und Lieferzeit etc.)
- – Optimierte kundenspezifische Bearbeitung bei Massenbestellungen
- – Definierter und gesicherter Leistungsaustausch,
  Ware gegen Zahlung, unter Beachtung der vereinbarten Kreditlinien
  und Zahlungsmodalitäten
- ■ *Verbindung von Angebot und Nachfrage durch*
  Supply-Chain-Management

Die Verknüpfung der Angebots- und Nachfrageseite zu einer effektiven
Lieferkette ist die Aufgabenstellung im Supply-Chain-Management. (Siehe
Abb. 97).

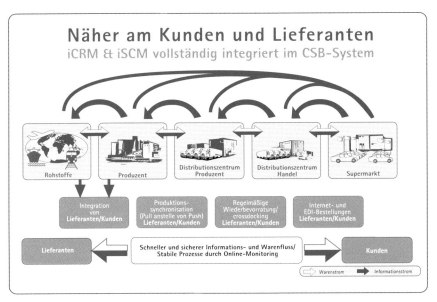

Abb. 97: Lieferkettenverknüpfung im Supply-Chain-Management bis zum Kunden (CRM)

Das Internet ist das ideale Kommunikationsmedium zur Verknüpfung der
Lieferketten im Supply-Chain-Management. Die dazu notwendigen Voraus-
setzungen am elektronischen Markt müssen jedoch gegeben sein und um-
fassen:
- – Sicherheit der Anbindung über das Internet an den elektronischen Markt
- – Standardisierung der Protokolle und der Datenaustauschformate
- – Abgesicherter Leistungsaustausch und dazu korrespondierender
  internationaler Zahlungsverkehr

Die Geschäftsprozesse, die von Kunden außerhalb des Unternehmens über den elektronischen Markt initiiert (getriggert) werden, müssen die syntaktischen Austauschformate sowie auch die zu definierende Semantik beachten. Ein elektronisch versendeter Auftrag über das Internet an einen Lieferanten muss das definierte syntaktische Austauschformat (z. B. XML) beachten. Aus dem EDI-Management ist bereits bekannt, dass die automatisierten Bestellungen nur über eindeutig interpretierbare Auftragsdatensätze abgewickelt werden können. Bei individuellen Aufträgen (z. B. kundenspezifische Produktwünsche) müssen auch die Beschreibungen solcher Produkte ein hohes Maß an semantischer Präzision umfassen.

Zusätzlich zur technischen Unterstützung des Vertriebs ist es erforderlich, die Vertriebsaktivitäten auf die Kunden und Kundengruppen zu lenken, die für das Unternehmen von Ertragsbedeutung sind.

Mit den ertragsstärksten Adressaten (Kunden mit den höchsten absoluten Deckungsbeiträgen) vorrangig Verkaufsgespräche zu führen, ist eine Selbstverständlichkeit. Nur durch eine automatische Informationsaufbereitung ist gewährleistet, dass diese Kunden unter Beachtung der Bonität als Kreditlimitinformation in eine Rangfolge gebracht und in der Verkaufsverhandlung die aktuellen Preise für die einzelnen Güter verfügbar sind. Die benötigten Informationen (für Bildschirmanzeigen und Druckausgaben) anwenderspezifisch dem Vertriebsbeauftragten auf Abruf bereitzustellen, ist die Aufgabe des GPM (Grafisches Print Management). Für die einzelnen Vertriebswege werden die unterschiedlichsten Verkaufsunterstützungsinformationen benötigt. Auch diese werden über den Listengenerator anwenderspezifisch aufbereitet und real time zur Verfügung gestellt.

Nichtbestellerlisten und Nichtlieferlisten (am Bildschirm oder als Druckausgabe) geben rechtzeitig Auskunft darüber, welche Kunden ihren regelmäßigen Bestell- oder Lieferrhythmus verlassen und somit als „Bestandskunden" potenziell gefährdet sind. Rechtzeitiges Handeln und Reagieren durch das Vertriebsmanagement sind in dieser Situation der Auflösung der geregelten Kunden-Lieferantenbeziehung unabdingbar. Zu spätes Handeln macht die getätigten Investitionen in die Bestandskundenpflege zunichte. Die Ursachen für die Lockerung der Lieferanten-Kundenbeziehungen müssen vom Vertriebsmanagement und Controlling analysiert werden, und die gewonnenen Erkenntnisse in die operativen Entscheidungsprozesse der betreffenden Funktionsbereiche einfließen.

3.7.5.8 Verkaufsabwicklung

Über alle Vertriebswege eine integrierte und rationelle Verkaufsabwicklung zu organisieren, setzt spezialisiertes Branchenwissen voraus. Die Beachtung betriebsspezifischer Besonderheiten in der Verkaufsabwicklung verlangt eine breite Parametrisierbarkeit der Branchen-Software von der Angebotsverwaltung bis zum Abrechnungs- und Protokollverfahren. Die anwenderspezifische Ausrichtung der einzelnen Arbeitsabläufe (wie sie vom Unternehmen im Qualitätssicherungshandbuch festgelegt sind) erfordert eine umfassende Analyse der absatzbezogenen Unternehmensprozesse mit anschließender Definition der effektivsten Verwaltungsabläufe in der Verkaufsabwicklung.

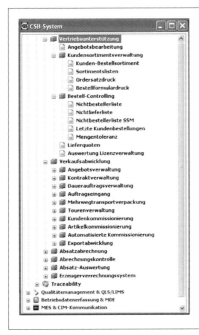

Neben den effizienten Vertriebsunterstützungsfunktionen sind die Verkaufsabwicklungsfunktionen marktgerecht und übersichtlich zu organisieren. Hierzu dienen die standardisierten Abläufe in der Branchen-Software von der Auftragsannahme bis zur Auftragsbestätigung, der Lieferschein- und Rechnungserstellung sowie des elektronischen Datenaustausches mit den Kunden (EDI) über alle Daten der Kunden-Lieferantenbeziehung.

Die Integration der kundenspezifischen Preisauszeichnung sowie der Kommissionierung und Einbindung der internen und externen Logistik, zählen ebenfalls zur branchenspezifischen Verkaufsabwicklung.

Ausgehend von der Angebotsverwaltung (mit vorlaufender Interessentenbearbeitung) werden die einzelnen Schritte in der Verkaufsabwicklung strukturiert und bis zum Abrechnungsverfahren detailliert festgelegt. Am Ende der Interessentenbearbeitung in der aktiven Neukundengewinnung bzw. in der Bestandskundenbearbeitung steht die Angebotsabgabe des Anbieters zum aktuellen Gütersortiment. Die Ausrichtung der Angebote auf die Nachfragerbedürfnisse setzt eine Analyse der Anforderungen beim potenziellen Abnehmer voraus. Mit dem Grad der Übereinstimmung von Nachfragerinteressen und der Abbildung dieser Bedürfnisse im Angebot steigen die Chancen für einen erfolgreichen Auftragsabschluss beim Anbieter.

Die Qualität der Vorarbeiten zur Angebotsabgabe gibt dem Nachfrager Aufschluss über die zu erwartende Güterqualität beim Anbieter. Ein unzureichendes Angebot kann nicht durch ein „Versprechen" zur umfassenden Auftragserfüllung nachgebessert werden. Das heißt, mit unzureichender Angebotsabgabe sinken die Chancen für einen Auftragseingang beim Anbieter (bei ausgeprägter Wettbewerbsstruktur). Das Vorliegen von nicht wirtschaftlich begründbaren Präferenzen für einen im Leistungsvergleich als schwach einzustufenden Anbieter ermöglicht es diesem (trotz vorstehender Einschränkungen), den vom Nachfrager zu erteilenden Auftrag zu erhalten. Die Ermittlung der mit jedem Angebot verbundenen „Präferenzrisiken", ist die Aufgabe des zuständigen Vertriebsbeauftragten.

> *Die Strategien zur Ausschaltung nicht wirtschaftlich begründbarer Präferenzen sind güterartspezifisch und sollten vom Vertriebsmanagement vorgegeben werden. Objektivierte Leistungsvergleiche über alle Güter der einzelnen Anbieter hängen immer auch von der subjektiven Gewichtung der Einzelmerkmale ab. Für einen erfolgreichen Vertrieb ist daher neben dem Preis-Leistungsverhältnis auch die persönliche Überzeugungskraft bzw. Argumentationsstärke des Vertriebsbeauftragten von entscheidender Bedeutung.*

Die Abwicklung der Angebotsverwaltung ist für die einzelnen Güterarten unterschiedlich organisiert. Für Investitions- und höherwertige Gebrauchsgüter ist ein aufwändigeres Verfahren in der Vorarbeit und Abwicklung zur Angebotserstellung erforderlich als beispielsweise bei Nahrungsmitteln und geringwertigen Gütern des Massenverbrauchs. Diese güter- und betriebsspezifischen Bedürfnisse in der Angebotserstellung und -bearbeitung müssen über die Branchen-Software abbildbar sein, womit die Voraussetzungen für den Verkaufserfolg geschaffen sind.

Nachdem die Angebote durch die Anbieter abgegeben wurden, erfolgt bei Massengütern des Handels (Nahrungs- und Genussmittel, Verbrauchs- und Gebrauchsgüter) eine periodisch begrenzte Auftragserteilung an die leistungsfähigsten Lieferanten.

> *Neben dem Preis-Leistungs-Verhältnis gehört zunehmend auch das beim Anbieter installierte und gelebte Qualitätssicherungssystem nach ISO 9001 zu den bedeutenden Auswahlkriterien des Handels.*

Die Auftragserteilung bei Massengütern des täglichen Bedarfs erfolgt in der Regel über vorherige „Leistungen" der zu liefernden Güter bei Abnehmern (Fach-, Groß- und Einzelhandel), an die sich periodische Abrufaufträge anschließen. Die Auftragsbearbeitung über alle Vertriebswege und Güterarten ist mit einem möglichst geringen administrativen Aufwand effektiv zu organisieren.

Die einzelnen Arbeitsabläufe sind branchen- und betriebsspezifisch zu gestalten und anwendergenau zu parametrisieren. Nur bei Erfüllung dieser Anforderungen beschäftigt sich die Verkaufsabteilung mit ihren gestellten

Aufgaben und nicht mit überzogener Systemausbildung und -betreuung. Leichte Bedienbarkeit und schnelle Auftragserfassung gewährleisten, dass die telefonisch eingehenden Kundenaufträge auch direkt am Bildschirm erfasst werden. Somit stehen sie online und real time der weiteren Auftragsbearbeitung zur Verfügung. Werden die verschiedenen Gütersortimente an unterschiedlichen Stellen (Abteilungen bzw. Kostenstellen) bearbeitet, so müssen die eingehenden Aufträge unmittelbar nach Auftragseingang auf diese Abteilungen verteilt werden. Bei Frischeprodukten und sonstigen Massenprodukten ist es bei kurzfristigem Bestell- und Lieferrhythmus schwierig, die Produktion mit den Auslieferungsanforderungen abzustimmen. Organisatorische Hilfslösungen müssen daher über Kürzungs- und Zuweisungsverfahren (letztere bei verderblicher Ware) kostengünstigst abgewickelt werden.

> *Die permanente Liefergradermittlung dient als Instrument zur besseren Abstimmung zwischen Auftragseingang und PPS (Produktionsplanung und Produktionssteuerung). Die Liefergradermittlung ist in Verbindung mit der Auftragsprognose ein wichtiges Hilfsmittel zur nachfragegerechten Produktion. Weiterhin kommt ihr besondere Bedeutung in der Frischeproduktion der Nahrungsmittelindustrie zu.*

Die Verwaltung des wiederverwendbaren Leergutes oder der Mehrwegtransportverpackung (MTV) wird unter dem Aspekt des umweltschonenden Wirtschaftens immer wichtiger. Die Kosten der Mehrwegbehältnisse sind abnehmergenau zu ermitteln. Diese Forderung setzt einen erheblichen Verwaltungsaufwand in Gang. Es ist daher erforderlich, alle mit der Warenbewegung einhergehenden Leergutbewegungen (integriert mit der Versandsteuerung) zu erfassen sowie in der Auftragsbearbeitung auf diese Daten direkt zurückzugreifen und sie auszuwerten.

Die Abrechnungsverfahren zwischen Lieferanten und Kunden sind branchen-, unternehmens- und teilweise güterspezifisch organisiert. Im weltweiten Güteraustausch zwischen Lieferanten und Abnehmern ist eine internationale Standardisierung der Abrechnungsverfahren in nächster Zeit (kurz- bis mittelfristig) nicht zu erwarten[127]. Alle Abrechnungsverfahren müssen die Belange zwischen den Adressaten (Lieferant und Kunde) erfassen und entsprechend den festgelegten Verfahren sowie den vereinbarten Konditionen artikelgenau abrechnen. Über die Basiselemente der Integration (Adressen, Artikel, Konditionen und Verfahren) werden alle Abrechnungsmodalitäten eindeutig und umfassend abgebildet.

Der papierlose Datenaustausch wird die Regel; die Rechnungslegung auf Papier die Ausnahme sein. Diese Entwicklung fordert von allen Beteiligten eine fehlerfreie Datenkommunikation.

Nicht zertifizierte Standard-Software (nach DIN ISO 9001) wird somit keine Abnehmer mehr finden, da die großen Handelspartner nur zertifizierte Software zur Datenkommunikation (aus eigenen Sicherheitsbestrebungen) zulassen werden.

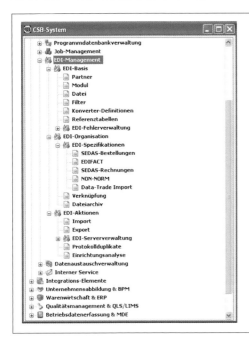

Das EDI-Management ist integraler Bestandteil der Warenwirtschaft und dient dem standardisierten Austausch von Bestell- und Rechnungsdaten zwischen Kunden und Lieferanten.

Die marktbedeutenden Handelsunternehmen haben individuelle Ausprägungen im EDI-Management, diese sind mit den standardisierten Programmen des Datenaustausches abzuhandeln. Die Einstellungs- und Parametrisierungsmöglichkeiten decken diese individuellen Anforderungen im CSB-System ab.

Protokolle zur Dokumentation der durchgeführten Verkaufsabwicklung gewinnen durch die umfassende Automation der Datenkommunikation für das Controlling erheblich an Bedeutung. Automatisierte Controllingabläufe sind besonders für alle „wertrelevanten" Vorgänge (Stück, Gewicht, Preis) der im Verdrängungswettbewerb stehenden Unternehmen von existenzsichernder Bedeutung. Die Sicherung der Ertragskraft ist maßgeblich von der fehlerfreien und rationellen Abhandlung der Verkaufsabwicklung abhängig.

Gesetzlich vorgeschriebene und eichtechnisch dokumentierte Protokolle auf endlosen Papierstreifen zu überprüfen, ist neben der physischen Arbeit auch kontrolltechnisch von unzureichender Sicherheit. Diese Aufgaben müssen ausschließlich über die EDV abgewickelt und mit automatisierten Differenzprotokollauswertungen belegt werden.

Aus den Daten der Verkaufsabwicklung sind zur Verkaufsunterstützung die wesentlichen Informationen für die Vertriebsbeauftragten herauszufiltern und online bei allen Verkaufsvorgängen im aktiven Verkaufsgespräch über die EDV bereitzustellen.

EVS – Erzeugerverrechnungssystem Absatz

Auf dem Markt der Nahrungs- und Genussmittel ist der Verkauf biologischer Grund- und Rohstoffe unter speziellen Qualitätsanforderungen abnehmerspezifisch abzuwickeln.

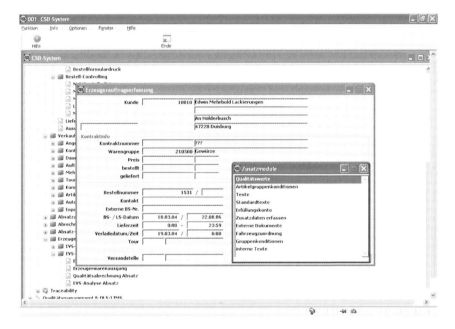

Hierbei müssen folgende Kriterien Beachtung finden:

- Kundenspezifische Qualitätsanforderungen für die einzelnen Grund- und Rohstoffe müssen berücksichtigt werden
- Einführung mit dem Kunden abzustimmender Qualitätsbeurteilungsmethoden
- Qualitätskontroll- und Auswertungsmethoden (Wert- bzw. Preisfindungsmethoden)
- Integration in die komplette Warenwirtschaft der Branchen-Software
- umfassende Kontraktverwaltung für Mengen und Qualitäten über alle Rohstoffe
- Liefermengenplanung (Mengen und Qualitäten) mit Erfüllungskontenüberwachung
- Erzeugerwarenausgangserfassung mit Lieferpapier und Qualitätszertifikatserstellung
- Variable Abrechnungsgestaltung (Zeit, Qualität, Kontrakt sowie Mehr- und Mindermengen) über kundenspezifische Rechnungsmuster

- Auswertungen über die gelieferten Qualitäten, Mengen, Preise, Zu- und Abschläge, Boni etc. durch die Standard-Auswertungstools der Absatzanalyse
- umfassende MTV-Verwaltung und Abrechnung über verschiedene Einheiten und unterschiedlichste Kommissioniersysteme

Für die nur begrenzt verfügbaren Grund- und Rohstoffe sind umfassende Kontrakt-Liefermengenplanungen durchzuführen. Über die Beachtung der Lieferintervalle gemäß den kundenspezifischen Anforderungen und die zeitnahe Überwachung der Erfüllungskonten über die vereinbarten Kontrakte wird eine enge Kundenbindung bewirkt. Die Dokumentation aller quantitativen sowie der qualitativen Prüfungen muss entsprechend den Kundenvereinbarungen und lückenlos erfolgen.

3.7.5.9 Versandsteuerung

Die Abwicklungszeit zwischen dem Auftragseingang beim Lieferanten und der Anlieferung beim Abnehmer zu minimieren, verschafft jedem Marktpartner Wettbewerbsvorteile. Auftragszuwächse über wirtschaftlich begründbare Präferenzen wie
- hohe Lieferbereitschaft
- direkte Kommissionierung
- schnellen Auftragsabschluss
- unverzügliche Auslieferung
zu erreichen, fördert die ertragssichernde Funktion im Absatz.

Die Auftragsannahmebereitschaft bis zum letztmöglichen Zeitpunkt aufrechtzuerhalten und zusätzlich die erwarteten Anliefertermine beim Kunden einzuhalten, erfordert eine permanente Verbesserung aller Abstimmungs- und Logistik-Prozesse im Unternehmen.

Die Integration über alle Funktionen der Warenwirtschaft (Beschaffung, Produktion, Lager und Absatz) und die Verknüpfung der Informationstechnik mit der Automation im CIM-Konzept sind zwingende Voraussetzungen zur Verkürzung der Produktdurchlaufzeiten im Unternehmen, woraus kurze Bereitstellungszeiten für die Auslieferung resultieren. Der Groß- und Einzelhandel erwartet zunehmend kürzere Reaktionszeiten zwischen Bestelleingang und Belieferung durch seine Lieferanten. Jede Warenauslieferung, die nicht rechtzeitig für den Endverbraucher bereitgestellt wird, führt zu Umsatzeinbußen im Handel. Daraus folgt, dass die Transportlogistik als letztes Glied in der Kette die termingerechte Anlieferung gewährleisten muss.

Aus den vorstehenden Anforderungen resultieren die Bedürfnisse nach größtmöglicher Flexibilität in der Routenplanung und Verladedisposition bzw. bei der Fahrtanweisung an den Fahrzeugführer.

> *Unter der Vorgabe allgemein gültiger und wirtschaftlicher Kriterien tritt eine umfassende Tourenoptimierung hinter die Anforderung nach größtmöglicher Flexibilisierung der Auslieferungsanforderungen zurück.*

In Abb. 98 ist der Prozess der kompletten Auftragsbearbeitung vom Auftragseingang bis zur Tourenendkontrolle dargestellt. Die papierlose Kommissionierung ist als

- Kundenkommissionierung
- Artikelkommissionierung und
- automatische Kommissionierung

über diese drei Verfahren oder als Mischverfahren in jedem Unternehmen (mit unterschiedlichen Rationalisierungsmöglichkeiten) durchführbar.

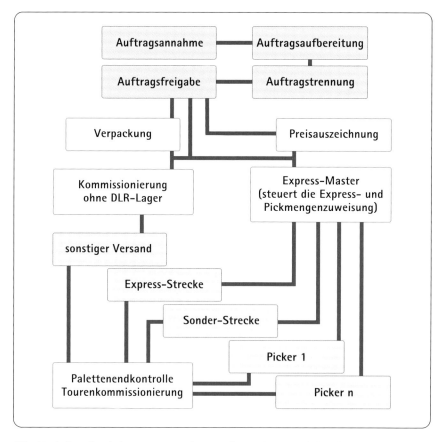

Abb. 98: Auftragsbearbeitungsprozess mit manueller und automatischer Kommissionierung an einem Praxisbeispiel

Die kundenbezogene Verpackung und gleichzeitige Preisauszeichnung wird als Dienstleistung des Lieferanten für die Handelsbetriebe immer wichtiger. Daraus folgt, dass diese Auszeichnungsarbeiten in den manuellen und automatischen Kommissionierprozess integriert werden müssen. Aus Abb. 98 ist die Integration der Preisauszeichnung in die Kommissionierabläufe ersichtlich.

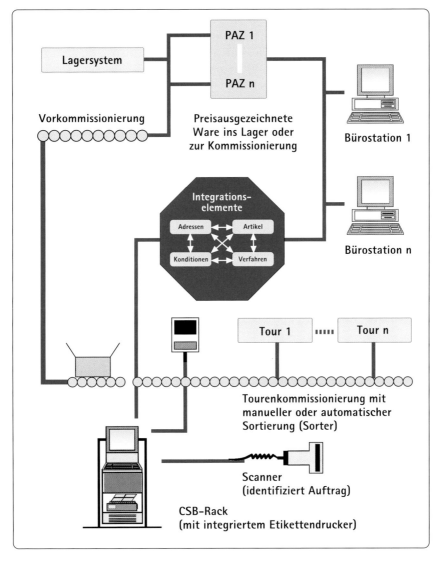

Abb. 99: Integrierte PAZ-Abwicklung in der manuellen und automatischen Kommissionierung als Praxisbeispiel

Die ständig wachsenden Anforderungen zur Verkürzung der Auftrags-abwicklungszeiten erfordern eine immer stärkere Automatisierung sämtlicher Lagerabruf-, Verpackungs-, Preisauszeichnungs- und Kom-missioniersteuerungen. Die verschiedenen Formen der automatischen Kommissionierung, wie sie für die Praxis gelöst wurden, haben das Ziel, die Durchlaufzeiten zu verkürzen und die manuellen Arbeitsgänge zu reduzieren (siehe auch Abb. 99).

Die vollautomatische Kommissionierung hat zum Ziel, sämtliche manuellen Arbeitsgänge durch rationellere und schnellere automatisierte Auftragsbe-arbeitungsprozesse abzulösen. Über den MDE-Master werden die touren-bezogenen Aufträge vollautomatisch bearbeitet, kommissioniert (über RFZs) und zielortgenau in den Versand befördert. An der Warenausgangskontrolle werden die notwendigen Behälter- oder Palettenkennzeichnungen (z. B. Etiketten) gleichzeitig mit allen Versandpapieren ausgedruckt, womit der gesamte Auftrag abgeschlossen wird.

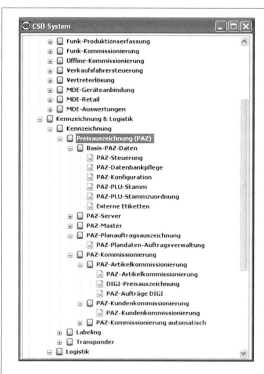

Die integrierte Online-Preisauszeichnung (PAZ) in der internen Logistik beinhaltet erhebliches Rationalisierungspoten-zial.

Die Integration der PAZ-Abläufe in den Kommis-sionierprozess führt zur Verkürzung der Auftrags-abwicklung über Plan-auftragsauszeichnung, PAZ-Artikelkommissio-nierung, PAZ-Express-master und PAZ-Kunden-kommissionierung.

Hierbei können unter-schiedliche Automati-sierungsgrade im Stan-dard gewählt werden.

Die Rationalisierungseffekte durch die vollautomatische Auftragsbearbei-tung sind branchen- und betriebsspezifisch unterschiedlich ausgeprägt. Die

Beachtung unternehmensspezifischer Strukturen muss im detaillierten CIM-Konzept gewährleistet sein; dabei sind die möglichen Rationalisierungseffekte umfassend zu ermitteln. Die mit der Automation verbundenen Risiken können nur durch die Entscheidung für standardisierte und praxiserprobte „Referenzlösungen" gemindert werden. Für jede Entscheidung zur Investition in Automation gilt, dass nur die Projekte realisiert werden sollten, welche neben der Verkürzung der Auftragsdurchlaufzeit auch erhebliche Rationalisierungseffekte freisetzen, also einen kurzfristigen ROI ermöglichen.

3.7.5.10 Absatzauswertungen

Die Auswertung und Bewertung aller Absatzaktivitäten ist für ein marktorientiertes Unternehmen eine Frage der Existenzsicherung. Aus den gesamten Absatzdaten die notwendigen Rückschlüsse für die einzuleitenden Vertriebsaktivitäten zu ziehen, setzt eine differenzierte Auswertungsmöglichkeit voraus[128].

Das Werkzeug zur umfassenden Auswertung des gesamten Absatzes ist die Absatzanalyse. Mit der Absatzanalyse werden alle Daten bzw. Informationen für das Management-Informations-System (MIS), Bereichs-Informations-System (BIS) und Controlling aufbereitet.

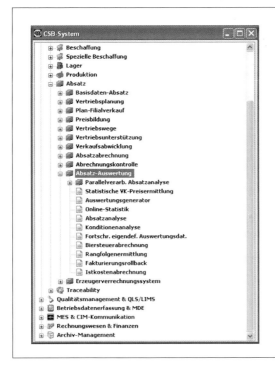

Im Standard der Absatzauswertungen sind alle wesentlichen Daten auf Knopfdruck abrufbar. Die Analyseprogramme im Absatz umfassen die Online-Statistik, die periodischen VK-Preisermittlungen sowie die kunden- und artikelgenauen Konditionenanalysen.

Über benutzerspezifische Absatzanalyse-Konfigurationen können die Bedürfnisse der einzelnen spezialisierten Vertriebsmitarbeiter umfassend im Standard abgedeckt werden.

Die Auswertungsanforderungen sind in der Regel branchen- und betriebsspezifisch ausgelegt. Von einem branchenspezifischen Unternehmensführungssystem wird erwartet, dass die allgemein gültigen Auswertungen als Standardmuster abrufbar sind. Diese Musterauswertungen sind mit den Werkzeugen des „GPM" leicht erweiterbar, und daher mit geringem Aufwand an die betriebsspezifischen Belange anpassbar[129].

Die Aufgabe der Vertriebsorganisation besteht darin, die Absatzdaten vom Marketing bis zur Vertriebsplanung sowie die Verkaufsdaten über alle Vertriebswege detailliert und kumuliert auszuwerten. Für die einzelnen Aufgabenfelder im Absatz sind die entsprechenden betriebs- und anwenderspezifischen Auswertungen über den Auswertungsgenerator zu erstellen. Für die dispositiven Aufgaben des Managements sind spezielle, auf diesen Entscheidungsbedarf ausgerichtete Auswertungen anzufertigen. Die Mitarbeiter im operativen Vertriebsgeschäft benötigen die Absatzdaten, welche ein effizientes Verkaufen fördern. Diese Daten direkt auf dem Bildschirm zugänglich zu machen und über einen „Top-to-down-Zugriff" zu organisieren, ist ebenfalls die Aufgabe des Auswertungsgenerators.

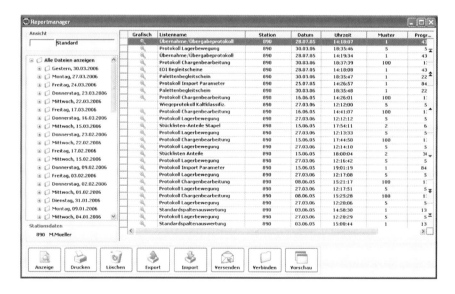

Die Aufgabe eines modernen Informations- und Kommunikationssystems besteht darin, alle Auswertungen direkt auf dem Bildschirm anzuzeigen und nur im Ausnahmefall auszudrucken. Damit nun die wichtigsten Absatzdaten den dispositiven wie auch den operativen Mitarbeitern jederzeit zur Verfügung stehen, erfolgt eine automatische Auswertung und Fortschreibung dieser Daten in der Online-Statistik. Sowohl die anwenderbezogene Auswertung als auch die Aufbereitung (in der Darstellung der Daten auf dem Bildschirm und als Druck) ermöglichen dem Management und dem Mitarbeiter eine breite und differenzierte Analyse aller Absatzdaten im Online-Zugriff. Kurzfristige Erfolgskontrollen sind im Absatz unumgänglich. Die kürzeste Auswertungsperiode ist somit der Tag.

Darauf aufbauend, erfolgt eine zeitraumbezogene Betrachtung mit Vorperioden, wie sie vom Vertriebscontrolling unter Beachtung der aktuellen Planzahlen im Periodenraster für das Unternehmen festgelegt wurden. Die bei negativen Abweichungen zu erfolgenden Entscheidungen und Maßnahmen werden auf Managementebene definiert und haben je nach Abweichungsgrad auch Einfluss auf die festgelegten Absatzstrategien.

3.7.5.11 Absatz-Controlling

Die mit der Absatzplanung vorgegebene Vertriebsstrategie ist der Ausgangspunkt für ein umfassendes Absatz-Controlling. Über spezielle Workflows sind die periodischen Analysen auf alle Absatzdaten auszurichten.

Das Absatz-Controlling ist einteilbar in vier Controlling-Bereiche:
1. Controlling des gesamten Absatzprozesses
2. Integrations-Controlling in die komplette Warenwirtschaft
3. Absatz-Leistungs-Controlling über alle Vertriebswege
4. Präsentation der Controllingergebnisse für die Vertriebsorganisation

Zu 1: Controlling des Absatzprozesses

Die Abläufe im Absatz einem gezielten Controlling zuzuführen, ist unabdingbar für ein marktaktives Unternehmen. Dem Vertriebsmanagement müssen alle notwendigen Informationen über alle Absatzprozesse sowie die aktuellen Daten zur Kundenzufriedenheit auf Abruf zur Verfügung stehen.

Über spezielle Workflows sind die Informationen zu den einzelnen Controllingsmaßnahmen zu organisieren:
- als Marketingerfolgskontrolle die Entwicklung der Interessenten (A, B, C), der Angebote und des Auftragseingangs periodisch mit Vorjahres- und Plandaten abgleichen
- Ermittlung des Auslieferungsgrades als Ergebnis der Analyse zwischen Auftragseingang und Lieferung unter Berücksichtigung von Teillieferungen
- Kundenreklamationsanalyse mit umfassender Ursachenforschung über alle Kommunikationsdaten aus dem Kontaktmanagement (Call-Center)

■ Analyse der Durchlaufzeit des Auftrages von Bestelleingang bis zur termingerechten Anlieferung beim Kunden

■ Analyse der Fehllieferungen, Retouren und sonstiger Produkt-schäden über eine umfassende Warenrückflussanalyse

■ lückenloses Mengen- und Preis-Controlling über alle Kunden und Artikel

■ umfassende Ertragsanalyse über Kunden und Artikel über die Deckungsbeitragsrechnung von DB 1 bis DB 4

■ Erstellung einer Risikoanalyse über gefährdete Kunden (Nichtbe-steller-Informationen), die aktiven Kunden sowie Bonitätsanalyse zur Absicherung gegen Forderungsverluste

Zu 2: Integrations-Controlling

Ein erfolgreicher Absatz erfordert eine effiziente Abstimmung aller Warenwirtschaftsprozesse über das gesamte Unternehmen. Die Zeit-räume zwischen der Bestellung des Kunden beim Lieferanten und der gewünschten Anlieferung am Wareneingang des Kunden werden signifikant kürzer. Verantwortlich hierfür sind der Abbau der Zwi-schenlagerung sowie das Bedürfnis, bei der Frischproduktion die Qua-litäten und Haltbarkeitskriterien permanent zu verbessern.

Über das Integrations-Controlling erfolgt die Überprüfung der Abstimmungs- und Abbildungsverfahren des Absatzes in der Bran-chen-Software:

■ *Adressen:*
Die Definition sowie die Abbildung der Kommunikation zwischen Lieferanten und Kunden erfolgt über die eindeutige Bestimmung der Adressen.

■ *Artikel:*
Der physische Inhalt eines jeden Rechtsgeschäftes in der Güter- und Warenwirtschaft (Produkte und Leistung) wird über die Arti-kel definiert.

■ *Konditionen:*
Die Austauschbedingungen in der Warenwirtschaft zwischen Lieferan-ten und Kunden werden über die Konditionen verbindlich geregelt.

■ *Verfahren:*
Der Austausch der Vertragsdaten sowie der physische Prozess des Waren- bzw. Güteraustausches werden über das vertraglich ver-einbarte Verfahren geregelt.

Ein lückenloses Integrations-Controlling erfolgt auf der Basis der kleinsten Elemente der Rechtsgeschäfte zwischen Lieferanten und Kunden, über die Integrationselemente. Mit den Analyse-Programmen des Absatzes lassen sich die branchen- und betriebsspezifischen Auswertungen über alle Integrationselemente und deren Verknüpfungen lückenlos und transparent darstellen.

Zu 3: Absatz-Leistungs-Controlling

Ein umfassendes Controlling über alle Absatzwege ist erforderlich, um die aktuelle Vertriebsstrategie zeitnah zu überprüfen. Die Leistungskraft der einzelnen Vertriebskanäle ist permanent über eine Plan-Ist-Analyse der einzelnen Vertriebsaktivitäten auszuwerten. Dazu zählt speziell die Analyse der Haupt- und Nebenvertriebswege:

- Agentur- und Handelsvertreter-Vertrieb sowie Groß- und Einzelhandel
- direkter Vertrieb an den Endkunden im B2B bzw. B2C (als E-Shop) über das Internet und EDI (mit großen Handelsketten)
- Filial- und Regionallager-Verkauf
- alle sonstigen betriebsspezifischen Vertriebswege

Die Profitabilität über alle Vertriebswege muss permanent überwacht werden. Hierzu ist es erforderlich, eine umfassende Kostenträgerrechnung über alle Güter (Produkte und Leistungen) dem Vertriebsmanagement zeitnah verfügbar zu machen. Die periodische Ermittlung der erzielten Deckungsbeiträge über alle:

- Kunden bzw. Kundengruppen (Adressen)
- Produkte bzw. Warengruppen (Artikel)

sowie die Analyse der Sonderaktionen über:

- Kunden, Produkte (Adressen-Artikel-Konditionen)
- kundenspezifische Ausgestaltung der Produkte (Adressen-Artikel-Konditionen-Verfahren)

erfordern eine adressenspezifische Vertriebswege-Kostenrechnung.

Nur unter diesen Bedingungen sind die ertragssichernden Funktionen des Absatzes über das gesamte Produkt- und Kundenpotenzial transparent zu gestalten und einer objektiven Bewertung zuzuführen.

Zu 4: Präsentation der Controllingergebnisse

Die Berücksichtigung spezieller Bedürfnisse der verschiedenen Ebenen in der Absatzorganisation muss über benutzerspezifische Auswertungsmuster erfolgen:

A Das Management benötigt verdichtete Daten über alle Vertriebswege und alle Kunden zur permanenten Überprüfung der vorgegebenen Vertriebsstrategie.

B Die Vertriebsleitung muss auf alle Vertriebsdaten (bis auf die einzelne Sonderaktion) zugreifen können. Detaillierte sowie kumulierte Verkaufsdaten (Mengen, Preise, Konditionen und Deckungsbeiträge DB 1 bis DB 4) müssen im Drill-down- und Button-Up
Analysemodus über ein umfassendes Bereichs-Informations-System
(siehe hierzu Punkt 3.4.2) verfügbar sein.

C Alle Vertriebsbeauftragten und Vertriebsverwaltungsmitarbeiter
benötigen die lückenlose Sicht auf ihre jeweils zugeordneten Ver-
triebsbereiche. Hierzu zählen alle Kommunikationsdaten (Call-
Center-Informationen), Verkaufsaktivitäten (als Plan-Ist-Analyse)
sowie die ertragsrelevanten Informationen über Vertriebswege,
Kunden und Artikel.

Die Controlling-Auswertungen sind betriebs- und anwenderspezifisch
über die Standard-Auswertungswerkzeuge der Branchen-Software aufzubauen und als Real-Time-Informationen bereitzustellen.

3.8   Rechnungswesen & Finanzen

Die Dokumentation unternehmerischen Handelns erfolgt über die Registratur der gesamtbetrieblichen Prozesse im Rechnungswesen und über Finanzbewegungen, die durch diese Geschäftsvorfälle ausgelöst werden.

> *Die ersten Standardprogramme im kaufmännischen Bereich waren daher auf die Erledigung von „Massenarbeit" in der Buchhaltung und der Lohn- & Gehaltsabrechnung ausgerichtet. Die Normierung dieser Abläufe durch gesetzliche Vorschriften forderte nun die Entwicklung standardisierter Programme im Rechnungswesen sowie in der Lohn- und Gehaltsabwicklung.*

Im Funktionsbereich der Finanzen und des Rechnungswesens wurden (ausgehend von den Kameralwissenschaften über die Handelslehre bis hin zur Betriebswirtschaft des Industriezeitalters) alle Aufgaben der Unternehmenskontrolle, Liquiditätssicherung und Erfolgsdokumentation zentral (d. h. in den „Schreibstuben", den Büros bzw. den Verwaltungen) bearbeitet. Der Unternehmensprozess zur physischen Gütererstellung war somit von den Daten-Verarbeitungs-, Betriebsabrechnungs- und Erfolgskontrollabläufen (durch Haupt- und Nebenbuchhaltungen der „Zentralverwaltungen") getrennt.

Im Gegensatz dazu wurde das integrierte CSB-System zur Unternehmensführung konsequent (unter den gegebenen Möglichkeiten des Informationszeitalters) auf eine Online- und Real-Time-Datenerfassung und -Datenbearbeitung im gesamten Unternehmensprozess der Gütererstellung (d. h. „vor Ort") ausgerichtet. Daraus folgte, dass die Strukturen der Branchen-Software des CSB-Systems an den gesamtheitlichen Unternehmensprozess angepasst werden mussten. Aus der in Abb. 100 aufgezeigten Gegenüberstellung der „traditionellen Software-Gliederung" zur neuen Gliederung der „integrierten Unternehmensführung", ist die Verlagerung des Schwerpunktes Finanzwesen zur Zeit- und Warenwirtschaft in der Informations- und Kommunikationsorganisation ersichtlich.

Aus traditioneller Sicht vollzieht sich die Integration aller Betriebsprozesse über das „Hauptbuch" des Rechnungswesens. Somit ist das Hauptbuch als Integrationselement[130] die zentrale Komponente des „Systems R3" von SAP. Hieraus folgt, dass der Einkauf über die Kreditoren, der Verkauf über die Debitoren und das Personal sowie die Verwaltung der Anlagen und des Materials über diese fünf „Nebenbuchhaltungen" zentral abgewickelt werden können[131].

Die Kostenarten-, Kostenstellen- und Kostenträgerrechnung sowie die Kalkulation und Ergebnisrechnung sind demnach ebenfalls eingebundene Komponenten des Hauptbuches. Sie haben also keine unmittelbare „Online- und

Real-Time-Beziehung" zum Prozess des bewerteten Leistungsverzehrs in der Güterproduktion[132].

Traditionelle Software-Gliederung[1]	Integrierte Unternehmensführung[2]	
Office & Kommunikation	Management & Controlling	Management-Inform.-System Bereichs-Inform.-System
Controlling		Kommunikationsmanagement Entscheidungsprozess
Basissystem	Integrationselemente	Adressen Artikel Konditionen Verfahren
Sonderlösungen	Unternehmensabbildung	Sprachgenerator Wörterbuch Branchengenerator Unternehmensstruktur Benutzerverwaltung Workflow-Management
Qualitätssicherung	Qualitäts-Kontroll-System	
Materialwirtschaft	Warenwirtschaft	Beschaffung Lager
Produktionsplanung PPS-Informationssystem		Produktion & PPS Absatz
Vertrieb		
Personalwirtschaft	Zeitwirtschaft	Personal & Arbeit Betriebsmittel & Investitionen
Anlagenwirtschaft Instandhaltung		Instandhaltung
Finanzwesen	Rechnungswesen & Finanzen	Lohn- & Gehaltsabrechnung Anlagenbuchhaltung Finanzbuchhaltung Kostenstellenrechnung Soll-Ist-Kostenrechnung

[1] Gliederung der Standard-Software SAP R3; Release 1.1., aus: Finanzwesen der SAP, Walldorf
[2] Gliederung des CSB-Systems; Version 4.0., aus: Anwenderdokumentation CSB-System, Geilenkirchen

Abb. 100: Gegenüberstellung der Standard-Software-Gliederung nach traditionellem und integriertem Ansatz

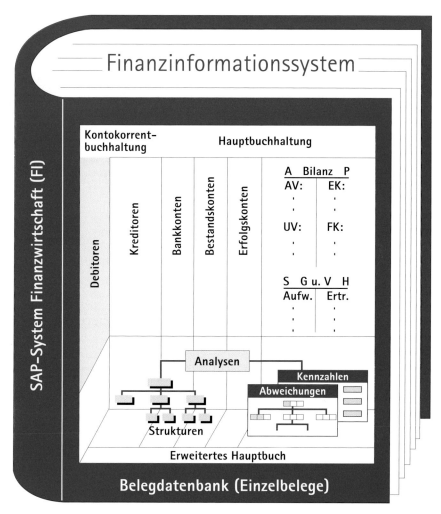

Abb. 101: Das Hauptbuch als zentrales Integrationselement in SAP/R3

Unter der Maßgabe, dass jedes wettbewerbsfähige Unternehmen die wirtschaftlichen Möglichkeiten der Informations- und Kommunikationstechnik nutzen wird, wurde das Konzept der integrierten unternehmensweiten „Online- und Real-Time-Datenerfassung und -Datenbearbeitung" im CSB-System umgesetzt.

Die Gütererstellung steht im Mittelpunkt der gesamtheitlichen Unternehmensführung. Über die Zeit- und Warenwirtschaft wird der bewertete

Leistungsverzehr direkt mit der Informationstechnik erfasst und „1:1" zum realen Produktionsprozess abgebildet. Die Integration der Funktionsbereiche „Rechnungswesen & Finanzen" mit der „Zeit- und Warenwirtschaft" vollzieht sich über die Integrationselemente: Adressen, Artikel, Konditionen und Verfahren. Der Integrationskern im CSB-System wirkt durch die universelle Verknüpfung dieser vier Integrationselemente in der Abbildung aller wirtschaftlichen Daten, Fakten und Tatbestände (als kleinste Bausteine) im Gütererstellungprozess des bewerteten Leistungsverzehrs. Demnach reduzieren sich Rechnungswesen & Finanzen auf das rechnerische Abbild der buchhalterischen Gegenkontrolle aller Zeit- und Warenwirtschaftsprozesse. Daraus folgt, dass die Kostenrechnung ein integraler Bestandteil des Gütererstellungsprozesses ist. Somit kann der bewertete Leistungsverzehr im gesamten Unternehmen „real", bewertungs- und zurechnungsdifferenziert über die „Flexible Kostenträgerrechnung" dargestellt werden[133]. Als Ergebnis der Absatzertragsanalyse wird über die Deckungsbeitragsermittlung der Erfolg unternehmerischen Handelns produktgenau (Artikel) und abnehmerspezifisch (Adressen) transparent[134].

Aus dem periodisierten Abgleich der verrechneten Kosten (über die „Flexible Kostenträgerrechnung") mit den im Rechnungswesen verbuchten Kosten ergeben sich die „Kalkulationskostenabweichungen". Die „kalkulatorischen Ertragsabweichungen" errechnen sich aus den nach Erlösstufen differenzierten Deckungsbeiträgen zu den entsprechend ermittelten Erlöszwischensummen im Rechnungswesen. Die Analyse dieser Kosten- und Ertragsabweichungen zwischen Warenwirtschaft und Rechnungswesen versetzt das Management in die Lage, zielgerichtete Handlungsanweisungen im Controlling zu formulieren und umzusetzen.

Wie bereits vorstehend erläutert, ergeben sich aus der Zeitwirtschaft die buchhalterischen Aufgaben der Personal- und Betriebsmittelabrechnung. Über die Standard-Programme
- Lohn- und Gehaltsabrechnung und
- Anlagenbuchhaltung
werden diese Anforderungen nach den gesetzlichen Vorgaben und integriert mit der Zeitwirtschaft erfüllt. Im integrierten Unternehmensführungssystem bestehen die Aufgaben der
- Finanzbuchhaltung und
- Kostenstellenrechnung
in der Erfüllung der Anforderungen einer ordnungsgemäßen Buchführung sowie in der Durchführung von periodischen Abschlüssen und Bilanzen des einzelnen Unternehmens und reichen bis hin zur Konzernkonsolidierung. Diese Aufgaben rationell und ohne doppelten Erfassungsaufwand effektiv zu erledigen, wird durch die umfassende Integration der Zeit- und Warenwirtschaft mit dem Bereich Rechnungswesen und Finanzen gewährleistet.

Durch die in den Programmmodulen „Management & Controlling" aufgezeigten Auswertungsverfahren greift das konzernweit wirkende Controlling
über alle Funktionsbereiche unmittelbar auf alle kosten- und ertragsrelevanten
Daten (integriert und real time) zu. Das Controlling ist somit keine aus-
schließliche Aufgabe des Rechnungswesens, sondern wirkt im CSB-System
integriert über die gesamten Unternehmensprozesse „top to down". Die
Kontrollfunktionen reichen unmittelbar vom konsolidierten Ertrag bis
zur Überprüfung des einzelnen Urbelegs in der Warenwirtschaft mit Online-
Zugriff auf das Archiv.

3.8.1 Lohn- & Gehaltsabrechnung

Die Arbeitsleistungen aller Mitarbeiter werden über die Zeitwirtschaft erfasst. Alle Zeitdaten, die zur Entlohnung des Faktors „menschliche Arbeit"
benötigt werden, kommen integriert aus der Zeitwirtschaft in die Programme zur Lohn- und Gehaltsabrechnung.

3.8.1.1 Basisdaten Lohn- & Gehaltsabrechnung

Voraussetzung für die Leistungsabrechnung der menschlichen Arbeit ist die
Erfassung der Basisdaten für die Lohn- und Gehaltsabrechnung sowie die
Pflege dieser Daten, je nach Bedarf. Die effektive und anwenderfreundliche
Datenbearbeitung steht im Vordergrund der Software-Leistungen zur Ver-
waltung aller Basisdaten[135].

3.8.1.2 Abrechnungsdaten

Die Abrechnungsanforderungen resultieren aus den betriebsspezifischen
Entlohnungssystemen und den landesspezifischen gesetzlichen Erfordernissen. Mit einer leistungsgerechten Entlohnung wird die Leistungsbereitschaft
gefördert und somit das „Leistungsprinzip" in den Mittelpunkt unternehmerischen Handelns gerückt. Die leistungsrelevanten Daten, welche in der
Zeit- und Warenwirtschaft aufbereitet werden, dienen anschließend den
Abrechnungsprogrammen, die in die Lohn- und Gehaltsabrechnung integriert sind, zur Ermittlung der Auszahlungsbeträge. Alle daraus resultierenden Zahlungsvorgänge werden automatisiert ausgeführt.

Aus den detaillierten Abrechnungsdaten werden alle lohn- und gehalts-
relevanten Kostendaten integriert der Finanzbuchhaltung sowie der Kostenstellenrechnung übermittelt. Die kostenrechnerische Auswertung dieser
Kostenarten, die Gegenüberstellung von Ist- zu Plankosten sowie die Ermittlung der Kalkulationskostenabweichung erfolgen ebenfalls in der Finanzbuchhaltung und der Kostenstellenrechnung.

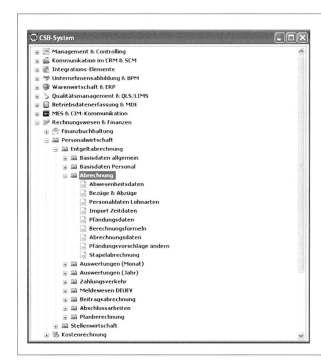

Zur Abrechnung der Lohn- und Gehaltszahlungen ist es erforderlich, auf die Zeitwirtschaftsdaten sowie die Abwesenheitsdaten zuzugreifen.

Die Bezüge und Abzüge werden ermittelt unter Beachtung der Zeitdaten und sonstiger Einflüsse auf den Auszahlungsbetrag wie z. B. Pfändungen und sonstiger Abzüge und Zuschläge.

3.8.1.3 Abschlussarbeiten

Die Aufgabe des Programmmoduls „Abschlussarbeiten" besteht in der Automatisierung der monatlich wiederkehrenden Abschlussarbeiten und in der Vorbereitung der Daten für den jeweils neuen Monat.

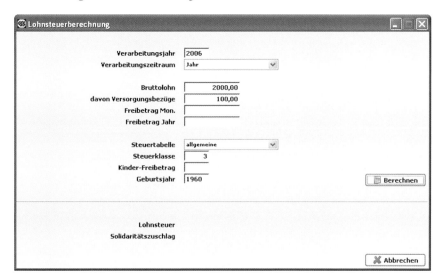

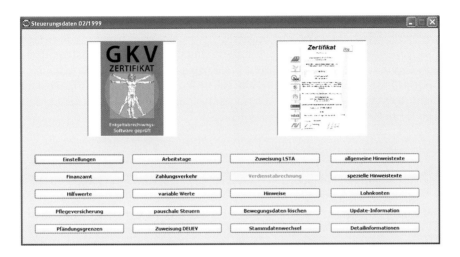

Von jeder Branchen-Software wird erwartet, dass sie die notwendigen Daten zur Erfüllung der gesetzlichen Anforderungen auswertet und auf Abruf bereitstellt. Die elektronische Archivierung aller Lohnkonten und der gesetzlich vorgeschriebenen Aufzeichnungen erleichtert die Routinearbeiten und rationalisiert die Büroarbeiten in der Personalverwaltung erheblich. Die Reduzierung aller überflüssigen Verwaltungsarbeiten steht im Vordergrund moderner Standard-Programme der Lohn- und Gehaltsabrechnung.

| Pers-Nr. | Name, Vorname | Zeitraum | | | | | |
		von	bis	Jahr	SVS	V	M
11	Breit-Grossmann, Heiner 19011229B497	01.12.	31.12.	04	112	(X)	( )	3600
14	Bauer, Friedrich 02250759B499	01.11.	31.12.	04	101	( )	( )	5600
31	Dipl. Ing. FH Ludwig, Karl 59041129L494	01.12.	31.12.	04	342	(X)	( )	8956
32	Maier, Hans 66031044M496	04.12.	31.12.	04	320	( )	( )	7493
410	von Plettenberg, Adelheid 59181236W992	16.11.	31.12.	04	121	(X)	( )	7600
Summe:							33249

Abb. 102: Übergabeprotokoll DEÜV

3.8.1.4 Lohn- & Gehaltsauswertungen

Aus den Lohn- und Gehaltsauswertungen sind die Entwicklungen der einzelnen Lohnarten und Personalkosten pro Kostenstelle ablesbar. Ein effektives Personalkosten-Controlling kann auf ein differenziertes Auswertungssystem nicht verzichten. Alle Auswertungen sollten demnach variabel definierbar und für beliebige Analysen zugänglich sein.

Personalkosten - Budgetierung

Die Planung der Personalkosten im Rahmen der Gesamtkosten-Budgetierung erfolgt über die „Netto-Brutto-Planberechnung". Die Budgetberechnung der Personalkosten ist auf der Basis von Abteilungen, Kostenstellen, Unternehmensbereichen oder sonstigen beliebigen Gruppierungen (über frei definierbare Personal-Auswertungslisten) möglich. Die Planberechnungen der Personalkosten können auf „Einzel-Netto-Brutto-Berechnungen" erfolgen. Die Integration der Anlagenbuchhaltung in das Finanz- & Rechnungswesen bedingt vorab die Definition aller Systeminformationen. Die Interpretation der Lohnkostenentwicklung und die darauf aufbauenden Managemententscheidungen sind auf die permanente Verbesserung der Arbeitsproduktivität ausgerichtet. Letztlich kann in jedem Unternehmen nur der erwirtschaftete „Zusatzertrag" eine zusätzliche Steigerung der Arbeitskosten und demnach höhere Löhne für die menschliche Arbeit rechtfertigen.

> *Inwieweit die allgemeingültigen, unternehmensfernen Tarifabschlüsse in einer sich schnell wandelnden Gesellschaft ökonomisch sinnvoll sind, ist aus logischer Überlegung beurteilungsfähig. Die Regulierungen wirtschaftlichen Fehlverhaltens vollziehen sich im Regelkreis der Wirtschaft selbsttätig zum Nachteil der schwächsten ökonomischen Einheiten und zur Stärkung der wettbewerbsfähigen Unternehmen.*

Pers-Nr.	Name, Vorname	Arbeitstage Monat	Arbeitstage Jahr	Urlaubstage Monat	Urlaubstage Jahr	Urlaubstage Rest	Krankentage Monat	Krankentage Jahr	Fehlstunden Monat	Fehlstunden Jahr
11	Breit-Grossmann, Heiner	15 71,42%	56 22,40%	2 9,52%	2 0,80%	58	4 19,04%	4 1,60%	0 0%	0 0%
12	d'Amme, Isabella	17 80,95%	37 14,80%	1 4,76%	1 0,40%	48	3 14,28%	3 1,20%	0 0%	0 0%
13	von Grün, Alex	19 90,47%	40 16,00%	0 0%	0 0%	22	0 0%	0 0%	16 114,28%	16 4,80%
14	Bauer, Friedrich	21 100,00%	41 16,40%	0 0%	0 0%	50	0 0%	0 0%	0 0%	0 0%
Gesamt:		72	174	3	3	178	7	7	16	16

Abb. 103: Arbeitsstatistik (Firmenarbeitstage: 21/250)

Eine positiv wirkende Unternehmensführung ist darauf ausgerichtet, die Leistungsbereitschaft zu fördern. Daraus folgt die Forderung an die Unternehmensführung, die effektiv erzielten Produktivitätssteigerungen auf Gehaltszuwächse und Kapitalwachstum sachgerecht und zukunftssichernd aufzuteilen.

3.8.2 Anlagenbuchhaltung

Die Erfassung aller Betriebsmittel und inventarisierten Investitionsgüter im Unternehmen erfolgt buchhalterisch in der Anlagenbuchhaltung. Die Integration der Anlagenbuchhaltung in die Branchen-Software CSB-System zur Unternehmensführung hat zum Ziel, die Verwaltungsprozesse des Anlagevermögens zu vereinfachen, alle Routinearbeiten zu automatisieren sowie Jahresabschlussarbeiten und Auswertungen ohne zusätzlichen Aufwand durchzuführen.

3.8.2.1 Basisdaten Anlagenbuchhaltung

Das Anlagevermögen ist datentechnisch nach den Bedürfnissen der gesetzlichen Anforderungen und der kalkulatorischen Erfordernisse zu führen.

Aus handelsrechtlicher sowie aus ertrags- und vermögenssteuerlicher Sicht ergeben sich die jeweiligen Vorschriften zur Registration, Bewertung und Abschreibung des Inventars. Die Erfassung aller Anlagegüter erfolgt nach Anlagegruppen (nach beliebigem Gruppierungsschlüssel) über den Anlagenstamm als Stammdatenverwaltung der Anlagenbuchhaltung.

Die Darstellung des Inventars im Anlagenspiegel, Berichtswesen und Bilanzkonto wird ebenfalls in den Basis-Anlagedaten definiert. Aus der Zuordnung des Inventars zu den einzelnen Kostenstellen ergibt sich die Möglichkeit, den verrechneten Werteverzehr in der Güterproduktion mit den Ist-AfA-Werten abzustimmen. In der Finanzbuchhaltung sowie der Kostenstellenrechnung werden unter den entsprechenden Kostenarten die Kalkulationskosten-abweichungen dargestellt.

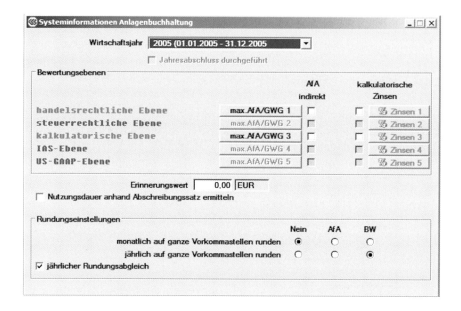

3.8.2.2 Anlagenbearbeitung

Die Bearbeitung der einzelnen Anlagegüter erstreckt sich auf alle buchhalterischen Vorgänge sowie auf die komplette mengen- und wertmäßige Erfassung in der Anlagenbuchhaltung. Im Einzelnen sind folgende Vorgänge zu bearbeiten:

- Erfassung des Inventars
- mengen- und wertmäßige Veränderungen
- automatische Ermittlung der AfA
- Ermittlung der Gewinn- und Verlustwirkungen aus der Anlagenveränderung
- Umbuchungen des Inventars
- Erfassung aller Anlagenabgänge

Die Einzelbuchungen in der Anlagenbuchhaltung erfolgen über einen gesonderten Buchungskreis als „Buchungen in Anlagenbuchhaltung". Hier werden alle Zugänge (auch Teilzugänge) sowie alle Abgänge (auch Teilabgänge) gebucht.

Die AfA-Arten sind variabel über beliebige Rechenformeln zu definieren. Jederzeit können die Abschreibungsarten geändert und somit neuen gesetzlichen Anforderungen (über Parameter) angepasst werden.

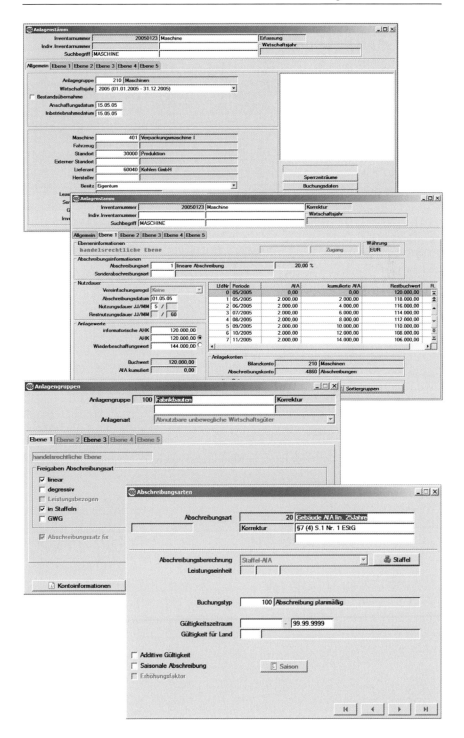

	Anschaff. Wert Anfang G.jahr	Zugänge (+)	Zuschreibung (+)	Abgänge (-)	Umbuchungen (+/-)	Abschreibung lfd. Jahr	Abschreibung kumul. (-)	Buchwert aktuell	Buchwert Vorjahr
Bilanzkonto: 0000000009 And. Anlagen/Be. u. Ge. Ausstattg.									
00001 IBM PS/2 Modell 95	0,00	14250,00	0,00	0,00	0,00	2137,50	2137,50	12112,50	0,00
00002 IBM PS/2 Modell 55 SX	0,00	6450,00	0,00	0,00	0,00	537,50	537,50	5912,50	0,00
Unterkonto: 00001 EDV-Einrichtung	0,00	20700,00	0,00	0,00	0,00	2675,00	2675,00	18025,00	0,00
00001 Schreibtisch	0,00	998,00	0,00	0,00	0,00	149,70	149,70	848,30	0,00
00002 Konferenztisch Elbe	0,00	9400,00	0,00	0,00	0,00	470,00	470,00	8930,00	0,00
Unterkonto: 00002 Tische	0,00	10398,00	0,00	0,00	0,00	619,70	619,70	9778,30	0,00
00001 Tresor TR430	8200,00	0,00	0,00	0,00	0,00	820,00	5740,00	2460,00	3280,00
00002 Aktenschrank Silencium	0,00	0,00	0,00	0,00	0,00	0,00	0,00	0,00	0,00
Unterkonto: 00003 Schränke/Regale	8200,00	0,00	0,00	0,00	0,00	820,00	5740,00	2460,00	3280,00
00001 ADX-Kasse	4800,00	0,00	0,00	0,00	0,00	600,00	3000,00	1800,00	2400,00
00002 Kasse mechanisch	2200,00	0,00	0,00	0,00	0,00	0,00	2200,00	0,00	0,00
Unterkonto: 00005 Kassen	7000,00	0,00	0,00	0,00	0,00	600,00	5200,00	1800,00	2400,00
00001 IBM Kugelkopf Schreibmaschine	1200,00	0,00	0,00	0,00	0,00	120,00	900,00	300,00	420,00
00002 IBM Schreibmaschine 6715	0,00	1745,00	0,00	0,00	0,00	261,75	261,75	1483,25	0,00
Unterkonto: 00006 Sonstige Be. u. Ge. Ausstattg.	1200,00	1745,00	0,00	0,00	0,00	381,75	1161,75	1783,25	420,00
Gesamtsumme:	16400,00	32843,00	0,00	0,00	0,00	5096,45	15396,45	33846,55	6100,00

Abb. 104: Anlagenspiegel Handelsbilanz

3.8.2.3 Anlagenauswertungen

Eine Anforderung, die an jede Branchen-Software gestellt wird, ist die Aufbereitung der jeweils notwendigen Auswertungen. Die Anlagegüter müssen in einem „Anlagenspiegel" nach § 268 Abs. 2 HGB zusammengestellt werden. Außerdem ist für jedes Inventargut eine Lebenslaufakte zu führen.

Für die Bilanzierung, das Berichtswesen und die Vermögensaufstellung sind gesonderte Auswertungen nach den betriebsspezifischen Anforderungen zu erstellen.

3.8.2.4 Jahresabschluss

Die zur Vorbereitung des Jahresabschlusses erforderlichen Arbeiten sind im Hinblick auf die handels- und steuerrechtlichen Bilanzanforderungen auszurichten.

Bilanzkonto Unterkonto	0000000009 00002	And. Anlagen/Be.- u. Ge.-Ausstattg. Tische	
Inventar-Nr.	00003	Schreibtisch Limba ohne Schreibmaschinentisch	
AfA-Art	020	Degr. AfA für bewegliche WG mit opt. Übergang	
Kostenstelle	V04	Allg. Orga	
Standort	Herr Suhrbier		
Werk			
Lieferant	Elch & Co.		
Anschaff.-Datum	16.05.1995	Art des WG	06
AfA-Beginn	16.05.1995	Leasing	Nein
Beleg-Datum	30.05.1995	Beleg-Nr.	k3313
Letzte Inventur		Autom. Abg.	Nein
Schichtfaktor	1.000	Währung	
Nutzungsdauer	0048	Währungsbetr.	0,00
Anzahl	00001	Umrechn.-Kurs	0000000
Mindestwert	0,00	Umrechn.-Datum	
Gbr	Nein		
VER	Ja		
Monate	0000		

Buch.-Datum	Beleg-Nr.	Beleg-Datum	Buch.-Art	a. Abg.	Buch.-Betrag
16.05.1995	k3313	30.05.1995	02 Zugang	0,00	845,00
				AfA kumul.	Restbuchwert
				0,00	845,00

Abb. 105: Lebenslaufakte Handelsbilanz

Die Abwicklung aller Abschlussarbeiten beinhaltet:

- den gezielten Abruf aller Abschlusslisten
- die umfassende Pflege und Bearbeitung aller Bestandsdaten
- den Druck der Lebenslaufakten
- den wiederholbaren Jahresabschluss
- die Fortschreibung des Anlagenbestandes

Die Integration der Anlagenbuchhaltung in Finanzbuchhaltung und Kostenstellenrechnung gewährleistet, dass alle Daten des Anlagevermögens zur weiteren Bearbeitung und Bilanzierung bereitstehen.

3.8.3 Finanzbuchhaltung

Die Zeit- und Warenwirtschaftsprozesse werden im CSB-System unmittelbar mit dem Leistungsverzehr bzw. mit der Warenbewegung erfasst und dabei gleichzeitig bewertet, um anschließend diese Daten integriert allen betroffenen Unternehmensbereichen zur weiteren Nutzung zur Verfügung zu stellen. Aus dieser Online- und Real-Time-Informations- und Kommunikationstechnik resultiert die Verlagerung wesentlicher Kontroll-, Betriebsabrechnungs- und Erfolgsermittlungsabläufe weg vom Finanzwesen und hin zu den Funktionsbereichen der Zeit- und Warenwirtschaft. Daraus folgt die Konzentration des Rechnungswesens auf die buchhalterische Gegenkontrolle aller Zeit- und Warenwirtschaftsprozesse.

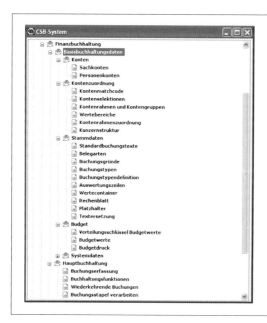

Die Finanzbuchhaltung im CSB-System umfasst fünf Hauptpunkte. Die Basisdaten zur Fibu sind Konten, Kontenzuordnungsverfahren, Stammdaten zur Belegverarbeitung sowie Budget- und Systemdaten.

Die weiteren Hauptpunkte sind Zahlungsverkehr und Lastschriften, Hauptbuchhaltung, Forderungen und Verbindlichkeiten, Geschäftsabschlüsse sowie Bilanzen und Auswertungen.

Als integraler Bestandteil mit buchhalterischem Schwerpunkt gliedert sich die Finanzbuchhaltung gemäß dieser Struktur nahtlos in das System zur Unternehmensführung ein. Aus der hohen Integration resultieren erhebliche Rationalisierungseffekte in der Organisation des Finanz- und Rechnungswesens. Jegliche doppelte Bearbeitung (der Betriebsdaten und Rechnungswesensdaten) entfällt und führt somit zur Rückführung überflüssiger und doppelter Verwaltungsarbeiten. Die Aufgabe der Finanzbuchhaltung besteht in der buchhalterischen Erfassung aller Geschäftsprozesse, unter Beachtung der Grundsätze ordnungsgemäßer Buchführung (§§ 238 HGB) sowie aller steuerrechtlichen Vorschriften (§§ 160 ff. Abgabenordnung)[136]. Entsprechend den vorgegebenen Schwerpunkten gliedert sich die Finanzbuchhaltung in fünf Arbeitsbereiche.

3.8.3.1 Basisdaten Finanzbuchhaltung

Die Grundlagen der Finanzbuchhaltung werden über die umfassende Definition aller Basisdaten geschaffen. Ausgehend von der Festlegung des Kontenrahmens, über die Erfassung der Steuersätze und der wesentlichen Basisdaten sind zunächst alle buchungsrelevanten Daten und Fakten als „kleinste Bausteine" der Finanzbuchhaltung zu erfassen. Darüber hinaus muss jede Buchhaltung internationalen Anforderungen gerecht werden und über unterschiedliche Bewertungsebenen verfügen.

Zahlungsverkehr & Lastschriften

Zur Abwicklung des Zahlungsverkehrs sind die Bankverbindungen und Interimskonten festzulegen und zu pflegen.
- Bearbeitung des nationalen Zahlungsverkehrs
- Durchführung des Auslandszahlungsverkehrs inklusive AWV-Meldung
- Import der Bankdaten im beleglosen Zahlungsverkehr
- Abwicklung des gesamten Lastschriftverkehrs
  (Vorschläge, Durchführung und LCR-Verwaltung)

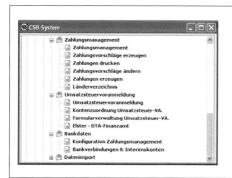

Das gesamte Zahlungsmanagement reicht von den Zahlungsvorschlägen bis zur Zahlungsdurchführung.

Der Bankdatenimport ist ebenfalls Bestandteil des CSB-Systems, sowohl für den Inlands- wie für den Auslandszahlungsverkehr.

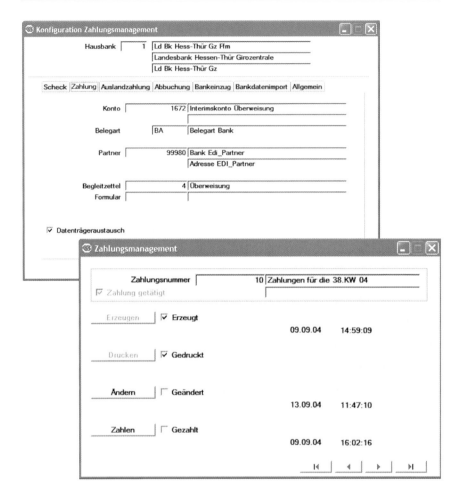

Die Definition von Standardbuchungstexten und variablen Textzeilen erleichtert die Buchführungsarbeiten in der Hauptbuchhaltung. Ergänzend werden benutzerspezifische Hinweise und Workflows zur Unterstützung sämtlicher Buchungs- und Abschlussarbeiten angezeigt.

3.8.3.2 Hauptbuchhaltung

Die Verbuchungen aller aus der Zeit- und Warenwirtschaft resultierenden Geschäftsvorfälle erfolgen im integrierten Datenfluss automatisch. Im Einzelnen werden diese automatisierten Buchungen in der Hauptbuchhaltung für die Bereiche

- Zeitwirtschaft über
  – Lohn- und Gehaltsabrechnung sowie
  – Anlagenbuchhaltung

und
- Warenwirtschaft über
  - Beschaffung
  - Lager
  - Produktion und
  - Absatz

durchgeführt.

Diese vorstehenden Buchungsinformationen werden gleichzeitig integriert an die Kostenstellenrechnung weitergeleitet. Jegliche doppelte Datenerfassung wird dadurch ausgeschlossen und somit ein erhebliches Rationalisierungspotenzial im Rechnungswesen geschaffen. Die Buchungserfassung aller sonstigen Geschäftsvorfälle, die nicht den automatisierten Übernahmebereichen zuzuordnen sind, kann ebenfalls in 12+1 bzw. +2 oder 3 Perioden und für beliebige Geschäftsjahre erfolgen.

Die Erfüllung der gesetzlichen Anforderungen ist eine notwendige Selbstverständlichkeit. Eine umfassende Unterstützung erhält die Buchungserfassung durch die automatisierte Ermittlung, Verbuchung und Verteilung sowie durch die Kontrollanzeigen. Somit werden die Buchführungsarbeiten in erheblichem Umfang erleichtert und rationalisiert.

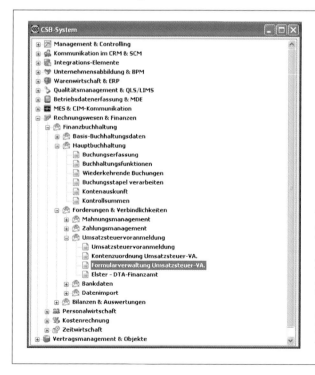

Im Hauptbuch der Finanzbuchhaltung des CSB-Systems erfolgt die komplette Verbuchung der Zeit- und Warenwirtschaftsdaten.

Die Buchungserfassung dient gleichzeitig zur Verbuchung aller Kostenstellendaten. Es werden Buchungslisten, Journallisten sowie Umsatzsteuervoranmeldungen im Hauptbuch abgewickelt.

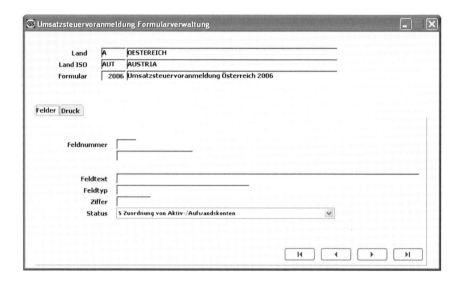

Im Einzelnen zählen beispielsweise folgende Unterstützungsfunktionen zur rationellen Buchhaltung: Automatische Übernahmen der Zeit- und Warenwirtschaftsdaten, Umsatzsteuerermittlung, Skontoberechnung, Saldovorträge, Verteilungsschlüssel, Plausibilitätskontrollen, Kontrollsummen, Offene-Posten-Suche sowie alle Informationen als Online-Anzeige bei jedem Arbeitsgang. Diese Aufzählung ist nicht erschöpfend und soll aufzeigen, dass durch die gezielte Ausrichtung der Branchen-Software auf eine umfassende Effektivität wesentliche Rationalisierungseffekte freigesetzt werden können.

3.8.3.3 Forderungen & Verbindlichkeiten

Bedingt durch den Wirtschaftsprozess in der jeweiligen Geschäftsbuchhaltung generieren der Güteraustausch sowie alle Transferzahlungen zwischen den Einzelwirtschaften automatisch Forderungen und Verbindlichkeiten in entsprechender Höhe. Die aus der Warenwirtschaft resultierenden Forderungen und Verbindlichkeiten werden in den Bilanzen von den „sonstigen" (nicht die Warenwirtschaft betreffenden) Forderungen und Verbindlichkeiten unterschieden.

Die Integration der Warenwirtschaft in die Unternehmensführung schließt die Einbindung des Rechnungswesens (und hier die Verknüpfung zu den Forderungen und Verbindlichkeiten) ein. Die Integrationselemente Adressen, Artikel, Konditionen und Verfahren sind demnach die gemeinsamen kleinsten Bausteine im Regelkreis der Informationsverarbeitung.

Daraus folgt, dass die Konten personalisiert (als Adressen) und die bewerteten Warenbewegungen (zu den vereinbarten Konditionen) güterspezifisch (nach Artikeln), entsprechend den gewählten Kommunikationsabläufen (als Verfahren) im Datenaustausch zwischen Lieferanten und Kunden informationstechnisch bearbeitet werden.

Der datentechnische „Ursprung" der Forderungen und Verbindlichkeiten wird als buchhalterisches Ergebnis an die physische Warenbewegung gebunden. Mit der Akzeptanz von Qualität und Mengen werden aus der Bestellung an den Lieferanten (beim Empfänger mit dem registrierten Wareneingang) die geprüften Verbindlichkeiten für das leistungsempfangende Unternehmen erzeugt. Die entsprechenden datentechnischen Voraussetzungen sind ebenfalls an die Entstehung der Forderungen beim leistenden Unternehmen gebunden.

Somit steht nicht der nachträglich (im Büro) erzeugte Urbeleg für das Hauptbuch (als Integrationselement) im Mittelpunkt der Betrachtung[137], sondern das Hauptaugenmerk liegt auf den durch die EDV (online und real time) erfassten physischen Warenbewegungen, die als vorgelagerte „Ur-Daten" für das Controlling verfügbar sind.

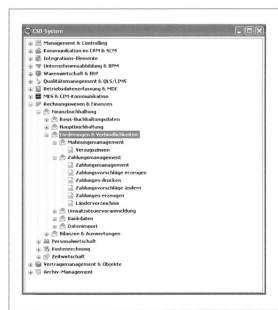

Zur Forderungs- und Verbindlichkeitsbearbeitung gehören das Mahnungsmanagement und die Verzugszinsverwaltung.

Die gesamte OP-Verwaltung greift hierbei auf die komplette Adressdatenbank zurück.

Über das Integrationselement „Adresse" wird sichergestellt, dass alle Daten redundanzfrei zur Verfügung stehen.

Die „Quellen" aller Informationen sind im CSB-System mit der realen Güterbewegung verknüpft. Mit diesem Verfahren wird eine neue Dimension der Integration vom Güterprozess zur Informationstechnik erreicht. Die konzern-

und unternehmensweiten Controlling-Funktionen in der Warenwirtschaft werden durch diese Online- und Real-Time-Informationstechnologie in die Prozessüberwachung integriert.

Über das digitalisierte Archiv im Büromanagement wird der Zugriff von jedem Bearbeitungsvorgang in der Informationsverarbeitung auf alle benötigten Urbelege gewährleistet, um einen „kompletten Vorgang" zu erhalten. Für die Verwaltung der Offenen Posten (Forderungen und Verbindlichkeiten) bedeutet die Möglichkeit des Zugriffs auf das Archiv eine lückenlose und chronologische Anzeige aller (zum gesamten Vorgang gehörenden) Belege direkt am Bildschirm und bei Bedarf die Erzeugung einer dokumentenechten Zweitschrift.

Die Bearbeitung der Offenen Posten, ausgehend von der Klärung streitiger Positionen bis hin zur Auslösung des Zahlungsverkehrs und der Verzugszinsverwaltung, erfordert eine umfassende Integration über das gesamte Unternehmensführungssystem.

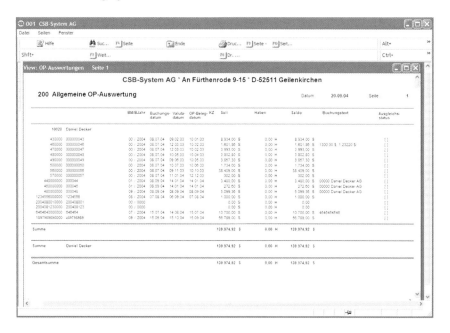

Die Aufgabe der „Offenen-Posten-Verwaltung" besteht in der Überwachung der fristgerechten Zahlungsvorgänge (aus Forderungen und Verbindlichkeiten). Abweichungen vom geregelten Zahlungsausgleich sowie fällige Forderungen und Verbindlichkeiten müssen zeitnah bearbeitet werden. Dabei ist eine kurz- und mittelfristige Finanzplanung die Voraussetzung zur Liquiditätssicherung in einem operativ wachsenden Unternehmen.

Qualitätsschwankungen und sonstige negative Einflüsse auf die im operativen Geschäft gelieferten Güter verursachen in der Folge ein Anwachsen der Forderungsbestände. Aus der zeitnahen Kontrolle der Offenen Posten (hier Forderungen) ergeben sich für das Management wichtige Erkenntnisse über die Notwendigkeit rechtzeitiger Korrekturmaßnahmen.

Der Zugriff des Controllings im Management-Informations-System (auf alle Vorgänge bis zum begleitenden Schriftverkehr über das digitale Archiv) ist eine notwendige Voraussetzung zur Verkürzung der Reaktionszeiten und dient somit der umfassenden Rationalisierung in der Verwaltung.

3.8.3.4 Geschäftsabschlüsse

Die administrativen und datentechnischen Abschlüsse der vorgegebenen Buchungsperioden erfolgen über die Systemfunktionen der Finanzbuchhaltung.

Abgeschlossene Buchungsperioden müssen nach den Vorgaben ordnungsgemäßer Buchführung gesperrt werden. Dieser Abschluss darf jedoch keinen einschränkenden Einfluss auf die Auswertungsmöglichkeiten der Datenbestände haben.

> *In traditionellen Finanzbuchhaltungssystemen sind die Geschäftsabschlüsse eng mit den Auswertungen verknüpft. Dabei werden die Daten vergangener Perioden ausgelagert und stehen somit für weitere Auswertungen nicht mehr zur Verfügung.*

Selbst einzelne Buchungen müssen auch nach den Geschäftsabschlüssen für alle beliebigen Auswertungen uneingeschränkt verfügbar sein. Mit dem Jahresabschluss wird ein neues Wirtschaftsjahr eröffnet und die Saldo-Vortragsbuchungen werden automatisch generiert. Die gesamten Auswertungsmöglichkeiten (auch mit Vorperiodenvergleich) bleiben davon unberührt. Sie stehen somit den Auswertungsprogrammen umfassend zur Verfügung.

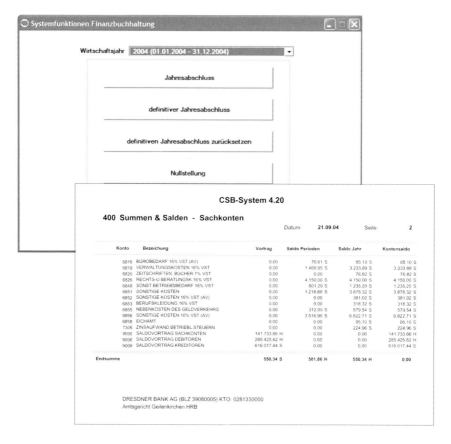

3.8.3.5 Bilanzen & Auswertungen

Die Aufgabe der Bilanzierung im betrieblichen Rechnungswesen besteht darin, die jeweiligen Jahresergebnisse im Unternehmen festzustellen. Der Bilanzbegriff im weiteren Sinne umfasst die Vermögens- und Kapitalermittlung, die Gewinn- und Verlustrechnung sowie die Aufstellung des Geschäftsberichtes. Bei der Erstellung der Bilanz sind die Grundsätze ordnungsgemäßer Buchführung sowie die handels- und steuerrechtlichen Vorschriften zu beachten. Als wesentliche Kriterien der allgemeinen Bilanzerfordernisse gelten:

- Ordnungsmäßigkeit
  (handelsrechtliche Bilanzierung)
- Bilanzklarheit
  (detaillierte Darstellung)
- Bilanzwahrheit
  (objektive Bewertung und Beachtung gesetzlicher Vorschriften)
- Vergleichbarkeit
  (Bilanzzusammenhang und Bilanzkontinuität)
- Vollständigkeit
  (Beachtung von Eventualverpflichtungen und Risiken aus Verträgen)
- Länderspezifika für: Nordamerika, England, Irland (GB), Polen, Frankreich, Spanien, Italien etc.
- Mit Abschluss der Buchungsperiode wird ein definierter Jahresabschluss herbeigeführt. Über ein authentifiziertes Verfahren ist es darüber hinaus möglich, den Jahresabschluss rückgängig zu machen.
- Zugriff auf alle Kostenstellenbuchungen in der Kostenauskunft über jedes Kostenkonto als Bildschirmanzeige

Entsprechend diesen vorstehenden Erfordernissen sind die Bilanzen mit umfassender Unterstützung durch die Branchen-Software zu erstellen und dabei alle formellen Anforderungen sowie die Bewertungsvorschriften bzw. die Bewertungswahlrechte zu beachten.

Unter Berücksichtigung der Ausgabeformen, welche im Einzelnen nach dem jeweiligen Layout festgelegt sind, werden die verschiedenen Auswertungen für

- Bilanzen
- Darstellung von Bewegungsbilanzen
- Gewinn- und Verlustrechnungen (G + Vs)
- betriebswirtschaftliche Auswertungen (BWAs)
- Geschäftsberichte
- Budgetauswertungen
- Liquiditätspläne

erstellt. Sie sind jedem berechtigten Anwender als Bildschirmanzeige oder Druckausgabe zugänglich.

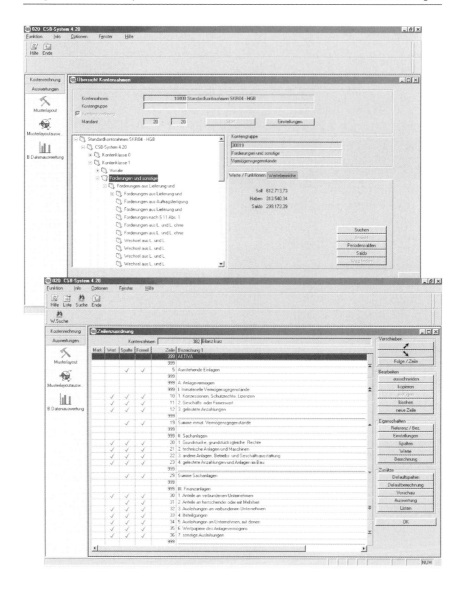

Die freie Gestaltung aller Auswertungen (BWAs, Bilanzen, G+Vs sowie Geschäftsberichte) bietet dem Management die Möglichkeit, Kontrollschwerpunkte für kritische Kosten- und Ertragsbereiche zu setzen.

Aus der möglichen Vielzahl der jeweils zielgerichteten Auswertungen ergibt sich im Rahmen der benutzerfreundlichen Unterstützung die Notwendigkeit, eine umfassende „Auswertungsverwaltung" in die Branchen-Software aufzunehmen.

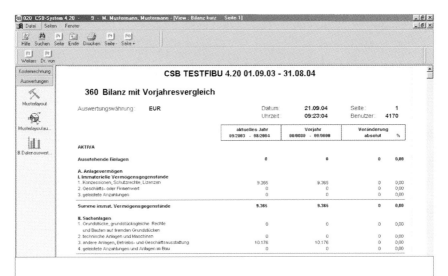

CSB TESTFIBU 4.20 01.09.03 - 31.08.04

360 Bilanz mit Vorjahresvergleich

Auswertungswährung: EUR

| | Datum: | 21.09.04 | Seite: | 2 |
| | Uhrzeit: | 09:23:04 | Benutzer: | 4170 |

	aktuelles Jahr 09/2003 - 08/2004	Vorjahr 00/0000 - 00/0000	Veränderung absolut	%
PASSIVA				
A. Eigenkapital				
I. Gezeichnetes Kapital	25.565	25.565	0	0,00
II. Kapitalrücklage	0	0	0	0,00
III. Gewinnrücklagen				
1. gesetzliche Rücklage	0	0	0	0,00
2. Rücklage für eigene Anteile	0	0	0	0,00
3. satzungsmäßige Rücklagen	0	0	0	0,00
4. andere Gewinnrücklagen	0	0	0	0,00
IV. Gewinnvortrag/Verlustvortrag	141.198-	141.198-	0	0,00
V. Jahresüberschuss/Jahresfehlbetrag	227.710-	144.729-	82.981- ?.???,45-	
Summe Eigenkapital	343.343-	260.362-	82.981- ?.???,39-	
B. Rückstellungen				
1. Rückstellungen für Pensionen und	0	0	0	0,00
ähnliche Verpflichtungen				
2. Steuerrückstellungen	0	0	0	0,00
3. sonstige Rückstellungen	0	0	0	0,00
Summe Rückstellungen	0	0	0	0,00
C. Verbindlichkeiten				
1. Anleihen, davon konvertibel	0	0	0	0,00
2. Verbindlichkeiten gegenüber Kreditinstituten	0	0	0	0,00
3. erhaltene Anzahlungen auf Bestellungen	0	0	0	0,00
4. Verbindlichkeiten aus Lieferungen	670.357	600.066	70.291	11,71
und Leistungen				
5. Verbindlichkeiten aus der Annahme gezogener	0	0	0	0,00
Wechsel und der Ausstellung eigener Wechsel				
6. Verbindlichkeiten gegenüber verbundenen Unternehmen	0	0	0	0,00
7. Verbindlichkeiten gegenüber Unternehmen, mit denen	0	0	0	0,00
ein Beteiligungsverhältnis besteht				
8. sonstige Verbindlichkeiten	45.800	88.198	42.398-	48,07-
Summe Verbindlichkeiten	716.157	688.264	27.893	4,05
D. Rechnungsabgrenzungsposten	0	0	0	0,00
SUMME PASSIVA	372.814	427.901	55.088-	12,87-

CSB TESTFIBU 4.20 01.09.03 - 31.08.04

330 GuV Gesamtkostenverfahren

Auswertungswährung **EUR**

| | Uhrzeit: | **09:24:58** | Seite: | **1** |
| | Datum: | **21.09.04** | Benutzer: | **4170** |

	aufgel. Werte 00/0000 - 00/0000	%	aufgel. Werte 00/0000 - 00/0000	%	Veränderung absolut	%

1. Umsatzerlöse

2. Erhöhung oder Verminderung des Bestandes
   an fertigen und unfertigen Erzeugnissen

3. Andere aktivierte Eigenleistungen

4. Sonstige betriebliche Erträge

5. Materialaufwand
a) Aufwendungen für Roh-, Hilfs- und
   Betriebsstoffe und für bezogene Waren
b) Aufwendungen für bezogene Leistungen

Summe Materialaufwand

6. Personalaufwand
a) Löhne und Gehälter
b) soziale Abgaben und Aufwendungen für
   Altersvorsorge und für Unterstützung

Summe Personalaufwand

7. Abschreibungen
a) auf immaterielle Vermögensgegenstände des AV und
   Sachanlagen sowie auf aktivierte Aufwendungen für die
   Ingangsetzung und Erweiterung des Geschäftsfeldes
b) auf Vermögensgegenstände des UV, soweit diese
   die in der Kapitalgesellschaft üblichen Abschreibungen
   überschreiten

Summe Abschreibungen

8. Sonstige betriebliche Aufwendungen
a) Ordentliche betriebliche Aufwendungen
aa) Raumkosten
ab) Versicherungen, Beiträge und Abgaben
ac) Reparaturen und Instandhaltung
ad) Fahrzeugkosten
ae) Werbe- und Reisekosten
af) Kosten der Warenabgabe
ag) verschiedene betriebliche Kosten
b) Verluste aus dem Abgang von Gegenständen
   des Anlagevermögens

Summe sonstige betriebliche Aufwendungen

9. Erträge aus Beteiligungen, davon aus
   verbundenen Unternehmen

10. Erträge aus anderen Wertpapieren und
    Ausleihungen des Finanzanlagevermögens,
    davon aus verbundenen Unternehmen

11. Sonstige Zinsen und ähnliche Erträge,
    davon aus verbundenen Unternehmen

12. Abschreibungen auf Finanzanlagen und auf
    Wertpapiere des Umlaufvermögens

13. Zinsen und ähnliche Aufwendungen,
    davon an verbundene Unternehmen

14. Ergebnis der gewöhnlichen Geschäftstätigkeit

15. Außerordentliche Erträge

16. Außerordentliche Aufwendungen

17. Außerordentliches Ergebnis

18. Steuern vom Einkommen und vom Ertrag

19. Sonstige Steuern

20. Jahresüberschuss/Jahresfehlbetrag

Abb. 106: BWA-Soll-Ist-Vergleich

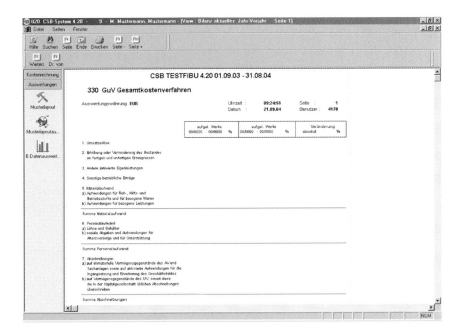

Zum Zwecke der Finanzkontrolle im Rechnungswesen wurde von W. Bauer die Bewegungsbilanz entwickelt[138]. Hierbei wurden die Bestandsveränderungen der einzelnen Bilanzposten als Differenz zwischen Anfangswert und Endwert der jeweiligen Betrachtungsperiode (als Monats-, Quartals- und/oder Jahresbilanz) ermittelt.

Der Bilanzvergleich zweier Perioden erfolgt durch Saldenbildung der einzelnen Bilanzpositionen und gleichzeitige Gruppierung dieser Salden nach „Mittelherkunft" und „Mittelverwendung".

Lässt man nun die Veränderung der „flüssigen Mittel" (im Periodenvergleich) außer Acht, so resultiert:
- die Mittelherkunft aus „Aktiv-Minderung und „Passiv-Mehrung" und
- die Mittelverwendung aus „Aktiv-Mehrung" und „Passiv-Minderung"

Das Resultat dieser „gruppierten" Gegenüberstellung der Mittelherkunft und Mittelverwendung ist die Veränderung der flüssigen Mittel. Ein Anstieg der flüssigen Mittel zeigt eine positive Differenz zwischen Mittelherkunft und Mittelverwendung an; die Abnahme der flüssigen Mittel weist die umgekehrte Entwicklung auf.

Mit der Abb. 107 werden die nachträglichen Auswirkungen der Vermögensumschichtung auf die Liquidität dargestellt.

Bewegungsbilanz				
	Vorjahres-periode TDM	Aktuelle Periode TDM	Mittel-herkunft Aktivminderung	Mittel-verwendung Aktivmehrung
Aktiva				
Finanzanlagen	10 000	–	10 000	–
Anlagen	40 000	60 000	–	20 000
Vorräte	5 000	4 000	1 000	–
Forderungen	15 000	20 000	–	5 000
Liquide Mittel*	10 000	15 000	–	–
Sonstige Aktiva	5 000	1 000	4 000	–
	85 000	**100 000**		
			Passivmehrung	Passivminderung
Passiva				
Kapital	40 000	40 000	–	–
Gesetz. Rücklagen	10 000	15 000	5 000	–
Rückstellungen	15 000	20 000	5 000	–
Wertberichtigungen	–	2 000	2 000	–
Kurzfr. Verbindlichkeiten	5 000	7 000	2 000	–
Langfr. Verbindlichkeiten	5 000	3 000	–	2 000
Sonstige Passiva	5 000	8 000	3 000	–
Bilanzgewinn	5 000	5 000	–	–
	85 000	100 000	32 000	27 000
			*Zugang flüssige Mittel	5 000
			32 000	32 000

Abb. 107: Die Bewegungsbilanz als globales Instrument zur Finanzkontrolle

Aus der Erkenntnis, dass alle Aufwendungen und Erträge (sobald sie um die Bestandsveränderungen bereinigt sind) den Ausgaben und Einnahmen entsprechen, entwickelte Neubert die Finanzflussrechnung. Der wesentliche Fortschritt gegenüber der Bewegungsbilanz bestand darin, dass in der Finanzflussrechnung neben den Bilanzpositionen auch die Kosten- und Ertragspositionen (aus der G&V-Rechnung) einer umfassenden Finanzkontrolle unterzogen wurden[139].

Aus diesen vorstehenden theoretischen Ansätzen wird im CSB-System die Finanzflussrechnung zur „Cash-flow-Rechnung" weitergeführt. In Abb. 108 ist die Entwicklung der periodischen Ertragskraft eines Unternehmens ablesbar.

Die Cash-flow-Rechnung dient neben der Ermittlung des Selbstfinanzierungs-grades im Unternehmen auch der Beurteilung der Liquiditätsentwicklung[140].

Cash-flow-Rechnung	Periode 1 Datum	Periode 2 Datum	Periode 3 Datum	Periode 4 Datum	Periode n Datum	Durch-schnittswerte 1-n
Brutto-Erlös						
Finanzmittel Kassen Banken						
Σ Anfangsbestand Finanzmittel + operat. Einnahmen + außerordentl. Einnahmen (ohne Kreditzufluss)						
Σ Verf. Finanzmittel						
- operat. Ausgaben - außerordentl. Ausgaben (ohne Kreditrückzahlung)						
Σ Finanzmittel aus Geschäftstätigkeiten						
+ Kreditzufluss - Kredittilgung						
Flüssige Finanzmittel						
+ freie KK-Linien bei Banken Σ						
Dispositive Finanzmittel						

Abb. 108: Periodische Cash-flow-Rechnung

Die Schwankungen in der Ertragskraft eines Unternehmens, welche aus der operativen Geschäftstätigkeit resultieren, sind im Warenwirtschaftsprozess rückführbar auf:
1. die Kostenentwicklungen und/oder
2. die Ertragsveränderungen

Zu 1: Die Kostenentwicklungen

Die Zuordnung der Kosten zum Kostenträger im Gütererstellungprozess erfolgt über die „Flexible Kostenträgerrechnung"[141]. Aus der Gegenüber-stellung der gesamten verrechneten Kostenarten (über die jeweils herge-

stellten Gütermengen und als Ergebnis der „Flexiblen Kostenträgerrechnung")
zu den erfassten und periodisch korrekt abgegrenzten Kostenarten der
Geschäftsbuchhaltung, ergeben sich die Differenzen als „Kalkulationskostenabweichungen".

Im Mittelpunkt der Überprüfung des Gütererstellungsprozesses (durch eine
„prozessgenaue", „Flexible Kostenträgerrechnung") steht die Überwachung
des physischen Leistungsverzehrs in der Warenwirtschaft.

Demnach führen drei Einflussfaktoren zu den Kalkulationskostenabweichungen:
- abweichender realer Leistungsverzehr von den Planvorgaben im Gütererstellungsprozess und
- differierende Vorgabewerte zwischen der „Flexiblen Kostenträgerrechnung"
  (als gesamter Kostenbetrag) und dem Gesamtaufwand aller Kostenarten
- Soll-/Istvergleich der Gemeinkosten aus der Kostenträgerrechnung mit
  den Kostenarten-Daten der Finanzbuchhaltung

Das Produktions-Controlling zeigt die Abweichungen (online und real time)
im physischen Leistungsverzehr auf, sodass alle notwendigen Korrekturmaßnahmen prozessbegleitend organisiert werden können[142].

Die Überprüfung der theoretischen Vorgabewerte des Leistungsprozesses über
die „Flexible Kostenträgerrechnung" kann nur mit der Gegenkontrolle im
betrieblichen Rechnungswesen erfolgen. Aus den zurechnungsdifferenzierenden und bewertungsdifferenzierenden Verfahren in der „Flexiblen
Kostenträgerrechnung" lassen sich durch die Gegenüberstellung mit den
abgegrenzten Aufwendungen der Kostenartenrechnung die „Kalkulationskostenabweichungen" für die Plan- und Ist-Werte ermitteln.

In Abb. 109 werden die Differenzen zwischen den verrechneten Kostenarten
zu den aufwendungswirksamen Kostenarten periodisiert dargestellt.

Die Gruppierung der Kostenarten erfolgt in Anlehnung an die traditionelle
Einteilung der Elementarfaktoren (menschliche Arbeit, Betriebsmittel und
Werkstoffe). Sie stützt sich demnach auf die Kostengliederung der flexiblen
Kostenträgerrechnung und gliedert sich in die vier Kostenbereiche[143]:
- Werkstoffkosten
- Arbeitskosten
- Betriebsmittelkosten
- sonstige Kosten

Die vorstehende Einteilung in die 4 Hauptkostengruppen ist betriebsspezifisch beliebig tief gliederbar und stützt sich im Einzelnen auf die kosten-

rechnerischen Bedürfnisse und Möglichkeiten einer produktdifferenzierten Erfassung aller Leistungskomponenten.

Die in der „Kalkulationskostenabweichung" ermittelten Differenzen werden dem MIS und BIS zur Einleitung von Korrekturmaßnahmen bereitgestellt.

Plan-Ist-Vergleich Kosten-arten	Flexible Kostenträgerrechnung		Rechnungs-wesen	Kalkulations-kostenabweichungen			
	verrechnete Plan-Kosten	verrechnete Ist-Kosten	Periodisierte Aufwendungen Kostenarten-rechnung	Zu Plan	Zu Ist	Plan %	Ist %
Werkstoffe							
Kostenarten 1 – n							
Personal							
Kostenarten 1 – n							
Betriebsmittel							
Kostenarten 1 – n							
Sonstige Kosten							
Kostenarten 1 – n							
Gesamte Summen							

Abb. 109: Gruppierte Kalkulationskostenabweichung

Zu 2: Ertragsveränderungen

Güter ohne vergleichbare Konkurrenzprodukte bewirken mit wachsenden Umsatzanteilen Ertragssteigerungen im Unternehmen. Umgekehrt führt der Preisverfall bei Gütern, welche im harten Wettbewerb stehen, zu einem Ertragsrückgang, wenn nicht in gleichem Maße auch die betreffenden Gütererstellungskosten in entsprechender Größe zurückgeführt werden.

Das Erlös-Controlling erstreckt sich auf die Veränderung der Erlösstrukturen über alle Gütergruppen sowie auf die Kosten- und Ertragsanalyse über alle Verkaufsgüter und Abnehmer (Adressen).

150 BWA Entwicklung der letzten 12 Monate

Auswertungswährung EUR

CSB TESTFIBU 4.20 01.09.03 - 31.08.04

Uhrzeit: 09:21:11 Datum: 21.09.04 Seite: 1 Benutzer: 4170

	Werte	Werte	Werte	Werte	Werte	Werte	Werte	Werte	Werte	Werte	Werte	Werte
Erlöse	0.00	0.00	0.00	0.00	0.00	0.00	0.00	0.00	0.00	0.00	0.00	0.00
Klassifiziertätigkeit	0.00	0.00	0.00	0.00	0.00	0.00	0.00	0.00	0.00	0.00	0.00	0.00
Material, Stoffe, Waren	0.00	0.00	0.00	0.00	0.00	0.00	0.00	0.00	0.00	0.00	0.00	0.00
Rohergebnis	**0.00**	**0.00**	**0.00**	**0.00**	**0.00**	**0.00**	**0.00**	**0.00**	**0.00**	**0.00**	**0.00**	**0.00**
KOSTENARTEN												
Personalkosten	0.00	0.00	0.00	0.00	0.00	0.00	0.00	0.00	0.00	0.00	0.00	0.00
Abschreibungen	0.00	0.00	0.00	0.00	0.00	0.00	0.00	0.00	0.00	0.00	0.00	0.00
Raumkosten	0.00	0.00	0.00	0.00	0.00	0.00	0.00	0.00	0.00	0.00	0.00	0.00
Versicherungen/Beiträge	0.00	0.00	0.00	0.00	0.00	0.00	0.00	0.00	0.00	0.00	0.00	0.00
Instandhaltung/Reparaturen	0.00	0.00	0.00	0.00	0.00	0.00	0.00	0.00	0.00	0.00	0.00	0.00
Fahrzeugkosten	0.00	0.00	0.00	0.00	0.00	0.00	0.00	0.00	0.00	0.00	0.00	0.00
Werbekosten	0.00	0.00	0.00	0.00	0.00	0.00	0.00	0.00	0.00	0.00	0.00	0.00
Reisekosten	0.00	0.00	0.00	0.00	0.00	0.00	0.00	0.00	0.00	0.00	0.00	0.00
Summe der Kosten	**0.00**	**0.00**	**0.00**	**0.00**	**0.00**	**0.00**	**0.00**	**0.00**	**0.00**	**0.00**	**0.00**	**0.00**
Betriebsergebnis	**0.00**	**0.00**	**0.00**	**0.00**	**0.00**	**0.00**	**0.00**	**0.00**	**0.00**	**0.00**	**0.00**	**0.00**
Zinsaufwand	0.00	0.00	0.00	0.00	0.00	0.00	0.00	0.00	0.00	0.00	0.00	0.00
Zinsertrag	0.00	0.00	0.00	0.00	0.00	0.00	0.00	0.00	0.00	0.00	0.00	0.00
Ergebnis der gewöhnlichen Geschäftstätigkeit	**0.00**	**0.00**	**0.00**	**0.00**	**0.00**	**0.00**	**0.00**	**0.00**	**0.00**	**0.00**	**0.00**	**0.00**
a. o. Ertrag	0.00	0.00	0.00	0.00	0.00	0.00	0.00	0.00	0.00	0.00	0.00	0.00
a. o. Aufwand	0.00	0.00	0.00	0.00	0.00	0.00	0.00	0.00	0.00	0.00	0.00	0.00
Ergebnis vor Steuern	**0.00**	**0.00**	**0.00**	**0.00**	**0.00**	**0.00**	**0.00**	**0.00**	**0.00**	**0.00**	**0.00**	**0.00**
Steuern	0.00	0.00	0.00	0.00	0.00	0.00	0.00	0.00	0.00	0.00	0.00	0.00
Ergebnis nach Steuern	**0.00**	**0.00**	**0.00**	**0.00**	**0.00**	**0.00**	**0.00**	**0.00**	**0.00**	**0.00**	**0.00**	**0.00**

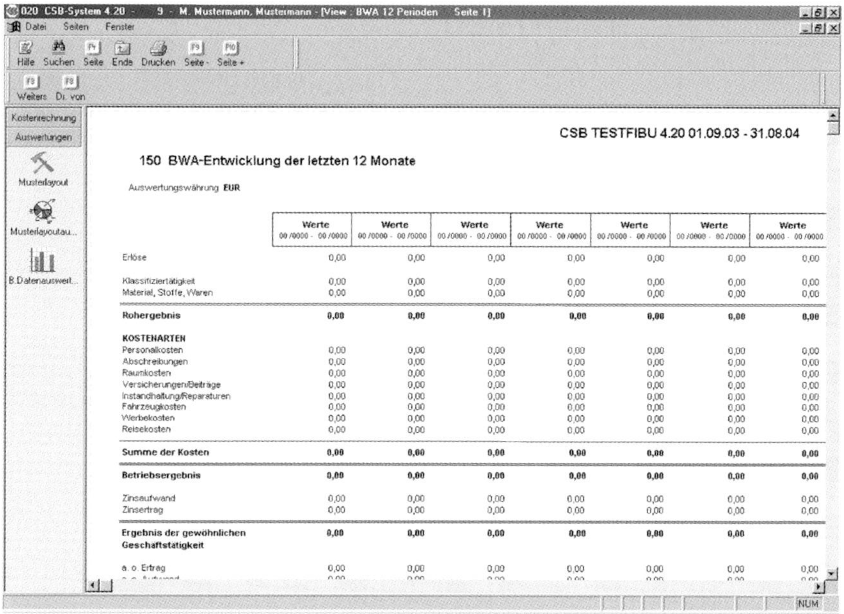

Abb. 110: Ergebnisanalyse der Deckungsbeiträge zwischen Absatz und den Ergebnisstufen im Rechnungswesen

Wie in Abb. 110 dargestellt, entsprechen die Deckungsbeitragssummen (DB 1 bis DB 4), bei korrekter Kostenabbildung der einzelnen Güter über die „Flexible Kostenträgerrechnung", den einzelnen Ergebnis-Zwischensummen (E 1 bis E 4).

Die festgestellten Abweichungen zwischen den DB-Summen (DB 1 bis DB 4) und den Ergebnis-Zwischensummen (E 1 bis E 4) ergeben sich aus den ausschließlich im Rechnungswesen erfassten Erlöskürzungen. Hierzu zählen alle adressenbezogenen pauschalen Erlöskürzungen und Forderungsausfälle (bedingt durch Konkurse und Vergleiche).

Die nachträglich durch die Kunden bewirkten Finanzgutschriften (Boni, Leistungszahlungen) mindern die adressenbezogenen Deckungsbeiträge und bewirken somit eine Abweichung von den einzelnen Deckungsbeiträgen. Diese Erlöskürzungen sind kundenspezifisch in der Deckungsbeitragsauswertung zu ermitteln. Global werden die gesamten Erlösminderungen in der „DB-Ergebnisanalyse" sichtbar.

Die Entwicklung der Deckungsbeiträge (DB 1 bis DB 4) im Vergleich zum Vorjahr und der Budgetvergleich ermöglichen es dem Management, die Ertragsveränderungen kurzfristig (wöchentlich, monatlich oder im Quartal) zu analysieren und geeignete Maßnahmen rechtzeitig einzuleiten.

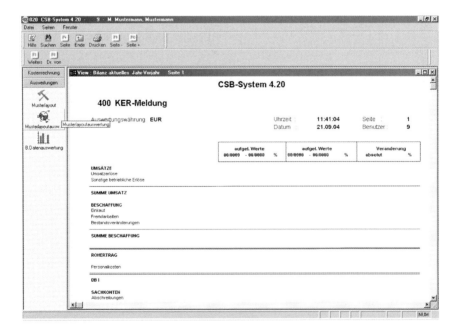

CSB-System 4.20

400 KER-Meldung

Auswertungswährung **EUR**

| | Uhrzeit: | **11:41:04** | Seite: | **1** |
| | Datum: | **21.09.04** | Benutzer: | **9** |

	aufgel. Werte 00/0000 - 00/0000	%	aufgel. Werte 00/0000 - 00/0000	%	Veränderung absolut	%

UMSÄTZE
Umsatzerlöse
Sonstige betriebliche Erlöse

SUMME UMSATZ

BESCHAFFUNG
Einkauf
Fremdarbeiten
Bestandsveränderungen

SUMME BESCHAFFUNG

ROHERTRAG

Personalkosten

DB I

SACHKONTEN
Abschreibungen
Raumkosten
Versicherungen/Beiträge
Instandhaltungen/Reparaturen
Fahrzeugkosten
Werbekosten
Reisekosten
Verkaufsprovision
Telefon/Internet/Kommunikationskosten
Rechts- und Beratungskosten
Leasing/Betriebs- und Geschäftsausstattung
Verschiedene Kosten/Sonstige Aufwendungen

SUMME SACHKONTEN

DB II

Finanzertrag
Finanzaufwand

DB III
(Ergebnis der gewöhnlichen Geschäftstätigkeit)

Erlöse aus Anlagenverkäufen
Außerordentliche Erträge
Sonstige Erträge
Außerordentliche Aufwendungen

UNTERNEHMENSERGEBNIS

Steuern

UNTERNEHMENSERGEBNIS NACH STEUERN

CASHFLOW
(DB III + Abschreibungen)

3.8.4 Kostenstellenrechnung

Die Kostenstellen werden als interne Adressen im Unternehmen geführt. Sie entsprechen dem in der Organisation und für den Gütererstellungsprozess definierten Abteilungsdurchlauf. Das Ziel der „Profit-Center-Betrachtung" im betrieblichen Rechnungswesen besteht darin, die Wertschöpfung im Leistungserstellungsprozess abteilungsgenau mit den entstandenen Produktionskosten pro Kostenstelle abzugleichen.

Es gilt jedoch, nicht nur die mit der Produktion mittelbar und unmittelbar verbundenen Kostenstellen kostenrechnerisch zu erfassen; ebenfalls sind die Verwaltungs-, Vertriebs- sowie die allgemeinen Hilfskostenstellen in ein geschlossenes Kostenrechnungssystem zu integrieren.

In der traditionellen Kostenrechnung stellt die Kostenstellenrechnung das Bindeglied zwischen Kostenarten- und Kostenträgerrechnung dar[144]. Hierbei steht die Frage im Vordergrund: Welche Kostenarten werden in den einzelnen Kostenstellen des Produktionsprozesses für die einzelnen Kostenträger wirksam?

Die Kostenrechnung im CSB-System umfasst die Basis-Kostenrechnung mit der Definition aller Systeminformationen über alle Bereiche.

Die Kostenumlagen und die Kostenverteilung kann zum Hauptbuch als Ergänzung gesondert durchgeführt werden. Über die Kostenstellenauswertungen werden die Kostenanalysen und Kostenauskunftsinformationen abgerufen. Die Berücksichtigung von Mengeninformationen aus der Warenwirtschaft schafft die Basis für einheitenbezogene Kostensätze. Die Definitionen der Bezugsgrößen für die Kostensätze sind beliebig festlegbar.

Mit dem Einsatz der integrierten Datenverarbeitung in der Warenwirtschaft wird der bewertete Leistungsverzehr (online und real time) im Gleichschritt mit dem physischen Produktionsprozess informationstechnisch erfasst. Über die „Flexible Kostenträgerrechnung" erfolgt pro Kostenträger und Kostenstelle die unmittelbare kostenrechnerische Abbildung des Leistungserstellungsprozesses für das jeweilige Verkaufsgut.

Die Kostenstellenrechnung dient demnach im CSB-System der kostenrechnerischen Gegenkontrolle der Kostenarten, welche über die „Flexible Kostenträgerrechnung" (in den einzelnen Kostenstellen) verrechnet wurden.

Weiterhin bildet die Kostenstellenrechnung die Grundlage für den Vergleich mit den erfassten periodischen Kostenartensummen des betrieblichen Rechnungswesens[145].

3.8.4.1 Basisdaten Kostenstellenrechnung

Die Aufgabe der Unternehmensorganisation besteht in der Gliederung der Kostenstellen im Unternehmen. Die Einteilung ist dabei abhängig vom Ziel, welches mit der Kostenstellenrechnung verfolgt werden soll.

Als wesentliche Ziele gelten:
- Kostenplanung über alle Kostenstellen
- Kostenkontrolle im Leistungsverzehr
- Abbildung physischer Produktionseinheiten
- Bewertung der Zwischen- und Endprodukte

Die dafür notwendigen Daten, Fakten und Tatbestände werden im Programmmodul „Basisdaten Kostenstellenrechnung" erfasst. Neben der Festlegung der Kostenstellenhierarchie (Ober- und Unterkostenstellen) werden auch alle Systeminformationen, Steuerungsdaten sowie die Verteilungsschlüssel bestimmt. Hierzu gehört ebenfalls der Aufbau einer Verteilungshierarchie zur automatischen Verbuchung und Auflösung von (Hilfs-/Neben-)Kostenstellen im Rahmen des hierarchischen Stufenverfahrens.

3.8.4.2 Kostenumlagen & Verteilungen

Die in der Hauptbuchhaltung erfassten Kostenbuchungen sowie die aus der internen Kostenerfassung resultierenden Kostenarten sind auf die einzelnen Kostenstellen des Unternehmens nach dem Verursachungsprinzip zu verteilen. Aus der Sicht der Kostentransparenz wird jeder Abteilungsleiter bemüht sein, möglichst viele Kostenarten als Kostenstelleneinzelkosten zu verbuchen.

Durch die entsprechenden Softwaremodule werden alle Kostenumlagen und die Verteilung der gebuchten Kostenarten auf die einzelnen Kostenstellen rationell durchgeführt. Neben diesen buchungstechnischen Aufgaben werden hier alle Informationen bereitgestellt, die für die Kostenübersichten und Auswertungen erforderlich sind.

Die Ist-Kosten aus der Finanzbuchhaltung werden mit den Soll-Kosten in der Kostenträgerrechnung über die Kostenstellenrechnung abgeglichen. Über frei definierbare Verteilungsschlüssel werden die Ist-Kosten (Kostenarten) periodisch den Soll-Kosten gegenübergestellt.

Die Soll-Ist-Abweichung ist durchführbar
- auf Kostenstellenebene mit Kostenstellenhierarchie und Periodenbezug
- als Kostenträgerbezug über eine Verteilungshierarchie

Eine umfassende Abstimmung der Kostenrechnung mit der Finanzbuchhaltung ist in Abb. 111 grafisch dargestellt.

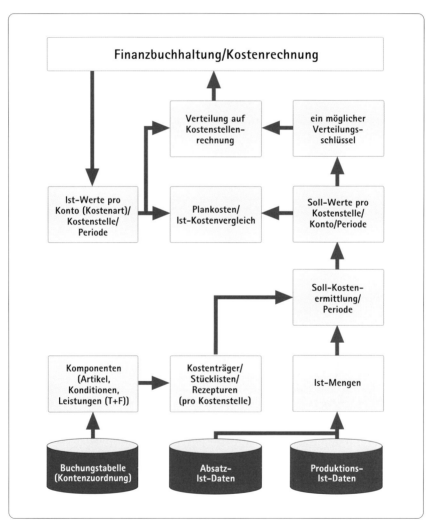

Abb. 111: Ablauf der Ist-Kostenrechnung mit Soll-Ist-Vergleich

Eine auf die Kostenträger bezogene Verteilung der Ist-Kosten erfolgt mit der Ist-Kostenerfassung in der Warenwirtschaft über:
- Artikelverbrauch (Artikel)
- Tätigkeitsnachweise (Tätigkeiten)
- Funktionserfassung (Funktionen)
- Konditionsermittlung (Konditionen)

in gesonderten Konten der Finanzbuchhaltung.

Die Produktionsdaten über alle Kostenstellen (Abteilungen) und für alle Artikel (Zwischen- und Fertigprodukte) werden als Ist-Werte physisch in der jeweilig zugeordneten Einheit (Stück, Liter, Kilogramm etc.) in Konten verbucht. Diese Informationen werden periodisch den Planzahlen aus der Produktionsplanung gegenübergestellt.

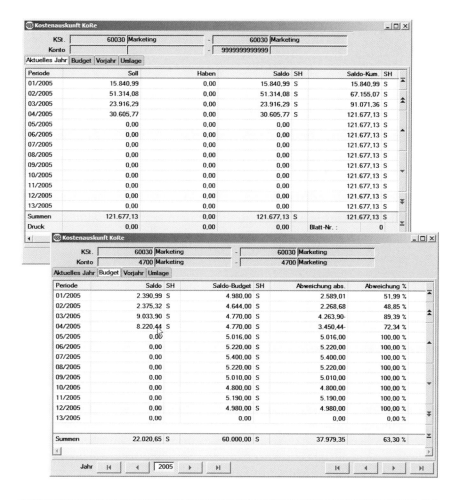

Die Basis für die Ist-Kostenkalkulation (als periodische Nachkalkulation) wird geschaffen über die umfassende Ist-Datenerfassung in allen Kostenstellen des Unternehmens. Die Kostenträgerrechnung wird über die Ist-Kostenverrechnung als Teilkostenrechnung und Vollkostenrechnung auf der Grundlage von Ist-Werten berechenbar und mit den Soll-Kosten der Kostenträger vergleichbar.

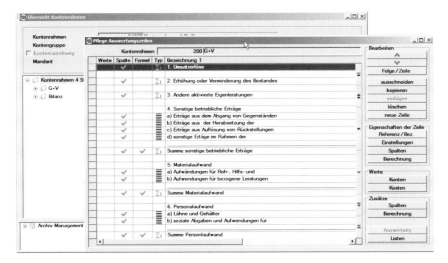

Die als Ist-Kosten (Kostenarten) in den Kostenstellen mit eindeutigem Kostenträgerbezug differenziert erfassten Ist-Daten werden im CSB-System online am Ort ihrer Entstehung in das Informationssystem übernommen. Die Dokumentation der Kostenstellenbelastung erfolgt über das Kostenstellenjournal und die Kostenstellenblätter. Die Zugriffe des zentralen Controllings auf alle Kostenstellendaten sind konzernweit integriert über das Management-Informations-System möglich.

Die in den einzelnen Kostenstellen erzeugten Zwischenprodukte sind zur preispolitischen Entscheidungsfindung mit den am Markt erhältlichen Zwischenprodukten abzugleichen. Diese Preisermittlung erfolgt im CSB-System über die „Flexible Kostenträgerrechnung". Alle Kostenstellen müssen im Unternehmen wie Profit Center geführt werden, damit der Leistungsverzehr in der Güterproduktion dem Wertschöpfungsprozess gegenübergestellt werden kann.

3.8.4.3 Kostenstellenübersichten & Auswertungen

Die kostenrechnerischen Darstellungen der verteilten Kostenarten auf die einzelnen Kostenstellen erfolgen nach verschiedenen Methoden. Die Kostenstellenübersicht in tabellarischer Form ist die einfachste Abbildung aller zugehörigen Kosten zu einer Kostenstelle.

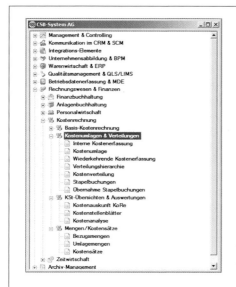

Über die Programme KSt-Übersichten & Auswertungen werden die Plan- und Istdaten zur Flexiblen Kostenträgerrechnung ermittelt.

Es werden hierbei die Kostensätze über beliebig definierbare Bezugsgrößen (Einheiten als physische und physikalische Werte) eruiert.

Diese Kostenwerte können über frei definierbare Auswertungen benutzerspezifisch formuliert werden.

Auf Basis der Kostenstellenanalyse sowie der Kontenauskunft hat jeder berechtigte Benutzer die Möglichkeit, sich alle Werte sämtlicher Kostenstellen und Kostenstellenhierarchien (untergeordnete Stellen) anzeigen zu lassen. Die Kostenstellenwerte können in den Auswertungen mit einer Vergleichsanalyse zu den Vorjahreswerten und den Budgetwerten in den Druckausgaben und am Bildschirm ausgegeben werden.

Über den Betriebsabrechnungsbogen (BAB) werden die gesamten Kosten des Unternehmens nach Kostenstellen und zugewiesenen Kostenarten differenziert abgebildet. Der Aufbau des BAB orientiert sich hierbei an den Anforderungen des Unternehmens. Der gewünschte Detaillierungsgrad wird in den „Musterlayouts" definiert, womit eine unternehmensspezifische Festlegung für die gewünschten Auswertungen erfolgt.

Bei Bedarf werden im BAB die ermittelten Kosten pro Kostenstelle den Budgetwerten für die jeweilige Abrechnungsperiode, kumuliert für das aufgelaufene Wirtschaftsjahr, gegenübergestellt. Aus dieser Plan-Ist-Abweichung pro Kostenstelle ergeben sich wesentliche Erkenntnisse zur Bewertung des Leistungsverzehrs im Gütererstellungsprozess.

Die betriebswirtschaftlichen Auswertungen über alle Kostenstellen eines Unternehmens sind in ihren Schwerpunkten durch die Branchenzugehörigkeit geprägt. Aus den betriebsspezifischen Produktionsabläufen ergeben sich durch technische Änderungen (Ersatz- bzw. Erweiterungsinvestitionen) im

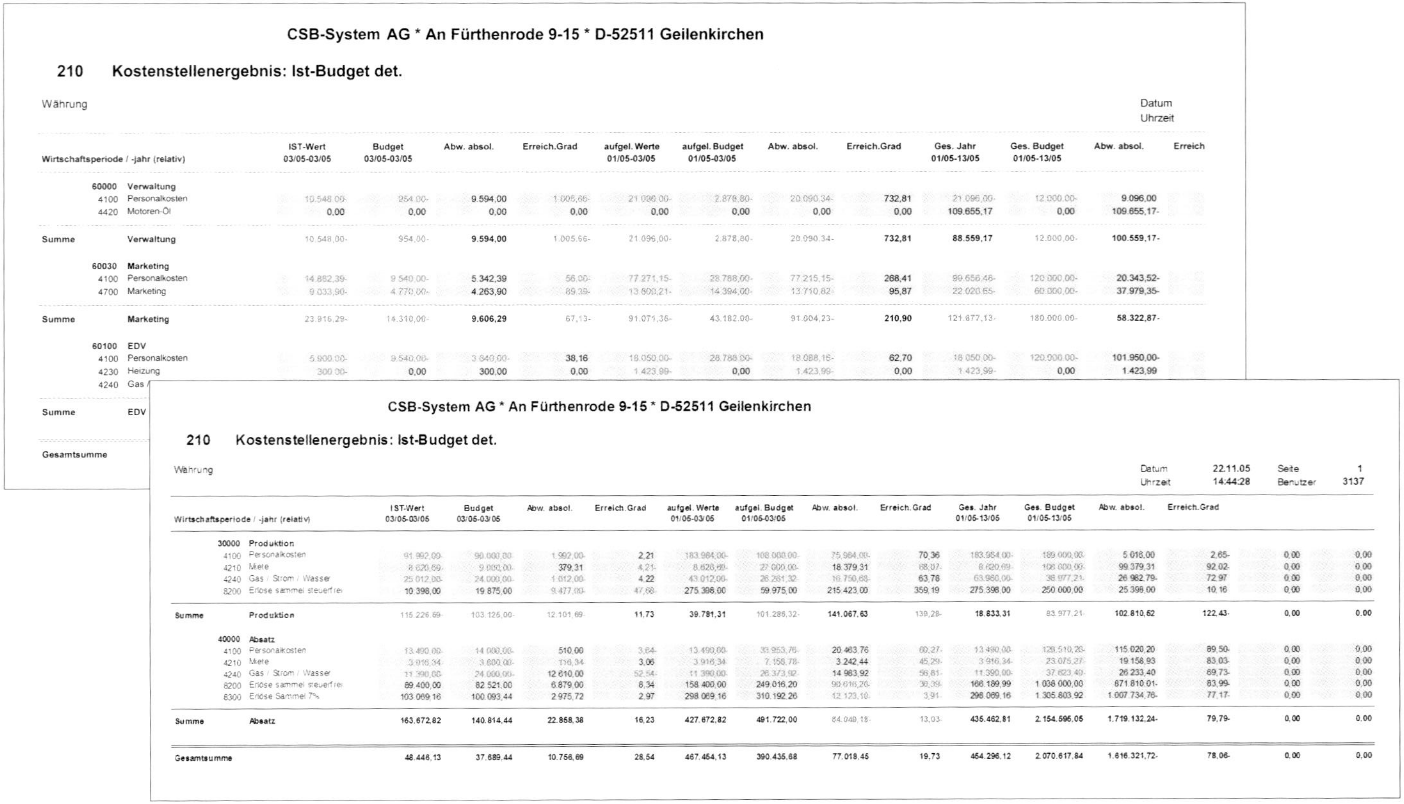

CSB-System AG * An Fürthenrode 9-15 * D-52511 Geilenkirchen

210 Kostenstellenergebnis: Ist-Budget det.

Währung | Datum | Uhrzeit

Wirtschaftsperiode / -jahr (relativ)		IST-Wert 03/05-03/05	Budget 03/05-03/05	Abw. absol.	Erreich.Grad	aufgel. Werte 01/05-03/05	aufgel. Budget 01/05-03/05	Abw. absol.	Erreich.Grad	Ges. Jahr 01/05-13/05	Ges. Budget 01/05-13/05	Abw. absol.	Erreich
60000	Verwaltung												
4100	Personalkosten	10.548,00-	954,00-	9.594,00	1.005,66-	21.096,00-	2.878,80-	20.090,34-	732,81	21.096,00-	12.000,00-	9.096,00	
4420	Motoren-Öl	0,00	0,00	0,00	0,00	0,00	0,00	0,00	0,00	109.655,17	0,00	109.655,17-	
Summe	Verwaltung	10.548,00-	954,00-	9.594,00	1.005,66-	21.096,00-	2.878,80-	20.090,34-	732,81	88.559,17	12.000,00-	100.559,17-	
60030	Marketing												
4100	Personalkosten	14.882,39-	9.540,00-	5.342,39	56,00-	77.271,15-	28.788,00-	77.215,15-	268,41	99.656,48-	120.000,00-	20.343,52-	
4700	Marketing	9.033,90-	4.770,00-	4.263,90	89,39-	13.800,21-	14.394,00-	13.710,82-	95,87	22.020,65-	60.000,00-	37.979,35-	
Summe	Marketing	23.916,29-	14.310,00-	9.606,29	67,13-	91.071,36-	43.182,00-	91.004,23-	210,90	121.677,13-	180.000,00-	58.322,87-	
60100	EDV												
4100	Personalkosten	5.900,00-	9.540,00-	3.640,00-	38,16	18.050,00-	28.788,00-	18.088,16-	62,70	18.050,00-	120.000,00-	101.950,00-	
4230	Heizung	300,00-	0,00	300,00	0,00	1.423,99-	0,00	1.423,99-	0,00	1.423,99-	0,00	1.423,99	
4240	Gas /												
Summe	EDV												
Gesamtsumme													

CSB-System AG * An Fürthenrode 9-15 * D-52511 Geilenkirchen

210 Kostenstellenergebnis: Ist-Budget det.

Währung | Datum 22.11.05 | Seite 1 | Uhrzeit 14:44:28 | Benutzer 3137

Wirtschaftsperiode / -jahr (relativ)		IST-Wert 03/05-03/05	Budget 03/05-03/05	Abw. absol.	Erreich.Grad	aufgel. Werte 01/05-03/05	aufgel. Budget 01/05-03/05	Abw. absol.	Erreich.Grad	Ges. Jahr 01/05-13/05	Ges. Budget 01/05-13/05	Abw. absol.	Erreich.Grad		
30000	Produktion														
4100	Personalkosten	91.992,00-	90.000,00-	1.992,00-	2,21	183.984,00-	108.000,00-	75.984,00-	70,36	183.984,00-	189.000,00-	5.016,00	2,65-	0,00	0,00
4210	Miete	8.620,69-	9.000,00-	379,31	4,21-	8.620,69-	27.000,00-	18.379,31	68,07-	8.620,69-	108.000,00-	99.379,31	92,02-	0,00	0,00
4240	Gas / Strom / Wasser	25.012,00-	24.000,00-	1.012,00-	4,22	43.012,00-	26.261,32-	16.750,68-	63,78	63.960,00-	36.977,21-	26.982,79-	72,97	0,00	0,00
8200	Erlöse sammel steuerfrei	10.398,00	19.875,00	9.477,00-	47,68-	275.398,00	59.975,00	215.423,00	359,19	275.398,00	250.000,00	25.398,00	10,16	0,00	0,00
Summe	Produktion	115.226,69-	103.125,00-	12.101,69-	11,73	39.781,31	101.286,32-	141.067,63	139,28-	18.833,31	83.977,21-	102.810,62	122,43-	0,00	0,00
40000	Absatz														
4100	Personalkosten	13.490,00-	14.000,00-	510,00	3,64-	13.490,00-	33.953,76-	20.463,76	60,27-	13.490,00-	128.510,20-	115.020,20	89,50-	0,00	0,00
4210	Miete	3.916,34-	3.800,00-	116,34-	3,06	3.916,34-	7.158,78-	3.242,44	45,29-	3.916,34-	23.075,27-	19.158,93	83,03-	0,00	0,00
4240	Gas / Strom / Wasser	11.390,00-	24.000,00-	12.610,00	52,54-	11.390,00-	26.373,92-	14.983,92	56,81-	11.390,00-	37.623,40-	26.233,40	69,73-	0,00	0,00
8200	Erlöse sammel steuerfrei	89.400,00	82.521,00	6.879,00	8,34	158.400,00	249.016,20	90.616,20-	36,39-	166.189,99	1.038.000,00	871.810,01-	83,99-	0,00	0,00
8300	Erlöse Sammel 7%	103.069,16	100.093,44	2.975,72	2,97	298.069,16	310.192,26	12.123,10-	3,91-	298.069,16	1.305.803,92	1.007.734,76-	77,17-	0,00	0,00
Summe	Absatz	163.672,82	140.814,44	22.858,38	16,23	427.672,82	491.722,00	64.049,18-	13,03-	435.462,81	2.154.596,05	1.719.132,24-	79,79-	0,00	0,00
Gesamtsumme		48.446,13	37.689,44	10.756,69	28,54	467.454,13	390.435,68	77.018,45	19,73	454.296,12	2.070.617,84	1.616.321,72-	78,06-	0,00	0,00

Abb. 112: Budgetübersicht

Gütererstellungsprozess neue Anforderungen an die kostenstellengenaue Abrechnung des Leistungsverzehrs.

Auf diese Anforderungen müssen die eingesetzten flexiblen Auswertungssysteme eingehen. Auswertungen dienen der Transparenz und der Überwachung des Leistungsverzehrs in der Gütererstellung über alle Kostenstellen (Abteilungen) des Unternehmens. Aus der Analyse und dem Vergleich der geplanten und kalkulierten Kostendaten mit den realisierten Aufwendungen pro Kostenstelle leiten sich die notwendigen dispositiven Entscheidungen des Managements ab.

Die Gegenüberstellung der Plankosten zu den Ist-Kosten pro Kostenträger (Zwischenprodukte und Fertigprodukte) erfolgt über die „Flexible Kostenträgerrechnung" und die Kostenstellenauswertung. Das Ergebnis dieses Kostenvergleichs (Plan- zu Ist-Kosten) pro Kostenstelle, ermittelt über die einzelnen Kostenträger, ist die Kalkulationskostenabweichung.

Plan-Ist-Vergleich / Kostenarten	Flexible Kostenträgerrechnung verrechnete Plan- und Ist-Kosten Kostenarten 1-n					Kostenstellenrechnung periodisierte Aufwendungen Kostenstellen 1-n					Abweichung Kst. Wert % Kostenstellen 1-n				
	KST 1	KST 2	KST 3	KST 4	KST n	KST 1	KST 2	KST 3	KST 4	KST n	KST 1	KST 2	KST 3	KST 4	KST n
Werkstoffe															
Kostenarten 1-n															
Personal															
Kostenarten 1-n															
Betriebsmittel															
Kostenarten 1-n															
Sonstige Kosten															
Kostenarten 1-n															
Ges. Summen															

Abb. 113: Kostenstellenbezogene Kalkulationskostenabweichung

Die in Abb. 113 ermittelten Kostendifferenzen zwischen Plan- und Ist-Kosten werden folgenden Kostenartengruppen zugeordnet:

- Werkstoffkosten
- Arbeitskosten
- Betriebsmittelkosten
- sonstige Kosten

Eine differenzierte Analyse ist bis auf die Kostenartenebene möglich und betriebsspezifisch über die variablen Musterlayouts erstellbar. Alle benötigten Informationen werden im Management-Informations-System und Bereichs-Informations-System automatisiert aufbereitet und auf Abruf den berechtigten Anwendern zur Verfügung gestellt.

Die „Gesamt-Effektivität" des Unternehmens resultiert aus der Summe der einzelnen Kostenstellenproduktivitäten. Eine objektive Überprüfung des jeweiligen Leistungsverzehrs in den Kostenstellen ist nur dann möglich, wenn diese dort erzeugten Komponenten oder Zwischenprodukte am Markt in vergleichbarer Ausprägung beziehbar sind.

Die Beschaffungsmarktanalyse[146] gehört somit zur Kostenstellenüberwachung. Die Profit-Center-Betrachtung ist eine unumgängliche Notwendigkeit zur Erhaltung der gesamtunternehmerischen Wettbewerbsfähigkeit. Volkswirtschaftlich leitet sich aus der wirtschaftlichen Umsetzung des komponenten- und zwischenproduktbezogenen Kostenstellenvergleichs das Fortschreiten des arbeitsteiligen Wirtschaftens ab.

Die Erhaltung der Wettbewerbsfähigkeit in den einzelnen Kostenstellen (Abteilungen) muss eine unmittelbare Aufgabe der Abteilungsleiter sein. Dieses Vorgehen erfordert Transparenz (Kosten- und Marktpreisinformationen), die umfassend durch das Unternehmensführungssystem und über den gesamten Gütererstellungprozess im Unternehmen gewährleistet sein muss.

3.8.4.4 Kostenstellen-Controlling

Über das Kostenstellen-Controlling erfolgt der Abgleich zwischen der Kostenrechnung in der Warenwirtschaft und den Kostendaten im Rechnungswesen. Im Speziellen dient das Kostenstellen-Controlling zur Information des Managements über die Kosten- und Ertragsentwicklung im Unternehmen.

Die Analyse der Kosten und Erträge über alle Kostenstellen durchzuführen, ist in den Anforderungen der Profit-Center-Auswertungen begründet. Die Analyseprogramme in der Kostenstellenrechnung schaffen die Voraussetzung zur umfassenden Kostenstellenbetrachtung.

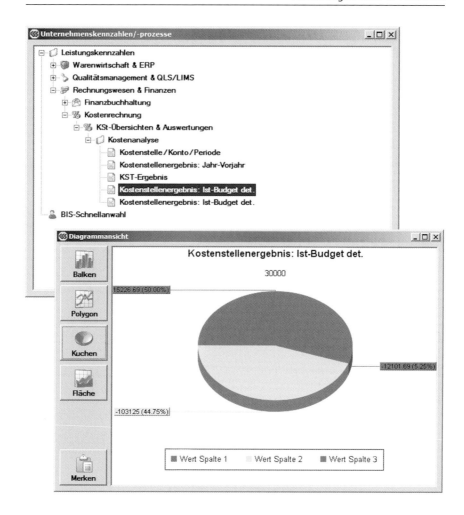

Kostenstellen-Integrations-Controlling

Die Integration der Kostenstellenrechnung in das CSB-System: d. h., die datentechnische Verbindung zwischen Warenwirtschaft und Rechnungswesen, erfolgt über die Integrationselemente:

- *Adressen*
  Die Kostenstellen sind „interne Adressen" im gesamten Unternehmen. In der Regel sind die Abteilungen in Kostenstellen und Unterkostenstellen organisiert.

- *Artikel*
  In den Kostenstellen werden die Artikel bearbeitet bzw. verwaltet und gelagert. Alle Artikelinformationen zu den internen Adressen werden über die Beziehung:

dargestellt.

- *Konditionen*
  Physische und kostenrechnerische Konditionen werden (nach Konditionsgruppen) den Artikeln und Adressen zugeordnet.

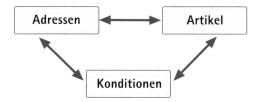

- *Verfahren*
  Die vorgegebenen Verfahren als Tätigkeiten, Funktionen und QS-Maßnahmen sind als detailliert festgelegte Verfahren beschrieben. Die Abbildung der Verfahrensverwaltung in den Produktionsprozessen erfolgt über die Verknüpfung der vier Integrationselemente:

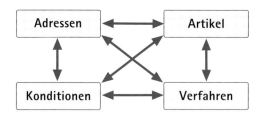

Durch die Integrationselemente wird die Abbildung aller Unternehmensprozesse transparent darstellbar und somit eindeutig beschreibbar.

Im Kostenstellen-Controlling sind die Integrationselemente die kleinsten Bausteine der Kosten- und Ertragsanalyse im Konzept der „Profit-Center-Organisation".

Ergebnisse des Kostenstellen-Controllings

Der Aufbau eines umfassenden Kostenstellen-Controllings ist immer an den branchen- und betriebsspezifischen Gegebenheiten auszurichten. Das Kostenstellen-Controlling sollte die Controlling-Ergebnisse der Warenwirtschaft aus Beschaffung, Lager, Produktion und Absatz ergänzen und eine „ganzheitliche Datensicht" auf das gesamte Unternehmen gewährleisten.

Für die oberste Managementebene müssen alle relevanten Analysen des Kostenstellen-Controllings auf „Knopfdruck" und verdichtet verfügbar sein. Diese Bedürfnisse wurden bereits vorstehend im Management-Informations-System hinreichend beschrieben. Die Ergebnisse der strategischen und planerisch vorgegebenen Effizienzsteigerungen über Rationalisierungsprojekte oder gezielte Absatzaktivitäten müssen ihren Niederschlag im Kostenstellen-Controlling finden.

Eine effektive Unternehmensführung benötigt eine quantifizierbare Rückkopplung zwischen Vorgaben und Ergebnisprüfungen über alle maßgeblichen Entscheidungen im Unternehmen. Leistungsziele und Leistungsergebnisse müssen zu jedem Zeitpunkt real time abbildbar und durch das Management beurteilungsfähig sein. Das Erreichen dieses Ziels muss die Branchen-Software gewährleisten bzw. praxisgerecht unterstützen.

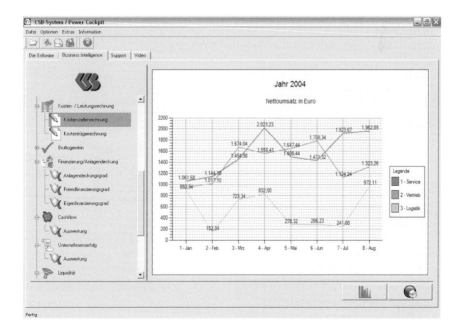

3.8.5 Soll-Ist-Kostenrechnung

Die Aufgabe der Soll-Ist-Kostenrechnung besteht darin, die in der Warenwirtschaft verrechneten Plan-Kosten (Istmenge x Planpreis = Soll-Kosten) den in der Finanzbuchhaltung und Kostenstellenrechnung verbuchten Ist-Kosten gegenüberzustellen. Die Soll-Ist-Kostenrechnung zeigt somit die Abweichungen auf, die zwischen den verrechneten „Soll-Kosten" (als kalkulatorische Werte des Wertverzehrs) in der Warenwirtschaft gegenüber den verbuchten „Ist-Kosten" in der Finanzbuchhaltung und Kostenstellenrechnung entstanden sind. Die in der Soll-Ist-Kostenrechnung aufgezeigten Differenzen können auf verschiedenste Ursachen zurückzuführen sein.

Die Soll-Ist-Kostenrechnung ist im Gesamtzusammenhang mit den in Warenwirtschaft und Finanzbuchhaltung integrierten Kostenrechnungssystemen zu sehen.

Im Einzelnen in folgendem Kontext:
1. Kostenrechnung
   (Siehe Gliederungspunkt 3.4.5.1)
2. Leistungs- & Deckungsbeitragsrechnung
   (Siehe Gliederungspunkt 3.4.5.2)
3. Kostenstellenrechnung
   (Siehe Gliederungspunkt 3.8.4)

Die einzelnen Kostenrechnungssysteme dienen der Zusammenführung der kostenrechnerischen Ergebnisse aus Plan-, Soll-, Ist-Werten sowie -Mengen. Die in den vorstehenden Punkten dargelegten Kalkulations- und Leistungsrechnungen werden hier nicht wiederholt. Abweichungs-Ursachen zu ergründen, ist die Aufgabe des Controllings über die gesamten Bereiche der Warenwirtschaft und des Finanz- und Rechnungswesens.

3.8.5.1 Bezugsbasis einer Soll-Ist-Kostenrechnung

Eine Kostenvergleichsrechnung ist nur dann möglich, wenn die Bezugsbasis für diese Analyse der Soll- und Ist-Werte einheitlich ist. Die Erfüllung dieser Anforderung ist eine unabdingbare Voraussetzung zum Aufbau der periodischen Soll-Ist-Kostenrechnung.

Die nachstehenden Datenquellen (Stammdaten) sind als Bezugsquellen der Soll-Ist-Kostenrechnung unverzichtbar:
1. Kostenartendaten
2. Bezugsgrößen & Bezugsschlüssel
3. Kostenstellen-Umbuchungen
4. Periodendefinitionen

Zu 1: Kostenartendaten

Um die Kostenarten für die Warenwirtschaft und das Rechnungswesen als gemeinsame Bezugsbasis zu verwenden, ist es erforderlich, diese im Kostenartenstamm anzulegen und die zugehörigen Fibu-Konten zuzuordnen.

Hierbei werden zwei Zuordnungsarten unterschieden:
Primärkosten: Jede Kostenart wird einem Kostenkonto zugeordnet.
Sekundärkosten: Einer Kostenart werden mehrere Kostenkonten
(1 bis n Konten) zugeordnet.

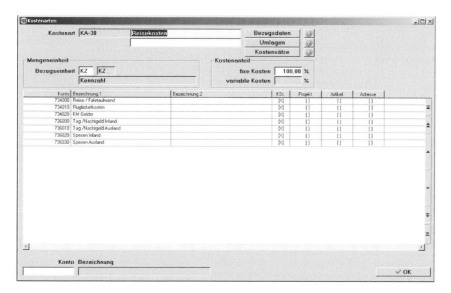

Zu 2: Bezugsgrößen & Bezugsschlüssel

Die aus der Warenwirtschaft bereitzustellenden Bezugsmengen bzw. Bezugswerte sind zu beziehen auf die:
- Plan-Daten
- Soll-Daten
- Ist-Daten

Den auf die Stammkostenstellen gebuchten Ist-Kosten sowie den budgetierten Plan-Kosten und in der Materialwirtschaft verrechneten Soll-Kosten werden die Bezugsmengen zugeordnet.

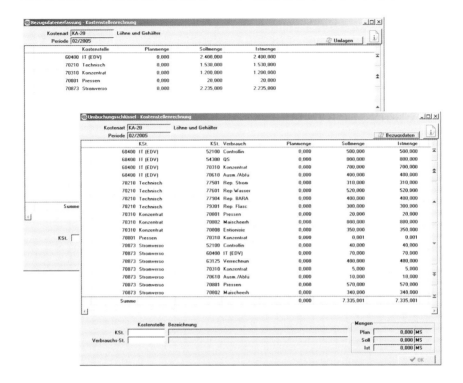

Zu 3: Kostenstellen-Umbuchungen

Kostenarten, die von einer Hilfskostenstelle auf die Verbrauchskostenstellen verteilt werden, sind mit einem Umbuchungsschlüssel belegt. Hierbei sind parametergestützt verschiedene Plausibilitätsprüfungen hinterlegt. Die Umlageschlüssel sind nur zu ändern, wenn sich das Umlageverfahren von der Hilfskostenstelle auf die Verbrauchskostenstellen ändert.

Zu 4: Periodendefinitionen

Mit der Definition der Umlageschlüssel erfolgt ebenfalls die Periodenbildung in der Soll-Ist-Kostenrechnung. Die einzelnen Umlageschlüssel können somit ab „Periode xy2" definiert werden und zum Termin automatisch ihre Gültigkeit erhalten. Die Perioden können entsprechend den Buchungsperioden in der Finanzbuchhaltung festgelegt werden.

3.8.5.2 Verknüpfung der Materialwirtschaft mit der Kostenrechnung

Das rechnerische Abbild eines jeden beliebigen „Artikels" (Halbfabrikat, Zwischenprodukt und Fertigprodukt) wird in der Warenwirtschaft über den „Stücklisten- bzw. Rezepturbau" dargestellt. Der physische Prozess der Produktion findet sein rechnerisches Spiegelbild in den Stücklisten und Rezepturen in der Art und Weise, wie die einzelnen Produktionsabteilungen durchlaufen werden.

A Direkte Kostenverknüpfung

Die Plan- und Soll-Werte sind für alle Produktionsleistungen definiert und in den Stücklisten als Vorgabewerte definiert:
1. Material (Roh-, Hilfs-, Betriebsstoffe)
2. Mensch (Arbeit = Tätigkeiten)
3. Maschinen (Funktionen)

Zu 1: Material (Roh-, Hilfs-, Betriebsstoffe)

Die Materialkosten im Produktionsprozess werden unmittelbar online und realtime mit dem tatsächlichen Verbrauch über die BDE-Technik erfasst. Die Ist-Werte sind somit zum Zeitpunkt des tatsächlichen Verbrauchs direkt für die Warenwirtschaft und das Rechnungswesen (d. h. für die Kostenrechnung) verfügbar. In der Chargenabrechnung kann somit nach erfolgtem Chargenabschluss und der Erfassung der Produktionsausgangsdaten sofort eine Soll-Ist-Analyse zum Materialverbrauch abgerufen werden. Hierbei wird der Materialverbrauch realtime zu den Ist-Preisen bewertet und mit den Ist-Mengen erfasst. Diese Material-Ist-Mengen und -Ist-Werte werden der Soll-Ist-Kostenrechnung unmittelbar zugeführt. (Siehe hierzu Kapitel 3.7.3.5 Chargen- & Prozessproduktion)

Zu 2: Mensch (Arbeit = Tätigkeiten)

Die für die Verrechnung der Plan- und Soll-Kosten eingesetzten Tätigkeiten (Arbeitsleistungen) zur Erstellung der Produkte und Leistungen werden in Tätigkeitsgruppen und diese wieder in einzelnen Tätigkeiten (Arbeitsschritten) zu Stammdaten erfasst. Diese detaillierten Tätigkeiten sind den Fertigungsabläufen in der Prozessproduktion zugeordnet (Einzelverfahren bzw. Globalverfahren).

Im Tätigkeitenstamm sind zur Beschreibung der Tätigkeit selbst und zur Bewertung dieser Tätigkeit alle Informationen bzw. Kostendaten erfasst bzw. berechnet. Diese Plan- und Soll-Werte gehen als Vorgabewerte in die Stücklisten ein und geben somit die Leistungsorientierung bzw. den geplanten Tätigkeitseinsatz für den jeweiligen „Arbeitsschritt" wieder. Werden jetzt die tatsächlichen Leistungsdaten (Ist-Zeiten) für die durchgeführten Leistungen kostenstellen- und kostenträgergenau erfasst, so gehen diese Daten unmittelbar in die Soll-Ist-Kostenrechnung ein.

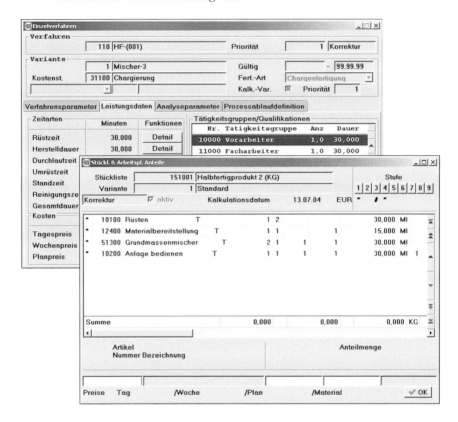

Zu 3: Maschinen (Funktionen)

Die für den Produktionsprozess benötigten Maschinenleistungen (Einzelmaschinen oder Linienmaschinen) sind als Funktionen in den Stücklisten hinterlegt.

Die Einzel-Funktionen sind im Verfahrensstamm als Einzel-Verfahren bzw. Globalverfahren dem jeweiligen Fertigungsprozess zugeordnet. Werden jetzt die Laufzeiten der Maschinen den Chargen bzw. den Stücklisten zugeordnet, so können diese Ist-Werte den vorgegebenen Plan- bzw. Soll-Werten in der Soll-Ist-Kostenrechnung gegenübergestellt werden und sind somit auswertbar. Zur Erfassung der Maschinenbelegung, der Produktions- und Rüstzeit sowie der Stillstandszeiten dient die CIM- & MES-Integration in die Warenwirtschaft.

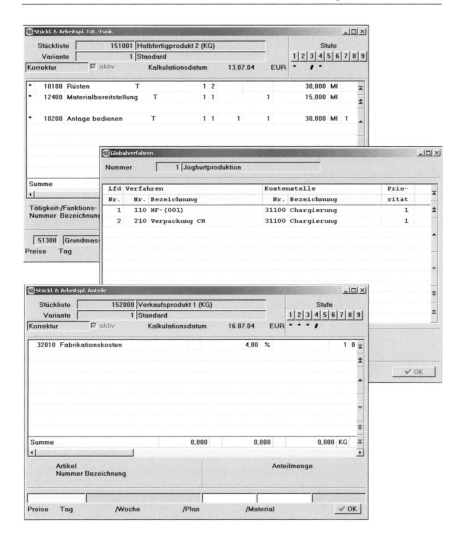

B Indirekte Kostenverknüpfung

Die gesamten Gemeinkosten können im Gegensatz zu den direkt zuorden-
baren Kosten (Material, Tätigkeiten und Funktionen) nicht unmittelbar dem
Kostenträger (= Stückliste) zugerechnet werden. In diesem Falle werden die
unter den Begriff „Gemeinkosten" fallenden Kostenbestandteile den Stücklisten als „Konditionen" zugerechnet.

Die über die Ausbringungsmenge des jeweiligen Kostenträgers (Stückliste)
verrechneten Konditionen (Gemeinkosten) stellen somit die verrechneten
Soll-Werte der Konditionen dar. Diese verrechneten Soll-Werte der Kondi-

tionen (über die Erfassung des Produktionsausgangs) können jetzt zur Soll-Ist-Kostenrechnung für die Auswertungen der Gemeinkostenverrechnung herangezogen werden.

3.8.5.3 Soll-Ist-Kostenauswertungen

Wie alle Auswertungsprogramme im CSB-System wird auch die Soll-Ist-Kostenrechnung über die SSM-Technik (Sortier- und Selektionsmanagement) ausgeführt. Darüber hinaus sind alle Auswertungen über das GPM (Grafisches Print Management) beliebig am Bildschirm und in der Druckausgabe gestaltbar. Sämtliche Auswertungen können über beliebige Perioden (Monate, Jahr mit Vorjahren) durchgeführt werden. Über das Power-Management und das Power-Cockpit ist es möglich, alle Auswertungen dem Management vollautomatisch bereitzustellen. Über Ampelfunktionen ist hierbei gewährleistet, dass bereits unmittelbar nach Ereigniseintritt automatisch Meldungen an das Management erfolgen.

Wachstum aus effektiver Unternehmensführung

Im freien Wettbewerb können nur die effektivsten Unternehmen ihre Marktposition behaupten und ausbauen. Die integrierte Informationstechnologie unterstützt dabei die Unternehmensführung in der Schaffung und Umsetzung der erforderlichen Rationalisierungsmaßnahmen, um durch die umfassende Transparenz aller Leistungsprozesse im Unternehmen eine Produktivitätssteigerung zu erreichen. Ein Unternehmer bewirkt nur dann positive Effekte, wenn er im Regelkreis des Wirtschaftens sein Unternehmen effektiv, mit positiven Unternehmensergebnissen führt.

Gesamtwirtschaftliches Wachstum wird erreicht, wenn die Summe aus allen Güter- und Monetär-Effekten positiv ist. Hierbei ist zu beachten, dass die subventionierten Unternehmen, die aus eigener Ertragskraft nicht lebensfähig sind, und die unproduktiven Staatsaktivitäten als negative Effekte im Regelkreis des integrierten Wirtschaftens wirken. Nur der Saldo aus den gesamten positiven und negativen Effekten wirkt als Wachstum und führt zur Wohlstandsmehrung in den Volkswirtschaften.

Fortschritte wirken aus produktivitätssteigernden Investitionen, die aus Innovationen mit positiv wirkenden Effekten resultieren. Zur Umsetzung dieser notwendigen Aktivitäten ist ein freies Unternehmertum und eine liberale bzw. marktwirtschaftliche Gesellschaftsordnung erforderlich.

Der Niedergang der sozialistischen Staatswirtschaften ist ein schlüssiger Beleg für die Untrennbarkeit von persönlichen und wirtschaftlichen Freiheitsrechten. Wenn die freie Güterwahl (aus ökonomischen Beweggründen) in totalitären Staatswirtschaften eingeführt wird, so entwickeln sich notwendigerweise die freie Unternehmensentscheidung und in der Folge alle weiteren Freiheitsrechte für die wirtschaftlichen Institutionen. Die Konvergenztheorie in den Wirtschaftswissenschaften ist als mögliche theoretische Entwicklungsperspektive mit den sozialistischen Staatswirtschaften des Ostblocks untergegangen.

Einschränkungen des unternehmerischen Handelns bewirken immer eine Reduktion wirtschaftlicher Entfaltungsmöglichkeiten. Die positiv wirkenden Unternehmer benötigen weitestgehende Entscheidungsfreiheit und Unabhängigkeit, um ihre Kreativität und auch Innovationen mit wirtschaftlichem Erfolg umzusetzen. Hierbei ist zu beachten, dass die Risiken aus „unternehmerischem Fehlverhalten" von den betreffenden Unternehmen und Unternehmern selbst getragen werden müssen.

Aus dem Grundsatz der Gleichbehandlung verbietet es sich von selbst, dass staatliche Stützungen aus Steuergeldern in unrentable und unwirtschaftliche Konzernbetriebe fließen, aber gleichzeitig mehrere zehntausend Klein- und Mittelbetriebe jährlich bei wirtschaftlichen Schwierigkeiten ohne staatliche Hilfen bleiben und auf dem Wege in die Insolvenz aus dem Markt scheiden. Es ist wirtschaftlich unsinnig und nicht mit einer freien Wirtschaftsordnung vereinbar, dass die Gewinne in den Konzernbetrieben privatisiert und im Havarie-Fall die Verluste dieser Konzerne und Großbetriebe sozialisiert werden sollen.

Nur unter diesen Bedingungen werden die Besten und wirtschaftlich Erfolgreichsten weiteres Wachstum finden, um daraus den Wohlstand für alle zu mehren.

Auch wenn der Staat die Subventionszahlungen mit dem hehren Ziel der Arbeitsplatzsicherung verbindet, so werden dadurch nicht die gewünschten Wachstumsimpulse bewirkt. Arbeit schaffen, darf nicht heißen: „Notfalls Flaschen vergraben" (J. M. Keynes) und anschließend wieder ausgraben; hierbei wird nur Kraft und Energie verbraucht, ohne positive Effekte zur Wohlstandsmehrung in den Volkswirtschaften zu bewirken.

Übernimmt der Staat zunehmend wirtschaftsfördernde Maßnahmen (als Subventionszahler) direkt für einzelne Unternehmen, so wird er in diesen Fällen zum „Mitunternehmer" und verzerrt somit die Wettbewerbsstrukturen in der Marktwirtschaft. In ungünstigen Fällen kommen durch diese staatlichen Eingriffe wettbewerbsfähige Konkurrenzunternehmen, die im Verdrängungswettbewerb - in rückläufigen Gütermärkten - bereits ihre notwendigen Rationalisierungsmaßnahmen erfolgreich abgeschlossen haben und im Anschluss an diese Investitionen auf eine Ausdehnung ihres Marktvolumens ausgerichtet sind, in Schwierigkeiten.

Der Staat eignet sich nicht als Unternehmer und auch nicht als „Mitunternehmer", da er zur wirtschaftlichen Überlebensfähigkeit nicht auf gewinnorientiertes Handeln angewiesen ist.

Durch Subventionen wird die durch positiv wirkende Unternehmer zu bewältigende Krise verhindert bzw. verschoben. Somit wird der nach Schumpeter auftretende „Nährboden für die in Schwärmen auftretenden Innovationen ..." aus der Krise durch staatliche Maßnahmen zerstört und innovativer Fortschritt im Strukturwandel unterbunden.

Die gesamtwirtschaftlichen negativen Auswirkungen, u. a. eine Ausdehnung der Staatsquote, sind unter diesen vorstehenden Prämissen leicht prognostizierbar und auch empirisch belegt. Tritt der Staat durch expansives Verhalten gezielt in einzelne Unternehmenssektoren ein, so verdrängt er dort das private Unternehmertum und somit den Zwang zum effektiven Wirtschaften in diesen „okkupierten" Sektoren. Hierbei ist es unerheblich, ob der Staat diese Expansion über zusätzlich erhobene Steuermittel oder durch die Ausdehnung seiner Nettoverschuldung finanziert. In beiden Fällen und in gleicher Höhe entzieht der Staat (unter der Voraussetzung einer geregelten Geldwirtschaft) dem jeweiligen Unternehmenssektor Finanzierungsmittel für mögliche Neuinvestitionen in wirtschaftliche Unternehmensexpansionen.

> *Treten staatliche Institutionen und private Unternehmer (auch Existenzgründer und Jungunternehmer) als Nachfrager nach dem begrenzten Kreditvolumen im Bankensektor auf, so ist es den Banken nicht zu verdenken, dass sie den Staat bevorzugt als Gläubiger akzeptieren. Beim Staat steht jedoch nicht die Frage des „Return on Investment" im Vordergrund; im Gegensatz zu den privaten Unternehmern, die nur aus den gewinnorientierten Finanzrückflüssen ihre Kredite und Zinsen tilgen können.*

Die politischen Mandate sind in den parlamentarischen Demokratien vom befristeten Wählerauftrag abhängig, also populistisch. Aus den daraus zwangsläufig resultierenden opportunistischen Verhaltensweisen der regierenden und oppositionellen Mandatsträger erfolgen Macht erhaltende bzw. zur Macht strebende Aktivitäten und nicht in erster Linie wirtschaftlich orientierte Entscheidungen.

> *Mit diesen politischen Gegebenheiten lassen sich die bis heute in Europa nicht gelösten industriellen Strukturanpassungsprobleme begründen. Zum Nachteil der gesamten Volkswirtschaft werden durch diese Subventionen in betroffenen Regionen Wählerstimmen aus parteitaktischen Gründen mit Steuermitteln erkauft.*

Daraus folgt: Der Staat muss seine politische Macht dazu verwenden, sich selbst zu beschränken. Nur durch die schrittweise Rückführung der Staatsquote werden freie Wachstumsfelder für den Unternehmenssektor geschaffen.

Der Staat darf seine Aufgabenschwerpunkte nicht im Ersatzunternehmertum und als Wohlfahrtsstifter sehen. Vielmehr sollte er die notwendigen rechtlichen, sozialpolitischen und gesamtwirtschaftlichen Infrastrukturbedingungen schaffen, die eine positive Eigenverantwortung für alle Bürger im wirtschaftlichen Handeln ermöglichen. Somit werden ökonomische Anreizsysteme geschaffen, mit dem Credo: „Leistung lohnt sich". Daraus folgt ein Zuwachs der Risikobereitschaft, woraus sich neue Impulse für das Unternehmertum entwickeln.

Gesetzgebungs-, Verwaltungs- und Genehmigungsverfahren sowie die Durchsetzung einer verlässlichen, für alle Unternehmensgrößen und Gewerbetreibenden gleich hohen steuerlichen Belastungsquote, müssen so rationell wie möglich durchgeführt werden. Zum Vorteil der Bürger muss das Streben nach Effektivität in die gesamten öffentlichen Institutionen einkehren. Dazu ist die Einführung des Leistungsprinzips in allen staatlichen Behörden und Organen unumgänglich.

> *Die Abschaffung des „Parkinsonschen Effektes" in fast allen öffentlichen Verwaltungen ist längst überfällig und nicht mehr von der Gemeinschaft der Steuerzahler zu finanzieren.*

Staatliche Investitionen, im Besonderen Investitionen in verkehrstechnische Infrastrukturen, sollten ebenfalls einer wirtschaftlichen Überprüfung zugeführt werden. Der Staat ist aufgerufen, die gesamtwirtschaftlich benötigten Infrastrukturbedingungen zu schaffen.

> *Der Bau von Straßen in Ländern, Gemeinden und Städten dient in der Regel der Verbesserung des Verkehrsflusses. Aus diesem Grund wurden die Straßen breiter ausgelegt und zum Teil neu gebaut. Wenige Jahre später werden dieselben Straßen in Deutschland „zurückgebaut". Der Verkehrsfluss wird zur Belastung aller (Verlängerung der An- und Rückfahrtzeiten) unzumutbar behindert (negative wirtschaftliche Effekte). Hierbei werden durch diese Maßnahmen Steuergelder ohne wirtschaftliche oder sonstige Gegenleistung vernichtet.*

Wächst die Gesamtwirtschaft und dehnt sich der Wirtschaftsraum für die aktiv im internationalen Markt agierenden Unternehmen aus, so hat der Staat die Aufgabe, mit den übrigen betroffenen Staaten (gleiche Interessenlagen vorausgesetzt) den freien Warenaustausch ohne Hemmnisse sicherzustellen.

Aus eigener Kraft ist es den international tätigen Unternehmen (auch im Zusammenschluss) nicht möglich, für die jeweils erreichten wirtschaftlichen Verflechtungsstufen in der zurückliegenden Wirtschaftsgeschichte, die notwendigen Infrastrukturbedingungen zu schaffen. Es ist daher dringend erforderlich, dass die nötigen währungstechnischen und politischen Infrastrukturbedingungen für die europäische Wirtschaftsverflechtung gestaltet werden, um den bereits erreichten wirtschaftlichen Verknüpfungsgrad verbindlich abzusichern. Es gibt nicht den „optimalen Wirtschaftsgroßraum" an sich, nur einen mit ausreichenden oder unzureichenden Werkzeugen organisierten internationalen Güteraustausch zwischen den Einzelstaaten. Werden die für den erreichten Integrationsgrad benötigten Infrastrukturbedingungen nicht rechtzeitig durch die Staatengemeinschaften (z. B. EU) geschaffen, so verfällt zwangsläufig die international erreichte Arbeitsteilung zum Nachteil aller. Nachfolgend kommt es zur Wohlstandsminderung in den betroffenen Volkswirtschaften.

Gleiche Maßstäbe sind auch für die Organisation und Unternehmensführung in wachsenden Unternehmen anzulegen. Die erforderlichen Investitionen in die notwendigen, auf das Unternehmenswachstum ausgerichteten informations- und kommunikationstechnischen Infrastrukturen müssen ebenfalls rechtzeitig initiiert werden. Gesicherte Entscheidungen in der Unternehmensführung verlangen in unserer fortschrittlichen Informations- und Multimedia-Gesellschaft eine hochintegrierte Kommunikationsverknüpfung, aus der die Managementfaktoren zielgerichtet zur vollen Wirkung kommen können. Nur unter diesen Bedingungen wird Unternehmenswachstum im Regelkreis des integrierten Wirtschaftens (und somit unter Ausschluss chaotischer Betriebsabläufe) effektiv und daraus positiv wirkend für das Unternehmen realisierbar.

> *Die Ziele sind gesetzt; adäquates Handeln ist angesagt. Nur wer verharrt, verliert jede positive Perspektive auf die Zukunft!*

Teil 4
Anhang

A Literaturempfehlungen

Die folgenden Literaturempfehlungen stellen eine bewusste Auswahl dar. Sie sollen dem Leser die vertiefende Auseinandersetzung mit dem Gegenstand, der Gedankenführung und den Vorschlägen dieses Buches ermöglichen. Die Werke sind nach dem Gesichtspunkt der thematischen Einordnung ausgewählt worden. Es sind daher selbstverständlich und gerade auch Werke aufgeführt, die nicht der Meinung des Autors entsprechen. Zur Aufklärung wird „Hilfe bei der Standortsuche" vor die „Überzeugung vom richtigen Standpunkt" gestellt.

1. Betriebs- und volkswirtschaftliche Grundlagen

Albach, H.: Unternehmen im Wettbewerb: Investitions-, Wettbewerbs- und Wachstumstheorie als Einheit, Wiesbaden 1991.

Albach, H.: Innerbetriebliche Lenkpreise als Instrument dezentraler Unternehmensführung, in: Zeitschrift für betriebswirtschaftliche Forschung (26) 1974, S. 216-242.

Albach, H.: Meilensteine der Betriebswirtschaftslehre - 60 Jahre ZfB, ZfB Ergänzungsheft 2/91.

Bauer, W.: Bewegungsbilanz und ihre Anwendbarkeit, ZfhF 1926.

Bott, K.: Lexikon des kaufmännischen Rechnungswesens, Band 3, 2. Auflage, Stuttgart 1956.

Dornbusch, R./Fischer, S./Startz, R.: Makroökonomik, 8. Auflage, München 2003.

Felderer, B./Homburg, St.: Makroökonomik und neue Makroökonomik, 9. Auflage, Berlin 2005.

Gahlen, B.: Der Informationsgehalt der neoklassischen Wachstumstheorie für die Wirtschaftspolitik, Tübingen 1972.

Gahlen, B.: Einführung in die Wachstumstheorie, Tübingen 1973.

Gutenberg, E.: Einführung in die Betriebswirtschaftslehre, Wiesbaden 1990 (Nachdruck der Ausgabe von 1958).

Gutenberg, E.: Grundlagen der Betriebswirtschaftslehre, Erster Band: Die Produktion, Berlin, Heidelberg, New York 1994 (Nachdruck der 24. Auflage von 1983).

Gutenberg, E.: Grundlagen der Betriebswirtschaftslehre, Zweiter Band: Der Absatz, Berlin, Heidelberg, New York 1996 (Nachdruck der 17. Auflage von 1984).

Gutenberg, E.: Grundlagen der Betriebswirtschaftslehre, Dritter Band: Die Finanzen, Berlin, Heidelberg, New York 1996 (Nachdruck der 8. Auflage von 1980).

Hax, H.: Die Koordination von Entscheidungen, Köln 1965.

Heinen, E.: Industriebetriebslehre. Entscheidungen im Industriebetrieb, 9. vollständig überarb. und erw. Auflage, Wiesbaden 1991.

Keynes, J. M.: Allgemeine Theorie der Beschäftigung, des Zinses und des Geldes, 9. Auflage, Berlin 2002.

Kilger, W./Vikas, K.: Flexible Plankostenrechnung und Deckungsbeitragsrechnung, 10. Auflage, Wiesbaden 1993.

Kilger, W.: Optimale Produktions- und Absatzplanung, Wiesbaden 1987.

Mankiw, N.Gr.: Grundzüge der Volkswirtschaftslehre, 2. Auflage, Stuttgart 2004.

Mankiw, N.Gr.: Makroökonomik, 5. überarb. Auflage, Stuttgart 2003.

Parkinson, C. N.: Parkinsons Gesetz und andere Studien über die Verwaltung, Düsseldorf 2005.

Quinn, J. B.: Innovationsmanagement: Das kontrollierte Chaos, in: Harvard manager, IV Quartal 1985.

Ricardo, D.: Über die Grundsätze der politischen Ökonomie und der Besteuerung, Hrsg.: Kurz, H.D./Gerke, C., 2. überarb. Auflage, Marburg 2006.

Riebel, P.: Einzelkosten- und Deckungsbeitragsrechnung, 7. Auflage, Wiesbaden 1994.

Riebel, P./Paudtke, H./Zscherlich, W.: Verrechnungspreise für Zwischenprodukte, Wiesbaden 1982.

Rose, K./Sauernheimer, K: Theorie der Außenwirtschaft, 14., überarb. Auflage, München 2006.

Samuelson, P. A./Nordhaus, W. D.: Volkswirtschaftslehre. Das internationale Standardwerk der Makro- und Mikroökonomie, 2. akt. und erw. Auflage, Heidelberg 2005.

Schimitzek, P.: Rezepturoptimierung für Fleischerzeugnisse, Diss., Aachen 1981.

Schmalenbach, E.: Pretiale Wirtschaftslenkung, Band 1: Die optimale Geltungszahl, Bremen-Horn u. a. 1947.

Schmalenbach, E.: Kostenrechnung und Preispolitik, 8. Auflage, Köln, Opladen 1963.

Schweitzer, M./ Hettich, G.O./ Küpper, H.U.: Systeme der Kostenrechnung, 5. Auflage, Landsberg 1991.

Weber, J.: Einführung in das Controlling, 11., vollständig überarb. Auflage, Stuttgart 2006.

Weber, J.: Einführung in das Rechnungswesen II. Kostenrechnung, 7., überarb. und erw. Auflage, Stuttgart 2006.

Wöhe, G.: Einführung in die Allgemeine Betriebswirtschaftslehre, 22., neu bearb. Auflage, München 2005.

Woll, A.: Allgemeine Volkswirtschaftslehre, 14., überarb. und erg. Auflage, München 2003.

2. Geschäftsprozess-Management/Workflow-Management/ Total Quality Management/Re-Engineering/Operations Research

Biethan, J.: Die Planung und Ausführung des optimalen Fleischproduktions- und Einkaufsprogrammes, Frankfurt, Zürich 1973.

Hammer, M./Champy, J.: Business reengineering: die Radikalkur für das Unternehmen, München 2002.

Hudelmaier, G.: Zur Kalkulation von Kuppelprodukten in der Fleischwarenindustrie mit Hilfe der linearen Programmierung, Ludwigshafen 1968.

IDS Prof. Scheer GmbH: ARIS-Benutzerhandbuch, Saarbrücken 1995.

Mertens, P. et al: Grundzüge der Wirtschaftsinformatik, 8. Auflage, Berlin 2005.

Müller-Merbach, H.: Operations Research, Methoden und Modelle der Optimalplanung, 3. neu bearb. und erw. Auflage, München 1983.

SAP: Das Finanzwesen der SAP „System R 3", Release 1.1., Walldorf 1992.

Scheer, A.-W.: Architektur integrierter Informationssysteme, 2. Auflage, Berlin 1992.

Scheer, A.-W.: EDV-orientierte Betriebswirtschaftslehre, 4. Auflage, Berlin 1999.

Scheer, A.-W.: Wirtschaftsinformatik - Referenzmodelle für industrielle Geschäftsprozesse, 7. Auflage, Berlin, Heidelberg 1997.

Töpfer, A. (Hrsg.): Geschäftsprozesse: analysiert & optimiert, Neuwied, Kriftel, Berlin 1996.

Töpfer, A./Mehdorn, H.: Prozess- und wertorientiertes Qualitätsmanagement. Wertsteigerung durch Total Quality Management im Unternehmen, 5., vollständig überarb. und erw. Auflage, Berlin 2006.

Zimmermann, H. J.: Einführung in die Grundlagen des Operations Research, Landsberg 1985.

3. Unternehmerisches Handeln in der Marktwirtschaft, Grundlagen

Albach, H.: Unternehmensethik, Konzepte-Grenzen-Perspektiven, Wiesbaden 1992.

Albach, H.: Das Unternehmen als Institution. Rechtlicher und gesellschaftlicher Rahmen, Wiesbaden 1989.

Buchanan, J. M.: Die Grenzen der Freiheit, 3. Auflage, Tübingen 1984.

Hayek, F. A. v.: Die Verfassung der Freiheit, Tübingen 1991.

Homann, K./Blome-Drees, F.: Wirtschafts- und Unternehmensethik, Tübingen, Göttingen 1992.

Koslowski, P.: Ethik des Kapitalismus, 6. Auflage, Tübingen 1998.

Schumpeter, J.: Theorie der wirtschaftlichen Entwicklung. Eine Untersuchung über Unternehmergewinn, Kapital, Kredit, Zins und den Konjunkturzyklus, 9. Auflage, Berlin 1997.

Smith, A.: Der Wohlstand der Nationen. Eine Untersuchung seiner Natur und seiner Ursachen, München 1999.

B   Fußnotenverzeichnis

(1)   Die im Weltall wirkende Energie wird in der Physik in vier Kräfte
       eingeteilt:
       1. elektromagnetische Kraft
       2. schwache Wechselwirkung
       3. starke Wechselwirkung und
       4. Gravitation
       Es ist noch anzumerken, dass die Theorie des Urknalls und die damit
       verbundene Freisetzung der Energie in die vier Kräfte während des
       Abkühlungsprozesses des Weltalls sehr kontrovers diskutiert wird.

(2)   Der Wert der Elementarfaktoren wird am Markt durch Angebot und
       Nachfrage geregelt. Der Tauschwert für die Arbeitskraft ist der ge-
       zahlte Lohn, für die Betriebsmittel (Kapital) der Zins, für die Werk-
       stoffe (Boden) der Preis und für das Wissen der Fortschritt. Aus dem
       dynamischen Faktor „Wissen" resultieren die Anstöße zu den Ände-
       rungen in den Faktorkombinationen im Spezialisierungs- bzw. inter-
       nationalen Arbeitsteilungsprozess über alle Einzelwirtschaften. Der
       Elementarfaktor Wissen bewirkt Fortschritt und somit die permanen-
       ten Anpassungsprozesse:
       - der Lohnveränderungen auf die Beschäftigung,
       - der Zinsänderungen auf die Investitionen,
       - der Preise auf die Tauschrate und somit auf die Güternachfrage,
       die in einer dynamisch wachsenden Wirtschaft zu beobachten sind.
       Die wechselseitigen Einflüsse dieser vorstehenden Wirkungen ver-
       stärken die Effekte auf die positiven oder negativen Veränderungs-
       tendenzen und bestimmen das erreichbare Wachstum einer Volks-
       wirtschaft.

(3)   Die Managementfaktoren als „Dispositive Tätigkeit" und „Integration"
       schaffen die notwendigen Rahmenbedingungen zur Spezialisierung
       und internationalen Arbeitsteilung in der Weltwirtschaft. Der Wert
       der Managementfaktoren ist nicht über die gezahlten Management-
       bezüge und die in die Integrationstechnologie geleisteten Investitio-
       nen ablesbar. Nur über die erreichte Wettbewerbsposition am Markt
       und die daraus resultierenden positiven Effekte für das jeweilige Un-
       ternehmen selbst ist der Wert der Managementleistungen ablesbar.

(4)   Wissenschaftliche Aussagen beruhen auf gesicherten Methoden des
       Erkenntnisgewinns, die allgemein anerkannt sein müssen. Ob nun die
       analytische oder die dialektische Methode zum Erkenntnisgewinn
       herangezogen wird, es gilt immer dann eine Aussage als wissen-

schaftlich, wenn diese Aussage von „urteilsfähigen Personen" als eine „eindeutige Aussage" angesehen wird (H. Seifert, Einführung in die Wissenschaftstheorie).

Aus jeder tatsächlichen Gegebenheit können wir somit „Gesetze" unter bestimmten „Randbedingungen" extrahieren und diese dann als „Individuelle Gegebenheit" interpretieren, die ihrerseits wiederum aus Gesetzen und vorausgesetzten Randbedingungen entstanden sind. (H. Seifert, S. 157)

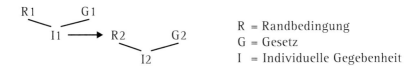

R = Randbedingung
G = Gesetz
I = Individuelle Gegebenheit

In Abgrenzung zur vorstehenden analytischen Methode ist die Dialektik untrennbar mit ihren maßgeblichen Autoren Georg Wilhelm Friedrich Hegel (1770 bis 1831) und Karl Marx (1818 bis 1883) verbunden. Die bedeutendsten Schriften Hegels zeigen auf einen systematischen Dreierschritt. Sein dialektisches Schema wird dargestellt als eine Folge von Dreierschritten. Die jeweils gewonnene Synthese ist dabei immer die These für einen neuen Dreierschritt.

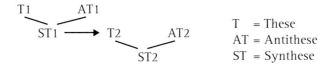

T = These
AT = Antithese
ST = Synthese

(5) Beispielsweise werden für technisch-wissenschaftliche Aufgaben die Programmiersprachen FORTRAN, C++ oder Java verwendet. Allen diesen Programmiersprachen ist gemeinsam, dass sie weltweit gelehrt und somit öffentlich finanziert werden.

(6) Als universelle standardisierte Schnittstelle hat die CSB-System AG „I-O-Sys" geschaffen. Über diesen Standard können alle Transport-, Waagen-, Auszeichnungs-, Produktions- und sonstigen peripheren Aggregate in das jeweilige EDV-System online und realtime integriert werden.

(7) Vgl. Das Finanzwesen der SAP „System R3" Release 1.1., Walldorf 1992, S.3-3

(8) Das Grafische Print Management (GPM) wurde als Benutzer-, Auswertungs- und List-System von der CSB-System AG entwickelt und wird mit jedem Standard-Programm ausgeliefert.

(9)   ODBC bedeutet: Open Data Base Connectivity
        (frei übersetzt: Offene Datenbank-Schnittstelle)

(10)   Gutenberg, Bd. I, S. 236.

(11)   Gutenberg, Bd. I, S. 237.

(12)   Die hierbei wirksam werdenden Organisationsformen sind als linien-
        funktionale Organisation bzw. Stablinien-Organisation in diesem Zu-
        sammenhang unerheblich für die Gestaltungskraft der CSB-System-
        Software in der Unternehmensführung.

(13)   Siehe hierzu theoretische Grundlagen unter Gliederungspunkt 1.3.5.1.

(14)   An dieser Stelle wird nicht das gesamte Leistungsspektrum der
        Adressenverwaltung des CSB-Systems aufgeführt. Diese Aufgabe bleibt
        der Programmdokumentation vorbehalten.

(15)   Siehe hierzu Gliederungspunkt 2.2.2.

(16)   Die theoretischen Grundlagen wurden bereits unter Gliederungspunkt
        1.3.5.2 beschrieben.

(17)   Die detaillierte Beschreibung der Artikelverwaltung im CSB-System
        bleibt der Programm- und Anwenderdokumentation vorbehalten.

(18)   Hierbei wird eine geregelte Geldwirtschaft vorausgesetzt.

(19)   Die theoretischen Grundlagen wurden unter Gliederungspunkt 1.3.5.3
        dargelegt.

(20)   Die theoretische Basis wurde unter Gliederungspunkt 1.3.5.3 dargelegt.

(21)   An dieser Stelle soll nicht der Leistungsumfang des Basis-Elements
        „Verfahren" abgebildet werden, diese Aufgabe bleibt der Programm-
        dokumentation des CSB-Systems vorbehalten.

(22)   Unter dem Begriff „Wirtschaftseinheit" wird hier ein beliebig ver-
        schachtelter Unternehmenszusammenschluss (oder eine Konzern-
        Struktur) verstanden.

(23)   Das für alle Bierprodukte verbindlich vorgeschriebene Reinheitsge-
        bot wurde von Herzog Wilhelm IV. von Bayern im Jahre 1516 erlas-
        sen und ist heute noch im „Lebensrecht" verankert.

(24) Parkinsons Gesetz bietet für diese „Entartung" öffentlicher Verwaltungs- und Regelungsexplosion eine hinreichende Erklärung. C. N. Parkinson, Parkinsons Gesetz und andere Studien über die Verwaltung, Düsseldorf 2005.

(25) HACCP-Konzept steht für die im Unternehmen als kritisch geltende, qualitätsorientierte Datenerfassung und -kontrolle. HACCP – Hazard Analysis and Critical Control Points.

(26) Auf die nach ISO 9000 zu beachtenden 20 Elemente bzw. Kapitel wird hier nicht näher eingegangen. Es wird unterstellt, dass die ISO-Norm bekannt ist und die Beachtung der einzelnen Elemente in dem jeweilig erstellten, betriebsspezifischen QK-Handbuch ihren Niederschlag gefunden hat.

(27) An dieser Stelle wird darauf hingewiesen, dass eine ausführliche Beschreibung des QK-Systems der Anwenderdokumentation im CSB-System vorbehalten bleibt.

(28) Mit "Splashing" wird das automatische Herunterbrechen von Planwerten entlang von (Dimensions-)Hierarchien bezeichnet. Dabei muss jeweils die Form der Verteilung durch den Planer definiert werden. Im Gegenzug werden Planänderungen auf detaillierter Ebene durch das Planungssystem hochgerechnet.

(29) Zwar ist gerade die unternehmerische Planung ein sehr unternehmensspezifischer Prozess, der mitunter stark innerhalb der Unternehmen abweicht. Nichtsdestotrotz lassen sich einige regelmäßige Charakteristika, wie Komplexität und wesentliche Meilensteine, identifizieren.

(30) Auf die einzelnen Formen der Return on Investments (ROI-Betrachtungen) wird an dieser Stelle nicht weiter eingegangen.

(31) In der Literatur sind diese Formeln zur Ermittlung der Kapitalbindung detailliert aufgeführt und als „Kapitalbedarfsformel" in die Standard-Software des CSB-Systems eingegangen.

(32) Im CSB-System können die Periodeneinteilungen des kurzfristigen Finanzplanes beliebig parametrisiert werden, d. h. von Tages- oder Wochen-, Monats- bis hin zur vierteljährlichen Periodisierung.

(33) Siehe hierzu Abb. 49: Periodische Finanzplan-Übersicht im Plan-Ist-Vergleich.

(34)   In der Literatur unterscheidet man die „liquiden Mittel erster, zweiter und dritter Ordnung". Entsprechend wird der daraus resultierende Liquiditätsgrad unterschieden.

(35)   In den amerikanischen Unternehmen wird der Cashflow als Maßstab für die Beurteilung der momentanen Ertragskraft verwendet.

(36)   Die Gliederung der Cashflow-Rechnung sowie die Basis (Plan- oder Ist-Zahlen) der Zahlenwerte sind für beliebig einteilbare Perioden im CSB-System parametrisierbar.

(37)   In der wirtschaftswissenschaftlichen Literatur wird darauf hingewiesen, dass der „tatsächliche Unternehmenswert" erst durch die Totalrechnung ermittelt werden kann, d. h. am Ende der Lebensdauer des Betriebes.

(38) $$\text{Ertragswert} = \frac{\text{Reinertrag x 100}}{\text{Kapitalisierungszinsfuß}}$$

(39)   In der Literatur wird auf zwei Verfahren der „Gesamtwertermittlung" aus einer Mischung des Ertragswertes und des Substanzwertes hingewiesen. (1) Berliner Verfahren und (2) Stuttgarter Verfahren. Bei diesem letzteren Verfahren wird der Substanzwert höher gewichtet als der Ertragswert.

(40)   Beispielsweise im ZVEI-Kennzahlen-System, wie es nachstehend erläutert wird.

(41)   Beispielsweise

$$\frac{\text{Kosten}}{\text{Umsatz}} = \frac{\text{Materialkosten}}{\text{Umsatz}} + \frac{\text{Sonst. Kosten}}{\text{Umsatz}}$$

Aus dieser Aufspaltung wird die Materialkostensituation genauer abgegrenzt zum erreichten Umsatz. Es lassen sich beliebige weitere Bezugskennzahlen ermitteln.

(42)   In diesem Zusammenhang hat sich in den letzten Jahren auch der Begriff des "Business Performance Managements" etabliert.

(43)   OLAP = OnLine Analytical Processing, das in Abgrenzung zu den Transaktionssystemen eine mehrdimensionale Analyse des Entscheidungsraums ermöglicht

(44)   Beide Konzepte entstanden in der Mitte der 90er-Jahre als Reaktion auf die mangelnde Akzeptanz von Auswertungssystemen. Es hatte sich gezeigt, dass gerade die Unternehmensführung ihre Anforderungen in den gebotenen Informationssystemen wenig berücksichtigt sah. Dementsprechend wurden mit DWH und OLAP zwei speziell auf die unternehmerische Entscheidungsfindung ausgerichtete Konzepte vorgestellt.

(45)   Vgl. das sog. Alert-Management.

(46)   Vgl. die Diskussion um Enterprise Application Integration (EAI).

(47)   Alternativ kann ein sog. Operational Data Store (ODS) eingesetzt werden, der als Mischform zwischen ERP-Datenbank und DWH angesehen werden kann. Diese Datenquelle führt Informationen aus verschiedenen Bereichen zusammen und bietet so einen Überblick über das Unternehmensgeschehen. Im Gegensatz zum DWH wird im ODS eine operative Sicht verfolgt. Das bedeutet, dass in Letzterem sehr detaillierte, kurzfristige Daten gespeichert werden. Eine langfristige, strategische Sicht wird nicht unterstützt.

(48)   Vgl. Kapitel 3.4.1.5.

(49)   Vgl. Kapitel 3.4.

(50)   Auf das integrierte Real-Time-Preisbildungsverfahren wird unter Gliederungspunkt 3.5.1 ff. näher eingegangen.

(51)   Weitere Ausführungen zur Preis- und Markttheorie erfolgen hier nicht.

(52)   Diese Aufgabe übernimmt im CSB-System das vorstehend beschriebene „GPM".

(53)   An dieser Stelle wird darauf hingewiesen, dass eine detaillierte Beschreibung der Anwenderdokumentation des CSB-Systems zu entnehmen ist.

(54)   Der Zusammenschluss von Telefonanlagen mit den EDV-Anlagen erfolgt über den „CSB-Phonemaster". Siehe hierzu nähere Ausführungen in Gliederungspunkt 2.2.2.

(55)   Briefe werden hierbei über einen Scanner erfasst und Fax-Nachrichten direkt über den Fax-Server digitalisiert vom Absender übernommen.

(56) Auf die theoretischen Ansätze der Entscheidungstheorie wird hier bewusst verzichtet.

(57) Siehe hierzu die Gliederungspunkte 3.7.2.7 und 3.7.3.6.

(58) Siehe hierzu weitere Ausführungen unter Gliederungspunkt 3.8.4 – Kostenstellenrechnung –.

(59) Die Komponentenstücklisten lassen sich beliebig (über n-Unterkomponenten bzw. Unterrezepturlisten) verzweigen. Jede Komponentenstückliste bzw. Unterrezepturliste hat jeweils 9 Stufen zur Ermittlung von Zwischensummen. Weitere Ausführungen sind der Anwenderdokumentation des CSB-Systems zu entnehmen.

(60) Weitere Ausführungen zur Deckungsbeitragsrechnung unter Gliederungspunkt 3.4.5.2.

(61) Weitere Ausführungen zum Integrationselement „Konditionen" unter Gliederungspunkt 3.2.2.3.

(62) Siehe hierzu weitere Ausführungen unter Gliederungspunkt 3.4.5.2.

(63) Auf die differenzierte Auswertung dieser Kalkulationskostenverrechnung in der „Flexiblen Kostenträgerrechnung" und der Abstimmung mit der Kostenarten- und Kostenstellenrechnung wird im Rechnungswesen unter Gliederungspunkt 3.8.4 näher eingegangen.

(64) Hierzu ist es erforderlich, die Auswertungsformen im GPM zu generieren. Die Ergebnisausgaben am Bildschirm oder als Druckbild beinhalten demnach: frei definierbare Zeilennummern, Formeln, Funktionen, Ausgabetexte, %-Anteile von Zeilenwerten und die Ausgabegestaltung.

(65) Weitere detaillierte Ausführungen sind der Anwenderdokumentation des CSB-Systems vorbehalten.

(66) Die MAPI-Formel ist eine der bekanntesten praxisorientierten Methoden zur Ermittlung der Wirtschaftlichkeit eines Investitionsvorhabens. Diese Methode wurde vom Machinery and Allied Products Institute (MAPI) in Washington entwickelt. Die „MAPI-Formel" ermittelt die relative Rentabilität des folgenden Jahres:

$$R\% = \frac{B+C-D-E}{A} \times 100$$

R% = Rentabilität nach Steuern in %

B = Ertragszuwachs absolut, zuzüglich Kostenersparnis durch
     bewirkte Investitionen

C = Verkaufserlös des ersetzten Investitionsgutes am Anfang der
     Periode ./. Liquiditätserlös am Ende der Periode

D = Kapazitätsverzehr des folgenden Jahres
     (dieser Wert wird dem MAPI-Diagramm entnommen)

E = Ertragssteuern (auf Ertragszuwachs nach B)

A = Aufwendungen für Investition ./. Liquiditätserlös für abgelöstes
     „Alt-Investitionsgut" und nicht angefallene Reparaturkosten.

Vgl. auch: Wöhe,G., a.a.O., S. 368 f.

(67) W = L/A
      W = Wirtschaftlichkeitskoeffizient
      L = Leistung
      A = Aufwendungen

(68) $W = \dfrac{E0}{A0 + I}$

      W = Wirtschaftlichkeitskoeffizient
      E0 = Barwert der Erträge
      A0 = Barwert der Aufwendungen
      I = Investitionen
      Hierzu zählen auch die Kapitalwert- und interne Zinsfuß-Methode.
      Vgl. auch: Joschke, H. K., a.a.O. S. 250 ff.

(69) Siehe hierzu weitere Ausführungen unter Gliederungspunkt 3.7.4.8.

(70) Die detaillierte Darstellung der Beschaffungsabläufe erfolgt unter
      Gliederungspunkt 3.7.2.5.

(71) Weitere Ausführungen erfolgen zur Produktionsplanung und Bereit-
      stellungsermittlung der Betriebsmittel unter Gliederungspunkt 3.7.4.2.

(72) Unter dem Begriff „Leistungsfaktoren" werden die Elementarfak-
      toren: menschliche Arbeit, Betriebsmittel und Werkstoffe sowie die
      Managementfaktoren: dispositive Tätigkeit und Integration zusam-
      mengefasst.

(73) Siehe hierzu Gliederungspunkt 3.5.2 sowie die detaillierte Dokumen-
      tation des CSB-Systems.

(74) Siehe Gliederungspunkt 3.5.2.

(75)   Siehe Gliederungspunkt 3.5 ff.

(76)   Im Handelsbetrieb ist der „Artikel" gleichzeitig Beschaffungs-, Lager- und Absatzartikel. Für Produktionsbetriebe werden unter „Artikel" sämtliche Roh-, Hilfs-, Betriebsstoff- sowie Halbfabrikate und Absatzartikel definiert. Siehe hierzu Gliederungspunkte: 1.3.5.2 und 3.2.2.2. Die Beschaffung der Betriebsmittel wird EDV-technisch ebenfalls über die Beschaffungsprogramme abgewickelt.

(77)   Eine komplette Darstellung zum Leistungsumfang des Programmmoduls „Beschaffung" bleibt der Anwenderdokumentation des CSB-Systems vorbehalten.

(78)   Siehe hierzu Gliederungspunkt 3.2.2.1 bis 3.2.2.4.

(79)   Diese detaillierten Arbeitsschritte sind in der Anwenderdokumentation (Beschaffung) des CSB-Systems detailliert dargestellt.

(80)   Die Formel zur optimalen Bestellmenge, unter Berücksichtigung der Zins-, Lager- und Bestellkosten, wurde von Stefanic-Allmayer entwickelt.

$$\text{Optimale Bestellmenge} = \sqrt{\frac{200 \text{ x Jahresbedarf x feste Bezugskosten}}{\text{Einstandspreis x (Zinssatz+Lagerkostensatz)}}}$$

(81)   Die Integration der Telefonfunktionen in die Bestellabwicklung (über den CSB-Phonemaster) erhöht die Arbeitsproduktivität der Einkäufer in erheblichem Umfang. Weitere detaillierte Informationen sind der Anwenderdokumentation zu entnehmen.

(82)   Beispielsweise sind die Beschaffungsabläufe im Dienstleistungssektor für Handelsbetriebe, Banken, Service-Betriebe etc. sehr unterschiedlich strukturiert.

(83)   Siehe hierzu weitere Ausführungen unter Gliederungspunkt 3.4.3.5.

(84)   Weitere Ausführungen unter den Gliederungspunkten 3.1.4; 3.4.1; 3.4.2.

(85)   Diese Lagersysteme sind über CIM-Module direkt im CSB-System integriert.

(86)   Siehe hierzu die Gliederungspunkte 3.7.5.3 und 3.7.5.4.

(87)   Der „Express-Master" ist ein Lagersteuerungssystem der Fa. CSB-System. Siehe hierzu die Anwenderdokumentation Lagerwirtschaft.

(88)   Das im CSB-System realisierte CIM-Konzept der Integration von Anwendungssoftware mit der Steuerungssoftware aller Produktions- und Transport-Aggregate sichert eine rationelle Betriebsführung.

(89)   Siehe hierzu weitere detaillierte Ausführungen unter Gliederungspunkt 3.7.4.4.

(90)   Eine detaillierte Darstellung der Preisbildung für alle Kostenträger (vom Zwischenprodukt bis zum Fertigprodukt) erfolgt unter Gliederungspunkt 3.4.5.1 und hier in der „Flexiblen Kostenträgerrechnung".

(91)   Siehe hierzu weitere Ausführungen unter den Gliederungspunkten 3.5.3.1 und 3.5.3.2.

(92)   Weitere detaillierte Ausführungen unter Gliederungspunkt 3.4.5.1 – Kostenrechnung –.

(93)   Die in der Praxis anzutreffenden „Insel-Welten" in der EDV-Organisation werden durch das CSB-System abgeschafft. Detaillierte Informationen sind der Anwenderdokumentation zu entnehmen.

(94)   Dieser Sachverhalt ist in der Lebensmittelproduktion für Frischartikel häufig anzutreffen.

(95)   Siehe hierzu weitere Ausführungen unter den Gliederungspunkten 3.7.5.3 und 3.7.5.4, speziell der aktive Telefonverkauf im Absatz.

(96)   Beispielsweise führt die Ultraschall-Messung beim Rohstoff Fleisch (Tierkörper und Grobteile) zu einer genauen Feststellung der Anbieterqualität. (siehe hierzu Produktbeschreibung „CSB-Ultra-Meater")

(97)   Weitere Ausführungen unter Gliederungspunkt 3.7.4.7 Optimierungsverfahren und hier speziell „Spaltprozess- und Zukaufsoptimierung".

(98)   Die Methoden 1., 2. und 3. sind nach P. Riebel für Kuppelproduktionsprozesse anwendbar. Vgl. P. Riebel, H. Paudtke, W. Zscherlich, Verrechnungspreise für Zwischenprodukte, Wiesbaden 1982.

(99)   Siehe hierzu nähere Ausführungen unter Gliederungspunkt 3.7.4.7 – Optimierungsverfahren –.

(100) Unter Gliederungspunkt 3.7.4.7; Optimierungsverfahren, wird auf dieses Verfahren detaillierter eingegangen.

(101) Im CSB-System werden alle Daten über multifunktionale Erfassungs-
arbeitsplätze (CSB-Racks) erfasst.

(102) RFZ = Regalförderzeuge mit Anschluss an den CSB-Express-Master,
siehe Gliederungspunkt 3.7.3.4.

(103) In der Pharma- und Lebensmittelproduktion evt. mit Einlagerungser-
fassung in ein Quarantäne-Lager mit späterer Freigabe nach Abschluss
der Qualitätsprüfungen.

(104) Die Vorgehensweise und die Lenkung des Datenerfassungsprozesses
wird über das CSB-System branchenspezifisch vordefiniert. Dazu werden entsprechende Werkzeuge (GPM und SMS) bereitgestellt, siehe
hierzu Gliederungspunkte 3.1 und 3.2.

(105) Vgl. hierzu: J. Biethahn, Die Planung und Ausführung des optimalen
Fleisch-Produktions- und Einkaufsprogrammes. Frankfurt, Zürich
1973. G. Hudelmaier, Zur Kalkulation von Kuppelprodukten in der
Fleischwarenindustrie mit Hilfe der linearen Programmierung. Ludwigshafen 1968.

(106) Ganzheitliche „Unternehmensprozess-Optimierungen" kamen bisher
nie über die Modell-Anwendungen hinaus und werden aus diesem
Grunde hier nicht weiter erörtert.

(107) Siehe hierzu die Gliederungspunkte 3.5.2.3 f. und 3.5.3.3 f.

(108) Vgl. P. Schimitzek, Rezepturoptimierung für Fleischerzeugnisse, Diss.,
Aachen 1981.

(109) Siehe hierzu weitere Ausführungen unter Gliederungspunkt 3.7.3.4
– Lagersteuerung –.

(110) In der Anwendungssoftware des CSB-Systems wurden dazu die notwendigen Verbindungen zwischen QS-System, Datenerfassungs-
Arbeiten und Steuerungsaufgaben zusammengefasst. Die Aufgaben
werden über das CSB-Rack (als Leitstand pro Erfassungsplatz) abgearbeitet bzw. die automatisierten Prozesse gleichzeitig gesteuert und
überwacht.

(111) Siehe hierzu weitere Ausführungen unter Gliederungspunkt 3.1.4.

(112) Entsprechend dieser Regel wurden die Programme zur Produktivitäts-
steuerung nach dem CIM-Konzept im CSB-System realisiert. Siehe

hierzu die entsprechenden Produktbeschreibungen und die Anwenderdokumentation des CSB-Systems.

(113) Im CSB-System werden mehrere hundert Auswertungsmuster branchenspezialisiert zur freien Auswahl zur Verfügung gestellt. Dabei besteht die Möglichkeit der Abänderung bzw. Ergänzung im Standard.

(114) Siehe auch Gliederungspunkt 3.1.2 ff.

(115) Weitere Ausführungen unter Gliederungspunkt 3.4.1 und 3.4.2.

(116) Die vom Handel geforderten, vielfältigen Abrechnungsmethoden zwischen Lieferanten und Kunden erfordern eine umfassende Parametrisierung sämtlicher Kommunikationsabläufe in der Standard-Software. Siehe hierzu weitere detaillierte Informationen in der Anwenderdokumentation des CSB-Systems.

(117) Vgl. J. Schumpeter, Theorie der wirtschaftlichen Entwicklung. Eine Untersuchung über Unternehmergewinn, Kapital, Kredit, Zins und den Konjunkturzyklus, 9. Aufl., Berlin 1997.

(118) Vgl. E. Heinen, Industriebetriebslehre. Entscheidungen im Industriebetrieb, 9. Aufl., Wiesbaden 1991, Seite 350.

(119) Inwieweit die Wirtschaftsinformationsdienste diese Anforderungen erfüllen können und die Daten in Form von Datenbank-Informationen im hauseigenen EDV-System abrufbar sind, wird hier nicht weiter analysiert.

(120) Vgl. hierzu CSB-Phonemaster, Gliederungspunkt 2.2.2 und 3.4.3.

(121) Siehe hierzu weitergehende Ausführungen in der detaillierten Anwenderbeschreibung des CSB-Systems.

(122) Weitere Informationen unter Gliederungspunkt 3.4.2.6.

(123) Siehe hierzu Gliederungspunkt 3.4.5.1.

(124) Siehe hierzu weitere Ausführungen unter Gliederungspunkt 3.6.1 – Faktorkombination –.

(125) Weitere Ausführungen unter Gliederungspunkt 2.2.2 Informations- und Kommunikationstechnik. Das Integrations-Element zwischen Informations- und Kommunikationstechnik ist der „CSB-Phonemaster".

(126) Weitere Ausführungen hierzu unter Gliederungspunkt 3.4.5.1 – Kostenrechnung –.

(127) Hiervon ausgenommen sind die Standardisierungsbestrebungen im Rahmen der EDI-Verfahren. Siehe hierzu Gliederungspunkt 3.2.2.4 – Integrationselement: Verfahren –.

(128) Die Auswertung aller Absatzdaten erfolgt im CSB-System über das GPM (Grafisches Print Management) oder über SQL. Weitere Ausführungen unter Gliederungspunkt 3.1.4.

(129) Je nach Auswertungsumfang benötigt der geübte Anwender für die Erweiterung bzw. Änderung oder Neudefinition eines Auswertungsmusters mit dem GPM (Grafisches Print Management) zwischen 10 Minuten bis maximal 1,5 Stunden.

(130) Vgl. Das Finanzwesen der SAP „System R3" Release 1.1, Walldorf 1992, S. 3-3.

(131) Vgl. Ebenda a.a.O., Das Finanzwesen ..., S. 2-6

(132) Vgl. Ebenda, a.a.O., Das Finanzwesen ..., S. 2-6 ff.

(133) Weitere Ausführungen unter Gliederungspunkt 3.4.5.1 – Kostenrechnung –.

(134) Siehe hierzu nähere Ausführungen unter Gliederungspunkt 3.4.5.2 – Leistungs- & Deckungsbeitragsrechnung –.

(135) Detaillierte Informationen sind der Leistungsbeschreibung sowie der Anwenderdokumentation der Lohn- und Gehaltsabrechnung im CSB-System zu entnehmen.

(136) Die CSB-Finanzbuchhaltung ist ein zertifiziertes Buchhaltungssystem. Die detaillierte Beschreibung der einzelnen Leistungsmerkmale ist der Anwenderdokumentation zu entnehmen.

(137) Vgl. Das Finanzwesen der SAP ... a.a.O. S. 3-3.

(138) Vgl. Bauer, W.: Die Bewegungsbilanz und ihre Anwendbarkeit, ZfhF 1926, S. 485 ff.

(139) Vgl. Kosiol, E.: Pagatorische Bilanz in: Bott, Lexikon des kaufmännischen Rechnungswesens, Bd. III, 2. Aufl., Stuttgart 1956, Sp. 2085 ff.

(140) Weitere Ausführungen vorstehend unter Gliederungspunkt: 3.4.1.3
– Finanzmanagement –.

(141) Siehe hierzu detaillierte Erörterung unter Gliederungspunkt 3.4.5.1
– Kostenrechnung –.

(142) Weitere Ausführungen unter Gliederungspunkt 3.7.4.9 – Produktionsauswertungen – und unter Punkt 3.4.2.4 – Funktions-Controlling –.

(143) Weitere Ausführungen unter Gliederungspunkt 3.4.5.1 – Kostenrechnung –.

(144) Vgl. M. Schweitzer, G. O. Hettich, H. U. Küpper: Systeme der Kostenrechnung, 5. Aufl., Landsberg 1991, S. 155 ff.

(145) Detaillierte Ausführungen unter Gliederungspunkt 3.4.5.1 – Kostenrechnung –.

(146) Hierzu weitere detaillierte Ausführungen in Gliederungspunkt 3.7.2.1
– Beschaffungsmarktanalyse –.

C Stichwortverzeichnis

D   Autoren-Kurzbiographie

Peter Schimitzek wurde 1949 als Sohn eines Metzgers in Geilenkirchen geboren. Nach seiner Schulausbildung wählte er zunächst ebenfalls diesen Beruf. Parallel zur Berufsausbildung und der anschließenden erfolgreichen Meisterprüfung, erwarb er die Hochschulreife. An der Gesamthochschule/Universität Siegen absolvierte er sein Studium zum Dipl.-Betriebswirt und das Zweitstudium zum Dipl.-Volkswirt. Studienbegleitend arbeitete er mehrere Jahre bei einer internationalen Wirtschaftsprüfungsgesellschaft in Frankfurt. Über ein Promotionsstipendium erwarb der Autor an der RWTH Aachen im Fachbereich Operations Research den akademischen Grad „Dr. rer. pol.". Dissertationsbegleitend arbeitete er in Düsseldorf als geschäftsführender Unternehmensberater. Hiernach übernahm er die Geschäftsführung der Firma CSB-System und ist heute Vorstandsvorsitzender. Seit 1985 wurde die branchenspezifische Standard-Software „CSB-System zur umfassenden Unternehmensführung" weltweit in über 1500 Unternehmen erfolgreich eingeführt. Mit zahlreichen Niederlassungen ist CSB-System in Europa, den USA, in Kanada, China, der Asien-/ Pazifikregion, im Mittleren Osten und in Afrika repräsentiert. Das CSB-System ist in einer Vielzahl namhafter internationaler Konzerne in den Bereichen Lebensmittelerzeugung, Pharma-, Chemie- und Kosmetikproduktion sowie Handel & Logistik und Dienstleistung & Service als branchenspezifische Unternehmenssoftware effektiv und zukunftssicher im Einsatz.

Heute ist das Unternehmen CSB-System eine Aktiengesellschaft und beschäftigt weltweit über 450 Mitarbeiter bei einem Umsatz von 55 Mio. Euro im Jahr 2005. Dr. Peter Schimitzek ist zugleich Vorstandsvorsitzender und Gründungsmitglied des Open Source Center Europe, OSCE, welches den Monopolisierungstendenzen im Bereich der IT-Basistechnologien erfolgreich die Stirn bietet. Auch durch seine Position als Fachbeirat der SYSTEMS tritt er der Wettbewerbsverzerrung im IT-Markt offensiv entgegen. Des Weiteren ist er Schirmherr und Initiator des bundesweit ausgerufenen Hochschulpreises „David-Kopf". Seine unternehmerische Erfahrung stellt er zudem als Juror der AC^2 zur Verfügung, einem national anerkannten Verein zur Förderung von Existenzgründern.

Dieses Fachbuch entstand sowohl auf der Basis der Kenntnisse praktischer Unternehmensführung als auch auf der Grundlage der theoretischen und praktischen Forschungsarbeiten des Autors über die wirtschaftswissenschaftlichen Zusammenhänge des „integrierten Wirtschaftens" sowie deren realer Abbildung über die Informationstechnologie des Informationszeitalters. Die wirtschaftlichen Erkenntnisse aus Theorie und Praxis finden Aufgabe und Ziel in der Umsetzung „effektiver Unternehmensführung" zur Förderung des Wachstums und somit gesamtwirtschaftlicher Wohlstandsmehrung.